江川年鉴

JIANG CHUAN YEARBOOK

2015

中共江川县委
江川县人民政府 主办

江川县史志办公室 编

德宏民族出版社

江川年鉴编辑部

地　　址　云南省江川县史志办公室
邮　　编　652600
电　　话　（0877）8018536
E－mail　jcszb@163.com

编辑说明

一、《江川年鉴》是具有政府公报性质的地方综合性年鉴。由中共江川县委、江川县人民政府主办，江川县史志办公室承编。《江川年鉴》全面、系统、准确、翔实地记载江川县社会主义物质文明、政治文明和精神文明建设的历史进程，记述上一年度内的新发展、新成就、新情况和新问题。它具有资料、信息、史料等诸多功能，旨在为海内外有关机关、团体、学校、研究部门、企事业单位和社会各界人士研究及促进江川建设提供现实服务。

二、《江川年鉴》采用条目体，分类编辑法。2015年版全书设部类19个，即《特载》《大事记》《概况》《政治》《军事》《法制》《经济管理》《建设·环保》《工商企业》《农林·水利》《交通·邮电》《财政·税务》《金融·保险》《教育·气象·防震减灾》《文化·旅游·广电·体育·卫生》《社会》《人物》《统计资料》《附录》，信息量大，图文并茂，可读性强。

三、本年鉴所用稿件均由主办单位、县属各单位和中央、省、市驻江单位专人撰写，单位领导审核签章，编辑人员反复核对。本年鉴内容真实，体例规范，具有较高的使用价值。

四、本年鉴所用统计数据由各供稿单位主管业务部门提供并审核，但由于统计时间、口径不同等原因，反映国民经济和社会发展情况的个别数据在不同稿件中不尽一致，使用时请以江川县统计局提供的《统计年鉴》为准。

五、本年鉴的编辑出版得到江川有关部门和驻县的省、市各有关单位的热情支持和积极协助，得到省、市以及各县区党史、地方志部门的指导帮助，在此表示诚挚谢意。殷切希望各界人士提出改进意见，使《江川年鉴》常办常新，更好地为建设生态文明美丽新江川服务。

县委书记马文龙作工作报告

县委副书记、县长钱兴主持会议

分组讨论

分组讨论

2015年1月14日，中共江川县委十二届五次全体（扩大）会议召开 （曲雪琼 摄）

县委副书记、县长钱兴作政府工作报告

人大代表视察殡仪馆建设

分组讨论

依法选举

2015年1月25日，江川县第十五届人民代表大会第三次会议召开 （曲雪琼 摄）

县政协主席罗跃岗作工作报告

政协委员调研殡仪馆建设

分组讨论

依法选举

2015年1月22日，中国人民政治协商会议江川县第八届委员会第三次会议召开　（曲雪琼　摄）

2014年1月14日，司法部副部长郝赤勇（前左二）到江川视察司法所规范化建设工作　（县司法局　供稿）

2014年10月30日，国家文化部副部长、文物局局长励小捷（右）参观云南李家山青铜器博物馆　（陈宽　摄）

2014年7月3日，国家安全监管总局党组成员、总工程师王树鹤（右一）深入江川大庄星云湖畔烟花火炮厂进行实地检查和指导　（县安监局　供稿）

2014年10月29日，省委常委、常务副省长李江（中）到江川调研青铜文化产业发展情况　（陈宽　摄）

2014年8月28日，副省长刘慧晏（前左二）到江川对高原湖泊保护治理工作进行调研　（杨孟奇　摄）

2014年4月10日，省政协副主席罗黎辉（左二）到江川视察仙湖锦绣项目建设情况　（县政协办　供稿）

2014年9月16日，省长助理、省公安厅厅长杨嘉武（右二）到九溪派出所调研　（县公安局　供稿）

2014年12月11日，省环保厅厅长姚国华（前右三）到江川调研星云湖环湖截污及循环水利用工程（刘东辉　摄）

2014年5月29日，市委书记张祖林（中）到江川调研退田还湖缓冲带工程　（县抚管局　供稿）

2014年8月11日，市委书记张祖林（左二）到九溪污水处理厂调研　（九溪镇　供稿）

2014年9月13日，市委书记罗应光（中）到江川调研星云湖退田还湖及湖滨带生态恢复工程　（曲雪琼　摄）

2014年12月31日，市委书记罗应光（前右二）到江川调研烟花爆竹安全生产工作　（县安监局　供稿）

2014年8月29日，市委副书记、市长饶南湖（左）到江川调研烤烟生产工作

2014年9月23日，市委副书记、市长饶南湖（中）率队到江川县就抚仙湖、星云湖保护治理工作进行调研

（杨孟奇　摄）

2014年4月24日，市委常委、常务副市长陈勇到江川开展党的群众路线教育实践活动“上级点”工作

（陈宽　摄）

2014年10月16日，市委常委、副市长王学勤（左四）到江川县调研装备制造业及沿湖重大项目建设情况

（陈玉雯　摄）

2014年3月5日，市委常委方志鸣（左二）到党的群众路线教育实践活动联系点安化彝族乡进行随机调研
（安化乡　供稿）

2014年1月7日，副市长李平（前左）到江川调研粮食工作　（王亚芬　摄）

2014年12月26日，副市长杨洋（右）调研江川青铜制品产业　（王亚芬　摄）

2014年1月7日，副市长解仕清（中）调研江川烟花爆竹产业　（县安监局　供稿）

2014年6月5日，副市长左广（右三）率市政府督查组到江川督查稳增长保安全工作 （王亚芬 摄）

2014年1月14日，副市长鹿辉阳（左二）到雄关乡调研核桃种植工作 （雄关乡 供稿）

2014年9月20日，市委副书记、市长饶南湖（前左）对江川县殡仪馆建设项目进行调研视察

（周环 摄）

清理“活人墓” （王亚芬 摄）

2014年11月13日，江川县召开农村公益性公墓建设工作会

（周环 摄）

2014年8月29日，江川县召开乱埋乱葬专项整治工作会

（王亚芬 摄）

2014年5月5日，市委副书记、市长饶南湖（前左二）调研龙泉山工业园区

2014年3月4日，县委书记马文龙（左二），县委副书记、县长钱兴（左一）调研龙泉山工业园区

2014年1月7日，江川县举行龙泉山工业园区合作开发补充协议和西南高端环保设备及先进机械装备制造基地、生活垃圾综合处理建设项目三个合作协议签约仪式

2014年5月20日，云南联塑科技发展有限公司投产

2014年7月15日，玉溪万利包装材料有限公司举行项目开工仪式

（王亚芬　摄）

2014年6月7日，副县长李启红（右）与新天力机械制造有限公司签订“年产4.5万台高原机械装备制造及农业产业工程项目投资协议”　（陈玉雯　摄）

东风水库九溪河治理开工仪式

义务植树 （王亚芬 摄）

抚仙湖缓冲带植树

抚仙湖退田还湖缓冲带植树工程验收
（县抚管局 供稿）

2014年4月18日，江川县召开2014年环境保护暨污染物减排工作会议

“六五”世界环境日宣传 （刘蓉芳 摄）

2014年9月3日，省教育厅副厅长王建颖（右二）视察江川教育工作

江川县2014年师生运动会　（江川一中　供稿）

2014年6月13日，江川县三类城市语言文字工作达标评估动员会召开

2014年9月15日，江川县开展推广普通话宣传周活动　（代志伟　摄）

大街小学"阳光体育活动"大课间　（王亚芬　摄）

山洪灾害防御应急演练

政府机关开展地震应急演练

学校开展地震应急演练

防震减灾宣传 （王亚芬 摄）

图 例

应急消防
应急棚宿区
应急指挥
应急厕所
应急医疗救护
应急供水
应急垃圾存放
应急停车场
应急通信
应急供电
应急通道

江川县怡心园广场应急避难场所平面图
（县防震减灾局 供稿）

说明：

江川县怡心园广场地震应急避难场所位于县
兴江路，总占地面积42094.8平方米，包括怡心园
场和体育馆。

根据《中华人民共和国防震减灾法》、《云
省人民政府关于自然灾害避灾点建设的实施意见
和GB21734—2008《地震应急避难场所 场址及配
设施》标准，本着“以人为本、一场多用、平灾
合”为设计理念。

该地震避难场所具备应急疏散，应急棚宿，
急指挥，应急物资储备，应急医疗救护，应急供
供水，应急垃圾处置，应急卫生防疫等功能，同
设置各种标识。

应急标识设置要求：设计美观，平灾结合，
具景观小品及防灾指示双重功能。

“月琴老人”李忠禄

彝乡特色安化专场演出 （安化乡 供稿）

春节文化活动

文化进万家

“三下乡”活动

春节群众文艺演出

（县文旅广体局 供稿）

2014年10月30日，江川县城市居民最低生活保障规范管理工作动员会召开

2014年3月25日，江川县大街街道下营社区举行“道德讲堂”开班仪式

2014年9月5日，后卫村居家养老服务中心成立

秋粮生产实割实测 （王亚芬 摄）

家政服务员培训班开班 （县总工会 供稿）

为山区群众送水 （路居镇 供稿）

市政协领导到九溪镇调研综治维稳工作

（县委政法委　供稿）

县政协领导视察网格化管理工作　（王亚芬　摄）

市检察院副检察长肖志勇（左二）看望慰问江川县检察院因公受伤干警钱永贵（左一）

（县检察院　供稿）

副县长、县公安局局长牛旺林（中）现场指挥第十届“开渔节”文化活动安保工作

2014年10月1日，县公安局办公用房落成，举行升旗仪式

平安江川视频监控系统（二期工程）投入运行

（县公安局　供稿）

文艺演出

文艺演出

2014年12月27日，云南江川第十届开渔节系列活动之——"渝州香杯"山地自行车挑战赛

2014年12月24日，中国云南江川第十届开渔节暨高原湖泊水产品交易会在江川渔文化广场隆重开幕

（王亚芬　摄）

第十届开渔节暨高原湖泊水产品交易会

美食荟萃
（冯孝忠　摄）

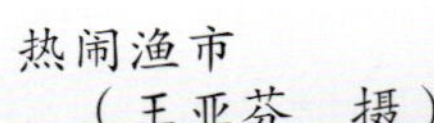

热闹渔市
（王亚芬　摄）

星云湖上捕鱼忙
（业保华　摄）

核桃 （县农业局 供稿）

蓝莓

青蒜

西兰花

萝卜条
（王亚芬 摄）

香椿

香葱

玫瑰花

豌豆

烤烟

（王亚芬　摄）

2014年3月12日，江川县四套班子领导调研城市建设工作

2014年9月25日，县委副书记、县长钱兴（前右）调研县城棚户区建设工作　（曲雪琼　摄）

8千米污水管网建设　（陈宝忠　摄）

星云路街区整治　（县住建局　供稿）

2014年9月30日，江川县举行烈士日公祭活动　（王亚芬　摄）

2014年5月26日，玉溪市第一个院士工作站——孙宝国院士工作站在江川揭牌成立　（前卫镇　供稿）

2014年6月26日，老挝代表团到云南李家山青铜器博物馆参观

2014年10月28日，四川省汉源县委领导到江川学习考察　（王亚芬　摄）

目 录

特 载

大事记

概 况

政　治

军　事

法　制

经济管理

建设・环保

工商企业

农林·水利

交通・邮电

财政·税务

金融·保险

教育·气象·防震减灾

文化·旅游·广电·体育·卫生

社　　会

人 物

统计资料

附 录

特　　载

适应新常态　把握新机遇
奋力开创美丽江川建设新局面

——在中共江川县委十二届五次全委（扩大）会上的报告

马文龙

（2015年1月14日）

各位委员、同志们：

我受县委常委会委托，向全委会报告工作。

这次全会的主要任务是：全面贯彻落实党的十八大、十八届三中四中全会、省委九届八次九次全会、市委四届四次五次全会和中央、省委、市委经济工作会议精神，深入学习贯彻习近平总书记系列重要讲话精神，回顾总结2014年工作，安排部署2015年工作任务，动员全县广大干部群众，准确把握和适应新常态，解放思想、坚定信心，敢于担当、奋发有为，干在实处、走在前列，奋力推进富裕和谐美丽新江川建设。

一、2014年主要工作回顾

过去的一年，在市委的正确领导下，县委总揽全局、协调各方，以深入开展党的群众路线教育实践活动为动力，坚持一手抓教育实践活动、一手抓经济社会发展，全县继续保持了经济发展稳中有升、生态环境持续优化、人民生活明显改善、社会和谐稳定、党的建设不断加强的良好局面。

经济实现持续稳步增长。我们始终坚持稳增长、促改革、惠民生，在宏观经济下行、多重困难叠加的情况下，多项经济指标处于全市中上游水平。预计完成县内生产总值62亿元，同比增11%；完成地方财政收入5.9亿元，同比增17.1%。预计完成规模以上固定资产投资30亿元，同比增5.3%；社会消费品零售总额17亿元，增12%；城镇居民人均可支配收入26194元，增12%；农村居民人均可支配收入9274元，增14.1%。

产业结构调整更趋合理。我们始终坚持转方式调结构，加快产业转型升级。高原特色农业加快发展，一批农业基础设施建设项目顺利实施，农村专业合作经济组织发展和农村土地流转取得成效，经果、蔬菜产业稳步发展，烤烟生产实现减量增收，农业产业化水平不断提升。龙泉工业园区控规编制完成，基础设施逐步完善，特固电气、云南联塑、腾达机械建成投产，万利包装、新天力机械制造等项目顺利推进，红砖、烟花爆竹行业整合取得实效，磷化工等传统产业升级改造成效明显。商贸物流持续活跃，以生态文化旅游产业为重点的第三产业稳步发展。三次产业结构比例由25.1：31.7：43.2调整为23.9：33.3：42.8。

城乡统筹发展扎实推进。我们始终坚持积极主动融入“三湖”生态城市群和滇中城市经济圈一体化建设，加快县城扩容提质，不断完善城镇功能、做美集镇乡村。县城控规和专项规划编制有序进行。龙旺湖城、星云铭城、景华苑等项目主体工程完工。星云路街区整治全面启动。县城经营管理不断加强。麦雄线、大铁线路面大修工程完工，小白坡路面改造启动，江中路建设有序推进，县城环城路规划方案及可研报告编制完成。“见缝插绿”成效初显，城乡人居环境提升行动和美丽家园行动深入推进，胡家湾、小凹等一批美丽乡村呈现新貌。

生态文明建设成效明显。我们始终坚持生态立县、环境优先，不断加强“两湖一库”流域生态环境保护治理。抚仙湖“四退三还”工程全力实施，星云湖退田还湖工程全面完工，星云湖流域水污染综合防治“十二五”规划项目开工率100%、完工率60%，确保了抚仙湖稳定保持I类水质、星云湖水质有所好转。“森林江川”建设成效明显。入湖河道治理、石漠化治理和农业面源污染、农村环境卫生、东风水库径流区等综合整治工程顺利推进。建成全市首个县级污染源在线监控平台，万元生产总值能耗下降2.8%，节能减排任务圆满完成。

深化改革取得积极进展。我们始终坚持把深化改革作为促进发展的根本之策，不断释放市场活力、挖掘增长潜力。成立了县委全面深化改革领导小组及8个专项小组，统筹推进全县相关领域改革工作。工商、质监、食药监部门机构改革和职能调整圆满完成，水务改革、供销社综合改革试点工作启动实施，深化行政审批制度改革取得进展，医药卫生体制、教育体制、殡葬等改革工作稳步推进。

民生社会事业健康发展。我们始终坚持将公共财政预算支出向民生倾斜，全年累计重点民生支出11.9亿元，占财政支出的76.8%。教育优先发展地位得到巩固，县乡村医疗服务一体化工作有序推进，青铜文化产业稳步发展，成功举办第十届开渔节。保障性住房、农村危房改造、整村推进和易地扶贫搬迁等民生项目建设成效显著。民政、残疾人、计生等工作健康发展，社会保障水平持续提高，城镇登记失业率控制在3.5%。安全生产形势持续稳定，社会管理综合治理体系、矛盾纠纷化解机制不断健全，禁毒防艾人民战争成果显著，依法治县工作深入推进。

党的建设得到全面加强。我们始终坚持党要管党、从严治党，深入开展党的群众路线教育实践活动，全面提高党建工作科学化水平，为改革发展提供坚强保障。县委常委会自身建设不断加强。干部人事制度改革稳步推进。基层服务型党组织建设取得实效，软弱涣散基层党组织整顿、党（工）委书记抓基层党建工作述职、主题服务月、党员户挂牌活动和“红色股份”、“红色信贷”工作顺利推进。常务书记、大学生村官、新农村建设指导员作用发挥明显，村组干部待遇不断提高。认真履行党风廉政建设“一岗双责”，党委的主体责任、纪委的监督责任得到有效落实，全年查处违法违纪案件20起21人，问责党员干部18人。支持人大、政协依法按章履行职能，支持政府依法行政，支持审判机关、检察机关依法独立公正行使审判权、检察权，统战、民宗、老干、双拥等工作有效开展，工青妇等群团组织作用得到充分发挥，全县齐心协力促跨越的氛围更加浓厚，民主团结安定和谐的社会政治局面更加巩固。

成绩来之不易。这得益于市委的正确领导，得益于县人大、县政府、县政协领导班子的大力支持，更得益于全县各级各部门和广大干部群众的共同努力。借此机会，我代表县委向全县广大干部群众和社会各界人士，向所有关心支持江川发展的同志们、朋友们表示衷心的感谢和崇高的敬意！

在肯定成绩的同时，我们还必须清醒地认识到，尽管纵向比，我县经济发展增速较快，但发展的质量还不够好，从总量上实现“超越通海、追赶红塔区”的目标还任重道远；尽管我们初步拉开了“一城两环三片区”的产业发展格局，但产业不强、环境不优，工业化、城镇化水平还不够高，特别是“两湖”保护和生态建设任务艰巨的基本县情

仍然没有得到根本改变；尽管我们深化改革、扩大开放力度不断加大，引进和实施了一批重大项目，但招商引资、土地、资金等瓶颈制约未得到根本破解，特别是工业园区基础设施建设、土地收储、项目落地、配套服务等方面，仍然没有得到有效推进；尽管我们通过深入开展党的群众路线教育实践活动，广大党员干部的作风建设不断加强，但在抓项目、抓落实、抓发展等方面还存在不少问题，执行不力、作风不实等问题在一定程度上影响了全县跨越发展的步伐，我们必须高度重视，切实加以解决。

二、适应新常态，促进新发展，全力开创各项工作新局面

当前，江川仍然处于可以大有作为的重要战略机遇期，同时也是深化改革的攻坚期和社会矛盾的凸显期，经济社会发展既面临严峻挑战，也面临难得机遇。中央明确了我国经济发展进入稳中求进的新常态，我们必须准确把握新常态的基本特征，积极应对，主动适应经济发展新常态给我们各项工作带来的更加严峻的考验，牢牢抓住国家和省实施“一带一路”、新一轮西部大开发、桥头堡、滇中城市经济圈一体化建设等重大战略机遇，充分发挥我县区位优势，打破传统思维，跳出江川发展江川。

今年是全面完成“十二五”规划的收官之年，是全面深化改革的关键之年，也是全面推进依法治县的开局之年。做好今年的工作，要全面贯彻落实党的十八大、十八届三中四中全会、中央经济工作会议和习近平总书记系列重要讲话精神，按照省委九届九次全会、市委四届五次全会和省市委经济工作会议的要求和统一部署，坚持稳中求进的工作总基调，坚持以提高经济发展质量和效益为中心，主动适应经济发展新常态，把转方式调结构放到更加重要的位置，坚定不移地按照“环境优先、兴园强工、建设新城、做美生态”的思路，全面推进依法治县，狠抓改革攻坚，突出创新驱动，加强民生保障，强化风险防控，全面推进经济、政治、文化、社会、生态文明和党的建设，奋力建设富裕和谐美丽新江川。综合研判各方面条件因素，2015年生产总值预期增长11%以上，地方财政收入增长5.5%以上，规模以上固定资产投资增长15%以上，社会消费品零售总额增长13%以上，城镇居民人均可支配收入增长11%以上，农村居民人均可支配收入增长13%以上，城镇登记失业率控制在4%以内，万元生产总值能耗下降2%以上。在全面抓好各项工作基础上，重点要抓好以下九个方面的工作：

（一）坚定不移加强党对经济工作的领导。党的领导是做好经济工作的重要保证。县委将建立定期分析研究经济形势制度，通过召开汇报会、现场推进会、县委经济工作会的形式听取县政府党组及有关部门的经济工作情况汇报，分析研判经济形势，不断提高依法领导经济工作的能力和水平。各级党组织要适应经济发展新常态，积极转变领导经济工作的观念、体制、方式方法，增强经济工作的预见性、针对性和有效性，提高分析、研判和解决问题的能力，提高科学决策、科学管理水平，使对经济工作的领导更加自觉、更加有效。

（二）坚定不移推进产业转型升级。围绕提升高原特色农业核心竞争力，继续加强农田水利基础设施建设，全力推进农村土地承包确权登记颁证和土地流转工作，立足一村一品，以烤烟、蔬菜等特色农产品和蓝莓、核桃、绿化苗木种植为支撑，加快发展一批现代农业庄园、农民专业合作社等新型农业生产经营主体，大力发展生态农业、休闲农业，科学发展农产品加工业，延长农业产业链，提高农业附加值，全面提升农业现代化、产业化经营水平。围绕加快龙泉工业园区建设，继续深化与玉溪高新区的合作开发，按照市委“有扶有控、做强做优、彰显特色、绿色发展”和“政策一宽再宽、利益一让再让、服务一改再改、环境一造再造”的要求，全力加强园区基础设施配套建设，抓好龙泉工业园区中小微企业创业园和江城工业园区建设，大力推进万利包装等在建项目建设，着力引进实施一批符合国家产业政策和环保要求的工业项目，推动企业向园区集中、项目在园区落地、技术和人才向园区集聚；继续加快烟花爆竹行业整合，引导扶持磷化工、纸制品、建筑建材、农产品加工、铜制品等传统特色产业提档升级，努力使工业成为经济结构调整的主战场、实施创新驱动发展战略的主要领域。围绕文化旅游产业打造支撑三产、惠及民生的综合性产业，创造条件推动仙湖锦绣等重大文化旅游项目建设，科学谋划好星云湖的保护与开发，

大力发展乡村旅游，全力打造环抚仙湖生态旅游圈、环星云湖生态产业圈。

（三）坚定不移建设美丽江川。围绕确保“抚仙湖稳定保持I类水质、星云湖率先消灭劣V类水质”的目标，严格落实市委关于生态环境保护治理“五个坚定不移”的要求，全面完成“两湖”水污染综合防治“十二五”规划项目，深入推进东风水库径流区综合整治工作，配合市级部门完成“三湖”生态保护水资源配置应急工程。严格落实“两湖”保护条例、河（段）长责任制，加快实施主体功能区制度，积极争取建立健全资源有偿使用制度和生态补偿机制，用制度保护生态环境。全面落实节能减排目标责任制，严厉查处各类环境违法行为。切实保障集中饮用水源安全。扎实开展城乡垃圾整治，积极开展省级、国家级生态乡镇和生态县创建，全力建设“森林江川”，深入实施绿色企业、绿色学校、绿色社区等绿色细胞工程，形成绿色生态人人共享、幸福家园人人共建的良好氛围。

（四）坚定不移加快新型城镇化建设。围绕“产城一体、城乡一体”的发展思路和一张蓝图绘到底的原则，完成县城控制性详细规划编制，推进经济发展、城乡建设、土地利用、环境保护“四规合一”，统筹规划龙泉工业园区产业发展和县城新区布局，加快现代生态宜居城镇建设，主动融入“三湖”生态城市群和滇中城市经济圈一体化建设。紧紧抓住国家加大城镇棚户区改造力度的重大机遇，扎实推进城市综合体、棚户区改造等工程建设。稳步提高城镇建设和经营管理水平，谋划推进城市交通、人防设施、地下管网等一批市政基础设施建设，继续开展街区整治和“拆墙见绿、见缝插绿”工作，加大闲置低效土地、闲置资产清理盘活力度，不断提升城镇建设质量和综合承载力。统筹城乡发展，全力推进农业转移人口市民化，扎实推进户籍制度改革，重点解决一批已进城就业定居的农民工落户，全面实行城乡统一的户口登记制度。加强村庄规划和农村宅基地管理，加快推进江城、九溪、安化美丽乡镇建设，深入实施美丽家园、“村村亮”工程和“百村示范、千村整治”行动，打造一批美丽乡村。

（五）坚定不移深化改革扩大开放。围绕解决发展中的突出问题，以深化行政审批制度改革为突破口，以更大气力把简政放权、放管结合的改革推向深入，协调推进金融、殡葬、公务用车、农村产权制度、生态文明体制、文化教育卫生体制等重点领域和关键环节的改革，稳妥推进政府机构改革和事业单位分类改革。对照省市委已经出台的改革方案，认真研究我县改革事项，确保各项改革任务稳步推进。总结好“十二五”发展的经验和不足，用改革发展视野科学合理编制好江川县国民经济和社会发展“十三五”规划，以科学的发展蓝图凝聚人心、鼓舞士气、引领发展。

（六）坚定不移上项目增投资。围绕项目建设，抓好招商引资工作，充分发挥投资对稳增长调结构的关键作用。全力推进重大项目建设，按照项目属地管理原则，落实好乡镇（街道）的主体责任，千方百计抓好辖区内的重大项目建设工作，全力以赴推进镇域经济跨越发展；全力做好新一轮重大项目的谋划和争取工作，包装、储备、申报一批具有全局性、战略性的重大项目，争取更多项目进入国家和省市的规划盘子。全力破解资金难题，统筹整合现有各项产业扶持资金，鼓励支持民营资本以多种模式参与重点领域投资，发挥好金融对经济发展的支撑作用，撬动更多资本投向重点产业、重点企业和重大项目。全力加强招商引资工作，始终把招商引资作为事关发展全局的“第一要事”、考量干部抓经济工作的“第一政绩”、“一把手工程”，强化党委政府推动作用和领导干部带头作用，建立招商引资项目退出机制，加强招商引资项目管理，创新招商引资工作方式，着力引进一批支撑作用大、科技含量高、税收回报多、辐射带动强的好项目大项目，确保全年招商引资55亿元以上。

（七）坚定不移推动文化事业繁荣发展。围绕发挥正确思想文化的价值引领和凝聚人心的作用，深入持久地开展践行社会主义核心价值观和弘扬美德提升素质活动，继续实施道德建设工程，用良好的社会道德风尚推动经济社会发展。加强公共文化基础设施建设，推进城乡公共文化服务均等化发展。坚持正确的舆论导向，牢牢掌握舆论工作主动权、话语权，营造社会正能量。充分挖掘古滇青铜文化、高原水乡文化、渔文化内涵，抓好青铜文化产业创意园区建设，完成前卫渔村青铜文化特色街区建设，进一步加强“中国生态美食名县”建设，启动文庙修缮工作，储备实施一批有效益、有特色的文化产业项目，推进文化产业与其他产业融合发展，不断提升文化软实力。

（八）坚定不移加快依法治县进程。围绕贯彻党的十八届四中全会精神，抓好《中共中央关于全面推进依法治国若干重大问题的决定》和省市委实施意见以及我县实施方案的落实，按照“严格执法、公正司法、全民守法”的要求，坚持依法治县、依法执政、依法行政共同推进，坚持法治江川、法治政府、法治社会一体建设。继续坚持领导干部大接访大下访制度，用法治思维和法治方式化解社会矛盾；依法推进社会诚信体系建设；加强社会管理综合治理，严厉打击各类违法犯罪，坚决打好“禁毒防艾人民战争”和“反恐怖人民战争”；全面落实“党政同责、一岗双责、齐抓共管”的安全生产责任体系，强化食品药品安全和生产安全监管，坚决遏制重特大安全事故发生，确保全县社会和谐稳定。

（九）坚定不移促进群众福祉改善。围绕惠民生这一经济发展的根本目的，切实保障和改善民生。继续巩固教育优先发展地位，均衡配置城乡义务教育资源。稳步提高新型农村合作医疗保障水平，推进县乡村医疗服务一体化管理。统筹推进各类社会保险扩面征缴工作，完善养老服务体系，抓好保障性住房建设和农村危旧房改造工程。加大精准扶贫、产业扶贫力度，扎实打好社会扶贫攻坚战。全力推进殡葬改革，落实好奖励补助政策，确保今年3月1 [illegible]
100%。落实和 [illegible]
村劳动力培训 [illegible]
入持续增长，[illegible]

三、干在实 [illegible]
发展的强大力量 [illegible]

工作重点已 [illegible]
实。我们必须充 [illegible]
性和紧迫性，进 [illegible]
党组织的凝聚力、创造力、战斗力，真正形成干事创业的强大合力和真抓实干的良好局面，为各项工作落实提供坚强组织保障。

一要狠抓思想建设，激发党员干部的创新活力。坚持思想建党和制度治党相结合，巩固和拓展教育实践活动成果，强化党员、干部思想政治工作。始终把理论武装放在首位，引导全县各级党组织和广大党员干部，认真学习党的十八大和十八届三中四中全会以及习近平总书记系列重要讲话精神，始终在思想上、政治上、行动上与党中央保持高度一致。全面加强学习型党组织建设，不断完善党委（党组）中心组学习制度，用好领导干部讲坛、在线学习等重要平台，抓好干部党性教育、理论教育和知识教育。认真贯彻民主集中制，坚决反对家长制，坚决整治自由主义、分散主义、好人主义、个人主义和山头主义，不断增强党内政治生活的政治性、原则性和战斗性。

二要狠抓基层基础，夯实跨越发展的坚实根基。各级党组织要切实增强政治自觉和行动自觉，全面落实抓党建的主体责任，把抓基层打基础作为从严治党的常态工作来抓，不断完善基层党建工作格局。党组织书记要把抓好党建作为最大政绩，严格落实“第一责任人”的政治责任，把责任牢记心上、扛在肩上、落实在行动上。着力加强基层基础工作，创建基层服务型党组织，深入开展农村“共产党员户”挂牌、“党员先锋岗”、“主题服务月”和“在职党员到社区报到”活动，推动党员立足本职岗位发挥先锋模范作用。继续推进“合作股份”试点和红色信贷工作，壮大农村集体经济，今年全面消除集体经济“空壳村”，不断增强“薄弱村”经济实力。积极开展“星抚卫士”行动计划，发动党员率先垂范、深入持久地保护好抚仙湖，治理好星云湖。健全完善基层民主管理机制和软弱涣散基层党组织整顿工作长效机制，落实以“四议两公开”为重点的民主议事决策和监督制度，充分发挥好村民监督委员会的作用。加强以基层党组织书记为重点的基层干部队伍建设，重视发挥好新农村建设指导员和大学生村官的作用，增强基层干部法治观念，提高依法办事能力，夯实党在农村的执政基础。做好党员发展教育管理工作，慎重稳妥处置不合格党员，加强对农村老党员、生活困难党员的关怀帮扶，最大限度地调动他们的积极性。

三要狠抓队伍建设，锻就干事创业的骨干力量。坚持党管干部原则，以贯彻执行好《干部选拔任用条例》为主要抓手，严格按照好干部标准，注重在推进重大项目、重点工作和重点任务中发现干部，从履行岗位职责、完成急难险重任务、关键时刻表现中识别干部，在群众评价和群众口碑中了解干部，激励干事者，奖励有功者，惩罚不作为者，在全县上下形成敬业有功、怠业必惩的氛围。积极推进干部人事制度改革，更加注重探索建立科学的领导班子和领导干部考核评价体系，不简单以GDP评价干部。加大干部交流轮岗、挂职锻炼、外派锻炼力度，统筹抓好各级各类干部的培训工作，不断提高干部的理论水平，增强干部的法治意识，提升干部的办事能力。加大优秀年轻干部、党外干部、女干部、少数民族干部和后备干部的选拔培养力度，优化干部队伍结构，配齐配强各级领导班子。加强党管武装工作，抓好老干部工作，重视人才发展。统筹协调人大、政府、政协参与重大事项的决策、落实和推进，支持人民团体、工商联及社会各方面依照法律和章程开展工作，全面激发广大干部群众参与改革创新、合力干事创业的生机与热情。

四要狠抓党风廉政建设和反腐败斗争，营造风清气正的政治生态。各级党组织要自觉落实党风廉政建设主体责任，牢固树立改革、发展、稳定、反腐“四位一体”的工作理念，坚持“一岗双责”，强化责任担当，履行好党风廉政建设和反腐败工作的领导者、组织者、主抓者职责。各级纪检部门要认真履行专门监督机关的职责，突出抓好党风廉政建设和反腐败斗争中心任务，把更多力量放到党风廉政建设和反腐败工作主业上。强化廉洁从政教育，加强廉政文化建设，探索创新廉政教育方式，构筑拒腐防变的思想防线。健全权力运行制约和监督体系，加强重点关键岗位廉政风险防控，推进依法治权、依法治官，把权力关进制度的笼子里，形成不敢腐、不能腐、不想腐的机制。坚持不懈抓好正风肃纪，坚持有腐必惩、有贪必肃，强化专项整治，狠刹权力滥用，以“零容忍”的决心保持反腐败斗争的高压态势。

五要狠抓作风建设，树立忠诚干净担当的良好形象。扎实开展好“三严三实”和“忠诚干净担当”专题教育活动，把开展专题教育与落实从严治党、推动经济社会持续发展、深化改革、依法治县和巩固拓展群众路线教育实践活动成果结合起来，教育广大干部自觉按照“三严三实”和“忠诚干净担当”以及市委提出的“八要”要求，坚定政治品格、做到对党忠诚，坚守为官底线、做到个人干净，坚持从政准则、做到敢于担当，以作风建设的新成效推动江川科学发展实现新跨越。各级党组织要把作风建设紧紧抓在手上，深入落实中央八项规定精神和省市县规定，抓好厉行节约、反对浪费相关制度的落实，确保“三公”经费压缩15%以上。大力改进学风、文风、会风、话风，提倡开短会、讲短话，确保各级领导干部有更多的时间抓工作、干实事。继续深入推进干部直接联系群众制度，全面推行随机调研制度，严格落实好县级领导干部挂钩联系乡镇（街道）、企业和部门挂钩联系村（社区）制度，形成服务改革、服务发展、服务群众、服务民生、服务党员的“新常态”。

六要狠抓督促检查，确保各项工作真正落实。切实发挥督促检查在抓落实中的重要作用，把督查工作贯穿于实施决策的全过程，研究决策时明确督查事项，部署工作时提出督查要求，开展督查时保证落实效果。要建立健全督查工作制度，不断改进督查工作方式方法，建立健全目标倒逼进度、时间倒逼程序、社会倒逼部门、任务倒逼责任人、督查倒逼落实的“五个倒逼”工作机制，构建高效运转的督查体系，确保各项工作快节奏、高效率推进。县委督查工作领导小组要严格按照“工作目标制、目标项目制、项目责任制、所有工作督查制”的要求，对照全年的目标任务和阶段性重点工作，通过“现场会办、定期督查、年终考核”等方式，切实加强对工作落实情况的监督检查和跟踪问效；人大代表、政协委员要经常深入项目和工作一线视察评议，提出建议，加强监督；新闻媒体要发挥职能作用，聚焦中心工作，关注重点工作重大项目，提高舆论监督的时效性。要落实好问责机制，运用好督查结果，通过强化奖惩约束、严格考核问责，真正督出责任、督出干劲、督出进度、督出敬畏，在全县形成尽心尽力干工作、一心一意谋发展的良好局面。

各位委员、同志们，让我们紧密团结在以习近平同志为总书记的党中央周围，在市委的正确领导下，凝心聚力、扎实工作，全力加快改革发展，全面推进依法治县，为实现跨越发展、同步小康，加快建设富裕和谐美丽新江川而努力奋斗！

政府工作报告

——2015年1月25日在江川县第十五届人民代表大会第三次会议上

县长 钱 兴

各位代表：

我代表县人民政府向大会报告工作，请予审议。

一、2014年工作回顾

过去一年，县人民政府在县委的领导下，深入贯彻落实党的十八大和十八届三中、四中全会精神，紧紧围绕建设富裕和谐美丽新江川目标，以提高发展质量为中心，促改革、稳增长、调结构、惠民生，努力克服发展中遇到的困难和问题，经济运行稳中有进，社会事业持续发展。全年预计完成地方生产总值62亿元，增长11%；地方财政收入5.9亿元，增长17.1%；规模以上固定资产投资30亿元，增长5.3%；社会消费品零售总额17亿元，增长12%；城镇居民人均可支配收入26194元，增长12%；农村居民人均可支配收入9274元，增长14.1%。

（一）在稳定经济增长中提升发展质量

农业经济平稳发展。预计完成农业增加值14.8亿元，增长5.5%。强农惠农富农政策全面落实，兑付各类农业综合补贴资金1196万元。农业生产提质增效，烤烟实现控量增收，烟农总收入达3.61亿元，上等烟比例和均价位居全市第一；粮食、蔬菜、花卉等产业健康发展，实现种植业总产值9.78亿元，增长7.1%；有效防范禽流感疫情，实现畜牧业总产值8.2亿元，增长7%；星云湖投放鱼苗127吨，实现渔业总产值7359万元，增长2.4%。农业产业结构调整步伐加快，推广种植核桃1.5万亩、蓝莓1362亩。农业产业化稳步推进，农产品加工企业达82户，实现产值23.34亿元，增长16.76%；新增农业、农民专业合作社7个，带动农村土地承包经营权流转1.9万亩。农田水利基础设施不断完善，投资1.52亿元，完成新民坝、小河坝除险加固等各类水利工程1571件，实施烟水工程、高标准农田建设1.33万亩，改造中低产田（地）2.34万亩，新增、改善灌溉面积2.04万亩，解决9700人饮水安全问题。

工业经济逐步壮大。预计完成工业增加值14.9亿元，增长21.3%。与玉溪高新区合作共建龙泉工业园区取得实质性成效，共同投资2.78亿元收储园区土地1896亩，完成30平方公里总体规划和8平方公里控制性详细规划编制评审，仙水大道建成通车；特固电气、云南联塑、腾达机械3户企业建成投产，万利包装、新天力机械制造2个投资亿元以上项目顺利开工，上海杰隆、荣盛实业、福达钢构、巨鹏燃气4户企业签约入园，园区实现总产值3.71亿元，增长281.4%。工业经济存量不断增长，县级领导联系企业制度有效落实，“助保贷”政策出台实施，多渠道帮助企业融资贷款2.6亿元，落实各类工业扶持资金1.23亿元，培育规模以上企业4户、“两个十万元”微型企业50户。传统产业发展后劲逐步增强，天湖化工南采区顺利开采，江磷集团年产8万吨磷矿粉、焦粉综合利用项目投入试生产；红砖行业整合基本完成，小煤窑新型墙体材料生产线建成投产；烟花爆竹行业整合取得进展，5户企业技改顺利推进。

第三产业保持活跃。预计完成第三产业增加值26.5亿元，增长8.3%。旅游产业健康发展，仙湖锦绣300亩湖滨湿地公园建成开放，九龙国际会议中心产权式公寓投入试运营，明星渔洞景区提档升级基本完成。成功举办第十届开渔节，创建3户“云南餐饮名店”。全年预计实现旅游总收入12.8亿元，增长30%。房地产业有序发展，龙旺湖城城市综合体和星云铭城、景华苑等项目主体工程完工，廖家营片区城市综合体完成控制性详细规划编制，地上附着物搬迁工作稳步推进。市场流通体系不断健全，玉溪医药集团物流项目投入运行，新建4个社区便民超市和6个村级粮油平价直销点，启动供销社综合改革试点。实现进出口总额8000万美元，增长14.3%。

（二）在加强保护治理中提升生态文明建设水平

“两湖一库”保护治理力度不断加大，“两湖”水污染综合防治“十二五”规划项目开工率达100%。星云湖退田还湖工程全面完工，恢复湿地、湖滨带5300余亩，完成南岸再生水利用工程和8.4公里带状调蓄预处理分配系统建设，玉溪东片区暨“三湖”生态保护水资源配置应急工程顺利推进；抚仙湖1700亩湖滨缓冲带建设成果得到巩固，环湖低污染水净化工程投入使用，西岸截污工程完成主管建设；下大石咀、大凹、上西河、大摆4个村环境综合治理工程完工，沿湖26个重点村落环境综合整治项目稳步推进。东风水库径流区综合整治工程深入实施，九溪河人工湿地净化、董炳河小流域水土流失防治等6项工程全面完工。河（段）长责任制有效落实，东西大河、大街河环境综合治理工程进展顺利，玉带河清水产流机制修复、牛摩河流域环境综合治理工程启动实施。“两污”治理得到加强，完成江城集镇区8公里污水收集管网建设，建成九溪镇污水处理厂和垃圾收集处置工程，前卫镇自燃式垃圾焚烧试点项目投入运行。节能减排工作有序开展，建成全市首个县级污染源在线监控平台，拆除沿湖、沿路大棚1132.5亩，关停凤凰山水泥厂、县水泥厂共2条机立窑生产线，取缔4个小炼油厂，单位生产总值能耗下降2.8%。“森林江川”建设扎实推进，种植各类苗木263万株，治理水土流失面积12平方公里。环保“三同时”制度有效落实，未发生重大环境污染事件。

（三）在统筹城乡协调发展中提升人居品质

强化规划引领，启动县城控制性详细规划编制，完成县城地下管线、地下空间利用、公共服务设施等9个专项规划编制。交通基础设施进一步完善，完成麦雄线、大铁线路面大修，启动江通路小白坡段路面改造，江中路建设进展顺利。县城老城区改造稳步推进，完成上营社区棚户区170户群众易地安置，启动星云路西段街区整治，盘活县城7个机关企事业单位国有闲置土地，实施“拆墙见绿、见缝插绿”，栽种各类植物21.5万株。城市服务功能不断完善，完成县城应急避难场所设置，乾景商业中心投入运营。城市管理得到加强，实施县城清扫保洁市场化运作，增加清扫保洁面积25.2万平方米，县城环境卫生明显好转，停车泊位管理进一步规范。农村面貌逐步改善，整合各类资金3430万元，完成16个美丽家园、整村推进项目，启动江城、九溪、安化美丽乡镇建设，九溪河口等10个大中型水库移民后期扶持工程进展顺利。农村公益事业加快发展，拨付财政奖补资金2100万元，完成50个“一事一议”项目建设。改造农村电网21公里，部分农村电压不稳定问题得到解决。

（四）在深化财税体制改革中提升保障潜力

加强税收形势分析，强化重点税源监控，确保税收应收尽收，完成地方公共财政预算收入5.02亿元；加大向上协调力度，争取上级资金9.35亿元。优化支出结构，深入推进国库管理制度改革，教育、卫生、农业、水利、环保等刚性支出得到有效保障，完成公共财政预算支出15.6亿元。扎实做好“营改增”扩面工作，认真落实税收优惠政策，减免各类税收5996万元。积极争取金融机构信贷规模，全县金融机构贷款余额达61.5亿元，增长19.7%，存贷比提高4.23个百分点。发挥财政资金引导作用，充分利用现有融资平台，撬动民间资金6.2亿元参与道路交通、供排水等基础设施建设。积极开展招商引资，实施市外国内项目99项，使用市外国内资金55.5亿元，增长34.4%。

（五）在强化为民办实事中提升公共服务能力

全年累计支出民生资金11.9亿元，占财政支出的76.8%。教育优先发展地位得到巩固，“三免一补”政策全面落实，农村义务教育阶段学生营养改善计划深入实施，完成高中招生改革；校安工程进展顺利，拆除D级危房5.94万平方米，新建、加固校舍7.6万平方米，建成4所美丽校园；江川职中扩

建工程有序推进，完成江川一中扩建征地69.25亩。社会保障体系进一步完善，发放“贷免扶补”资金2410万元，新增城镇就业2202人，转移农村劳动力2616人，城镇登记失业率控制在3.5%以内。及时足额发放城乡低保等各类社会保障资金1.49亿元。建成保障性住房856套，完成农村危房改造1144户。文化卫生事业健康发展，县文化馆和3个乡镇文化站修缮项目全面完工，开展“唱响江川·舞动星抚”文化惠民文艺演出，与中央电视台合作完成《美丽中国乡村行》等节目拍摄。县人民医院公立医院改革稳步推进，前卫卫生院综合楼和渔村等13个村卫生室建成投入使用，报销新型农村合作医疗基金1.06亿元。计生工作得到加强，启动实施“单独两孩”政策。殡葬改革有序推进，完成县殡仪馆主体工程和29个农村公益性公墓建设，乱埋乱葬专项整治取得成效。老龄事业健康发展，建成前卫中心敬老院，完成居家养老服务中心、农村幸福院、老年活动中心等37个养老服务项目建设。荣获云南省第九届双拥模范县称号。妇女儿童、红十字、残疾人、体育等事业不断发展，统计、科技、气象、人防、档案、外事、侨台等工作取得新成绩。

“六五”普法和“四五”依法治县深入实施，县城视频监控系统投入运行，组建巡特警大队，各类社会矛盾有效化解，大街社区被评为全国和谐社区建设示范社区。社会管理综合治理扎实推进，网格化管理平台建成使用。开展安全生产专项整治，加强食品药品监管，安全生产形势总体稳定。

（六）在转变职能中不断提升政府自身建设水平

深入开展党的群众路线教育实践活动，着力整治“四风”，干部作风明显好转。严格执行中央八项规定，制定出台《江川县机关差旅费管理办法》，启动公务用车制度改革，“三公”经费下降29.3%。坚持依法行政，严格执行重大决策会前听证、风险评估、合法性审查制度，提高行政决策的科学性、民主性、合法性。深化行政审批制度改革，清理行政审批事项401项，取消行政审批事项2项，承接上级下放行政审批事项17项；网上政务服务大厅建成投入使用，333项行政审批及管理服务事项纳入集中管理，实现行政审批事项网上办理。强化权力约束，加强审计监督，规范政府采购和公共资源交易行为，节约财政资金2394万元。加大惩治腐败力度，查处违法违纪案件20件21人。严格行政问责，问责不作为、慢作为干部18人。推进政务公开，主动向社会公开72个部门预决算和“三公”经费信息，通报、公示政府重大事项2324项。自觉接受人大法律监督、政协民主监督，办理人大代表建议67件、政协委员提案90件，办结率100%。

各位代表！过去一年取得的成绩，离不开市委、市政府和县委的坚强领导，离不开县人大、县政协的监督支持，离不开全县人民的奋力拼搏。在此，我代表县人民政府，向各位代表、全县广大干部群众、驻江部队指战员，向工商联、无党派人士、各人民团体以及所有关心支持我县发展的老领导、同志们，致以最衷心的感谢和最崇高的敬意！

在看到成绩的同时，我们也清醒地认识到，去年的地方生产总值、固定资产投资和社会消费品零售总额3项指标低于预期目标，经济社会发展还面临很多矛盾和问题：一是经济总量不足，产业转型升级任务艰巨，财政收支矛盾突出；二是受宏观经济影响，项目推进缓慢，投资严重不足；三是节能减排形势严峻，生态建设和环境保护任务艰巨；四是社会管理能力和城乡管理精细化、科学化水平有待提高；五是少数干部作风不实、担当不够、措施不力，庸政、懒政、怠政等现象依然存在。这些困难和问题我们将在今后的工作中认真研究加以解决。

二、2015年工作安排

2015年，是全面完成“十二五”规划的收官之年，也是奠定“十三五”发展基础的关键一年，我们在面临国内经济下行压力加大、自身结构性矛盾凸显等诸多挑战的同时，也迎来了难得的发展机遇。国家加大西部大开发力度，实施“一带一路”和桥头堡战略，省委、省政府推进滇中城市经济圈一体化建设的重大决策部署，市委、市政府实施玉溪发展战略规划，为我们发挥区位优势和利用优质资源，提升对外合作交流层次和水平，加快资源优势向经济优势转变带来了重大机遇，为我们与玉溪中心城区同城发展，承接发达地区产业转移创造了有利条件，为我们促进区域现代化和就地城镇化协同发展，更深层次和更高水平推动城乡一体化发展提供了有力支撑。我们必须顺时而谋、乘势而上，牢牢把握新常态下的发展趋势，精心编制“十三五”规划，科学谋划未来发展，切实抓住发展的主动权。

今年政府工作的总体思路是：全面贯彻落实党的十八大、十八届三中四中全会、中央经济工作会议和习近平总书记系列重要讲话精神，按照省委九届九次全会、市委四届五次全会、省市委经济工作会议和县委十二届五次全会的要求和统一部署，坚持稳中求进的工作总基调，坚持以提高经济发展质量和效益为中心，主动适应经济发展新常态，把转方式调结构放到更加重要的位置，坚定不移地按照“环境优先、兴园强工、建设新城、做美生态”的思路，全面推进依法行政，狠抓改革攻坚，突出创新驱动，加强民生保障，强化风险防控，全面推进经济、政治、文化、社会、生态文明建设，奋力建设富裕和谐美丽新江川。

建议2015年全县经济社会发展主要预期目标为：完成县内生产总值68.7亿元，增长11%以上；地方财政收入6.2亿元，增长5.5%以上；规模以上固定资产投资34.5亿元，增长15%以上；社会消费品零售总额19.2亿元，增长13%以上；城镇居民人均可支配收入28815元，增长11%以上；农村居民人均可支配收入10480元，增长13%以上；城镇登记失业率控制在4%以内；单位生产总值能耗下降2%。

围绕上述目标，我们重点要抓好以下七个方面工作：

（一）坚持以农民增收为核心，着力促进农业农村经济发展

把农业作为推动县域经济发展的基础，围绕农业增效、农民增收，统筹抓好农业生产、产业培育和基础设施建设，实现农业总产值增长5.4%。

培育壮大优势产业。巩固烤烟支柱地位，落实烤烟种植面积7.6万亩，完成烟叶收购1140万公斤。稳定粮食种植面积，提高蔬菜、花卉等传统产业效益，大力发展经济果木，推广种植核桃4万亩、蓝莓1200亩，实现种植业总产值增长7.2%。规范发展规模化养殖，抓好重大动物疫病防控，力争畜牧业总产值突破8亿元。做好土著鱼繁育工作，加强渔政管理，实现渔业总产值增长6%。

加快推进农业现代化进程。继续加大龙头企业和专业合作社培育力度，抓好深圳茂雄集团农产品加工等项目建设。加强农产品标准化认证，争取雄关萝卜种植标准示范区通过省级验收。强化农业科技创新服务，新增农机（具）1110台（套）。扎实做好农村人才认定和新型农民培育。

继续完善农田水利基础设施。积极争取小型农田水利重点县项目，完成跃进水库、大地冲、小田坝等6座病险水库除险加固和鹦哥岩引水渠防渗工程，启动九溪河、东大河、大白石头河山洪沟防洪治理项目。抓好人饮安全工程建设，继续实施“爱心水窖”项目。组织实施江城温泉、路居上坝等3个农业综合开发项目，九溪大营、前卫小街等7项土地整治工程，完成江城龙潭项目区烟叶基础设施建设。实施1.5万亩中低产田（地）改造和大街海浒、江城黄营等片区7400亩高标准农田建设。

（二）坚持以科技创新为支撑，着力推进工业经济转型升级

把工业作为实现县域经济跨越发展的重要支柱，坚持县级领导联系企业制度，坚定“兴园强工”发展思路不动摇，培育发展新兴产业，改造提升传统产业，推进工业转型升级，实现工业总产值增长13%。

全力推进龙泉工业园区发展。坚持工业园区化、园区城镇化，抓好水、电、路、气等基础设施建设与城镇规划配套衔接，推动产城融合。继续深化与玉溪高新区合作，拓宽资金筹措渠道，完成园区土地收储750亩，实现固定资产投资5.6亿元以上。积极推进4个已签约入园项目建设，完成红塔集团复烤二车间易地技术改造规划方案报批，确保万利包装、新天力等项目建成投产，完成工业总产值9.7亿元。抓好园区项目储备，完成项目包装策划5个以上、签约落地3个以上。

改造提升传统产业。贯彻落实省、市加快工业转型升级实施意见，全面完成红砖行业整合，建成上头营片区2条新型墙体材料生产线。实施烟花爆竹行业整合重组，确保参与整合企业全面投产，实现集团化运作。鼓励优势产业延伸产业链，推进江磷集团精细化发展，完成年产1000吨微胶囊化阻燃赤磷项目建设，支持恒昌造纸、天丽食品等一批企业实施技术改造。

努力做大工业经济增量。认真落实《加快民营经济发展实施意见》和“助保贷”等各项扶持政

策，抓好龙泉工业园区中小企业创业园和江城工业园建设，引导、扶持具有发展潜力的中小企业入园发展，形成中小企业产业集群，力争培育3户规模以上企业。继续实施“两个十万元”微型企业创业培育工程。支持装备制造、新能源新材料等产业发展，争取推进安化光伏发电项目建设。

（三）坚持以文化旅游产业为依托，着力促进第三产业发展

把旅游业作为活跃县域经济的抓手，加快推进重大旅游项目建设，完善旅游基础设施，着力促进现代服务业发展，实现第三产业增加值增长9%。

夯实旅游发展基础。积极推进抚仙湖周边重大旅游项目建设，加快仙湖锦绣、九龙国际会议中心建设步伐，力争完成小马沟—冯家湾片区退房还湖旧村改造项目搬迁安置，启动天湖湾项目建设，做好云南抚仙湖原乡民俗风貌区项目建设前期工作。统筹规划星云湖周边产业布局，加快推进星云湖4A级旅游景区项目建设。全面提升乡村旅游发展水平，编制青铜文化特色旅游村规划，启动前卫镇渔村青铜旅游文化特色街区建设。加快老景区提档升级，启动界鱼石公园和碧云寺公园提档升级，推进文化产业与旅游产业融合发展。

注重发展现代服务业。促进流通业发展，完成县城日用工业品配送中心建设。加快发展特色餐饮，继续开展“云南餐饮名店”创建工作。支持发展以本地特色优势产业为主导的电子商务。

（四）坚持以环境保护治理为重点，着力提高生态文明建设水平

把生态建设放在更加突出位置，强化环境治理与生态保护，积极争取重点生态功能区转移支付，全面完成“两湖”水污染综合防治“十二五”规划项目，严格执行新环境保护法，认真落实环保“三同时”制度，加强环境监察执法，确保不发生重大环境污染事件。

加强“两湖一库”保护治理。认真落实星云湖保护治理措施，完成路居、江城片区26个沿湖连片自然村农村环境综合整治工程，继续实施环湖截污项目建设，做好玉溪东片区暨“三湖”生态保护水资源配置应急工程。加大抚仙湖保护力度，确保抚仙湖西岸污水收集工程建成投入使用，启动抚仙湖近面山禁止放牧和径流区控制畜禽规模养殖污染治理工作。强化河（段）长责任制，完成玉带河清水产流机制修复工程，牛摩河、渔村河等5条主要入湖河道环境综合治理。深入推进东风水库径流区综合整治工作，启动九溪河5.44公里河道综合治理工程。

加快生态建设步伐。深入推进“森林江川”建设，实施石漠化综合治理、封山育林和退耕还林项目，完成陡坡地治理5000亩，义务植树造林60万株。加强森林防火和病虫害防治工作。加快推进大街、江城国家级生态乡镇和路居、九溪、前卫、安化、雄关5个省级生态乡镇创建步伐，争创省级生态文明县。

扎实抓好节能减排工作。继续加强“两污”项目建设，完成星云湖北片区污水处理厂6公里管网建设工程，启动县城老污水处理厂提标改造，提高污水收集处理率。实施生活垃圾综合处理项目建设，合理规划建设县城垃圾中转站，逐步推广自燃式垃圾焚烧处理，完成建子山垃圾填埋场渗滤液处置工程和前卫镇、江城镇垃圾填埋场封场。加大大气污染防治力度，做好老旧机动车、黄标车强制淘汰工作。加大污染减排力度，完成4户畜禽养殖企业减排设施建设，实施恒昌造纸、天湖化工等一批企业重点节能工程和清洁生产工程。

（五）坚持以新型城镇化为导向，着力推进城乡统筹发展

把新型城镇化作为推进城乡一体化的重要载体，坚持规划先行，完成县城控制性详细规划编制，推进经济发展、城乡建设、土地利用、环境保护“四规合一”，严格规划审批管理，优化城乡功能和空间布局，提升城镇化质量。

推进县城提质扩容。积极实施老城区改造，紧紧抓住国家加大城镇棚户区改造力度的重大机遇，争取国家开发银行中长期贷款，分期分批推进县城上营、下营、大街3个社区棚户区改造，完成原公安局片区棚户区拆除工作。加大街区整治力度，完成星云路、明珠路、振兴街街区整治，打通上营西街交通瓶颈，拓宽改造抚仙路南段。以县城门户道路和城区主要街道沿线为重点，继续开展低效闲置土地清理整顿和开发利用工作。严格执行《江川县城市管理办法》等10个管理办法，加强综合执法，提高城市综合管理水平。

完善市政基础设施。完成江中路建设及江通路

小白坡段路面大修，做好江通高速公路建设前期工作，继续推进晋江高速公路建设。合理开发利用地下空间，积极争取实施城市地下综合管廊建设，严格执行县城地下管线、地下空间利用规划，与街区整治同步完成弱电线路入地，逐步改造老旧供排水管网，启动天然气中转站建设和管网规划编制。逐步完善市政配套功能，完成龙旺湖城城市综合体建设和廖家营片区城市综合体地上附着物搬迁、土地挂牌工作，争取县城标准化体育场项目立项，新建木材、钢筋专业交易市场。继续开展“拆墙见绿、见缝插绿”工作，提高县城绿化率。积极争取撤县设区，实现江川至红塔区客运公交化。

促进城乡一体化发展。进一步完善集镇、村庄规划，加大农村土地管理力度，完成农村集体土地使用权调查确权工作，严格执行城乡居民住房规划建设管理办法，积极稳妥推进旧村改造。加快小城镇发展，推进江城、九溪、安化美丽乡镇建设，完成江城文化广场建设和南北大街街区改造，启动安化乡民族文化广场建设。着力改善农村生产生活条件，完成前卫李忠村等9个美丽家园和九溪河口“美丽家园小康库区”移民新村项目建设，江城蔡家庄和大街水箐沟地质灾害点搬迁，实施好早谷田至烂泥箐、朱家庄至天井凹等21条通建制村公路建设，做好雄关观音寺、前卫周官、九溪喜乐庄等22个农村电网改造工程。继续开展清洁农村工作，启动城乡垃圾整治。

（六）坚持以深化改革为抓手，着力增强发展活力

把深化改革作为加速发展、增添动力的推进器，把招商引资作为结构调整优化、产业转型升级的催化剂，切实推进重点领域改革，提高招商引资实效，增强经济社会发展活力。

积极推进改革。完成新一轮政府机构改革任务，推进事业单位分类改革。深化行政审批制度改革，建立政府及部门行政审批事项目录清单制度，抓好行政审批事项承接和监管。推进财税金融改革，规范预算管理体系，细化部门预算编制，强化预算硬约束，完成“营改增”任务。加强地方政府性债务管理，妥善处理存量债务和在建项目后续融资，规范举债融资行为，防范化解财政金融风险。进一步深化银政、银企合作，探索PPP模式，鼓励社会资本通过特许经营等方式，参与公益事业投资和运营。推进土地承包经营权确权登记颁证试点，促进土地经营权有序流转。推动农村土地承包经营权、宅基地使用权、房屋所有权“三权三证”抵押融资工作。强化农村“三资”管理，依法追缴原农村基金会欠款。深化户籍制度改革，稳步推进农转城工作。推进供销社改革，恢复重建九溪、路居2个基层供销社。精心编制“十三五”规划，紧密结合中央、省、市的政策导向，找准发展定位，抓好5个重大课题研究和20个专项规划编制。

加大招商引资力度。坚持政策一宽再宽、利益一让再让、服务一改再改、环境一造再造，完善招商引资配套政策，充分利用区位优势、自然资源、产业基础等条件，紧紧围绕生物医药、高端装备制造、现代物流服务等重点，加大“走出去”招商力度，抓好生产性项目招商。落实领导高位推动、全程高效服务、乡镇部门合力招商责任，认真抓好“三个一批”工作推进落实。加强项目合同管理，建立项目科学评审及退出机制，搞好协调服务和落地督办，提高合同履约率、项目开工率和资金到位率，实现使用市外国内资金55亿元以上。

（七）坚持以增进人民群众福祉为根本，着力构建和谐社会

大力实施民生工程。认真落实义务教育“三免一补”政策，继续实施农村学生营养改善计划，深入推进校舍安全工程暨美丽100校园行动计划，排除所有学校C、D级危房，新建校舍12570平方米，建成美丽校园6所。完成杨家咀小学搬迁重建和路居中心幼儿园、安化光山幼儿园建设。继续抓好2014年保障性住房建设，深入实施农村危旧房改造工程。建立精准扶贫机制，启动安化乡和前卫李家边等5个整乡整村推进扶贫工程，发放2000万元精准扶贫贷款和2000万元产业扶贫贴息贷款，帮助3000名贫困人口脱贫。完善养老服务体系，完成九溪敬老院建设，加快实施社区居家养老服务中心和老年活动中心项目。全力推进殡葬改革，加快经营性公墓建设，确保县殡仪馆及45个农村公益性公墓建成投入使用；严格执行火化补助标准，必须确保3月1日起全县火化率达到100%。

全面推进社会事业。抓好创业就业工作，实现新增城镇就业2300人，失业、特殊困难群体再就业

550人，开发公益性岗位400个。坚持城乡低保动态管理，做到应保尽保、该退尽退。继续深化医疗卫生改革，完成县中医医院公立医院改革，扩大县乡村医疗卫生服务一体化管理范围。巩固新型农村合作医疗保障制度，促进基本公共卫生服务均等化。加快文化事业发展，抓好农村公共文化设施和文化惠民工程建设，启动江川文庙修缮工作。加强食品安全监管，巩固“省级餐饮服务食品安全示范县”成果。认真做好人口与计划生育工作，落实“单独两孩”政策，提高出生人口素质。积极发展妇女儿童、残疾人事业，抓好统计、科技、气象、防灾减灾、民族宗教等工作，支持群团组织开展工作。

全力维护社会稳定。深入开展“六五”普法、“法治江川”和“四五”依法治县工作，完善网格化服务管理体系，整治社会治安突出问题，严厉打击各类违法犯罪。创新社会管理，坚持领导干部大接访大下访制度，加强矛盾纠纷排查化解，引导群众依法反映诉求。深入推进第三轮“禁毒防艾人民战争”及反恐制暴工作。强化安全生产党政同责，深入排查治理烟花爆竹、危险化学品、矿山、道路交通、消防等重点领域安全隐患，严防重特大安全事故发生。

三、进一步加强政府自身建设

（一）推进依法行政，加快建设法治政府

贯彻落实党的十八届四中全会和省委九届九次全会精神，全面推进依法行政，以宪法和法律为行政准则，加快建设职能科学、权责法定、执法严明、公开公正、廉洁高效、守法诚信的法治政府。完善政府工作规则，推行政府权力清单制度，推进机构、职能、权限、程序、责任法定化，依法全面履行政府职能。健全和完善依法决策机制，建立重大决策终身责任追究制度及责任倒查机制，严格执行重大行政决策公众参与、专家论证、风险评估、合法性审查、集体讨论决定等工作制度，确保行政决策的科学性、民主性、合法性。推行政府法律顾问制度，实现政府及其工作部门法律顾问全覆盖。深化行政执法体制改革，落实行政执法责任制，建立健全行政裁量权基准制度，加大关系群众切身利益的重点领域执法力度，依法惩处各类违法行为。全面推行政务公开，做到决策、执行、管理、服务、结果“五公开”。自觉接受人大法律监督、政协民主监督，支持法院、检察院依法独立公正行使职权。

（二）转变工作作风，加快建设服务型政府

落实党的群众路线教育实践活动整改事项，认真开展“三严三实”和“忠诚干净担当”专题教育活动，把“八要”要求贯穿于工作全过程，发扬“钉钉子”精神，紧盯作风领域突出问题，坚决防止干部干劲松懈和“四风”反弹回潮，切实转变文风、会风，开短会、讲短话，出实招、见实效。着力打造高效政务服务平台，完善政务服务中心软硬件建设，推进审批授权、并联审批，减少行政审批环节，优化行政审批流程，提高行政审批效率。健全完善公共资源交易管理制度，将工程项目建设、土地和矿权出让、政府采购全部纳入公共资源交易平台交易。落实干部直接联系群众制度，建立健全目标倒逼进度、时间倒逼程序、社会倒逼部门、任务倒逼责任人、督查倒逼落实的“五个倒逼”工作机制，推行随机调研和一线工作法，做到在一线化解矛盾，在一线推进工作。

（三）突出从严治政，着力打造廉洁政府

认真履行党风廉政“一岗双责”，强化改革、发展、稳定、反腐“四位一体”的工作理念。严格执行中央“八项规定”，坚持厉行节约、反对浪费，勤用“四盆水”，做到“六个不能”，当好“六个表率”。推行全口径预算管理，开展财政资金使用效率大检查，严厉整治私设“小金库”，制定出台公务接待管理等配套办法，完成公务用车制度改革，确保“三公”经费压缩15%以上。健全完善惩治和预防腐败体系，严格执行“三重一大”、经济责任审计制度，加大审计监督、监察力度，构建严密的权力运行制约机制，通过依法确定权力、科学配置权力、制度限制权力、阳光使用权力、合力监督权力、严惩滥用权力，减少权力寻租空间。继续整治侵害群众利益、群众办事难、借机敛财、违规插手工程等12个方面突出问题，严肃查处违纪违法案件，以反腐倡廉的实际成果取信于民，以秉公用权赢得人心。

各位代表，同心致远、实干兴县，让我们在市委、市政府和县委的坚强领导下，以奋发有为的精神、敢于担当的勇气，干在实处、走在前列，共同谱写富裕和谐美丽江川建设新篇章！

名词解释

一带一路：“一带”指丝绸之路经济带，“一路”指21世纪海上丝绸之路。

PPP：即公私合作关系，指政府公共部门与民营部门合作过程中，让非公共部门所掌握的资源参与提供公共产品和服务，从而实现政府公共部门的职能，同时也为民营部门带来利益。

助保贷：由政府的风险补偿资金、企业缴纳的助保金共同组成“助保金池”，为小微企业贷款增信，是政府、银行合作针对小微企业融资需求推出的一项信贷业务。

营改增：将以前缴纳营业税的应税项目改成缴纳增值税。

城市综合体：以建筑群为基础，融合商业零售、商务办公、酒店餐饮、公寓住宅、综合娱乐五大核心功能于一体的城市经济聚集体。

三免一补：“三免”指免课本费、免杂费、免文具费。“一补”指对小学半寄宿制学生和初中困难学生生活给予补助。

单独两孩：计划生育新政策，指夫妻双方一人为独生子女，且第一胎为非多胞胎的，可申请生育第二胎。

滇中城市经济圈一体化建设：以昆明、玉溪、曲靖、楚雄4州市及红河州北部拓展区为发展空间的“4+1”滇中城市经济圈建设，提出经济圈到2016年在全省科学发展和谐发展跨越发展中的地位进一步突出，到2020年在全省率先实现与全国同步全面建成小康社会的宏伟目标。

黄标车和老旧车：黄标车指尾气排放水平低于国一排放标准的汽油车和国三排放标准的柴油车；老旧车原则上指未达到现行国家第四阶段排放标准的车辆。

精准扶贫：是指针对不同贫困区域环境、不同贫困农户状况，运用科学有效程序对扶贫对象实施精确识别、精确帮扶、精确管理的治贫方式。

三严三实：2014年3月9日，习近平总书记在十二届全国人大二次会议上发表关于推进作风建设的讲话时，提出的“既严以修身、严以用权、严以律己，又谋事要实、创业要实、做人要实”重要论述。

三个一批：招商引资工作要洽谈一批项目、签约一批项目、开工建设一批项目。

事业单位分类改革：指按照政事分开、事企分开和管办分离的要求，将现有事业单位按照社会功能划分为承担行政职能、从事生产经营活动和从事公益服务三个类别。对承担行政职能的，逐步将其划为行政机构或转为行政机构；对从事生产经营活动的，逐步将其转为企业；对从事公益服务的，继续将其保留在事业单位序列，强化其公益属性。

八要：市委四届五次全会上，市委书记罗应光明确提出了“八要”，即一要开短会，讲短话；二要遵循规律，按客观规律办事；三要敬业有功、怠业必惩；四要不跑上层下基层、不看关系看政绩；五要启动“百村示范、千村整治”行动；六要努力建设平安绿色文化法治玉溪；七要明确责任，实行“七位一体”（招商引资、重点项目建设、园区建设、民营经济、节能减排、河道治理和社会维稳）；八要振奋精神，树立玉溪形象。

四盆水：用好“一盆洗头水”，通过“勤洗头”，醒醒脑，使每一位党员领导干部始终保持政治头脑的清醒和坚定，始终与党中央保持高度一致，增强贯彻执行党的路线、方针和政策的自觉性。用好“一盆洗脸水”，通过“勤洗脸”，擦灰尘，使每一位党员领导干部时刻保持共产党员的先进性和纯洁性，提升党在人民群众心目中的良好形象。用好“一盆洗手水”，通过“勤洗手”使每一位党员干部时刻提醒自己不义之财不伸手，增强拒腐防变的能力。用好“一盆洗脚水”，通过“勤洗脚”使每一位党员干部真正从热衷于出入高档娱乐场所向勤下基层、多下基层调查研究工作的根本转变，倾听群众的意见和呼声，提高做好新形势下群众工作的能力。

六个不能：不能让一天闲过，不能让一事拖拉，不能让一样恶习上身，不能让一笔赃款进家，不能让一个自己接触过的群众不满，不能让一个亲属和身边工作人员惹出闲话。

六个表率：在坚定理想信念、严以修身上做表率；在司法为民清正廉洁、严以用权上做表率；在慎始慎独慎微慎权、严于律己上做表率；在实事求是、求真务实、谋事要实上做表率；在勇于担当、敢于负责、创业要实上做表率；在正确处理各种关系、做人要实上做表率。

大　事　记

编辑　徐凡清

江川县2014年大事记

1月

3日，江川县召开2014年烟叶工作会议。

7日，副市长解仕清到江川县调研烟花爆竹整合工作情况，县委常委、副县长李志刚等陪同调研。

7日，副市长李平到江川调研粮食工作，副县长王波及市县粮食局主要负责人陪同调研。

8日，江川县召开2014年春节和“两会”期间食品安全保障工作会议。

8日，江川县召开全国第一次可移动文物普查动员会。

9日，江川县召开2014年预防道路交通事故第一季度联席会暨春运安全工作会议。

11日，江川县召开2013年度党风廉政建设暨目标任务综合考评意见反馈会。

13日，中国人民政治协商会议江川县第八届委员会第二次会议召开。

14日，司法部副部长郝赤勇在省司法厅厅长马继延陪同下，对江川县司法行政工作进行调研。

18日，江川县第十五届人民代表大会第二次会议在县城影剧院召开。

21日，中共江川县纪委十二届四次全委会召开。

22日，市、县领导到驻江部队进行慰问，对驻江川部队官兵们为驻地作出的贡献表示感谢，并送上春节祝福。

22日至23日，县四套班子领导看望慰问问困难职工和困难群众。

23日，县四套班子领导看望慰问住县城实职副处以上老干部，与老干部们座谈。

23日，市侨联主席何国光一行到大街街道慰问2名侨眷。

24日，县委书记马文龙深入“四群”教育挂钩村——前卫社区走访慰问“四群”教育联系户。

26日，副市长李平一行到前卫镇检查护林防火工作。

26日，江川县召开2014年美丽家园专题工作会议。

26日，江川县召开森林防火工作会议，安排部署春节期间及春季森林防火工作任务。

26日，县委副书记、县长钱兴深入“四群”教育挂钩联系社区——上营社区，走访慰问“四群”教育联系户。

27日，省总工会为江川县李承根、徐宝祥、罗汉斗3位全国劳模发放“三金”（春节慰问金、低收入补助金、特殊困难帮扶金）4.3万元。

27日，江川县召开领导干部大会，传达学习市委四届四次全会精神，并就贯彻落实好市委全会精神作出安排部署。

27日，江川县召开会议传达学习云南省十二届人大二次会议精神。

2月

12日，市委副书记夏立洪调研九溪大河综合治理工作。

12日，江川县召开党的群众路线教育实践活动动员大会。

17日，中共江川县委政法工作会议召开。

18日，江川县召开烤烟生产工作推进会。

18日，市森林防火专项督查组到九溪镇检查森林防火工作开展情况。

24日，江川县人民政府与中国工商银行股份有限公司玉溪分行签署金融战略合作协议。

25日，县委常委、县纪委书记李学祥，县委常委、县委办主任邓春元到前卫镇就党的群众路线教育实践活动进行调研。

26日，县委副书记、县长钱兴到锁水阁古建筑修缮施工现场督促工程建设。

26日，江川县召开第八批新农村建设指导员下派动员会，贯彻落实省委、市委有关会议精神，安排部署2014年新农村建设工作队工作。

27日，县委副书记石伟到大街街道调研大街河整治工作。

3月

3日，江川县召开乡镇党（工）委、县直党（工）委负责人座谈会，就县委、人大、政府、政协四套班子开展党的群众路线教育实践活动征求意见和建议。

3日，县委副书记、县长钱兴到党的群众路线教育实践活动联系点县人力资源和社会保障局进行走访调研，听取干部、党员和企业意见建议。

3日，县委书记马文龙，县委副书记、县长钱兴等四套班子领导深入龙泉山工业园区，对江川县工业发展情况进行调研。

4日，县委书记马文龙，县委副书记、县长钱兴等四套班子领导深入全县多家工业企业进行实地调研，了解全县工业经济发展情况。

5日，省总工会技协办副主任尹江宾，市总工会副主席柏劲松，县人大常委会副主任、县总工会主席陆富仙一行到云南江磷集团股份有限公司职工技师工作站进行调研。

5日，江川县举行第八批新农村建设指导员培训会。

7日，江川县召开2014年安全生产工作会议。

7日，中共江川县委2014年度议军会议暨国动委会议召开。

12日，江川县开展城市建设专题调研。

13日，江川县召开“平安旅游”活动创建部署暨旅游安全生产工作会议。

17日，江川县召开2014年残疾人事业工作会议。

18日，江川县召开2014年人大建议、政协提案交办会，68件人大代表建议、90件政协委员提案交付承办单位办理。

19日，大街河河长、副市长陈勇到大街河施工现场查看河道整治情况。

20日，中共江川县委农村工作会议召开。

20日，江川县召开2014年度党建暨党风廉政建设大会。

22日，由市政府相关单位组成的核桃竹子产业发展考核领导小组一行对江川县2013年市级核桃产业发展项目进行考核检查。

24日，江川县领导干部学习讲坛（殡葬改革专题）知识讲座在县城影剧院举行。

24日至27日，中共江川县委理论学习中心组开展党的群众路线教育实践活动第二阶段学习调研活动。

25日，大街街道下营社区“道德讲堂”开讲，是江川县首家启动“道德讲堂”的社区，标志着江川县2014年“道德讲堂”正式开始。

25日，市政协副主席、周官河河长汪燕平，市三湖督导组副组长张伟在县政协主席、周官河副河长罗跃岗陪同下到周官河视察河道治理工作。

28日，江川县召开2014年经济工作会议。

28日，江川县宣传思想文化工作会议召开。

4月

1日，江川县召开2014年春耕生产工作会议。

2日，江川县召开全县组织工作会议。

3日，江川县召开党建述职工作会。

4日，江川县四套班子成员及各界人士到江川县革命烈士陵园，开展祭扫烈士墓活动。

4日，江川县召开2014年公路管理养护工作会。

9日，江川县召开2014年卫生工作会议。

9日，江川县举办2014年度特种作业人员培训班。

9日，江川县2014年农村老体协工作会议在召开。

11日，江川县非公经济人士理想信念教育实践活动动员会召开。

14日，市三湖督导组会同市人大、市政协对江川县13条主要入湖（库）河道治理情况进行年度考核，检查河长责任制工作落实情况及河道综合整治情况。

15日，县委副书记、统战部部长石伟率县民政、国土、发改及各乡镇、街道主要负责人一行，对江川县村级公益性公墓建设工作进行现场办公。

15日，江川县召开2014年上半年孕产妇及5岁以下儿童死亡评审会。

16日，云南省残疾人就业服务机构规范化建设工作考评组一行到江川考评验收残疾人就业服务机构规范化建设工作。

16日，省九湖督导组成员、原市人大常委会主任普朝和到江川调研星云湖水污染综合防治工作。

17日，江川县举办纪检监察干部学习培训会。

17日，江川县2014年食品药品安全监管工作会召开。

17日，江川县召开2014年烤烟预整地暨移栽现场会议。

17日，江川县召开党的群众路线教育实践活动座谈会，向市委第十三督导组汇报江川县县域特色经济建设和乡镇（街道）社会管理方面的情况。

18日，江川县召开2014年人力资源和社会保障工作会议。

18日，江川县召开2014年环境保护暨污染物减排工作会议。

18日，江川县召开2014年工资集体协商会议。

23日，县委书记马文龙到江城镇开展“上级点”工作，帮助江城镇党政班子及成员查找“四风”方面存在问题，提出边学边查边改要求。

24日，江川县召开2014年统战、民族宗教工作会议。

25日，县委副书记、统战部部长石伟率县委新农办、县委统战部、县民宗局深入罗合白村实地调研，指导项目建设。

25日，县委副书记、县长钱兴深入大街街道开展党的群众路线教育实践活动“上级点”工作。

28日，江川县召开2014年夏季水上安全工作会议。

28日，江川县召开2014年劳模座谈会。

30日，江川县举办“庆五一·体彩杯”快步健身走活动。

5月

4日，市委书记张祖林到江川县调研星云湖治理情况，专题听取盘溪调水工程（即东片区暨“三湖”生态保护水资源配置应急工程）推进情况汇报，研究解决存在的困难和问题。

4日，市委副书记、市长饶南湖率队到江川龙泉山工业园区就云南联塑科技发展有限公司、云南腾达机械制造有限公司建设情况进行专题调研。

6日，市卫生局和市教育局联合督导组一行到江川县开展2014年春夏季学校卫生专项督查。

7日，江川县地名委员会第一次全体会议暨地名命名更名会召开。

8日，江川县召开2014年度民兵整组工作会议。

8日，省政府工业经济调研督导组调研督导江川龙泉山工业园区工业经济运行情况。市工信委副主任张贵祥，县委常委、常务副县长张文彬等陪同调研。

8日，中央“610”巡视组一行在县委常委、政法委书记陈琎寿陪同下，到大街街道调研开展反邪教工作情况。

9日，江川县召开2014年禁毒、消防、道路交通安全工作会议。

12日，江川县组织收听收看全省造林绿化暨林业改革电视电话会议。

15日，县委常委、政法委书记陈琎寿率县委政法委干部深入大庄中心小学调研中小学开展法制教育工作情况。

19日，县委常委、常务副县长张文彬到云南江川恒昌纸业有限公司调研规模以上工业企业经济运行情况。

20日，全县党的群众路线教育实践活动推进会暨领导小组第四次会议召开。

21日，江川县召开防汛抗旱工作紧急会议。

21日，江川县组织126名离退休老干部对江川县重点工程项目建设进行参观考察。

28日，江川县召开2014年1至4月经济运行分析会。

28日，国家环保部西南督查中心到江川县检查翠峰水泥有限公司污染物总量减排和大气污染防治工作。

28日，市仙湖锦绣项目指挥部、县委宣传部、民政局、监察局等部门领导和设计、监理、施工单位负责人及专家对路居镇老高坟农村公益性公墓项目建设进行验收。

28日，省委第四督导组常务副组长盛云富一行到江川县调研和督导教育实践活动第二环节工作。

29日，江川县召开2014年烤烟抗旱保苗暨中耕管理工作会。

30日，江川县举行全县《社会救助暂行办法》宣传培训暨民政信息员业务知识培训会议。

30日，江川县召开星云湖环湖截污及水资源循环利用工程规划汇报会。

6月

4日，市政协副主席、周官河河长汪燕平一行到江川县前卫镇周官河视察河道治理工作。

4日，副市长杨洋到江川县人民医院、县幼儿园、双语幼儿园等进行调研，对托幼机构的手足口病防治工作作重点督查。

5日，副市长左广率市政府督查组到江川督查稳增长保安全工作。

5日，江川县召开殡葬改革工作推进会。

6日，江川县召开2014年人口和计划生育暨流动人口公共服务均等化工作会。

10日，江川县召开农村扶贫对象建档立卡工作暨培训会。

11日，100～300克大规格大头鲤鱼种2吨，100万尾大头鲤夏花（规格4～6厘米）及2万尾星云白鱼（规格5～7厘米）投放星云湖。副市长李平，县委常委、副县长李志刚，副县长王波，省农业厅、市农业局及县属相关部门领导参加放流活动。

11日，云台会（又称滇台经贸文化交流合作研讨会，由国务院台湾事务办公室和省政府共同主办）相关人员在省、市、县领导陪同下到江川进行文化产业调研。

11日，市委书记张祖林到江川县对大街河治理工作开展调研，市委常委、常务副市长陈勇，市“三湖”水污染综合防治督导组组长张玲参加调研。

13日，江川县举行火化区划定方案听证会。

14日，云南省工艺美术行业第五届大师联谊会在江川召开。

14日，省政府督查组一行到江川工业园区开展稳增长保安全督查工作。

17日，江川县召开经济社会发展工作会。

17日，江川县开展以“坚守红线，从严执法”为主题的第十三个全国“安全生产月”咨询日活动。

18日，江川县举行山洪灾害防御演练。

18日，江川县举办领导干部学习讲坛（防震减灾专题知识讲座）。

7月

1日，江川县召开纪念中国共产党成立93周年大会。

8日，县委副书记、县长钱兴对江中路建设等项目和小白坡水箐沟地质灾害滑坡点进行调研。

9日，江川县开展星云湖面山义务植树活动，县委书记马文龙等县领导率全县14家机关单位的300多名干部职工参加，当天共栽种树苗2000株。

10日，江川县召开专题会议传达学习“省委活动办联络一组召集有关省委督导组联络员、州市委活动办负责人会议”精神。

11日，县公安局联合武警、消防、交通、卫生等多部门在后卫中学开展反恐演练。县委常委、政法委书记陈琎寿，副县长、县公安局局长牛旺林到现场观摩指导。

18日，玉溪国家高新区江川龙泉园区建设指挥部工作会议在江川县召开，玉溪高新区管委会主任吴伯平、党组书记孙会强，县委书记马文龙，县委副书记、县长钱兴等参加会议。

18日，副市长杨洋率有关部门负责人到江川调研新型农村合作医疗基金运行情况。

8月

4日，江川县基层党组织党的群众路线教育实践活动专题组织生活会暨民主评议党员示范会召开。

6日，县委副书记、统战部部长石伟对全县七个乡镇（街道）农村公益性公墓建设情况和优化烟叶结构工作进行专项督查。

12日，县财政局、农业局、水利局、前卫镇、审计局、纪委等单位组成的验收组对江川县2013年中央财政现代农业蔬菜产业项目进行县级验收。

14日，江川县召开2014年烟叶收购工作会议。

14日至15日，省委第四督导组在常务副组长盛云富带领下，到江川调研指导党的群众路线教育实践活动。

22日，江川县“福彩助学爱心圆梦”公益金发放仪式举行，全县共有55名特困大学生受到资助，每人发放资助金3000元，共计发放16.5万元。

26日，是第十个抚仙湖保护活动日，江川县组织多家单位干部职工和沿湖村组干部清理抚仙湖周边环境卫生。

28日，副省长刘慧晏到江川县对高原湖泊保护治理工作进行调研。市委副书记、市长饶南湖，市委常委、红塔区委书记董文献，副市长解仕清、孙云鹏等陪同调研。

29日，市委副书记、市长饶南湖深入江川县田间地头、烟站交售现场，调研烤烟生产工作情况。

31日，县纪委会同县委组织部组织公示期间的23名新任科级领导干部进行廉政知识测试和观看廉政教育片。

9月

1日，《世界社会主义五百年（党员干部读本）》专题宣讲活动在江川影剧院举行。

2日，江川县组织召开政法综治工作会议。

3日，县委副书记、县长钱兴到雄关乡调研农村垃圾分类处理和旧村改造工作。

3日，省教育厅副厅长王建颖、市教育局局长罗江云一行到江川对江川县2014年学校开学工作进行检查。

3日，县委书记马文龙深入乡镇（街道）调研江川县供销合作社综合改革试点工作。

4日，县委副书记、县长钱兴带领相关部门主要负责人深入一线检查中秋节前食品安全工作。

4日，江川县召开巩固省级卫生县城工作动员会。

10日，江川县妇女第十四次代表大会召开。

11日，由省纪委副书记杨玉清为组长，省纪委党风政风监督室副主任陈永明、正处级纪检监察员李伟、副处级纪检监察员蒋皓为成员的省党风廉政建设责任制工作领导小组复查验收第一组在市委常委、常务副市长陈勇陪同下，到江川延伸对玉溪市2013年度党风廉政建设责任制工作进行复查验收。

11日，县“两湖”保护治理督导组到县环保局调研2014年度江川县重大项目之一——星云湖退田还湖及湖滨带生态恢复工程实施情况。

12日，共青团江川县第十七次代表大会召开。

13日，江川县举行2014年新兵入伍欢送仪式。

13日，市委书记罗应光到江川调研。

16日，县委书记马文龙，县委副书记、县长钱兴率调研组对路居镇大鲫鱼河综合治理情况进行调研。

16日，省长助理、省公安厅厅长杨嘉武在副市长、市公安局局长明正彬陪同下到江川视察公安工作。

17日，江川县召开传达学习罗应光、盛云富同志讲话精神暨党的群众路线教育实践活动领导小组第六次会议。

18日，副县长王波到九溪凤山水库查看水库防汛泄洪情况。

18日，县委副书记、县长钱兴深入江川县多个乡镇现场查看山洪灾害情况。

18日，江川县召开三类城市语言文字工作达标推进会。

18日，市政协主席、东西大河河长黄宪庭到江川县查看东西大河综合治理情况。

20日，市委副书记、市长饶南湖，市委副书记夏立洪，副市长解仕清到江川对殡葬改革工作进行调研。

21日，国家发展改革委农经司司长高俊才一行到江川调研“三农”及两湖保护治理工作。

23日，江川县召开2014年一事一议财政奖补工作会议。

23日，市委副书记、市长饶南湖率队到江川县就抚仙湖、星云湖保护治理工作进行调研。

24日，江川县直属机关工委2014年党务干部培训班开班。

24日，江川县佛教协会第二次代表会议召开。

24日，市委常委、常务副市长陈勇到江川对全县经济社会发展情况进行调研。

25日，江川县召开党的群众路线教育实践活动整改落实情况交流汇报会。

25日，县委副书记、县长钱兴对江川县棚户区规划改造情况进行调研。

25日，由玉溪市摄影家协会，江川县、红塔区、峨山县三县文联主办，三县摄影家协会和云南李家山青铜器博物馆承办的“迎国庆三县摄影作品联展”在江川县开展，展出时间9月25日至10月15日。

26日，市林业局考察组对江川县申报的第十批云南省林业产业省级龙头企业进行实地考察。

28日，江川县召开2015年新农合筹资工作会议。

28日，县委常委、组织部部长林清，县委常委、副县长李志刚，县人大常委会副主任、总工会主席陆富仙与各乡镇（街道）总工会、系统工会、县直各基层工会开展2014年“中秋·国庆”送温暖活动，对困难职工及6名困难省部级劳模进行节日慰问，发放劳模“两金”2.85万元。

29日，江川县召开“九九”敬老节经济形势通报会。

29日，江川县召开全县民营经济大会。

30日，江川县人民政府与中国建设银行江川县支行签订中小微企业“助保贷”业务合作协议。

10月

9日，江川县组织收听收看全省党的群众路线教育实践活动总结视频会。

12日，省工信委节能监察中心专家张德康一行到江川县对云南江磷集团股份有限公司黄磷尾气环境整治——8万吨/年磷矿粉、焦煤综合利用建设项目进行节能量认定。

13日，江川县组织全县领导干部、党员代表及县委党校、县委宣传部职工听取习近平总书记系列重要讲话精神和中国梦重要论述专题宣讲。

14日，县人大常委会召开党组班子和人大机关党的群众路线教育实践活动总结大会。

14日至16日，江川县对全县食盐市场进行联合执法大检查。

16日，县政协副主席李绍华一行到前卫镇柏池古村黄地山对前卫镇农村公益性公墓进行初验。

16日，由县农业局主持，邀请市农村环保能源工作站、红塔区农村环保能源工作站、华宁县农村环保能源工作站，江川县发改局、财政局、大街街道办等领导和专家组成验收组，对江川县2013年太阳能热水器安装项目进行初步验收。

17日，江川县组织收听收看全国、全省社会扶贫工作电视电话会议。

21日，县委副书记、县长钱兴到李家山青铜器博物馆视察安全工作。

22日，江川县劳动关系三方四家联席会议召开。

25日，江川县农业综合开发办公室委托项目承担单位江川县农广校举办2014年大街街道办事处海浒片区高标准农田建设项目第一期科技培训会。

27日，九溪镇集中清除阳山庄大山墓地“活人墓”440座。截至10月27日，江川县清除“活人墓”工作全部完成，共清除全县七个乡镇（街道）的“活人墓”1914座。

27日，江川县召开烟花火炮整合暨安全生产工作会议。

27日至31日，江川县对境内的非煤矿山企业开展“六打六治”打非治违专项检查。

28日，县委书记马文龙主持召开全县领导干部大会，传达学习贯彻党的十八届四中全会精神和近期召开的全省、全市领导干部大会，省委常委（扩大）会议精神，对全县学习宣传贯彻落实全会精神进行安排部署。

28日，四川省汉源县县委领导一行到江川县考察学习，就星云湖、抚仙湖保护治理工作进行经验交流。

29日，省委常委、常务副省长李江到江川调研青铜文化产业发展情况。

30日，江川县召开城市居民低保规范管理工作动员会。

30日，国家文化部副部长、文物局局长励小捷到江川参观李家山青铜器博物馆。

11月

4日至5日，江川县举办残疾人康复学习培训班。

4日，江川县开展县城农贸市场餐饮服务食品安全专项整治工作。

4日，国家环境监察局与环保部西南督查中心到江川县进行国控重点污染源自动监控专项执法检查督查工作。

5日，江川县召开农民工工作联席会议，安排落实江川县农民工工资支付保障相关工作。

6日，江川县开展县委政府机关单位防震应急演练。

6日，江川县抗震救灾指挥部举行2014年工作协调会暨防震应急桌面推演会议。

7日，县人大常委会召开查办和预防职务犯罪工作专题座谈会。

10日，江川县举办2014年路居镇蓝莓科技种植培训。

11日，由市纪委副书记普光照带队的市廉政文化示范点检查考核组到江川县对市级廉政文化示范点工作进行检查考核。县委常委、纪委书记李学祥等陪同检查。

11日，江川县召开2011年度保障性住房选房顺序号摇号现场会，通过电脑集中公开摇号方式，全县938户（其中公租房704套，廉租房234套）无房户和困难群众确定自己房子的顺序号。

12日，县委常委、宣传部部长龚桂存到江川县广播电视系统调研。

12日晚，江川县文化惠民“唱响江川·舞动星抚”群众文艺演出安化专场在江川县影剧院上演。

12日，江川县举办厂务公开民主管理暨劳动法律监督、工会维权培训班。

12日，县政协组织部分政协委员对江川县网格化平台建设工作情况进行视察。

13日，江川县召开全县农村公益性公墓建设工作会。

13日，江通一级公路K0+000至K4+300（江川县大寨村至江华、江通公里交叉口处，即小白坡路段）路面改造工程实施。

13日，江川县科协第六次代表大会召开。

14日，县国土资源局组织召开听证会，就《江川县县城等七个乡镇（片区）土地定级及基准地价更新测算成果》听取各方意见。

14日，县民政局完成2014年自主就业退役士兵一次性经济补助。

16日，县农业技术推广站对路居大鲫鱼河周边实施的蔬菜控氮减磷项目、青蒜苗同田对比试验进行测产验收。

17日至20日，江川县27所中小学校举办第22期家长学校培训班。

17日，江川县组织收听收看全国进一步推进户籍制度改革工作视频会。

18日，2015年度红塔区、峨山、通海、江川四县（区）森林防火联防工作会议在江川召开。

19日，江川县举行党的十八届四中全会精神宣讲报告会。

21日，江川县第十五届人民代表大会代表履职培训班举行，十五届县人大代表、县人大机关干部、乡镇（街道）人大主席（工委主任）以及部分县直部门领导等参加培训。

21日，江川县殡葬改革宣传文艺演出活动在县城影剧院举行。

21日至22日，省老体协调研组到江川县就老年体育组织建设、场地建设、活动开展等工作情况进行实地调研。

24日，江川县组织收听收看市委传达学习省委九届九次全会精神视频会。

26日，江川县召开美丽乡村建设暨造林绿化工作会。

26日，江川县启动2014年退役士兵接收安置工作。

27日，江川县召开第三轮全国艾滋病综合防治示范区工作启动暨培训会。

28日，江川县召开2014年禁毒、消防、道路交通安全第四季度联席会。

12月

4日，江川县组织开展国家首个宪法日暨全国法制宣传日活动。

4日，国家卫计委药政司基本药物管理处处长戚畅、宁夏卫计委药政处副处长杨廷江、吉林省卫计委药政处副处长李春子、中国医药创新促进会研究部主任王敏等一行在省卫计委药政处副处长杨海彬、市卫生局副局长施平陪同下，到江川县调研基本药物制度实施情况。

4日，玉溪市召开科技创新大会，由江川县水产技术推广站、玉溪市水产工作站和玉溪市古生态抗浪鱼科研保护中心共同完成的《抚仙四须鲃人工驯养繁殖技术研究》项目荣获科学技术二等奖。

5日，市卫生局在江川县前卫镇赵官村举行“国家卫计委脑卒中高危人群筛查和干预项目”启动仪式。

5日，江川县召开2014年度惩防体系建设暨党建党风廉政建设责任制考核工作动员会。

5日，江川县召开会议传达学习市委四届五次全会精神。

8日，大街街道高标准农田建设项目启动。

9日，市人大常委会组织驻玉溪的全国人大代表和玉溪市选举的省人大代表对江川仙湖锦绣项目及龙泉山工业园区规划建设情况进行视察。

9日，江川县十八届四中全会精神宣讲暨组织工作业务培训班开班。

9日，九溪镇马家庄村河口小组“美丽家园·小康库区”移民新村建设项目破土动工。

10日，中共江川县委举行中心组理论学习活动，围绕贯彻落实《中共中央关于全面推进依法治国若干重大问题的决定》，如何运用法治思维和法治方式，推进江川县依法治县进程开展专题学习。

10日，前卫镇召开垃圾焚烧厂试运行工作推进会，安排部署垃圾焚烧厂试运行的具体工作。

11日，省环保厅厅长姚国华到江川就两湖保护治理和污水处理减排工作进行调研。

12日，江川县召开文艺工作座谈会。

15日，县委常委、副县长李志刚一行到驻江部队训练点看望慰问正在进行水葫芦打捞工作的官兵。

16日，江川县前卫镇建成全县首个自燃式垃圾焚烧处理示范项目并投入使用。

16日至17日，由云南省爱卫会组织的省灭鼠先进县城检查组一行4人到江川县城检查灭鼠工作。

17日，“中国流动科技馆云南玉溪江川站”开馆启动仪式在江川县综合档案馆举行。

18日，江川县开展岁末年初抚仙湖水上安全大检查。

19日，江川县召开会议传达学习滇中城市经济圈一体化发展现场推进会议精神。

22日，江川县召开2014年森林生态效益补偿资金管理工作会。

22日，江川县“青春健康—预防性病艾滋病宣传教育”项目在江城中学启动。

23日，江川县四套班子领导对全县安全生产工作进行督促检查。

23日至25日，由云南省地理国情普查包保组、云南省地图院、市地理国情普查包保组组成的工作组，对江川县第一次地理国情普查过程质量进行督促检查。

24日，江川县召开一事一议财政奖补工作会议。

24日，县委副书记、统战部部长石伟一行到星云湖管理局渔政管理站，看望慰问协助江川县做好“开渔节”湖面管制工作的驻江部队官兵和星云湖渔政执法人员。

24日，江川县第十届开渔节暨高原湖泊水产品交易会文化惠民群众文艺演出在渔文化广场举行。

25日，江川县举行第十届开渔节省级非物质文化遗产展。

26日，市政府岁末年初安全生产综合督查组到江川县督查安全生产工作。

27日，第十届云南江川开渔节“渝周香杯”山地自行车挑战赛在紫红坝鸣枪开赛，来自美国、河北、昆明、楚雄、红河、玉溪、湖南、浙江、广东的120多位骑手参赛，来自玉溪的普金学获男子组第一名，河北的王肖肖获女子组第一名。

29日，由市环保局、市财政局共同主持在江川县安化乡对《江川县安化乡董炳河流域大营村环境综合整治实施方案》进行评审，会议邀请市内3位专家及市创模办、江川县环保局、安化乡人民政府、董炳村委会等单位领导及代表参加评审会。

（徐凡清）

概　况

编辑　徐凡清

江川县

【自然概貌】　江川县地处云南省中部，位于东经102°35′~102°55′和北纬24°12′~24°32′之间。东接华宁，南连通海，西与红塔区交界，北同晋宁、澄江两县毗邻。县城大街街道位于县境中部，县政府驻地距云南省人民政府驻地106.05千米、距玉溪市人民政府驻地25.4千米。县境由湖泊、盆地、中低山组成。江川县境东西最大横距31.9千米，南北最大纵距33.7千米，县域面积850平方千米（折合127.5万亩）。在总面积中，山区、半山区占71.67%，平坝占15.96%，湖泊占12.37%。整个地势为四周高、中部低，西部九溪略向玉溪倾斜。境内最高峰谷堆山海拔2648米，最低点九溪河口村海拔1690米。境内主要河流有16条，河道总长184.8千米，属珠江流域西江水系，最大洪水流量315立方米/秒，多数为季节性河流。县境中部有高原断陷湖泊星云湖，辖有抚仙湖三分之一水面。星云湖总面积34.7平方千米，最大水深10米，平均水深7米，容水量1.84亿立方米，正常水位海拔1722米，属富营养型湖泊，十分适合鱼类生长，被誉为“天然养鱼塘”。抚仙湖总面积212平方千米，其中江川辖水面68.94平方千米，占水面总面积的32.5%。

2014年，平均气温为17.3℃，比历年同期偏高1.4℃，比上年同期偏高0.3℃，属偏高年份。年极端最高气温为33.7℃（6月4日）；年极端最低气温为-1.8℃（1月21日）。全年日照时数为2393小时，比历年同期偏多204小时（9%），比上年同期偏多123小时（5%），属略偏多年份。初霜期为2013年11月22日，终霜期为2014年2月4日，霜期为75日。全年降水量为811.0毫米，比上年同期偏多50毫米，是2008年以来最多的一年，总体属正常略偏少年景。

【行政区划】　2014年，全县辖大街街道和江城、前卫、九溪、路居4个镇及安化（彝族乡）、雄关2个乡。共有村（居）委会73个，其中村民委员会53个，社区居委会20个；村（居）民小组464个，其中村民小组299个，居民小组165个。全县自然村349个。

（徐凡清）

【人口、民族】　2014年末，全县常住人口28.53万人，其中：城镇人口10.9万人，城镇化率38.2%。户籍总人口27.8万人，比上年增0.3%。其中：农业人口21.4万人，非农业人口6.3万人。全年出生人口2896人，死亡人口2102人，人口自然增长率为2.86‰。在总人口中，汉族人口25.8万人，占总人口的92.8%；少数民族人口2.0万人，占总人口的7.2%。

【综合经济指标】　2014年，全县完成地方生产总值612796万元，比上年增9.8%。其中：第一产业增加值148788万元，增5.5%，对GDP增长的贡献率为14.1%；第二产业增加值199008万元，增14.7%，对GDP增长的贡献率为49.7%；第三产业增加值265000万元，增8.6%，对GDP增长的贡献率为36.2%。人均地方生产总值21555元，比上年增1968

元，增9.5%。三次产业结构由2013年的25.1∶31.7∶43.2发展变化为2014年的24.3∶32.5∶43.2，其中：第一产业比重比上年下降0.8个百分点；第二产业比重提高0.8个百分点，第三产业比重保持不变。2014年全县非公经济增加值331308万元，比上年增31623万元，增10.7%；非公经济增加值占GDP的比重为54.1%，比上年提高0.1个百分点。

【农　业】 2014年，全县实现农林牧渔业总产值241715万元，比上年增5.9%。其中：种植业总产值137159万元，增1.0%；林业产值4098万元，增22.0%；牧业产值84617万元，增10.8%；渔业产值9444万元，增31.4%；农林牧渔服务业产值6397万元，增13.8%。

农作物总播种面积366012亩，比上年减1791亩，降0.5%。其中：粮食播种面积86318亩，增2063亩，增2.5%。油料播种面积37600亩，减891亩，降2.3%。烤烟栽种面积93125亩，减11040亩，降10.6%。全县收购烟叶1142万千克，其中：上等烟818万千克，占71.6%，比上年降1个百分点；收购单价为28.5元/千克，提高1.9元/千克；收购金额为32503万元，减549万元，降1.7%。

全年完成人工造林2.32万亩，核桃移植1.6万亩，防护林0.72万亩（旱冬瓜、杉木），封山育林2.6万亩，森林抚育1万亩。共育林木种木苗2.4亩，可供苗木175万株，义务植树60.26万株，零星植树29.52万株，全县森林覆盖率40.66%。

全县肉蛋奶总产量44548吨，比上年增6.8%，其中：肉类总产量31199吨，增2.3%。年内出栏肥猪28.7万头，增0.1%；全年出售营销仔猪98.8万头，降7.1%；年末生猪存栏25.8万头，降0.7%。其中：能繁殖母猪43057头，降7.2%。

水产品产量增加。全县水产品产量4106吨，比上年增108吨，增2.7%，其中：星云湖2130吨，增100吨，增4.9%；抚仙湖531吨，增20吨，增39.1%。

【工业和建筑业】 2014年，工业总产值完成645452万元，比上年增9.4%，其中：规模以上工业产值375675万元，增16.5%；规模以下工业产值269777万元，增0.7%。工业增加值144786万元，增18.0%，拉动GDP增4.4个百分点，对GDP的贡献率为44.6%。其中：规模以上工业增加值108713万元，增23.5%；规模以下工业增加值36073万元，降12.0%。全县全社会建筑业增加值54222万元，增5.7%。资质以上建筑业15户，完成建筑业总产值54060万元，增11.6%。

主要工业产品产量：磷矿石（折含五氧化二磷30%）68.23万吨，同比增53.8%；黄磷3.41万吨，同比增17.9%；箱纸板0.74万吨，同比增4.8%；纸制品6.16万吨，同比减8.5%；水泥31.54万吨，同比减63.3%。

【固定资产投资】 2014年，全县500万元以上固定资产投资306429万元，比上年增21326万元，增7.5%。其中：工业投资完成75572万元，减5760万元，降7.1%。房地产开发投资60117万元，减46245万元，降43.5%。

【交通运输和邮电业】 2014年，交通运输、仓储及邮政业增加值37152万元，比上年增1975万元，增5.3%，增速比2013年回落1.2个百分点。公路建设成效明显，客货运输发展平稳。年末全县公路总里程达902.424千米，其中：一级公路15.07千米，二级公路54.156千米，三级公路198.987千米，四级公路594.216千米，等外公路23.995千米。年末全县拥有载货汽车8741辆，载客汽车485辆。

全年邮电业务总量22845万元，其中：邮政业务总量637万元；电信业务总量2856万元；移动业务总量18066万元；联通业务总量1286万元。全县电话普及率77.7部/百人，年末固定电话用户12062户，其中：住宅电话5370户。移动电话209040户。互联网25142户。

【贸易、住宿、餐饮业和消费物价】 2014年，全县社会消费品零售总额完成171453万元，比上年增12.7%。按销售单位所在地统计，城镇消费品零售额91132万元，增8.1%；乡村消费品零售额80321万元，增18.4%。按行业统计，批发贸易业消费品零售额10612万元，增12.0%；零售贸易业消费品零售额118609万元，增12.9%；住宿业消费品零售额8913万元，降6.3%；餐饮业消费品零售额33318万元，增18.5%。按经济类型统计，公有经济消费品零售额41544万元，增31.9%；非公有经济消费品零售额129908万元，增7.7%。

全年销售营业额合计248437万元，比上年增17.0%，其中：批发业销售额31473万元，增17.0%；

零售业销售额146455万元，增16.0%；住宿业营业额16799万元，增6.2%；餐饮业营业额53711万元，增24.0%。

居民消费价格比上年累计上涨2.1%，商品零售价格上涨1.2%，农业生产资料价格上涨2.1%。

【对外经济和旅游】 全年招商引资项目共实施99项，其中：续建项目31项，新建项目68项。年内实际利用县外国内资金565505万元，比上年增139757万元，增32.8%，其中：市外国内资金564955万元，增139207万元，增32.7%；省外资金380415万元，增30857万元，增8.8%。利用外资1890万元人民币，为外资企业境内人民币投资（约合309万美元）。

2014年，全县共接待游客270.26万人次，比上年增46.9万人次，增20.98%。旅游总收入达到127618.29万元，增29476万元，增30.03%。

【财政、金融】 2014年，财政总收入86066万元，比上年增9091万元，增11.8%。地方财政收入59631万元，增8706万元，增17.1%。地方财政支出165469万元，增19596万元，增13.4%。年末，全县金融机构各项存款余额949105万元，比上年增11.9%，其中：城乡居民储蓄存款余额603869万元，增12.7%。各项贷款余额614964万元，增19.7%，存贷比为64.8%，比上年提高4.2个百分点。

【人民生活】 2014年末，全县在岗职工15002人，比上年末减349人，其中：国有单位在岗职工6362人，减3人；城镇集体单位在岗职工328人，减28人；其它单位在岗职工8312人，减318人。全年在岗职工平均工资42195元，增6667元，增18.8%，其中：国有企业单位53509元，增2035元，增4.0%；事业单位54658元，增7043元，增14.7%；机关单位55185元，增4796元，增9.5%。

城镇居民家庭人均可支配收入26194元，比上年增2411元，增10.1%。农村居民人均可支配收入9274元，增1094元，增13.4%。

【就业和社会保障】 2014年，共开发就业岗位404个，新增就业2273人，下岗失业人员再就业629人，城镇登记失业率3.73%。

社会保障体系逐步完善，城镇居民基本医疗保险启动实施。年末全县共有599户企业9677人参加养老保险统筹，全年共发放养老金5091万元；有422户7170人参加失业保险统筹，发放失业救济金135.43万元；有29070人参加医疗保险统筹，支付医疗保险金4321.55万元；参加农村养老保险172958人，支付农村养老保险金2746.88万元；参加工伤保险统筹企业394户8733人；参加生育保险统筹企业251户3689人。

全年对城市低保受益户3710户5585人发放低保金1778.77万元。对农村低保受益户8066户8801人发放低保金1304.29万元，对农村五保户608户627人发放五保供养金324.72万元。年末共有优抚对象3012人，全年共对3012人发放各类补助金1317.59万元；兑现义务兵家属优待金273人123.18万元。

【教育、科技、文化、体育和卫生】 2014年，全县有公办学校76所，其中：乡镇中心小学12所，村完小42所，一贯制学校4所，教学点3个，乡镇中学11所，普通高中2所，职中1所，县幼儿园1所。有教学班1112个，其中：幼儿学前班195个，小学548个，初中255个，普通高中80个，职业高中34个；全县在校学生44683人，其中：在园（班）幼儿6875人，小学18408人，初中12687人，普通高中5406人，职业高中1307人。

小学毛入学率110.03%，小学学龄儿童入学率99.98%，辍学率0.47%，毕业率99.61%，小学毕业生升学率98.71%，年巩固率99.58%，新招一年级新生受过一年学前教育100%，学前幼儿毛入园（班）率87.15%，15周岁初等教育完成率99.86%。初中毛入学率122.77%，初中毕业率99.46%，初中辍学率1.89%，年巩固率98.29%，17周岁初级中等教育完成率98.92%。教职工2762人，其中：正式教职工2434人，保安130人，临时人员198人。专任教师合格率高中达99.67%、初中达99.41%、小学达98.22%。

全年共向国家、省、市推荐申报科技项目和科普专项共39个，其中：国家级科技项目1个，省级科技项目19个，市级科技项目8个，县级科技项目0个，国家级科普项目2个，省级科普项目3个，市级科普项目6个。申报成功的国家、省、市各类科技项目25项，其中：国家级1个，省级18个，市级6个，县级0个；科普专项获得立项的8个，其中：国家级2个，省级2个，市级4个。全年申请专利40件，其中：申请发明专利7件，实用新型17件，外观设计16件；专利授权量31件，发明专利2件、实用新型专利12件、外观设计专利17件。

文化产业持续发展，继续保持“全国文化先进县”称号。科技、广播电视、体育等事业全面发展，平安江川建设稳步推进。年末全县共有大小文艺队290个，全年举行文艺调演汇演29次；组织文艺活动164次；现有文化厅室81个，全年共举办展览35期，举办各种培训班88期。

全县六个乡镇、一个街道成立全民健身领导小组，六个乡镇、一个街道挂牌成立“全民健身指导站”。拥有社会体育指导员281人，其中：国家级6人，一级2人，二级112人，三级161人。年末全县拥有体育场地222个（不含教育系统），体育系统拥有体育场地9个，年内开放使用7万人次；举办培训班5期，参加培训146人次。竞训体育有省布传统项目（游泳）1个点，在训运动员28人；市布传统训练项目（田径、柔道、自行车）3个点，在训运动员30人；县布训练项目（篮球、武术）1个点，在训运动员42人。

2014年末，共有卫生机构12个，其中医院2个、卫生院7个，妇幼保健院1个，疾病预防控制中心1个，卫生监督检验机构1个。卫生技术人员528人，其中执业医师和执业助理医师262人，注册护士147人。医院和卫生院床位716张。乡镇卫生院7个，床位266张，卫生技术人员168人。村级卫生室73个，乡村医生255人。全县有238621人参加新型农村合作医疗，参合率98.49%。

【能源消耗和安全生产】 2014年，万元GDP能耗1.2698吨标准煤，比上年的1.3075吨标准煤降2.4%，其中：规模以上工业单位增加值能耗2.5038吨标准煤，降18.3%。

全年发生各类安全生产事故1092起，比上年减84起，降7.1%，死亡人数13人（安全生产考核控制指标类别事故共4人），比上年减2人，降13.33%，直接经济损失258.4万元。其中：工矿商贸企业事故1起，死亡人数1人，直接经济损失70万元；道路交通事故1018起，减132起，降11.5%，死亡人数12人，直接经济损失94.80万元（生产经营性道路交通事故3起，死亡3人）；火灾事故73起，死亡0人，直接经济损失93.57万元。

（统计局）

大街街道

【行政区划·人口】 大街街道位于江川县境南部，是江川县城所在地，东与路居镇、雄关乡相邻，南与通海县纳古镇、四街镇接壤，西南与九溪镇毗连，西北接前卫镇，北濒临星云湖。境内最高海拔老尖山2277米，最低海拔星云湖湖面1722米，街道办事处位于上营西街5号，海拔1730米。

大街街道辖上营、下营、大街、三街、旱街、上头营、大庄、河咀、朱家庄、伏家营、海浒、大营、浪广13个社区居民委员会，小白坡、土官田2个村民委员会，124个村（居）民小组（116个社区居民小组，8个村民小组），68个自然村。总国土面积97.074平方千米。

2014年末，实有耕地18943亩，属高稳产基本农田。其中：田13104亩、地5839亩，农业人口人均占有耕地0.38亩。

2014年末，全街道辖区内总户数30259户，总人口80331人，其中：男40347人，占总人口的50.23%；女39984人，占总人口的49.77%。农业人口50175人，占总人口的62.46%；非农业人口30156人，占总人口的37.54%。大街街道15个村（社区居）委会总户数22475户，总人口65574人，其中：男32181人，占总人口的49.08%；女33393人，占总人口的50.92%；农业人口50175人，占总人口76.52%，非农业人口15399人，占总人口的23.48%；农村从业人员38962人，从事第一产业19924人，占农村从业人员的51.14%。人口自然增长率3.63‰，比上年减0.1‰。辖区内人口密度为827人/平方千米。

【领导干部名录】

党工委书记　靳永春
副书记　胡正鸿
　谭　波
　张新荣
　蔡国钢（2010.10任）
　杨晓娅（2014.2离任，挂职）
　张雨敏（2014.2任）
纪委书记　付　纲
人大工委主任　李忠兴
办事处主任　胡正鸿
副主任　李竹贵
　宁　伟（2014.3离任）
　杨　媛（2014.12离任）
　张正鸿
　陈国华

【经　济】 2014年，农村社

会总产值（现价）518137万元，比上年增8.39%。工农业总产值（现价）465665万元，比上年增13.4%，其中：工业总产值426079万元，比上年增14.4%；农、林、牧、渔、服务业总产值39586万元，比上年增4.2%。农村经济总收入372453万元，比上年增56512万元，增17.89%。其中：农业收入34760万元，比上年增3287万元，占总收入的9.33%；林业收入475万元，比上年增58万元，占总收入的0.13%，牧业收入17424万元，比上年增2153万元，占总收入的4.68%；渔业收入3361万元，比上年增595万元，占总收入的0.9%；工业收入125171万元，比上年增19247万元，占总收入的33.61%；建筑业收入96112万元，比上年增17310万元，占总收入的25.81%，运输业收入59043万元，比上年增6877万元，占总收入的15.85%；商业服务业收入31566万元，比上年增6252万元，占总收入的8.47%；其他收入4541万元，比上年增739万元，占总收入的1.22%。农民人均纯收入9693元，比上年增1183元，增13.9%。二三产业从业人数19038人，占农村从业人数的48.86%，比上年增1.62%。

【农　业】　农作物播种面积49628亩，复种指数262%。粮食播种面积14707亩，粮食总产量722.14万千克，比上年减0.86%。其中：水稻栽种面积6063亩，单产655千克/亩；包谷播种面积3339亩，单产609千克/亩；小麦播种面积2313亩，单产254千克/亩；蚕豆播种面积1836亩，单产152千克/亩；农民人均产粮144千克；油料播种面积9159亩，总产147.78万千克，比上年增3.07%；烤烟种植面积9600亩，交售量119.4万千克，交售收入3547.03万元，平均单价29.71元/千克；中、上等烟占96.13%，其中：上等烟占72.77%，比上年减4.46个百分点。农业人口人均烤烟收入814元，比上年增14.3%。

年末，生猪存栏49420头，比上年减6.8%；出栏肥猪78606头，比上年增3.11%；大牲畜存栏752头，比上年减2.21%，其中：黄牛存栏550头，水牛存栏122头，马存栏60匹，驴存栏12匹，山羊存栏2550只，出栏1825只；生产营销商品仔猪20.59万头，比上年减6.06%；全年肉产量达920.09万千克。家禽出栏81.89万只，比上年增4.23%；湖泊面积3平方千米，水产品产量227吨，比上年减5.18%。

年内全街道森林总占地面积7.54万亩，森林覆盖率41.96%。果园面积2892亩，水果产量71.27万千克，比上年减0.86%。全年投入农田水利建设资金524.82万元，完成各类水利工程431件，其中：新建小水窖428口，总投资171.2万元。完成双龙水库除险加固工程，总投资86万元。完成三街社区自来水管网工程改造，总投资267.65万元。完成海浒社区自来水表更换。

年内，农、林、牧、渔、服务业实现总产值（现价）39586万元，其中：农业13711万元，占34.64%；林业571万元，占1.44%；牧业22915万元，占57.89%；渔业596万元，占1.5%；农林牧渔服务业1793万元，占4.53%。

【企　业】　年末，全街道有企业和个体工商户4171户，比上年增0.24%；从业人员26955人，比上年增0.52%；企业营业收入523977万元，比上年增5.53%。利税41041万元，比上年增7.91%。其中：私营企业164户16523人，收入379283万元，比上年增2.33%；利税37622万元，比上年增12.36%。个体企业4007户10432人，收入144694万元，比上年增14.96%；利税3419万元，比上年减24.86%；规模以上工业企业15户，产值上亿元的企业5户。

年内完成工业投资项目14个，其中：技改项目10个，新建项目4个。其中：投资500～999万元以上的项目2个，投资1000万元以上的项目12个。

主要产品产量：水泥13.5万吨、机制纸9万吨、红砖3200万块、农副产品加工蔬菜制品8.5万吨。

【村镇建设·环境保护】　2014年，全街道完成10个普惠制项目，及1个美丽乡村项目。办理辖区内农村住房规划许可证18户。完成农村居民危房改造384户。

推进生态环保工程建设和生态文明建设。以“3·5”学雷锋活动日、“6·5”世界环境日和重大节假日等为契机，积极组织安排各村（社区）党员、干部、广大群众、学生等进行集中清理和环境卫生大扫除，累计出动人员1568人次，出动装载机等车辆135辆，清扫街道、巷道493条（69598米），清理河道沟渠168条（28770米），打扫公厕183个，清运垃圾395吨。通过会议、广播、板报、张贴标语、悬挂横幅、进村入户等方式进行全方位的宣传发动。全年广播宣传125次，张贴大小标语1680条，出黑板报60块，张贴环保宣传画42张，发放新修订《中华人民共和国环境保护法》宣传资料750份，通过各种宣传方式，提高村民对开展整治工作的认知率和认可率。强化日常清扫保洁和垃圾清运，并督促保洁员、清运员发挥作用，建立“大铁线”长效保洁机制，每天对大铁线大街段进行保洁，并严格对10名保洁员进行考核奖惩，确保沿湖公路清洁畅通。对五条入湖河道进行清淤清理整治，共出动人员980人次，出动挖机20台、装载机10台，出动车辆78辆次，清理河道总长17680米。在“6·5”世界环境日之际，启动“森林街道”建设，开展植树活动。分别在各村（社区）河道两旁、乡村道路两旁等地栽下云南樱花2038株、石楠820株、滇朴100株，共2958株树木。

【社会事业】 **科　技**　2014年，全街道有农村专业技术协会8个，会员312人。其中：养猪协会5个，种烟协会3个。年内刊出黑板报、科普宣传栏28期。街道科协自办“农函大”实用技术培训班4期，培训人数322人；联办各种科技培训班30期11580人。发放各种科技资料27600余份，赠送科普书籍800册。农技围绕农业生产确定的目标和任务，不断举办蔬菜种植、农药安全使用、测土配方、平衡施肥技术、养猪知识和烤烟栽培、烘烤等一系列技术的培训，发放测土配方施肥技术问答资料3000份、施肥建议卡22000张、《水稻蝇蛆防治明白卡》1100份。每村配有一名科普宣传员。

教　育　年末，街道辖区村级幼儿园11所，教职工95人，适龄儿童入园1206人，学前班21个，学生780人。小学11所，教职工288人，在校学生5904人，入学率、毕业率、升学率均为100%；中学3所，教职工282人，在校学生3957人，毕业率100%，升学率86.4%。小学教师文化程度，大专以上259人，中专9人，高中10人，高中以下5人，共283人，初中教师文化程度大专以上269人。

文化·体育　全街道有社区电影院1个，观众席座位970个；戏台2个，其中露天戏台1个；街道文化站1个，藏书7100册；农家书屋14个，2014年为大街社区农家书屋补充价值1万元的图书549册。做好县城春节街头传统文艺活动表演。举办文化惠民“唱响江川，舞动星抚”大街街道专场群众文艺演出。全年党职校培训入党积极分子59人。2014年完成朱家庄、早街社区、早街二组、四组及伏家营小组的农村文化体育活动广场建设项目申报工作，现建有的文化广场共32个。

卫　生　2014年末，全街道有中心卫生院1所，医务人员35人，其中：主治医师6人（中医师1人、西医师5人），其他29人，病床50张。村、社区卫生所14所，医务人员59人，病床64张。2014年内出生808人，出生率10.07‰；死亡517人，死亡率6.44‰；人口自然增长率3.63‰，计划生育率90.10%。加强和改进流动人口计划生育管理与服务体系建设，推进流动人口全员信息统计，建立完善统计台账，掌握流动人口婚、孕、育情况，进行跟踪管理。农村新型合作医疗参合率98%，年补偿16.3万人次，补偿金额2690.18万元（其中门诊补偿156011人，补偿金额287.55万元；住院补偿7253人，补偿金额2402.63万元）。

民　政　2014年，街道纳入居民最低生活保障1027户1406人，发放低保金4290592元。全年对82位五保老人发放五保户生活费200736元，春节慰问金9300元。补助入新农合医保82户82人，7380元。全年共发放救济粮64070千克，救济衣物239套，被子49床。贫困户临时救济110户90000元；医疗救助99户100000元，建国前老党员补贴2户1200元；春节慰问特困户50户15000元；伤残民工补助金2户4050元；遗嘱定救1户720元；小乡干部46户105242元；精减定救58户116310元。全年共对817名优抚对象发放优待抚恤金2528988.5元。其中：三属抚恤金8人103797元，在职伤残金50人752119.5元，在乡伤残金12人164569.6元，复退军人补助金50人367947元，义务兵家属优待金92人414000元，春节慰问优抚对象808人161600元，两参人员514人2049880元。出国民工补助54人38970元。农村籍退役士兵60岁补助151人103710元。双重身份补差8人48920元。遗属困难补助1人720元。烈士子女补助2人2470元。优抚对象临时补贴835人20040元。全年办理结婚登记612对，离婚201对，登记合格率100%。补领《结婚证》713对，出具《无婚姻登记记录证明》1112人。完成2009年至2011年婚姻档案补录工作。宣传殡葬改革，倡导绿色墓葬，全年共发放宣传材料3万多份，出黑板报29期，平毁空坟873冢，搬迁实坟402冢，植树遮挡18冢。

劳动保障　办理《失业证》证明人数344人。进行“小额担保贷款政策”、《就业失业登记证》的宣传活动，发放社会保险宣传资料415份。办理“贷免扶补”贷款13名。办理被征地农民养老保险7391人，收缴保费3681.27万元，其中，个人缴费453.55万元，集体补助1493.5万元，财政补助1734.22万元。新参保新型农村养老保险和城镇居民养老保险353人，续保31189人，缴费率96.75%。在与江川县农业银行签订“代扣代缴”的基础上，办理城镇居民基本医疗保险新参保43人，续保729人。

贯彻落实《中华人民共和国劳动保障监察条例》、《云南省劳动监察条例》、《中华人民共和国劳动合同法》的有关规定，规范用人单位用工管理行为，履行劳动保障监察职责。劳动保障所对全街道10家红砖厂、15家纸制品厂、5家彩印包装厂、5家非煤矿山进行不定期日常巡察。对全街道215家事业单位、企业、个体经济组织进行执法年审，对年审合格的用人单位发放劳动保障执法年审审验证。

老龄工作　年末，全街道有老年协会14个，班子成员120人，村（居）委会老年活动室13个，村民小组活动中心75个，建立家庭道德评议委员会14个，60岁以上老年人占全街道总人口14%，其中：80岁以上老人1201人，其中80岁至90岁1075人，90岁至100岁123人，100岁以上有3人，全年发放80岁以上无退休金老年人健康补助849550元。春节期间选拔12支文艺队到老戏台公演，从老历正月初一到初六演出文艺节目200余个。组建老年门球队12支200人，地掷球队11支50人，泰迪球队11支130人，初七至初九进行比赛。9月21日组织一只门球队9人参加全省举办的门球队比赛。“九九”重阳节表彰32名新时期“孝男孝女”先进家庭和个人。

全街道15个村（社区）有关工委15个，组成人员116人，其中在职35人，离退休45人。关工小组109个，组成人员326人。全街道离退休干部175人，职工216人。

【精神文明建设】　坚持把社会主义核心价值体系作为灵魂工程，贯穿精神文明建设和各个领域，坚持不懈地用中国特色社会主义理论体系武装各级党组织，扎实开展党的群众路线教育实践活动，加强党的十八大精神和十八届三中、四中全会精神的学习，促进党员干部理论学习建设。开展“善行义举榜”“道德讲堂”活动，提高居民文明程度。开展环湖文明走廊创建活动。以宣传改进农村生活习惯为切入点，强化农村环境综合整治，以特色民居建设为突破口，改善农村环境、完善基础设施美化家园。街道为弘扬社会文明新风尚，表彰孝亲敬老先进个人32名，崇尚尊老敬老的文明正气，加强党心、凝聚民心，促进和谐。

【法制建设】　围绕社会和谐稳定抓普法，围绕中心保增长、保民生、保发展、保稳定、保生态，深入开展法制宣传教育与法治实践相结合，在促进学法、用法上求实效。全街道有司法所1个，人民调解委员会15个（街道人民调解委员会1个，村社区人民调解委员会14个）。全年开展大型法制宣传活动6次，展出图片6期208幅，印发材料13期5110份，接受咨询305人次；进行法制宣讲8次，听众527人；广播宣传108次，听众137149人；学校上法制课2次，听众650人次，骨干培训7期，参训173人，组织法制文艺演出1场15个节目，播放法制影视专题片2场4部，黑板宣传18块180期，悬挂张贴普法标语大标34幅、小标308幅。接到诉调对接案件3起，调处成功1起，有效防止纠纷进一步恶化为刑事案件。全年社区矫正人员124人，入矫51人，解除矫正30人，重新犯罪4人，因病死亡1人，目前管理89人。接收刑满释放人员35人，安置帮教65人。对在矫社区矫正人员坚持每两月每人走访一次，做好日常档案记录和管理教育工作，对社区矫正人员严格落实请假制度、汇报制度，做到不脱管，不漏管，并协调有关部门落实刑释解教人员和社区服刑人员低保、困难救济等措施，解决他们生产生活等方面的实际困难，防止重新违法犯罪。

进一步巩固和扩大“平安大街”建设成果，创建省级“平安先进街道”。把综治维稳工作纳入街道综合目标考核范围，将责任层层分解到村（社区），使村（社区）干部和相关责任人有压力、有责任，并与14个村（社区）和各企业学校及相关综治维稳成员单位签订年度社会治安综合治理维护稳定目标责任书。全年完成各级信访56件，回复56件，回复率100%。其中全国人大信访局1件，市信访局3件，书记、市长电子邮箱2件，市网上信访4件，市长热线1件，县委书记、县长接待日11件，县网上信访8件。接待群众来信来访51件163人，做到件件有记录，事事有结果，件件有答复。

【国土管理】 2014年，大街街道坚持“依法管地、节约用地、构建经济社会和谐发展”的方针，建立耕地保护共同责任制度，全面履行保护资源、保障发展、维护权益、服务社会职能，加强农村集体土地管理。加大土地执法监察力度，全年辖区内土地巡查52次，查处土地违法案件36宗，面积2701.7平方米，已按各村（居）委会村规民约拆除11宗，面积546平方米。出动18次79人次督促检查8个石场、1个砂场的安全生产，对非法开采进行查处，发现安全事故隐患及时整改。办理发放农村集体土地使用证12本，发证总面积1476.29平方米。共审批农村宅基地30宗，面积1105.32平方米。完成城乡建设用地增减挂钩下营项目区450亩的地上附着物拆迁工作，共拆除9户，面积25680.06平方米。

【财经管理】 根据农村财务管理的实际情况，加大监控力度，克服人为的乱支乱花现象，对村组财务收支情况及时公布，让群众及时了解集体财务状况，减少农村财务热难点问题，促进农村社会和谐稳定。2014年，大街街道农经中心对村组财务收支结对帐794次，财务处理794次。全街道村组民主理财小组对村组集体收支情况进行794次民主监督理财。对村组财务收支公开890次，其中张榜公开794次，会议公开96次/组。开启村组意见箱362次，收集群众意见18条，经梳理无财务管理意见，向村组反馈意见0次。

严格按照《大街街道建设工程管理办法》，凡村组建设项目工程按照公平、公正、公开的原则进行招投标；年内招投标委员会招投标工程项目89个。

【2014年高标准农田建设项目】 12月8日，大街街道高标准农田建设项目正式启动。高标准农田建设项目共涉及海浒、河咀、大庄等三个社区居委会。主要建设内容：支砌三面光沟渠9条，总长4.22千米；建抽水站3座及机房2座；修建田间道路3条，总长2.12千米。项目区建成将新增灌溉面积500亩，改善灌溉面积1900亩，新增种植业总产值40.3万元。工程预计总投资为500万元，资金为中央、省、市、县等各级投资及农户自筹。

【街区整治房屋征收】 星云路、明珠路、振兴街街区整治房屋征收工作自11月3日起，按照实施方案，街道工作人员开展入户走访调研，完成宣传、动员和意见收集，以及房屋、土地调查认定登记等工作。星云路、明珠路、振兴街街区整治房屋征收共涉及74处房屋（土地），11月19日完成评估机构选定予以公示，至11月27日公示期满未收到群众对公示内容的意见，11月28日进入入户测量、评估环节。截至11月底完成全部被征收房屋（土地）的测量、评估工作。

【打造“森林街道”】 6月6日，大街街道“森林街道”建设启动仪式在江川县渔文化广场举行，街道全体干部职工、河咀社区党员干部150余人参加启动仪式，进行义务植树。街道和村（社区）干部、群众在星云湖入湖河道两旁、公路边和村前屋后进行植树，共计植树3000多株，主要树种为云南樱花、石楠和滇朴。

【“推广普通话　争做文明人”朗诵比赛】 10月16日，大街街道在下营社区举行以“推广普通话，争做文明人”为主题的诗歌散文朗诵比赛。来自大街街道办事处、社区、企业的32名参赛选手分别朗诵《唱响中国梦》《爱》《青春万岁》《我的祖国》等32篇经典诗歌、散文。

【“共产党员户”挂牌活动启动仪式】 11月13日，大街街道党工委在伏家营社区举行“共产党员户”挂牌活动启动仪式。此次活动率先在伏家营社区和朱家庄社区开展。“共产党员户”挂牌活动发挥党员的先锋模范作用，以党员带动家庭，以家庭影响社会，发挥共产党员户在美丽乡村建设、服务群众、带动经济社会发展方面的积极作用。启动仪式结束后，伏家营党员打扫伏家营社区主要道路的卫生。

【水箐沟整体搬迁工程开工建设】 11月27日，大街街道水箐沟村举行异地扶贫全村搬迁项目开工典礼，水箐沟村整体搬迁工程全面开工建设。水箐沟村民小组位

于小白坡村委会东北面，距离县城15千米，全村共有村民44户129人。因受地质灾害影响，水箐沟村大部分房屋已经开裂，变形倾斜，灾情较为严重，为确保群众安全，上级部门决定实施水箐沟村异地搬迁工程建设。新选址点位于江华公路旁，搬迁点对地面开挖形成高陡边坡产生崩滑的可能性小，交通方便，便于规划。

【联合“打非治违”暨安全隐患排查整治行动】 10月28日，大街街道开展清理私做烟花爆竹等非法生产行为暨村（社区）内安全隐患排查专项行动，共出动街道、派出所干警及村组干部603人，对辖区内14个村（社区）的民房、公房、果园、大棚、村内外闲置空房进行拉网式检查。针对专项行动中所发现的问题，街道要求村（社区）加强宣传工作，定期开展清查专项行动，保持打非工作常态化；对发现非法生产经营行为及时上报县安委会和通报相关部门，加强与相关主管部门协调，联合执法进行处置；要求村组督促相关居民户和经营户对存在的隐患及时排除，确保村（社区）内的安全。

【台风“海鸥”来袭街道受灾】 9月17日，受“海鸥”的影响，大街辖区内出现连续降雨，致使辖区4条入湖河道超汛限水位大量泄洪、小白坡村水箐沟小组山体滑坡、11个村（社区）农作物不同程度受灾。小白坡地质灾害险情出现后，街道紧急转移安置滑坡区域内受灾群众48人；全街道农作物受灾面积7416亩、绝收1200亩，各级干部及时组织人员抽水排涝生产自救，并对成熟作物进行抢收；洪水还造成大街河水暴涨并溢出路面，部分坝塘超汛限水位、沟渠受损严重；各个村不同程度出现民房进水、漏水情况。此次降雨由于事先得到预报，街道早安排、早部署，积极组织抗汛抢险，最大限度地保证了人民群众生命财产安全。

（李立群）

江城镇

【行政区划·人口】 江城镇地处江川北部，位于东经102°48′、北纬24°25′之间。东临全国第二大深水湖抚仙湖，南临星云湖、距县城18千米，西与玉溪市红塔区、昆明市晋宁县六街乡、晋城镇接壤，北距省会昆明市80千米。辖区面积222.67平方千米，全境地势西北高、东南低，最高海拔2648米，最低海拔1720米，东西最大横距19千米，南北最大纵距15千米。境内主要河流有牛摩河、东西大河、学河、周德营大河、大龙潭河、玉带河等，有西河一库、西河二库、茶尔山水库、大龙潭水库等水库8座，坝塘103座，矿藏主要有磷矿、白云岩、石灰石、石英砂及少量铁、锰、硅矿。镇政府所在地振兴街13号，驻地海拔1733米。

全镇辖江城1个社区居民委员会和左卫、大地、孤山、黄营、陈家湾、白家营、云岩、温泉、侯家沟、龙街、西河、海门、三百亩、明星、牛摩、尹旗、翠峰、桐关、祁家营19个村民委员会，6个居民小组、126个村民小组，119个自然村。

2014年末，总耕地面积36946亩，其中田25622亩，地11324亩（其中水浇地2757亩），农业人口人均耕地面积0.67亩。总人口71592人，其中男36016人，女35576人；农业人口55128人，非农业人口16464人。总户数25066户。少数民族人口1299人，占总人口的1.81%，其中彝族756人，占总人口的1.06%；哈尼族239人，占总人口的0.33%；白族57人，占总人口的0.08%。农村劳动力47684人，其中从事第二、三产业的11426人，占总劳动力的23.96%。人口自然增长率2.99‰。人口密度322人/平方千米。

【领导干部名录】

党委书记　李忠海
副 书 记　郭　峰
　　　　　李志高
　　　　　周宏斌
　　　　　贾志庚（2014.2离任，挂职）
　　　　　金爱芬（2014.2任，2014.11离任，挂职）
纪委书记　李任民
人大主席　李江润
镇　　长　郭　峰（2014.1任）
副 镇 长　刘世培
　　　　　洪家彬
　　　　　马江艳
　　　　　侯小青（2014.3离任）
　　　　　杨　坤（2014.3任）
　　　　　朱　俊（2014.10任）

【经　济】 工农业总产值完成129386万元，比上年增1%，其中工业总产值66984万元，比上年减3.9%；农业总产值34108万元，比上年增6.8%。农村经济总收入366881万元，比上年增15%，其中种植业收入57718万元，林业收入421万元，牧业收入21481万元，渔业收入6499万元，工业收入92614万元，建筑业收入52380万元，交通运输业收入63888万元，商业饮食业收入44497万元，社会服务业收入18623万元，其他收入4484万元；农民人均纯收入10139元，比上年增17.1%。地方生产总值113586万元，比上年增6.2%，其中第一产业38324万元，增7.5%；第二产业28.87万元，减2.3%；第三产业47175万元，增11%。全镇财政收入366.39万元，比上年减15%；财政支出637.79万元，比上年增20%。年末，各项存款余额129783.24万元，比上年增13.05%；人均储蓄存款余额15619.33元，比上年减2.96%。

【农　业】　全年农作物播种面积88606亩，复种指数293.8%。粮食播种面积30977亩，总产1548.55万千克，比上年增2.9%，其中：水稻种植面积11277亩，单产666千克/亩；玉米种植面积6947亩，单产605千克/亩；小麦种植面积3354亩，单产265千克/亩；蚕豆种植面积2861亩，单产174千克/亩；农民人均产粮280.9千克。油料播种面积8363亩，总产162.73万千克，比上年减16.59%。烤烟种植面积14880万亩，其中田烟8012亩，地烟6868亩，总产187.65万千克，比上年减30.66万千克；交售烟叶172.8万千克，上等烟比例达70.87%，均价28.05元，烟农直接收入5274.74万元，比上年减187.26万元。蔬菜种植面积30155亩，总产5544.95万千克，比上年增7.77%，产值达9450万元，增10.47%。花卉种植面积4224亩，生产兰花44.38万盆；鲜切花55603万枝，花卉产值11976万元，减3.23%。种植蓝莓396亩，种植补植核桃9597亩。

年末，生猪存栏6.97万头（其中能繁母猪8652头），比上年减0.35%；肥猪出栏8.85万头，比上年增5.8%；大牲畜存栏2981头，比上年增0.71%，其中牛存栏2346头，出栏728头；羊存栏4272只，出栏4549只；家禽存栏352038只，家禽出栏873465只。全年肉产量9537吨，肉蛋奶总产13414吨，牛奶总产7吨；水产品产量344吨，比上年增0.53%。实现畜牧业产值24282万元，增11.3%。发放良种补助24.1万元，农资综合补助159.22万元。

全年农田水利建设投入资金81.7万元，水利化程度88.8%。投资8.6万元，花椒树抽水站、团结抽水站、马澡塘抽水站工程建设。投资31463元，新建底坝站进行二次提水灌溉工程。投资69910元，组建三级站提水灌溉工程。投资3.6万元，对孤山村委会大沙咀抽水站进行水沟防渗处理及机电设备更新改造。投资6.4万元，启用云岩村委会大梨园应急工程供水点。投资45万元，完成祁家营人畜饮水工程。投入8万元，安排专人对全镇7条小型河道上的36道闸门及5座水库、部分坝塘进行汛期安全管护。新建湾河小组抽水站底阀站1座，提供水泵2台，为海埂一组安装渠道平板闸1道，为西河村委会海埂一组、二组和大营盘改造抽水站4座。

2014年，完成农林牧渔业总产值（现价）62402万元，其中：农业34283万元，占54.94%；林业476万元，占0.76%；牧业24282万元，占38.91%；渔业2268万元，占3.64%；农林牧渔服务业981万元，占1.75%。

【企　业】　2014年，有个体经营户、私营企业3271户，比上年增605户，其中私营企业86户，从业人员9069人，比上年减13.11%；企业营业总收入147808万元，比上年增11.99%；利润总额14161万元，比上年增7.88%；上交税金5464万元，比上年增7.01%。其中：私营企业从业人员2641人，收入68585万元，利润总额7458万元，上交税金4593万元；个体经营户从业人员6428人，收入79223万元，利润总额6703万元，上交税金871万元。全年实现现价总产值151735万元，其中农林牧业10030万元，工业67530万元，建筑业4421万元，交通运输仓储业15258万元，批发零售业44629万元，住宿及餐饮业5922万元。

【村镇建设】　实施新农村建设重点村项目3个，“一事一议”财政奖补项目16个，水库移民安置区及库区基础设施项目14个，投建村级基础设施项目50个。完成胡家湾美丽家园项目建设。建设居家养老服务中心3个、老年人活动场所6个、百村建设项目4个，新建、改建村级卫生室2所。江城社区老年活动中心二期工程、西门牌坊重建竣工，启动集镇供水工程。

【社会事业】　**科　技**　开展各种作物栽培技术、病虫害防治等农业科技培训，累计培训62次3100人，发放培训材料3100份。

结合大春生产工作，进行烤烟中耕管理培训20期，培训人数1800人。开展科技活动周宣传活动，发放各种种植、养殖、卫生防疫等宣传材料2500份，张贴宣传标语2000条。培训测土配方知识300人，发放《测土配方施肥技术问答》11950份，发放测土配方施肥建议卡11950份。在原江城片和龙街片完成水稻同田对比试验2组，马铃薯有机肥无机肥同田对比试验2组，花椰菜同田对比试验1组，花椰菜正规小区试验1组，跟踪1个国家级、2个省级肥力监测点肥料效应并完成相应的同田对比试验3组。防治稻瘟病、稻飞虱面积9259亩。

教 育 年末，有党职校1所；中学3所，教学班59个，教职工221人，在校学生3088人，初中入学率100%，巩固率99%；中心小学3所、村完小13所，教职工307人，教学班139个，在校学生4341人，小学入学率100%。全镇教职工大专学历以上教师456人，中专、高中学历教师72人，教师学历合格率达97.4%，大专以上学历教师占86%，中专以上学历达95%以上。有幼儿园6所，教职工62人，在校学生1542人（含部分学前班人数），学前教育适龄儿童入园入班率达100%。表彰奖励2013～2014年度优秀教师27名、先进教育工作者6名。

文 化 开展春节系列文化活动，组织21个文艺方阵队、5个龙灯、4对狮灯、8支腰鼓队举办大型街头游园活动。举办首届广场舞比赛，26支代表队、370人参加比赛，观众达1000人。在江川影剧院举办文化惠民江城专场文艺演出，参演节目共15个，近800名群众观看。各村文艺队在敬老活动月中，组成8支队伍，进行文艺演出20场，演出节目190个。

体 育 开展第六次全国体育场地普查工作，全镇共有体育场地（不含学校）69块，其中篮球场地33块，健身器材18套，132件，门球场4块，地掷球场2块，挂星酒店棋牌室5间，乒乓球室3间，保龄球室1间，网球室1间，射箭房1间。推进“七彩云南·全民健身基础设施工程”项目实施，牛摩下村、孤山大沙咀、黄营张旗、温泉海溪、西河小湾河5个村民小组配置健身器材30套，价值10万元。

老龄工作 全年共发放80周岁无退休金老人保健补助金989300元，享受老人6020人次；发放退休金高龄老人保健补助金91150元，享受老人548人次。年末，全镇有60岁以上老年人11784人，80周岁以上有1705人，90岁以上有153人，100周岁以上3人。村级老年协会20个，分会121个，会员达9763人。有镇老年学校1所，学员77人；村级老年学校2所，学员244人。新建村级老年人活动场所5个，百村建设项目4个，计划总投资507万元。

卫 生 年末，有卫生院1个，全院职工76人，其中：卫生技术人员69人，其他专业技术人员1人，工人6人；本科21人，大专42人，中专7人；无职称10人，初级资格28人，中级资格31人，高级技工6人，副高1人。年内出生699人，出生率9.78‰；死亡443人，死亡率6.20‰。已婚育龄妇女13319人，综合落实节育措施人群12121人，应使用药具人数8555人，占已婚育龄妇女人群数的64%，占综合节育措施人数的70%。放环460例，取环406例，妇科常见病、多发病的普查普治428人次。全年组织群众65032人参加新型农村合作医疗，参合率达97.52%；门诊减免22142人次，减免3715020.62元；住院补偿8109人次，补偿费用23707234.1元。

民 政 全年共发放各种优抚、救济补助经费6545759元，7260户7443人。发放救济粮437300千克。落实五保供养经费发放，按每人204元/月标准发放五保金费132人403920元。有翠峰、江城、龙街3所敬老院，入住老人32人。依法办理婚姻登记570对1140人。其中男初婚480人、再婚63人，女初婚470人、再婚73人；复婚登记27对54人，离婚登记160对320人；补发婚姻登记320对640人；出具无婚姻登记证明400份。开出“一站式”服务卡536张。其中农村423张，城乡救助47张，优抚对象66张。

年内，开展殡葬改革工作，平毁空墓147冢，搬迁实墓13冢，植树遮档243冢。阿黑山镇级公墓建设完成双墓穴417个，阿黑山村级公墓已建设双墓穴796个、单墓穴87个。西门关山公墓建成双墓穴1500个，北山公墓建成双墓穴900个。

残疾人工作 年末，共有残疾人家庭2249户2491人享受农村低保，其中残疾人513人。有1583名农村残疾人享受新型农村合作医疗补助，补助金额142470元。有194人享受不同的康复救助，救助金额42700元。组织复查白内障患者117名，为符合手术条件的87名白内障患者进行免费白内障手术。为6名残疾人提供种植养殖扶持，为60名农村残疾人提供实用技术培训。补助12000元帮助4名残疾人困难户子女及残疾大中专学生上学。补助6000元为2户残疾人进行无障碍改造。补贴16640元为64名残疾人办理残疾人机动车燃油补贴。

妇联工作　年末，回收小额担保贴息贷款36笔，发放小额担保贴息贷款90万元。发放“贷免扶补”资金288万元。各级妇联共组织理论学习45期3600人次，组织镇村妇女召开座谈会21次850人次，出黑板报《妇女权益保障法》3期，张贴标语22张，组织妇女群众2532人，发动青年团员、学生3000余人打扫村庄道路8千米、公共晒场18块、公厕25个。慰问江城中心小学贫困学生18名，为镇机关14岁以下未成年人办理100元的购书卡70张。接待妇女信访案件7件次，其中家庭暴力4件，家庭纠纷3件，处理率达100%。4月23日，完成镇妇联换届选举工作，选举产生新一届妇联领导班子，并表彰5个先进集体、5个先进个人、5个“双学双比”女能手、5户“生态文明”示范户、5户“五好文明家庭”示范户。

工会工作　全镇有工会委员会26个，工会联合会2个，各企业建会率达90%以上，企业工会会员人数1116人，其中女会员394人。68家企业签订《区域工资集体协商合同书》，企业覆盖率达90%以上，受益职工800余人。有137人参加第十期职工互助医疗，其中在职职工109人，退休人员28人，共收互助金11120元；发放职工互助医疗费3人，合计1458元；看望生病住院职工2人。

社会保障　年内参加新型城乡居民养老保险45395人，参保金额664万余元，其中个人缴费528万元，各级财政补助136万元，缴费率达97.79%，参保率98.3%；及时足额发放基础养老金10800人，发放金额792万余元；发放丧葬补助金386人，金额23.16万元；办理被征地农民养老保险参保缴费396人，金额990000元。组织327人参加职业技能和创业培训。办理“农转城”4422人。22.9万人次享受新农合减免补偿，减免补偿2742.2万元。办理《就业失业登记证》626人，对申领社会保险补贴53人进行认证，发放“贷免扶补”贷款23人，金额115万元，组织63名申请小额担保贷款人员进行创业培训。

国土资源管理　年内，清理龙街、尹旗、翠峰等村委会农村违法土地15宗1650平方米；制止停工27宗1570平方米；现场予以拆除4宗1750平方米。调处群众信访事项9件，上级转办信访事项3件。完成19个村委会集体土地使用权调查。发放农村集体土地使用证15本，其中初始登记10本、变更登记3本、补发2本。制定下发《江城镇2014年地质灾害防治预案》、《江城镇2014年地质灾害应急预案》，建立重要地质灾害监测点7处，涉及4个村委会7个村民小组。发放地质灾害工作明白卡40份，避险明白卡166份。

生态环境保护　全镇共聘请环卫保洁员156名，垃圾清运人员84名，环境监督员76名，对辖区内农村环境卫生实施日常保洁工作，并采取定期与不定期方式对农村环境卫生整治效果进行检查考核4次，共清扫清运各种垃圾27660吨，重点村落垃圾收集处置率达92%以上。完成抚仙湖退田还湖缓冲带生态建设工程，种植苗木1734.32亩，其中，植乔木38062株，麻竹2600丛，金竹13860株，灌木18404平方米4461株。完成牛摩大摆、西河上西河村落环境综合整治工程，完成抚仙湖西岸（江川段）截污工程主管建设，铺设明星、牛摩、秦家山片区污水收集管网9619米。埋设北片区污水处理厂截污管网8千米。打捞星云湖水葫芦271亩。西河二库流域封山育林1900亩，治理石漠化3320亩。推广测土配方施肥1.5万亩、生物发酵床和沼气池700平方米。调查处理环境污染事故12起。

法制建设　全年共组织开展各类普法骨干培训5期160人；开展法制宣讲活动9次，市场、街头法制宣传活动12次，发放各类普法材料5000份，宣传手册200册，展出展板85块；板报宣传213期，广播宣传389次，法律咨询247人次，张贴普法标语4350多条幅。全镇各级调委会共调解各类纠纷937件，调解成功率为99%。办理法律援助案件56件。

【纪律检查工作】　镇村组三级共受理办结录入五级联动畅通群众诉求案件3100余件，上报五级联动典型案例10件，其中为侯家沟村特困户普四狗修缮房屋的典型案例得到上级纪检部门认可和宣传报道。开展清退会员卡、整治会所中歪风等活动，党政领导班子成员和中心、站所负责人48人作出“零持有”会员卡报告，全镇3283名党员签订严肃整治会所中歪风的承诺报告。不定时签

到、实地查岗点名22次，发出督查通报14期，对10余名镇村组干部进行通报处理。配合纪检监察部门查办明星、孤山、牛摩6名村干部违法违纪案件并提出处理意见，对黄营村的2名农村党员给予开除党籍处理，进一步警示教育党员干部。

【干部队伍建设】 修订完善内务管理规定和村集体经济组织财务管理办法，规范镇村组干部行为，形成以制度管人管事的干部教育管理长效机制。以选好干部、配强班子为出发点，调整村党总支书记2名、副书记3名、党总支委员4名，依法选举监督委员会主任1名，聘用村工作人员14名、小组干部17名。加大绩效考核管理力度，把村组干部每月三分之一的岗位补贴和年终考核奖金纳入绩效考核，依据考核评定档次兑现绩效考核奖金，有效解决干好干坏一个样的问题。

【党员规范化管理】 开展无职党员设岗定责活动，引导1956名农村无职党员认领岗位，积极履职践诺，全年为群众办实事1500余件。开展党员户挂牌活动，在侯家沟、大地、温泉村460户党员家庭中完成试点挂牌，签订挂牌承诺书，使党员的先锋模范作用在日常生活中得到充分体现。严格处置不合格党员，结合党员积分制管理，开展半年民主评议党员，对确定为不合格的3名党员，2名限期整改、1名除名；因组织纪律性不强、不参加组织活动、违反婚姻计生法规等原因，取消4名预备党员资格，疏通党员出口，纯洁党员队伍。

【整顿软弱涣散基层党组织】 2014年，基层党组织分类定级中，全镇有46个基层党组织定为“先进”等次，119个基层党组织定为“一般”等次，21个基层党组织定为“后进”等次。镇党委书记和镇长分别挂钩联系龙街村和三百亩村两个软弱涣散党总支，作为整顿第一责任人，加强软弱涣散基层党组织班子整顿。通过带头落实领导挂钩帮扶、集中解决突出问题等措施，全镇21个软弱涣散基层党组织全面实现整顿升级。

【召开中国共产党江城镇第三届代表大会第二次会议】 1月7日，江城镇召开中国共产党第二次会议，审议通过党委工作报告、纪委工作报告，收到党代表提案19件。

【召开江城镇第三届人民代表大会第二次会议】 1月8日至10日，江城镇召开第三届人民代表大会第二次会议，审议通过政府工作报告、人大主席团工作报告，选举产生江城镇人民政府镇长。

【庆祝建党93周年大会】 7月1日，江城镇举行庆祝中国共产党成立93周年大会，回顾党的光辉历程，纪念中国共产党成立93周年，表彰先进党总支6个，先进党支部21个，优秀党务工作者5名，优秀共产党员74名。

【治理农业面源污染】 全年共计拆除各类大棚254.06亩，其中，竹棚104.42亩，水泥棚68.36亩，插地钢架大棚32.31亩，连体钢架大棚51.97亩。涉及农户179户，共计兑付资金3491180元。

【主要入湖河道整治】 聘请管护人员38名，对主要入湖河道进行管护，对河道督促检查21次，组织人员3886人开展河道专项整治活动13次，清理河道48.2千米，出动垃圾车383辆，清运河道垃圾1433吨，主要入湖河流沿岸垃圾收集清运率达95%以上。投资9万余元，完成学河、大龙潭河清淤工程，共清运淤泥3185立方米，清理河道2088米。投资7.5万元在西大河白家营段、学河温泉段栽种樱花300棵。新建污水管道2860米，建设高位水池1个，沉砂池6个，河旁绿化7.48亩，打捞玉带河水生植物30余亩，支砌挡墙40余米，修建土壤净化池1个。

（秦红丽）

前卫镇

【行政区划·人口】 前卫镇位于江川县境腹地，东临星云湖，西与九溪镇、安化乡接壤，南与江川县城大街街道为邻，北与江城镇相连。全镇辖杨家咀、业家山、渔村、庄子、石河、后卫、周官、赵官、小街、柏池古10个村民委员会和前卫社区居民委员会，51个自然村，70个村民小组。镇域总面积88.9平方千米，东西最大横距14.25千米，南北最大纵距12.75千米。最高海拔2139.4米，最低1724米，镇政府驻地海拔1730米。人口密度每平方千米554人。境内主要河流有前卫大河、周官河、小街河等，有石河水库等水库14座，坝塘68座。风光秀丽、具有民间传奇色彩的台山书院、七星塔、回头山坐落于星云湖西岸，镇政府东、北面。

2014年末，全镇总户数18494户，总人口48890人，其中：男24416人，女24474人。农业人口41537人，占总人口的84.9%。农村从业人员30148人，其中从事二、三产业9260人，占从业人员的30.7%。年内出生人口493人，出生率10.1‰；死亡284人，死亡率5.82‰；人口自然增长率4.28‰。

【领导干部名录】

党委书记　刘绍宏
副 书 记　莽嘉慧
　　　　　陈宝林
　　　　　花德财
　　　　　张海龙（2014.2离任，挂职）
　　　　　李　谨（2014.2任，挂职）
　　　　　邹　宁（2014.10任，挂职）
纪委书记　郭　伟
人大主席　李江辉
镇　　长　莽嘉慧
副 镇 长　李万雄
　　　　　花云芬
　　　　　朱　俊（2014.9离任）
　　　　　郭锦洋（2014.9任）
　　　　　孟　斌

【经　济】　全年完成地方生产总值8.7亿元，增0.57亿元，增6.9%；规模以上固定资产投资完成3.5亿元，增1.7亿元，增94.2%；农民人均纯收入达9731元，增1149元，增13.4%；信用社存、贷款余额分别为5.78亿元、2.66亿元，分别增0.94亿元、0.41亿元，增19.42%、18.22%。

农　业　围绕实现农业增效、农村发展、农民增收的目标，推动产业结构调整升级，提升农业规模化、产业化水平。全年实现农业总产值2.81亿元，增1%。烤烟生产实现提质增收，种植面积14714亩，收购烟叶183万千克，上等烟比例72.39%，均价达29.36元，烟农收入5374.38万元，增504.38万元，增10.36%。巩固传统蔬菜产业，洋芋、白花、青花、胡萝卜、芫荽等种植面积扩大，总产值1.52亿元。加快发展油料、林果产业，种植核桃720亩，实现林业总产值659万元，增34.5%。办理能繁母猪保险3174户7962头，发放规模户能繁母猪生产补贴8.68万元。加强重大动物疫病防控，100%完成禽流感强制免疫，成功处置2起疑似禽类和动物疫病事件。实现畜牧业总产值1.34亿元，增6.3%。

工　业　完成工业总产值9.6亿元，增0.97亿元，增11.2%；实现工业增加值2.21亿元，增4.5%；规模以上工业总产值6.81亿元，增1.2%，增加值1.93亿元，减0.2亿元，减0.8%；工业固定资产投资完成1.98亿元，增0.32亿元，增19%；招商引资2.098亿元，增2.84%。强化平台建设，配合园区征地894亩，集聚资源要素支持龙泉山生态工业园区建设，引导企业向园区集中，云南荣盛实业有限公司泡沫箱生产线签约入园。储备云南金骏药业有限公司灯盏花素及露水草提取加工、云南卓一食品有限公司火锅底料和骨粒香生产项目。实行党政领导联系重点企业制度，为规模以上企业生产提供帮助，支持腾达机械、荣盛实业、特固电器等企业做大做强。

第三产业　以打造“白药故里，水乡前卫”品牌为引领，根据《前卫镇乡村旅游发展规划》，依托出流改道工程、退田还湖和“十里长堤”等沿湖生态旅游景观，发挥回头山、七星塔等传统节庆效应，推动第三产业持续健康发展，实现增加值2.47亿元，增2428万元，增10.9%。围绕铜文化产业“一园一村一街区”建设目标，做好“渔村铜文化特色街区”“后卫铜文化特色村”建设前期准备工作，挖掘传统民间铜器工艺文化内涵，传承发扬铜器工业手艺，借助外力推动独具特色的工艺制品产业发展，提升铜文化产业对经济社会发展贡献率。投资180万元，修缮古建筑锁水阁、财神阁，打造周边环境。注重提升特色餐饮业综合实力，渔村小肚入选玉溪美食，鲜鱼庄、浪广人家、炊香园等餐饮店影响日益扩大。

【基础设施建设】　农业基础设施建设　整合资金1146万元，建成前卫北片区高标准农田示范项目，改善农田面积5950亩；投资460万元，完成柏池古4611亩基本烟田建设；计划投资450万元，推进2014年基本口粮田项目建设；投资460万元，建设9群102座标准化烤房，安装完善配套设施并投入使用；投资107.83万元，建设“彩虹水窖”263口；投资756万元的“中水回用”项目基本完工；投资318万元，完成木凹田坝、新民坝等5座水库除险加固工程，完成石河洪沟衬砌，新建、扩建、改建抗旱抽水站4座。稳步推进“五小”水利、水毁工程修复、抗旱水源点加固维修、农村

饮水安全等工程建设。

农村基础设施建设　投资170万元，建成简易蔬菜交易市场，整治占道经营、以路为市的不良行为。坚持以点带面、分步实施、整体推进原则，实施美丽乡村建设，投资500余万元，推进下大石咀湖滨生态旅游村建设，进一步完善基础设施，改善村庄面貌，推进旧村改造。投资340.8万元，实施8个“一事一议”普惠制项目建设。

文教卫项目建设　稳步推进“美丽校园100”项目建设，预计投资1854.7万元，实施中小学教学楼、教师宿舍、学生食堂等建设项目。计划投资412万元，搬迁新建杨家咀小学，已完成选址、征地、水站搬迁等前期工作。投资108.5万元，完善卫生院业务用房及辅助设施。投资30万，修建完善文化站业务用房。

【生态文明建设】　稳步实施“生态立镇”战略，坚持把生态环境保护作为可持续发展的保障。以入湖河道治理保护和农村环境卫生综合整治为重点，全面实施治污、治河、治水、治湖，环境面貌明显改善。全年组织400多名村、组干部进行新一轮的环保知识培训，学习相关环境保护法律、法规、制度及前卫镇有关环保方面的措施办法；以会议、黑板报、广播、宣传标语、条幅等形式，加强对环保知识的宣传，年内共出黑板报12期，贴小标语320条，大标语2条，召开会议25次，参加人员2000余人；坚持开展河道保洁周活动，清理4条入湖大河、捡拾星云湖周边垃圾，全年集中整治入湖河道18次，累计组织人员2300余人次，清运垃圾30余吨。加大农业面源污染治理力度，拆除塑料大棚155.53亩。开展路域环境专项整治，对公路沿线的违章建筑、占道经营、“四堆五乱”集中整治，实现“清门户，除垃圾，保畅通，还路权，美家园”目标。投资340万元，建成全县第一家日处理20～30吨的自燃式垃圾焚烧处理示范项目，减少存量垃圾。构建星云湖生态屏障，全面完成退田还湖工作，兑付租金226.26万元，恢复湿地、湖滨带685.6亩。投资60万元，实施周官河尾段治理工程。

【社会事业】　教　育　开展“贫困助学”“金秋助学”活动，补助大中专贫困生19人5.4万元；“两基”成果得到巩固，辍学率控制在0.5%以内；中考上线率69.39%，位居全县前列。落实省教厅关于减轻中小学生负担的要求，执行省教厅减负工作“八不准”，减轻中小学生学习、心理和经济负担。

卫　生　全力推进新型农村合作医疗工作健康、稳步、持续发展。设立新农合公示栏，将参合农民住院医疗费用的补偿情况以及新农合有关政策、监督举报电话、群众意见与反馈等内容进行严格公示，每月公示一次。2014年，新农合参合率达97.84%，参合农业人口总数达44750人，参合金额268.5万元；门诊诊疗人次132069人次，补偿金额237.3万元；住院人次5625人次，补偿金额1892.9万元。加强对镇村定点医疗机构督促检查，与镇中心卫生院、9个村级定点医疗机构签定2014年服务协议。实行总额预付制度，为新农合基金安全提供保障。

文　化　完成投资25万元的文化站业务用房扩建工程；协调多方力量，狠抓各村民间文艺团体和业余文艺队伍建设；成功举办文化惠民“唱响江川·舞动星抚”前卫专场文艺演出；发挥文化服务功能，免费开放图书室、电子阅览室；培训文艺骨干290名，组织文艺演出65场次。

民　政　全年共发放民政经费542.4万元，其中农村和城镇低保420.4万元，涉及1850户1975人；供养五保对象63人，敬老院2所，床位48张，入住对象26人，工作人员4人，其中未成年人1人；院外五保供养对象44人，按国家规定每月每人按时发给生活费204元，共发生活费115668元；发放基础养老金521.4万元、救灾救济粮29225千克；年内共办理结婚登记264对，婚前检查率达100%，办理离婚登记84对，补办122对，开未婚证明345人；完成中心敬老院综合楼建设，改善可供住宿房间不够、容纳量不足等问题。

劳动保障　2014年，新农保参保人数32278人，新增121人，其中五保人数43人，残疾人员546人；60周岁以上死亡人员175人，共发放丧葬补贴费用105000元；老农保退保30人，退保金额15340.6元；失地农民养老保险新参保7人，参保金额35000元，其中个人缴费17500元，政府补助17500元。开办维修电工技能培训班，培训60人，51人通过由玉溪市第二职业高级中学组织的技能鉴定；完成6户创业贷款补助30

万元；建立失业保险与促进就业的联动机制，转移农村劳动力300人次。

惠民政策　兑现奖优免补计生惠民政策，发放独生子女保健费、教育奖学金及新农合医保补助金34.62万元。兑付农资综合直补13810户93.81万元，兑付农作物良种补贴23.8万元、农机购置补贴35万元。办理能繁母猪保险3174户7962头，发放规模户能繁母猪生产补贴8.68万元。受理并审核保障性住房88户，完成800户加固改造、269户危房改建任务，补助金额459.94万元。

计划生育　落实“奖优免补”政策，强化计生政策宣传和行政执法，完善计生信息系统建设，开展出生缺陷干预，推进流动人口基本公共服务均等化工作。加强对育龄妇女的监管，计划生育率达90.9%，人口自然增长率为4.28‰，切实提高生育质量，稳定低生育水平。

国土管理　加强执法监察工作，严肃查处国土资源违法案件。年内共制止违法占地27户，面积2132.2平方米。巩固和扩大农村集体土地两权发证工作，年内办理土地使用权登记手续9宗。严格报批农村宅基地，开展迁村并点及建设用地城增村减试点工作，规范集体建设用地流转。

综治维稳　全年共受理矛盾纠纷235件，调解235件，调解率100%。坚持领导干部大接访大下访制度，接待群众来人来信来访75人次，回复率100%。加强特殊人群管理，继续巩固44名社区矫正人员帮教成果。强化禁毒工作，重点抓好“6·26”、“10·26”禁毒宣传教育，引导群众树立“珍爱生命，拒绝毒品”观念意识。加强对216名吸毒人员管理，纳入社区康复管理15人，社区戒毒45人，强制隔离戒毒人员55人。发挥“社会管理网格化”“6995语音公众服务”平台作用，筑牢维稳前沿阵地，提高社会管理水平。加大对各村、学校、幼儿园及周边安全隐患排查整治工作。

法治建设　深入开展“六五”普法和“四五”依法治镇工作。利用综治维稳宣传月、“3·15”消费者权益保护日、宪法宣传日等活动，开展法治宣传，群众知法、守法、用法意识增强。围绕群众最关心的社会稳定、权益保障、公平正义等问题，把司法公正真正体现在推进社会矛盾化解、公正廉洁执法上，加强司法队伍建设，坚持严格执法、文明执法，推行阳光执法。

【殡葬改革】　利用动员会、板报、标语、广播等多种宣传形式，在辖区范围内营造浓厚的殡改工作氛围；适时组织召开党员干部会、村（居）民代表会，宣讲殡葬改革的重要意义及方案；向上争取资金，投资90余万元在柏池古黄地山建设镇级公墓1个，村级公墓1个；投资80余万元在石河老坟冲建设5个村级整合公墓。对辖区乱埋乱葬情况进行摸底调查，做好群众思想工作，开展宣传发动工作，年内累计共平毁活人墓146家，植树遮挡283家，推进殡葬改革工作。

【食品药品监督管理所和检验站挂牌成立】　5月23日，前卫镇食品药品监督管理所和检验站正式挂牌成立。县食品药品监督管理局局长杨建梁，镇党委书记刘绍宏、镇长莽嘉慧参加揭牌仪式。新成立的前卫镇食品药品监督管理所和检验站是县食品药品监督管理局的派出机构，编制3人，主要负责前卫镇和安化乡范围的食品药品安全监管工作。

【建立全市首个院士工作站】
5月26日，玉溪市首个院士工作站——孙宝国院士工作站在前卫镇卓一食品有限公司正式揭牌。

孙宝国院士现任北京工商大学副校长，主要从事香料香精和食品添加剂研究与教学工作，是全国食品行业、日化行业的唯一院士。此次建站，基于云南省野生食用菌和地方鸡种的资源优势，开发具有云南特色的野生菌、土鸡及菌鸡复合底料、复合浓汤系列风味调料产品10个，并实现产业化，形成2000吨/年的生产能力。

市委常委、副市长王学勤参加揭牌仪式并讲话，县委常委、常务副县长张文彬等领导参加揭牌仪式。

【刘慧晏调研星云湖保护治理工作】　8月28日，副省长刘慧晏一行到前卫镇调研星云湖保护治理工作。

刘慧晏一行实地查看湖滨带生态修复工程和滩涂生态修复工程后，对星云湖保护治理方面取得的成绩给予肯定，并指出要在现有成绩的基础上科学规划，争取项目和资金，加大星云湖保护治理力度。

【江川县首个自燃式垃圾焚烧厂正式投入使用】　12月16日，位于前卫镇杨家河村的自燃式垃圾焚烧厂正式投入使用。该项目于8月15日动工，占地8亩，建设焚烧炉6座，设计使用年限15年，总投资340余万元，日处理垃圾量30吨。项目的投入使用覆盖全镇11个村（社区）、70个村民小组、18377户村民。

（马吉云）

安化彝族乡

【行政区划·人口】　安化彝族乡地处县境西北部，距县城24千米，东接前卫镇、南连九溪镇、西与红塔区小石桥乡接壤、北与江城镇毗邻。全境地势西北高，东南低，地形北窄南宽呈“人”字形，东西最长距离17.2千米，南北最宽距离12千米，最高海拔2294.2米，最低海拔1782米。属中亚热带半湿润高原季风气候，四季平和，冬无严寒，夏无酷暑，干湿季节分明，年平均气温14.9℃，有“天然温室”之美称。乡政府所在地安化彝族乡安化大营一组8号。

乡域面积95.6平方千米，共辖安化、新庄、旱谷田、董炳、光山5个村（居）委会，26个自然村，28个村民小组。2014年末耕地总面积9206亩，其中田4932亩，地4274亩（水浇地1628亩）。农业人均耕地面积1.02亩。

2014年末，全乡辖区内人口总户数3196户，总人口9394人，其中：男4856人，女4538人；农业户2228户，农业人口6773人；少数民族人口9009人（其中彝族8921人、哈尼族64人、壮族2人、拉祜族11人、苗族5人、傣族3人、藏族2人、傈僳族1人、其他族4人），少数民族人口占总人口的95.8%，是江川县唯一的一个山区民族乡。农村从业人员5920人。人口自然增长率3.96‰。人口密度98人/平方千米。

【领导干部名录】

党委书记　赵　琦（2014.8离任）
　　　　　陆云波（2014.8任）
副书记　王艳兰
　　　　陈　顺（2014.2任）
　　　　李伟明（2014.8任）
纪委书记　李江辉
人大主席　雷永彪
乡长　李永华
副乡长　王彬生
　　　　段雄伟
　　　　李伟明（2014.3离任，挂职）
　　　　平绍宏（2014.9任）

【经　济】　2014年，完成乡内生产总值19549万元，同比增3491万元，增27.6%。其中：第一产业完成12461万元，同比增794万元，增6.8%；第二产业完成3640万元，同比增2457万元，增205.6%；第三产业完成3448万元，同比增240万元，增5.8%。年末，农村社会总产值（现价）17994万元，比上年增5.3%，其中：工业总产值5829万元，比上年增9.7%；农业总产值14050万元，比上年增0.3%。农村经济总收入17243万元，比上年增1323万元。其中：农业收入14016万元，比上年增7.3%，占总收入81.3%；林业收入40万元，比上年增6万元，占总收入0.23%；牧业收入597万元，比上年增40万元，占总收入3.5%；渔业收入28万元，比上年减8万元，占总收入0.2%；工业收入1240万元，比上年增78万元，占总收入7.2%；建筑业收入385万元，比上年增110万元，占总收入2.2%；交通运输业收入446万元，比上年增58万元，占总收入2.6%；商业服务业收入161万元，比上年增23万元，占总收入0.9%；社会服务业收入8万元，占总收入0.05%；其他收入322万元，比上年增66万元，占总收入1.9%。农民人均纯收入7920元，比上年增612元，增8.4%。二三产业从业人数896人，占农村从业人数的15.1%，比上年减0.7个百分点。地方财政收入完成1228万元，同比增25万元，增2%。年末，农村信用社各项存款余额7548万元，增3%。

农　业　2014年，农作物播种面积3080公顷。复种指数335%。粮食播种面积10300亩，粮食总产量495.85万千克。其中：玉米播种面积6000亩，单产618千克/亩；小麦播种面积1500亩，单产253千克/亩；农民人均产粮528千克。蔬菜种植面积14900亩，总产2539万千克，实现产值6348万元。油料播种面积5000亩，单产244千克/亩。烤烟种植面积16000亩，总产197万千克，交售量197万千克，均价为28.33元，实现交售收入5580.6万元，比上年增110.47万元，增2%，上等烟比例达72.51%。

年末，生猪存栏6632头；肥猪出栏7036头。大牲畜存栏1574头，其中，牛存栏1170头，出栏335头；羊存栏1817只，出栏272只。家禽出栏41144只，禽蛋产量48吨。全年肉产量841吨。实现畜牧业产值2524万元，比上年增560万元，增28.5%。水产品产量130吨。

企　业　2014年，有个体私营企业2户，其中：私营企业2户，企业营业总收入5361万元；税利258万元；营业收入上百万元的企业有2户。企业固定资产投资3514万元，投资项目3个。

村镇建设　拨款31.2万元完成农村危房改造28户（拆旧建新28户）。

【社会事业】　科　技　坚持科技为经济建设服务的指导思想，狠抓科技知识普及和科技成果转化。2014年举办各种培训班18期，培训2000余人次。

教　育　坚持教育优先，巩固“两基”成果，提高控辍保学率。2014年，进一步优化教育教学资源，抓好教育设施建设工作，完成董炳幼儿园建设项目，光山幼儿园进入规划设计阶段。年末，有中心小学1所，村完小2所，教学班24个，教职工46人，在校学生640人，毕业率100%，升学率100%；

文　化　有文化站1个，藏书2100余册，业余文艺宣传队23个。增加5个村（居）委会农家书屋的物资配备，平均每个书屋拥有藏书1613册。积极开展群众性文化活动，推进安化乡文化发展。

卫　生　扎实开展新型农村合作医疗工作，切实解决群众“看病难、看病贵”问题。2014年全乡参合人数8927人，参合金额53.5万元，参合率98.34%，住院、正常分娩及门诊减免补助10027人，报销金额75.6万元。全乡有卫生院1个，村卫生所5个，卫生室1个，卫生院卫生技术人员11人（其中执业医师6人，注册护士2人，其他人员3名），卫生所医务人员11人，病床总数12张。坚持以人为本，围绕“控制人口增长，提高出生人口素质，优化人口结构”主要任务，坚持贯彻落实农村人口独生子女“奖、优、免、补”政策，继续抓好“一法二条例三规定”落实，全面推行计划生育工作依法管理，深化综合改革，建立和完善计划生育村民自治工作机制，认真开展健康检查，搞好优质服务，全面提升工作水平，2014年全乡人口出生率8.77‰，出生人口政策生育率76.83%，人口自然增长率3.96‰。

民　政　以帮助困难群众、弱势群体为主，全年发放救济大米17吨，救助400户，发放民政救济金4.6万元，救济困难群众107户，发放9名复员军人补助费5.8万元，4名两参人员生活补助费17.7万元，发放425名农村低保保障金61.6万元，发放高龄老人保健费614人95850元。加强民政、残联和老龄工作，切实落实惠民政策。全年共发放救济大米17吨，救助400户，发放救济金4.6万元，救济困难群众107户，发放425名农村低保保障金61.6万元。发放9名复员军人补助费5.8万元，发放4名两参人员生活补助费17.7元，发放614名高龄老人保健费95850万元。资助残疾人大米160袋，现金2万元，危房改造2户1.6万元。发放惠民扶持贷款205万元，补助创业能手32人。兑付粮种补贴2484户12.5万元。兑付农机补贴120户15万元。

劳动保障　宣传《劳动合同法》，安化61人参加职工医疗互助，参合率100%。高度重视养老保险工作，全面启动新型农村养老保险工作，圆满完成县下达目标任务。发放60岁以上农村居民基础养老金901055.35元，享受人员1271人，16岁至59岁新参保21人，参保率98.74%，收取养老保险金2.8万元，基本实现新型农村和城镇居民社会养老保险全覆盖。

法制建设　以“打造平安安化、构建和谐社会”为目标，认真实施“六五”普法教育、“依法治乡”战略，强化社会治安综合治理，深入推进“社会矛盾化解、社会管理创新、公正廉洁执法”三项重点工作；建立和完善群防群治网络，不断完善社会防控体系，严厉打击各种违法犯罪活动，进一步健全矛盾纠纷“大调解”机制，强化行政调解、人民调解、司法调解网络建设；落实领导干部大接访大下访责任制，规范综治维稳信访中心建设。全年共接待群众来访200余人次，办结信访件10余件。刑事案件发案19件，破9件；受理治安案件57件。全年共调解各类社会矛盾纠纷129起，成功127起，调处率100%，成功率98.4%，未发生群体性事件；开展“平安先进安化”创建活动；深入推进禁毒防艾工作，巩固“无毒乡”成果；认真开展安全大检查，及时发现和消除安全隐患，全年未发生安全事故。

基础设施建设　基础设施建设稳步推进，进一步加大协调力度，积极争取项目和资金，在改善民生上取得成效。交通基础设施建设组组通，整合各类资金260余万元投入乡村道路建设，对李家营—光山路、阿豆村—香柏甸、早谷田—烂泥箐、朱家大地—新庄路、香柏甸—小麦冲5条

路的实施硬化工程，实现道路硬化组组通，切实改善群众出行难问题。水利基础设施建设不断加强，投资110万元建设光山片区高标准农田水利工程，完成田房下坝除险加固项目工程设计，早谷田、大石洞河两个小组人饮工程完成投入使用，540余人的人畜饮水安全得到保障。能源基础设施建设不断完善，投资140余万元完成农村节能灶改造项目，启动退耕还林太阳能建设项目，惠及农户2031户。投资280余万元完成烂泥箐、香柏甸片区土地开发综合治理；整合“一事一议”财政奖补项目和整村扶贫推进项目资金284万元对5个村（居）民小组活动场所进行建设；光山空心村改造项目完成地形测绘和方案设计。

生态建设　加大环保宣传力度，教育干部群众增强环保意识和责任意识。动员引导广大干部群众积极投身“绿色安化”建设实践行动，提倡低碳生活，把节能环保行为贯穿落实在生产生活的每个环节。以“基础设施完善、人居环境优良、特色风貌鲜明”的新型城镇的发展思路，投资1652万元实施三年美丽乡镇规划建设。抓住市、县政府对董炳河流域治理保护的重大机遇，投资35万元完成董炳河退田还河工程。投资215万元完成张家庄、三家2个村落环境整治工程，2个湿地已投入运行。投入资金14万元，开展农村环境卫生整治活动，建立长效管理机制，做到人员到位、措施有力、责任明确、制度健全。全乡共组建5支农村环境保洁队伍，负责日常环境卫生保洁工作，农村脏、乱、差状况得到改善。

【核桃产业】　全乡有森林面积93934.5亩，森林覆盖率65.5%。抓住中央扩大内需的重大机遇，按照“换届不换机构，换人不换目标”要求，继续保留发展核桃产业工作机构，增配相应人员及经费，继续推进核桃产业发展，全年新栽核桃5741亩，至2014年底，累计种植核桃16300亩，建立核桃示范基地3个。

（郭世民　紫云洁）

九溪镇

【行政区划·人口】　九溪镇位于县境西南部，东与大街街道相连，南与通海县毗邻，西与红塔区接壤，北与前卫镇交界，镇政府距玉溪市政府所在地10千米，距县城12千米。镇政府驻地海拔1705米。

全镇辖马家庄、六十亩、阳山庄、大村、大营、中营、鸡窝、喜乐庄、矣文9个村（社区）（其中阳山庄、矣文为彝族村委会），26个自然村，28个村（居）民小组。镇域总面积113.6平方千米。

2014年末，实有耕地面积15666亩，其中田9453亩，地6213亩，稳产高效基本农田14245亩，农业人口人均占有耕地0.64亩。主要以种植水稻、烤烟、蔬菜、油菜、花卉、小麦等为主。

2014年末，总户数9954户，其中农业户7923户，非农业户2031户；总人口数27044人，其中男13547人，女13497人；农业人口24502人，占总人口90.6%，非农业人口2542人，占总人口9.4%。共有少数民族人口3182人，占总人口12%。乡村劳动力人口数19478人，从业人员数16779人。人口自然增长率4.86‰，人口密度238人/平方千米。

【领导干部名录】

党委书记　蒋　文
副 书 记　何　眉
　　　　　刘海洪
　　　　　徐　强
　　　　　吕真连（2014.2离任，挂职）
　　　　　彭雁宇(2014.2任,挂职)
纪委书记　张　鑫
人大主席　杨进荣（2014.1任）
镇　　长　何　眉
副 镇 长　刘　勇
　　　　　龚艳美
　　　　　杨晓胤（2014.8任）
　　　　　王智国（2014.2离任，挂职）
　　　　　任　行(2014.2任,挂职)
　　　　　陈江伟（2014.5离任，挂职）

【经　济】　2014年，完成镇内生产总值38375万元，比上年增8.1%。其中：第一产业完成14922万元，同比增5.7%；第二产业完成11403万元，同比增11%；第三产业完成12050万元，同比增8.8%。一、二、三产业占GDP的比重调整为38.9∶29.7∶31.4。全社会规模以上固定资产投资完成10252万元。农村经济总收入完成78586万元，同比增15%。农民人均纯收入9695元，增17.1%。金融机构存贷款余额53000万元、6858万元。

农　业　推广农业科技，以农业增效、农村发展、农民增收为核心，加快农业产业结构调整步伐。全年完成农业总产值26641万元，同比增5.4%。加大农业面源污染整治力度，提高耕地可持续生产能力，农业生产实现提质增效。全镇拆除大棚348.916亩，补偿金额361.86万元。引导土地流转，发展生态农业，扶持烤烟、蔬菜、油料、花卉、草莓种植。全镇落实烤烟移栽面积9600亩，完成烟叶收购任务118.15万千克，均价28.47元/千克，上等烟比例71.51%，收购金额3365.32万元，实现烟农收入3422万元。全镇蔬菜种植面积13336亩，预计实现产值4298万元，同比增3.5%。花卉种植面积1204亩，实现产值4883万元，同比增5.6%。有效防治动物疫病，稳步推进畜牧业专业化、产业化、标准化建设，全年畜牧业产值预计实现9189万元，同比增12.4%。积极促进林业健康发展，加大推广核桃等经果林种植力度，实现林业产值1436万元，同比增7.1%。

年末，生猪存栏32431头（其中能繁母猪5995头），比上年增1.7%，出栏肥猪26446头，比上年增4.5%，销售仔猪178388头，比上年增3%，大牲畜存栏804头，出栏227头；山绵羊存栏3376只，出栏2424只。全年肉产量达364.31万千克，家禽出栏66.9万只。禽蛋产量146吨，水产品产量19.4万千克。

2014年，农、林、牧、渔业实现总产值26641万元，其中农业实现产值14705万元，占55.2%；林业实现产值1436万元，占5.4%；牧业实现产值9189万元，占34.5%；渔业实现产值414万元，占1.6%；农林牧渔服务业897万元，占3.3%。

企　业　完成工业总产值11231万元；工业固定资产投资3550万元，增45.4%；规模以上工业总产值9531万元，增51.7%；规模以上工业增加值2700万元，增64.2%；完成利润总额516万元，增26.8%；上交税金159万元，增28.9%。强化服务意识，帮助企业解决发展过程中遇到的环评、用地、水电等各种困难和问题，营造优质发展环境。支持丫眯绿色休闲食品有限公司实施技改项目，建设配套玫瑰园。积极引进总投资3400万元的云南滇湖渔具有限公司年产11万条渔网生产线及生产车间，年新增产值1200万元。总投资6520万元的玉溪医药集团物流项目主体工程完成，投入运行。盘活关闭后红砖厂的闲置土地资源，加大招商引资力度，引进汽车驾驶培训学校、九溪润特物流公司等落户。

第三产业　完成第三产业增加值12050万元，增8.8%。以创建“生态美食名镇”为目标，巩固发挥九溪镇“中华餐饮名店”和“云南餐饮名店”影响作用，着力打造镇域特色餐饮品牌，加快餐饮业发展，进一步支持餐饮企业改善环境和设施，提升服务接待水平和档次，大力发展服务业。餐饮业直接收入达1770万元，增14.4%，对全镇GDP增长的贡献率为32.7%。

【生态保护治理】　建立健全河道责任制管理实施方案及河道管理领导小组，落实河道管理责任制，切实加强日常管护工作，逐步完善河道管理工作台账，做到工作有组织、整治有方案、宣传有记录、活动有痕迹，形成条条河道有人管、段段沟渠有人护的工作氛围。全年共组织环境整治行动18次，出动人员2600人，清理河道、沟道23400米，清运垃圾48吨。坚持“户保洁、村收集、镇转运”的农村垃圾收运模式，配备保洁员141名，健全完善村规民约、保洁员制度、垃圾清运制度、门前三包制度、卫生检查评比制度等，农村环境卫生综合整治取得明显成效。

积极创建省级生态镇，编制完成《九溪镇生态镇环境规划及生态村环境规划》。总投资1.02亿元的九溪河小流域水污染综合整治工程有序推进，九溪镇污水处理厂及配套管网工程、生活垃圾收运设施项目等6项工程已经完工，九溪河河道综合治理工程、九溪河小流域畜禽养殖污染治理工程、九溪河小流域农村生活污染综合治理工程顺利实施。

【城乡建设】　利用九溪镇被列为全国重点镇、省级农业型特色小镇、市级美丽乡镇的契机，争取资金、智力支持，不断加强集镇道路、供水等基础设施建设，实施绿化美化亮化工程，镇区绿化面积达10000平方米。加大集镇管理力度，规范市场经营秩序，巩固拆临拆违成果，集镇污水收集、垃圾收运实现无害化处理。

争取上级补助资金1700余万元，实施河口、龙泉等9个村美丽家园、美丽乡村建设项目。完成投资552万元的阳山庄、矣文等4个村138座密集烤房建设。向市、县争取资金，加强对水利设施险工、险段、险坝进行加固处理，做好臭冲坝除险加固及凤山坝险情排查工作，响水坝完成验收，农田水利基础设施不断完善。投资27.4万元完成矣文小组小流域水土保持项目建设和古城小组人畜饮水工程。投资120余万元对鸡

扯路、九放路等乡村道路和马家庄、中营等村的村庄道路进行养护、修缮和硬化。投资112万元的六十亩、鸡窝、马家庄村居家养老服务中心项目顺利实施。

【社会事业】 教 育 全镇有小学9所，在校学生1853人，教职工141人；中学1所，在校学生1144人，教职工83人，学龄前儿童、小学、中学入学率100%；小学、中学毕业率100%。教育优先发展地位得到巩固，“三免一补”政策全面落实，农村义务教育阶段学生营养计划深入实施。

文化·体育 全镇有文化站1个，群众文化活动蓬勃开展，全镇27支文艺队、810名文艺队员、280名文艺骨干作用发挥明显，农家书屋服务群众6000余人次，镇农家书屋共借阅图书1200册，读者1600人次。全年图书馆借阅600册次，读者430人次，观展、读报人次2150人。全民健身活动蓬勃发展，早晨练操人数2100人次，晚上广场舞参与人数900人次，街天自娱自乐演出80场次，参与人员1650人次。黑板报宣传6期、橱窗3期。文化资源信息共享工程350人次，农村网络培训4期，棋牌活动1800人次。

医疗·卫生 全镇有卫生院1所，卫生技术人员19人，病床30张；村级卫生所10个，医务人员43人，观察床20张。医疗卫生基础设施得到优化，六十亩、前营村卫生室建成。城乡居民基本医疗保障体系不断完善，全镇新农合参合人数25048人，筹资225.43万元，参合率99.88%，门诊、住院补偿减免1082.7万元，群众看病难、看病贵、因病致贫的现象得到缓解。继续推进“和美家庭”项目创建，全镇计划生育率为90.29%。

民 政 年内，发放各类民政事业经费322.21万元，涉及1860户2051人；拨付五保老人生活补助费16.08万元；发放大米12560千克，涉及530户550人；核准纳入城镇低保446户475人，农村低保922户1020人。组织慰问特困户18户5400元。完成3户特困残疾人家庭危房改建，将家庭困难的171名残疾人纳入农村低保。发放临时救济23600元，发放10名优抚对象医疗支出12400元。全年共办理结婚登记117对，离婚登记50对，补办结婚证40对，出具未婚证明72人，婚姻登记合格率100%。总投资200万元的镇敬老院改扩建工程顺利推进，项目前期工作基本完成。

殡葬改革工作 成立镇殡葬改革工作领导小组，按照属地管理、责任落实、分工协同、齐抓共管的原则，深入村组、群众广泛宣传殡葬改革工作的重要意义，争取群众理解支持火化、公墓安葬工作。制定《九溪镇整治乱埋乱葬工作实施方案》，对涉及8个村（社区）的650冢“活人墓”进行全面清理。积极推进农村公益性公墓建设，建成阳山庄1个村级公墓，白龙坡1个镇级、1个村级公墓和玉碗水3个村级公墓建设进展顺利。

惠农补助 完成中稻、玉米、小麦、油菜良种补贴22.75万元；共推广微耕机227台25283元；农资综合直补资金61.67万元；生态移民补助163人5.16万元；死亡能繁母猪165头，赔付1.65万元；民居地震安全工程补助307户412.1万元。

防灾救灾体系 加强灾害预防宣传，制定自然灾害、防汛抗旱、森林防火、地质灾害、地震等应急预案，逐步健全完善灾害群测群防及预警预报、灾害应急体系，组织镇村干部开展地震、地质、山洪灾害应急救援演练。

社会稳定 坚持依法治镇，完善网格化管理平台，强化社会管理综合治理，实施“六五”普法，推进平安先进镇建设。加强社会矛盾纠纷调处，排查各类矛盾纠纷255件，调解255件，调解率100%；加强接边地区联防联调，落实社会管理综合治理工作任务。严格落实安全生产“党政同责”、“一岗双责”，层层落实安全生产责任制，加强安全监管，排查安全隐患，抓好企业生产安全、道路交通安全、消防安全、食品安全、库塘渡汛安全、护林防火安全，年内无重大安全生产事故发生。完成年度征兵工作和武装部正规化达标任务，民兵基层组织建设得到加强。

【中国共产党九溪镇第十届代表大会第二次会议召开】 1月7日，中国共产党九溪镇第十届代表大会第二次会议召开。蒋文代表中共九溪镇第十届委员会作题为《凝心聚力 深化改革 努力建设富裕和谐美丽九溪》的工作报告。大会强调，九溪正处于关键的历史发展时期，面对多种有利条件和历史机遇，要求必须坚持解放思想、实事求是、敢于担当、开拓创新，坚定实施“生态立镇、农业稳镇、服务业兴镇、文化和镇”四大战略，以生态城镇建设为重点，统筹推进经济、政治、文化、社会、生态文明建设和党的建设，着力打造“农业科技示范观光区、特色美食名镇、宜居生态小镇和现代综合服务型城镇”四张名片，努力建设富裕和谐美丽九溪。

【九溪镇第十届人民代表大会第二次会议召开】 1月8～10日，九溪镇召开第十届人民代表大会第二次会议。会议指出，2013年九溪镇以贯彻落实党的十八大精神和科学发展观为主线，稳步实施“生态立镇、农业稳镇、服务业兴镇、文化和镇”四大战略，立足新形势，把握新机遇，谋求新发展，攻坚克难、开拓进取，全镇保持经济社会和谐稳定的良好局面。会议确定九溪镇2014年的主要工作任务，听取和审议镇人民政府工作报告和镇人大主席团工作报告，大会选举杨进荣为镇人大主席。

【政府自身建设】 坚持科学依法民主决策，加强财政资金和工程招投标管理，规范村级“三资”管理，严格财务审批报账制度。加大政务、财务信息公开力度，着力提升政府依法决策、科学决策、民主决策水平，深入推进法治政府、责任政府、阳光政府和效能政府建设。全镇共发布各类公示公告、工作信息943条，实现100%公开。

落实党的群众路线教育实践活动要求，充分发挥集体智慧，广泛征求意见、建议，建立完善《九溪镇财务管理制度》、《九溪镇资产管理及物资采购管理制度》等11项规章制度，形成以制度管人、管事、管物、管权、管钱的工作机制。

贯彻落实中央八项规定，以实际行动严格公务接待、改进文风会风、规范公务用车。按照“保障工作需要、量人为出、增收节支”的财务管理要求，全年“三公”经费压缩15%。

落实党风廉政“一岗双责”，按照省、市、县各级纪检监察机关的各项规定和要求，强化内控监督和约束机制，抓好层级监督机制建设，抓好财务内控制度建设，支持镇纪委对干部作风、森林防火、环境卫生、河道清理等方面进行监督检查，问责干部1人，通报批评4人，给予诫勉谈话5人。

（蒋　云　靳　娜）

路居镇

【行政区划·人口】 路居镇位于江川县城东北部，距县城15千米，东西最大横距12.86千米，南北最大纵距15.78千米。全境地形从东南至西北狭长，北接抚仙湖，西连星云湖，一镇跨两湖，地势南部高，北部低，境内最高点海拔2636.2米，最低为抚仙湖，海拔1721米，平坝地区海拔在1723～1786米之间，相对高差63米。面积108平方千米，辖兰田、螺蛳铺、石岩哨、上坝、小凹、红石岩6个村委会和中坝、下坝两个社区居委会，42个自然村，39个村民小组，17个居民小组。镇政府所在地路居镇中坝社区居委会甸心村70号附13号。

2014年，全镇总人口29270人，其中男14791人，女14479人；少数民族人口491人，占总人口的1.68%。人口自然增长率4.8‰。农村劳动力17560人，其中从事二、三产业的4923人，占总劳动力的28%。

【领导干部名录】

党委书记　普学化
副书记　张培龙
　杨　诚
　业洪卫
　王剑波（2014.2离任，挂职）
　李云峰（2014.2任，挂职）
纪委书记　龚雪刚
人大主席　刘锦红（2014.1任）
镇　长　张培龙（2014.1任）
副镇长　李　岩
　呈　全
　王　波
　王　督（2014.3离任，挂职）

【经　济】 2014年，地方生产总值（可比价）34352万元，比上年增7.5%。其中，第一产业增加值完成14266万元，比上年增5.2%；第二产业增加值完成9706万元，比上年增11%；第三产业增加值完成10380万元，比上年增7.6%。农民人均纯收入9038元，比上年增13.4%。年末，全镇各项存款余额59659.6万元，比上年增13.9%；人均储蓄存款余额11773元，比上年增2.3%。

【农　业】 2014年末，全镇有耕地16724亩，复种指数250%。全年粮食总产2642.3吨，比上年增10.64%；油料总产168.7吨，比上年增2.24%。农业人口人均产粮100.77千克。水产品产量47吨，与上年持平。全年投入水利建设资金69.9万元，水利化程度82.91%。

2014年，路居镇种植烤烟12400亩（其中，田烟6786亩，地烟5700亩），烤烟品种统一移栽K326，纯度100%。收购烟叶153.6

万千克，上等烟比例69.14%，均价27.07元，收购金额4158.48万元。

年末，生猪存栏30149头，比上年减0.34%；肥猪出栏15631头，比上年减18.27%。大牲畜存栏1131头，比上年减9.74%。山羊存栏6591只，出栏1101只；家禽存栏238605只，出栏105904只。

【企　业】 年末，全镇有个私企业28户，比上年减1户，从业人员701人。企业总收入13039万元，实现税利707万元，上交税金130万元，劳动者报酬723万元；规模以上企业1户。

【社会事业】 教　育　2014年，全镇有初级中学1所，在校学生884人，教职工77人；小学8所（村完小7所），在校学生1804人，教职工135人。学龄儿童入学率100%，毕业率100%；初中、小学毕业率98%。

文　化　全镇有文化站1个（藏书4217册），村级文化活动室4个，群众文艺队17支。坚持重大节日组织文艺汇演，成功举办“唱响江川·舞动星抚”文化惠民文艺演出路居专场活动，3个群众文艺节目入选江川“第十届开渔节”文艺演出。

卫　生　全镇有卫生机构9个（卫生院1个，卫生所8个）。卫生院有医务技术人员12人（其中主治医师3人，其他初级人员7人，专业技术人员1人，工人1人）。全镇新农合参合27011人，参合率99%，全年报销医疗基金6.89万人次239万元。做好计生优质服务、出生缺陷干预和流动人口管理工作，计划生育率达85%，人口自然增长率4.8‰。

社会保障　新型农村社会养老保险新增250人，续费率96.3%；发放基础养老金4039人252.6万元；发放60岁以上老人养老金4089人306.8万元；发放80岁以上高龄老人补贴530人36.12万元；办理征地农民养老保险51人，补助15.3万元；及时足额发放最低生活保障金845人126万元；兑付义务兵家属优待金28户12.6万元；救灾救济困难群众1500户360万元，发放救济粮大米16吨，提供各种冬寒衣被50余套（件）；为各类优抚对象70人解“三难”，解决定补、治病、临救等专项生活费20余万元；老龄事业健康发展，投资84万元建成上坝居家养老服务中心。

惠民政策　全年兑付惠农补贴8655户次69.2万元；退耕还林补贴2074户75.3万元；农村危房改造补贴400户445.8万元；办理“贷免扶补”47人337万元。

【国土管理】 加大土地执法监查力度，巩固拆临拆违成果，全年共查处违法用地169宗。其中，项目用地8宗992.99亩；依法拆除兰田、石岩哨、螺蛳铺、小凹、下坝、中坝群众违法占地共161宗11763平方米。

【维护稳定】 实施“六五”普法和依法治镇。打击各类违法犯罪，全年破获刑事案件42起，查处治安案件199件。禁毒防艾人民战争深入开展。各类社会矛盾有效化解，共排查受理矛盾纠纷124件，调解121件，调解成功率97%。社区矫正人员无脱管、漏管和重新犯罪，刑释解教人员帮教面100%。社会治安综合治理扎实推进，整合综治、公安、司法和村组力量，全面推行社管综治网格化管理。深入开展烟花爆竹、非煤矿山、消防、道路交通安全生产专项整治，加强食品药品监管，安全生产形势总体平稳。

【美丽家园建设】 全年整合各类资金1650万元，在小凹、张营、东西海边实施美丽家园项目3个、美丽乡村项目3个，建成科技文化室1个、文体活动中心2个、休闲活动广场4个、公厕4座、停车场3个，改造特色民居140户，安装太阳能路灯40盏。村级公益事业加快发展，争取财政奖补资金132万，实施“一事一议”项目8个。筹措资金500万元，完成红坡公房、螺蛳铺人畜饮水、大麦地一组老年活动中心等项目。

【生态建设】 强化农村环境综合整治，路锦保洁公司累计投入资金70余万元，聘请74名保洁员对主要道路、集镇、河道、湖滩进行清扫、保洁及垃圾清运，农村生活垃圾处置实现全覆盖；建成并投入使用污水处理厂1座，对小集镇、中坝、下坝老街和红泥寨污水收集处理；加强大鲫鱼河、鲭鱼湾河、东大河和螺蛳铺河4条主要入湖河道管护，投资15万元完成大鲫鱼河入湖口改造、螺蛳铺河河床清淤；加大“两湖”治理保护力度，抚仙湖周边环境巡查常态化，环保法规宣传多元化；做好星云湖退田还湖后续工作，湖滨带修复全面完工；投资800万元的抚仙湖径流区7个山区自然村村落环境综合整治工程开工建设；整合资金100万元，在抚仙湖环湖东路鲭鱼湾至红泥寨段两侧绿化植树9000余株；投资50余万元加强护林防火工作，有效保护森林资源；东片区暨“三湖”生态保护水资源配置应急工程路居段租地311.6亩，兑付青苗补偿款430余万元，工程建设进展顺利。

【仙湖锦绣项目推进】 项目已取得土地使用证、建设用地许可证，地灾评估报告、矿产资源压覆报告批复、环评批复。其中一期占地1781亩，总投资70亿元。300亩的生态湖滨公园已全面建设完成，栽种景观树木2000余株，完成棋盘山石漠化治理方案编制，游客接待中心建成启用。

【公墓建设】 整合老高坟地块，投资690万元，建成1个镇级、4个村级公墓。占地面积51.2亩，建成墓穴2855个（其中双人墓穴2059个、单人墓穴796个）。

【晋江高速公路建设】 路居段征地892.8亩，征地款7908.3万元作价入股，兑付地上附着物补偿款2086户615.2万元，迁坟602塚兑付迁坟补偿款248.7万元，各项工作进展顺利。

【路域环境综合整治】 全年共拆除公路沿线侵占路肩、排水沟、路沿的违章构筑物12宗390平方米，清理占道经营5处。投入资金100余万元，建设螺蛳铺、中坝两个蔬菜交易市场，石岩哨、上坝2个停车场，并对大铁线石岩哨段进行工程性综合整治。

【“9·17”抗洪救灾】 由于受台风“海鸥”的影响，2014年9月17～20日，路居镇普降大到暴雨，4天累计降雨量达220毫米，其中17日8时至18日8时最大降雨量达180.1毫米，19日8时至20日8时又降下单点暴雨45.4毫米。两次降雨过程导致全镇8个村（社区）不同程度受灾，燃灯寺水库、席草田水库超警戒水位，6条入湖河道普遍溢水，部分河堤、拦沙坝倒塌，大量沙石阻塞河道、桥涵，4条主要道路多处塌方、沙石淤积严重，抚仙湖环湖东路交通中断，3个村民小组出现山体滑坡。此次灾害共造成3500亩农作物受灾（其中绝收800亩），东西海边等村组95户民房进水，57户民房、烤房、畜厩等部分墙体倒塌，直接经济损失3000余万元，未造成人员伤亡。灾情发生后，县委、县政府高度重视，县委副书记、县长钱兴，常务副县长张文彬，副县长王波，联系领导县委政法委书记陈琎寿，政协副主席李绍华等先后深入一线指导抗洪抢险，并协调县委办、政府办、水利、国土、交通、民政、抚管、财政等部门支持开展工作。镇党委、政府及时启动应急预案，调动应急分队全体人员，投入机械，动员和组织镇村组干部，全力投入抗洪抢险工作。经过4天2夜的抗洪抢险，地质灾害点周边农户全部转移安置，大铁线、环湖路全面恢复通行，施红路、小米路两条乡村道路基本保通，入湖河道全部疏通。

（溥翼迪）

雄关乡

【行政区划·人口】 雄关乡位于江川县东部，东与华宁县接壤，南与通海县毗邻，西连江川县大街街道，北接江川县路居镇。乡政府驻地雄关社区上营村12号，距江川县城14千米。

全乡辖雄关、窑房、上营、下营、白石岩5个村（居）委会，23个自然村，26个村民小组，是典型的山区乡，总面积63.7平方千米，地形倾斜狭长，从东北到西南呈长方形，东北部山梁隆起较高，中间有两个山间小平坝，东北部与西南部地形变化较大，主要山脉有马鞍山、老尖山、马大山、大学山等。江华高等级公路由西向东穿境而过，甸雄公路横贯南北。全乡最大纵距15.4千米，东西最大横距8.2千米。海拔最高点马鞍山2509.8米，最低点马鞍子桥1832.8米，乡政府驻地海拔1844米。

2014年末，全乡共有耕地面积8677亩，其中：田4586亩，地4091亩，稳定高产基本农田8677亩，农业人口人均占有耕地0.74亩。年末总户数3642户，总人口11666人，其中：男5993人，女5673人；农业人口6078人，非农业人口5588人；少数民族人口350人，主要有彝、哈尼、傣族等，占总人口的3%。年内出生人口131人，人口自然增长率4.7‰，人口密度为170人/平方千米。

【领导干部名录】

党委书记 李德坤
副书记 龚瑞中
王志伟
马 杰（2014.3离任，挂职）
方建文（2014.2任，挂职）
纪委书记 龚美伶
人大主席 解若云（2014.1任）
乡 长 岳东芬
副乡长 李彦华（2014.9离任）
李文鹏

赵红磊（2014.9任）
陈江伟（2014.9任）
王丕娅（2014.3离任，挂职）

【经 济】 主要经济指标 2014年，全乡地方生产总值完成22018万元，比上年增9.3%。其中：第一产业11520万元，增7.6%；第二产业7594万元，增12.7%；第三产业2904万元，增7.9%。农民人均纯收入9400元，增17.5%。固定资产投资完成6000万元，增7.5%。年末，信用社各项存款余额13021万元，增15.28%，各项贷款余额5463万元，增24.67%。

农 业 2014年，农林牧渔业总产值完成18858万元，同比增6.8%。其中农业总产值13157万元，增6.6%；林业总产值174万元，增18.4%；牧业总产值4920万元，增7.1%；渔业总产值239万元，增3.0%；农林牧渔业服务业总产值368万元，增8.2%。发放2013年第二批农作物良种补贴2.5万元，受益农户2016户；发放退耕还林补贴42.73万元，受益农户921户；发放农资综合补贴37.78万元，受益农户2960户；发放2014年第一批农作物良种补贴5万元，受益农户2951户。

全年农作物总播种面积45250亩。粮食作物播种面积6957亩，单产347千克，总产量2019吨，农民人均产粮93.2千克，包括大春粮食作物4179亩和小春粮食作物2778亩；蔬菜播种面积16127亩，总产量50290.8吨。全年移栽烤烟1.59万亩，其中田烟6500亩，地烟9400亩，实施膜下小苗移栽1.29万亩，占总移栽面积的81.13%。烤烟收购总量198万千克，其中上等烟比例72.49%，均价28.44元，共计兑付给烟农资金5631.12万元。

完成生猪存栏数15026头，出栏数14588头，同比增2.5%，能繁母猪存栏2338头，全年肉产量1192吨。大牲畜存栏881头，出栏346头，其中：牛存栏数803头，出栏数267头；羊存栏数1489只，出栏数954只。家禽出栏数176520只，禽肉产量364吨，禽蛋产量1980吨。

2014年，共种植核桃6586亩，分别为上营村委会2637亩、窑房村委会1580亩、白石岩村委会520亩、下营村委会582亩、雄关社区1267亩。主要品种为“三台核桃”、华宁沙壳核桃、漾濞泡核桃等，形成以上营为主的麦冲种植片区和以窑房小黑山为主的雄关种植片区。麦冲种植片区成立江川盛果核桃种植专业合作社，种植核桃向产业化、市场化迈进。投资30万元，完成3000亩低效林改造，4048.03亩退耕还林已全部通过国家级验收。

修复雄关一、二级抽水站堤坝站管道，进行排洪沟渠清淤除障30余千米，排除险情3起，完成玉溪市东片区暨“三湖”生态保护水资源配置应急工程雄关段12千米管线、麦冲水库水源保护征租地及群众工作。投资227.5万元建设350口“爱心水窖”已验收合格，投入使用。

企 业 全乡共12个企业，其中工业企业10个，从业人员204人，2014年工业总产值完成25181万元，增18.9%。为企业发展争取扶持资金25万元，扶持4户中小微企业，实施天丽食品厂冷链物流项目建设。与深圳市茂雄实业有限公司签订滇中农产品交易中心项目建设协议书，2014年招商引资完成6802万元，比上年增21.4%。规模以上工业：主营业务收入完成8892万元，利润总额完成313万元，税金完成125万元，工业增加值完成2642万元。

商业贸易 2014年，批发业零售额66万元，比上年增6.5%；零售业零售额277万元，增9.5%；住宿业零售额11万元，比上年降15.4%；餐饮业零售额143万元，增12.6%。

村镇建设 2014年，投资166.3万完成下营村委会中营村、上营村委会雷居头村、窑房村委会新房子村和梅子铺村4个美丽乡村“一事一议”项目；完成雄关居委会上营三村太阳能路灯项目；推进上营村委会小营老年活动中心项目、下营村委会毡帽村老年活动中心项目、上营村委会陈居头活动室建设和小田美丽家园项目。打击非法占地违法行为，全年共清理非法占地23宗，1617平方米。继续推进垃圾“零户桶管”制度，在窑房村委会开展农村垃圾分类收集处理试点工作，组建乡村两级环卫队伍，开展农村环境卫生整治，组织574人次，清扫路面31400米，清理沟渠10600米，清运垃圾95吨。筹措资金16830元，购买510只垃圾桶配发到群众手中用于收集日常生活垃圾。

交通·邮电 2014年，交通运输、仓储和邮政业增加值653万元，比上年增7%。5个行政村全部通水泥路，有乡村公路21条40.062千米，其中乡道19条32.420千米，村道2条7.642千米。完成甸雄路、下爬路、沟底路、雄大路、新窑路的养护清理工作，全年共清理桥梁、涵洞51处，清理水沟21.4千米，清铲路肩36千米；完成病害路面自治及小修保养道路11条，共15.4千米。

【社会事业】 科 技 2014年，全乡有科普协会3个，会员210人，农村科技示范户50户。全年举办科技培训23期，受益5300人。开展测土配方施肥实验，完成2组玉米试验，面积978.28平方米，完成33个测土配方土样取样工作，发放玉米施肥建议卡1200多份；完成萝卜测土配方实验2组，面积800平方米。良种推广率100%，发放基础体系建设物化补贴，化肥50千克/袋，共计50袋。抓好春、秋两季动物疫病防控工作，发放疫苗和消毒药水41.24万份；共检疫肥猪682头，检疫合格率达100%；组织360户618人养殖户进行技术培训；对211只畜禽进行疫病抽血检测，合格率100%。

教 育 全乡有初级中学1所，2014年在校学生531人，教职工43人；小学3所，在校学生945人，教职工63人；幼儿园（学前班）4个。学龄前儿童、小学、中学入学率100%，小学、中学毕业率100%。

文化·体育 全乡有综合文化站1个，业余文艺队23个。2014年投入资金10万元对乡综合文化站进行修缮，配备灯光设配，安装排练厅镜子，添置300个凳子。在白石岩村委会小田村安装6件健身器材，实施窑房、上营村级文体活动广场建设项目；完成雄关乡辖区的体育场地普查工作；申报2支省级优秀农村业余文艺队，申报雄关社区高坡一组、下营村委会中营村“七彩云南”全民健身基础设施建设项目。开放棋牌室、体育广场及文化信息资源共享工程室，全年接待群众3万余人次。

卫 生 2014年有乡属卫生院1个，医务人员10人；村级卫生所5个，乡村医生12人；个体药房1个。门诊诊治病人14487人次，医疗收入49.53万元。新型农村合作医疗全乡参合人数10532人，参合率98.43%，门诊及住院补偿33634人次419.45万元。全乡计划生育家庭户2206户，2014年“和美家庭”建成率达50%。兑现2013年度独生子女义务教育奖学金和升学一次性奖励金1.44万元46人。2014年独生子女家庭养老生活补助新增人员申报、审批9人，其中雄关居委会2人，窑房村委会5人，下营村委会1人，白石岩村委会1人。全年符合奖励扶助对象的有35人，共发放养老生活补助金2.64万元。

民 政 2014年共支出各项民政经费92.24万元，其中春节慰问2.71万元，慰问151户153人；补助烈士家属2人1.78万元；发放20名复员、退伍军人生活补助11.59万元，25名退役士兵老年生活补助1.79万元，50名两参人员补助19.2万元；发放义务兵优待金6.75万元，孤儿补助经费4.2万元；发放3名民工补助经费0.22万元。发放城镇居民最低生活保障24.32万元，惠及群众53户67人；城镇定期定量救济费0.38万元，惠及群众8户8人；发放46名五保户生活补助经费11.26万元；发放2名精简退职老弱残职工救济经费0.4万元，12名离职小乡干部生活补助经费2.73万元；发放临时救助经费3.92万元，惠及77户77人；发放10名优抚对象医疗支出0.99万元。全年共办理结婚登记68对，离婚登记13对，补办结婚证18对，出具未婚证明30人，婚姻登记合格率100%。征收养老保险金个人缴费79.02万元，发放养老金96.16万元，惠及群众1408人。开展“云南光明行动”白内障手术16人，发放轮椅10辆。开展殡葬改革宣传6次，发放宣传资料4000余份；清理活人墓13冢，搬迁坟墓21冢。

老龄工作 2014年底，全乡60岁以上老年人1380人，占总人口的13%，其中80周岁以上172人，有老年协会5个，会员1300余人，创建敬老先进村1个，建设老年活动室6个。发放80周岁以上高龄老人保健补助11.44万元。

精神文明建设 开辟读书学习专栏，全年完成5期，刊登文章20篇。在白石岩设立善行义举榜，进行十星级文明户评选活动，2014年评选出九星级文明户8户，八星级文明户19户，七星级文明户32户，六星级文明户40户，五星级文明户17户，四星级文明户4户，三星级文明户2户，表彰10位事迹突出的身边好人。开展节俭养德活动，在世界爱粮日和全国爱粮节粮宣传周期间，组织12名志愿者开展以“节约一粒粮，我们在行动”为主题的宣传活动，发放节粮健康资料300余份，张贴节粮标语30张。开展“讲家风”活动，收集家训，收集“我家有八个大学生”“山村彝家好媳妇”2个小故事。做好党的群众路线教育实践活动文艺演出《生命源》雄关专场准备、服务工作；举办江川县文化惠民“唱响江川·舞动星抚”群众文

艺演出（雄关专场），加强雄关乡群众文化建设。

法制建设 以“法律六进“活动为载体，开展法制宣传活动，全年共开展法制宣讲15次，听众5600人次；广播宣传26次，听众27500人次；法律咨询35次，黑板宣传11块87期，印发宣传资料13期4200余份，张贴普法大标语183条，小标语253条。发挥“四级调解”作用，受理各类矛盾纠纷94件，调解94件，调解成功94件，涉及金额23.1万元，及时全额兑清，成功率100%。落实安全生产“一岗双责”制度，全年召开安全生产工作会4次，建立安全生产组织领导机制，完善应急预案，签订安全生产目标责任书，开展安全生产应急演练2次，安全日常检查及生产大检查12次，全年未发生重特大安全生产事故。做好护林防火工作，外聘一支扑火专业队，组建一支扑火半专业队、5支应急分队，24小时值班，组织培训学习10次，扑火演练1次，强化火源管理，共查处野外用火27起，全年无森林火灾发生。

【第十届人民代表大会第二次会议】 1月6～8日，雄关乡召开第十届人民代表大会第二次会议。会议指出，2013年雄关乡以贯彻落实党的十八大精神和科学发展观为主线，稳步实施“生态立乡、农业稳乡、工业强乡”的发展战略，抢抓机遇，攻坚克难，推进生态文明美丽雄关建设，全乡经济社会实现平稳健康发展。会议确定雄关乡2014年工作的总体思路，听取和审议乡人民政府工作报告和乡人大主席团工作报告。

【县中医医院雄关分院挂牌】 2月27日，江川县中医医院雄关分院正式挂牌，标志着县乡村医疗卫生服务一体化管理加强，实现“小病不出乡镇，大病不出县城，预防在基层”目标。县中医医院将对雄关乡卫生院进行托管，调配管理人员、专业技术人员和设备到雄关乡卫生院开展诊疗服务，负责急、危、重症患者初步处置及转回卫生院患者的康复治疗，同时分批分期对卫生院人员进行培训。

【“六五”世界环境日活动】 6月5日，组织全体乡干部、新农村工作队成员、窑房村三委成员开展“六五”世界环境日活动。通过悬挂环保宣传标语，发放宣传资料，各村（社区）张贴标语、墙语，以“垃圾分类”为主题的环保咨询等方式开展农村环境卫生整治活动。共发放垃圾分类处理宣传单1000余份，清洁路面5000余米，清理沟渠3000余米，清运垃圾4吨左右。

【蔬菜临时交易市场投入使用】 7月8日，雄关社区临时蔬菜交易市场投入使用，规范蔬菜交易秩序，解决以路为市导致交通秩序混乱的局面。市场位于雄关入口处，于2014年4月动工，总投资11万元，占地面积6.6亩，可容纳60辆车进行交易。来自华宁、通海、江川等地的菜商前来收购蔬菜，蔬菜以辣椒、花椰菜、四季豆为主，日交易额200多吨。

【窑房垃圾分类处理】 5月，雄关乡在窑房村委会试行垃圾分类处理，切实解决农村存在的垃圾处理难问题，试行以来，窑房村垃圾明显减量，仅为实施前的一半左右，村民初步树立垃圾分类意识，资源得到有效利用，村庄变得干净整洁，达到垃圾减量化、资源化、处理危害最小化的目的。

【财政所标准化建设通过验收】 9月16日，玉溪市乡镇财政所标准化建设检查验收组对雄关乡财政所标准化建设工作进行检查和验收。主要从机构队伍、业务工作、履职能力三个方面进行考评，检查岗位设置是否合理、硬件条件是否能够满足需要以及业务工作是否规范等。验收组对会计核算基础工作、档案管理、制度建设等做得好的部分进行肯定，针对不足之处提出整改意见。经考评，雄关乡财政标准化建设达标。

【雄关乡白石岩麒麟山公墓建成】 麒麟山农村公益性公墓于3月8日公开招标，3月15日开工建设，4月14日竣工，为村级公益性公墓，主要满足雄关乡白石岩村委会死亡人员安葬。公墓共有40个墓穴，配套建设看管房、焚烧池、停车场、主干道路，共用资金11.03万。

（史 璨）

政　治

编辑　余立言

中共江川县委

【中共江川县委第十二届委员会常委、书记、副书记、助理调研员名录】

县委常委　马文龙
钱　兴
石　伟
付　伟（2014.3离任，挂职）
孔　江（2014.3任，挂职）
李学祥（2014.1任）
陈琎寿
林　清
龚桂存（女）
张文彬
曾宪涛
邓春元
李志刚

县委书记　马文龙

县委副书记　钱　兴
石　伟
付　伟（2014.3离任，挂职）
孔　江（2014.3任，挂职）

县委副调研员　戴正华（2014.3退休）
张卫东
杨剑伟
郭正发

【中共江川县委各部、委、办、局正副职名录】

县委办公室
主　任　邓春元
副主任　陈乔华
赵　鹏

县委组织部
部　长　林　清
副部长　唐光华
吴正顶
袁万德（兼任）
赵子良
县委正科级组织员　唐光华
县委副科级组织员　马　蓉（女）
邢小刚

县委宣传部
部　长　龚桂存（女）
副部长　杨春文
刘　鸿

文产办
主　任　杨春文

县精神文明建设指导委员会办公室
主　任　王熙虹（女）

对外宣传办公室
主　任　李红有

县委统一战线工作部
部　长　石　伟
副部长　徐丽华（女）
宋家有
王忠明
罗汉江

民宗局
局　长　罗汉江
副局长　刘开华

县工商业联合会（商会）
党组书记　徐丽华（女）
主　席（会　长）　王　秀（女）
副主席（副会长）　金兴荣
翁　健
秘　书　长　翁　健

县委政法委员会
书　记　陈琎寿
副书记　祁宝川
王彦东
何小春

县维护稳定工作领导小组办公室
主　任　王彦东

县社会管理综合治理委员会办公室
主　任　何小春

副主任　宋　瑞

县委党校

校　　长　石　伟

常务副校长　李卫东

副　校　长　黄志伟

江川县行政学校

校　长　普朝鹏

副校长　黄志伟

　　　　业居敏（女）

县委保密委员会

主　任　邓春元

副主任　赵　琦

　　　　陈乔华

　　　　龚　钲

　　　　叶　斌

县保密局

局　长　叶　斌

县委政策研究室

主　任　张润斌

县委机要局

局　长　李成祥

副局长　何旭升

县国家密码管理局

局　长　李成祥

副局长　何旭升

县委督查室

主　任　史　伟

县史志办

主　任　余立言

县档案局

局　长　郭绍昆

副局长　罗粉香（女）

县委老干部局

局　长　袁万德

副局长　龚绍辉

共青团江川县委

书　记　戴吉国

副书记　王　坤

　　　　沙　蓉（女，2014.9任，挂职）

县妇女联合会

主　席　王学梅（女）

副主席　张丽梅（女，2014.9离任）

　　　　谢粉玲（女）

县总工会

主　席　陆富仙（女）

副主席　李　芬（女）

　　　　李春伟

县总工会女工委员会

主　任　李　芬（女）

县科学技术协会

主　席　韩振华

副主席　张彦龙

县关心下一代工作委员会

常务副主任　郭家义

副　主　任　顾宝富

办公室主任　王荣华

办公室副主任　汤江平

县红十字会

会　长　罗跃岗（2014.11离任）

　　　　杨军苹（2014.11任）

常务副会长　曾　春（女）

县文联

主　席　叶自林

副主席　王忠平

【中共江川县委直属基层党委正副书记名录】

中共江川县人民武装部委员会

第一书记　马文龙

书　　记　曾宪涛

副书记　何　麟

中共江川县直属机关工作委员会

书　记　杜正宁

副书记　罗培珍（女）

中共江川县工业商贸和科技信息委员会

书　记　韩　良

副书记　杨宏蕾（女）

中共江川县教育局委员会

书　记　李梅琼（女）

副书记　李文平

中共江川县公安局委员会

书　记　牛旺林

中共江川工业园区工作委员会

书　记　钟　镖（2014.8离任）

　　　　杨兴华（2014.8任）

副书记　张乘风（女）

中共江川县委老干部局委员会

书　记　郑吉来

中共江川县非公有制经济组织党工作委员会

书　记　赵子良

副书记　梁艳梅（女）

中共江川县卫生局委员会

书　记　朱弘如（女）

副书记　范江应

　　　　王　亮

【县委发出的主要文件】

中共江川县委印发《县委关于开展党的群众路线教育实践活动的实施方案》的通知

关于成立江川县第十五届人民代表大会第二次会议临时党委的通知

关于江川县第十五届人民代表大会第二次选举结果的报告

中共江川县委江川县人民政府关于印发《江川县贯彻落实〈云南省“产业建设年”三年行动计划〉实施意见》的通知

中共江川县委江川县人民政府关于表彰2013年度第七批新农村建设工作队优秀个人和先进派出单位的决定

中共江川县委关于调整充实中共江川县委反腐败协调小组组成人员的通知

中共江川县委关于成立县委全面深化改革领导小组的通知

中共江川县委关于表彰2013年度作风述职述廉评议先进领导班子和领导干部的决定

中共江川县委江川县人民政府关于2014年继续实行重点工作

重大项目推进责任制的通知

中共江川县委关于印发《2013—2017年江川县干部教育培训规划》的通知

中共江川县委关于加强政法工作的决定

中共江川县委江川县人民政府关于进一步加强反恐维稳工作的意见

中共江川县委江川县人民政府关于对李双全等234名同志予以奖励的决定

中共江川县委江川县人民政府关于加强司法行政促进依法治县的意见

中共江川县委关于江城镇古城区更新改造情况的报告

中共江川县委关于江川文庙抢救性修缮工作情况的报告

中共江川县委关于加强新形势下宣传思想文化工作的实施意见

中共江川县委关于县委常委班子专题民主生活会情况的报告

中共江川县委江川县人民政府关于加快民营经济发展的实施意见

中共江川县委江川县人民政府关于表彰奖励2013年全县工业经济发展工作先进单位和先进个人的决定

中共江川县委关于印发《江川县贯彻落实〈建立健全惩治和预防腐败体系2013—2017年工作规划〉任务分解方案》的通知

中共江川县委江川县人民政府关于调整江川县国防动员委员会、中共江川县委人民武装委员会及各办公室组成人员的通知

中共江川县委江川县人民政府关于表彰科普工作先进集体和先进个人的决定

中共江川县委江川县人民政府关于印发江川县供销合作社综合改革试点工作方案的通知

关于印发《中共江川县委关于认真落实各级党委（党组）作为中央和省、市委重大决策部署贯彻主体的规定》的通知

【县委办发出的主要文件】

中共江川县委办公室江川县人民政府办公室关于进一步加强领导干部外出请假及报备有关事项的通知

中共江川县委办公室江川县人民政府办公室关于开展2014年春节系列文体活动的通知

中共江川县委办公室江川县人民政府办公室关于表彰2013年度社会管理综合治理维护稳定工作先进乡镇（街道）和先进单位的决定

中共江川县委办公室关于做好2014年度新农村建设指导员和行政村（社区）党组织常务书记选派工作的通知

中共江川县委办公室江川县人民政府办公室关于2013年度综合目标考核结果的通报

中共江川县委办公室江川县人民政府办公室关于领导干部带头在公共场所禁烟有关事项的通知

中共江川县委办公室江川县人民政府办公室关于继续实施县级领导挂钩联系乡镇（街道）和部门挂钩联系村（社区）工作的通知

中共江川县委办公室江川县人民政府办公室关于印发《江川县县级干部周转房管理办法》的通知

中共江川县委办公室江川县人民政府办公室关于印发《江川县开展“道德讲堂”建设工作实施方案》的通知

中共江川县委办公室关于对县委十二届四次全会主要精神进行立项督查的通知

中共江川县委办公室江川县人民政府办公室关于成立江川县省政府星云湖现场办公会筹备工作领导小组的通知

中共江川县委办公室关于下派第八批社会主义新农村建设工作队的通知

中共江川县委办公室关于印发《中共江川县委反腐败协调小组工作暂行规定》的通知

中共江川县委办公室江川县人民政府办公室关于开展党政机关停止新建楼堂馆所和清理整改办公用房工作情况的报告

中共江川县委办公室江川县人民政府办公室关于印发《江川县2014年乡镇（街道）目标任务综合考评办法》和《江川县2014年县属单位目标任务综合考评办法》的通知

中共江川县委办公室江川县人民政府办公室关于成立红塔集团玉溪卷烟厂复烤二车间易地技改项目协调领导小组的通知

中共江川县委办公室关于对市委四届四次全体（扩大）会议主要精神分解立项并进行督促检查的通知

中共江川县委办公室江川县人民政府办公室关于印发《江川县2014年烤烟品种纯度管控考核方案》的通知

中共江川县委办公室江川县人民政府办公室关于调整江川县民族宗教工作领导小组的通知

中共江川县委办公室江川县人民政府办公室关于印发《江川县推进民族团结进步边疆繁荣稳

定示范区建设工作联席会议制度》的通知

中共江川县委办公室江川县人民政府办公室关于印发江川县2014年领导干部包案化解突出矛盾纠纷方案的通知

中共江川县委办公室江川县人民政府办公室关于印发《江川县全面推进基层武装部规范化达标建设实施方案》的通知

中共江川县委办公室江川县人民政府办公室关于成立江川县语言文字工作委员会的通知

中共江川县委办公室江川县人民政府办公室关于印发《江川县党的群众路线教育实践活动学习教育听取意见环节边学边改的建议方案》的通知

中共江川县委办公室江川县人民政府办公室关于印发玉溪市抚仙湖流域水污染综合防治“十二五”规划江川县两年行动计划实施方案的通知

中共江川县委办公室印发《关于开展“美丽江川服务先锋”行动创建基层服务型党组织的意见》的通知

中共江川县委办公室江川县人民政府办公室关于印发《江川县三类城市语言文字工作达标评估实施方案》的通知

中共江川县委办公室江川县人民政府办公室关于开展2014年“六·五”世界环境日系列活动的通知

中共江川县委办公室江川县人民政府办公室关于印发江川县创建国家级生态县任务分解方案的通知

中共江川县委办公室江川县人民政府办公室关于印发《江川县全面深化流动人口基本公共服务均等化试点实施方案》的通知

中共江川县委办公室关于印发《江川县领导任前廉政教育制度》的通知

中共江川县委办公室关于印发《江川县村民监督委员会管理考核办法》的通知

中共江川县委办公室江川县人民政府办公室关于印发《江川县“6995平安建设信息平台”实施方案》的通知

中共江川县委办公室江川县人民政府办公室关于印发《江川县整治乱埋乱葬工作实施方案》的通知

中共江川县委办公室江川县人民政府办公室关于建立江川县青少年校外教育工作联席会议制度的通知

中共江川县委办公室关于印发《江川县培育和践行社会主义核心价值观实施意见》的通知

中共江川县委办公室江川县人民政府办公室关于印发《江川县编制使用计划管理实施意见》的通知

中共江川县委办公室关于组织开展《马克思主义哲学十讲（党员干部读本）》宣讲工作的通知

中共江川县委办公室江川县人民政府办公室关于调整充实江川县部分主要入湖入库河道河长副河长的通知

关于批准《江川县人民法院党风廉政建设与监督责任制考核奖励办法》的通知

中共江川县委办公室江川县人民政府办公室关于贯彻落实全省造林绿化暨林业改革电视电话会议精神有关工作责任分工的通知

中共江川县委办公室江川县人民政府办公室关于成立江川县推进水务管理体制改革领导小组的通知

中共江川县委办公室江川县人民政府办公室关于开展第十个8·26抚仙湖保护活动日系列活动的通知

中共江川县委办公室江川县人民政府办公室关于成立江川县电子政务内网建设和管理领导小组及办公室的通知

关于印发《江川县县级机关“五办”主任联席会议制度》的通知

中共江川县委办公室江川县人民政府办公室关于做好到期档案移交进馆工作的通知

中共江川县委办公室江川县人民政府办公室关于表彰江川县妇女儿童工作先进集体和先进个人、五好文明家庭、平安家庭及生态文明家庭的决定

中共江川县委办公室江川县人民政府办公室关于建立县级领导干部联系统一战线代表人士制度的通知

中共江川县委办公室江川县人民政府办公室关于印发《江川县巩固省级卫生县城工作方案》的通知

中共江川县委办公室关于对市委工作会议主要精神分解立项督查的通知

关于印发《江川县开展未成年人司法项目实施方案》的通知

中共江川县委办公室关于公布中共江川县委“两方案一计划”和整改清单的通知

中共江川县委办公室江川县人民政府办公室关于调整江川县军队转业干部安置工作领导小组的通知

中共江川县委办公室印发《江川县贯彻落实〈关于党政领导班子主要负责人述廉的意见〉的实施意见》等四项制度的通知

中共江川县委办公室关于印发《江川县2014年惩治和预防腐败体系建设暨党风廉政建设责任制检查考核内容及评分标准》的通知

中共江川县委办公室江川县人民政府办公室关于对近期县委相关重要会议精神明确的重点工作进行立项督查的通知

中共江川县委办公室江川县人民政府办公室关于印发江川县旅游产业发展重点任务分解方案的通知

中共江川县委办公室江川县人民政府办公室关于调整江川县妇女儿童工作委员会成员的通知

中共江川县委办公室关于调整江川县人才工作领导小组的通知

中共江川县委办公室江川县人民政府办公室关于成立江川县土地储备管理委员会的通知

中共江川县委办公室江川县人民政府办公室关于成立江川县公务用车制度改革领导小组的通知

中共江川县委办公室关于印发《江川县党风廉政建设责任制考核办法》的通知

中共江川县委办公室江川县人民政府办公室关于成立江川县厂务公开民主管理工作领导小组的通知

中共江川县委办公室江川县人民政府办公室关于开展2014年关爱民生寒冬送暖走访慰问活动的通知

中共江川县委办公室江川县人民政府办公室关于成立江川县文庙修缮工作领导小组的通知

中共江川县委办公室江川县人民政府办公室关于实行领导干部个人重大事项报告的通知

关于开展2014年度惩治和预防腐败体系建设暨党建党风廉政建设责任制工作考核的通知

中共江川县委办公室江川县人民政府办公室关于印发《江川县安全生产党政同责暂行规定》的通知

中共江川县委办公室江川县人民政府办公室关于印发《江川县开展“弘扬美德提升素质”活动方案》的通知

中共江川县委办公室关于印发县委深化改革领导小组专项小组成员名单的通知

中共江川县委办公室江川县人民政府办公室关于成立江川县创建中国楹联文化县工作领导小组的通知

中共江川县委办公室江川县人民政府办公室关于切实加强岁末年初安全生产工作的紧急通知

中共江川县委办公室江川县人民政府办公室关于成立江川县武器科研生产单位周边环境安全工作领导小组的通知

中共江川县委办公室江川县人民政府办公室印发《关于建立健全信息发布和政策解读机制完善新闻发言人制度的实施意见》及《江川县新闻宣传及舆论引导工作联席会议制度》的通知

中共江川县委办公室印发《关于加强和改进县管领导班子和领导干部综合考核评价工作的意见》及两个办法的通知

中共江川县委办公室江川县人民政府办公室关于印发《江川县机关事业单位借调公职人员管理办法（试行）》的通知

中共江川县委办公室关于印发《县委全面深化改革领导小组工作规则》、《县委全面深化改革领导小组专项小组工作规则》和《县委全面深化改革领导小组办公室工作细则》的通知

中共江川县委办公室江川县人民政府办公室关于成立江川县综合考评领导小组的通知

关于开展2014年度目标任务综合考评工作的通知

中共江川县委办公室江川县人民政府办公室关于印发《江川县2014—2015年美丽家园行动实施方案》的通知

中共江川县委办公室江川县人民政府办公室关于印发《江川县治理乡镇（街道）干部“走读”问题办法（试行）》的通知

中共江川县委办公室江川县人民政府办公室关于认真贯彻落实《云南省督访工作制度》的通知

中共江川县委办公室江川县人民政府办公室关于印发《江川县县级领导接访下访工作制度》的通知

中共江川县委办公室江川县人民政府办公室关于印发《江川县党员干部三项制度》的通知

中共江川县委办公室关于印发《县委全面深化改革领导小组2014—2015年工作要点》的通知

（杨冬丽）

【重要会议】 2014年1月21日，中共江川县纪委十二届四次全委（扩大）会议召开。会议全面总结2013年全县党风廉政建设和反腐败工作，安排部署2014年工作任务。会议对县委书记马文龙在中共江川县纪委十二届四次全体会议上的讲话和县委常委、县纪

委书记李学祥代表县纪委常委会所作的工作报告进行讨论，审议通过《中共江川县第十二届纪律检查委员会第四次全体会议决议》。大街街道等两位党政主要负责人作述廉报告，对述廉对象进行民主测评。县委副书记、县长钱兴主持会议。

1月26日，江川县召开2014年美丽家园专题工作会议，贯彻落实玉溪市2014年美丽家园行动推进会议精神，总结全县2013年美丽家园推进工作，安排部署2014年工作任务。县委副书记、统战部部长石伟传达学习玉溪市2014年美丽家园行动推进会议精神。副县长王波主持会议。

1月26日，江川县召开森林防火工作会议，安排部署春节期间及春季森林防火工作任务。县委副书记、统战部部长石伟讲话，副县长王波主持会议。

1月27日，江川县召开领导干部大会。县委副书记、县长钱兴传达学习市委四届四次全会精神。县委书记马文龙就如何贯彻落实好市委全会精神提出要求，强调要深化形势认识，奋力拼搏，转变作风，为建设富裕和谐美丽新江川作出新的更大的贡献。

1月27日，江川县召开会议传达学习云南省十二届人大二次会议精神。市人大常委会副秘书长、研究室主任肖剑林传达会议的主要精神，传达市委、市人大常委会、市政府主要领导在审议报告时提出的重要意见建议。

1月27日，江川县召开专题会议，传达学习中共中央印发的《党政领导干部选拔任用工作条例》。县委常委、组织部部长林清传达《党政领导干部选拔任用工作条例》。

2月6日，江川县召开森林防火工作紧急会议，对江川县当前和下一步森林防火工作进行安排部署。副县长王波讲话，县森林防火指挥部、县林业局主要负责人对江川县当前和下一步森林防火工作进行安排部署并提出要求。会议通报前一阶段江川县森林防火工作情况，传达学习市领导对森林防火工作的有关批示，交流学习大街街道火源管控的做法。

2月12日，江川县召开党的群众路线教育实践活动动员大会。县委书记马文龙、市委第12督导组组长孙月峰出席会议并讲话。孙月峰强调，按照中央和省、市关于开展教育实践活动的基本要求，江川县教育实践活动要认真贯彻市委五个方面的基本要求：贯彻“照镜子、正衣冠、洗洗澡、治治病”的总要求；聚焦作风建设，坚决反对“四风”；以整风精神开展批评和自我批评；坚持领导带头；注重建立长效机制。

2月17日，中共江川县委政法工作会议召开，县委书记马文龙讲话，并与各乡镇（街道）和单位签定《2014年度社会管理综合治理维护稳定目标责任书》。县委副书记、县长钱兴宣读县委、县政府关于表彰2013年度社会管理综合治理维护稳定工作先进集体、先进单位的决定。县委常委、政法委书记陈琎寿对江川县2013年政法工作进行总结，对2014年政法工作作安排部署。会议还对2013年度社会管理综合治理维护稳定工作先进集体、先进单位进行表彰。

2月27日，江川县召开第八批新农村建设指导员下派动员会议。县委书记马文龙要求，广大指导员要立足新起点、展现新风采、建立新功绩，以实际行动为深化改革、跨越发展，为建设富裕和谐美丽新江川作出积极贡献。县委副书记、县长钱兴主持会议，新上任的县新农村建设工作队总队长孔江作表态发言。会议宣读县委、县政府《关于表彰2013年度新农村建设工作队优秀指导员优秀个人和先进派出单位的决定》和《关于继续下派社会主义新农村建设工作队的通知》，明确全县2014年下派的指导员名单。

2月27日，县委书记马文龙主持召开县级离退休老干部征求意见座谈会，就开展党的群众路线教育实践活动虚心听取离退休老干部意见。

3月3日，江川县召开乡镇党（工）委、县直党（工）委负责人座谈会，就县委、人大、政府、政协四套班子开展党的群众路线教育实践活动征求意见和建议。县委副书记、统战部部长石伟主持座谈会。

3月5日，江川县举行第八批新农村建设指导员培训会。县委常委、组织部部长林清主持会议，副县长王波向第八批新农村指导员介绍江川县当前的“三农”工作。县新农村建设工作队总队长孔江围绕为何选派指导员、中央省市关于新农村建设的总体部署和要求、指导员如何履职等方面对与会新农村建设指导员、常务书记进行培训。

3月7日，江川县召开2014年安全生产工作会议。县安监局主要负责人汇报2013年全县安全生产工作情况。县委副书记、县长钱兴强调，要时刻紧绷安全生产这根弦，以铁的决心、铁的标准、铁的手腕、铁的纪律，从严、从细、从实抓好安全生产各项工作，为建设富裕和谐美丽新江川作出新的更大贡献。县委常委、副县长李志刚宣读2013年度安全生产先进集体和先进个人的表彰决定，并代表县政府与各乡镇、街道、12个安委会重点成员单位及3户重点企业签订2014年安全生产目标责任书。

3月7日，中共江川县委2014年度议军会议暨国动委会议召开。县委书记、县人武部党委第一书记马文龙在会上强调，武装工作关系国家安全、政治稳定、经济发展和社会和谐，全县各级党委政府和人武部门要时刻牢记职责使命，切实把加强党管武装工作作为义不容辞的责任，解放思想、开拓创新、锐意进取、真抓实干，为开创国防动员和后备力量建设新局面做出新的更大的贡献。县委常委、人武部政委曾宪涛报告2013年全县国防动员和后备力量建设情况及2014年度工作打算。会议对县人武部提请的相关议题进行研究。

3月20日，中共江川县委农村工作会议召开，县委副书记、县长钱兴要求全县各级各部门要坚定信心、创新举措、狠抓落实，确保全县农民人均纯收入增长17%以上的年度目标圆满完成。县委副书记、统战部部长石伟主持会议，并就落实会议精神，做好当前“三农”工作提出要求。县委常委、常务副县长张文彬代表县政府与各乡镇街道签订2014年农民人均纯收入目标责任书。

3月20日，江川县召开2014年度党建暨党风廉政建设大会。县委书记马文龙强调：要围绕中心、服务大局，以更加坚定的信心、更加坚决的态度、更加有力的措施，不断开创全县党建和党风廉政建设工作新局面，进一步营造风清气正的改革发展环境，为推动跨越发展、建设富裕和谐美丽新江川提供坚强的组织、纪律和作风保证。马文龙与各乡镇（街道）签定2014年度党建、党风廉政建设目标责任书。县委副书记、县长钱兴主持会议，并对落实会议精神提出要求。县委副书记、统战部部长石伟通报2013年党风廉政建设责任制考核结果，宣读2013年度领导班子和领导干部作风述职述廉先进集体和先进个人表彰决定。会议还对3个优秀乡镇、17个优秀单位、部门和30个先进领导班子、60名先进领导干部进行表彰奖励。县委常委、县纪委书记李学祥传达学习市党风廉政建设大会和市纪委四届四次全会精神。

3月21～27日，江川县开展为期7天的县委理论学习中心组党的群众路线教育实践活动集中学习。27日下午，县委书记马文龙主持学习会议并作总结讲话，进一步查摆分析江川县在“四风”方面存在的突出问题。马文龙要求，要以良好的作风推动发展，以良好的作风取信于民、造福于民，切实让全县广大干部群众感受到转变作风带来的新变化、新气象。要强化“九个意识”，树立“九种作风”，扎实推进教育实践活动。一要强化发展意识，树立干事创业的良好作风；二要强化改革意识，树立解放思想的良好作风；三要强化群众意识，树立亲民爱民的良好作风；四要强化责任意识，树立敢于担当的良好作风；五要强化执行意识，树立真抓实干的良好作风；六要强化服务意识，树立规范高效的良好作风；七要强化廉洁意识，树立艰苦奋斗的良好作风；八要强化学习意识，树立勤学善思的良好作风；九要强化团结意识，树立协同作战的良好作风。市委第十三督导组组长范亚辉讲话。县委副书记、县长钱兴强调要把握机遇，抓牢产业打基础、强化生态促保护、推动城镇带辐射、注重统筹惠民生、维护稳定保平安，夯实全县经济社会发展基础；要以党的群众路线教育实践活动为引领，深刻对照检查，实现自我净化；要认真抓好各项工作的落实，用推动工作的成效来检验消除“四风”问题的成效。

3月28日，江川县宣传思想文化工作会议召开。会议提出，要弘扬主旋律，传播好声音，凝聚正能量，为加快江川科学发展和谐发展跨越发展提供有力的理论指导、正确的舆论支持、强大的精神动力和良好的文化条件。县委书记马文龙出席会议并讲话。县委副书记、县长钱兴主持会议。县委副书记、统战部部长石伟宣读江川县荣获玉溪市第七届文明单位、文明村和第三届文明社区名单，与会领导为获得荣誉称号的部分单位颁发奖牌。县委常委、宣传部部长龚桂存对2014年宣传思想文化工作作安排部署。

3月28日，江川县召开2014年经济工作会议，回顾总结2013年经济工作，安排部署2014年经济工作目标任务。县委常委、组织部部长林清在总结上年招商引资

工作的基础上，对2014年工作提出要求。县委常委、常务副县张文彬对完成2014年各项经济工作目标任务作安排部署，并代表县人民政府与各乡镇（街道）分别签定2014年度招商引资、固定资产投资、工业经济发展目标责任书。会议还宣读关于兑现2013年度招商引资、固定资产投资、工业经济发展目标任务考核资金的通知。

4月1日，江川县召开2014年春耕生产工作会议，分析当前生产形势，对下一步工作进行强调督促，确保各项目标任务圆满完成。县委副书记、统战部部长石伟讲话。副县长王波主持会议，并代表县人民政府与各乡镇（街道）、相关部门签订2014年农转城和防汛抗旱工作目标责任书。各乡镇（街道）、相关部门领导分别作汇报发言。

4月3日，江川县召开党建述职工作会。县委书记马文龙强调，要牢记抓党建“第一责任人”职责，紧紧围绕中心、服务大局，以改革进取的精神、真抓实干的作风、切实有力的措施，深入开展好党的群众路线教育实践活动，扎扎实实抓好经济社会发展的各项工作，努力提升基层党建工作水平，为推动跨越发展、建设富裕和谐美丽新江川作出更大的贡献。各乡镇（街道）、县直各党（工）委书记围绕上年抓党建最满意的2件事和2014年最想抓的的一件事发言，交流抓基层党建工作的做法和经验。市委第十三督导组组长范亚辉就江川县在开展下一步党的群众路线教育实践活动中如何抓好两湖治理保护、关爱弱势群体、抓好县域特色经济和乡镇社会治理工作提出要求。县委副书记、统战部部长石伟主持会议。

4月3日，江川县召开四套班子联席会议，对四项重点工作和重大项目进行研究分析，确定下一步推进工作思路、方法和措施。会议研究了县直部门办公用房资源整合利用相关事宜，九溪大河综合治理，星云路、明珠路、振兴街街区整治及环城道路建设四项工作。

4月17日，江川县召开2014年烤烟预整地暨移栽现场会议，总结前一阶段烤烟生产工作，安排当前烤烟移栽各项任务。县委书记马文龙强调，全县各级各部门和广大烟农要进一步统一思想、认清形势、抢抓节令，迅速掀起全县烤烟移栽高潮，苦战20天，确保圆满完成9.3万亩的大田移栽任务。副县长王波、县烟草公司主要负责人分别对烤烟预整地、移栽和栽后管理、烟水工程建设等工作进行安排部署，并提出要求。与会人员还到雄关乡现场观摩烤烟膜下小苗抗旱移栽情况，听取县烟草公司和县烟办主要负责人对膜下小苗抗旱移栽技术要领的讲解。

4月24日，江川县召开统战、民族宗教工作会议，总结2013年工作，安排部署2014年工作任务。县委副书记、统战部部长石伟传达学习省市统战部长会议精神，对2013年工作进行总结。副县长杨军苹提出要求。会议通报2013年乡镇、街道统战、民族宗教工作目标管理考核结果，石伟与各乡镇（街道）分别签订江川县统战、民宗系统2014年工作目标管理责任书。

6月5日，江川县召开殡葬改革工作推进会，总结上一阶段殡葬改革工作，安排部署下一阶段工作任务。县委副书记、统战部部长石伟讲话。会议要求，全县各级各相关部门要统一思想，坚定信心，克服畏难情绪，严格按照县委、县政府的要求，快速推进殡葬改革工作。要突出重点，强势推进，着重抓好火化区规划、殡仪馆建设、公益性公墓建设等工作，按照时间节点，分阶段、按步骤实施。要加强宣传，注重实效，在全县大力开展形式多样的殡葬改革宣传教育活动，使殡葬改革政策和法规家喻户晓，深入人心，营造浓厚的殡葬改革氛围。全县党员干部、机关工作人员必须带头执行殡葬改革的有关政策，积极影响和带动周边群众移风易俗，共同做好殡葬改革工作。要加强引导，严格督查，做到敢于担当、勇于作为，严格落实责任，按照市委、市政府关于殡葬改革的相关要求，及县委、县政府既定的殡葬改革方案全力推进江川县殡葬改革工作。副县长、公安局局长牛旺林主持会议。县民政局相关负责人通报江川县殡仪馆建设情况、村级公益性公墓建设情况及火化区划定方案。各乡镇、街道对火化区划定工作提出意见建议。

7月1日，江川县召开纪念中国共产党成立93周年大会。县委书记马文龙强调，全县各级党组织和广大共产党员要进一步增强责任感、紧迫感和使命感，勇立潮头、艰苦奋斗、团结奋进，在建设富裕和谐美丽新江川的伟大实践中建功立业，为党旗增光添彩，向党和人民交出满意的答卷。会议指出，要牢牢守住党的纪律这个底线，始终做到干部清正、政府清廉、政治清明。全县广大党员干部一定要结合正在开展的党的群众路线教育实践活动，坚持艰苦奋斗、廉洁自律、强化制度建设，自觉做到手握戒尺、心存敬畏，遵规守纪、廉洁自律，反对特权思想、特权现象，带动全社会形成良好风尚。县委副书记、县长钱兴主持会议，并就贯彻落实好会议精神提出要求。与会人员还观看电影《周恩来的四个昼夜》。

7月23日，江川县召开传达学习贯彻市委工作会议精神会议。会议要求，全县各级各部门要以更加饱满的热情、更加振奋的精神、更加务实的作风，立跨越之志，创跨越之业，奋力夺取跨越发展的新胜利，为全面建成小康社会、建设富裕和谐美丽新江川做出更大的贡献。县委书记马文龙传达学习市委工作会议精神。县委副书记、县长钱兴主持会议，并对贯彻会议精神提出要求。

7月24日，江川县召开县级领导班子党的群众路线教育实践活动专题民主生活会动员会。县委书记马文龙讲话。市委第13督导组组长范亚辉对县委常委班子开好专题民主生活会、着力解决作风方面存在的突出问题提出要求。县委副书记、县长钱兴传达学习《习近平同志在参加河南省兰考县委常委班子专题民主生活会时的讲话》和《俞正声同志在参加云南省武定县委常委班子专题民主生活会时的讲话》精神。

7月24日，江川县召开殡仪馆及公益性公墓项目建设推进会，县委书记马文龙强调，各级各部门要把思想尽快统一到县委政府的安排部署上来，强化组织领导、加强协调配合，提高工作效率，齐心协力加快推进殡仪馆及公益性公墓建设。县领导马文龙、钱兴、石伟、孔江等一行实地调研殡仪馆配套道路建设情况，并听取设计单位对江川县福德陵园总体规划方案的报告。钱兴就相关部门任务分工、项目倒排工期、规划方案调整等提出要求。

8月8日，江川县召开县级领导班子党的群众路线教育实践活动专题民主生活会情况通报会，县委书记马文龙代表县委通报7月25日至26日召开的县委常委班子党的群众路线教育实践活动专题民主生活会情况。市委第十三督导组组长范亚辉对民主生活会作评价，认为江川县委常委班子专题民主生活会开出了质量，班子成员红了脸、出了汗，达到团结、批评、团结的效果。马文龙强调，县委常委班子将充分应用此次民主生活会成果，加强班子建设，发挥班子带头示范作用，狠抓问题整改落实，抓好建章立制，推动解决“四风”问题，加强作风建设，统筹推进各项工作开展，将党的群众路线教育实践活动作为推进江川全面深化改革的强劲动力，促进江川经济社会的新发展。

8月14日，江川县召开2014年烟叶收购工作会议。会议强调，全县上下要增强抓好烤烟产业发展的责任感和使命感，为服务“三农”、促进农户增收履好职、尽好责，确保2014年烤烟生产收购各项目标任务的完成，推进全县烤烟产业的持续健康发展。县委副书记、县长钱兴，县委副书记、统战部部长石伟讲话，副县长王波主持会议。

9月2日，江川县委理论学习中心组举行集中学习活动，县委书记马文龙要求，全县上下要振奋精神、奋力冲刺、决战决胜，百尺竿头再进一步，确保全年各项目标任务的圆满完成，确保在全市年终综合考评中争先进位。

9月10日，江川县妇女第十四次代表大会在县城影剧院召开。县委书记马文龙对江川县妇女工作提出要求：在崇尚学习中提升素质；在服务发展中建功立业；在弘扬新风中构建和谐；在主动作为中履职尽责；在支持配合中促进发展。县委副书记、县长钱兴宣读县委、县政府关于表彰江川县妇女儿童工作先进集体和先进个人、五好文明家庭、平安家庭及生态文明家庭的决定。大会对先进集体、个人、家庭、“三八红旗集体”、“三八红旗手”进行表彰。市妇联主席杨丽萍对全县妇女工作提出要求。县人大常委会副主任、总工会主席陆富仙代表群团组织向大会致贺词。县委常委、组织部部长林清主持会议。大会听取和审议《江川县妇联第十三届执委员会工作报告》，选举县妇联第十四届执行委员会委员、主席、副主席、常委。

9月12日上午，共青团江川县第十七次代表大会在县城影剧院开幕。县委书记马文龙对全县广大团员青年提出四点希望：存高远之志，做理想远大、信念坚定的传承者；修高尚之德，做引领风尚、构建和谐的推动者；成有用之才，做勤奋学习、学以致用的实践者；行务实之风，做锐意

进取、勇于创新的开拓者。共青团玉溪市委书记罗盛勇充分肯定江川县共青团工作，并对今后工作提出要求。县委常委、组织部部长林清主持会议。县人大常委会副主任、总工会主席陆富仙代表群团组织向大会致贺词。少先队员在会上献词。会议听取和审议共青团江川县第十六届委员会所作的工作报告，选举第十七届团县委委员、常委、书记、副书记。出席大会的全体代表还向全县团员青年发出《让青春在建设"江川梦"的征程中焕发出绚丽光彩》的倡议书。

9月17日，江川县召开传达学习罗应光、盛云富同志讲话精神暨党的群众路线教育实践活动领导小组第六次会议。市委第十三督导组组长范亚辉传达学习市委书记罗应光、省委第四督导组常务副组长盛云富在全市党的群众路线教育实践活动工作汇报会暨领导小组第七次会议上的讲话精神，并针对江川县党的群众路线教育实践活动中存在的问题，从生态保护、产业建设、民生关注和基层党组织建设四个方面对下一步工作提出意见和建议。县委书记马文龙主持会议，并就贯彻落实会议精神，深入扎实推进当前全县教育实践活动提出要求：始终保持清醒头脑，抓好活动不松懈；坚持言而有信，突出重点抓好整改落实；始终坚持标本兼治，固化教育实践活动成果；始终坚持真抓实干，奋力完成全年既定的各项目标任务。

9月29日，江川县召开"九九"敬老节经济形势通报会。县委书记马文龙代表县委、县人大、县政府、县政协向与会老领导、老同志及全县的老年朋友们致以节日的问候和美好的祝愿！向全县老龄工作者以及关心支持老龄事业发展的社会各界人士致以亲切的问候！就进一步做好老干工作、发挥老同志作用，马文龙提出四点要求：对老干部的贡献，无论何时都不能忘记；对老干部的权益，无论何时都不能淡漠；对老干部的工作，无论何时都不能放松；对老干部的作用，无论何时都不能忽视。县委副书记、县长钱兴通报江川县1—8月经济社会发展情况。县委常委、组织部部长林清主持会议。市委老干部局领导出席会议，并向江川县老干部、老同志致以节日的问候和祝愿。县委老干部局负责人安排部署江川县下一阶段老干部工作。

9月29日，江川县召开全县民营经济大会，县委书记马文龙要求，全县各级各部门、广大干部群众要积极行动起来，进一步解放思想、理清思路、明确目标、真抓实干，在新的起点上开创江川工业和民营经济发展的新局面，为实现江川科学发展新跨越提供强大动力和坚实支撑。县委副书记、县长钱兴宣读2013年全县工业经济发展工作先进单位和先进个人的表彰决定。县委常委、常务副县长张文彬主持大会，并就如何贯彻落实好会议精神，加快民营企业发展提出要求。

10月11日，江川县召开领导干部大会，传达学习贯彻玉溪市领导干部大会精神，安排部署目标任务。会议强调，全县各级各部门务必警醒奋起、下够决心、查找差距、落实责任、增添措施、狠抓执行，奋力冲刺四季度、决战决胜81天，确保完成年度各项目标任务。县委书记马文龙传达学习市委书记罗应光在会上作的题为《干在实处、走在前列，奋力推进玉溪跨越发展》的重要讲话。县委副书记、县长钱兴主持会议，要求各级各部门统一思想认识，传达学习贯彻好会议精神，全力各项工作任务，加强督促检查，确保年初确定的各项目标任务圆满完成。

10月11日，全县党的群众路线教育实践活动总结大会召开。会议强调，要切实以好作风检验教育实践活动成果，奋力推动跨越发展、建设富裕和谐美丽新江川。市委第13督导组组长范亚辉出席会议并讲话。县委书记、县委党的群众路线教育实践活动领导小组组长马文龙主持会议并讲话。会议就学习贯彻习近平总书记在中央党的群众路线教育实践活动总结大会上的重要讲话精神和省、市党的群众路线教育实践活动总结大会精神作出部署。要求全县各级党组织和广大党员干部要深刻学习领会、深入贯彻落实，不断增强持续开展作风建设的自觉性和坚定性。

10月28日上午，县委书记马文龙主持召开全县领导干部大会，传达学习贯彻党的十八届四中全会精神和近期召开的全省、全市领导干部大会，省委常委（扩大）会议精神，对全县学习宣传贯彻落实全会精神进行安排部署。会议强调，要全面推进依法治县，加快法治江川建设步伐。马文龙还传达学习省委书记李纪恒在省委常委（扩大）会议上的讲话精神和《中共云南省委办公厅关于认真学习宣传贯彻党的十八届四中全会精神的通知》精神。

11月5日，江川县召开党的群众路线教育实践活动督导工作总结会议。会议明确，县委教育实践活动10个督导组调整为县委整改落实督查组。各督查组要继续发扬钉钉子的精神，敬终如始、一鼓作气，以扎实有力的督查工作，全面落实从严治党各项要求，不断巩固和拓展作风建设成果。就县委督导组调整为县委整改落实督查组后如何开展工作，马文龙提出四点要求：深刻领会中央、省委和市委精神，以更高的定位提高思想认识；把握整改落实督查工作的重点和关键，以更高的要求提升整改质量；出重拳、下猛药，以更高的标准抓实专项整治；坚持两手抓，两手都要硬，以更有力的举措推进督查工作。市委第13督导组组长范亚辉、市委第13整改落实督查组组长吕田兴就下一步的整改和督查工作提出建议和要求。县委副书记、统战部部长石伟主持会议。县委常委、组织部部长林清宣读《关于调整县委党的群众路线教育实践活动领导小组办公室和县委督导组职责及设置》的通知。

11月25日，江川县召开领导干部大会，县委书记马文龙传达学习省委九届九次全体会议及《报告》的主要精神、《中共云南省委关于贯彻落实〈中共中央关于全面推进依法治国若干重大问题的决定〉的意见》的主要内容、省委书记李纪恒的重要讲话精神和市委传达学习省委九届九次全会精神视频会议的基本情况。县委副书记、县长钱兴主持会议并就贯彻落实会议精神提出要求。

12月5日，江川县召开领导干部大会，传达学习市委四届五次全会精神。县委书记马文龙在会上强调，要敢于担当、全力以赴，以工作实效检验全会精神的落实。县委副书记、县长钱兴主持会议并就贯彻落实会议精神提出要求。

12月10日，中共江川县委举行中心组理论学习活动，围绕贯彻落实《中共中央关于全面推进依法治国若干重大问题的决定》，如何运用法治思维和法治方式，推进江川县依法治县进程开展专题学习。县委书记马文龙主持中心组理论学习活动。马文龙强调，要站在建设法治江川的高度，全面准确把握中央关于全面推进依法治国的重大决策部署，立足江川实际，深入分析存在的问题，找准改革的着力点和突破点，积极构建科学有序的法治环境，全面推进江川县依法治县工作。县委副书记、县委督查工作领导小组组长石伟通报江川县2014年四季度最后两月主要指标任务分解落实情况。

12月12日，江川县召开文艺工作座谈会。县委书记马文龙强调，全县广大文艺工作者一定要扎根人民、服务社会，树立时不我待的紧迫意识，围绕中心，服务大局，拓宽思路，锐意进取，推动全县文艺工作繁荣发展。会议要求，全县各相关部门、广大文艺工作者要认真学习领会习近平总书记在文艺工作座谈会上的重要讲话精神，充分认识讲话的重大现实意义和深远历史意义，准确把握讲话提出的新思想、新观点、新论断、新要求，自觉把思想和行动统一到讲话精神上来，正确认识在新时期、在文化江川建设中所担负的历史使命和责任。要坚持正确导向，争做高举旗帜的“先进文化建设者”，要坚持正确方向，体现时代要求，要准确把握文艺繁荣发展的根本任务。要加强道德修养，争做德艺双馨的“人类灵魂工程师”。要正确处理好经济效益和社会效益的关系。县委副书记、县长钱兴主持会议并对贯彻落实会议精神提出要求。县委常委、宣传部部长龚桂存通报江川县2013年文化事业发展扶持奖励考核结果；会议还表彰奖励文艺工作中涌现出来的先进团体和个人。文艺工作者代表围绕繁荣发展文艺事业，建设文化江川作发言，提出意见和建议。

12月19日，江川县召开会议，传达学习滇中城市经济圈一体化发展现场推进会议精神。县委书记马文龙主持会议，并就贯彻落实省、市相关会议精神提出要求。马文龙强调，要统一思想，深化认识，加强领导，狠抓项目落实，主动融入滇中城市经济圈一体化建设。县委副书记、县长钱兴传达省委、省政府滇中城市经济圈一体化发展现场推进会议的基本情况和主要精神，及市委、市政府就贯彻落实会议精神的指示要求。

（周宝在　整理）

【县委常委会议】 2014年1月29日，县委书记马文龙主持召开十二届县委第35次常委会议。会议议题：传达学习四届市委第58次常委（扩大）会议精神和市委书记张祖林讲话精神；专题讨论

《中共玉溪市委关于进一步推进党风廉政建设工作的意见（征求意见稿）》；传达学习市委、市政府《关于进一步加强领导干部外出请假及报备的规定》，研究江川县《关于进一步加强领导干部外出请假及报备的规定（送审稿）》；研究江川县领导干部带头在公共场所禁烟的通知；研究市管干部考核上报情况。

2月12日，县委书记马文龙主持召开十二届县委第36次常委会议。会议议题：研究《江川县县级干部周转房管理办法（试行）》；研究组建星云湖保护开发投资有限责任公司的有关问题；研究干部问题；传达学习中央、省委、市委群众路线教育实践活动动员大会精神，研究提出江川县贯彻意见；研究江川县党的群众路线教育实践活动实施方案、分类指导意见及常委班子活动方案。

2月12日，县委书记马文龙主持召开十二届县委第37次常委（扩大）会议，对县委常委班子及县级领导开展教育实践活动进行再部署、再要求、再动员。市委第2督导组组长孙月峰就县委常委班子及县级领导开展群众路线教育实践活动提出工作要求。

2月26日，县委书记马文龙主持召开十二届县委第38次常委会议。会议议题：研究江川县第七批新农村建设工作队及指导员考核推优及第八批新农村建设工作队下派工作；研究干部问题；传达学习全市宣传思想工作会议精神，研究提出江川县贯彻意见；研究县纪委监察局派出纪检监察机构负责部门调整工作。

3月19日，县委书记马文龙主持召开十二届县委第39次常委会议。会议共十六项议题：研究政法工作；研究2014年度党建暨党风廉政建设大会相关事宜；研究江川县2014年县直部门、乡镇（街道）综合目标考核办法（送审稿）和关于实行江川县2014年重点工作重大项目推进责任制（送审稿）有关问题；研究江川县2014年农转城工作任务分解方案有关问题；研究统战工作；传达学习全市农村工作会议精神、研究江川县贯彻落实工作；研究江川县2013年固定资产投资奖惩兑现及2014年目标任务分解方案有关问题；研究江川县2013年招商引资奖惩兑现及2014年目标任务分解方案有关问题；研究江川县2013年工业经济发展奖惩兑现及2014年目标任务分解方案有关问题；研究江川二中晋升省一级高中新征扩建用地等有关问题；通报国有资产管理相关工作；通报江川县与太平洋建设集团签订协议有关问题；通报江川县抚仙湖流域水污染综合防治“十二五”规划两年行动有关工作；通报城市环境卫生清扫保洁对外承包有关问题；通报江川县2014年机关事业单位社保缴费工资总额有关问题；通报调整江川县财政供养人员住房公积金缴存基数有关问题。

4月22日，县委书记马文龙主持召开十二届县委第40次常委会议，专题研究第二批党的群众路线教育实践活动中征求到的对县委常委班子的意见、建议，进一步查找班子“四风”方面存在的问题。

4月29日，县委书记马文龙主持召开十二届县委第41次常委（扩大）会议，专题反馈市委党的群众路线教育实践活动第13督导组征求到的对县委常委班子、县人大常委会党组班子、县政府党组班子、县政协党组班子及四班子成员、县法检“两长”、公安局政委、党校常务副校长的意见建议。

5月9日，县委书记马文龙主持召开十二届县委第42次常委会议。会议议题：研究县委常委班子在党的群众路线教育实践活动学习教育、听取意见环节进行回头看暨征求意见建议分析研判的有关事宜；传达学习市委贯彻《〈省委落实党风廉政建设主体责任专题研讨班〉精神工作会议》的精神；研究团县委换届工作；研究县妇联换届工作。

6月20日，县委书记马文龙主持召开十二届县委第43次常委会议。会议共九项议题：研究偿还公共租赁住房项目贷款有关事宜；研究组建江川县民兵常驻分队有关事宜；研究《江川县火化区划定方案（讨论稿）》；研究《关于进一步加强反恐维稳工作的意见（讨论稿）》；研究《江川县培育和践行社会主义核心价值观实施意见（讨论稿）》；研究《关于加强新形势下宣传思想文化工作的实施意见（讨论稿）》；通报2011年至2013年连续三年公务员年度考核确定为优秀等次人员记三等功及2013年度公务员考核确定为优秀等次人员嘉奖情况；通报挂职干部收回情况；通报相关县区领导干部超规格配置情况；研究清理党政领导干部在企业兼职的有关问题；研究《江川县村（居）民监督委员会工作经费补助管理办法（讨论稿）》。

7月2日，县委书记马文龙主持召开十二届县委第44次常委会议，会议议题：研究干部问题；传达学习张维庆和仇和在党的群众路线教育实践活动省委督导组长会议上的讲话、6月25日人民日报评论员文章《不贪不占，岂能也不干——论领导干部要奋发有为》、市委常委扩大会议精神；汇报江川县学习贯彻省、市群众路线教育实践活动相关文件和会议精神的意见。

7月2日，县委书记马文龙主持召开十二届县委第45次常委（扩大）会议，对深入推进党的群众路线教育实践活动进行再部署、再要求。

7月24日，县委书记马文龙主持召开十二届县委第46次常委会议，会议议题：研究江川县党的群众路线教育实践活动专题民主生活会准备情况；通报县委常委班子2013年度民主生活会整改措施落实情况；研究干部问题。

8月27日，县委书记马文龙主持召开十二届县委第47次常委会议，会议共十八项议题：研究干部工作；传达学习中共云南省委九届八次全体（扩大）会议精神；传达学习人民日报社办公厅副主任魏建周发表的《如何写出令人耳目一新的讲话稿》文章精神；研究建立县级领导干部联系统一战线人士制度有关问题；研究县关工委工作有关问题；研究团县委换届工作；研究妇联换届工作；研究第四批基层党员活动室配套资金有关问题；研究科协换届工作；通报全县2014年上半年党风廉政建设和反腐败工作情况；通报县纪委监察局议事协调机构清理调整情况；研究实行纪委党风廉政约谈制度有关问题；研究全县应急救援相关工作；研究安全生产工作有关问题；研究《江川县关于加快民营经济发展的实施意见（送审稿）》及召开2014年民营经济发展大会有关问题；研究关于加强乡镇综合应急救援分队建设有关问题；研究实施九溪河河道治理工程和给予工程前期经费的有关问题；研究关于加快江川县教育信息化建设步伐有关问题。会议还研究了县委老干局上报的《关于对江川县老年大学原聘用老同志作明确指示的请示》和县纪委上报的《关于给予杨晓新行政撤职处分的请示》。

9月15日，县委书记马文龙主持召开十二届县委第48次常委（扩大）会议，会议首先由县委常委、纪委书记李学祥传达学习市委落实党风廉政建设主体责任专题会议精神、省纪委副书记杨玉清检查指导江川县党风廉政建设工作时提出的要求；县委书记马文龙传达学习市委第78次常委会议精神，并就贯彻落实好省市相关要求，提出江川县贯彻落实意见。

9月15日，县委书记马文龙主持召开十二届县委第49次常委会议，会议共十一项议题：研究干部问题；研究《江川县开展未成年人司法项目实施方案（草案）》；研究江川县人民政府购买农行不良贷款相关事宜；研究县武警中队反恐训练大棚建设经费有关问题；研究大街派出所迁建有关问题；研究县殡仪馆、经营性公墓及农村公益性公墓建设有关问题；研究江川县人民法院大法庭修缮改造工程及视频监控系统改造项目有关问题；研究供销系统综合改革试点工作有关问题；研究江川县环城道路建设框架协议有关问题；研究江川县城乡垃圾整治实施方案有关问题；通报江川县污水处理项目全额垫资建设有关问题。

会议还传达学习了全国干部监督工作座谈会、全国超职数配备干部问题整治工作调度会、全省干部监督工作座谈会及近期省委组织部有关文件精神，通报共青团江川县委、江川县妇联换届选举结果。

10月17日，县委书记马文龙主持召开十二届县委第50次常委（扩大）会议，会议议题：抽查县级领导联系乡镇（街道）、企业及县直部门联系村（社区）联系工作情况；传达学习全国全省社会扶贫工作会议精神；传达学习省市有关领导关于昆明晋宁县富有村部分村民与施工人员发生冲突事件的重要批示精神；通报全县1～9月份经济运行情况，安排部署第四季度全县经济社会发展工作；传达学习四届市委第82次常委（扩大）会议精神。

10月31日，县委书记马文龙主持召开十二届县委第51次常委会议，会议议题：研究第十届开渔节相关工作；研究科协换届相关工作；研究关于做好党的十八届四中全会精神学习贯彻及宣传报道相关工作；研究江川县乡镇补贴发放有关问题；研究《江川县县级机关差旅费管理办法》。

11月27日，县委书记马文龙主持召开十二届县委第52次常委会议。会议共十七项议题：研究向十二届五次纪委全会述廉人选；研究解决江川县老干党支部书记、委员岗位补贴的有关问题；研究

《关于实行领导干部个人重大事项报告制度》；研究《江川县机关事业单位借调公职人员管理办法（试行）》；研究《江川县治理乡镇（街道）干部“走读”问题办法（试行）》；研究成立江川县文庙修缮工作领导小组的有关问题；研究《县属投融资公司管理人员薪酬管理办法》；研究2014年财政预算调整有关问题；研究江川县2014年地方政府存量债务清理甄别情况；研究县委全面深化改革领导小组专项小组成员名单；研究江川县城乡垃圾整治以奖代补资金考核奖励办法；研究《江川县抚仙湖近面山禁止放牧和径流区控制畜禽规模养殖污染治理工作方案》；通报党风廉政建设责任制考核办法；通报有关资金使用情况；通报仙水大道工程投资建设模式变更有关情况；通报火化奖励补助费有关问题；研究干部工作。

会议还通报了省委第4整改落实督导组组长盛云富到江川调研指导群众路线教育实践活动有关情况。

12月11日，县委书记马文龙主持召开十二届县委第53次常委会议，组织开展2014年党（工）委书记抓基层党建工作述职评议，并对加强党建工作进行研究部署。

（周宝在　整理）

【重要通知、指示、决定】

2014年1月9日，县委办、县政府办下发《关于表彰2013年度社会管理综合治理维护稳定工作先进乡镇（街道）和先进单位的决定》。县委、县政府决定对先进乡镇（街道）九溪镇、大街街道，先进单位（县委办、县政府办、县委组织部、县委宣传部、县纪委监察局、县农业局、县招商合作局、县供电公司、人寿保险江川支公司等）20家单位给予嘉奖。

2月12日，根据中央、省委和市委对第二批党的群众路线教育实践活动的部署和要求，县委下发《县委关于开展党的群众路线教育实践活动的实施方案的通知》。《方案》从深化思想认识、参加范围对象、把握总体要求、明确重点任务、掌握方法步骤、加强组织领导等方面进行安排部署。2月17日，根据省市相关文件精神，为迅速掀起产业建设新高潮，加快江川县产业发展，壮大实体经济，县委、县政府下发《江川县贯彻落实〈云南省“产业建设年”三年行动计划〉实施意见的通知》。《意见》从总体要求和发展目标、主要任务、落实责任，打好产业建设年关键战、保障措施等方面进行安排部署。制定产业建设年考评办法，建立定量与定性相结合的考核评价机制，对重大项目建设、投资增速和比重等指标进行统计考核，科学客观公正评价各乡镇（街道）产业发展水平、工作实效及有关部门、责任人的工作业绩。把产业发展纳入年度综合目标任务考核，加大督促检查力度，对成绩突出的乡镇（街道）、部门和企业由县政府按照有关规定给予表彰奖励；对工作推诿、敷衍塞责、无故完不成工作任务的实行问责。2月26日，县委、县政府下发《关于表彰2013年度第七批新农村建设工作队优秀个人和先进派出单位的决定》。决定对陈德富等14名优秀指导员、江川县农村信用合作联社等2家先进派出单位和洪美英等10名优秀常务书记予以表彰。

3月19日，县委下发《关于表彰2013年度作风述职述廉评议先进领导班子和领导干部的决定》。决定对大街街道、雄关乡、江城镇、县委办、县政府办、县政协办、县纪委、县委宣传部、县委组织部、三街社区、下营村、小街村、螺蛳铺村、矣文村、新庄村、江城社区等30个先进领导班子，以及张盛国、唐光华、陈棋森、周国金、沈家文、周丽萍、业永昌、邱名贵等60名先进领导干部进行表彰奖励。

4月4日，县委办、县政府办下发《江川县全面推进基层武装部规范化达标建设实施方案的通知》。《方案》从目标任务、组织领导及责任区分、方法步骤（筹划部署阶段、全面建设阶段、达标验收阶段、总结表彰阶段）、经费保障等方面进行安排部署。要求全面推进江川县基层武装部规范化达标建设和民兵队伍建设转型，力争用一年时间全面完成全县7个乡镇（街道）武装部规范化建设达标任务。4月28日，县委下发《关于加强政法工作的决定》。主要内容：完善机制，形成合力，为创建法治平安和谐江川提供强有力的司法保障和服务；严格管理，进一步加强政法队伍建设；完善保障能力，为政法工作创造良好的工作环境；加强党对政法工作的领导，确保政法工作的政治方向。

6月3日，为深入推进流动人口基本公共服务均等化，组织开展好第二轮试点工作，县委办、县政府办下发《江川县全面深化流动人口基本公共服务均等化试点实施方案的通知》。《方案》从指导思想、总体目标、基本原则（统筹协调、全面规范；深化服务、重点突破；特色推进、逐步均等）、主要任务（建机制、强服务、重管理、抓基层、广宣传、创特色）、实施步骤、工作要求等方面进行安排部署。6月5日，县委、县政府下发《关于加强司法行政促进依法治县的意见》。《意见》从加强司法行政促进依法治县的总体要求、加强司法行政促进依法治县的工作重点、加强司法行政促进依法治县的保障措施等几方面进行安排部署。要求充分发挥司法行政的职能作用，加快推进依法治县进程，服务和保障江川科学发展和谐发展跨越发展。6月5日，县委、县政府下发《关于表彰奖励2013年度流动人口基本公共服务均等化工作先进集体的决定》。决定对县社会管理综合治理委员会办公室、县公安局、县人口和计划生育局等7家单位进行表彰奖励。6月5日，县委、县政府下发《关于对李双全等234名同志予以奖励的决定》。决定对2011年至2013年连续三年公务员年度考核确定为优秀等次的李双全等11名同志予以记三等功，对2013年度公务员考核确定为优秀等次的韩丽华等223名同志予以嘉奖。6月20日，为进一步深化殡葬改革，破除丧葬陋习，保护土地资源和自然环境，县委办、县政府办下发《江川县整治乱埋乱葬工作实施方案的通知》。《通知》从目标任务、整治原则（属地管理原则、分类整治原则、公开透明原则、依法整治原则）、组织领导、职责分工、方法步骤、主要措施等方面进行安排部署。

9月1日，为进一步健全民主集中制，促使县委、县人大、县政府、县政协、县纪委五套班子办公室工作更加规范化、制度化和科学化，进一步提高工作效率和服务水平，确保县委、县政府决策部署得到及时的传达贯彻和落实，县委办下发《江川县县级机关"五办"主任联席会议制度的通知》。《通知》从八个方面进行安排部署。9月4日，县委办、县政府办下发《关于表彰江川县妇女儿童工作先进集体和先进个人、五好文明家庭、平安家庭及生态文明家庭的决定》。决定对县公安局等5个"妇女儿童工作先进集体"、李梅琼等10名"妇女儿童工作先进个人"、杨冬丽等5户"五好文明家庭"、宁秋等5户"平安家庭"、朱永芬等5户"生态文明家庭"予以表彰。9月28日，县委、县政府下发《关于表彰奖励2013年全县工业经济发展工作先进单位和先进个人的决定》。决定对江川县2013年工业经济发展突出贡献企业云南江磷集团股份有限公司等3家企业，江川县2013年工业经济发展创业创新企业云南卓一食品有限公司等2家公司，江川县2013年工业经济发展先进工作者张曦、戴艳芬、杨有平等9人，江川县2013年度科技进步与创新奖励单位和个人云南宏斌绿色食品有限公司、朱刚毅等进行表彰奖励。

10月14日，县委办下发《江川县贯彻落实〈关于党政领导班子主要负责人述廉的意见〉的实施意见》等四项制度的通知。其中：《江川县贯彻落实〈关于党政领导班子主要负责人述廉的意见〉的实施意见》就切实加强对党政领导班子主要负责人的监督，从指导思想、述廉对象、述廉的主要内容、结果运用、相关要求等方面进行安排部署；《江川县贯彻落实省市纪检监察机关对领导干部改进工作作风监督检查相关要求的实施意见》就促进全县各级领导干部进一步改进工作作风、密切联系群众，从监督检查的原则、监督检查的主体和对象、监督检查的依据、监督检查的主要内容、监督检查的主要方法、监督检查的主要步骤、违反规定的处理、相关工作要求等方面进行安排部署；《江川县贯彻落实省市权力公开透明运行相关要求的实施意见》就规范权力公开透明运行，加强对权力运行的监督，维护人民群众的根本利益，促进全县科学发展和谐发展跨越发展，从实施范围、依法依规运行权力、公开透明运行权力等方面进行安排部署，并要求各级纪检监察机关进一步加强监督检查；《〈关于领导干部直接联系群众工作实行总结报告制度的规定〉的实施意见》围绕直接联系群众工作的总体要求（认真贯彻落实党的十八大和省第九次党代会精神，保证开展群众观点、群众路线、群众利益、群众工作教育活动，实行干部直接联系群众制度取得实效，进一步提高新形势下领导干部做好群众工作的能力，转变工作作风，密切联系群众，为促进江川科学发展和谐发展跨越发展提供坚强的组织保障），进行安排部署。10月14日，县委下发《江川县贯彻落

实〈建立健全惩治和预防腐败体系2013—2017年工作规划〉任务分解方案的通知》。《方案》从切实加强党的作风建设、坚决有力惩治腐败、科学有效预防腐败、加强党对党风廉政建设和反腐败斗争的统一领导等方面进行安排部署。要求深入贯彻党的十八大、十八届三中全会以及习近平总书记系列重要讲话精神，进一步深化惩治和预防腐败体系建设，坚定不移推进党风廉政建设和反腐败斗争。10月22日，县委办、县政府办下发《江川县2014—2015年美丽家园行动实施方案的通知》。《方案》从目标任务、实施步骤、保障措施等方面进行安排部署。要求坚持政府引导、统一规划、资金整合、因地制宜、试点先行的原则，整合资源，集合力量，加大投入，完成22个自然村美丽家园建设任务，为推进全县新农村建设提供示范。项目建设以村内道路硬化、村庄绿化、村庄亮化、公房（党员活动室）和公厕建设、雨污管道建设及处理、人畜饮水、活动场所及文体设施建设、环卫设施建设、特色民居示范等九大类工程为重点，加强村庄基础设施建设，切实改善人居环境，提升农民群众生活质量。

11月11日，为贯彻落实各级党委（党组）履行党风廉政建设主体责任和纪委（纪检组）承担监督责任的要求，严格执行党风廉政建设责任制，切实维护党风廉政建设责任制的严肃性，不断推进江川县党风廉政建设和反腐败工作，根据中共中央、国务院《关于实行党风廉政建设责任制的规定》（中发〔2010〕19号，以下简称《规定》）和省委、省政府《关于贯彻落实中共中央、国务院〈关于实行党风廉政建设责任制的规定〉的实施办法》（云发〔2010〕13号，以下简称《实施办法》）、《中共云南省委印发〈关于落实党风廉政建设主体责任的规定〉的通知》（云发〔2014〕12号）及《中共玉溪市委办公室关于印发〈玉溪市党风廉政建设责任制考核办法〉的通知》（玉办发〔2014〕72号）精神，结合江川县实际，县委办下发《江川县党风廉政建设责任制考核办法的通知》。《通知》从责任追究、考核对象、考核内容、考核方式、考核等次、评分标准、组织实施、考核程序、重大问题报告、考核原则等几个方面进行安排部署。

12月2日，县委办下发《关于开展2014年度惩治和预防腐败体系建设暨党建党风廉政建设责任制工作考核的通知》。《通知》认真贯彻落实党建、党风廉政建设责任制的相关规定，按照《江川县贯彻落实〈建立健全惩治和预防腐败体系2013—2017年工作规划〉任务分解方案的通知》（江发〔2014〕26号）及《江川县党风廉政建设责任制考核办法》（江办发〔2014〕79号）和年初签订的《江川县2014年度党风廉政建设责任制责任书》《中共江川县委2014年度党建工作责任书》要求，从考核时间安排、考核单位及考核组人员安排、考核工作相关要求等方面，对2014年惩治和预防腐败体系建设暨党建、党风廉政建设责任制工作考核相关事宜进行安排部署。12月5日，县委办、县政府办下发《江川县安全生产党政同责暂行规定的通知》。《规定》围绕加强党委、政府对安全生产工作的领导，建立健全"党政同责、一岗双责、齐抓共管"的安全生产责任体系，有效防范和减少各类安全生产事故，保障人民群众生命财产安全，从总则职责分工、工作机制、监督检查、考核等方面进行安排部署。各乡镇（街道）党（工）委、政府（办事处）、和县属各部门、各企事业单位根据本规定，结合实际制定安全生产党政同责实施办法。12月23日，县委下发《中共江川县委关于认真落实各级党委（党组）作为中央和省、市委重大决策部署贯彻主体的规定的通知》。《规定》从明确贯彻主体、抓好贯彻落实、严明党的纪律、做好舆论引导和宣传报道、强化督促检查和责任追究等方面进行安排部署。各党（工）委、党组要把贯彻落实中央和省、市委重大决策部署作为一项基本的政治任务，以抓铁有痕、踏石留印的劲头，锲而不舍、驰而不息的精神，稳步推进各项决策部署的贯彻落实。12月25日，为有效治理乡镇（街道）干部职工中存在的"走读"问题，切实转变作风，密切干群关系，巩固基层政权，促进乡镇（街道）规范、有序、高效、廉洁运行，推动干部下基层，解难题，办实事，惠民生。县委办、县政府办下发《江川县治理乡镇（街道）干部"走读"问题办法（试行）的通知》。《通知》从严格执行值班制度、严格执行值班和考勤制度、严格执行请销假和外出报备制度、建立健全干部职工"夜学、夜谈、夜访”制度以及加强纪律与监督等方面进行安排部署。12月30日，县委办下发《县委全面深化改革领导小组工作规则》《县委全面深化改革领导小组专项小组工作规则》和《县委全面深化改革领导小组办公室工作细则》等通知。其中：《县委全面深化改革领导小组工作规则》从机构设置、职责任务、会议制度等方面进行安排部署；《县委全面深化改革领导小组专项小组工作规则》从机构性质和机构设置、职责任务、会议制度等方面进行安排部署；《县委全面深化改革领导小组办公室工作细则》从机构性质、主要职责、会议制度等方面进行安排部署。12月30日，县委办、县政府办下发《江川县机关事业单位借调公职人员管理办法（试行）的通知》。《通知》进一步规范全县机关事业单位借调公职人员行为，维护正常工作秩序，杜绝吃“空饷”，本着控制数量、严格审批、规范管理的原则，根据干部人事管理有关规定，全县各级机关及事业单位借调公职人员适用本办法（县委、政府重点工作，重大项目推进抽调干部除外）。12月31日，县委办、县政府办下发《江川县党员干部三项制度的通知》。《制度》从学习制度、工作制度、廉政纪律等三个方面提出要求。12月31日，为推动信访工作制度改革，解决好人民群众最关心最直接最现实的利益问题，进一步密切党同人民群众的血肉联系，促进社会和谐稳定，县委办、县政府办下发《江川县县级领导接访下访工作制度的通知》。《通知》从接访的时间、要求和县级领导干部接访下访的案件范围等方面进行安排部署。并规定县级领导接访下访工作由县委群众工作局（县信访局）负责统一组织实施，对县级领导接访下访情况建立工作档案。县委督查室负责检查、考核和通报。为认真贯彻落实《中共云南省委办公厅、云南省人民政府办公厅关于印发〈云南省督访工作制度〉的通知》（云厅字〔2014〕7号），做好全县督访工作，县委办、县政府办下发《关于认真贯彻落实〈云南省督访工作制度〉的通知》。《通知》要求：要统一思想，充分认识实施督访工作的重要意义；要突出重点，全面抓好督访工作制度的贯彻落实；要明确责任，形成工作合力；要加强监督，确保督访工作制度的实施取得实效。

（黄明艳　整理）

【文秘工作】　2014年，县委办文秘工作坚持贯彻落实好党的十八大、十八届三中四中全会、中央经济工作会议和中共中央总书记习近平系列重要讲话精神，按照省委九届九次全会、市委四届五次全会和省市委经济工作会议的要求和统一部署，紧紧围绕县委工作中心和建设富裕和谐美丽新江川目标，以优化服务和提高办文办会质量为工作重点，按照《机关公文处理条例》要求，进一步规范程序，严格落实行文审批制度，严把内容关、文字关、格式关、校对关，确保公文格式规范、用词准确、逻辑严谨，力求使文稿成为领导和各级各部门认可的精品力作。同时，把精简文风会风作为贯彻落实中央八项规定、省委十项规定和深入开展党的群众路线教育实践活动、切实加强作风建设的重要内容，带头转文风、改会风，重点在精简文件简报、控制会议规模和发文规格、提高会议实效和创新会议形式等工作上取得突破，2014年，共下发县委、县委办公室文件及各类会议纪要170余份，较上年降15%；起草各类文稿90余篇，组织召开各类会议70余场次，较上年降15%。

（郝　彬）

【信息工作】　组织领导。2014年，县委办信息工作紧紧围绕县委中心工作，围绕经济社会发展的重点难点，从加强信息工作规范化建设入手，通过建立完善《中共江川县委办公室信息工作办法（试行）》和《中共江川县委办公室信息工作考核奖励办法（试行）》、印发《关于进一步加强信息工作的通知》和《关于2014年1—6月全县信息工作情况通报及进一步做好信息工作的通知》、组织开展题为《对党委信息工作的认识和做好党委信息工作的体会》的信息业务培训、开展信息工作调研及撰写《江川县党委系统信息工作调研报告》等，进一步强化信息收集报送和考核激励制度力度，完善信息约稿报送反馈机制，提高信息工作质量和水平，为领导决策发挥积极作用，促进了信息工作“拳头”作用发挥。

工作实效。一年来，全体信息工作人员克服“坐等信息”和“二传手”等传统作法，在信息收集、选编过程中，时刻注意决策活动动向，自觉主动地掌握上级对信息需求的情况，主动向领导了解各项工作的进展情况、主

动掌握基层各项工作的部署、落实情况，信息工作与决策思维的贴近度和信息的准确度明显提高，为领导决策和推进工作提供了适用对路的信息，对促进全县经济社会发展起到积极作用。县委办共接收到各乡镇（街道）、各单位上报的信息2400余条；编辑整理上报市委办300余条，被《玉溪信息》《玉溪重要信息》《工作情况交流》《信息专报》合计采用65条，其中，整理上报的《江川县张营村群众工作成效明显》和《星云湖退田还湖群众思想反映》分别被市委办《工作情况交流》（第8期）和《信息专报》（第1期）采用，在年终全市信息综合考核中排名第四位。

领导鞭策。一年来，通过及时收集整理县委、政府出台的相关政策措施，挖掘工作亮点，先后分类上报了工农业生产、新农村建设、环境保护等方面的新思路、新举措，引起上级领导关注，全年共有6条信息被批示，其中，3月5日市委书记张祖林在市委办编报的《信息专报》（第1期）上对江川县上报的《星云湖退田还湖群众思想反映》作出“群众的建议很好，请立洪同志牵头研究解决”批示；11月15日县委书记马文龙在《玉溪重要信息》第44期上对江川县信息工作作出“掘问题、呈经验，尚欠力度；赞：伏案辛苦跃前列，望：临事握情上台阶。”批示。

（周宝在）

政 研

【概　述】 2014年，县委政研室围绕省市农村工作会议的精神和要求，按照省市委农办的相关要求，紧紧围绕县委政府的中心工作，切实履行调查研究、新农村建设及农村环境卫生整治等工作职责，较好地完成县委领导及办公室交办的工作任务。

【专题调研】 县委政研室切实履行工作职责，以推进县域经济发展为目标，紧紧围绕县委中心工作和工作部署，就县委关注的农业产业结构调整、工业经济发展、党建等方面的重大问题，通过集合型调研、专题调研或协同相关部门开展调查研究工作，为县委决策提供可靠的依据和有参考价值的意见和建议，其中部分调研成果引起县委领导的重视，促进和推动了工作。按照市委副书记、市长饶南湖要求，对沿湖周边面山发展核桃产业进行调研。按县委领导要求，对农村住房建设管理情况及县级领导挂钩联系乡镇和部门包村情况进行调研，其中《江川县农村住房建设管理情况调查》被《玉溪农村经济》刊发。

【新农村建设】 县新农办（县委政研室）严格按照省、市的相关要求，以省级重点村、美丽家园行动项目建设为载体，统筹规划，强化工程项目管理，注重督促检查落实，实行项目资金专户管理，将资金转化为实实在在的项目，农村基础设施、村容村貌得到改善。2013年5个美丽家园行动项目共投入资金2127.54万元，完成硬化道路4529.5平方米，修建档墙2020.6立方米；配套建设环卫设施、建公厕6个514平方米；完成绿化10740平方米，安装路灯57盏；兴建公共活动场地5个9382.45平方米、停车场5块10359.6平方米，配套文体活动设施1套，项目村村容村貌明显改观，项目建设取得实效。2014年省级重点村4个，完成项目投资634.5万元（省级财政投入240万元），硬化道路2条3340平方米，修建档墙3件627立方米；配套建设环卫设施，建公厕3个250平方米；美化村庄环境，绿化1127平方米；兴建公共活动场地1个2087平方米、农村文化活动室3个1393平方米，安装太阳能灯60盏。2014年13个美丽家园行动项目全部动工建设。

【农村环境卫生整治】 2014年县委、县政府继续按照“党政主导、部门协同、整体联动、齐抓共管、运转高效”的工作原则，坚持认识不偏位、工作不手软、劲头不松懈，在全县持续推进农村环境卫生整治工作，扎扎实实强领导、抓宣传、建机制、聚合力、促转变，健全农村环境卫生整治工作长效机制，农村人居环境明显改观。一年来，县农村环境卫生整治工作领导小组办公室（县委政研室）牵头县委督查室、县纪委、县环保、住建、卫生等部门采取抽查和不定期督查方式对各乡镇整治工作情况进行3次专项督查，覆盖全县345个自然村。同时，制定下发《江川县城乡垃圾整治实施方案》和《江川县关于城乡垃圾整治以奖代补资金考核奖励办法的通知》。全年7个乡镇（街道）全面清理积存多年的垃圾死角，参与人员6万人次，出动车辆6381辆次，清理垃圾近10万吨。促使全县农村环境卫生整治工作逐步向由突击式向常态化、干部推动向群众自觉参与、表象整治向标本兼治“三个深化”转变。

【新农村建设工作队及指导员工作】 2014年，江川县共下派第八批新农村建设指导员76人（其中省级下派1人、市级下派22人、县级选派53人），组成7支乡镇（街道）工作队分赴到72个村（社区）开展工作。县新农队办制定下发《关于做好2014年第八批新农村建设工作队及指导员起步及相关工作的通知》《江川县2014年新农村建设工作队及指导员工作要点》《关于协助派驻村（社区）做好抗旱工作的通知》《关于进一步发挥全县新农村建设指导员在城乡垃圾整治中作用的通知》《关于督促落实和规范使用指导员工作经费的通知》，明确指导员工作任务加强督促检查。

全县新农村建设工作队及指导员驻村后，遵守各项规章制度，依靠当地党组织和干部群众，坚持因地制宜、实事求是原则，开展各项工作。2014年全县建立乡镇（街道）工作队临时党支部7个，召开民主生活会14次、组织生活会35次，召开全县工作队长例会4次。一年来，全县指导员共走访农户11090户，记录民情日记4300篇，撰写调研报告96篇，制定驻村年度工作计划90份，制定单位三年帮扶规划64份，帮助村级组织制定和完善各项规章制度281项，制定驻村发展规划78个；参与矛盾纠纷调解606起，有效解决矛盾纠纷393起；参与乡村中心工作741件次，其中参与春耕抗旱保移栽工作588人次，为驻村办好事实事360件，结对贫困户306户，建立民情联系卡758份，直接联系农户268户，为驻村争取各类建设项目76个，争取到位经费2992.15万元，争取抗旱及各类物资（折合）1083.06万元，为驻村经济社会发展作出了贡献。

（徐顺生）

督 查

【概 述】 一年来，督查工作紧紧围绕县委、县政府中心工作，求真务实，真督实查，开拓创新，狠抓自身建设，不断提升督查工作服务水平，全力促进县委、县政府各项决策的落实，全县督查工作得到全面加强。年末，县委督查室增设决策督查股、专项查办股、综合考评股三个股室，有督查专职人员5人，设主任1名。从2014年开始，全县乡镇（街道）及县属部门年度目标任务综合考评工作由县纪委移交县委督查室承担。

【强化组织领导】 及时调整和充实县委督查工作领导小组，2014年6月，正式发文调整县委督查工作领导小组，由县委副书记石伟担任领导小组组长，县委常委、组织部部长林清，县委常委、县纪委书记李学祥，县委常委、常务副县长张文彬，县委常委、县委办主任邓春元担任副组长，各相关部门负责人担任小组成员，领导小组办公室设在县委督查室。领导小组下设重点工作督导组、重大项目督导组（又分产业性投资和政府性投资两个小组）、“两湖”保护治理及生态建设督导组3个督导组，将县委办、县人大办、县政府办、县政协办、县纪委监察局相关督查人员充实到各个督导组中，明确各督导组工作职责，为全县督查工作的扎实开展确立坚实的组织领导保障。年内，县委督查工作领导小组多次结合全县重难点工作开展情况组织召开督查工作专题会议，分析研究督查工作在促落实过程中的得与失，及时调整督查工作思路，发挥好“指挥棒”作用，率领督查工作队伍切实做好督查工作，更好地促进县委、县政府各项决策工作的落实。

【健全工作制度】 江川县群策群力，不断在实践中推进督查工作的规范化、科学化、制度化建设。本着秉承与创新的原则，县委督查室认真研究新形势下督查工作的特点与任务，结合江川实际，重新拟定并下发《江川县督促检查工作制度》《中共江川县委办关于进一步规范领导批示办理工作的通知》《江川县督查工作职责》等制度，明确督查工作原则、职责范围、工作种类、工作程序，为适应并做好新形势下督查工作，确保提高党委执行力、决策力提供制度保障。

【完善督查机制】 一是建立督查工作与绩效考核相结合机制。制定并下发《江川县2014年度督促检查工作考评办法》及《江川县乡镇（街道）、部门督查工作目标责任书》及考核细则，首次在全县各乡镇（街道）及县直各重点单位实行督促检查工作目标责任管理制及绩效考核机制。同时，将督查考核结果融入全

县的综合目标考评中。二是建立督查工作与纪委监察、组织工作联动机制。在督查中发现的问题相关单位未按要求及时整改的，由县委督查室建议纪委监察部门追究相关领导责任；在督查中发现在组织开展工作中措施有力、成效明显的干部，由县委督查室建议组织部门作为干部考察后备人选。三是建立督查室主任列席重要会议机制。明确规定县委督查室主任列席县委常委会、全委会、县委专题会、“五办”主任联席会等重要会议，确保督查重点工作不遗漏、不脱节，顺利推进工作落实。

【决策督查】 为全面实现江川县2014年度经济社会发展目标，年初，中共江川县委督查工作领导小组办公室分别对市委、县委全会主要精神及时进行分解立项，及时下发《中共江川县委办公室关于对县委十二届四次全会主要精神进行立项督查的通知》，明确了各级各部门的年度主要工作目标任务。并按通知要求，对全年各责任单位的38项重点工作开展定期督促检查，同时结合工作实际不定期开展专项督查，力促市县各项目标工作落实。在督查中，督查人员真督实查，注重发现典型，总结经验，及时向县委领导反馈存在的问题和困难。

【专项督查】 2014年以来，江川县发挥大督查优势，多次整合县委督查室、县政府督查室、县纪委监察局及县环保局、县交通局、县国土局、县林业局、县水利局、县民政局、县烟草公司等部门督查力量，共同对植树造林、森林防火、地灾点监测、病险水库坝塘管护、烤烟生产、九溪“两污”项目推进情况、星云湖环湖截污沟建设及水资源循环利用、抚仙湖环境保护、殡葬改革等重点工作、重大项目进行专项督查。在督查工作中围绕中心，突出重点，采取实地督查、会议督查、跟踪督查等方式，切实督促市委、县委重大决策和重点工作任务等各项工作落实到位。对部分专项督查如新农村项目建设、自然灾害应急预案执行等及时开展督查工作“回头看”。在督查结束后，征求参与督查单位意见，及时下发督查通报，要求限期整改存在问题。2014年，共下发督查通报19期。

【督查结果利用】 一是及时总结，进行县内通报。在专项督查结束后，及时进行县内通报，反馈各乡镇（街道）、县级各部门贯彻落实上级党委重大决策和重要工作部署中存在的问题、实践探索并提出对策建议。2014年，共向全县各单位下发督查通报19期，有力促进了全县各级各部门贯彻落实各项工作。二是把督查工作与县委中心工作相结合，督查结果融入县级各乡镇（街道）、县级各部门目标任务综合考评中。按照江川县对各乡镇（街道）、县级各部门目标任务综合考评的要求，在每次专项督查中，都对所涉及事项的单位进行量化评分，并把督查结果作为县级各乡镇（街道）、各部门单位年度目标任务平时考核的重要评分依据。

【批示督办】 2014年内，江川县共接到市级领导批示件50件，办结率达100%。其中：原市委书记张祖林批示件31件，市委书记罗应光批示件13件，其他市级领导批示件6件，办结率达100%。江川县高度重视所涉督查件、批示件办理工作，在接到上级批示件后，认真落实，第一时间办理，做到有批必查，有查必办，有办必果。对批而不办、办而不实的情况及不按要求限期整改的单位，下发督办通知单或在《督查通报》上予以通报批评。同时将批示的办理结果或落实情况汇总后呈报领导阅知，为领导部署下一步工作提供参考。

【督查队伍建设】 年内，全县7个乡镇（街道）及26个重点部门按计划要求加强了督查基础工作和队伍建设：一是成立本乡镇（街道）、部门督查工作领导小组，明确领导小组人员；二是制定下发本乡镇（街道）、部门《加强和改进督查工作的实施方案》；三是设立本乡镇（街道）、部门督查机构，乡镇（街道）配备督查专（兼）职人员都在2人以上，其余各部门配备督查专（兼）职人员1～4名不等，并基本做到乡镇（街道）部门机构级别到位、人员到位，有办公地点、有经费保障。年内，中共江川县委督查室在岗人员已按市要求增配至5人；县人民政府督查室在岗人员3名。年底，全县共有专（兼）职督查人员60余名。全县督查工作在组织领导及队伍建设上均得以健全和充实壮大，基层督查工作条件得以改善，为进一步做好江川县的督查工作增强了保障。

【信息调研】 提质保量，做好信息和调研工作。在做好日常督查工作的同时，注重对各项重点工作和重大项目进行督查调研，在全县各单位贯彻落实上级党委重大决策和重要工作部署中，对一些特点突出、措施有力、成效明显、经验典型的工作，县委督查室及时撰写编发《督查专报》上报市委督查室，撰写编发《督查工作信息》在县内进行交流，以确保信息畅通，推广典型。年内共撰写上报市委督查室《专项调研报告》9期、《督查专报》28期（采用1期），撰写编发《督查工作信息》21期在县内进行交流。

（盛文芬）

保　密

【概　述】 2014年，江川县保密工作在县委、县政府的领导和市保密局的指导帮助下，努力贯彻中央、省、市保密委会议精神，紧紧围绕县委、县政府的中心工作，充分发挥保密工作“保安全、保发展、保稳定、促和谐”职能作用，创新管理方法，制定和采取有效措施，狠抓工作落实，高效务实完成全年工作任务，为江川经济社会健康发展作出积极贡献。

【强化基础抓教育】 县保密局始终坚持以教育为基础，采取多种形式，认真抓好《保密法》及其配套法规的学习贯彻。根据市保密委（局）《2014年保密工作要点》《中共云南省委保密委员会关于向全国保密工作先进典型学习的通知》要求，4月、5月，县保密局深入到涉密相关部门，组织领导干部和涉密人员传达学习《云南省2013年度违反保密法律法规案件情况通报》《云南省党政机关和涉密单位定密工作规定》并观看《保密技术防范常识》，参加传达学习人数560人。12月，多次到相关部门开展保密知识讲座，进一步加深干部职工的保密责任感，为进一步做好新形势下保密工作奠定基础。

按照玉溪市保密委员会、国家保密局关于印发《玉溪市“六五”保密法制宣传教育规划》《关于开展保密法学习宣传月活动的通知》要求，江川县充分利用广播、网络、宣传栏、“12·4”国家宪法日现场咨询等形式宣传贯彻《保密法》及其配套法规，大力宣传保密法规知识，发放各类保密宣传教育材料1000多份，接受咨询52人次。在企事业单位、社会公民中进行普法教育，进一步提高公务员和全体公民的保密意识。

突出重点，切实搞好领导干部和涉密人员为重点的保密“三项”教育。在市、县保密委的统一领导和安排部署下，江川县于2014年9月26日在县委党校举办由各单位分管保密工作的领导及涉密人员206人参加的保密“三项”教育暨党课专题教育培训会。

加强与县委党校的沟通协调，认真抓好党校学员的保密教育。全年配合办班2期、72人，上保密教育课时2节。其中青干班1期52人、入党积极分子培训班1期22人。

注重学刊用刊，根据市保密局《关于组织征订保密工作学习资料的通知》和《关于认真做好2015年度〈保密工作〉征订的通知》，为使保密宣传工作贴近生活、贴近实际、扩大幅盖面，增强宣传效果，加大学刊用刊力度，分别深入到各有关单位开展征订工作，征订《保密工作》155份、其它配套法规等学习资料162份。

【围绕核心抓管理】 按照玉溪市保密委（局）《关于组织签订县级领导干部保密工作责任书的通知》和《认真落实〈云南省保密承诺制度管理办法〉》文件精神，强化对已签《在岗保密承诺书》和《离岗保密承诺书》人员的管理，做好因人事变动应签未签“两书”人员的补签工作。县保密局积极按照要求认真组织完成江川县县处级领导干部和正科、副科级领导干部责任书签订工作，签订责任书人数共493名，其中：县处级领导干部37名，正科、副科级领导干部456名。签订《在岗保密承诺书》189人、《离岗保密承诺书》10人。适时启用“玉溪市保密工作管理系统制度”，规范全县各项保密管理工作。

按照《云南省党政机关和涉密单位计算机及其网络保密自检自查规定》，对照检查内容，利用检查工具，认真做好每个季度的自检自查工作，建立检查台账和按季上报制度，切实加强对计算机及其网络的保密管理。

按照分类管理、分级保护的要求，认真做好各单位保密要害部门部位、涉密网络、涉密单机、涉密移动存储设备的确定、登记、备案、上报工作，重点加强对保密要害部门部位、涉密网

络、涉密单机、涉密移动存储设备的分级保护工作和涉密文件、红头文件、内部资料、报废计算机及移动存储介质的收、发、清退、监督销毁工作。切实加强政府信息公开的保密审查、管理、月报，确保涉密信息不上网，上网信息不涉密，真正做到从源头上堵塞泄密漏洞。2014年10月，对22个重点涉密单位和乡镇进行检查和抽查，检查非涉密计算机72台，发出整改通知书10份，责令限期整改完善工作，消除一般泄密隐患21处。

【突出重点抓技防】 根据中保委和省、市关于“加强配备”的精神，认真抓好各成员单位确定的涉密计算机保密技术设备的安装配备工作。切实加强对党政机关、涉密单位涉密计算机及其网络的保密检查，排查泄密隐患和漏洞，有针对性地加强保密技术防范措施。抓好“重点涉密单位非涉密网络计算机检查”和“机关单位互联网门户网站保密检查”工作。

【围绕中心抓服务】 江川县保密委、保密局始终把保密工作“围绕中心、服务大局”的切入点放在为企业健康发展上，把保密工作落实到为企业优质发展服务上。县保密局于10月、12月分别深入到多个企业开展商业秘密保护培训，参加培训人数201人。通过学习有关商业秘密保护知识、观看企业商业秘密保护案例警示教育片，进一步增强企业的商业秘密保护意识和企业保密管理。

（叶 斌 王 媛）

档 案

【概 述】 2014年，江川县档案局认真贯彻落实《中共中央办公厅、国务院办公厅印发〈关于加强和改进新形势下档案工作意见〉的通知》、《中共云南省委办公厅、云南省人民政府办公厅印发〈关于加强和改进新形势下档案工作的实施意见〉的通知》文件精神，档案管理工作以服务全县工作大局、社会经济发展、民生需要为目的，做好档案资源体系建设、档案数字化建设、档案规范化管理工作。

【档案资源体系建设】 10月，接收县委组织部档案718卷118464页、纪委档案195卷27270页、计生局档案328卷55266页，共接收档案1241卷201000页。馆藏档案48103卷，资料6943册。其中特色档案785卷，民生档案10894卷。

【综合档案馆投入使用】 江川县综合档案馆，位于县城宁海路中段，2010年11月10日正式立项，2011年12月17日开工建设。该项目占地面积5.02亩，总建筑面积4511.13平方米，投资概算1040.7万元，主体工程总投资985.7万元，项目实际投资1225万元，为全框架结构，楼层5层，使用年限50年，抗震设防烈度为8度。2012年11月9日，项目竣工，2012年12月5日，主体工程通过验收，2013年12月25日，通过云南省档案局组织的验收组验收。安装了监控、防盗、消防设施，2014年1月投入使用。为加强安全保卫工作，专门从县保安公司聘用3名保安，负责县综合档案馆的日常安全保卫工作。

【档案数字化体系建设】 在全县开展档案数字化工作，鼓励各单位将未进行数字化的档案进行数字化加工，加工好的数字化档案和纸质档案一并移交档案馆保管。同时，请各立档单位保存好新形成文件材料的电子文档，以免重复劳动，浪费财力、物力。全年完成扫描20.1万页，累计29.76万页；完成目录2.2万条，累计32.19万条；数据容量0.27T，累计0.32T。

【档案行政执法检查】 根据年初的工作安排，9~10月，组织相关档案行政执法人员，对5个乡镇的10个村委会的农业农村档案管理、12家行政事业单位的机关档案管理工作开展《中华人民共和国档案法》行政执法检查工作。通过档案行政执法检查，促进档案工作的有序开展。

【档案业务指导】 从1月起，重点对县民政局、县水利局、县食品药品监督局等28家机关单位的档案管理工作进行指导，督促他们开展归档文件材料整理工作，共整理676盒。

先后督促指导7个乡镇72个村、社区进行农业农村档案管理工作。整理归档7个乡镇机关单位文书档案301盒、婚姻档案84盒，72个村、社区档案296盒。从源头确保农业农村档案的建立健全，为广大群众服务。

为更好的服务全县经济建设，与县工业园区管理局协商，共同督促进园区的工业企业发展，在建设企业的同时，注重抓好企业档案管理工作，为今后企业发展奠定基础。

帮助江川供电公司归档财务档案296盒，指导烟草江川县支公司整理文件材料归档48盒、科技档案21盒，为企业发展助力。

【规范化管理示范认定】 4月24日，县档案馆顺利通过国家二级馆测评及云南省规范化管理示范档案馆认定工作。

同时，在全县开展档案工作规范化管理示范单位认定工作。县教育局、县国税局、县公安局、县司法局、县委办、县人大办、县政府办、县气象局、前卫镇、江城镇等10家机关事业单位通过认定，江川供电公司1家企业单位通过认定。

【国际档案日】 6月9日，为纪念“6・9”国际档案日，增强全社会档案意识，县档案局积极开展2014年“6・9”国际档案日系列活动，组织全局人员分赴7个乡镇，发放宣传材料，张贴宣传材料。共发放宣传材料60册，张贴宣传栏10处。2014年国际档案日的主题是“走进档案”。向广大人民群众宣传档案理念，营造全社会关心支持参与保护档案的良好氛围，为建设富裕和谐美丽新江川服务。

【档案提供利用】 办好档案公共服务窗口。以保稳定促和谐为工作基调，增强档案服务意识，提高服务质量，为领导决策、公民和社会组织提供服务，为相关部门的各项惠民政策的落实发挥基础性的重要保障作用。接待查阅利用者510人次，提供利用档案资料1698卷件次，复制档案1620页。为江川县落实复退军人待遇，解决土地房产纠纷、婚姻问题等方面提供翔实的第一手资料，增强了人们的档案意识，有力促进江川的和谐社会建设。参观爱国主义教育基地23人次。

【档案队伍建设】 4月，为提高县档案局人员素质，选派一人参加云南省档案局举办的文秘知识培训班学习。6月，为加强消防安全工作，安排一人到云南省消防学校培训消防知识及消防操作技能。

从3月起，业务指导人员先后到江川供电有限公司、宏斌绿色食品有限公司和县水利局水工大队培训技术人员《文书档案整理办法》《文件材料归档范围》《企业档案加工方法》《会计档案管理办法》等内容。向技术人员普及档案知识，增强他们的档案意识。3家单位约53人参加。

（郑文明）

史　志

【概　述】 2014年，江川县史志办公室继续坚持“广征、博采、精编、严审”和“求实、创新、协作、奉献”工作方针，充分发挥史志工作“存史、资政、教化、育人”功能，全体人员团结协作，积极争取领导支持，克服人少事多等重重困难，党史研究专项工作与地方志编修工作均取得新成绩。年内，按时按质完成《江川年鉴（2014）》、《中共江川县委执政纪要（2013）》的稿件征集及编纂出版发行工作，《江川年鉴（2014）》于10月出书，2014年12月获玉溪市人民政府办公室颁发的“编撰时效一等奖”。2014年2月，经中共江川县委、江川县人民政府审定，批准《江川县志1978～2005》公开出版发行。5月，《江川县志1978～2005》由云南出版集团、云南人民出版社公开出版发行。邀请市委党史研究室、市地方志办公室领导对全县撰稿人员进行县委执政纪要及江川年鉴业务培训，各乡镇（街道），县直有关单位分管领导和编撰人员100余人参加培训。经上级党史、地方志部门协调，江川县落实《中共中央关于加强和改进新形势下党史工作的意见》（中发〔2010〕10号）精神取得进展，县委书记马文龙同意：史志办按不少于6人的编制配备。革命遗址保护修缮取得新进展，向上级党史部门争取到省、市革命遗址修缮保护专项资金4万元，用于下一步对雄关乡原华宁县第一个党支部旧址。参与《玉溪红色旅游指南》撰稿审稿工作，《玉溪红色旅游指南》一书共收录江川县人民政府旧址、江川县革命烈士陵园、汤建荣故居、华宁县第一个党支部旧址、滇桂黔边纵队滇中护乡团第十二团旧址5个革命遗址点和孤山、明星渔洞、碧云寺、界鱼石、神鱼泉5个景区景点，江川“开渔节”被列为“主要节庆活动”。史志办人员积极参与地方文化建设，为《文化江川》一书撰写《神医曲焕章创圣药　万应百宝丹济世人》《翰墨飘香杨嘉善》两篇文章，《江川古今诗联选》收录诗5首，《江川文学作品精选》收录诗歌3首。

【《江川县志（1978～2005）》出版发行】 2014年5月，《江川县志1978～2005》完成编纂、印刷、出版等所有手续，正式出版发行。《江川县志（1978～2005）》编纂工作于2005年11月正式启动，经过全县各乡镇（街道）、各部门撰稿人员和县志编纂委员会、史志办公室专兼职人员的共同努力，至2011年12月初稿完成。2012年12月，县委、县政府召开《江川县志（1978～2005）》审稿会，查缺补漏，删繁就简，对志稿进行反复修改。2013年11月，正式报送玉溪市地方志编纂委员会办公室审查合格。2014年2月，经中共江川县委、江川县人民政府审定，批准《江川县志1978～2005》公开出版发行。5月，《江川县志1978～2005》纸质版由云南出版集团、云南人民出版社，DVD版由云南出版集团公司、云南教育音像电子出版社公开出版并发行。

《江川县志（1978～2005）》记述了1978～2005年共27年间江川县改革开放的辉煌历程，内容横陈百业，从自然到社会，从经济到政治，从生产活动的各个门类各个领域到社会各项事业，从物质生产活动到思想意识等无不涉及，是一部几乎囊括所有行业县情资料的“百科全书”。全书除概述、大事记、附录外，共设18编、67章、329节、150万字，共884页（其中彩页52页）。

【《江川年鉴（2014）》编辑出版】 2014年10月，《江川年鉴（2014）》一书由德宏民族出版社公开出版发行。《江川年鉴》（2013）由中共江川县委、江川县人民政府主办，江川县史志办承编。年鉴主要反映江川县2013年各方面的信息，全书分特载、大事记、县乡（街道）概况、政治、军事、法制、经济管理、建设·环保、工商企业、农林·水利、交通·邮电、财政·税务、金融·保险、教育·气象·防震减灾、文化·旅游·广电·体育·卫生、社会、人物、统计资料及附录等19个部类，各部类下设分目，分目下设条目记述，全书约75万字。有彩版32页，分为重要会议、领导关怀、省委巡视江川、美丽乡村建设和农业面源污染治理、拆临拆违和路域环境整治、关注民生、村级组织换届选举、殡葬改革、发展工业、环保优先、地质灾害演练、第九届开渔节暨高原湖泊水产品交易会、文化建设、百年大计、第三次全国经济普查、人民武装、重要活动等17个板块。资料翔实准确，内容丰富，图文并茂，为各级领导、各机关部门及企事业单位制订政策和工作计划的重要依据、外界认识江川的重要窗口。

【《中共江川县委执政纪要（2013）》编纂出书】 2014年12月，经云南省新闻出版局批准，《中共江川县委执政纪要（2013）》付印出书。全书分领导关注（重要批示，国家、省、市领导到江川县视察调研）、重要活动（县委领导重要活动）、重要决策（重要讲话、重要会议、重要文件）、执政大事、执政综述、执政论坛、纪委工作、县委部门工作、群团工作、党委（党组）工作、乡镇党委（街道党工委）工作、县局党总支工作、先进典型、附录等14个部类，各部类下设具体篇目记述，全书约50万字。有彩版24页，内容包括省市领导调研、检查，县委重要会议、县委常委执政活动等。

【马文龙对史志工作作出指示】 2014年9月12日，中共玉溪市委党史研究室主任陈兴隆、副主任段利星等一行4人到江川开展随机调研。与中共江川县委书记马文龙，分管党史工作的中共江川县委常委、县委办主任邓春元等就江川县落实《中共中央关于加强和改进新形势下党史工作的意见》（中发〔2010〕10号）精神进行座谈，建议解决江川党史部门的机构级别、编制问题。马文龙书记表示：对史志办的工作表示满意；史志办按不少于6人的编制配备；换个角度来思考，把史志部门当作一个培养干部的平台；史志办选好人，关键是做事；承前启后的事情一定要做，要做好历史、现实、未来的衔接；江川的领导干部要了解江川的历史、重大事件。

【年鉴、执政纪要业务培训】 2014年1月2日下午，江川县召开《2013中共江川县委执政纪要》暨2014年版《江川年鉴》撰稿人员业务培训会。各乡镇（街道），县直有关单位分管领导和编撰人员100余人参加培训。中共玉溪市委党史研究室副主任段利星出席并讲话；市委党史研究室党史征研科科长李福生培训《2013中共江川县委执政纪要》业务；市地方志办公室主任李亚平培训2014年版《江川年鉴》业务。

培训围绕执政纪要和年鉴编写的要求，从执政纪要和年鉴的涵义、明确报送内容、拟定编写提纲、认真撰写稿件、规范稿件格式、执政纪要和年鉴稿件的区别等方面就如何撰写《中共江川县委执政纪要》和《江川年鉴》稿件进行讲解。并针对江川县近年编撰中存在的问题，结合编辑实例深入剖析，指出问题所在，提出修改意见。

【党史宣传教育】 7月8日，县委办党支部开展组织活动。由县史志办主任余立言为30余名党员作《历史不应被忘记——1927年至1950年江川县革命武装斗争历史简述》党史党课讲述。党员们还现场参观了位于前卫镇、江城镇的中共江川县工委旧址、中国人民解放军滇桂黔边区纵队滇中护乡第十二团团部旧址、江川县人民政府旧址3个革命遗址点，观看由县委党史研究室于2013年12月安装的石碑和以县委、政府名义命名的记事碑文。余立言对3个革命遗址点发生过的革命史实和革命前辈们的英雄事迹作了介绍。

【革命遗址修缮保护】 在2013年底对中国人民解放军滇桂黔边区纵队滇中护乡第十二团（江川县护乡团）团部旧址、龙街小学革命据点、云岩乡小学革命据点、潘翼天被关押地遗址、武装解放九溪旧址（九溪镇公所）、台桥事件旧址、中共江川县工委旧址、中国人民解放军滇桂黔边区纵队滇中护乡第十一团团部旧址等全县8个首批革命遗址进行立碑保护的基础上，2014年，积极向上级党史部门汇报，加强协调，争取到省、市革命遗址修缮保护专项资金4万元，计划用于雄关乡原华宁县第一个党支部旧址（属雄关社区，位于雄关乡中心小学内）升级改造。继续加强对全县各个革命遗址点的管理，保证修缮保护专项资金规范使用，用活用好。

【参与《玉溪红色旅游指南》撰稿审稿】 根据《中共玉溪市委党史研究室、玉溪市旅游发展委员会关于组织编纂〈玉溪市红色旅游指南〉的通知》（玉党研字〔2014〕8号）文件精神，县史志办与县文旅广体局合作，共同对江川县域范围内的20个革命遗址点、6个其他遗址点进行梳理，选择江川县革命烈士陵园、江川县人民政府成立旧址、汤建荣故居、华宁县第一个党支部旧址、滇桂黔边纵队滇中护乡团第十二团旧址、滇桂黔边纵队滇中护乡团第十一团旧址等6个革命遗址及唐淮源故居、唐公祠2个其他遗址点，搜集相关历史资料，与江川县旅游景点（抚仙湖、星云湖、碧云寺、神鱼泉）、节庆活动（云南江川开渔节暨高原湖泊水产品交易会）、美食（鲊馍肉、盐水鱼、铜锅饭、江川大锅菜、炊锅和铜锅煮鱼）、餐饮（三星及其以上的农家乐）等旅游资讯文字材料进行认真加工整理，配以优美图片，于7月3日按时将文字、图片材料报送市委党史研究室，并根据反馈意见，及时修改、补充孤山、明星鱼洞、李家山古墓群、界鱼石材料，于7月15日正式报送。11月24日，县史志办主任余立言参加《玉溪红色旅游指南》审稿会，对书稿中涉及江川县的内容提出修改意见。至年底出书，《玉溪红色旅游指南·江川篇》共收录江川县人民政府旧址、江川县革命烈士陵园、汤建荣故居、华宁县第一个党支部旧址、滇桂黔边纵队滇中护乡团第十二团旧址5个革命遗址点，“链接”孤山、明星渔洞、碧云寺、界鱼石、神鱼泉5个景区景点。《玉溪红色旅游指南·玉溪旅游资讯》中江川“开渔节”被列为“主要节庆活动”。

【组织史资料撰稿人员培训】 10月29日下午，根据县委组织部的安排，县史志办主任余立言对《江川县组织史资料》全县组织史资料撰稿人员进行业务培训。培训内容为：机构、人员收录范围；例文；组织史资料（续编四）《编纂工作方案》与组织史资料（续编三）的衔接关系；其他需要注意的事项。并担任县委办组织史资料主笔，对县委综合部分及各科室、管理部门（县档案局、史志办）内容进行加工整理、审阅把关，按时报送县委组织部。

【参与地方文化建设】 2014年，县史志办积极服务地方文化事业发展，参与地方文化建设。县史志办人员余立言参与县委宣传部组织的《文化江川》征稿，撰写《神医曲焕章创圣药　万应百宝丹济世人》《翰墨飘香杨嘉善》两篇文章，其中《神医曲焕章创圣药　万应百宝丹济世人》于2014年7月获玉溪市发展委员会颁

发的“玉溪市‘中国梦’·云南故事——我的云南旅游故事大型征集展示活动参赛奖”；参加县政协文史委《江川县文史资料》教育专辑审稿。由县文联编纂、香港恒顺国际文化出版有限公司出版的《江川古今诗联选》收录余立言诗5首。2014年12月，由县文联编纂、云南出版集团、云南人民出版社出版的《江川文学作品精选》收录余立言诗歌3首。

【部门志指导】 指导全县各级各部门、乡镇、村依法修志，对县内编修志书的各部门、单位进行业务指导，严把政治观、史实观、文字观，确保出版志书质量。年内，对县信用联社开展《江川县农村信用社志》编纂进行指导，审阅志稿，提出意见。《江川县农村信用社志（1954～2013）》于2014年11月内出书发行。

【材料撰写报送】 年内，按照省、市地方志部门要求按时按质完成2014年版《云南年鉴》《云南小康年鉴》《玉溪年鉴》江川部分资料的撰写报送工作。同时，按照市委党史研究室要求按时按质完成《中共玉溪市委执政纪要》（2013）江川县资料的撰写上报。

（余立言）

纪检监察

【县纪委、监察局负责人名录】

纪委常委　李学祥（2014.1任）
　　　　　张盛国
　　　　　陆云波（2014.8离任）
　　　　　郭　华
　　　　　胡　莎（女）
　　　　　邢长伟
　　　　　徐志伟
纪委书记　李学祥（2014.1任）
副 书 记　张盛国
　　　　　陆云波（2014.8离任）
　　　　　郭　华
监察局局长　张盛国
副 局 长　胡　莎（女）
　　　　　陶文红

【各室负责人名录】

办公室主任　徐志伟
干部室主任　刘　雪（女，2014.8任）
案管室主任　刘　雪（女，2014.8任）
信访室主任　韩丽华（女）
案检室主任　杨智然
案审室主任　邢长伟
法监室主任　郭飞波
宣教室主任　张丽梅（女，2014.8任）
党风室主任　周　丽（女）

【各派出机构负责人名录】

派出第一纪工委
书　记　张竹会（女）
派出第二纪工委
书　记　付兴瑞
副书记、监察分局局长
　　　　陆春光（2014.8离任）
派出第三纪工委
书　记　范文慧（女）
派出第四纪工委
书　记　王书艳（女）
副书记、监察分局局长　向俊臣
派出第五纪工委
书　记　华忠楷
副书记、监察分局局长
　　　　刘　雪（女，2014.8离任）

【概　述】 2014年，中共江川县纪委紧紧围绕党中央、中纪委、省市纪委和县委的决策部署，在市纪委、县委领导下，团结各方力量，聚焦主业主责，突出中心任务，坚定不移转作风、反腐败、促发展，有力推动反腐倡廉工作开创新局面、营造新风气、取得新成效，促进了干部清正、政府清廉、政治清明。

【监督检查】 坚持把维护党的纪律特别是政治纪律放在首位，严肃查处违反政治纪律的行为，保障各级政令畅通。紧紧围绕党的路线方针政策、县委县政府重大决策部署的贯彻落实，采取目标分解逼压力、时间倒排逼进度、督查督办逼落实、考核追究逼争先的倒逼机制，对殡仪馆和公益性公墓建设、美丽乡村建设、污水管网建设等重点工作重大项目开展督查，提出意见建议47条，问责党员干部18人，全力推进重点工作重大项目的落实。

【廉政教育】 协助市纪委拍摄《“五级联动”解民忧》宣传教育片，稳步推进县检察院、雄关乡白石岩村等一批新老廉政文化示范点建设，廉政文化宣传更加深入人心。组织44名党政负责人现场旁听县财政局原局长董林颉违纪违法案公开审理，开展以传达违反中央八项规定精神问题为重点的警示教育146场次，全县领导干部观看《生命源》、听取《加强作风养成，不辱使命担当》专题讲座，重点时段发送廉政短信5760条，促进广大党员干部自重、自省、自警、自励，进一步形成以廉为荣、以贪为耻、以孝为本的良好风尚。

【廉洁自律】 严格执行民主议事制度、“三公开”制度和领导干部个人有关事项报告制度、一把手“四个不直接分管”规定、外出请销假和婚丧喜庆事宜报备制度，提供集体、个人廉政意见71份，权力运行更加透明、规范。

【作风建设】 坚决纠正党员干部作风之弊、行为之垢。开展明查暗访13次，点名道姓通报批评单位22个、干部14名，约谈43人，党员干部不作为、慢作为、乱作为和公车私用等现象明显减少，文风会纪有所好转。严格落实“三公”经费管理规定，严肃整治公款吃喝、送礼、旅游等不正之风，节日消费回归理性，社会交往回归情感，公款支出回归常态。2014年，全县“三公”经费支出1328.7万元，同比下降29.3%。集中开展会所歪风、会员卡清退、奢华浪费建设等专项治理，清理腾退超标办公面积5914平方米，4724名干部承诺不出入会所等娱乐场所，2477名党员干部承诺会员卡“零持有”。

【案件查处】 始终保持惩治腐败的高压态势，充分发挥反腐败协调小组作用，不论涉及谁，不留情、不姑息、不迁就，坚决惩治，一查到底，受到省市好评，得到群众认可。全年受理信访155件，办结148件，转立案15件；查处违纪违法案件20件21人，全部给予党政纪处分。其中，开除党籍12人，行政开除5人，党内警告4人，行政警告1人，行政撤职1人。严肃查处县林业局原局长冯超、县财政局原局长董林颉、江城镇明星村原党总支书记徐四清等严重违纪违法案，以案释纪，发挥震慑警示作用。

【纠风治乱】 制定《江川县民生资金监管平台管理实施细则（试行）》，强化监管平台作用，促进社会保障、扶贫救灾、强农惠民等4亿多资金高效安全运行。加大“三资”查询平台宣传，增强社会监督力量，农村“三资”管理更加科学、规范。完善群众诉求“五级联动”工作机制，畅通诉求渠道，全年解决群众诉求6576件，满意率达99.98%。加大招标采购监督力度，规范县乡招标采购程序，全年完成政府采购3721万元，节约资金485万元，节约率达11.53%。参与中考、高考巡查，严把退役士官安置、党政企事业单位招考录用、国有闲置资产处置关，社会诚信、公平正义进一步彰显。开展农村最低生活保障资金、招生领域工作专项执法检查，警示约谈单位3个、干部5人，坚决纠正违规行为。

【源头治腐】 下发《江川县领导干部任前廉政教育制度》、《江川县贯彻落实省市权力公开透明运行相关要求的实施意见》等13个文件，筑牢防腐制度的笼子。调整完善廉政风险防控岗位158个，加大对关键人员、重点岗位、重要环节的监管力度。县级领导班子带头廉政谈话157人次，各级党政班子实行专题述廉并现场提问、民主测评，新提拔干部推行任前廉政知识测试，县纪委对22位党政负责人落实党风廉政建设党委主体责任、纪委监督责任进行约谈。

【自身建设】 从严教育、从严要求、从严管理、从严监督。以党的群众路线教育实践活动为抓手，坚决贯彻落实党中央聚焦主业，突出重点，落实“三转”的精神要求，制定完善《江川县村民（社区）监督委员会管理考核办法》等民主议事、后勤保障、监督管理制度18个。配备村民（社区）监督委员会电脑72台，补助经费72万元。建立纪检监察干部学习讲坛制度。选派干部35人次参加中央、省、市培训学习，组织全县纪检监察干部235人次开展业务培训2期，选调、招考、交流干部8名。精减参与议事协调机构227个、保留15个。实行纪委常委分管内设委室和联系乡镇（街道）分工负责制，纪工委不再联系省市垂管部门和乡镇。积极支持乡镇纪委书记从繁杂行政事务中解脱出来，回归主业，收缩战线。纪检监察队伍敢于担当、勤于干事、乐于奉献、忠诚为民的形象进一步提升。

【荣誉表彰】 2014年11月，县纪委监察局自办案件“董林颉违纪案”被市纪委评为“优质案件”一等奖，“徐四清违纪案阅卷笔录”被评为“优质文书”二等奖，“冯超违纪案初核报告”被评为“优质文书”三等奖；12月，县纪委监察局2014年查办案件工作被省纪委评为二等奖。

【领导干部任前廉政教育制度实施】 为构筑新任领导干部拒腐防

变的思想道德、党纪国法防线，打牢为民、务实、清廉的思想根基、执政根基，严格领导干部准入渠道，纯洁领导干部队伍，江川县实行领导干部任前廉政教育制度，规定新任领导干部在正式任用前，必须接受廉政教育。廉政教育采取廉政知识测试、观看廉政教育片、廉政谈话、廉政承诺、廉政宣誓五个步骤依次进行。制度实施以来的第一批新任领导干部共23名，于2014年8月31日接受任前廉政教育。

【村民监督委员会管理考核办法实施】 为保证村（居）民监督委员会（下称“村监会”）各项工作正常开展，进一步调动村监会人员的工作积极性、主动性和创造性，充分发挥村监会在农村民主政治建设、党风廉政建设中的监督职能作用，2014年6月16日，中共江川县委制定村民监督委员会管理考核办法实施。明确考核时间、考核内容、评分标准及结果运用。考核结束后，评定出优秀、合格、基本合格、不合格四个等次，对优秀、合格者，给予经费奖励；基本合格者，补助一定工作经费。2014年，县委补助经费72万元给予全县72个“村监会”。

【清理议事协调机构】 为深入贯彻落实十八届中央纪委三次全会、省纪委九届四次全会和市纪委四届四次全会有关部署要求，认真落实“转职能、转方式、转作风”的要求，进一步推动全县纪检监察工作聚焦中心，明确定位，突出主业，根据中央纪委、省委、省纪委和市委、市纪委对议事协调机构调整的精神，县纪委监察局对2008年以来县纪委监察局牵头或参与的242个议事协调机构进行清理调整。经县委、县政府批准，决定保留或继续参与15个议事协调机构。

（施永芬）

组 织

【概 述】 2014年，中共江川县委组织部按照全省、全市组织工作会议的部署，紧紧围绕县委中心工作，深入学习贯彻党的十八大，十八届三中、四中全会和中共中央总书记习近平系列重要讲话精神，突出抓好新《条例》的学习贯彻、党的群众路线教育实践活动、基层服务型党组织建设三项重点工作，统筹推进干部队伍、人才队伍、党的基层组织和党员队伍建设，为建设富裕美丽和谐新江川提供坚强的组织保证。

【落实党建工作责任制】 健全三级联述联评联考制度，组织各党（工）委书记向县委进行党建述职评议，各村（社区）向党（工）委和党员、群众述职，前卫镇集中组织村（社区）党总支书记向镇党委述职，通过述职评议督促党建工作落实。开展党建工作考核，多次约谈乡镇（街道）“一把手”，对党建工作中存在的问题和原因深入开展交心谈心，督促抓好工作。认真落实党建创新项目工作推进机制，强化“一把手”责任，及时推进、跟踪、督促15个党建创新项目工作进展。

【党的群众路线教育实践活动】 紧紧围绕“为民务实清廉”目标，按照“照镜子、正衣冠、洗洗澡、治治病”总要求，聚焦“四风”，以严的标准、严的措施扎实推进党的群众路线教育实践活动。全县68个领导班子和430余名党员领导干部认真落实学习要求，广泛征求意见建议，深入查摆“四风”突出问题16000余条。在此基础上，县“四套”班子和68家参学单位以兰考为榜样、武定为标杆，认真召开专题民主生活会，780个基层党组织以江城镇侯家沟村专题组织生活会暨民主评议党员示范会为示范，完成专题组织生活会和民主评议党员工作。在开展“回头看”工作中，及时对52家单位的“补课”“返工”工作进行督促，对1224名党员进行谈话提醒，对10名不合格党员进行处置。扎实抓好整改落实和建章立制工作，整改完成领导班子和领导干部整改清单列出的6371项整改事项，制度建设计划基本完成，专项整改工作初见成效，全县机关党员干部作风明显好转。

【培养选拔好干部】 坚持党管干部原则，深入学习贯彻《新条例》，坚持好干部标准，树立正确的选人用人导向，注重在重点工作、重大项目、急难险重任务中培养和发现干部，注重在基层一线磨练和使用干部，切实把信念坚定、为民服务、勤政务实、敢于担当、清正廉洁的干部选拔到领导岗位上。一年来，共调整1个批次53名干部，其中在基层一线、急难险重任务和重点工作重大项目推进中考察识别、选拔任用科级干部23名。注重年轻干部的培养选拔。从县属单位和乡镇（街道）选派48名年轻干部到25个市直单位跟班学习；选派15名35岁以下年轻干部到村（社区）任新农村指导员和常务书记。

【干部人事制度改革】　严格落实《江川县领导干部交流工作实施办法（试行）》，加大干部交流力度，盘活、用活各年龄段干部，激发干部队伍活力，一年来，共交流干部19名。认真开展领导班子定期分析研判工作，与7个乡镇（街道）、26个县直部门的185名领导干部进行交心谈心，全面掌握各班子和班子成员的运行情况。完善干部考核评价体系，制定《关于加强和改进县管领导班子和领导干部综合考核评价工作的意见》、《江川县乡镇（街道）党政领导班子和领导干部综合考核评价办法（试行）》和《江川县县直单位领导班子和领导干部综合考核评价办法（试行）》，增强领导干部和领导干部考核评价的科学性、有效性和导向性。完成县乡（镇）人代会选举工作，大学生村官选聘管理及后备干部、“四类”干部的培养等工作稳步推进。

【干部教育培训】　加强教育培训宏观管理，制定下发《2013-2017年江川县干部教育培训规划》，认真落实培训审批制度，审批下发《江川县2014年干部教育培训计划》并严格督促落实培训计划。大力推进学习型领导班子和干部队伍建设，举办领导干部讲坛19期和基层党组织书记、党务工作者业务培训班2期，组织领导干部和民营企业家43人赴浙江大学开展产业转型升级培训。550余名干部参与十八届四中全会、党建知识、新农村建设、依法治国等内容学习。选派43名县镇村干部参加省、市委组织部举办的培训，完成各种培训、调训任务。加强领导干部在线学习日常管理，抓好扩面提分工作，及时提醒促学，全县489名参学干部在线学习完成率达100%。

【干部监督管理】　认真落实领导干部个人有关事项报告、干部实绩登记、经济责任审计等日常监督管理制度。做好2014年干部个人有关事项报告工作，38名县级领导干部报告了个人重要事项。委托县审计局对6个单位党政正职进行离任、任期经济责任审计。办理108名领导干部外出请示事项。重点开展选人用人突出问题、领导干部在企业兼职（任职）、国家工作人员配偶子女移居国（境）外情况及“三超两乱”、吃空饷等专项整治和清理工作，共撤消公司2家，清理在企业兼职（任职）领导干部45人次。制定出台《治理乡镇（街道）干部“走读”问题办法（试行）》，并适时对干部值班在岗情况进行督促，有效加强对乡镇干部的管理和监督。2014年，共受理干部群众来信来访67件121人次，完成上级领导接访交办件9件9人次。

【实施人才发展规划】　按照《江川县2009-2020年人才队伍规划纲要》各项目标任务，统筹抓好各类人才建设。积极拓宽人才培养模式，统筹推进各类人才库建设，编制环保、城建、规划、水利等重点领域紧缺人才开发目录。加大人才工作投入力度，落实人才工作经费，对卫生、教育人才引进，农村实用人才、青铜产业文化人才的培养、教育给予资金保障。加快推进人才工作科学发展，吸引国家级、省级和市级专家到江川县工作，围绕特色产业发展，在云南卓一食品有限公司设立孙宝国院士工作站，积极推进江川县食品调料及农产品精深加工产业的科技进步。

【基层服务型党组织建设】　紧扣“8433”工作要求，按照“抓两头带中间”思路，紧紧抓住先进典型和后进转化，选树县级党建示范点6个，培育乡镇级示范点13个。突出后进整顿，通过县级党员领导干部挂联、调整党组织书记等方式，帮助64个软弱涣散基层党组织实现整顿转化。开展“红色信贷”和“合作股份”试点工作，为115户党员群众发放“红色信贷”600万元，在伏家营、侯家沟、上营、光山等8个村（社区）设立“合作股份”试点，帮助提升基层党组织“造血”功能和党员带头创业致富能力。在九溪镇试点推行“四级”党建联席会议制度，逐级、定期收集、分析、办理、反馈民情事项，切实解决联系服务群众“最后一公里”的问题。在江城、九溪试行乡镇党代会年会制，充分调动党员和党代表参与党内事务的积极性，提高党内民主的科学化水平。

【服务型队伍建设】　抓好带头人队伍建设，选优配强基层党组

织领导班子，特别是党组织书记，及时对8名基层党组织书记作出调整，解决村组干部不干事、乱作为的问题。加强新农村指导员、常务书记的选派和管理，共选派87名指导员和83名常务书记驻村（社区）开展工作，充分发挥他们在指导基层党建、联系和服务群众、促进当地经济社会发展中的作用。紧扣“美丽玉溪服务先锋”行动要求，抓实推进党员教育和管理工作，落实党员发展年度计划，及时处置不合格党员，切实把好党员的入口、出口关。修改完善《江川县党员积分制管理工作实施方案》，对不同领域党员积分内容、载体、方式进一步细化。积极搭建党员作用发挥平台，通过开展党员户挂牌、党员先锋岗、党员示范窗口、无职党员设岗定责、在职党员进社区、主题服务月、党员责任区等活动，激发党员服务热情，促进党员作用发挥。

【基层基础建设】 强化基层党建经费保障机制，落实县镇村组党建经费和党员教育培训经费，新增执行每个县直党（工）委每年3万元的经费补助，每年下拨的党建经费达450余万元。完善村组干部待遇保障机制，将不少于1/3的基础补贴和全额绩效补贴纳入年度考核，每年用于基础补贴和考核的资金达到1475万元。优化党建工作环境，开展第四批村（居）民小组党员活动室建设工作，按照1：1的比例市县财政配套建设资金72万元，完成45个党员活动室立项建设任务。继续实施“党内关爱工程”，积极开展“访贫问苦送温暖”系列活动，发放慰问金148万元。开展农村困难党员关爱行动，全年共发放关爱资金90万余元。

【部门自身建设】 围绕“讲政治、重公道、业务精、作风好”目标以及打造一支“团结、紧张、严肃、活泼”的组工干部队伍要求，加强部门自身建设。一是注重加强组工干部的能力建设。坚持“四个一”学习制度和“组工干部讲坛”活动，深入学习组织工作业务知识，提升业务知识水平。加大随机调研工作力度，深入了解掌握情况，寻找破解难题良策，推进组织工作整体水平的不断提升。二是着重加强部门自身建设。加大日常工作督查力度，坚持重点任务立项分解督查制度，以任务倒逼确保工作落实。坚持以制度管人管事，做好30年以来涉组涉干制度文件的废、改、立工作，修订完善34项部内规章制度，用制度规范组工干部高效履职。

（李　敏）

老干部工作

【概　述】 2014年，江川的老干部工作以落实老干部“政治待遇和生活待遇”为主线，以提升服务管理水平为重点，以让组织放心和让老干部满意为目标，改进作风，凝心聚力，按照市委老干部局《2014年玉溪市老干部工作目标管理责任制》，做好服务管理工作。

2014年，县委老干部局共管理离退休干部1800人。其中离休干部38人；退休干部1762人，享受副县以上待遇110人（其中担任过县委、人大、政府、政协领导职务21人）。成立老干部学习大组8个、学习小组79个；成立老干部党支部80个，负责管理1340名老党员（其中老干局党委所属33个党支部有党员634名，农村47个党支部有党员706名）。有副县级以上老干部阅文组4个。

【召开座谈会听取老领导意见】

2014年1月2日，江川县人民政府召开实职副处级以上老干部座谈会，就《政府工作报告》征求老干部意见和建议。县政府领导班子全体成员参加会议，县委常委、常务副县长张文彬主持会议，县委副书记、代理县长钱兴对“两湖”环境保护、星云湖环境治理、美丽乡村建设、县城综合治理、干部作风建设等群众关心的热点问题向老领导们说明下一步的工作思路和打算，听取老领导们对《政府工作报告》的意见和建议。

【参观考察重点项目建设】 5月21～22日，县委组织部和老干部局组织全县副县级以上离退休老领导、老干部学习大小组长（党支部书记）120多人参观考察江川县2014年重点工作和重大项目推进情况。重点实地参观考察九溪大河治理、龙泉山工业园区建设及联塑厂生产、江中路修建、星云湖周边环境治理、路居镇小凹村美丽家园工程建设、仙湖锦绣工程推进、江城镇小集镇规划及建设7个重点工作重大项目。5月29日，配合市政协星云湖治理和保护情况调研组召开有农、林、水、城建等单位退休的老干部代表参观考察星云湖治理进展情况，听取对星云湖治理和保护情况意见、建议。

【召开“九九”敬老节经济形势通报会】 9月29日，在江川宾馆召开副县级以上老干部和老干部党支部书记、学习大组长等260多人参加的江川县“九九”敬老节经济形势通报会。市委组织部副部长、老干部局局长周俊，县委书记马文龙，县委副书记、县长钱兴等参加会议。县委常委、组织部部长、县老干部工作领导小组组长林清主持通报会，马文龙讲话。

马文龙书记代表县委、县人大、县政府、县政协向参加会议的各位老领导、老同志及全县老年朋友们致以节日的问候！向全县老龄工作者及关心支持老龄事业发展的社会各界人士致以亲切问候！并就进一步做好老干部工作、发挥老同志作用，提出四点意见。一是对老干部的贡献，无论何时都不能忘记。要务必以高度的政治责任感，以满腔的热情和深厚的感情，切实做好老干部工作，既把老干部的利益维护好、落实好，真正使广大老干部老有所养、老有所医、老有所乐；又把老干部发挥余热、甘愿奉献的积极性调动好、保护好，真正使老干部们老有所学、老有所教、老有所为，为江川改革发展作出新的贡献。二是对老干部的权益，无论何时都不能淡漠。各级各部门要始终做到工作再忙、任务再重、矛盾再多、困难再大，也要从优照顾老干部，切实为他们安度晚年、延年益寿、发挥余热创造良好条件，真正让老干部共享改革发展成果。三是对老干部的工作，无论何时都不能放松。要本着对党的事业负责、对老干部负责的精神，深怀敬老之情，恪尽为老之责，多办利老之事，切实把老干部工作摆上重要位置，努力把老干部工作提高到新的水平。四是对老干部的作用，无论何时都不能忽视。希望广大老干部、老同志能够充分发挥自身在政治、阅历、经验等方面的独特优势，积极为江川的发展出主意、想办法、当参谋，支持帮助县委政府做好各方面的工作，努力为推动江川跨越发展做出新贡献。

针对老同志们如何发挥作用提出三点希望：在推动江川跨越发展中发挥余热；在关心下一代工作中奉献光彩；在加强党的建设中示范带头。

钱兴通报了江川县2014年1～8月的经济社会发展情况和下一步要做好的各项主要工作。

周俊对江川的老干部工作给予肯定，对县委、县政府及各级各部门重视和支持老干部工作表示感谢，并代表市委老干部局向江川全县老干部和老同志致以节日的问候。

县委组织部副部长、老干部局局长袁万德汇报和安排全县老干部工作。

【春节慰问】 2013年12月16日，县委老干部局召开局务会议和老干部大组长会议，专题研究和安排部署2014年元旦春节慰问老干部工作。对相对集中的分10个片区召开情况通报会、座谈会或慰问会，向老干部通报社会经济发展情况、老干部各项待遇的落实等情况；对居住在外县、零星分散、瘫痪在床、生病住院以及因天灾人祸、长期生病等原因造成特殊困难的老干部深入到医院或家中逐人走访看望，亲自送去慰问金和慰问品；对38位离休干部进行入户走访看望，给他们送去慰问品；县委、人大、政府、政协主要领导对所联系的原副县级以上老领导进行走访慰问。整个慰问活动历时30多天，做到一人不漏，一户不少。共慰问1879人次，支出经费373140元。

【市委政府慰问江川老领导】 1月22日，由市委组织部副部长、老干部局局长周俊，部务委员王建宏一行6人组成的慰问组代表市委、市政府到江川慰问离退休老领导及特困老干部。慰问组在县委组织部副部长、老干部局局长袁万德和副局长龚绍辉陪同下，深入到正县级以上老领导及困难老干部家中进行看望慰问，并把慰问金亲自递到老干部手中。共看望慰问老领导5人、困难老干部10人。

【制定《关于在公共场所禁烟实施细则》】 结合单位实际，县委老干部局制定《关于在公共场所禁烟实施细则》，要求领导干部带头控制吸烟，堵塞吸烟渠道，干部职工形成相互监督机制，老年大学和老干部活动中心以举办健康讲座和利用板报专栏等多种形式向全体老干部进行宣传教育，形成各人自觉禁烟和相互规劝禁烟的良好氛围。

【建党节慰问困难老干部党员】 “七一”建党节前夕，老干局局长袁万德和党委书记郑吉来带

领2个慰问组，带着慰问金和慰问品，深入家中看望慰问50多名困难党员和离休干部。

【敬老月活动】 县委、县政府于9月29日在江川宾馆召开副县级以上老干部和老干部党支部书记、学习组长等240多人参加的江川县“九九”敬老节经济形势通报会。县委政府对200名老干部、老党员进行慰问。县委老干部局对240名2014年年满70、80、90周岁和因瘫痪等原因失能、生病住院的老干部以及已故离休干部遗属逐一入户入院慰问和看望；为每个老干部印制一份《爱心卡》。县老年大学于9月29日在江川影剧院进行“同心共筑中国梦，欢乐齐迎老年节”专场文艺演出及学员书画作品展。老干部活动中心举办麻将、象棋比赛。各乡镇（街道）、单位（系统）分别以茶话会、座谈会、通报会和走访看望慰问等形式，向老干部们通报经济社会发展及各项工作推进情况；村委会（社区）组织老干部与广大老年人一起欢度节日。

【落实老干部政策】 按照云组通〔2013〕48号文件和玉组通〔2013〕50文件精神，对20位已故离休干部配偶按新标准提高生活补贴；落实《关于调整提高我省离休干部护理费标准的通知》（云组通〔2014〕17号）和《关于转发〈关于调整提高我省离休干部护理费标准的通知〉的通知》（玉组通〔2014〕20号）文件，对33位离休干部护理费按新标准进行发放。

【订阅学习资料】 给老干部学习小组（党支部）、老干部及老干部党员分别订阅《云南日报》《玉溪日报》《云南老年报》和《云岭先锋》，保证老干部组织和每个老干部有一份学习资料，开支经费161200元。

【老干部来信来访】 对老干部的来信来访严格执行行政问责制度，坚持以政策和法律法规为依据，耐心、细致对待每一件来信来访案件，做到件件抓落实，事事有回音。不能落实的，要及时请示汇报，力争让老干部高兴而来，满意而归。全年共接待老干部来信来访4件，均按政策规定给予满意答复，未出现越级上访现象。

【贯彻落实省市文件精神】 贯彻落实省市委组织部老干局《关于加强离退休干部党组织建设和思想政治建设工作的意见》，制定出台《中共江川县委组织部、中共江川县委老干局关于加强离退休干部党组织建设和思想政治建设工作的意见》，对进一步规范和创新老干部党组织建设，不断提升管理服务水平，加强江川县老干部两项建设有了规范稳定的政策依据。一是对支部委员的配置作了统一，每个支部设3人。二是对各种制度作了进一步规范完善。三是解决了80个支部书记和160个支部委员的岗位补贴并纳入财政预算，由老干部局统一兑付落实。

【老干部党组织建设】 进一步规范健全老干党支部，使离退休老党员都能接受组织的管理和教育；根据老干部的健康状况等情况适时调整老干部党支部负责人7人；完善学习活动记录、考勤等规章制度，使老干党支部规范化、制度化；抓好党的群众路线教育实践活动，将老干部撰写的学习心得编成《老同志们的情怀》发到各老干党支部（学习组）；定期不定期地对老干部党支部书记进行培训学习，全年共组织培训5期210人次；切实抓好中心理论组学习；切实做好老干部党员党费的收缴和返还工作，保证活动正常开展。

【组织老干部向鲁甸灾区捐款】 发扬“一方有难，八方支援”的中华民族传统美德，以实际行动体现老同志们心系人民群众的情怀，积极向云南鲁甸地震灾区捐款献爱心。全县2104人参加捐款，共捐款103952元，受到江川县红十字会表彰，被授予“奉献爱心，救助贫疾”称号。

【老干部活动中心建设】 老干部活动中心充分发挥阵地功能，围绕使更多老年人从家中走出来、玩起来、乐起来，拓宽活动领域。一是加强管理，强化服务；二是投资4000多元进行无障碍设施建设，改善活动环境；三是积极开展有益于身心健康的各种文体活动，满足老同志的精神文化需求。在正常开展象棋、麻将、桥牌、乒乓球等活动的同时，利用元旦、“五一”、“七一”、“十一”及“九九”敬老节等组织老干部开展“迎新春”、“庆五一”、“庆祝建党九十三周年”和“喜迎国庆 欢度重阳”文体比赛活动。全年共举办各项比赛5次，出板报4期。

【老年大学创建示范校成功】老年大学按照创建市级示范校的要求，围绕办学宗旨，切实做好教育教学工作。经市老年大学创建示范校工作领导小组检查评估，以97.5分的成绩达标，被中共玉溪市委老干部局授予首批“玉溪市老年大学市级示范校”称号。一是抓好2014年开设专业和班级的教育教学常规管理，切实搞好保障和服务工作；二是办班规模和专业尽力满足满足老同志需求。共开设舞蹈、声乐、胡琴、书法、电脑、花灯、桥牌、电子琴、太极拳剑、柔力球和泰迪球等11个专业16个教学班600多学员；三是为提升教学品位，实现教学专业的延伸，创建江川县老年大学艺术团；四是为创建市级示范性老年大学做好相关工作；五是举办中共十八届四中全会精神报告会。

【老干部工作调研】县委老干部局集中3月至6月3个月时间，分成4个小组，深入到县属44个单位和7个乡镇（街道）及部分老干部学习组（党支部）中，采取召开座谈会和走访的方式，围绕认真听取各级各部门对当前江川县老干部工作服务管理中的意见建议，了解各级各部门抓老干部工作和关心爱护老干部的好的经验和做法、相互配合核实建立老干部的信息库并进一步落实分管领导及具体工作人员等内容进行调研。找准工作中的热难点问题，切实解决老干部工作中的新情况和新问题，共同探索新形势下做好老干部工作的新途径和新办法。积极撰写调研材料，共写专题调研材料2篇，其中1篇被《云南老干部工作》采用，1篇被《云南老年报》采用。

（汪丽娟）

宣　传

【概　述】2014年，宣传思想文化工作坚持围绕中心、服务大局，坚持解放思想、实事求是、与时俱进，坚持贴近实际、贴近生活、贴近群众，坚持中国道路、弘扬中国精神，凝聚中国力量，紧紧围绕县委“环境优先、兴园强工、建设新城、做美生态”的工作思路，充分发挥宣传文化工作的思想引领、舆论推动、精神激励、文化支撑作用，推动宣传思想文化工作取得新进展新成效，引领全县干部群众奋力建设富裕和谐美丽新江川。

【理论武装工作】促进中心组学习制度化、规范化，进一步修订完善《县委中心组学习工作的意见》和《县委中心组理论学习制度》，规范中心组学习管理；以党的十八届三中、四中全会精神和中共中央总书记习近平系列重要讲话精神为主题，抓好党委（党组）中心组理论学习。坚持每季度一个专题，突出“为民务实清廉，谱写富裕和谐美丽新篇章”、“我是谁、为了谁、依靠谁”等主题组织学习；积极为中心组提供学习参考资料32份，印制学习资料60册；结合实际，抓好理论研讨，组织领导干部撰写理论文章30余篇，分别在《玉溪日报》、《玉溪宣传》刊登。进一步完善学习型党组织建设的制度机制，深入抓好“读党报、强素质”活动，订购发放《六个“为什么”》《改革热点面对面》《马克思主义哲学十讲》750册，组织全县领导干部对全面深化改革热点难点问题进行系统学习；结合教育实践活动，对400名基层党组织书记进行培训，聘请省、市党校教授为全县副科级以上领导、村“两委”班子成员600余人进行专题授课；办好领导干部学习讲坛，共举办领导干部学习讲坛19期。持续抓好理论武装大众化工作，深入开展“进校园、进企业、进农村、进社区”宣讲活动，全年共开展6个重大主题宣讲活动，其中组织十八届三中全会精神宣讲9场，1100人参加听课；组织党的群众路线教育实践活动专题讲座152场，听众15300人；组织马克思主义哲学专题讲座13场，700人参加听课；组织《世界社会主义五百年（读本）》宣讲1场，参加听课650人；组织《中国特色社会主义（读本）》宣讲2场，参加听课1200人；组织习近平总书记系列重要讲话和关于“中国梦”论述专题讲座4场，参加听课1090人。

【宣传舆论引导】围绕党的十八届三中、十八届四中全会、社会主义核心价值观培育、教育实践活动等重大主题，组织开展系列宣传报道。组织市、县媒体，深入6个乡镇、1个街道和11个县直部门进行10次专题采访报道；与玉溪电视台联合摄制系列电视报道《江川新变化》，生态旅游、江川美食、青铜文化、生态建设等五个专题在《亮见》栏目播出。强化舆论引导，制定

“评论员队伍建设方案”，对80余名舆情信息员进行培训；做好社会舆情的收集整理和分析研判，对“仙湖锦绣”项目复工建设、江川吉远生物有机肥厂拆迁、星云铭城交房纠纷等22件互联网民情反映，进行积极回应和引导，协调媒体采访21次，发稿14篇，有效防止媒体进行恶意炒作，全年进行网络回应15次，网络跟帖15条，有效化解负面舆论影响，共撰写舆情信息114期，分别报送省、市舆情信息中心110期。全年，江川电视台制播新闻节目121期903条，江川广播电台制播新闻160期、360组、5609条，《玉溪日报·江川版》采编新闻37期290条，江川新闻网采编新闻2724条。

【精神文明建设工作】 采取“思想引领、活动牵引、行为规范”的方式，抓好社会主义核心价值观培育活动，在全县征集践行社会主义核心价值观故事23个，上报市委宣传部6个典型，推荐上报云南好人6名，培育和践行社会主义核心价值观的经验做法在《玉溪宣传》上转发；全力推进“节俭养德全民节约行动”、“俭约校园”主题宣传教育实践活动和“善行义举榜”建设，在7个乡镇（街道）进行试点，建立各类善行义举榜21块、上榜42人，打造示范点7个，逐渐形成“讲道德、做好人、树新风”的浓厚氛围。广泛开展道德讲堂进机关、进企业、进学校、进社区、进农村、进行业活动，举办不同层次、不同人群专题讲座20场；深入持续地开展职业道德、社会公德、家庭美德教育，涌现出“孝女”汪来焕、13年义务植树的“森林守护神”王长林等道德模范；持续开展“讲文明树新风”公益广告展播，全年刊播公益广告5968篇（条）。以未成年思想道德建设为重点，扎实推进3所中心小学乡村少年宫建设，并通过市考核组验收；大力开展“学雷锋精神、做雷锋传人”活动，将表现突出的43支学雷锋队伍命名为“雷锋中队”；组织中小学开展“给父母写封信”、“孝亲敬老，感恩父母”读书征文活动，3.8万余人参加活动；下拨资金3万元在江城镇筹建“留守儿童之家”，为留守儿童创造良好的教育和生活环境。开展群众性精神文明创建活动，推进精神文明示范村建设，成功申报路居镇小凹村为文明示范村；按照“由点到面、突出特色、抓住重点、整体推进”的创建思路，投入创建资金和物资共计648.5万元，在环星云湖、抚仙湖街道、乡镇7个自然村开展文明走廊创建活动，从基础设施、器材设备、人才队伍、文化产业建设4个方面，规范“六个一”创建标准。

【文化建设工作】 加强文化事业发展，推进文化场馆建设，投入资金200多万元，对县文化馆和3个乡镇文化站进行修缮；在全县69个村委会放映电影故事片828场、科教片420场，观众达96000余人次；开展“三下乡”活动；组织“星抚之声”“春之声”“星火”等文艺协会和各乡镇业余文艺演出队，开展“民写民、民演民、民唱民”活动，全年共举办“唱响江川·舞动星抚”等大型文艺演出15场，演出节目365个，参与演职人员800余人，观众40000余人次。推进青铜文化产业项目，突出在宣传、规划、创新等环节下功夫，邀请中央和省级8家新闻媒体对江川青铜文化产业进行深入采访，并发稿10余篇；组织“精湛铜器作坊”和云南省工艺美术大师杨绍华、陆培兴等到新加坡、上海、浙江、昆明等地参加国际国内博览会，作品深受国内外客商喜爱；注重开拓创新，聘请中央美术学院、玉溪师范学院教授对江川青铜文化产业调研指导，设计制作新型产品，提高市场竞争力，年产值近2亿元。推进文化艺术创作，认真抓好《文化玉溪·江川卷》的编纂工作；采取广泛发动、重点邀约的方式鼓励创作，组织业余作者创作文艺节目16个，其中大型古装花灯剧1个、花灯小戏6个、小品4个、花灯表演唱4个、相声1个。其中，小品《要账》荣获玉溪市第七届文学艺术奖戏剧类三等奖，汤秀琼、陈九憨等6人的文学作品获第七届“玉溪市优秀文学艺术奖”。

【对外宣传工作】 采取随报发行DM广告的形式，将民风民俗传统庙会和抚仙湖旅游景点信息在昆明、红河、玉溪等州市进行宣传推介，吸引大批游客到江川旅游，游客人数同比增长30%以上；精心录制的广播专题节目《滇国故里，高原水乡——江川》在中央人民广播电台《乡村·乡土》栏目播出；配合央视农业频道《美丽中国乡村行》栏目完成在江川的拍摄任务，认真筹备好“2014美丽玉溪·宜居城市”全国名博行在江川的采风活动，协助省电视台完成《南方丝绸路》拍摄工作，展示江川的良好形象。

【干部队伍建设】 围绕“政治坚定、业务精通、纪律严明、作风优良”的目标，按照“想干事，能干事，干得成事”的要求，切实加强宣传思想文化工作队伍建设。每周一组织干部职工进行政治理论学习，努力提高干部职工思想认识水平、研究决策水平、组织协调水平、工作落实水平。以机关建设为重点，切实转作风树形象。积极创建创新型、学习型、服务型机关，不断完善各项规章制度，推进机关工作制度化、规范化；经常深入实际、调查研究，创新形式、内容、手段，不断增强工作的针对性、实效性、吸引力和感染力；以“群众路线教育实践活动”为重要抓手，着力解决“四方”方面存在的问题，真正让领导干部做到思想上有触动、认识上有提高、整改上有措施，把宣传思想文化队伍建成一支讲政治、守纪律，讲团结、顾大局，讲学习、强素质，讲实干、搞创新，讲品德、树形象的“五讲”队伍，树立宣传思想文化工作者奋发有为新形象。

（褚　荻）

统　战

【概　述】 2014年，县委统战部全面贯彻落实省、市统战部长会议精神，深入开展党的群众路线教育实践活动，紧紧围绕县委、县政府中心工作，按照年初制定的工作目标，牢牢把握大团结大联合主题，认真履行统一战线工作职责，充分发挥统一战线工作优势，不断巩固统一战线共同思想政治基础，着力在争取人心、凝聚力量、服务发展、维护稳定上下功夫，为推动江川县经济社会科学发展、和谐发展、跨越发展作出贡献。

【宗教界代表人士座谈会】 1月16日，中共江川县委统战部（民宗局）召开宗教界代表人士座谈会，县委副书记、统战部部长石伟，副县长、县公安局局长牛旺林出席会议并讲话。佛教、基督教代表人士以及宗教团体负责人，县人大、县政协、县公安局国保大队、县司法局、县政法委等相关单位负责人参加会议。石伟通报江川县2013年全县国民经济发展情况，并要求宗教界代表人士和宗教团体负责人要充分发挥宗教界人士在社会管理中的阵地作用，加强管理，强化政策宣传，创新工作思路，积极引导宗教信教人员在江川县经济发展、社会稳定中发挥积极作用。牛旺林在听取宗教界代表人士座谈发言后，对江川县宗教界代表人士提出意见和要求：宗教界人士要认真学习《国务院宗教事务条例》，特别是管理人员要学深、学透、学懂，做到知法守法，依法管理宗教事务；各宗教活动场所之间要注重相互间的学习和交流，并结合各活动场所实际，完善制定科学、可行、管用、有效的宗教活动场所管理模式和管理制度；要注重教与教之间、教内各场所之间、宗教管理人员之间以及广大信众之间的团结和谐；要按照“三自”方针，坚持独立自主自办原则，依法规范宗教活动，促进江川县宗教事业健康发展；宗教团体和各宗教活动场所要加强自身建设，增强凝聚力，积极引导广大信众遵守国家法律法规，爱国爱教，自觉抵御境外宗教渗透。

【何国光到江川慰问困难归侨侨眷】 1月23日，玉溪市侨联主席何国光、秘书长合灿伟到江川县大街街道、路居镇等走访慰问困难归侨侨眷，共走访慰问困难侨眷10户，每户发给慰问金500元。

【吕昌会到江川走访慰问】 1月26日，市委常委、市委统战部部长吕昌会，市委统战部副调研员张庆春等在县委副书记、统战部部长石伟等陪同下，先后到大街街道、前卫镇等走访慰问江川县黄埔同学会员、黄埔同学会员遗孀、宗教界代表人士。共走访慰问黄埔同学会员3人、黄埔同学会员遗孀3人、宗教界代表人士2人，发放慰问金3400元。

【春节慰问】 在春节到来之际，县委统战部组成慰问小组于1月24～25日到大街、江城、安化、前卫、雄关、路居等乡镇对1户归侨、3名困难起义投诚人员、5户困难台属、1名定居台胞、5名黄埔同学会员及遗孀、4户困难侨眷、7名退休人员开展春节慰问，为他们送上慰问品、慰问金。

【全县统战、民宗工作会议】 4月24日，江川县召开县民族宗教工作领导小组成员、县级相关部门负责人、乡镇党委（街道党工委）副书记及统战委员、党外干部活动组及党外知识分子联络点负责人、宗教团体以及宗教活动场所负责人等70余人参加的全县统战、民族宗教工作会议。县委副书记、统战部部长石伟，副县长杨军苹出席会议并讲话。石伟传达省、市统战部长会议精神，总结回顾江川县2013年统战、民族宗教工作取得的成绩、经验及存在的问题，安排部署2014年全县统战、民族宗教各项工作任务。石伟指出：2013年，县委统战部以贯彻落实省、市统战部长会议精神为主线，深入贯彻党的十八大精神，紧紧围绕县委政府中心工作，认真履行统战工作职能，突出民族工作两个“共同”主题和宗教工作“四句话”基本方针，进一步拓展服务领域，整合人才资源优势，为实施全县“五大”战略和实现“翻两番、增三倍、促跨越、奔小康”目标提供了广泛的力量支持。石伟强调：党的十八大以来，以习近平为总书记的党中央高度重视统一战线事业发展，提出一系列新思想新观点新要求，具有很强的时代性、创新性、指导性，进一步丰富和发展了中国特色社会主义统一战线理论，是统一战线巩固发展的基本遵循和行动指南。全县统一战线要深入贯彻学习中央关于统一战线的重要论述，进一步推进统一战线思想建设；要以服务发展为主体，在推进全县经济建设中发挥作用；要加强党外代表人士队伍建设，着力提高党外人士参政议政能力和水平；要以维护民族团结和社会稳定为重点，进一步做好民族宗教工作；要以增进亲情为纽带，进一步推进港澳台和海外统战工作；要认真开展党的群众路线教育实践活动，加强部门自身建设，提高统战工作科学化水平。石伟要求：各级党政领导干部要增强统战意识，进一步解放思想，转变观念，积极探索新形势下党的统战工作的新规律，总结新经验，推动全县统战（民族宗教）工作上水平、上台阶。各乡镇（街道）、县属各部门要增强统战、民族宗教工作意识，支持统战、民族宗教工作，整合统战资源，形成统战、民宗工作合力，提高工作成效。统战、民宗部门和广大统战干部要进一步加深对新时期统一战线重要地位和作用的认识，认真学习党的统一战线理论，切实把握统一战线内涵，充分发挥统一战线优势，从全局的高度做好统战工作，以全新的理念谋划统战工作，为加快全县发展，建设和谐江川作出更大贡献。杨军苹传达贯彻全市民族宗教工作会议精神，并对做好江川县2014年的民族宗教工作和侨务对台工作提出要求。石伟代表县委、县政府与各乡镇（街道）签订江川县统战、民宗系统2014年工作目标管理责任书。

【非公经济领域统战工作】 一是继续深化县级领导干部联系非公企业和非公经济代表人士制度，加强与非公企业和非公经济代表人士的沟通联系。2014年共确定县级领导挂钩联系非公有制经济代表人士22人，制定下发《中共江川县委办公室、江川县人民政府办公室县级领导干部联系统一战线代表人士制度》，明确联系职责、工作任务等。二是指导工商联加强对乡镇分会以及行业商会（协会）的建设，摸清会员企业需求，增强服务的针对性和时效性。三是以“四信”为主要内容，继续深入开展非公有制经济人士理想信念教育实践活动。根据活动安排，江川县及时调整县非公有制经济人士理想信念教育实践活动领导小组，制定下发教育实践活动实施方案，并于4月11日召开动员会，对理想信念教育实践活动进行安排部署。按照教育实践活动要求，建立教育实践活动领导小组成员联系乡镇、商会（协会）、非公有制企业制度。在活动开展中，结合当前的经济发展形势及企业融资需求，协调联合工行江川支行开展小微型企业金融业务推介会1次，共有45户有贷款需求的企业参加会议，加强了银企对接合作，解决了小微型企业融资难问题。四是举行非公经济人士“诚信守法、敬业奉献”签字仪式。各乡镇、各行业商会会长及秘书长，非公企业代表共40余人参加签字仪式，着力解决非公企业在产品质量、安全生产、员工权益、环境保护、法制观念等方面存在的问题，强化企业诚信经营理念，增强法律意识，做社会责任的承担者。五是成立江川县工商联会员法律服务中心，为会员提供维权服务，切实维护商会合法权益。六是开展“同心·光彩”捐助活动。组织纸制品包装商会等非公有制经济人士捐资9.1万元，资助20名困难学生圆大学梦；天湖化工、龙湖集团等非公企业捐资捐物达447.5万元，开展助学、助残、慰问老人、修建村庄道路等。

【党外代表人士工作】 一是抓学习培训。县委统战部以党外干部活动组和党外知识分子联络点为平台，定期组织党外干部、党外知识分子深入学习党的十八大精神和统战理论知识，并于6月下旬在县委党校举办全县实职副科级以上党外干部、部分党外知识分子等共110人参加的党外代表人士培训会，深入贯彻学习中央关于统一战线的重要论述，不断提高党外代表人士的政治理论素质、合作共事能力和参政议政水平，教育引导党外代表人不断增强对坚持中国特色社会主义道路自信、理论自信、制度自信，积极践行社会主义核心价值观，切实承担起作为中国特色社会主义事业亲历者、实践者、维护者、捍卫者的政治责任，为促进江川科学发展和谐发展跨越发展做出贡献。二是健全完善党外代表人士基础信息库。通过走访调查、单位推荐等，建立完善36名党外后备干部、47名实职科级党外干部、141名非领导职务副主任科员以上党外干部、250名党外知识分子基础信息库，实现党外人才动态、长效和规范化管理。三是健全完善县级领导和统战干部联系党外代表人士制度。共确定重点党外代表人士20人，明确联系领导、联系职责、工作任务等，切实帮助党外代表人士解决工作和生活中的困难和问题。四是坚持以“同心”思想为引领，积极组织党外代表人士开展坚持和发展中国特色社会主义学习实践活动。制定下发江川县无党派人士坚持和发展中国特色社会主义学习实践活动方案，并在党外干部活动组、党外知识分子联络点组织开展活动。

【民族宗教工作】 一是加强民族团结教育，促进民族关系和谐。根据上级部门的安排以及“三有五落实”的要求，与教育局联合制定下发民族团结教育工作方案，在全县中小学有序开展民族团结教育活动，把民族团结教育贯穿整个教育教学过程中。二是抓培训，提高少数民族干部、宗教管理人员和宗教信教人员的综合素质。全年共举办少数民族干部、宗教管理人员和宗教信教人员培训4期543人次。三是加强协调，努力争取项目资金解决少数民族和民族地区经济社会发展中的困难和问题。通过调研，认真制定项目规划，建立项目库等，完成2014年省、市少数民族补助资金项目规划、申报、立项等工作。并以民族团结进步，边疆繁荣稳定示范区建设为推手，积极争取县委、县政府的重视支持，县委制定下发《江川县民族团结进步边疆繁荣稳定示范区建设工作联席会议制度》，补助示范区建设配套资金50万元，并把罗合白民族特色村寨项目整合进入“美丽家园”行动规划，全部整合资金317万元，提高了项目规模效益。结合“美丽家园”行动，县委统战部（民宗局）把安化大营作为2014年示范点，向上级争取示范户创建资金10万元，建设民族文化节广场，改善少数民族地区公益设施。指导帮助安化彝族乡酒厂申报民族地区企业发展贴息贷款，并争取到贷款资金20万元，促进民族地区经济健康发展。组织上报民族发展项目管理资金、民族团结保障经费等项目，两项资金10万元已落实到位。积极向市民宗局争取补助资金3万元，帮助矣文村安装道路安全警示标志，消除民族地区交通安全隐患。四是加强少数民族文化传承保护工作，认真做好江川县彝族“月琴演奏与制作”项目的搜集、整理、编撰以及传承人培养等。五是加强形势研判，积极稳妥化解民族宗教领域各类矛盾纠纷。县委统战部（民宗局）不断健全和完善处置突发事件的工作预案，调整充实民族宗教领域突发事件应急处置工作领导小组人员，建立民族宗教领域重大社会事项风险评估制度，为及时有效处置民族宗教突发事件建立组织保障和制度保障。认真开展经常性的矛盾纠纷排查调处工作，坚持每月一次矛盾纠纷排查，每月一次社会稳定形势研判，全年共调处少数民族地区各类矛盾纠纷83件，调处成功率达95.8%，涉及人员181人。六是加强对宗教协会和宗教活动场所的管理，做好协调服务工作。调整大街、前卫两个基督教活动点领导小组人员。及时妥善处置北山寺住持圆寂相关事宜。调研审定佛教协会第二届理事会人选，并于2014年9月24日召开佛教协会第二次代表大会，选举产生佛教协会第二届理事会理事、常务理事以及会长、副会长等。在宗教活动场所开展消防安全检查3次，及时消除宗教活动场所存在的安全隐患，确保宗教活动场所财产安全和社会稳定。做好宗教教职人员认定备案工作、宗教活动场所登记换证工作以及宗教团体年审工作等，并积极争取政法部门的支持，把5个基督教活动点纳入网格化管理，使宗教工作形成社会管理一体化格局。引导

全县宗教界人士广泛参与扶贫济困救灾助残等公益慈善，组织全县宗教界人士对鲁甸地震灾区捐款7881元，看望尖山麻风病院麻风病人捐款捐物共计人民币7800元。通过调研，积极向市政府、市委统战部协调争取补助资金22万元，对北山寺、旱街、路居三个宗教活动场所给予房屋修缮补助和地质灾害处置。参与指导碧云寺“三月三”庙会活动，安全有序接待游客2.5万人、文艺演出队140支1960人。七是加强和创新城市民族工作。在流动人口较多的大街街道、江城镇设立少数民族流动人口服务管理站，为进城务工的少数民族群众提供就业、工商、法律援助等服务。八是加强与民族宗教界代表人士联系。制定下发《中共江川县委办公室江川县人民政府办公室县级领导干部联系统一战线代表人事制度》，共确定民族宗教界重点联系对象7人，由县级领导结对联系，通过开展走访、座谈等，了解民族宗教界人士的思想和诉求，及时帮助民族宗教界人士解决生产生活中的困难和问题。九是在宗教活动场所开展以“教风”为主体的“和谐寺观教堂创建”活动和以“发挥正能量，共筑中国梦”为主题的“宗教政策法规学习月”活动，制定下发两个活动实施方案，编印下发学习宣传资料。整个活动共开展座谈2次、宣讲2场，发放宣传资料400余份。

【侨务对台工作】 一是加强调查研究，进一步健全完善港澳侨台工作基础信息库。县委统战部于3月17日至4月5日在全县机关、乡镇（街道）开展华侨华人、归侨侨眷、出国留学人员、台胞台属、侨（港澳）资企业以及起义投诚人员走访调查，进一步健全和完善江川县侨情、台情、起义投诚人员基础信息库。通过走访调查，全县2014年尚有定居台胞1人，有台属204户946人。有国外华侨华人24户154人、侨眷69户258人、香港同胞3户11人、港属8户26人。居住在本县尚健在的起义投诚人员48人。二是进一步深化统战干部联系港澳侨台代表人士制度。共确定港澳侨台代表人士重点联系对象12户（其中：侨眷5户、港属1户、定居台胞1人、台属5户），通过适时对联系对象开展走访、慰问、座谈等，加强联络和沟通，及时帮助港澳侨台代表人士解决工作、生产和生活中的实际困难和问题。三是扶持2户困难侨眷开展侨务扶贫工作，共扶持资金1万元，并适时对资金使用效益情况进行跟踪了解。四是多形式开展涉台和侨务政策宣传。利用统战宣传月活动和侨法宣传月活动、慰问、调研等，共发放“一法两办法”、涉侨知识问答等宣传资料1500余份。五是积极做好对台交流交往工作。6月10～11日，云台会中的云南文化创意产业对接会在玉溪召开，会议期间，协助市委统战部做好70余名台湾知名人士、企业家到江川青铜器博物馆、古滇国艺术馆、仙湖锦绣等处的参观考察。协助相关部门做好台湾台北仁鸿企业6月27日至8月27日在孤山风景区举办的台湾宝岛风味美食精品展销会相关协调服务工作。六是妥善处理台胞台属来信来访案件。全年共接待台属来信来访4件，并通过走访调研，4件来信来访案件得到妥善处理。

【信息和调研】 县委统战部加大调研力度，全年共撰写《江川县基督教发展管理情况的调研报告》《促进宗教和谐 政府和宗教自身两个层面应共同给力》《江川县推进民族团结进步边疆繁荣稳定示范区建设实施情况》等调研报告7篇上报市委统战部、市民宗局。其中：《促进宗教和谐 政府和宗教自身两个层面应共同给力》获国家宗教局三等奖。撰写上报省委统战部、市委统战部、市民宗局以及县委办、政府办等相关部门各类信息94条，其中：市委统战部采用15条，市民宗局采用26条，《玉溪日报》采用1条。

【举办基督教教牧培训】 为培养一支遵纪守法、爱国爱教、道德良好的基督教教职人员，2月5～11日，江川县举办52名基督教徒参加的基督教教牧培训。培训内容为：教牧书信、乐理知识、基督教的信仰生活、健康保健知识、宗教基本方针政策及法律法规等。

【基督教信教人员培训】 4月19日，江川县举办全县5个基督教活动点共352名信教人员参加的认识邪教抵御渗透培训班。县政法委副书记祁宝川作邪教与宗教的区别、外来人员传导邪教的特点、邪教的渗透方式和方法、邪教的危害等知识讲解培训，增强江川县信教群众对邪教的认知能力和抵御邪教渗透的能力。

【开展黄埔军校建校90周年纪念活动】 在黄埔军校建校90周年之际，县委统战部根据黄埔同学会员年龄大、行动不便等实际，深入尚健在的2名黄埔同学会员家中开展走访慰问，向他们送上节日慰问和祝贺。

【党外代表人士培训】 为切实加强党外代表人士队伍建设，全面提高党外代表人士综合素质，6月26日，江川县举办党外代表人士培训班。县委副书记、统战部部长石伟作动员讲话。石伟指出，一直以来，中共江川县委高度重视党外代表人士队伍建设工作，在培养、举荐、使用、管理等方面不断加大工作力度，完善制度机制取得良好效果，并在县人大、政府、政协领导班子中，实现按比例配备党外干部的要求，全县实职副科级以上干部配备有了新突破。石伟强调，在全县党外代表人士中开展社会主义核心价值体系学习教育，是当前和今后一个时期全县统战工作的重中之重，也是加快推进江川县经济转型升级和凝聚人心、汇集力量的基础性工作，参加培训的各位党外代表人士要找准思想定位、作风定位、工作定位和品德定位，认真贯彻落实县委的工作部署，进一步提升政治把握能力、参政议政能力、合作共事能力，积极践行社会主义核心价值观。石伟要求，参加培训的每一位同志要端正学习态度，正确处理好工作和学习、学习和生活的关系，严格遵守培训纪律，做到专心听讲，认真记录，努力在学习的深度和广度上下功夫，深刻领会精神实质，做到学以致用，力求达到学有所得、学有所悟、学有所获的效果。同时要把这次学习的过程当作反思工作、推进工作的过程，把学到的东西运用到以后的工作实践中去，把知识转化为推进工作的办法和举措。市委党校副教授、党史党建教研室主任张兴林，市委党校副教授胡伟分别作《学习习近平总书记系列重要讲话精神》和《培育和践行社会主义核心价值观》主题培训。副县长杨军苹、县人大副主任史云德、县政协副主席杨吉英和李绍华及全县实职副科以上党外干部、部分党外中高级知识分子、各乡镇（街道）党（工）委副书记、统战委员等共110人参加培训。

【民族宗教人士培训】 6月27日，江川县举办全县副科级以上少数民族干部，乡镇（街道）分管民族宗教的副书记、统战委员，少数民族村委会书记、主任、村民小组组长，宗教协会会长、副会长、宗教活动场所负责人等共120余人参加的民族宗教人士培训班。副县长、公安局长牛旺林作开班动员讲话。市委党校副教授胡伟、市民宗局局长沐爱斌分别作《加强村组干部行政能力建设》和《民族宗教基本政策与形势》专题培训。

【统战、民族团结、侨法宣传】

为扩大统一战线的社会影响，促进江川县民族团结、宗教和谐和依法护侨工作，9月11日，县委统战部牵头，联合县司法局、县科协等多个部门在县城明珠路组织开展“全县统战、民族团结、侨法宣传月”活动。共出动宣传车一辆，展出宣传展板36块，印制发放《统一战线理论知识》《民族团结宣传资料》《中华人民共和国归侨侨眷权益保护法》《云南省实施〈中华人民共和国归侨侨眷权益保护法〉办法》《涉侨政策、法律问答》等各类宣传材料1万余份，环保袋300余个。

【统战、民族宗教、侨务对台知识竞赛】 为营造全社会关心支持统战、民族宗教、侨务对台工作的氛围，9月12～19日，县委统战部在全县机关、乡镇（街道）等干部职工中开展统战、民族宗教、侨务对台知识竞赛活动，共7个乡镇（街道）、53个单位（部门）、2258名干部职工参赛。评选表彰一等奖3名、二等奖5名、三等奖10名。

【任民到江川调研非公企业】

10月21日，市工商联副主席任明，市工商联党组成员、副调研员吴文平到江川调研江川县非公企业发展情况。调研组先后到云南腾达机械制造有限公司、江川县小煤窑新型墙体有限公司、江川县天虹彩印包装有限公司等企业实地调研。调研组指出：企业要解读好、学习好、掌握好、运用好党委、政府的政策法规，找准企业的“着力点”和“支撑点”，用足、用活、用好中央、省、市、县相关政策，进一步扩大企业投资，提升企业质量，做大做强企业。

【《江川县彝族四弦琴弹奏曲集》编撰出版】 为加强少数民族文化传承保护工作，在市民宗局的大力支持下，由县民宗局和县文化馆共同搜集、整理、编撰的《江川县彝族四弦琴弹奏曲集》编撰出版。全书共分为四个部分：撒弦、颠乐、杂弦调、曲子白话。共收录《三斗谷子两斗糠》《阿哥阿妹来跳乐》《一句起头两句跟》等曲目92首。

【民族成份变更】 2014年共办理民族变更45人，其中：汉族变更为彝族28人、白族1人、哈尼族10人、苗族3人、布依族2人、傈僳族1人。

【乡镇（街道）统战（民宗）工作目标管理考核】 按照年初签定的《江川县统战、民宗系统2014年工作目标管理责任书》要求，县委统战部组成考核领导小组，于11月11～13日对全县7个乡镇（街道）的统战、民族宗教工作目标任务完成情况进行全面考核。以年初下发的《2014年江川县统战（民宗）工作目标管理考评方案》为依据，采取“听”（即听取亮点工作和创新工作汇报）、“查”（即查阅台账资料和会议记录）、量化打分、综合评价四个环节进行考核。考核组针对各乡镇（街道）存在的问题和下一步的工作开展提出意见和要求。

（矣树芬）

机关工委

【概　述】 2014年，机关工委紧紧围绕县委中心工作，突出抓好党员积分制管理、党建创新项目考核、党组织晋位升级和在职党员进社区四项重点工作，推进县直属机关党组织党的思想、组织和制度建设，使机关党建走在前列，为完成县委中心工作提供组织保证。

【“七一”活动】 为庆祝中国共产党成立93周年，党工委结合机关实际，积极组织开展形式多样、内容丰富的系列活动。一是开展学习教育活动。认真组织党员学习《党章》、党的十八大、十八届三中四中全会精神和习近平总书记系列重要讲话精神，学习党的光辉历史和优良传统，开展理想信念、党性党风党纪和道德品行教育。组织专题报告1次，参加党员113名；组织党课教育19期，参加党员485名；组织党员座谈讨论16次；28个党支部组织500名党员观看革命历史片和先进人物片；11个党支部组织党员法治宣传15场次；2个党支部组织党员147名举办知识竞赛；17个党支部组织党员200名到包村点和社区开展环境卫生整治。二是吸收发展一批新党员。按照“控制总量、优化结构、提高质量、发挥作用”的要求，在“七一”期间新发展预备党员15名，及时转正13名预备党员，组织13名新党员进行入党宣誓。三是组织召开一次民主生活会。结合党的群众路线教育实践活动，各单位党组织开展一次民主生活会，听取党员群众意见建议，并开展对照检查和批评与自我批评。

【党员积分制管理】 从党员管理薄弱环节入手，设计积分管理体系。按照机关、窗口服务行业的特点，全面提升党员积分制管理工作。建立科学有效的党员考核评价体系，做到表现可量化、评优有依据、先进信得过，实现党员管理由粗放式管理向精细化的转变。“在具体分值的设置上，采取基础分和加分、扣分相结合，合理安排分数”。按照百分制实行一季一初评，半年一小结，年终一总评，严格按照“党员申报—汇总—核实—公示”四个步骤进行，由党员结合自身工作情况，每季度申报积分，填写《党员先锋行为手册》，由党员积分考评小组每季度进行审核认定，在支部大会上通报后计入支部党员积分台账，进行公示。

【信息网评工作】 为了进一步加强和改进县直属机关党建信息、网评、调研材料的报送力度，及时反映县直属机关及其各党组织开展的重要活动、工作动态、工作经验、调研成果等方面的情况，按照“数量与质量兼顾，突出信息网评和调研报告的质量”要求，结合机关党建工作实际，党工委制定下发《江川县直属机关党建信息网评调研工作考核管理办法》文件。收集党建信息589条，编写上报信息36条，被县委组织部和群教办采用6篇，被市委组织部采用2篇。收集整理上报网评86篇，被采用41篇。

【在职党员到社区报到】 机关工委所属49家党组织1060名在职党员进社区报到，开展民情恳谈50次，向社区反映民情民意60条，提出意见建议56条，认领服务项目50个，协调项目8个，协调资金82.96万元，扶贫帮困28户，开展志愿服务、公益活动122次，以服务赢得群众好评。同时，党工委牵头组织党工委党支部、妇联党支部、工会党支部、团县委党支部的党员20名带着到社区报到证明及个人服务登记表前往海浒社区统一报到，开展了民情走访、维稳包保、扶贫帮困、节日慰问等活动，自觉接受社区党组织管理、接受群众监督、带头遵规守纪、依法办事、树立良好形象。

【党建工作会议】 2014年4月25日，县直属机关党工委召开党建工作会议，所属49个单位党组织领导参加会议。机关工委副书记罗培珍主持会议。党工委书记杜正宁学习贯彻县委、组织部会议精神，总结2013年党建工作，安排部署2014年重点工作任务，并就2014年党建工作提出三点要求：加强领导，落实责任，创新工作思路，抓实党建示范点，不断开创机关党建工作新局面；认清形势，准确把握机关党建工作的新要求；突出工作重点，抓好党员教育管理，党员积分制管理，挂钩联系等工作。通报县委组织部分给县直属机关党组织发展党员15名，并与所属49个单位党组织签订2014年党建工作目标管理责任书。

【抓实党建示范点】 按照党建示范点打造标准的要求，5月28日，党工委召开专题会议，研究确定工商局、人社局、国税局、农村信用合作联社、交通运输局、食药监局、残联和政务管理局8家单位示范点的打造工作。在实施中结合单位行业特点和部门职责，重点抓好党员活动室建设、工作制度建立、措施等方面工作，努力打造亮点，培育特色，至年底取得成效，创建进展情况良好。

【党建创新项目检查考核】 根据江组发〔2013〕26号文件要求，结合县直属机关实际做好项目选题，确定2013年至2014年党建工作创新项目，向组织部进行审报。结合“党的群众路线教育实践活动、基层党组织晋位升级、党组织书记队伍建设、党员队伍管理和作用发挥、党建工作规范化建设、党员发展教育管理、党建工作责任落实等重点工作内容，开展“加强党员教育管理，提高工作效率”主题内容活动，努力培养造就一支政治坚定、作风过硬、业务精通、纪律严明、为政清廉的机关党员队伍，为推进县委各项工作任务落实，实现全县经济社会跨越发展做出贡献。6月18～26日，党工委组织对45个单位党组织进行检查考核，考核中详细查阅创新项目《加强党员教育管理，提高工作效率》的各项工作过程资料，严格进行评分。3个单位党组织综合评分99分，10个单位党组织综合评分98分，7个单位党组织综合评分97分，9个单位党组织综合评分96分，5个单位党组织综合评分95分，1个单位党组织综合评分94分，1个单位党组织综合评分93分，1个单位党组织综合评分87分，1个单位党组织综合评分73分。

【发展党员】 坚持把发展党员工作作为党建工作的一项经常性工作来抓。2014年完善执行发展党员的相关制度，严格执行预告制、培训制、考试制、公示制、预审制、票决制、责任追究制及发展党员对象谈话制度，有领导、有计划地做好发展党员工作，发展预备党员15名，其中35岁以下11名，占73%；妇女党员4名，占27%；大专以上文化的14名，占93%。审批预备党员转正15名。

【专题组织生活和民主评议】 按照中央、省、市、县委的要求，党工委高度重视专题组织生活和民主评议工作，制定下发《关于认真做好教育实践活动专题组织生活会和开展民主评议党员工作的通知》文件，专题研究部署以“为民务实清廉”为主题，以聚焦党员党性、服务群众为重点的专题组织生活会和民主评议党员工作，从严把关。各党支部结合实际，制定实施方案，会前进行充分准备。认真组织全体党员干部进一步学习党章，学习中央、省、市和县委关于开展教育实践活动的有关要求，学习习近平总书记关于教育实践活动一系列重要指示精神。认真做好谈心交心，广泛征求党内外群众的意见建议。每位党员反思和查找工作中存在的问题，撰写对照检查材料，找准自己存在不足和问题，明确整改措施。从8月以来，79个党支部召开党的群众路线教育实践活动专题组织生活会及民主评议党员工作，有1021名党员参加。在开展批评与自我批评后，以发放测评表的方式进行民主测评，对党员进行投票测评，测评结果为好703名，一般308名，差10名。年终，党工委认真研究下发《关于认真做好2014年民主评议党员工作的通知》文

件，要求各党（总）支部按照《党章》要求，把党员积分制考核与民主评议党员相结合，结合党员在开展中心工作、服务群众中履行职责的表现，着重从理想信念、学习工作、服务群众、作风建设四个方面认真开展党员评议工作。参加这次党员民主评议的党支部有82个，参加民主评议党员有1030名，占全体党员总数的96.7%，有35名党员未参加评议，原因是有16名党员因事请假，有19名大中专毕业生转到父母亲单位外出打工不能参加党员评议。评出好党员865名，一般党员165名，差党员0名，受表彰139名。

【严格处置不合格党员】 在开展党的群众路线教育实践活动和民主评议党员中，发现少部分党员长期不履行党员义务，为了严肃党的纪律，纯洁党的组织，全面加强党的先进性建设，提高党员整体素质，充分发挥共产党员的先锋模范作用，按照江组发[2014]27号文件《关于做好处置不合格党员工作的通知》要求，对10名评为差的党员给予及时处置，其中：党内除名处置1名；限期改正1名；教育整改8名。

【举办第24期入党积极分子培训】 2014年9月22～24日，江川县直属机关党工委与中共江川县委党校联合举办第24期入党积极分子培训。培训班历时3天，培训入党积极分子23名。培训采取自学、课堂辅导和考试方式进行，党校教师李卫东、黄志伟和龚正英为培训班学员进行授课，县委组织部副部长赵子良作动员讲话，党工委书记杜正林对党的纪律作要求和辅导。

【举办党务干部培训】 为进一步加强和改进机关党的建设，不断加强机关党务干部的业务素质和工作能力，2014年9月24日，县直属机关党工委在县委党校举办2014年党务干部培训班，培训人员为县直属机关党组织书记或组织委员86名。培训涉及执政党理论知识、加强基层党组织建设等内容。培训班由党工委书记杜正林主持，开班仪式上，县委常委、组织部部长林清讲话，要求党务干部要充分认识举办这次培训班的重要意义，坚定抓党建工作的必胜信念，切实培养抓党建工作的宽广视野，把握抓党建工作的基本特点。并提出三点要求：静下心来，力求学有所获；开动脑筋，力求学有所思；联系实际，力求学有所用。党校常务副校长李卫东为培训班学员讲授《当前机关党务工作的一些认识》。

【抓好党组织班子建设】 2014年共对2个党总支，7个党支部进行改选、补选，撤销党支部6个，新建党总支1个、党支部11个，涉及班子成员48名。及时配齐配强各基层党组织党务干部队伍。

【抓好基层组织晋位升级】 把抓好基层组织分类定级，整改提高、晋位升级作为重点工作。根据各单位党组织自评申报和测评，对所属单位党组织进行分类定级，定级结果为先进党组织31个占34.4%，一般的54个占60%，后进的5个占5.6%。经过整改，后进的5个党组织已全部进入一般。

【县直属机关关工委工作】 2014年，县直属机关关心下一代工作委员会，充分发挥主观能动性，努力工作，积极协调，注重实效，较好地完成全年的工作任务。一是以“放飞梦想”为主题，充分发挥“五老”作用，对青少年进行道德、理想、信念教育，组织青少年开展“学雷锋，树新风”争当“四好”少年活动。二是组织开展夏令营活动。各单位关工委把组织开展假期夏令营活动作为关心爱护青少年，凝聚青少年坚定中国特色社会主义共同理想，培养青少年真心成为社会主义事业的合格建设者和接班人的重要工作来抓，在工作经费压缩，党的群众路线教育实践活动全面展开等情况下，仍尽可能地组织开展夏令营活动。2014年的夏令营活动，县直机关共有191人参加，开支活动经费18082元。三是开展捐资助学献爱心活动。党工委下发《江川县直属机关关工委2014年工作意见》，要求各单位开展助学兴教活动。2014年县直机关有关单位共向学校、大中专、中小学生投入助学兴教资金（含捐物折价）共330990元，捐献电视、学习用品、书籍共3943件。共资助特困残疾人家庭学生、残疾学生、大中小学贫困学生159人。县人力资源和社会保障局通过认真调查落实，积极办理中小学生、儿童及未成年人4349人（含享受城镇低保172人，重度残疾7人，低收入家庭429人）的城镇居民医疗保险，为下一代身体健康和未来生活提供了保障。

（龚　萍）

“两类”组织党工委

【概　述】　为加强非公领域党建工作，根据《关于成立江川县委非公有制经济组织和社会组织党的工作委员会的批复》（江复字〔2013〕3号）文件，2013年7月20日，江川县成立非公有制经济组织和社会组织工作委员会，办公地点设在县委组织部，负责统筹协调全县“两类”组织党建工作。党工委设委员7～9名。2014年，江川县非公有制经济组织和社会组织党工委认真落实省、市关于非公领域党建工作要求，围绕创建基层服务型党组织目标，积极落实党建责任、建立体制机制、夯实工作基础，以党建促进非公有制经济组织和社会组织（以下简称“两类”组织）健康发展。

【建立工作机制】　为推进“两类”组织党建工作规范化，工委下发《中共江川县非公有制经济组织和社会组织工作委员会及其成员单位工作职责》，将组织部、统战部、工商联、民政局、工商局、农业局、工信局党委、各乡镇（街道）党（工）委等单位列为党工委成员单位，纪委、宣传部、政法委、地税局等单位列为联席会议单位，明确党工委及成员单位工作职责，形成推进“两类”组织党建工作合力。制定《中共江川县非公有制经济组织和社会组织工作委员会工作制度》，建立报告工作、学习调研、工作会议、督查通报、目标管理等制度，定期调研、分析工作情况，解决出现的问题，稳步推进“两类”组织党建工作。

【制定党建工作规划】　制定《2013--2015年江川县非公有制经济组织和社会组织基层党组织建设工作规划》，围绕扩大党的组织和工作覆盖、健全工作机制、促进作用发挥的目标，明确优化党组织设置、加强党员和党务工作者队伍建设、丰富活动载体搭建党组织发挥作用平台等工作要求，为开展“两类”组织党建工作指明方向，明确任务。

【落实工作责任】　切实履行统筹协调全县“两类”组织党建工作职责，定期召开“两类”组织党建工作例会和联席会议，加强成员单位间的沟通协调，研究和部署“两类”组织党建工作。建立党建工作联系点和党建工作季报制度，党工委每名委员联系2个“两类”组织党组织或有党建工作基础的“两类”组织，每年深入联系点调研不少于2次，每季度上报工作情况，通过蹲点调研、座谈交流、参加党组织活动等形式，推动“两类”党组织发挥作用，积极培育非公领域党建工作典型，以点带面提升非公领域党建工作水平。

【扩大党组织覆盖】　巩固“两类”党组织组建成果，建立全县“两类”组织党建工作台账，以各党（工）委为主体，摸清“两类”组织和党组织、党员情况，结合党组织分类定级、晋位升级工作，对班子不健全、运行不正常、作用发挥不好的党组织，制定整改方案，落实整改措施，促进党组织规范运行。加大党组织组建力度，通过单独组建、区域联建、派员组建、挂靠组建、行业统建、党群共建等多种方式，加大“两类”党组织组建力度，2014年在非公领域新建党支部1个，调整撤销党支部1个。

【建强党员队伍】　探索流动党员“一方隶属、双重管理”模式，对已确认身份但未将组织关系转入的党员，纳入其所在“两类”党组织的教育管理范围，鼓励其发挥先锋模范作用。加大在非公领域发展党员工作力度，指导各党（工）委对企业经营管理人员、技术骨干、车间主任等进行重点培养，引导他们主动向党组织靠拢，2014年在“两类”组织中发展党员17名。指导各党（工）委积极创新工作载体，结合党的群众路线教育实践活动，在企业党员中开展积分制管理、承诺践诺、党员责任区、党员先锋岗、党员挂牌亮身份活动，引导党员充分发挥示范带头作用，服务企业发展。

【强化党务干部队伍建设】　11月14～18日，组织18名党政领导干部和25名企业家赴浙江大学参加“江川县产业转型升级专题培训班”学习培训。12月11日，举办十八届四中全会精神宣讲暨党建工作培训班，对“两类”组织党工委委员、30余名非公领域党组织书记、30余名规模以上企业负责人进行集中培训，提升非公领域党务干部业务能力。

【促进党组织作用发挥】　组织非公领域党组织积极参与党的群

众路线教育实践活动，通过广泛征求意见、召开专题组织生活会、开展民主评议党员等工作，找准党组织、党员在服务企业发展、服务职工中的问题，制定整改清单督促整改；对5个问题查找不深入、征求意见不广泛、交心谈心不充分、整改措施不具体的党组织，通过“补课”进一步深化问题查摆。活动中，“两类”组织党组织结合实际，积极开展建言献策、岗位技能竞赛、慰问帮扶、捐资助学系列活动，搭建“两类”组织与党组织、业主与党员交流沟通平台，党组织服务企业和当地经济社会发展的能力进一步增强。

（梁艳梅）

党校教育

【概　述】 2014年，中共江川县委党校、江川行政学校、江川社会主义学校不断加强自身建设，充分发挥培训、轮训党员领导干部和学习、研究、宣传马列主义、毛泽东思想、邓小平理论、“三个代表”重要思想、科学发展观、习近平系列重要讲话精神的“两个阵地”作用和干部党性锻炼的熔炉作用，完成全年的干部教育和培训任务，努力提高全县党员干部的理论素养和知识水平。

【举办党的群众路线教育实践活动专题辅导】 2014年3月27日，按照县委党的群众路线教育实践活动领导小组的要求，县委党校与县委组织部协作，举办“江川县党的群众路线教育实践活动专题辅导”，云南省社科院马列所所长、教授、博士黄小军到会以《深入开展群众路线教育实践活动》为题，围绕“群众路线教育实践活动提出的背景”“群众路线的内容”“怎样走好群众路线”“如何搞好第二批群众路线教育实践活动”四个内容，为全县副科级以上领导干部进行专题辅导。

【举办党的群众路线教育实践活动基层党组织书记培训班】 按照中共玉溪市委党的群众路线教育实践活动领导小组办公室关于《转发在第二批教育实践活动中开展基层党组织书记专题培训文件的通知》要求，2014年4月10日，江川县党的群众路线教育实践活动基层党组织书记培训班在县委党校举办。培训班紧紧围绕党的十八大、十八届三中全会、习近平总书记系列重要讲话精神、党的群众路线教育实践活动、“美丽家园”建设、环境卫生整治、党风廉政建设、基础服务型党组织建设等方面内容，采取集中辅导、观看影片等方式进行，全县各乡镇（街道）党工委副书记、组织委员、县直单位党工委副书记；县委和县级国家机关各部、委、办、局，各人民团体和企事业单位，中央、省、市驻江川单位党组织书记和全县各村（社区）党总支书记共169人参加培训。

【举办江川县党外干部培训班】 2014年6月26日，江川社会主义学校充分发挥职能作用，联合县委统战部举办江川县党外干部和党外人士培训班，对全县各条战线上的党外干部、宗教人士进行培训。培训班邀请市委党校党史教研室主任副教授张兴林，市委党校副教授胡伟分别就“学习习近平总书记系列重要讲话精神”和“培育和践行社会主义核心价值观”内容进行讲授，县委副书记、统战部部长石伟作动员讲话。

【举办直属机关工委党务干部培训班】 2014年9月24日，县委党校联合县直属机关工委举办一期直属机关工委党务干部培训班，对直属机关工委所属的党（总）支部书记、组织委员进行一天的培训。县委党校常务副校长李卫东以“当前县级党务工作的一些认识”为题，为培训班学员进行授课，与参会党务干部交流县级党务工作的经验和方法。

【举办直属机关工委第24期入党积极分子培训班】 2014年9月22～23日，江川县直属机关工委第24期入党积极分子培训班在县委党校开办。培训班采取集中辅导、自学、撰写学习心得、考试的方式进行，县委党校教师黄志伟、龚正英参与授课。培训结束后，对培训合格的学员颁发培训合格证书。

【举办江川县信用联社新任党员领导干部培训班】 2014年，县委党校与县信用联社党委举办江川县信用联社新任党员领导干部培训班。县委党校3位教师分别以“马克思主义哲学”“社会主义核心价值观”“习近平总书记系列重要讲话精神”为题为培训班学员进行授课。

【举办党建工作培训班】 2014年12月9～11日，县委党校与县委组织部配合举办江川县党建工作培训班。培训班历时3天，主要围绕“十八届四中全会、省委九届九次和市委四届五次全会精神及社会主义核心价值观”“发展党员”“合作股份”“法制江川建设”“干部工作业务流程”“《干部任用条例》”“干部监督管理”“工业经济发展知识”“非公领域党建知识”九项内容对全县乡镇（街道）党（工）委党务副书记、组织委员（专干）；县直各党（工）委副书记；县委和县级国家机关各部、委、办、局，人民团体分管组织人事工作的领导；各村（社区）党总支书记；县“两类”组织党工委委员；全县非公领域党组织书记进行培训，县委常委、组织部部长林清出席开班仪式，并作动员讲话。

【举办作风建设特殊培训班】 2014年10月25～26日，根据县委、县政府安排，由县委党校常务副校长、两个副校长、办公室主任和教务主任四人组成的培训小组，针对县住建局质检站一工作人员在殡仪馆项目建设中存在的作风问题设定培训内容，进行为期两天的特殊培训。目的是帮助该同志转变思想，改进作风，推动工作。

【党课教育】 2014年，县委党校充分发挥职能作用，选派教师分别到安化彝族乡新庄村委会、大街街道下营社区开展党课教育。其中为新庄村委会讲授党课3次，为下营社区讲授党课2次。并组织全体党员与该社区党员一起举行建党93周年庆祝活动。

【专题调研】 2014年7月，县委党校和县文明办联合组成调研组，就宣传落实社会主义核心价值情况，在全县范围内选取18个典型的部门、乡（镇、街道）、村作调研，并撰写调研报告。

2014年10月13～23日，县委党校4名教师被抽调参与县委、县政府专题调研组调研，参与收集整理调研材料。

【十八届三中全会精神宣讲进校园】 2014年，以县委党校教师组成的中共江川县委党的十八届三中全会精神宣讲团两个宣讲小组在上一年宣讲的基础上，继续组织开展巡回宣讲。2月28日，县委党校与县教育局党委共同组织开展巡回宣讲。宣讲团7名成员分别到全县各乡镇中小学、江川一中、江川二中、江川职中、县幼儿园开展宣讲。全县各中小学、县幼儿园领导班子成员、全体党员和部分教职工听取宣讲。

【开展党的群众路线教育实践活动专题辅导】 为配合全县教育实践活动深入开展，确保教育实践活动取得实效，以县委党校教师为主要成员的江川县党的群众路线教育实践活动宣讲团，自2014年4月开始，在近一个月的时间中，共举办党的群众路线教育实践活动专题辅导16场，参与听众3000多人次。

【开展《〈马克思主义哲学〉十讲》宣讲】 2014年，县委党校与县委宣传部配合，在全县党员和干部当中开展《〈马克思主义哲学〉十讲》宣讲，在近一个月的时间里，共举办宣讲12场，参与听众2000多人次。

【开展道德讲堂宣讲】 2014年，县委宣传部组织在全县组织开办“道德讲堂”，县委党校积极配合，组织教师参与道德讲堂宣讲20场次，参与听众2000多人次，在全县营造“讲道德、做好人、树新风”的浓厚氛围。

【参与市委党校“三个计划内培训班次教学专题”授课】 2014年，县委党校健全完善教师评课、竞课制度，选派教师参与市委党校“三个计划内培训班次教学专题”竞课赛。县委党校一名教师获得参与市委党校“三个计划内培训班次教学专题”讲授资格，并到市委党校为该校计划内班次进行授课。

【对外服务】 2014年以来，县委党校完善各种服务体制，提高服务水平。全年共接待各种会议、培训、考试近42期，3000多人次。

（李拥军）

江川县人大常委会

【江川县第十五届人大常委会主任、副主任、委员名录】

主　任　李东林

副主任　杨本忠　刘跃宁　史云德　陆富仙

委　员　史云峰　坝有贵　李双全　李玉荣　李江润　李江辉　李忠兴　杨学敏　吴绍良　张江瑞　周红艳　周绍荣

洪 芬 徐丽华 龚贵生
潘兴发
汪兴明（2014.9离任）
张春丽（2014.9离任）

【江川县人大常委会各委、室负责人名录】

办公室
主 任 潘兴发
副主任 杨花润 李明芬
法制和民族外事华侨工作委员会
主 任 周绍荣
副主任 张吉福
财政经济工作委员会
主 任 汪兴明（2014.9离任）
张江景（2014.9任）
副主任 李绍德
教科文卫工作委员会
主 任 杨学敏
副主任 李仕彬 葛茂蓉
选举联络工作委员会
主 任 张江瑞
副主任 雷启明
农业工作委员会
主 任 李双全
副主任 施文光
城建环保资源工作委员会
主 任 坝有贵
副主任 张文辉
陆春光（2014.9任）

【概 述】 2014年，县人大常委会认真履行宪法和法律赋予的各项职权，努力推进依法治县进程，强监督、抓重点、求实效，为促进全县经济平稳较快发展和社会和谐稳定作出贡献。一年来，共召开常委会会议8次、专题主任会议2次、专题工作座谈会3次，听取和审议“一府两院”专项工作报告15项，组织执法检查3次，组织代表视察5次，组织重点调研6次，作出决议决定7份，形成审议意见9份，依法任免干部74人次。

【县第十五届人民代表大会第二次会议】 江川县第十五届人民代表大会第二次会议于2014年1月17～20日在江川县城召开。来自全县各条战线的171名县十五届人民代表大会代表履行宪法和法律赋予职责，完成会议任务。县属各部、委、办、局负责人，县人民法院、检察院负责人，各乡镇（街道）有关领导，市直单位负责人，部分离退休老领导以及江川驻军首长等198人列席大会。

大会由马文龙、石伟、史云峰、史云德、刘跃宁、刘锦红、坝有贵（彝族）、李双全、李玉荣、李江润、李江辉、李忠兴、杨本忠、杨进荣、杨学敏、吴绍良、汪兴明、张江瑞、张春丽（女）、陆富仙（女）、林清、罗跃岗、周红艳（女）、周绍荣（彝族）、洪芬（女）、徐丽华（女）、龚贵生、雷永彪、解若云、潘兴发等31人组成的大会主席团主持。

大会听取和审议县委副书记、代理县长钱兴代表县人民政府所作的《政府工作报告》；审议和批准江川县2013年国民经济和社会发展计划执行情况及2014年国民经济和社会发展计划；审议和批准江川县2013年地方财政预算执行情况和2014年地方财政预算；听取和审议县人大常委会主任李东林代表县人大常委会所作的《江川县人大常委会工作报告》；听取和审议县人民法院院长郑子云代表县人民法院所作的《江川县人民法院工作报告》；听取和审议县人民检察院检察长资云坤代表县人民检察院所作的《江川县人民检察院工作报告》，并作出六个报告的决议。大会选举钱兴为江川县人民政府县长。

【县十五届人大常委会各次会议】 2014年3月23日，县十五届人大常委会第十次会议举行，根据表决结果，会议决定任命李新为县人民检察院副检察长、检察委员会委员、检察员，罗敏任县人民法院审判员；审议通过关于确认许可对县第十五届人大代表秦文鹏、胡跃华、徐四清采取强制的决定；审议通过县人大常委会2014年工作要点；审议通过县人大常委会与县人民政府、县人民法院、县人民检察院工作联系制度；听取和审议县人民政府关于江川县教育事业发展情况的报告；听取县人民政府关于江川县民族宗教工作情况的报告；书面报告《关于加强江川县第十五届人民代表大会常务委员会组成人员与基层人大代表联系的意见》、《关于江川县第十五届人大代表闭会期间开展履职活动相关工作的意见》文件稿。

5月30日，县十五届人大常委会第十一次会议举行，会议听取和审议县人民政府关于江川县农村最低生活保障制度落实情况的报告；听取县人民政府关于江川县农村饮水安全工程建设工作报告；审议通过县人民政府关于江川县国民经济和社会发展“十二五”规划（纲要）实施情况中期评估报告，审查通过江川县国民经济和社会发展“十二五”规划（纲要）部分指标调整方案。

6月26日，县十五届人大常委会第十二次会议举行，会议审查通过县人民政府关于江川县将公共租赁住房项目贷款还本付息资金列入财政预算的报告；审议并批准县人民政府关于江川县火化区划定方案；根据表决结果，会议决定任命王敏为县人民检察院检察员，免去赵家宽县人民检察院检察员职务。

7月31日，县十五届人大常委会第十三次会议举行，根据表决结果，会议决定任命周福荣为县人民政府副县长、赵剑为县法院副院长，撤销董林颉县财政局局长职务、冯超县住建局局长职务；审议通过关于暂时停止秦文鹏执行县第十五届人大代表职务的决定；听取和审议县人民政府关于江川县“十二五”水污染防治项目实施情况的报告；听取和审议县人民政府关于2014年上半年国民经济和社会发展计划执行情况的报告；听取和审议县人民政府关于2014年上半年财政预算执行情况的报告；审议和批准江川县2013年县本级财政决算。

9月26日，县十五届人大常委会第十四次会议举行，会议听取县人民政府关于办理人大代表建议情况的报告；听取县人民政府关于九溪河、董炳河流域综合治理情况的报告；审议并批准县人民政府关于江川县火化区调整方案；听取和审议县人民政府关于江川县社会治安突出问题整治工作情况的报告；根据表决结果，会议决定任命张江景为县人大常委会财政经济工作委员会主任、陆春光为县人大常委会城建环保资源工作委员会副主任、钟镖为县工业商贸和科技信息局局长、李保平为县财政局局长，杨杰为县住房和城乡建设局局长，杨志伟为县农业局局长，王睿为县人民法院立案庭庭长，尹招俄、林辛、赵俊雯、龚汝奨、李函娟为县人民检察院检察员，免去汪兴明县人大常委会财政经济工作委员会主任职务、李保平县工业商贸和科技信息局局长职务、杨杰县农业局局长职务，接受汪兴明、张春丽辞去县人大常委会委员职务。

10月20日，县十五届人大常委会第十五次会议举行，根据表决结果，会议决定接受徐四清辞去县第十五届人民代表大会代表职务，接受董林颉辞去玉溪市第四届人民代表大会代表职务，并报玉溪市人民代表大会常务委员会备案、公告。

11月28日，县十五届人大常委会第十六次会议举行，会议听取和审议县人民检察院关于江川县查办和预防职务犯罪工作情况的报告；审查和批准县人民政府2014年地方财政收支预算调整方案；听取和审议县人民政府关于江川县城市管理及街道环境整治工作的报告。

12月23日，县十五届人大常委会第十七次会议举行，根据表决结果，会议决定任命金秋、罗江、王耀鹏、张本见、张钦奕、赵红波、刘雪琴、高鹏为县人民法院审判员；会议审议并批准县人民政府关于江川县抚仙湖近面山禁止放牧和径流区控制畜禽规模养殖污染治理工作方案；审议县人大代表小组活动方案；审议县人大常委会相关规则、规定；审议和批准县人大常委会代表资格审查委员会关于补选的县第十五届人民代表大会代表的代表资格审查报告；审议和批准县人大常委会代表资格审查委员会关于县十五届人大代表变更情况的报告。

【监督工作】 根据江川经济社会发展的新要求和人民群众的新期待，常委会始终坚持职权法定原则，积极开展监督工作，保证宪法和法律法规的实施，推动县委重大决策的落实，推动社会和群众关切问题的解决，促进改革、发展、稳定。

加强经济工作监督。着力加强对全县经济社会发展既定目标任务落实的监督。一是加大对发展规划目标任务的监督。通过听汇报、查资料、召开座谈会等方式，对县人民政府完成“十二五”规划情况进行认真审查，听取和审议县政府关于全县国民经济和社会发展“十二五”规划（纲要）实施情况中期评估报告。二是加强对预算和计划执行情况的监督。听取《江川县2013年度县本级财政预算执行情况和其他财政收支的审计监督工作报告》，审议县政府《关于江川县2014年上半年国民经济和社会发展计划执行情况的报告》《关于江川县2014年上半年财政预算执行情况的报告》，审查《江川县2013县本级财政决算的报告》。三是关注经济工作中的重点和热点。组织专题视察组，深入到翠峰纸业、卓一食品、腾达机械、云南联塑等企业进行专题调研和视察，及时了解江川县中小企业发展基本情况，并召开主任会议听取县政府关于江川县

中小企业发展情况报告，建议县政府切实采取措施加大对中小企业和民营经济的扶持力度，进一步改善企业发展环境，推动企业健康快速发展。

加强民生和社会事业监督。常委会把群众普遍关心关注的重大事项列为监督重点，把握关键，依法行权。一是在专题调查研究的基础上，听取和审议县政府关于江川县农村落实最低生活保障制度情况的报告，建议县人民政府要健全工作机制，规范操作程序，确保惠民政策的实施做到公开、公平、公正。二是召开农村医疗卫生工作专题汇报会，听取县政府关于江川县医疗卫生工作情况的报告，提出进一步加强和改进江川县医疗卫生工作的意见和建议。三是跟踪问效农村饮水安全，听取县政府关于江川县农村饮水安全工程建设情况的报告。四是关注民族宗教工作，听取县政府关于民族宗教工作情况的报告。五是组成专题调研组对全县义务教育法贯彻执行情况、校安工程建设情况、学前和高中教育教学情况进行检查、调查，听取和审议县政府关于全县教育事业发展情况的报告，建议县政府及相关职能部门要优化教育发展战略，全力推进校安工程建设，着力解决边远山区、新建城区学生上学远、上学难问题。

加强环保工作监督。常委会始终把促进生态文明建设作为监督重点，努力推进全县“生态立县”战略的实施。一是围绕美丽乡村建设目标，组织常委会组成人员、部分县人大代表对江川县美丽乡村建设情况进行专项视察，并召开专题座谈会听取县新农办关于美丽乡村建设管理情况的汇报。二是听取县政府关于江川县城市管理及街道环境整治工作的报告，建议县政府要拓宽城市建设融资平台，加大城区道路畅通整治力度，进一步提高城市建设和管理水平。三是听取县政府关于九溪河董炳河流域综合治理情况的报告。四是对江川县“十二五”水污染防治项目实施情况进行专题调查，听取和审议县政府“十二五”水污染防治项目实施情况专项工作报告，建议县政府要加大资金筹措力度，全面推进径流区水污染防治项目建设，确保星云湖水环境状况得到持续改善，抚仙湖继续保持Ⅰ类水质。

加强司法工作监督。以促进“平安江川、法治江川”建设为主线，以提高人民群众安全感和满意度为出发点，常委会加强对司法工作的监督。一是通过问卷调查、工作座谈、专题调研等方式，全面了解全县社会治安基本现状，听取和审议县政府关于江川县社会治安突出问题整治工作的报告。二是组成专题调研组对县检察院查办和预防职务犯罪工作情况进行专题调研，召开查办和预防职务犯罪工作专题座谈会、旁听两起职务犯罪公诉案件的庭审，听取和审议县检察院查办和预防职务犯罪工作报告，建议县检察院在加大对职务犯罪案件查办力度的同时，更加注重预防工作，努力从源头上遏制和减少职务犯罪。三是组织常委会组成人员和部分县人大代表视察法院审判工作，旁听一起民事伤害赔偿案件的庭审过程。

【信访工作】 完善信访工作制度，加强信访综合分析，做好信访件的交办、转办和督办。一年来，常委会共接待群众来访96批288人次，收到群众来信39件次，办理37件，办复率达94.8%，维护人民群众的合法权益，促进社会和谐稳定。

【重大事项决定】 认真行使重大事项决定权，推动决策民主化、法治化。一年来，围绕县域经济发展、殡葬改革、公租房建设、抚仙湖保护与治理等重点工作，常委会在深入调查研究、广泛听取意见的基础上，依法作出县本级财政决算、预算调整、“十二五”规划部分指标调整、公租房项目贷款还本付息资金列入财政预算、火化区划定方案、抚仙湖近面山禁止放牧和径流区控制畜禽规模养殖等重大事项决议决定7项，推动全县经济社会健康发展。

【人事任免】 2014年，县人大常委会共依法任免国家机关工作人员32人次（其中任命25人次，免职2人次，接受辞职4人次，暂停执行代表职务1人次）。在推进人事任免工作中，常委会始终坚持党的领导、充分发扬民主和严格依法办事的有机统一，完善程序，创新方式，切实保障常委会组成人员的知情权、参与权和监督权，增强被任命人员的公仆意识、责任意识。

【代表工作】 根据代表履职需要，于2014年11月举办专题培训班对第十五届县人大代表进行培训，增强代表履职责任，提高代表履职水平。按照年初制定的《关于县人大常委会组成人员联系部分县人大代表的意见》和《关于县人大代表联系选民的意见》文件精神，集中走访基层代表和选民107人，听取基层代表对“一府两院”和人大工作的意见和建议。坚持和完善人大代表和公民列席常委会会议制度，2014年，共邀请县人大代表和公民列席常委会会议16人次，组织代表参与各项执法检查和专题调研200余人次。组织部分基层县人大代表对工业园区发展、公益性公墓及殡仪馆建设、法院审判工作、检察院预防和查办职务犯罪工作、美丽乡村建设管理情况进行专题调研和视察。组织部分县人大代表、本行政区域内的市人大代表、江川籍的省人大代表对红砖整合、“三湖”生态保护水资源配置应急工程、星云湖环湖截污水资源再利用工程、星云湖入湖河道保护与治理情况进行视察。认真督办代表意见建议，2014年，共督办代表建议68件，代表对办理结果表示满意的有61件，占89.7%；基本满意的有5件，占7.4%；不满意的1件，占1.5%。认真指导乡镇人大开展代表小组活动和代表联系选民活动，修改完善《江川县乡镇人民代表大会议事规则》《江川县乡镇人民代表大会会议规程》等十五项规章制度，从机关经费中挤出9万元拨付乡镇人大，支持乡镇人大更好地开展工作。

【完成交办任务】 县人大常委会领导和机关干部在做好本职工作的同时，始终把促进江川科学发展作为人大履行职能的根本任务，积极参与县域经济建设和社会事务活动，努力做到在参与中监督，在监督中支持。一是积极参与重点项目建设。2014年，人大常委会主任、副主任继续担任重点工作、重大项目的指挥长、副指挥长或项目负责人，在“仙湖锦绣”项目、星云湖一级保护区退田还湖及生态建设、公益性公墓和殡仪馆建设、东风水库径流区综合治理等重大项目重点工作的推进中发挥作用。二是努力完成省、市交办任务。积极配合省、市人大对基层代表工作开展情况、全市粮食生产供需平衡和农民增收情况、全市固定资产投资和重大项目推进情况、《森林法》贯彻实施情况进行专题调研和执法检查，并针对江川县在以上工作推进中存在的问题，督促有关部门改进工作。三是在参与专项工作中督办督查。按照县委安排，抽派机关副科以上领导干部积极参与群众路线教育实践活动、鱼苗投放、中高考招录、水库蓄水等专项工作的督导和检查，要求机关干部在参与专项工作中做到不缺位、不错位、有作为。

【自身建设】 县人大常委会以深入开展党的群众路线教育实践活动为契机，着力加强自身建设。一是加强理论学习。在教育实践活动中，县人大常委会通过个人自学、集中学习、党课讲座、专题研讨等方式，深入学习中国特色社会主义理论、党的十八届三中、四中全会和习近平总书记系列重要讲话精神，深入学习《代表法》《监督法》《选举法》等法律法规，进一步提升机关干部职工的理论素养，坚定理想信念，增强责任意识。二是转变工作作风。常委会坚持把倾听民意、集中民智、维护民权、为民解难贯穿于整个教育实践活动的全过程，认真开展基层调研走访活动，广泛听取群众对改进作风的意见和建议。在教育实践活动中，常委会党组成员和保留原职级待遇领导共深入乡镇（部门）、村（社区）、学校医院、工厂车间开展随机调研活动30余次，统筹协调资金18.2万元，帮助所联系村委会解决在大春生产、人畜饮水、农田水利建设等工作中存在的经费不足问题。积极组织机关干部到后卫村开展“关爱民生，寒冬送暖”走访慰问活动，认真参与后卫村的村庄卫生整治、河道清洁、沿湖湖面垃圾清理等工作，挤出资金支持后卫村居家养老中心建设和2014年大春生产，尽力为基层办实事、解难题。三是强化制度建设。制定加强与“一府两院”工作联系制度，修订常委会会议议事规则、主任会议议事规则、常委会讨论决定重大事项规定、常委会任免地方国家机关工作人员办法，健全完善机关公务用车、财务管理、公务接待、公文处理等10项内部管理制度，推进机关管理工作规范化、制度化。坚决贯彻执行中央八项规定和省委实施办法，节俭安排各类会议活动，严格控制会议经费支出，从严控制公务接待。2014年，人大机关“三公”经费支出较上年相比减少56.9%，机关干部厉行节约、勤俭办事的氛围进一步形成。

（李明芬）

江川县人民政府

【县人民政府县长、副县长名录】

县　长　钱　兴（2014.1任）
副县长　张文彬
　　　　李志刚
　　　　牛旺林
　　　　王　波
　　　　杨军苹
　　　　普朝鹏
　　　　李启红（挂职）
　　　　周福荣（2014.7任，挂职）

【县人民政府各局、办，各事业单位正副职名录】

政府办公室
主　任　赵　琦（2014.8任）
副主任　杨志伟（2014.8离任）
　　　　赵　华
　　　　龚　钲
　　　　张　曦
　　　　周　新

政府督查室
主　任　杨志伟（2014.8离任）
　　　　李江华（2014.8任）

法制办
主　任　杨兴景（2014.7离任）
副主任　周留明
　　　　侯小青（2014.9任）

人防办
主　任　杨跃辉（2014.9离任）
　　　　周亚烜（2014.9任）
副主任　仵宗胜

信访局
局　长　赵　华
副局长　侯丽梅

烟　办
主　任　廖永富

发展和改革局
局　长　曲绍庭
副局长　王九生
　　　　张丽琼

工业商贸和科技信息局
局　长　李保平（2014.9离任）
　　　　钟　镖（2014.9任）
副局长　李天贵
　　　　傅树彬
　　　　杨有平
　　　　张亚民

人力资源和社会保障局
局　长　吴正顶
副局长　朱艳林
　　　　杨梅芳
　　　　黄赛成

财政局
局　长　董林颉（2014.7撤职）
　　　　李保平（2014.9任）
副局长　孔建文
　　　　李亚定
　　　　伏荣宽
　　　　李光耀

监察局
局　长　张盛国
副局长　陶文红
　　　　胡　莎

审计局
局　长　张　宁
副局长　吴绍金
　　　　杨家祥

统计局
局　长　胡宇翔
副局长　陈留仙
　　　　雷吉林
　　　　陶有贵

住房和城乡建设局
局　长　冯　超（2014.7撤职）
　　　　杨　杰（2014.9任）
副局长　周丽娟
　　　　李自平（2014.8任）
　　　　宁　伟（2014.9任）
　　　　周亚烜（2014.8离任）
　　　　陆　叶（2014.8离任）
　　　　李继明（2014.3离任，挂职）

交通运输局
局　长　胡禄金
副局长　黄太东
　　　　李汝林
　　　　胡建华

环境保护局
局　长　李华同
副局长　王　川
　　　　张春丽（2014.8任）
　　　　吴增奎（2014.8撤职）

国土资源局
局　长　顾绍勇
副局长　普云平
　　　　周元明
　　　　杨国华

县土地储备中心
主　任　顾学华
副主任　戴燕芬

政务服务管理局
局　长　张存美
副局长　陆　叶（2014.8任）
　　　　李彦华（2014.8任）

江川县人民政府扶贫开发办公室
主　任　孙国华

防震减灾局
局　长　普秀英
副局长　郑忠党

文化旅游广电和体育局
局　长　周　瑜
副局长　官汝运
　　　　何　俊
　　　　徐　惠
　　　　廖增华
　　　　彭春云
　　　　陈　华
　　　　王春华（2014.8离任）

食品药品监督管理局
局　长　杨建梁
副局长　李艳华
　　　　岳文宝

农业局
局　长　杨志伟（2014.9任）

杨　杰（2014.9离任）
副局长　曹春艳
罗　磊
李彦坤
刘来华

林业局
局　长　李　菊
副局长　杨四代
郑光辉
邓树芬

森林公安局
局　长　白志德
副局长　朱彦华
赵存贵

水利局
局　长　杨　涛
副局长　普绍有
李江华
杨路有

抚仙湖管理局
局　长　杨　岗
副局长　雷红杰
金爱芬（2014.11离任）

星云湖管理局
局　长　业东华
副局长　陈文东
花尚荣

安全生产监督管理局
局　长　马常有
副局长　赵雄伟
宋平华

教育局
局　长　郭自壮
副局长　钱鸿润

卫生局
局　长　范江应
副局长　龚有颖

人口和计划生育局
局　长　罗玉华
副局长　宋良艳
郑　霄

公安局
局　长　牛旺林
政　委　张文红
副政委　业富贵
副局长　黄　良
李正春
胡尚辰
候　冬
陈国华（2014.9任）
夏志杰（2013.11任，挂职）

司法局
局　长　王奇志
副局长　刘清华
陈继文

民政局
局　长　李佳强
副局长　李思源
王兴堂

老龄委
副主任　杨霜梅

残疾人联合会
理 事 长　马宇飞
副理事长　杨小国（2014.9任）
王文忠（2014.9离任）

粮食局
局　长　范宝福
副局长　张才顺
王文忠（2014.8任）
杨小国（2014.8离任）

供销社
主　任　普万云
副主任　顾吉顺
张良昌

工业园区管委会
主　任　李天贵
副主任　李彦林
万　超

招商合作局
局　长　顾　秋
副局长　李　坤
李必忠

城市管理综合行政执法局
局　长　戴朝红
副局长　陈　涛
陈仁贵

县人民医院
院　长　李有宏
副院长　王金聪
洪美英
付林华

（鲁　熊）

【2014年县政府重要文件】

关于抓好2014年烤烟生产收购工作的通知

关于切实抓好2014年大春生产工作的意见

关于公布江川县2014年保障性住房租金标准的通知

关于成立县人民政府党的群众路线教育实践活动领导小组的通知

关于表彰驻江77216部队的决定

关于表彰2013年度安全生产先进集体和先进个人的决定

关于明确2014年县长副县长“一岗双责”安全生产责任的通知

关于表彰2013年度禁毒工作先进集体和先进个人的决定

关于表彰2013年度消防工作先进集体和先进个人的决定

关于表彰2013年度预防道路交通事故工作先进集体和先进个人的决定

关于印发江川县创建国家级生态县工作实施方案的通知

关于表彰见义勇为先进个人的决定

关于进一步加强人民防空工程建设管理的实施意见

关于江川县火化区划定工作

的报告

关于实行最严格水资源管理制度的意见

关于加强地方政府性债务管理和整改措施的报告

关于调整2014年烤烟收购计划的通知

关于调整部分乡镇土地利用总体规划（2010–2020年）指标的通知

关于印发江川县城乡居民基本养老保险实施方案的通知

关于调整大街街道江城镇土地利用总体规划（2010–2020年）指标的通知

关于调整县政府班子及有关领导工作分工的通知

关于印发江川县加强道路交通工作实施方案的通知

江川县人民政府关于撤县设区的请示

关于印发江川县城乡垃圾整治实施方案的通知

关于江川县第二次全国地名普查实施方案的通知

关于地方政府存量债务纳入预算管理清理甄别工作的通知

关于印发江川县2015年小春生产意见的通知

关于江川县2014年农村危房改造及地震安居工程的实施意见

关于公布全县规范化文件目录的决定

关于印发江川县县级有关部门安全监管职责暂行规定的通知

关于印发江川县2014年美丽乡镇规划建设项目实施方案的通知

关于印发江川县城乡生活垃圾整治以奖代补资金考核奖励办法的通知

【2014年县政府办重要文件】

关于印发2014年政府工作报告主要任务分解方案的通知

关于成立江川县公共资源交易管理委员会的通知

关于开展深入排查整治火灾隐患工作的通知

关于加强江川县假日旅游工作的通知

关于印发江川县保障性住房分配工作方案的通知

关于印发江川县网上政务服务平台建设工作方案的通知

关于印发江川县2014年规模以上固定资产投资目标任务和奖励方案等三个文件通知

关于统一江川县2014年社会保险缴费工资总额有关事项的通知

关于印发江川县2014年度地质灾害防治方案的通知

关于印发2014年抚仙湖封湖禁渔工作实施方案的通知

关于认真做好2014年机关事业单位养老保险工作的通知

关于印发江川县2014年纠风工作实施意见的通知

关于印发江川县第一次全国地理国情普查工作方案的通知

关于印发江川县老城区消防安全突出问题专题专项整治行动工作方案的通知

关于印发江川县2014年度主要污染物总量减排工作实施方案的通知

关于印发江川县2014年创建国家环境保护模范城市工作实施方案的通知

关于印发江川县森林火灾应急预案的通知

关于印发江川县防范抚仙湖水质下降风险发生实施方案的通知

关于印发江川县规范政府投资建设项目中介服务机构管理工作方案的通知

关于转发江川县教育系统教职工调配交流办法（试行）的通知

关于印发江川县手足口病防控工作方案的通知

关于调整江川县2014年烤烟生产收购计划的通知

关于印发江川县政府投资建设项目中介服务机构建库工作实施方案的通知

关于印发江川县2014年度招商引资工作实绩考核办法的通知

关于认真贯彻落实云南省行政调解规定（试行）做好行政调解工作的通知

关于印发江川县重大火灾隐患集中整治专项行动实施方案的通知

关于印发江川县2014年整治违法排污企业保障群众健康环境专项行动实施方案的通知

关于加快推进棚户区改造工作的通知

关于印发江川县第三轮县级人民政府教育工作督导评估实施方案的通知

关于印发江川县稳增长促改革调结构惠民生政府措施落实情况跟踪审计工作方案的通知

关于印发江川县地震应急预案的通知

关于切实做好江川县中小微企业助保金助保贷业务的通知

关于印发江川县县级公立医院综合改革实施方案的通知

关于主任、副主任和督查室主任、法制办副主任工作分工调整的通知

关于印发江川县2015年部门预算编制办法的通知

关于印发江川县城乡居民最低生活保障审核审批办法的通知

关于印发江川县城星云路、明珠路、振兴街街区整治实施方案的通知

关于印发2014年江川县饮用水安全专项整治行动方案的通知

关于印发江川县大气污染防治行动实施方案的通知

关于成立江川县特许经营权管理委员会的通知

关于印发江川县今冬明春火灾防控工作方案的通知

（张文丽　夏雁丽）

【2014年县政府重要会议】

江川县十五届人民政府第三次全体会议

江川县十五届人民政府第四次全体会议

江川县2014年烟叶收购工作会

江川县2014年森林防火工作会

江川县人民政府第二次廉政工作会

江川县城乡垃圾综合整治工作会

江川县三类城市语言文字达标评估工作会

江川县路域环境综合整治考核工作会

江川县2014年环境保护工作会

江川县2014年街区整治工作会

江川县2014年安全生产工作会

江川县2014年烟花爆竹打非治违工作会

江川县2014年禁毒、消防、道路交通安全工作会

江川县地名命名更名工作会

江川县2014年农村公益性公墓建设工作会

江川县“森林江川”暨“十三五”林业发展工作会

江川县2014年民营经济大会

江川县地方政府存量债务清理甄别工作会

江川县2014年经济工作会

江川县2014年国土资源工作会

江川县第一次地理国情普查动员会

江川县第三轮全国艾滋病综合防治示范区工作启动暨培训会

江川县防汛抗旱工作紧急会

江川县2014年烤烟预整地暨移栽现场会

江川县2014年春耕生产工作会

江川县残疾人事业工作会

江川县2014年卫生工作会

江川县2014年计生工作暨流动人口公共服务均等化工作会

（杨智强）

【2014年政府主要工作情况】

全年完成地方生产总值612796万元，增长9.8%；地方财政收入59631万元，增长17.1%；规模以上固定资产投资306429万元，增长7.5%；社会消费品零售总额171453万元，增长12.7%；城镇居民人均可支配收入26194元，增长10.1%；农村居民人均可支配收入9274元，增长13.4%。

农　业　完成农业增加值148788万元，增长5.5%。强农惠农富农政策全面落实，兑付各类农业综合补贴资金1196万元。农业生产提质增效，烤烟实现控量增收，烟农总收入达3.61亿元，上等烟比例和均价位居全市第一；粮食、蔬菜、花卉等产业健康发展，实现种植业总产值9.78亿元，增长7.1%；有效防范禽流感疫情，实现畜牧业总产值8.2亿元，增长7%；星云湖投放鱼苗127吨，实现渔业总产值7359万元，增长2.4%。农业产业结构调整步伐加快，推广种植核桃1.5万亩、蓝莓1362亩。农业产业化稳步推进，农产品加工企业达82户，实现产值23.34亿元，增长16.76%；新增农业、农民专业合作社7个，带动农村土地承包经营权流转1.9万亩。农田水利基础设施不断完善，投资1.52亿元，完成新民坝、小河坝除险加固等各类水利工程1571件，实施烟水工程、高标准农田建设1.33万亩，改造中低产田（地）2.34万亩，新增、改善灌溉面积2.04万亩，解决9700人饮水安全问题。

工　业　完成工业增加值144786万元，增长18.0%。与玉溪高新区合作共建龙泉工业园区取得实质性成效，共同投资2.78亿元收储园区土地1896亩，完成30平方公里总体规划和8平方公里控制性详细规划编制评审，仙水大道建成通车；特固电气、云南联塑、腾达机械3户企业建成投产，万利包装、新天力机械制造2个投资亿元以上项目顺利开工，上海杰隆、荣盛实业、福达钢构、巨鹏燃气4户企业签约入园，园区实现总产值3.71亿元，增长281.4%。工业经济存量不断增长，县级领导联系企业制度有效落实，“助保贷”政策出台实施，多渠道帮助企业融资贷款2.6亿元，落实各类工业扶持资金1.23亿元，培育规模以上企业4户、“两个十万元”微型企业50户。传统产业发展后劲逐步增强，天湖化工南采区顺利开采，江磷集团年产8万吨磷矿粉、焦粉综合利用项目投入试

生产；红砖行业整合基本完成，小煤窑新型墙体材料生产线建成投产；烟花爆竹行业整合取得进展，5户企业技改顺利推进。

第三产业　完成第三产业增加值26500万元，增长8.6%。旅游产业健康发展，仙湖锦绣300亩湖滨湿地公园建成开放，九龙国际会议中心产权式公寓投入试运营，明星渔洞景区提档升级基本完成。成功举办第十届开渔节，创建3户“云南餐饮名店”。全年预计实现旅游总收入12.8亿元，增长30%。房地产业有序发展，龙旺湖城城市综合体和星云铭城、景华苑等项目主体工程完工，廖家营片区城市综合体完成控制性详细规划编制，地上附着物搬迁工作稳步推进。市场流通体系不断健全，玉溪医药集团物流项目投入运行，新建4个社区便民超市和6个村级粮油平价直销点，启动供销社综合改革试点。实现进出口总额8000万美元，增长14.3%。

基础设施　强化招商引资工作，引进各类项目68项，开工建设各类项目30项，到位资金42.5亿元，增长205.4%。全年累计投资1.97亿元，征收龙泉山工业园区土地220亩，建成龙泉大道、早街110千伏变电站、供排水管网等设施，完成仙水大道路基工程建设。投资2941万元的白河水库骨干水源点工程完工，投资1.4亿元完成三岔河水库除险加固、茶尔山水库引水渠防渗等各类水利工程1300余件。改造中低产田（地）、低效林4.6万亩，完成土地整治4326亩，新增和改善灌溉面积1.9万亩。解决3.9万人的饮水困难问题。完成九溪河流域2个农业综合开发项目建设，安化双坝和九溪响水坝项目区烟水工程全面完工。投资4000余万元，完成五岔路口至小白坡段路面大修，全面实施境内高等级公路破损路面修复。晋江高速公路建设全面启动，完成江川境内23公里1555亩土地征收。投资1964.4万元，硬化了岳家营至唐家山、龙街至陈家湾等5条乡村道路，全县行政村道路硬化率达100%。

环境保护　“两湖一库”保护治理力度不断加大，“两湖”水污染综合防治“十二五”规划项目开工率达100%。星云湖退田还湖工程全面完工，恢复湿地、湖滨带5300余亩，完成南岸再生水利用工程和8.4公里带状调蓄预处理分配系统建设，玉溪东片区暨“三湖”生态保护水资源配置应急工程顺利推进；抚仙湖1700亩湖滨缓冲带建设成果得到巩固，环湖低污染水净化工程投入使用，西岸截污工程完成主管建设；下大石咀、大凹、上西河、大摆4个村环境综合治理工程完工，沿湖26个重点村落环境综合整治项目稳步推进。东风水库径流区综合整治工程深入实施，九溪河人工湿地净化、董炳河小流域水土流失防治等6项工程全面完工。河（段）长责任制有效落实，东西大河、大街河环境综合治理工程进展顺利，玉带河清水产流机制修复、牛摩河流域环境综合治理工程启动实施。“两污”治理得到加强，完成江城集镇区8公里污水收集管网建设，建成九溪镇污水处理厂和垃圾收集处置工程，前卫镇自燃式垃圾焚烧试点项目投入运行。节能减排工作有序开展，建成全市首个县级污染源在线监控平台，拆除沿湖、沿路大棚1132.5亩，关停凤凰山水泥厂、县水泥厂共2条机立窑生产线，取缔4个小炼油厂，单位生产总值能耗下降2.8%。“森林江川”建设扎实推进，种植各类苗木263万株，治理水土流失面积12平方公里。环保“三同时”制度有效落实，未发生重大环境污染事件。

城乡建设　强化规划引领，启动县城控制性详细规划编制，完成县城地下管线、地下空间利用、公共服务设施等9个专项规划编制。交通基础设施进一步完善，完成麦雄线、大铁线路面大修，启动江通路小白坡段路面改造，江中路建设进展顺利。县城老城区改造稳步推进，完成上营社区棚户区170户群众易地安置，启动星云路西段街区整治，盘活县城7个机关企事业单位国有闲置土地，实施“拆墙见绿、见缝插绿”，栽种各类植物21.5万株。城市服务功能不断完善，完成县城应急避难场所设置，乾景商业中心投入运营。城市管理得到加强，实施县城清扫保洁市场化运作，增加清扫保洁面积25.2万平方米，县城环境卫生明显好转，停车泊位管理进一步规范。农村面貌逐步改善，整合各类资金3430万元，完成16个美丽家园、整村推进项目，启动江城、九溪、安化美丽乡镇建设，九溪河口等10个大中型水库移民后期扶持工程进展顺利。农村公益事业加快发展，拨付财政奖补资金2100万元，完成50个“一事一议”项目建设。改造农村电网21公里，部分农村电压不稳定问题得到解决。

社会事业　全年累计支出民生资金11.9亿元，占财政支出的76.8%。教育优先发展地位得到巩固，“三免一补”政策全面落实，农村义务教育阶段学生营养改善计划深入实施，完成高中招生改革；校安工程进展顺利，拆除D级危房5.94万平方米，新建、加固校舍7.6万平方米，建成4所美丽校园；江川职中扩建工程有序推进，完成江川一中扩建征地69.25亩。社会保障体系进一步完善，发放“贷免扶补”资金2410万元，新增城镇就业2202人，转移农村劳动力2616人，城镇登记失业率控制在3.5%以内。及时足额发放城乡低保等各类社会保障资金1.49亿元。建成保障性住房856套，完成农村危房改造1144户。文化卫生事业健康发展，县文化馆和3个乡镇文化站修缮项目全面完工，开展“唱响江川·舞动星抚”文化惠民文艺演出，与中央电视台合作完成《美丽中国乡村行》等节目拍摄。县人民医院公立医院改革稳步推进，前卫卫生院综合楼和渔村等13个村卫生室建成投入使用，报销新型农村合作医疗基金1.06亿元。计生工作得到加强，启动实施“单独两孩”政策。殡葬改革有序推进，完成县殡仪馆主体工程和29个农村公益性公墓建设，乱埋乱葬专项整治取得成效。老龄事业健康发展，建成前卫中心敬老院，完成居家养老服务中心、农村幸福院、老年活动中心等37个养老服务项目建设。荣获云南省第九届双拥模范县称号。妇女儿童、红十字、残疾人、体育等事业不断发展，统计、科技、气象、人防、档案、外事、侨台等工作取得新成绩。

“六五”普法和“四五”依法治县深入实施，县城视频监控系统投入运行，组建巡特警大队，各类社会矛盾有效化解，大街社区被评为全国和谐社区建设示范社区。社会管理综合治理扎实推进，网格化管理平台建成使用。开展安全生产专项整治，加强食品药品监管，安全生产形势总体稳定。

（晏　春）

人大代表建议和政协委员提案办理情况

【人大代表建议办理情况】　2014年，共收到县人大代表建议68件，其中：财经类7件，占10.3%；基础设施建设类33件，占48.5%；资源环境类11件，占16.2%；社会事务类12件，占17.6%；党群政法类5件，占7.4%。68件代表建议中，除1件因当事代表涉法涉诉未作答复外，其余67件均按规定办理答复完毕，办复率98.5%。从办理情况看：A类建议15件，占22.1%；B类建议32件，占47.1%；C类建议20件，占29.4%。从办理结果看：满意61件，占89.7%；基本满意5件，占7.4%；不满意1件，占1.5%。

【政协委员提案办理情况】　2014年，共收到县政协委员提案90件（委员提案66件，占73.3%；集体提案24件，占26.7%），其中：经济建设类66件，占73.3%；科教文卫体类18件，占20%；政法社会保障类6件，占6.7%。90件委员提案均按规定办理答复完毕，办复率100%。从办理情况看：A类提案37件，占41.1%；B类提案35件，占38.9%；C类提案18件，占20%。从办理结果看：满意86件，占95.6%；基本满意4件，占4.4%；综合满意率100%。

（黄　浩）

行政效能建设

【概　述】　2014年，江川县人民政府在市委、市政府的坚强领导下，深入贯彻落实党的十八大和十八届三中、四中全会精神，紧紧围绕建设富裕和谐美丽新江川目标，以科学发展观为统领，按照“抓效能就是促发展，提效能就是促进步”的思路，以深入开展党的群众路线教育实践活动为契机，不断改善行政管理，提高行政效率，行政效能建设工作取得新成效。

【自身建设】　行政绩效管理稳步推进。深化行政审批制度改革，清理行政审批事项401项，取消行政审批事项2项，承接上级下放行政审批事项17项；网上政务服务大厅建成投入使用，333项行政审批及管理服务事项纳入集中管理，实现行政审批事项网上办理。强化绩效审计工作，完成政府投资建设项目前置审计27项，核减投资628.4万元。行政成本控制工作得到加强。严格执行中央八项规定，制定出台《江川县机关差旅费管理办法》，启动公务用车制度改革，强化因公出国、出境部门审批管理，“三公”经费下降29.3%。集中开展会所歪风、会员卡清退、奢华浪费建设等专项治理，清理腾退超标

办公面积5914平方米。强化权力约束，加强审计监督，规范政府采购和公共资源交易行为，节约财政资金2394万元。继续推广公务卡结算改革，142个单位纳入公务卡改革范围，发放公务卡5051张。行政行为监督扎实开展。加大对关键岗位和重点环节的监控力度，及时对关键岗位和重点环节进行调整，全县65个单位共调整变动关键岗位158个。制定了《关于进一步加强领导干部外出请假及报备有关事项的通知》《关于规范领导干部婚丧嫁娶事宜的暂行规定》《江川县民生资金监管平台管理使用实施细则》《江川县领导干部任前廉政教育制度》，为党风廉政建设和反腐倡廉工作提供了强有力的制度保障。加大惩治腐败力度，查处违法违纪案件20件21人。严格行政问责，问责不作为、慢作为干部18人。行政能力提升有序推进。全县共完成各类培训专题2008项，确定重点工作目标倒逼管理60项。

【督查工作】　紧紧围绕县政府工作中心，加大各项工作督促检查力度。一是围绕工作重点继续加大重点工作重大项目督查督办力度。将省人民政府2014年重点督查的20个重大建设项目和20项重要工作、市人民政府2014年重点督查的20项重要工作及十件惠民实事完成情况、县人民政府工作报告主要任务分解和全县22项重点工作重大项目纳入了重点督查督办范围，对督查发现的问题及时责令相关负责人进行整改，推进了各项工作的落实。二是紧紧围绕产业发展、民生建设、重大决策部署全力做好专项督查工作。采取书面督查、电话督查、现场督查等方式，重点对投资亿元以上重大项目、加快推进解决农民工工资问题、抚仙湖—星云湖综合试验区重大项目、殡葬改革工作等45项重要决策部署和重点项目建设进行了专项督查。三是强化领导批示件督办。对领导批示件的落实情况及时进行跟踪督查，全年共接收市政府主要领导批示件65件，办结65件；上报各类督查材料450余份，印发《江川督查专报》29期。

（杨智强）

法制工作

【法制机构和制度建设】　为适应政府法制工作的需要，于2014年9月增设1名法制办副主任和2名工作人员。

【行政执法案卷评查】　2014年4月8日，县依法治县办和县政府法制办下发了《关于认真组织开展2014年行政执法案卷集中评查工作的通知》，及时召开县行政执法案卷评查工作领导小组会议，深入各行政执法单位开展案件评查工作，共抽查行政处罚案卷20件，优秀5件，合格15件；抽查行政许可案卷15件，优秀4件，合格11件。玉溪市案卷评查工作领导小组共抽查我县2013年结案行政执法案卷35卷，其中：行政许可案卷7卷，优秀案卷5卷，合格案卷2卷；行政处罚案卷28卷，优秀案卷25卷，合格案卷3卷。省案卷评查工作领导小组共抽查我县2013年结案行政执法案卷4卷，均为优秀案卷。

【规范性文件管理】　2014年，县政府法制办结合涉及地区封锁规定专项清理工作，对全县规范性文件进行了清理和公告，共清理规范性文件43件，其中，继续有效31件，废止12件。

【重大决策听证】　2014年，组织开展并完成玉溪市东片区暨“三湖”生态保护水资源配置应急工程江川段、江城卫生院综合楼建设项目社会稳定风险评估相关工作，确保了县政府重大决策的科学化、民主化、规范化。

【行政复议规范化建设】　2014年，县政府法制办共受理行政复议申请1件，因申请人主动撤回申请而复议终止。

【建立健全行政调解机制】　2014年，江川县认真贯彻落实中央、省、市和县委关于行政调解工作的部署和要求，稳步推进行政调解工作，及时化解矛盾纠纷，维护社会和谐稳定。全县共受理调解案件1834件，调解成功1655余件，调解成功率达到91%。

（杨鑫磊）

人民防空

【概　述】　2014年，县人民防空办公室严格执行《中华人民共和国人民防空法》和县人民政府2007年7号公告《江川县人民政府关于加强防空地下室建设的决定》，认真贯彻执行江政发〔2014〕69号文件《江川县人民政府关于进一步加强人民防空工程建设管理的实施意见》等法律法规，走基层、进社区、到学校、查工地进行人民防空法律、法规宣传。按照玉机编〔2012〕20号和江机编〔2012〕7号文件，县人民防空办公室于2012年7月底从县政府办公室的内设正科级机构单独设置为县人民政府的正科级其他机构，2013年6月8日下发江政办发〔2013〕68号文件确定县人民防空办公室事业编制4名。其中，设主任1名、副主任1名。内设机构2个：综合股、工程指挥信息股。2014年实有3人。

【职能履行】 2014年，县人民防空办公室作为县国防动员委员会的成员单位和县人民政府防空工作的主管部门，认真履行工作职责，认真执行县人民政府2007年7号公告《江川县人民政府关于加强防空地下室建设的决定》、认真贯彻执行江政发〔2014〕69号文件《江川县人民政府关于进一步加强人民防空工程建设管理的实施意见》和云南省物价局、云南省财政厅、云南省人民防空办公室云价综合〔2014〕42号文件《关于调整我省防空地下室易地建设收费有关问题的通知》。按照省、市有关文件精神，把抚仙湖—星云湖生态建设与旅游发展综合改革试验区（旅游度假区）和工业园区纳入人防建设要求，积极与住建、发改、工信、国土、财政等部门密切配合，认真开展人防工程前置审批和易地建设费收缴、人防工程清理整改、警报维修和试鸣等工作。

【在建人防地下室管理】 2014年，会同省、市人防办、人防工程安装公司对江川县在建的人防工程进行多次现场检查，针对一些工程未达到人防设计的安装要求，要求改正并下发整改通知。

【易地建设费收取入库】 2014年，按照省物价局、省财政厅、省人民防空办公室云价综合〔2014〕42号文件《关于调整我省防空地下室易地建设收费有关问题的通知》，全年对不适宜建设人防地下室的9个项目按相关规定和程序收取易地建设费，并全额缴入财政专户。

【警报器维护管理和试鸣】 根据市人防办要求，请示县政府补助5万元对全县所辖的防空警报器线路进行全面检查和维修。8月对全县防空警报器线路由室内光缆全部改造成室外光缆、更换1台固定警报器和控制箱，对车载警报进行维修，对全部警报调试一遍。为表达对鲁甸6.5级地震遇难同胞的深切默哀，8月10日10时，准时鸣响防空警报。11月6日9时，配合有关部门利用车载警报顺利完成县委、政府机关地震应急演练。

（宋伟华）

信访工作

【受理来信来访】 2014年，共受理群众来信87件、来访317件1564人，与2013年相比，来信减少43件，下降63.8%；个人访291批1481人次，下降9批380人次，批次和人次分别下降3%和25.6%；集体访67批1101人次，增加22批469人次，批次和人次分别上升48.8%和74.2%；全年办结率99%。共处理市领导批示的重要案件7件，办结7件，办结率100%。

【“一节两会”及重点敏感期间的信访工作】 县委、政府高度重视，采取有力措施，周密部署、精心安排，实现了中央、省市两会、南博会、十八届四中全会和国庆、春节期间重点敏感时期赴省、进京“零上访”工作目标。

【开展矛盾纠纷排查工作】 一是矛盾纠纷排查到位。把矛盾纠纷排查作为维稳的基础性工作来抓，确保矛盾纠纷底数清、情况明。对排查出的矛盾纠纷和信访问题进行分类梳理，建立村、镇、县三级台账，实行动态管理。二是问题解决到位。按照“属地管理、分级负责、谁主管、谁负责”的原则，严格落实领导包案责任制，将化解责任逐级分解到县级领导、责任单位和责任人，逐一研究化解。三是稳控措施落实到位。对暂时不能化解的矛盾纠纷，按照“一对一”、“五包一”的要求，由包案领导和责任单位、责任人负责，认真做好思想疏导工作，切实落实稳控措施，把人员稳控在当地，确保小事不出村、大事不出镇、矛盾不上交。

【全力推进信访积案化解工作】 一是紧紧围绕“案结事了、息诉息访”的工作目标，全力推动领导包案制，加大督办力度，因案施策化解积案，减少信访存量，做到不留尾巴。全年共排查梳理出48件信访积案，并全部成功化解。二是积极足额安排资金，推动29件特殊疑难信访案件化解。

【督办和督查工作】 一是在信访案件查办过程中，始终坚持定包案领导、定责任单位、定办案负责人的“三定”原则，对已转交办信访案件实行跟踪督办，对疑难信访案件和非正常上访案件，组织召开联席会议，逐案进行研究，由责任单位最终形成处理意见，告知信访人并不定期对信访人进行回访。二是严格按照“属地管理”和“谁主管、谁负责”的工作原则，及时把信访件交由有权处理信访问题的行政机关办理。2014年上级交办信件35件，市长热线交办41件，领导批示件2件，都严格按照办理时限回复信访人，做到件件有落实，事事有回音，办结率达100%。

【创新工作方法】 一是建立季度分析机制，研判信访工作规律，编制各类季度分析25期，为领导决策提供服务。二是建立书记县长接待日接访分析专报制度，编制专报12期，信访信息52件，预警信息37件，及时反映信访突出问题。三是规范专访接待制度，对群体性、规模性信访案件实行专门接待制度，全年开展专访接待20余批700余人次，及时开展情绪疏导和稳控。四是针对问题突出的项目，分别设立信访接待室、星云铭城项目接待室，建立“零距离接待”制度。五是做好信息的收集、研判，强化与重点人群、重点人员的沟通交流，切实掌握动态，注意信息收集分析运用，有效维护信访秩序。

（高　洁）

政协江川县委员会

【县政协主席、副主席、常委名录】

主　席　罗跃岗
副主席　杨生明
　　　　郭开明
　　　　杨吉英（女）
　　　　李绍华
常　委（按姓氏笔画排列）
　　　　王　秀（女）
　　　　王忠明
　　　　石宝富
　　　　平雪刚
　　　　伏荣宽
　　　　刘云虹（女）
　　　　刘长生
　　　　李仙凤（女）
　　　　李红章
　　　　李佳强
　　　　李彦林
　　　　李程鹏
　　　　杨升东
　　　　杨晓春
　　　　吴增奎（2014.9离任）
　　　　张江景（2014.9离任）
　　　　张春茂
　　　　张德厚
　　　　陈林柱
　　　　赵金会（女）
　　　　顾　秋
　　　　钱鸿润
　　　　徐丽萍
　　　　释智德（2014.2离任）
　　　　戴朝红

【县政协各委室机构负责人名录】

办公室
主　任　张江景（2014.9离任）
　　　　王春华（2014.9任）
副主任　张晓春
　　　　侯国芬

提案联络委员会
主　任　陈林柱
副主任　潘兴江

经济委员会
主　任　白云波

科教文卫体委员会
主　任　杨明顺
副主任　孙绍明

人口资源环境委员会
主　任　马树良
副主任　付兴德

民族宗教法制委员会
主　任　张传礼
副主任　潘兴建
　　　　普金妹

文史委员会
主　任　张德厚
副主任　郭小平

【概　述】 2014年，县政协常委会牢牢把握团结民主两大主题，围绕中心、服务大局，扎实开展党的群众路线教育实践活动，认真履行政治协商、民主监督、参政议政职能，为建设富裕和谐美丽新江川作出贡献。

【政协江川县第八届委员会第二次会议】 政协江川县第八届委员会第二次会议于2014年1月12～15日在县城举行，应出席委员167人，实到165人。会议听取并审议通过县政协主席罗跃岗所作的《政协江川县第八届委员会常务委员会工作报告》（草案）和副主席杨吉英所作的《政协江川县第八届委员会常务委员会关于八届一次会议以来提案工作情况的报告》（草案）。会议听取代理县长钱兴所作的《政府工作报告说明》，书面协商《政府工作报告》《江川县2013年国民经济和社会发展计划执行情况与2014年国民经济和社会发展计划（草案）的报告》《江川县2013年地方财政预算执行情况和2014年地方财政预算（草案）的报告》；书面协商《江川县人民法院工作报告》《江川县人民检察院工作报告》；审议通过县政协八届二次会议提案审查情况的报告和县政协八届二次会议决议。会议期间，委员们积极协商议政，围绕经济结构调整、发展方式转变、高原特色现代农业建设、新型工业化推进、旅游文化产业发展、国家级生态县创建、城乡统筹协调发展、社会管理创新等重大问题提出意见和建议。

【常委会议】 2014年，政协江川县第八届委员会常务委员会举行第四次至第九次常委会议。

1月3日，召开政协江川县八届四次常委会议。会议听取县人民政府关于提案办理情况的通报；审议通过八届二次全会召开事宜；审议通过《政协江川县八届常务委员会工作报告》和《政协江川县八届常务委员会关于八届一次全会以来提案工作情况的报告》；协商撤销政协委员资格1名，因工作变动免去政协委员资格3名，因工作需要增补县政协委员5名。

1月15日，召开政协江川县八届五次常委会议。会议听取县政协八届二次全会各讨论组第一召集人汇报政协常务委员会工作报告、提案工作报告的审议情况和“一府两院”工作报告的协商讨论情况；审议会议决议（草案），并决定提交大会审议通过。

6月20日，召开政协江川县八届六次常委会议。会议专题协商《江川县火化区划定方案》。县民政局局长李佳强通报“江川县火化区划定方案”相关情况，县政府副县长、公安局局长牛旺林作方案说明。会议协商通过该方案，并由县政协办公室将协商意见以正式文件形式反馈至县政府及相关职能部门，供决策参考。

9月5日，召开政协江川县八届七次常委会议。会议听取县委常委、副县长李志刚关于江川县经济社会发展情况的通报（其中县发改局、县财政局作书面通报）；审议通过《关于星云湖治理情况的调研报告》《关于农业生产用水情况的调研报告》；专题学习省政协主席罗正富题为《以“三重”为抓手履职尽责　全力服务经济社会发展大局》的工作经验总结报告；进行人事任免。

9月28日，召开政协江川县八届八次常委会议。会议专题协商《江川县火化区调整方案》；审议通过《关于城镇房地产业发展情况的调研报告》；审议修订《政协江川县委员会全体会议工作规则》等制度；专题学习《习近平在庆祝人民政协成立65周年大会上的讲话》；进行人事任免。

12月23日，召开政协江川县八届九次常委会议。会议审议通过《关于农村集体土地调查确权登记发证工作情况的视察报告》；审议通过《关于重点提案办理落实情况的视察报告》；专题学习《县委书记马文龙在传达市委四届五次全会精神会议上的讲话》和《市政协党组关于全市政协组织推进人民政协协商民主建设情况的调查报告》；听取县人民政府关于提案办理情况的通报；协商增补政协委员7名。

【思想理论武装】 坚持以十八届三中四中全会精神为主要内容，以探索推进协商民主为着力点，全面加强思想理论武装，坚定正确的政治方向，巩固政协团结合作的共同思想政治基础。

一是把学习贯彻十八届三中四中全会精神作为首要政治任务，充分发动全体政协委员、政协各参加单位认真研读全会文件，准确把握《决定》实质；充分发挥委员在界别群众中的代表作用，通过组织委员活动日专题学习、常委会议专题学习，并印发《弘扬宪法精神推动法治实践倡议书》，促使委员在工作和生活中引导界别群众了解全会精神，形成同心同德、群策群力推进江川全面深化改革和依法治县的广泛共识。

二是把学习中央关于协商民主建设的新论断、新理论作为履职第一需要，在学习中深化对协商民主理论的系统认识，在工作中探索践行协商民主理论的有效途径。充分发扬政协常委、活动组长带头学习的好传统，组织专题学习《习近平总书记在庆祝中国人民政治协商会议成立65周年大会上的重要讲话》、省政协《以“三重”为抓手履职尽责，全力服务经济社会发展大局的工作经验总结报告》、市政协《关于推进人民政协协商民主建设情况的调查报告》，增强推进人民政协协商民主建设的责任意识和履职素质；充分挖掘政协机关工作潜力，紧扣市政协关于推进人民政协协商民主建设专题调研的要求，认真总结江川县近年来贯彻落实中央和各级党委关于加强政协工作相关意见的基本情况，

提出加强基层政协协商民主建设的建议，“对口反馈政协全会意见”、“开展常委会专题协商”等做法被写进《市政协党组专题报告》，为市委出台推进人民政协协商民主建设相关文件提供基层实践经验，激发全体政协委员、政协各参加单位、政协工作者履行职能的荣誉感和使命感。

【政治协商】 坚持以全体会议、常委会议、主席会议为主要平台，以拓展协商民主渠道为着力点，加强和创新专题协商、对口协商、界别协商、提案办理协商，助推县委、县政府科学决策、民主决策。

精心组织全会协商。在县政协八届二次全会期间，组织委员专题协商“一府两院”工作报告，提出协商意见建议201条，提交提案90件。协商意见建议和提案，聚焦民生问题，更加关注改革发展的方方面面。

规范深化专题协商。在全会闭会后，召开四次常委会议就《江川县火化区划定方案》《江川县火化区调整方案》进行专题协商，及时向县政府提出《专题协商意见》，助推殡葬改革顺利开展；就农业生产用水、星云湖治理、城镇房地产业发展、农村集体土地调查确权登记发证等调研视察报告，邀请政府职能部门共同协商审议，报送县委、县政府作决策参考。

强化提案办理协商。把民主协商精神贯穿到提案征集、交办、督办的各个环节，注重横向、纵向协商，不断提高提案办理成效。召开专题会议协商审查立案，把好第一道关口；积极协助县政府召开提案交办会，明确24个承办单位；两次召开主席会议协商提案办理及重点提案视察工作；提案联络委及其他委室对口督办，提高面商率和办结率。

开展委室对口协商。按照“委室联系部门制度”，各委室对口参与县委、县政府职能部门的相关会议及活动，让协商贯彻于实际工作中。县政协办依托“五办联席会议”平台，就江川县贯彻落实省委省政府关于加快工业转型升级、打造滇中经济圈一体化等意见的办法进行对口协商；民宗法制委组织10名政协委员参加县法院“第一个国家宪法日”暨人民法院公众开放日系列宣传活动，就县法院工作情况进行对口协商，为确保司法为民、公正司法建言献策。

指导创新界别协商。发挥界别活动组的专业优势，选准协商议题，及时与协商单位对接，政协领导亲临指导医卫活动组开展界别协商活动，将《医卫活动组关于推进县级公立医院综合改革协商意见》提交县政府研究办理，为县人民医院改革出谋划策。

积极参与决策协商。主席会议成员参加县委全会工作报告、县政府工作报告征求意见会，围绕事关江川经济社会发展的具体问题进行协商讨论，书面协商县纪委全会工作报告，提出意见建议。县政协领导列席县委常委会议、县政府常务会议及其他重要会议，就全面深化改革、推动江川经济社会发展的重大决策、重要事项、重点工作，主动参与决策协商，发挥政协应有的作用。

【民主监督】 坚持以专项督导、听取通报、工作监督为主要方式，以推动党政决策部署落实、党政机关作风建设为着力点，促进部门工作顺利开展、作风转变取得实效。

督导重点工作重大项目。按照县委统一安排，一名副主席和9名委室领导干部参与党的群众路线教育实践活动、政府性投资重大项目、产业性投资项目、重点工作、两湖保护、生态建设等督导、督查工作，深入单位部门与主要领导交换意见，指导具体工作，完成督导、督查任务。

定期听取政府工作通报。召开常委会议并邀请各活动组组长列席，专题听取县政府关于全县经济社会发展情况通报、提案办理情况通报，先后听取县民政局、水利局、环保局、住建局、星管局、国土局、公安局、交通局专项工作情况通报，为委员知情明政、履行职能创造条件。

支持委员开展工作监督。选派委员担任检察、公安、税务、工商、质监、电力、教育等单位特约监督员，促进行业行风有效转变。组织委员评议检察院出庭公诉工作、法院审判工作，“两院”认真采纳委员评议意见，制定整改措施，并请委员继续做好整改监督。组织委员列席乡镇人代会，参加党的群众路线教育实践活动评议、领导班子民主测评、党政干部述职述廉评议、专项工作座谈会、民意调查会、案件审理旁听、星云湖鱼苗投放、中高考巡视、公租房摇号等专项活动，开展多层面的民主监督。

【参政议政】 坚持以调研视察为履职基础，以参与支持全县中心工作为着力点，转变调研视察工作思路、工作方式，积极完成县委交办、县政府委办的工作，助推江川经济社会全面发展。

开展六个方面调研视察。按照县政协调研视察工作规则，提出“在调研视察中转变作风、提前介入、验证实情、发现问题”新思路，创立“专委会、界别活动组、行业主管部门协作，随机调研、实地查看、协商座谈并举，省、市、县三级政协联合”新方式，完成六个方面的调研视察课题。一是完成县委转发《2014年政协工作要点》中明确的“五调研、五视察”课题，内容涉及重点工程推进、房地产业发展、平安江川建设、农村集体土地确权登记等中心工作，涉及农业生产用水、农村居民养老、体育设施建设管理等民生问题；二是完成市委“群教”活动督导组、县委共同提出的“美丽乡村建设”视察课题，班子成员带队，分三个组深入基层，联合驻江城、前卫、安化的县政协委员共同视察；三是落实“群教”活动整改方案，就群众关注的惠农资金管理使用、食品药品安全、医疗卫生服务等方面存在的突出问题进行视察；四是委员活动组结合界别特点，选择“三湖”生态保护水资源配置应急工程、公益性公墓项目建设、翠大路亮化美化工程、董炳河退田还河工程、丫眯绿色食品有限公司食品安全、烤烟生产等课题进行调研视察。五是省、市、县政协联合开展新生资源综合开发利用调研，市县政协联合开展星云湖治理保护、农村土地流转、农村医疗卫生服务县乡村一体化、昆玉红旅游文化产业经济带建设、民族团结进步边疆繁荣稳定示范区建设等调研视察课题。六是抽调5名委室主任，配合县委办、政府办开展2014年全县经济社会发展情况调研。县政协按相关规定和程序，报送调研视察报告13个，县委、县政府高度重视和认真办理，意见建议均得到采纳和反馈。其他调研视察成果，也适时转化成工作信息、社情民意等转交相关部门供决策参考。

主动参与全县中心工作。按照县委安排、受县政府委托，县政协领导在担任重点工作、重大项目的指挥长、副指挥长，联系乡镇及规模以上企业等工作中，做到重大活动到场、督办工作到岗、牵头落实到位，为项目推进和工作开展献智尽力。一是在小马沟退房还湖旧村改造项目中，面对“推进难”现状，县政协机关常驻项目区工作人员从上年的5人增加到10人；积极争取省市支持，获得实施旧村改造项目必需的所有批件；指导村组制定两套实施方案，在村民中广泛宣传，统一思想；协调规划单位设计两套户型方案，供村民选择；督促完成近1000万元的新村选址土方回填工程；完成旧村改造新村选址场地平整，并按规划推出街道路网；针对冯家湾部分村民不明真相、围堵同兴地产项目施工现场导致多次停工的情况，积极协调各方，促成顺利复工。二是助推烟花爆竹产业整合工作取得进展，厂家退出总数符合省市规定要求，设厂布点更加合理，企业技改进展顺利，并按照集团化发展模式有序推进。三是参与促成汇海食品公司选址雄关高坡，与县政府签约投资1亿元，建设滇中农产品交易中心。四是继续做好清水沟磷矿南采区项目推进工作，帮助指导企业制定《清水沟农场管理体制改革及搬迁安置方案》，落实搬迁地址，实现南采区顺利采矿。五是参与殡葬改革工作，助推7个镇级、29个村级农村公益性公墓建设工作。六是落实市县两级“河长责任制”，协调争取工程项目，会同相关部门突破治理难题，投资69万元完成周官河尾段河道拓宽治理工程；协调环保部门设计《周官河生活污水收集处理工程实施方案》，即将付诸实施；从上级部门协调争取资金60万元用于东西大河、周官河、旧州河的治理和保洁，取得成效。

【统一战线】　坚持以征编文史资料、反映社情民意为工作抓手，以联系各族各界、促进民生改善为着力点，强化联络联谊，热心公益事业，化解矛盾纠纷，促进和谐江川建设。

发挥政协委员的界别优势。支持宗教界委员积极参与基督教、佛教协会管理工作，依法开展活动，促进宗教和谐发展。注重提高委员在政协经常性工作中的参与率，全年委员参与政协例会、调研视察活动323人次，较上年均有明显提高。召开三次政协活动组长会议，交流工作经验，强化委员管理服务。坚持年终走访慰问委员活动，激发政协委员的履职热情。

发挥文史工作的统战功能。在连续26年征编出版文史资料的基础上，打破思维定势，借鉴外地经验，首次征编出版《江川文

史资料〈教育专辑〉》，并与省内外120个县区政协进行文史资料交流。完成市政协《玉溪农村医疗卫生》文史专辑组稿29篇，配合县委宣传部完成《文化玉溪·江川卷》编纂工作，展现了教育界、医药卫生界、文化艺术界的重要贡献。

发挥改善民生的推动作用。做好贫困家庭大学生圆梦资助行动、山区优秀中小学教师表彰推荐工作，12名贫困大学生获得助学金3.6万元，4名山区优秀教师受到市政协表彰奖励。继续实行干部直接联系群众制度，完善机关包村、委室包组、干部包户工作措施，组织机关干部深入河咀社区建卡联系89户群众；从办公经费中挤出2万元用于该社区抗旱保苗、清运垃圾；动员政协机关干部职工捐资慰问困难党员、贫困家庭28户。引导政协委员积极参与公益事业、扶贫济困活动，彰显为民情怀：党群组、医卫组委员联合看望县麻疯病疗养院16名病患老人，送上防寒毛毯，并协调县广电网络公司免费为老人们安装户户通卫星接收器；周颖委员捐赠前卫村老年人价值8.8万元的被套391件；刘云虹委员捐赠老年人价值4万元的鹿茸2000包，赞助诗书画协会1.8万元印制挂历。

发挥协调关系的渠道优势。认真参与信访工作，共接待来访人员48人次，协调处理信访件16件。首次召开社情民意恳谈会，引导委员密切联系各族各界群众，积极反映人民群众心声，收集报送县委、县政府社情民意19条。县政协领导参加佛教、基督教协会的相关会议、活动，促进宗教与社会主义社会相适应。组织机关干部职工参加市政协系统职工运动会，加强与市、县区政协的联谊交流。组织驻江川的市政协委员在市政协四届二次会议期间，就入湖河道治理、县城基础设施建设、基层医疗卫生队伍建设等提出联名提案；市政协把《江川县政协关于美丽乡村建设情况视察报告》，定为市政协四届三次全会的“大会发言材料”，呼吁市级层面对江川发展给予关注和支持。

【自身建设】 坚持推进政协履职的制度化、规范化、程序化建设，坚持以提高协商民主能力为工作目标，以政协自身建设为着力点，以党的群众路线教育实践活动为契机，不断提高履职制度化、程序化、规范化的水平。

党组带头转作风。扎实开展党的群众路线教育实践活动，紧紧围绕“为民务实清廉”主题，聚焦“四风”突出问题，党组班子带头，立行立改，真改实改，活动取得明显成效。机关干部职工践行群众路线的觉悟得以不断提高，思想作风和工作作风得到有效转变，并建立健全24项反“四风”长效机制，做到按制度理事，用制度管人。

常委履职有保障。修订完善《常务委员会工作规则》，进一步规范常委会议的各项会务工作，力求每次常委会做到“学习有专题、审议有通报、协商有建议”。在政协开展调研视察活动中，注重安排常委参加，确保常委能深入基层一线了解县情、民情。在党的群众路线教育实践活动中，专门征求常委的意见和建议，并向常委会议专题报告活动开展情况，确保常委对活动的知情权和监督权。

委员活动显特色。按照省政协《关于加强界别工作的意见》，研究制定《关于进一步加强与政协委员联系的意见》，健全政协主席、副主席、委室主任联系政协活动组、委员制度。各委员活动组采取委员轮流主持活动、活动组联合开展活动等方式，把专题学习、调研视察、联络联谊、文史资料征集等融为一体，进一步丰富活动内容，提升活动成效。制定《信息宣传和反映社情民意工作考核奖励办法》，继续开展委员“五个一”活动，激励委员在本职工作中带头，在政协工作中主导，在江川发展中建功。涌现出曹洪军、杨卓锦、李学坤等先进典型，县政协与江川电视台联合拍摄“政协委员风采录”，对委员的先进事迹作宣传报道。

机关运行更协调。认真贯彻落实中央“八项规定”精神，抓好党风廉政建设责任制落实，建立健全机关公文、财务、车辆、纪律等管理制度，建立机关工作人员在岗去向显示牌；加强党支部、工会工作，整合机关内部工作力量，不断提高机关运行效率和服务保障能力，树立为民、务实、清廉形象。

【罗黎辉视察仙湖锦绣项目】 4月10日，省政协副主席罗黎辉视察仙湖锦绣项目，市政协主席黄宪庭、民进玉溪市委主委张炜、秘书长张卫及县政协主席罗跃岗陪同视察。罗黎辉视察了仙湖锦绣项目的湖滨湿地公园建设和项目总体规划沙盘，并与项目负责人进行座谈。

（侯国芬）

人民团体

工　会

【概　述】 2014年，县总工会围绕发展改革中心，把握和谐稳定大局，贯彻“组织起来，切实维权”工作方针，按照“扩大覆盖面，增强凝聚力”基本要求，充分发挥工会作为党联系群众的桥梁纽带作用，以构建和谐劳动关系为主线，以推进江川科学发展为目标，团结动员全县职工建功立业。主动作为，为不断调整工作方向，进一步开创工会工作新局面，努力建设富裕和谐美丽新江川作出贡献。

【组织建设】 2014年，县总工会设主席1人，副主席2人，在编工作人员2人，缺编1人，聘请职工4人。江川县现有工会组织296个，涵盖单位636个，其中：机关事业单位工会组织99个，涵盖单位109个；企业单位工会组织197个，涵盖企业527个；职工16808人，会员16494人。按照“三同时”原则，成立女工组织160个，经审组织296个，组建率达到应建工会经审组织和女工组织的100%。

3月18日，县总工会召开第十一届委员会第五次全体委员会议，选举王六生为第十一届委员会常委。

【“两个普遍”工作】 继续开展“广普查、深组建、全覆盖”行动。2014年11月，新建云南联塑科技发展有限公司工会1家，发展会员307人。

普遍开展工资集体协商。4月18日，召开江川县2014年工资集体协商工作会议，县委副书记、统战部部长石伟，县委常委、副县长张文彬出席会议并讲话。2014年，共签订企业工资集体协商合同61份，覆盖企业430家，覆盖职工人数6541人。其中：签订行业性合同1份，覆盖企业6家，覆盖职工131人；签订区域性合同6份，覆盖企业414家，覆盖职工4739人；签订专项单独合同54份，覆盖职工4427人。江磷集团、卓一食品有限公司、世文酒店、凤凰山水泥厂4家企业评为玉溪市企业工资集体协商示范单位。

【工会规范化建设】 11月4日至7日，县总工会对被表彰为规范化建设达标单位的7个乡镇、街道（总）工会进行复检验收。

【江川县总工会十一届五次全委（扩大）会议】 3月19日，江川县总工会第十一届五次全委（扩大）会议在县委党校召开。县委常委、组织部部长林清出席会议并讲话。县人大常委会副主任、县总工会主席陆富仙作题为《深入学习贯彻党的十八届三中全会精神　团结动员全县职工为建设富裕和谐美丽新江川而努力奋斗》的工作报告，县总工会副主席李春伟书面提交《规范组织建设加大监督力度　为江川工运事业的发展提供有力保障》的经审报告，县总工会副主席李芬书面提交《坚定信心　锐意进取　团结和带领女职工为建设富裕和谐美丽新江川作贡献》的女职工工作报告。会议总结回顾2013年取得的成绩，对2014年工作作安排部署。表彰2013年工会重点工作目标责任书考核一等奖3名（大街街道总工会、前卫镇工会、教育系统工会）、二等奖3名（雄关乡工会、江城镇总工会、农业系统工会）、三等奖8名（路居镇工会、九溪镇工会、安化乡工会、水利系统工会、住建系统工会、卫生系统工会、粮食系统工会、交通系统工会），先进单位6个（景湖酒店工会、人力资源和社会保障局工会、检察院工会、江磷集团工会、环保局工会、地税局工会），鼓励单位10个（人民法院工会、林业局工会、县委机关工会、县政府机关工会、国税局工会、财政局工会、公安局工会、民政局工会、供排水公司工会、国土资源局工会），与33家基层工会签订《2014年江川县工会重点工作目标责任书》。

【云岭职工跨越发展先锋活动】 2014年，县总工会围绕“四争四促”的工作任务，在党政机关工会开展公文处理知识竞赛，教育系统工会开展教育教学竞赛、三笔字竞赛，卫生系统工会开展护士礼仪服务、护理技能操作竞赛，乡镇工会、非公企业工会中开展包装称量、中餐宴会摆台、计算机中英文录入等竞赛活动。全年开展各类劳动竞赛97场次，涉及78家单位4200余名职工，投入经费633500元。推荐5名职工参与滇中城市经济圈市级数控车工技术选拔大赛，云南腾达机械制造公司职工严永旺、朱洪斌、曹伟分获第五、七、八名，选拔严

永旺参加省级复赛。

4月22～24日，县总工会组织200余名工会干部举办工会干部综合素质培训班，培训的内容包括工会业务基础知识，十八届三中全会、中国工会十六大及省工青妇大会精神宣讲及劳动技能竞赛等6项知识。县委常委、组织部部长林清出席开班式并作动员讲话。

【云岭职工人才工程】 2014年，在特种行业、家政服务行业等开展培训取证工作，完成市总工会下达的“云岭职工人才工程”300个名额的培训取证任务。

4月9日，县总工会协助县质量技术监督局举办特种作业人员取（换）证培训班，参加培训人员160人，培训人员主要为从事锅炉、压力容器、压力管道、电梯、起重机械、场（厂）内机动车辆等特种设备作业的在岗职工。

7月29日，县总工会出资主办的家政服务员培训班在九溪镇马家庄村委会开班，免费培训52名农民工。

【百名工会干部深入千家企业联系万名职工】 2014年，深化开展工会“百千万”活动，县总工会深入企业调查研究，宣传政策法规，促进企业发展。选择翠峰纸业、供排水公司、腾达机械制造公司、阳光食品公司、丫眯食品公司5户企业，倾听职工声音，联系一线职工50名，发放联系卡50张，全年深入联系企业151人次。

1月9日，市总工会、县总工会在春节前联合走访慰问“百千万”活动联系点同力橡胶公司、江磷集团公司的20名一线职工，发放慰问金6000元。

1月14日，县总工会深入翠峰纸业、天一包装、九川食品和丫眯食品公司4家企业，走访慰问联系职工50人，发放慰问金15000元。

8月6日，县人大常委会副主任、县总工会主席陆富仙深入“百千万”活动联系点阳光食品公司，同企业的10名一线职工展开座谈，倾听职工意见，了解企业和职工的生产、生活状况。

9月2日，县总工会副主席李芬深入“百千万”活动联系点腾达机械制造公司，与企业的10名一线职工面对面交流，宣传工会职能作用，倾听职工意见。

【规范困难职工档案】 为确保帮扶资金收到实效，真正发挥为职工服务作用。江川县总工会对在档、新增的困难职工档案进行随机入户走访。2014年，规范建立困难职工档案754份，注销脱困、退休、死亡等原因档案211份，新增困难职工档案39份，在档有效档案582份。县总工会对在档、新增的困难职工档案进行随机入户走访，实现困难职工档案长效化、动态化管理。

【困难帮扶】 县总工会按照依档帮扶原则开展慰问救助活动。全年共帮扶困难职工689人次，发放救助金527000元。

1月21日，县总工会在县委党校举行2014年“元旦·春节”困难职工慰问金发放仪式。县委书记马文龙，县委常委、组织部部长林清，县委常委、县委办主任邓春元出席仪式。县人大常委会副主任、总工会主席陆富仙主持仪式。救助困难职工536人，发放救助金268000元。马文龙，县委副书记、县长钱兴，县委副书记石伟，林清，邓春元，陆富仙等到张小三、王俊等10名特困职工家中看望慰问，送去慰问金13000元。

3月10日，县总工会女职工委员会对20名因病或子女上学等原因导致家庭特别困难的单亲女职工进行帮扶，发放救助金24000元。

9月28日，县总工会开展以“心系职工情暖佳节”为主题“中秋·国庆”送温暖活动，救助对象主要是低保户及患恶性肿瘤、血液病、精神病等大病的困难职工共120人，发放救助金211000元。县委常委、组织部部长林清，县委常委、副县长李志刚，县人大常委会副主任、县总工会主席陆富仙深入8名特困职工家中进行慰问。

6月12日，县总工会副主席李芬、李春伟到林业局金文俊、县计划生育服务站王亚丽及景湖酒店职工郭江漫家中进行慰问，并送上慰问金11000元。

【劳模管理】 2014年末，江川县共有劳模47人，其中：全国劳模4人，省部级劳模18人，市级劳模25人。

1月22日，市总工会、县总工会联合走访慰问江川县10名省、市级劳模，发放慰问金5000元。

1月27日，省总工会为江川县李承根、徐宝祥、罗汉斗3位全国劳模发放“三金”（春节慰问金、生活困难补助金、特殊困难帮扶金）43000元。

4月28日，在“五一”劳动节到来之际，县总工会邀请36位劳模召开座谈会，县委书记马文龙，县委副书记、县长钱兴到会并作讲话。县总工会为全县45名劳模发放节日慰问金13500元。

6月16日，县总工会为被省总工会认定为省部级劳模的江城中心卫生院张六一送上认定通知、证明，落实了劳模政治、经济待遇。

9月4日，全国劳模徐保祥积极响应县委、政府殡葬改革工作号召，主动拆除自建的“活人墓”。

9月28日，县委常委、组织部部长林清，县人大常委会副主任、总工会主席陆富仙深入普绍清、方正华、侯道泽、张贵元、汤秋玲、胡金顺6位困难省部级劳模家中开展慰问，发放劳模“两金”（生活困难补助金、特殊困难帮扶金）28500元。

11月2日，县总工会组织王牙明、杨兴2位全国劳模到昆明工人疗养院疗休养。

12月8日，县总工会组织省部级劳模汤秋玲到海南南田劳模修养基地疗休养。

【金秋助学】 9月3日，县总工会开展“金秋助学”活动，共救助困难家庭职工子女31名，发放助学金87000元。本次救助标准为本科院校3000元/人，专科院校2000元/人。发挥特困职工救助中心“连心桥”作用，履行工会职能。

9月25日，江川县人大常委会副主任、县总工会主席陆富仙深入联系点西河小学，为300余名学生捐赠价值2000元的学习用品。

【法律援助】 县总工会在开展法律援助工作中充分发挥工会维权、帮扶职能，为维护职工合法权益，构建和谐江川奠定基础。2014年，江川县职工法律援助中心开展法律咨询6件次，涉及职工29人，金额505600元。案件代理3件次，涉及金额16万元。

【职工医疗互助活动】 江川县第十期职工医疗互助活动，参加单位151家，与2013年持平；参加人数10004人，比2013年增25人；收取互助金808200元，补助生病住院职工1137人次，发放互助金607700元。单次补助互助金最高金额29700元。

10月22日，县总工会组织151家基层工会医疗互助代办员开展第十一期职工医疗互助管理信息系统录入培训。宣传十一期活动的两大优惠政策：继续降低补助起点，由600元降至500元；再次调高分段补助比例，由原来的30%、70%、90%调整为30%、70%、100%，补助力度向患重（大）病职工倾斜。

【劳动关系三方四家联席会】 10月22日，江川县劳动关系三方四家联席会议召开。会议由县人大常委会副主任、县总工会主席陆富仙主持，县人力资源和社会保障局、县工业商贸和科技信息局、县工商联合会有关负责人参加会议。会议商议贯彻执行《玉溪市总工会、人社局、安监局、工信委关于印发〈玉溪市关于建立和推行工会劳动劳动法律监督意见书和工会劳动法律监督建议书制度的实施办法〉的通知》，明确部门职责分工；对新制定的《江川县厂务公开民主管理领导小组及其办公室工作职责和工作制度》《关于进一步加强厂务公开民主管理工作的意见》进行讨论，提出修改完善意见。

【厂务公开民主管理】 11月7日，江川县召开厂务公开民主管理领导小组筹建工作会议，筹建江川县厂务公开民主管理领导小组及办公室，讨论通过《江川县厂务公开民主管理领导小组及其办公室工作职责和工作制度》《关于进一步加强厂务公开民主管理工作的意见》。

11月11日，中共江川县委办公室、江川县人民政府办公室印发《关于成立江川县厂务公开民主管理工作领导小组的通知》，成立由县委副书记、统战部部长石伟任组长，县委常委、组织部部长林清，县委常委、副县长李志刚，县人大常委会副主任、总工会主席陆富仙任副组长，县委办、县政府办、县委组织部、县发展和改革局等11家单位为成员的工作领导小组，明确职责，推进工作。

11月12日，江川县总工会组织乡镇（街道）及25人以上企事业单位的150余名工会干部召开江川县厂务公开民主管理暨劳动法律监督培训会。会议确定，在全县企事业单位中建立16个厂务公开民主管理示范点。同时，聘请劳动法律监督员147人，组建了劳动法律监督委员会25个。

截至2014年底，全县事业单位和非公企业已建立厂务公开民主管理制度245家，建制率达100%，涵盖职工13075人。在已建立厂务公开民主管理制度的245

家单位中，已建立职代会制度239家，建制率达97.5%，涵盖职工12630人。

【“安康杯”竞赛】 联合县安监局开展以“广泛发动提质量，文化引领强基础”为主题的职业病防治、节能减排和安全生产的“安康杯”竞赛活动。内容涉及公安消防、创建平安家庭、安全用电、职业病防治等，全县23家机关事业单位的235个班组、3086名职工参加。

【“生态文明之家”创建】 2014年，继续开展“生态文明之家”创建活动，12家基层工会列为争创单位。达标验收8家单位（县地税局工会、县人民法院工会、安化乡工会、蓓蕾幼儿园工会、江城小学工会、伏家营中学工会、路居中心小学工会、安化小学工会）。

3月19日，县总工会授予县检察院、人力资源和社会保障局、路居中学3家工会“生态文明之家”荣誉称号。

11月4～7日，县总工会对已获市级表彰的24家基层工会开展生态文明之家创建“回头看”，从组织机构、绿化美化环境、劳动关系和谐等11个方面进行复查。

【职工书屋建设】 以藏书3000册、报刊20种以上、电子音像制品不少于80种（张）等条件为标准，创建云南省阳光食品有限公司为“省级职工书屋”。以藏书2000册、报刊10种以上、电子音像制品不少于40种（张）等创建条件为标准，创建云南卓一食品有限公司为“市级职工书屋”。争取上级资金17000元，加强职工读书活动的阵地建设。

9月3日，县人大常委会副主任、县总工会主席陆富仙，县总工会副主席李芬、李春伟到县公安局工会新址调研指导职工书屋建设情况。县公安局工会被列为县级职工书屋自建点，并积极争创省、市级职工书屋。

【一线职工疗休养】 县总工会组织教育、卫生，税务、财政、公安等机关事业单位和部分非公企业的39名一线职工于4月、8月分两批到昆明工人疗养院疗休养，疗养内容包括健康体检、休闲游览等活动。

【调查研究】 3月5日，省总工会技协办副主任尹江宾，市总工会副主席柏劲松，县人大常委会副主任、总工会主席陆富仙等一行12人到云南江磷集团股份有限公司职工技师工作站进行调研。江磷集团公司工会主席王六生、副主席张彦生、经审委主任侯润生陪同调研。王六生向调研组汇报江磷技师工作站的建设情况和主要成果。

9月17日，市总工会副主席柏劲松一行对江川县2014年重点工作推进情况进行督导调研，县人大常委会副主任、县总工会主席陆富仙，县总工会副主席李芬、李春伟陪同调研。调研组以实地走访查看、听取汇报的方式进行，先后走访云南阳光食品有限公司工会、教育系统工会等4家基层工会。

【工会理论调研】 县总工会密切联系职工，为提高领导干部决策水平，把调查研究作为改进工作方法的有效途径。按照市总工会确定的重点调研课题，结合县总工会工作实际，深入基层和群众开展调查研究，形成《加强基层工会组织建设》《如何做好新形势下职工思想政治工作》《江川工会经审工作现状与思考》《江川县厂务公开民主管理工作现状》《关于江川、新平县各类企业民主管理工作的调研报告》《加强女职工技能培训 促进女职工就业创业》《在深化社会保障制度改革中做好职工医疗互助工作的研究》7篇调研报告并报市总工会，获一等奖1篇、二等奖1篇、三等奖3篇、鼓励奖1篇。

【工会宣传】 2014年，县总工会共采编工会信息108期。被省级采用信息23条（其中：《云南工运研究》采用《江川县总工会大力做好帮扶救助工作 努力为职工群众办实事解难事》，《时代风采》《云南工会通讯》采用22条），市总工会采用46条，县级采用52条。

【省市总工会考核江川工会工作】

1月9日，市总工会副主席张艳华率考核组对江川县总工会2013年工会重点工作、“一活动一工程”、工资集体协商和女工工作进行考核验收，县人大常委会副主任、总工会主席陆富仙，县总工会副主席李春伟参加考核。考核组听取江川工会一年来的工作落实情况，实地走访了教育系统工会、江磷集团公司工会2个“一活动一工程”示范点，并给予肯定。张艳华对今后工作提出意见：深入贯彻落实玉溪市四次工代会精神；找准切入点和结合点，继续开展“生态文明之家”创建活动；找准载体，集思广益，加大力度，拓宽深度，全力推进“一活动一工程”，突出工会工作特点；深入调研、认真核实，深入开展困难帮扶工作；主动联系，部门联动，做好职工维权工作。

12月16日，省总工会医疗互助中心主任罗秋华、市总工会调研员李树华对江川县总工会申报的“云南省工会工作先进县”进行考核验收。县人大常委会副主任、总工会主席陆富仙对照申报条件从“一活动一工程”开展情况、维权帮扶、自身建设等16个方面向考核组作汇报。考核组翻看工作台账并提出意见建议：基层工会主席要按同级副职配备；要积极争取党政领导支持，配强队伍，努力建成“AAA”级帮扶中心。

【工会财务】 4月8～9日，市总工会组织市总财务部和八县一区总工会的会计、出纳及市直互审组长单位负责人共30人，在江川县总工会开展工会财务互助互审活动。市总工会原党组书记黄满德与县人大常委会副主任、总工会主席陆富仙到会讲话。互审活动邀请省总财务部张晓露对工会财务知识进行培训，市总工会李自明对云南省工会报表汇总系统作专题培训，并传达省总财务会议精神，安排布置全年财务工作。

6月19日，县总工会与县地税局、人行、农行召开2014年度工会经费代收工作联席会议，县人大常委会副主任、总工会主席陆富仙，县地税局局长李鸿等领导和工作人员19人参加会议。会议总结2013年工作，交流工作中存在和需要协商配合解决的问题，探讨促进和提高工会经费代收工作任务的新方法、新路子。会议就执行2014年度工会经费定额征收管理办法进行讨论修改，对2013年欠缴工会经费的企业进行排查，并提出一对一清缴欠费意见。

【经费审查】 县总工会充分发挥工会经费审查审计“监督有为、服务有方、免疫有效、保障有力”的功能和作用，服务工会工作全局，推动经审工作上台阶。

1月6日，县总工会经费审查委员会采取就地审计方式，对县总工会第九期职工医疗互助专项经费的收支情况进行全面审计。

9月12～13日，县总工会经费审查委员会对县总本级2013年度工会经费财务收支及其他财务收支情况进行审查审计。

9月10～15日，县总工会经费审查委员会组织审计小组成员7人，对21个基层工会特别是有专项补助的基层工会开展2013年度工会经费财务收支情况进行审计。按照“统一领导、分级管理、分级负责、下审一级”的原则，开展对4个乡镇（街道）工会、4个系统工会和13个县直部门工会2013年度财务收支情况的审计工作。县级经审会对所属乡镇、系统工会审查审计面达53%，对县直工会审查审计面达13%。通过审查、审计监督，各单位提取的工会经费，主要用于开展活动，服务职工支出。针对审计中发现的问题，提出45条建议和审计意见，将意见征求稿和审计底稿复印件反馈给各基层工会，各基层工会根据提出的审计意见，分别进行整改。纪委监察局工会、卫生系统工会、水利系统工人、供销社工会4个基层工会进行专项整改。

【交流学习】 11月13～14日，江川县总工会承办玉溪市总工会经审一组2014年度互审工作会议。市总工会副主席、经审委主任柏劲松参加经费互审工作。

【文体活动】 4月30日，县总工会联合县文旅广体局举办江川县庆“五一·体彩杯”快步健身走活动。倡导广大职工群众以简便易行的方式，每天坚持三十分钟快步走健身运动，养成良好的生活方式，预防疾病发生，提高工作效率，活跃职工业余文化生活。活动共27家单位765名职工参与，全程约4千米，耗时30分钟。

10月12～15日，县总工会全体干部职工组队参加玉溪市总工会在通海举办的第九届职工运动会，获团体赛第七名。

【表彰奖励】 2014年1月9日，县总工会被县社会管理综合治理委员会评为“2013年度江川县社会管理综合治理维护稳定工作先进单位”。

2月18日，县总工会经审会被省总工会、市总工会表彰为“2009-2013年度经审先进集体”；教育系统工会经审会被市总工会表彰为“2009～2013年度经审先进集体”；龚瑞中、罗吉仓被市总工会表彰为“2009-2013年度经审先进个人”。

3月4日，县教育局工会、云

南江磷集团股份有限公司工会被市总工会命名为首批云岭职工跨越发展先锋活动暨云岭职工人才工程示范点并授牌。

3月6日，县总工会被市总工会表彰为“2013年工会重点工作目标考核一等奖”。

4月28日，大街街道总工会职工毕洪生被省总工会评为“云南省和谐家庭”。

9月17日，云南江磷集团股份有限公司工会被省总工会表彰为“云南省职工医疗互助活动十周年先进集体”。县总工会杨旭升、县水产技术推广站邓金华在2004-2014年云南省职工医疗互助活动中被云南省总工会表彰为“先进个人”。

11月20日，云南卓一食品公司产品研发室被市总工会、市职工技术协会被评为“云南卓一食品职工创新工作室”。

11月28日，云南江磷集团股份有限公司“江磷”创新工作室被省总工会、省职工技术协会评为“云南省职工创新工作室”。

12月9日，大街街道大街社区联合工会、前卫镇工会、玉溪景湖酒店管理有限公司工会委员会被市总工会评为“玉溪市基层工会发挥作用先进单位”。

12月25日，玉溪景湖酒店管理有限公司工会被市总工会、市企业联合会/企业家协会、市安全生产监督管理局、市工业和信息化委员会、市人力资源和社会保障局、市国有资产监督管理委员会、市工商业联合会评为“2012—2013年度玉溪市劳动关系和谐企业”。

【女工工作】 截至12月31日，全县有女职工组织160个，女职工6798人，女会员6634人。

2014年，组织31家单位91名女职工参加“两癌”筛查活动。组织发动77名女职工参加第五期女职工安康保险，不断提高女职工依法维权意识和自我保护能力。协同县人社局与21家非公企业签订《女职工专项合同》21份。促进女职工在政治、经济、文化、社会和家庭等方面享有与男职工平等的权利，保护妇女职工权益。

【成员职责】 2月27日，县总工会、县人社局、县妇联等部门联合开展以“搭建供需平台　促进转移就业”为主题的“春风行动”，旨在做好农村转移劳动力就业创业工作，更好满足进城务工人员求职就业和企业招聘用人的需要。活动发放《云南省农民工工资支付保障规定》、《农民工进城务工安全指南》、《劳动法》等资料共3000余份，帮助其了解劳动用工法律法规相关知识，提升劳动者维护自身合法权益的能力。

4月1日，江川县总工会、公安、交警等部门联合在江城主街道开展以“创建平安法治江川，网格化真情系万家”为主题的综治维稳宣传月活动。通过设立咨询台、悬挂宣传横幅、发放宣传资料等形式，对农民工进城务工安全指南、农民工工资支付保障规定、依法禁毒构建和谐、交通违法行为、消防安全知识等工作进行宣传。发放各类宣传资料3000余份、安全套500个，接待前来咨询群众200名，帮助其提高自觉学法、守法意识。

6月17日，县总工会、县安监局、妇联、公安消防等部门在县城明珠路开展以“坚守红线、从严执法”为主题的安全生产宣传活动。发放各类宣传资料和环保袋3500余份，内容涉及农民工职业病预防、农民工工资支付保障规定、禁毒防艾等知识。

6月24日，县总工会协同大街街道总工会组织上头营辖区内阳光食品公司、天宇包装厂等多家企业的63名职工群众开展以“依法禁毒　构建和谐”为主题的禁毒知识讲座。通过进机关、进企业、进社区，以务工人员、待业人员为主要对象积极开展“全民禁毒宣传”活动，教育广大职工“珍爱生命，远离毒品”。

（李树祥　龚　瑞）

共青团

【召开各类会议】 5月4日上午，共青团江川县委召开十六届三次全委（扩大）会议，全县各基层团委书记、各村（社区）团总支书记、县少先队总辅导员及各中心小学的总辅导员共计110余人参加会议。团市委党组成员、市青联专职副主席甘莉娅，县委常委、组织部部长林清出席会议并作讲话，对江川共青团工作给予肯定，寄予殷切期望，提出要求。共青团江川县委书记戴吉国代表共青团江川县十六届常委会作《深化改革创新凝聚全团力量　努力开创新形势下江川共青团工作新局面》的工作报告。

5月4日下午，共青团江川县十六届团委召开第3次常委会，团县委副书记王坤及全县14个基层团委书记参加会议。团县委书记戴吉国主持会议，安排部署5月份团建月活动内容和6月份全县共青团工作的重点任务。

7月15日，江川县首个区域青年工作共建委员会在大街街道成立，团县委副书记王坤、大街街道党工委副书记谭波及共建委员会35家成员单位负责人参加会议。街道团工委书记介绍大街街道青年工作工作情况，讨论通过《青年工作共建委员会工作制度》《青年工作共建委员会联席会议制度》等7项制度，选举第一届共建委员会轮值主席。

9月12日，共青团江川县第十七次代表大会在县城影剧院开幕，县委常委、组织部部长林清主持大会开幕式。共青团玉溪市委书记罗盛勇，市委第十三督导组常务副组长孙月峰、副组长吕田兴，县委书记马文龙，县委副书记、县长钱兴，县人大常委会主任李东林，县政协主席罗跃岗，县委常委、宣传部部长龚桂存，县委常委、县纪委书记李学祥，县委常委、县委办主任邓春元，县政协副主席杨吉英出席会议。4名少先队员代表全县少先队员作献词。县人大常委会副主任、县总工会主席陆富仙代表群团组织致贺词。罗盛勇对今后工作提出要求。听取和审议戴吉国代表共青团江川县第十六届委员会作的工作报告。选举第十七届团县委委员，选举第十七届团县委常委、书记、副书记。

9月19日下午，共青团江川县委召开第17届团县委第1次常委会议，团县委书记戴吉国主持会议，副书记王坤、沙蓉及14个基层团委书记出席会议。会议听取各基层团委书记关于2014年以来的基层团建工作情况汇报以及县供电公司基层团建示范点创建工作经验交流，安排团建工作、预青工作、青年志愿者活动、迎国庆青少年思想引领工作等近期重点工作。

【志愿服务工作】 2014年，共青团江川县委高度重视志愿服务工作，注册青年志愿者6003人，完成团市委下达江川县指标任务的120.06%，发挥各级团组织、青联、少先队组织的动员能力和7个青年志愿者工作站和10支青年志愿者服务队的组织优势，累计约43000人次参与志愿服务活动，将“做好事做善事做志愿者”主题教育实践活动引向深入。

2014年1～2月，组织团员青年2180名开展迎春节农村环境卫生综合整治行动，清理垃圾1765.9吨、路面85500米、污水沟66733米，清除乱贴乱画小广告1147张，出动车辆295辆次，清除卫生死角267处，以实际行动服务美丽江川建设。

2月25日，在全县7个乡镇（街道）组建7支服务烤烟生产助农增收先锋队和7支护林防火宣传服务队。截至3月21日，7支乡镇（街道）服务烤烟生产助农增收先锋队共组织青年1386人次，开展宣传烤烟政策86次，发放单页620份，帮助困难农户140户，移栽面积70亩，移栽烟苗70000余株；7支护林防火宣传服务队组织团员青年496人次，进村入户宣传护林防火知识524户，张贴标语150份，发放宣传资料5300份，组织128人次参与堵卡、巡山工作，通过“小手拉大手”活动，在学校广泛进行宣传，共计组织召开班会42节，制作黑板报42期，发放至家长公开信1500份，张贴标语35张，书写作文600余篇。

3月5日，在全县中小学范围内，对开展学雷锋活动、弘扬雷锋精神表现优异的43支队伍进行“雷锋中队”命名。

3月5日，开展“弘扬雷锋精神，共建美丽家园”共青团环保志愿服务行动，共组织团员青年和青年志愿者2141人，出动车辆30余辆，清扫路面46900米，清洁“两湖”湖岸、入湖河道84800米，清理公厕254个，清运垃圾近200吨，浇水管护路边绿化树600余棵，并沿途发放爱护环境、爱护生态倡议书。

2014年4月，组建9支“两湖一库”主要河道保护治理青年突击队，4月至12月，组织团员青年3891人，出动车辆35辆，清理河滩6000米、河道528300米，清扫街道85条、路面17800米，清运垃圾459.46吨，张贴悬挂标语63条，发放生态环保宣传单页900余份。

2014年4月是全国第26个爱国卫生月，围绕“生态江川建设·青春建功行动”内容，先后组织开展健康教育活动5311人次，发放宣传资料7832份，摆放宣传展板40块，出黑板报49期；组织开展环境卫生整治活动，组织团员青年、少先队员8403人次，出动车辆31辆次，清除垃圾56吨，清理污水沟6130米，清除违章占道61处、乱贴乱画小广告428张、卫生死角153处，水井消毒17口。

5月23日至6月5日，组织先锋队、调动团员青年378人次，开展抗旱减灾宣传教育34次，张贴标语43份，发放宣传单1000

份，为人畜饮水困难的山区运送生活用水13车，为68户困难群众抗旱保苗。

6月5日，组织全县团员青年、少先队员5171人，开展“人人参与环保，向污染宣战”宣传活动，悬挂宣传标语153条，播放广播宣传141次，出环保黑板报94期，开展环保课堂93节，学生撰写心得体会272篇，张贴、发放宣传小标语1225条，开展“四清”活动，清扫路面33900余米，清理沟道46982余米，清运垃圾149.2余吨。

7月9日和10日，组织各界团员青年100余人，自带锄头、铁铲、小桶等工具，到江城镇侯家沟村委会大平地植树3000余株、70余亩。

8月15日上午，组织50余名团员青年，全力打造共青团江川县委第2片青年生态林，新增树苗600多株。

8月，烤烟烘烤交售期间，发挥县青年志愿者协会和已组建的7支服务烤烟生产助农增收先锋队作用，组织青年志愿者300余人次服务烤烟交售工作。

10月9～11日，号召、组织全县青年志愿者839人，积极参与江川县巩固省级卫生县城活动，对县城主要街道、乡镇政府所在地街道进行清理整治。共计出动车辆16辆，清理路面33000米，清洁河道11000米，清运垃圾20吨。

10月20～30日，在全县各级团组织中积极开展“筑梦·青春”社会主义核心价值观主题教育实践活动。组织青年志愿者887人开展禁毒防艾宣传教育工作，共计发放宣传资料23826份，张贴标语272条，播放广播160次，展出展板30块，出黑板报66期。组织青年志愿者开展“志愿敬老行·关爱传真情”系列活动，到敬老院和老人家中，打扫房间、整理被褥、擦拭玻璃、修剪花草，奉上青春劳动；开展重阳节慰问活动，送上毛巾、肥皂、洗衣粉、牙膏、牙刷120份，献上青春爱心；开展医疗义诊活动，为200余名老人进行免费检查，对2名腿脚不便的老人进行上门服务；开展心里辅导活动，组织青年志愿者陪老人谈心聊天，联系卫生院医护人员对老人进行心理辅导和心理咨询，预防老人心理疾病发生；开展文娱活动，组织广大青少年志愿者参加敬老节文艺演出，为30名留守儿童和农民工子女送去关爱，组织1570名青年志愿者开展爱国卫生运动，环保宣传，发放宣传资料3100份，广播宣传35次，出黑板报99期，清理河道6100米，清扫街道12700米，清运垃圾12.1吨。

10月30日，组织青年志愿者30余人开展平安法治建设宣传行动。共计出动法治宣传车1辆，悬挂法治宣传横幅2条，展出禁毒防艾宣传展板12块，发放反恐防暴、禁毒防艾、预防青少年违法犯罪等法治宣传资料2000余份。

11月17日，为确保在玉溪举行的“七彩云南全民健身格兰芬多国际自行车节”第二站比赛圆满成功，共青团江川县委广泛组织青年志愿者80余人，在江川县城赛段、环抚仙湖赛段全力做好安保、环卫、向导等志愿服务工作。

【文体活动】 2014年春节期间，组织团员青年169人次，开展送文化进社入村10次，丰富群众新春佳节期间的文化娱乐生活。4月29日，联合县职业中学，举办“迎五四·校园歌手大赛”，20位选手用歌声传递“五四”精神。5月14日，联合路居镇上坝小学开展“读书成就梦想”硬笔书法展示活动。“六一”儿童节期间，开展“红领巾相约中国梦·庆六一”系列主题活动，全县组织875人举行文艺演出和游园活动，举办庆“六一”春华杯三项赛。

【关爱行动】 2014年元旦、春节期间，全县各级团干部、青联委员、青年志愿者500余次走访慰问留守儿童、空巢老人、困难群众和受灾民众，送大米1.5吨、食用油60余桶、学习用品35套、慰问金26160元。5月29日，组织动员玉溪市东峻物流有限公司、玉溪罗莱家纺、玉溪市商业银行等爱心企业，在安化彝族乡董炳小学联合开展“捐资助学，功在千秋”爱心捐资助学活动，爱心企业及爱心人士共为山区小学安化董炳小学捐赠助学金31800元。“六一”期间，组织慰问学生活动，为孩子们送上1100余元慰问品。云南省昭通市鲁甸县地震救助期间，发动全县团员青年、干部职工加入到“我与灾区人民心连心”爱心捐赠活动中，组织团员青年、干部职工350余人，募捐资金19624元。8月，为贫困大学新生争取到联塑科技、天丽食品、世文集团等四家企业捐资3.2万元，资助8名贫困大学生。

【基层团组织建设】 2014年，共青团江川县委强化基层建设、夯实基础，在完成县、乡镇团委换届选举前提下，开展青年生态示范村和团建示范点创建工作，启动团员积分制管理，致力于加强团组织的凝聚力和战斗力。

3月17日，共青团江川县委召开专题会议研究部署县、乡镇团委班子换届选举工作。截至4月29日，全县6个乡镇完成换届选举，选举出书记6名，2男4女，年龄最大的27岁，最小的24岁，平均年龄25岁；选出副书记14名，并确保每个乡镇2名副书记中有1名是乡镇机关年轻干部，使选出的副书记真正成为书记的得力助手。

2月27日，共青团江川县委召开各基层团组织负责人会议，安排部署全县基层团建示范点和品牌创建工作。3月13日，全面启动青年生态示范村和团建示范点创建工作。8月中旬，江川县建成江城镇侯家沟村基层团建示范点和电力公司机关团建示范点两个团建试点。侯家沟村围绕团员积分制，组建各类先锋队突击队服务队，在护林防火、烤烟生产、经济建设、社会稳定等各方面发挥积极作用；电力公司则围绕团员积分制，结合公司业务实际，开展“点亮你点亮我”青春主题实践活动。

2月27日，共青团江川县委召开开展党的群众路线教育实践活动动员大会。联系点领导县委常委、县委办主任邓春元，县委第三督导组成员出席会议，江川团县委全体干部职工、基层团委负责人、青年群众代表23人参加会议。

3月28日，共青团江川县委书记戴吉国到联系村大街街道土官田村，为村党员及干部85人作教育实践活动专题党课。

8月6日，制定下发《江川县团员积分制管理工作实施方案》，按照“1+X”的模式（“1”即基础积分，“X”即加分和扣分，实行百分制考核管理），旨在将团员服务基层、服务群众、参与活动的每一项工作都进行量化计分，将表现情况以累积分制的形式体现出来。

2014年，共青团江川县委科学谋划共青团江川县委青春思想导航、青春建功成业、青春保护、固本强基“四大行动计划”，有的放矢，积极作为，江城侯家沟团总支、县供电公司团支部等基层团建示范点建设卓有成效，“钟秀讲坛”、“生态监护行动”等品牌项目形成特色，基层团建各项工作取得成效。

【调研工作】 4月9日至10日，共青团江川县委书记戴吉国带领团县委人员到各乡镇（街道）调研指导青年生态示范村及基层团建示范点创建工作。

6月5日上午，共青团玉溪市委书记罗盛勇到江川专题调研共青团工作，团县委书记戴吉国、副书记王坤陪同调研。实地查看江川县侯家沟村委会团建示范点和胡家湾村青年生态示范村创建工作。

7月16～17日，共青团江川县委书记戴吉国带领团县委干部职工到江城镇侯家沟村、九溪镇六十亩村调研团建工作，听取团建示范点的制度建设情况、打造方向、特色亮点工作、活动组织情况，查看两村创建进度和效果。

7月21日下午，共青团江川县委与云南司法警官学院师生举行经验交流座谈会，团县委书记戴吉国介绍江川县团建重点工作、特色活动。云南司法警官学院副政委韦桂宁分享云南司法警官学院团委的“一体两翼”特色机制建设。

7月22日上午，市青联专职副主席甘莉娅到江川县调研基层团建工作，先后实地查看九溪镇六十亩村、江城镇侯家沟村团建示范点创建情况。

7月29日，团省委办公室主任张开文在团市委书记罗盛勇陪同下到江川县调研基层团建工作，先后实地调研江川腾达机械非公团建、江城侯家沟基层团建工作，参观江川农村青年创业基地。

7月31日，共青团江川县委到云南腾达机械有限公司调研指导非公企业团建工作。

7月31日下午，共青团江川县委书记戴吉国到前卫镇星云湖入湖河道——小街河调研团员青年生态监护行动。戴吉国强调，小街村要依托青年生态示范村创建，切实做好小街河的生态环境监护工作，要组建入湖河道青年监护队，定期或不定期组织开展监护活动，不断改善小街河水环境，为保护母亲湖贡献青春力量。

8月下旬，共青团江川县委书记戴吉国带队，到大街街道上头营社区专题调研青年香椿基地建设。

10月29日上午，共青团玉溪市委书记罗盛勇、副书记赵波一行到路居镇调研综治维稳工作。团县委书记戴吉国、副书记沙蓉陪同。在听取路居镇党委书记普学化，党委副书记、镇长张培龙关于镇综治维稳工作情况汇报后，罗盛勇指出，路居镇党委政

府高度重视社会稳定工作，采取一系列行之有效措施，做了大量卓有成效工作，确保全镇社会和谐稳定。罗盛勇希望路居镇牢固树立“责任重于泰山”“稳定压倒一切”的思想，巩固好党的群众路线教育实践活动成果，以贯彻落实好党的十八届四中全会精神为着力点，以做好群众工作为重点，从促进法治江川建设的高度，正确处理好项目征地过程中的群众工作，维护好群众的合法权益。同时，要认真做好禁毒防艾、安全生产等社会稳定各项工作，确保全镇社会和谐稳定。赵波就路居镇的共青团工作提出要求。

【预防青少年违法犯罪工作】 4月28日，举办中学生禁毒防艾专题知识讲座，为1200多名团员学生讲授禁毒防艾知识，提高学生自觉抵制毒品和艾滋病能力。5月，县团委、九溪镇团委组织青年团员20余名，联合九溪镇司法所组织社区矫正对象，在九溪镇开展保护九溪文化广场清洁卫生公益劳动。“六一”期间，利用校园广播、黑板报等形式开展《未成年人保护法》、禁毒防艾等保护儿童的政策、法律、法规宣传活动。6月17日，组织干部职工在明珠路发放禁毒防艾、消防安全、出行安全、用电安全、学校安全等相关安全知识宣传册、宣传购物袋250余份。7月21日，邀请云南司法警官学院师生19人走进江川，与全县团干部、青年志愿者到大街街道上头营社区开展禁毒防艾宣传工作，采取悬挂横幅、摆放展板、发放宣传单页、讲解禁毒知识、入户座谈等方式展开宣传，共计展出展板19块，入户30余户，发放宣传资料500余份。12月1日，以第27个世界艾滋病日为契机，积极组织全县310名青年志愿者开展系列艾滋病日宣传活动。在街道周边和农贸市场发放防艾宣传资料、安全套等，展出宣传展板30块，悬挂宣传标语8条，发放远离毒品、预防艾滋的相关知识宣传单6300份，发放避孕套2000个；在人口密集场所设立咨询台，向群众讲解艾滋病防治知识；在校学生围绕“行动起来，向‘零’艾滋迈进”主题开展宣传活动；深入江川企业进行防艾宣传，发放各类宣传资料和宣传用品550份，并在现场开展防艾作品展示、艾滋病综合防治知识趣味游戏等活动。12月4日，以“12·4”第一个国家宪法日为契机，组织开展2014年青少年法制宣传周系列活动。在街道、集贸市场门口等人口密集场所开展“12·4”国家宪法日暨全国法制宣传日咨询活动。围绕“弘扬宪法精神，建设法制云南”主题，组织青年志愿者60余人，出动法治宣传车1辆，悬挂横幅3条，发放相关法制宣传资料1300余份，接受现场法律咨询服务50余人；在全县各中小学校开展以“弘扬宪法精神，建设法治云南”为主题法制宣传活动，通过国旗下讲话、主题班会、黑板报、广播、讲座等方式，学习《预防未成年人犯罪法》、《未成年人保护法》及《义务教育法》等法律知识。

【思想引领】 3月份，组织6800多名辅导员和少先队员，围绕少先队基本知识讲授、安全教育讲解及演练和“红领巾相约中国梦”主题活动，开展新学期少先队活动课第一课。5月21～28日，组织全县各级团员青年1418人，学习、宣传中共中央总书记习近平在北京大学师生座谈会上重要讲话。6月，联合县职业中学启动“书香溢满校园，放飞中国梦想”为主题的“中华魂”（放飞梦想）主题教育活动。5～6月，联合各学校开展中华魂“放飞梦想”主题教育活动，开展“放飞梦想”读本原文朗读比赛活动、“放飞梦想”主题班队会交流活动、“金色童年、放飞梦想”黑板报评比活动、“放飞梦想”主题教育活动知识竞赛等一系列教育活动。10月28日，组织干部职工，学习宣传贯彻党的十八届四中全会和全县领导干部大会精神，并提出要切实加强青少年思想引领工作，开展好法治教育主题实践活动，教育引导全县广大青少年学法、懂法、守法、用法，真正用法治思维教育引导广大青少年共筑“中国梦”、“江川梦”；要抓好预防青少年违法犯罪工作，开展好“为了明天——预防青少年违法犯罪工程和未成年人保护行动”和未成年人零犯罪村（社区）创建活动；要参与法治江川建设，按照要求开展好各类活动，做好深化改革各项服务工作。11月下旬至12月上旬，组织全县团员青年、团干部1740人学习中共十八届四中全会精神，深刻领会全面推进依法治国的指导思想、总体目标、基本原则、重大任务，学习党的领导和依法治国关系。11月下旬至12月上旬，组织青年团员、团干部、少先队员8300余人，学习李源潮在与少先队工作者和少先队员代表座谈时的重要讲话精神，让广大青少年更好的培育和践行社会主义核心价值观。

（靳红艳）

妇　联

【概　述】 2014年，县妇联围绕全县经济社会发展大局，并将党的群众路线教育实践活动贯穿于全年的妇联工作中，以建设“坚强阵地”和“温暖之家”为目标，发挥组织优势，搭建特色平台，优化服务理念，开展巾帼创新业、素质再提升、权益强保障、各方施关爱、维稳创平安等工作，不断提高妇联工作科学化水平，妇联工作取得明显成效。

【妇女实用技术培训】 推荐前卫乐金仙、九溪李秋艳参加云南省农村“女能手”种养殖骨干培训。举办家政技能培训班。6月5日至7月2日，联合县人力资源和社会保障局在路居镇开展家政技能培训班开班，50多名妇女群众参加。开展农村劳动力转移培训。3月27日，依托县农广校在前卫镇组织开展劳动力转移培训，300多名农村妇女参加。组织大街、安化、九溪等乡镇（街道）妇联开展蔬菜、核桃、烤烟、生猪等种养殖技术培训。一年来，全县各级妇联组织共举办科技培训56期，培训妇女群众6216人次。

【春风行动】 2月27日，县妇联联合相关单位在县城明珠路开展“春风行动”。通过悬挂横幅、发放宣传资料、现场政策咨询等方式向广大妇女群众宣传外出务工相关常识及法律知识，共发放环保布袋子、“远离毒品·拒绝艾滋”倡议书、春风卡等相关资料3000余份，现场咨询6人次。

【乡镇妇联换届选举】 4月15～29日，江川县6个乡镇妇联完成换届选举工作。县妇联采取换届前集中培训、换届中抽调专人到各乡镇进行指导方式，从组织原则、选举程序上严格把关，选举产生新一届乡镇妇联领导班子。

选举产生的乡镇妇联主席6名、副主席2名，大专以上学历6人，平均年龄31岁。其中：本科学历3人，占50%；中共党员4人，占66.7%。

【平安家庭创建】 继续推进“平安家庭”创建活动，强化“平安家庭”创建知识宣传。编印“平安家庭”创建倡议书5000余份下发到各乡镇（街道）和村（社区），普及平安家庭创建知识。开展法制宣传日。12月4日，联合相关单位在县城明珠路向过往群众发放反邪教知识日历、妇幼保健知识、妇女劳动权益保障等法律宣传资料300多份。开展创平安家庭工作督促检查。11月5日，围绕“平安家庭”星级示范户评选创建、“平安家庭”责任书签订情况等内容，在江城镇选取3户家庭进行入户走访，查看江城镇妇联与农户“责任书”签订情况、农户对自身参与“平安家庭”创建知识知晓率等。选取2户“平安家庭”星级示范户，听取她们对开展“平安家庭”创建活动的意见建议，同时希望她们起好带头示范作用，以小家庭的和谐促进社会大家庭的和谐。创新“平安家庭”创建方式。认真开展平安示范创建活动，在全县建立县级平安示范乡镇1个（前卫镇）、县级平安示范村（雄关白石岩村）1个，建立乡镇（街道）平安示范村10个，示范户99户。

【信访维权】 完善各乡镇（街道）妇女维权网络，在全县7个乡镇（街道）建立基层妇女儿童维权站，畅通信访渠道。组织县乡妇女干部18人次参加省市维权知识培训4次，进一步提高妇女干部的维权能力。变“上访”为“下访”及时维权。全县各级妇女干部主动下访，深入妇女群众身边解决困难问题，问需于民，将矛盾纠纷扼杀在萌芽状态。充分发挥人民陪审员、12338妇女维权热线的作用，加强与公安、检察、法院、司法局联系，有效帮助妇女维权。一年来，县妇联共接待来信来访来电案件45件，其中：家庭暴力案件17件；婚姻关系案件12件（包括外遇、离婚骚扰、分居等）；其它案件16件（邻里纠纷、赡养老人、子女落户等），案件处理率达100%，到法院陪审案件7件，参与合适未成年案件处理4次。

【生态文明家庭创建】 在开展“生态文明家庭”创建工作中，县妇联发动乡镇（街道）、村（社区）妇联组织积极发挥引领作用，加强对农村妇女的教育发动。通过与妇女姐妹谈心、女性党员谈话、集中学习、开展义务劳动等形式，提高妇女主动参与创建“美丽家园”的热情，增强妇女建设美丽乡村的认同感和

光荣感。组织妇女同胞开展广场舞等文艺活动，活跃妇女文化生活，宣传乡村美丽环境和美好生活。努力倡导“美丽家园、从我做起”，激发妇女带领家庭成员参与生态文明建设。开展“巾帼共建美丽家园”活动。3月3日，组织30多名巾帼志愿者在江城镇侯家沟村委会中渔村开展“喜迎三八，美化家园”清洁农村环境活动，县妇联发放垃圾桶20只、“厉行节约　反对浪费”环保布袋子300只。打扫县城王字街商业中心。为带领广大妇女积极投身巩固江川省级“卫生县城”工作中，组织150名巾帼志愿者对县城街道路面死角、王字街商业中心地带进行清扫，改善城区环境卫生。一年来，全县共有巾帼志愿者、妇女群众3646名参加环境卫生整治活动，活动清扫路面14100米，清理沟道18000米，打扫公共晒场5块，清理垃圾池267个，公厕297个，清运垃圾140.6吨。

【江川县妇女第十四次代表大会】　9月9～10日，江川县妇女第十四次代表大会在江川县影剧院召开。县委书记马文龙出席会议并讲话。县妇联主席王学梅作题为《立足新起点　挥写新篇章　团结带领全县妇女为建设美丽新江川而努力奋斗》的工作报告。会议听取和审议《江川县妇联第十三届执委会工作报告》，选举产生县妇联第十四届执行委员会委员17名，常委9名，主席、副主席各1名，表彰2009年～2014年度三八红旗集体5个、三八红旗手10名，五好文明家庭5户、平安家庭5户、生态文明家庭5户，妇女儿童先进集体5个、先进个人10名。

【禁毒防艾】　县妇联利用春节期间广大外出务工人员回家过年时机，组织各乡镇妇联开展“流动课堂进入妇女之家”禁毒防艾宣传活动，让禁毒防艾知识走进千家万户。据统计，春节期间，各乡镇妇联共发放禁毒防艾宣传材料2945份，在72个村（居）委会出墙报宣传栏73期，受教育群众3万多人。帮教安化吸毒人员。6月25日，联系县民宗局深入禁毒工作挂钩联系点安化乡对吸毒人员及其家属进行走访帮教，帮助他们树立生活信心，远离毒品。开展禁毒防艾知识培训。邀请县疾控中心主任凌剑波到三街社区，为200多名群众作禁毒防艾专题知识讲座，提高大家的禁毒防艾意识。10月24日，县妇联邀请县禁毒委警官杨仕祥到前卫镇小街村委会开展禁毒知识讲座。前卫镇妇联组织当地村组干部、群众100余人参加培训。

【寻找最美家庭】　在全国、省妇联启动寻找“最美家庭”后，县妇联积极行动，迅速部署，在乡镇（街道）、村（社区）开展寻找“最美家庭”活动。借助“妇女之家”平台，通过在“妇女之家”开展家风家德评议会、制作“最美家庭”评选展示栏、贴出宣传画报、讲家风家仪故事等方式发现和挖掘身边“慈母、贤妻、孝女、善邻”家庭，并以此为榜样，争当最美家庭，为和谐社会添彩。活动从2月开始，到7月结束，活动中江川县共挖掘出“最美家庭”16户，5户家庭获得玉溪市“最美家庭”荣誉称号。

【庆祝“三八”国际劳动妇女节系列活动】　“三八”妇女节期间，江川县妇联举办一系列庆祝活动。举办讲座。3月7日，邀请东方航空云南公司客舱部副总经理、礼仪研究专家安博润授课，举办“女性形象塑造”知识讲座，县级机关企事业单位女干部职工577人参加。开展“庆三八·星抚情缘”体育趣味活动。3月6日，联合县文旅广体局开展“庆三八·星抚情缘”趣味活动，全县机关、企事业单位的单身男女青年162人组成8支队伍参加活动，为大龄单身男女搭建交流情感的平台。联合老体协组织开展“庆三八”老年人运动会及文艺晚会，来自全县7个乡镇（街道）和县直机关的520人参加运动会。联合县广播电视台对江川县涌现出的杰出女性和农村致富女能手等典型进行专题报道，在全县营造人人争先进的良好氛围。

【“六一”庆祝活动】　县妇儿工委办及早谋划，精心部署“六一”系列活动。在县幼儿园举办“我的中国梦·庆六一”系列活动，在翠峰中心小学、前卫柏池古小学、雄关窑房小学开展“欢乐童心、放飞梦想”欢庆系列活动。向全县小朋友致辞《给小朋友的一封信》，希望小朋友们从小树立远大理想，养成优良品德，将来成为社会、国家的有用之才。县妇儿工委还在大街小学举行“庆六一”养成教育三项赛主题系列活动；在江川一中举办“星抚杯”青少年口语大赛，共349人参加比赛；邀请县禁毒大队民警在大街中学开展“拒绝毒品，创造美好未来”法制讲座。

【开展“四送一创”项目】　为使江城镇早日恢复无邪教乡镇称号，从2014年6月开始，在江城镇开展“四送一创”项目。至年底组织开展“反邪教”知识培训5场；走访邪教人员家庭9人次。7月28～29日，县妇联联合县防范邪教办，到江城镇和九溪镇走访女性邪教犯罪人员家庭，开展帮教工作。8月12～13日，联合县政法委相关人员赴曲靖监狱对江川籍女犯进行帮扶教育，送去价值500元的生活用品，现场展开一对一帮教，播放家访视频录像温暖女犯心灵，促进其早日回归社会。11月5日，在江城镇白家营村开展“送健康”知识讲座，倡导科学健康的生活，白家营村组干部、妇女群众共120人参加讲座。

【巾帼建功】　巾帼文明岗申报、激励表彰制度不断完善，进一步扩大巾帼文明岗创建活动的覆盖范围，使创建活动继续向女性比较集中的各个行业和领域拓展。联合江城镇妇联依托三道菜饭店举办职工技能大赛，激励女职工在岗位上建功；积极申报省级“巾帼建功标兵”1名，市级巾帼文明岗2家，市级“巾帼建功标兵”3名，省级“巾帼创新业示范基地”1个，推荐拍摄中央电视台农业频道《致富经》栏目“巾帼创业榜样”系列节目优秀创业妇女典型1名，并组织4名岗长参加“全国巾帼文明岗岗长培训班”，对其业务培训指导，不断提高创岗水平和服务能力。

【普法宣传】　3月5日，联合县司法局、县禁毒委等多家单位开展“庆三八美丽江川服务先锋”维权宣传活动，发放男女平等基本国策宣传单、禁毒防艾和平安家庭倡议书、保护抚仙湖倡议书、反邪教宣传画及有关妇女权益保障等方面的宣传资料4000份；协调县司法局将《妇女权益保障法》、“男女平等基本国策”等进行录音，于维权周期间在县城进行循环播放，增强广大群众的法律意识。以法制宣传日、“6·26”禁毒日等节日为契机，开展咨询宣传活动，重点宣传男女平等基本国策、《婚姻法》、《妇女权益保障法》等妇女相关法律法规。举办维权知识培训。3月4日，县妇联邀请县法院副院长张秋红在前卫镇举办“维护妇女权益　创建和谐家庭”法律知识讲座，镇村组妇女干部和群众300余人参加讲座。各乡镇（街道）妇联利用各个节日契机，通过开展法律知识讲座、宣传咨询服务活动，广泛宣传法律知识，提高自我保护意识，提升妇女维权能力。全年共开展送法下乡进村活动7次，发放各类宣传资料15000余份，各级妇联组织开展不同类型宣教活动11次，服务群众达6000余人次。

【慰问儿童】　深入包村联系点看望慰问矣文学前班儿童96名，送去价值2330元的慰问品；联合县残联、县教育局等部门到玉溪市特殊教育学校看望慰问江川籍残疾学生24名，慰问金额7200元；县委书记马文龙亲临县幼儿园和雄关乡窑房小学开展“六一”儿童节慰问活动，为孩子送上节日祝福；县委常委、组织部部长林清深入前卫镇柏池古山区村完小、江城镇翠峰中心小学为18名品学兼优的贫困残疾学生送去3600元的节日慰问金，为两所学校的全体学生送去价值10000多元的书包、篮球、羽毛球、乒乓球、跳绳等节日慰问品。各级妇联组织开展形式多样的慰问活动。据统计，县妇联共协调单位、部门及爱心人士为少年儿童送去慰问金、书包、学习用品等物资合计4.6万元，慰问学校15所。

【关爱帮困活动】　“妇女健康提升工程”不断深化。3月10～25日，县妇联依托县妇幼保健院对全县孕产妇进行健康检查及特殊项目免费筛查。2014年1月，开展农村妇女“两癌”患病情况调研，并形成调研报告上报市妇联，积极争取“两癌”免费筛查项目将来落户江川，使妇女真正得实惠。经过调研，全县共有“两癌”患病农村妇女132人，其中患有宫颈癌的48人，占总人数的36.4%；患有乳腺癌的73人，占总人数的55.3%；患有子宫癌的10人，占总人数的7.6%；患有宫颈原位癌的1人，占总人数的0.8%。向全县7个乡镇（街道）发放《春雷计划·护蕾行动儿童手册》和《春雷计划·护蕾行动家长手册》100余本，组织儿童和家长进行阅读，并撰写儿童读后感8篇、家长读后感8篇。慰问困难党员15名，给她们送去价值1500元的生活用品；看望慰问留守老人和儿童26名，给她们送去价值2000余元的慰问品；救助贫困妇女4名，慰问金额800元。

【妇联宣传思想文化工作】 县妇联高度重视宣传思想工作及精神文明建设，将宣传思想工作与城乡妇女发展、提高妇女干部整体素质、妇女儿童、维权工作结合起来，通过开展“五好文明家庭”“生态文明家庭”“平安家庭”等创建活动，影响和带动妇女群众加强思想道德和精神文明建设；通过开展家长学校、干部和群众教育培训、普法宣传、困难群体慰问、先进表彰等宣传教育工作，提升妇联工作的影响力，提高妇女儿童工作者的综合素质，为做好妇联工作提供思想保障。全年共发布各类宣传信息53期，被市级采用6期；上报党建网评6期、支部信息13期；上报市妇联妇女思想动态4期；坚持每周上报政治学习情况，上报52期；每月上报党员学习活动情况，上报12期。

【信贷工作】 继续实施“贷免扶补”政策。努力向上级相关部门争取更多的贷款户名额，联合信用社对7个乡镇（街道）的贷款情况进行全面调研，确保资金落实到位。加大协调力度，将贷款额度从原先的5万元/户调高到8万元/户，在有限的贷款户名额内加大对妇女的扶持力度。各乡镇（街道）妇联也积极与信用分社建立良好的沟通机制，合力推进优惠政策顺利实施。2014年全县共发放妇女创业贷款金额1120万元，受惠妇女140人。开展“两个10万元”微型企业培育工程项目。通过在全县范围内走访调研，将有特色、有规模的微型企业挖掘出来，与工信局联合，扶持10户微型企业，发放扶持贷款30万元。

【荣誉表彰】 先进集体表彰：2014年1月，县妇联获县委政法委“综治维稳先进集体”表彰。3月，云南宏斌绿色食品有限公司妇委会、前卫镇妇联获市妇联“三八红旗集体”表彰，县国税局人事教育科、农行江川县支行营业室获市妇联“巾帼文明岗”表彰。9月，县妇联获县委办、县政府办“妇女儿童工作先进集体”表彰，县妇联、县公安局、县残联、江城镇翠峰中心小学、县医院儿科获县委办、县政府办“江川县妇女儿童先进集体”表彰。

先进个人表彰：2014年1月，县国税局邢定芬获省税务局、省妇联“2013年度巾帼建功标兵”表彰。3月，县妇联杨美艳、县妇幼保健院马秋妍、江城镇黄营村何粉莲获市妇联“三八红旗手”表彰，县供电有限公司客服中心施淑斌、江川县移动公司明珠路沟通100厅杨惠、江川县第一中学郑丽梅获市妇联“巾帼建功标兵”表彰，县妇联王学梅获县委办“述职述廉评议先进领导干部”表彰。9月，县教育局李梅琼、县委组织部马蓉、县妇联谢粉玲、县统计局陈留仙、县人民医院付林华、县财政局朱经书、县法院李月雯、县国税局王新芬、县司法局付云玲、江城镇妇联杨芳10人获县委办、县政府办“江川县妇女儿童先进个人”表彰，县委办杨冬丽、县委群众工作局宋华安、大街街道伏家营社区伏粉仙、雄关乡雄关社区郭美华、安化彝族乡安化社区坝麦花5户家庭获县委办、县政府办“五好文明家庭”表彰，江城镇温泉村委会宁秋、大街街道三街社区陈丽华、县中医医院祁糯芬、前卫镇渔村村委会杨润英、九溪镇六十亩村委会蒋文英5户家庭获县委办、县政府办“平安家庭”表彰，江城镇侯家沟村委会中渔村朱永芬、江城镇海门村委会秦江林、大街街道下营社区张晓英、前卫镇后卫村委会王琼英、路居镇小凹村委会王丽芳5户家庭获县委办、县政府办“生态文明家庭”表彰。

（杨美艳）

关心下一代工作

【关心下一代工作会议】 2014年3月7日，江川县关心下一代工作会议召开，100多人参加县关工委常务副主任郭家义总结上年工作，办公室主任王荣华宣读《2014年江川县关工委工作意见》。会议表彰2013年度县“五好”关工委10个、优秀通讯员16人和“中华魂”读书活动先进个人4人。会议要求在2014年要突出做好五项工作：抓好中共十八届三中全会精神学习、宣传和贯彻落实；抓好学雷锋、心向党、讲品德、见行动教育活动，关心青少年弱势群体；抓好青少年“中华魂”——放飞梦想读书和老少共筑中国梦活动；抓好农村青年学科技、奔小康发展经济活动；抓好基层创建“五好”关工委活动。

【表彰“中华魂”读书活动先进个人】 3月7日，县关工委表彰2013年“中华魂”读书活动先进个人，对汤江平（县关工委），张继艳（伏家营小学），廖炎波（江川一中），罗云波（江城中学）给予表彰，发给奖状、奖金。

【表彰“五好”基层关工委】 经县关工委考评验收和评选，江城镇江城社区关工委、前卫镇周官村关工委、安化乡光山村关工委、九溪镇中营村关工委、大街镇三街社区关工委、雄关乡雄关社区关工委、路居镇蓝田村关工委、江川县国税局关工委、江川县农业局关工委、磷化公司关工委被评为（五好）关工委。并发给受表彰的“五好”村（社区）关工委奖金各500元，并发给奖状。

【“关爱明天，普法先行”活动】 县关工委根据县依法治县领导小组办公室要求，传达学习《江川县2014年普法依法治理工作要点》，结合实际制定《江川县关心下一代工作委员会2014年普法和依法治理工作意见》。按规划开展江川县第二届“关爱明天，普法先行”青少年普法教育活动第三年工作，整个普法期间共撰写青少年普法教育活动工作《简讯》39期。

【检查验收第21期家长学校】 4月，县关工委与妇联、教育局联合对第21期家长学校检查验收。2013年在全县75所学校、幼儿园办家长学校275个班（中学118个，小学、幼儿园17个，入学家长13042人，中学生7235人，小学、幼儿园5807人）。入学率达99.8%，出勤率99.4%，巩固率99.8%，及格率99.7%，投入经费43420元，其中家长投入14342元，学校投入29078元。评选出优秀家长1320人。

【创建“五好”关工委推进会】 4月10日，召开各乡镇、街道分管领导、驻会老同志等30余人参加的江川县第二批村社创建“五好”关工委活动推进会。提出具体任务和要求，推动江城、前卫、小街、安化、三街、土关田、路居、雄关8个村社创建市级“五好”关工委，并经市关工委验收合格。

【“中华魂”读书活动启动仪式】 4月29日，县文明办、县关工委在路居镇中心小学举行有525名师生参加的“中华魂”（放飞梦想）和老少共筑中国梦读书活动启动仪式。县关工委和学校领导讲话，阐明“中华魂”（放飞梦想）和老少共筑中国梦读书活动的重大意义。发放“中华魂”（放飞梦想）读本440册。

【“给父母写封信”征文活动】 4～5月，在全县中小学开展“给父母写封信”征文实践活动，活动学生达3.8万人。活动后经各校推荐上报给县征文活动办报征文100余份，经组委会评审出一等奖6名，二等奖10名，三等奖15名，优秀奖47名，并颁发奖状和奖品。

【举办“六一”节活动】 5月28日至30日，在全县中心小学和公办民办幼儿园举办儿童节活动。开展“红领巾相约中国梦”活动，促进少年儿童家庭和睦和谐。玉溪市东骏物流有限公司、玉溪罗莱家纺、玉溪市商业银行爱心企业和江川县安化籍爱心人士，为董炳小学捐资助学3.18万元。节日活动，有15000多名少年儿童参加。

【法治讲座进校园】 6月10日，县关工委与县司法局宣教科到九溪中学为8个初中班450名师生上《学法守法，做合格小公民》法治讲座课。暑假前夕，大街伏家营海浒学校邀请县公安局禁毒大队、县卫生局人员为830多名师生宣讲禁毒防艾法律知识。

【“留守儿童之家”挂牌】 7月12日，江城小学留守儿童之家挂牌。县关工委在江城镇中心小学创建留守儿童之家，投入资金3万元，建成投入使用。

【举办“葵花向阳”夏令营活动】 7月22日，县关工委举办2014年“葵花向阳”夏令营活动。九溪六十亩村委会五年级55名家庭贫困生和留守儿童参加，共同到玉溪市少年宫、博物馆、聂耳大剧院、聂耳图书馆参观学习。据统计，全县参加夏令营消防安全、交通安全知识讲座、火灾预防等活动人数共3564人。

【军训、集训】 8月22日至9月7日，江城、龙街、前卫、大庄、大街、路居、雄关七所中学举行少年军校军训学生2464人；江城、后卫、伏家营等11所中心小学用2至5天时间集训学生19279人，教师训练1199人。

【“关爱明天、普法先行”先进集体个人受表彰】 在为期3年的“关爱明天、普法先行”中，江川县先进集体、个人受表彰。伏家营中心小学、大街中学、后卫中心小学荣获“零犯罪学校”荣誉称号，顾宝富、王荣华、付云玲、付云秀4人获“先进个人”荣

誉称号。8月4日，3人（付云秀未参加）参加由中国关工委、司法部和中央综治办在北京举办的第二届“关爱明天、普法先行”青少年普法教育活动总结表彰大会。

【开展留守儿童和外来务工儿童摸底调查】 9～10月中旬，开展留守儿童和外来务工儿童摸底调查。调查采取各乡镇关工委负责，将统计表发放至村完小进行统计。统计内容包括留守儿童或外来务工儿童姓名、性别、年龄、班级、学校、家庭住址、家长姓名、联系电话、单亲还是双亲等内容。据上报材料汇总统计，江川县有留守儿童1116人，其中男581人，女535人，单亲家庭585个；外来务工人员儿童582人，男300人，女282人。以分布情况看，分布最多的是江城片区，有593人，占全县总数53.1%，其次是前卫片区和路居镇，分别占13.0%、9.3%；外来务工人员子女则主要分布在县城、前卫镇和江城镇，全县582名儿童中大街就有414人，占总数的71.1%。2014年已在江城小学建立留守儿童之家1个。

【举办第22期家长学校】 9～11月举办第22期家长学校，全县共办班319个，培训入学家长14953人，其中示范家长学校4所，80个班，入学家长5471人，“三个一”家长学校70所，239个班，入学家长7329人。入学率为99.8%，出勤率99.4%，巩固率99.8%，及格率99.7%；评选优秀家长1420人。

【开展残疾儿童困难家庭救助】

2～11月，积极开展残疾儿童困难家庭救助活动。县关工委研究决定，对12名在校残疾儿童困难家庭实行帮扶自救，兑现市关工委下发救助经费5.7万元，其中5000元的10户，3500元的2户，确定专人跟踪问效。省、市、县关工委还开展救助青少年贫困家庭学生87人，发放救助经费21700元。

【网吧监督】 1～11月，搞好网吧监督工作，优化育人环境。县关工委主动配合公安、工商、文化等部门清理整顿社会育人环境，搞好网吧监督等工作，如江城和县城4个社区关工委11名“五老”网吧监督员，对工作认真负责，每星期对辖区网吧进行2次检查，据统计，至11月中旬共检查1136次。

【创建“五好”关工委推进会】

11月6日，县关工委在大街街道大庄社区召开40余人参加的创建“五好”关工委推进会议。会议传达省委办公厅16号文件，三街、江城、雄关三个社区关工委分别交流创建“五好”的做法和经验，县关工委常务副主任郭家义对全县今后创建“五好”关工委活动提出意见：认真学习，进一步提高认识；坚持“五好”标准，重点抓好活动；加强领导，制定措施，狠抓落实。并列出大庄、龙街、渔村、新庄、阳山庄、石岩哨、上营等25个村社作为下一步创建“五好”关工委名单。

【宣传报道】 1～11月，全县关工委通讯人员中有38人向市以上报刊投稿件、照片187篇（首、帧），被采用142篇（首、帧）；报送新媒体70多篇（首），被采用43篇（首）。累计采用185篇（首、帧），比上年超出29篇（首、帧），增18.6%。其中县关工委通讯员被采用126篇（首、帧），乡镇、街道通讯员被采用17篇（帧），学校通讯员被采用42篇（帧）。

（赵运宇）

工商联

【概　述】 2014年，江川县工商联充分发挥工商联“五个作用”（在非公有制经济人士思想政治工作中的重要作用、在非公有制经济人士参与国家政治和社会事务中的主渠道作用、在政府管理非公有制经济中的助手作用、在行业协会商会改革发展中的促进作用、在构建和谐劳动关系中的积极作用），突出“三性”特征（统战性、经济性、民间性），始终把握“围绕中心、服务大局，突出重点、服务商会”的工作原则，狠抓作风建设，创新工作方法，切实履行职责，围绕工作目标，落实各项工作。

至2014年底，全县已有乡镇（街道）商会7个，乡镇级商会2个（江城餐饮业商会、九溪餐饮业商会），县级行业商会（协会）11个（红砖、火炮、运输、餐饮、创业、建筑、石材、药业、农资、纸制品、铜器），异地商会1个（昆明江川商会），会员1250名（其中个人会员885名，企业会员345名，团体会员20名）。行业分布涉及建筑建材、烟花爆竹、农副产品加工、运输业、餐饮业、药品、农资等10多类行业。工商联认真建立健全会员数据库，并按期将会员情况统计上报。商会按章程组织会员缴纳会费，并按规定定期通报会费收支使用情况和工作开展活动。

【会　议】 2014年4月11日，江川县工商联（商会）召开八届二次执委（扩大）会。会议听取并审议通过县工商联主席王秀作的题为《积极进取　开拓创新　努力推进全县非公有制经济又好又快发展》的工作报告。报告通过"有成效、有作为、有突破、有力度"等几个方面回顾总结2013年县工商联工作取得的成绩，客观分析存在的问题和不足，并对2014年主要工作从六个方面实现"新突破"进行安排部署。会议还表决通过县工商联（商会）第八届执委卸职、增补人员名单。因工作变动，孟彬、杨绍华等9人增补为八届执委会委员。

【参政议政】 县工商联坚持把推动非公经济科学发展作为第一要务，紧紧围绕国家产业政策和县委、县政府的发展战略，切实做好参政议政工作，深入探讨非公有制经济发展之策，为县委、县政府科学决策提供参考。针对当前非公经济发展面临的现实困难和突出问题以及非公有制经济人士所关心的热点、难点、焦点问题，结合市工商联的工作安排，形成《江川县工商联全面深化非公有制经济改革调研报告》；为进一步了解在社会组织管理制度改革新形势下工商联所属商会建设面临的新情况、新问题，总结经验做法，加快中国特色商会组织建设，县工商联组成调研组深入各行业商会，采取座谈、发放调查问卷等方式进行调研，形成《江川县工商联新形势下商会建设综合调研报告》；为充分掌握江川县创业就业形势，了解各级有关创业就业政策的落实情况，工商联联合人社、农广校等部门对当前的就业创业情况及农村富余劳动力转移等问题进行调研，形成《江川县就业、创业形势调研报告》。江川县两会期间，工商联会员县人大代表、县政协委员向县人大提出建议案3件，向县政协提交提案6件，提案、建议案涉及交通、教育、食品安全、环境保护、工业发展、农业、基础设施建设等方面，受到县级领导和相关部门重视，部分建议、提案已得到落实。

【光彩事业】 县工商联积极引导广大会员和非公经济人士弘扬中华民族传统美德，积极承担社会责任，号召广大会员发扬"致富思源、富而思进"的精神，积极参与光彩事业和社会主义新农村建设。根据"云南红土情·光彩进万家——民营企业感恩行动"目标任务，2014年，有264个会员企业投身"云南红土情·光彩进万家——民营企业感恩行动"，捐款捐物446.03万元。高考结束后，县工商联在江川县广大非公经济代表人士中提出捐资助学倡议，江川县纸制品包装商会为全县7个乡镇（街道）的14名家庭贫困学生每人发放3000元助学金；非公经济代表人士侯金春与孤山村委会的特困学生结成一对一帮扶对象，表示在大学期间每学期给予6000元资助。春节期间，县工商联本着"把温暖送给最需要的人"原则，对"四群"教育挂钩联系点九溪镇马家庄村委会的困难老党员、五保户、低保残疾户等困难群体进行专项调查，并对困难家庭进行走访慰问，为他们送去12袋米和24桶食用油，各种慰问品总价值3000余元。同时对走访过程中发现的4户特困老人每户准备1000元的爱心捐款。

【贷免扶补】 2014年，市工商联下达160个"贷免扶补"指标任务，在国家宏观经济政策调控、信贷规模紧张的大环境下，县工商联高度重视，切实加强领导，不等不靠，迎难而上，主动作为，狠抓落实。采取主要领导重点协调承贷银行、分管领导及责任科室积极做好各环节工作，形成上下联动、分工协作的工作格局，强势推进"贷免扶补"工作。一年来，共登记、培训创业人员293名，向农信社成功推荐创业项目160个，发放创业贷款金额800万元，吸纳带动新增就业人员400余人。创业人员中，大学生22人，复退军人3人，农民工63人，城镇登记失业人员205人。其中，妇女82人。2014年，县工商联贷免扶补贷款回收率达99%。

【会员服务】 一年来，县工商联坚持以服务平台建设为抓手，着力完善服务保障机制，不断改进服务方式，创新服务手段，努力提高服务水平，服务民营经济发展取得新成效。一是着力打造融资平台。县工商联加大对会员企业的融资服务力度，以行业商

会为抓手，以会员企业为重点，积极搭建银企合作平台，推动金融机构与行业商会、重点企业建立战略合作关系，重点帮扶一批成长性强、市场潜力大的中小企业，缓解企业的融资难题。积极搭建银行与小微企业之间沟通平台，创新融资渠道，破解融资难、担保难，助推小微企业健康快速发展。2014年5月，工商联先后带领建行、工行相关人员，深入企业调研，加深双方了解，并于5月底联合工行江川支行在工行召开小微企业金融业务推介会，各行业商会中有贷款需求的代表性企业45户参加推介会。6月，组织企业代表参加银企座谈会，各企业代表分别就自身发展中存在的困难和问题进行发言，各金融机构结合企业的困难与自身的优势提供分析。在此基础上，积极推进助保贷工作，全力拓宽小微企业融资渠道，为有效缓解小微企业融资难作出贡献。二是着力打造维权平台。4月，县工商联（总商会）成立会员维权中心，以维护会员企业合法权益为宗旨，为各行业商会会员企业的重大决策和重大行政行为提供法律建议和法律咨询，并草拟、审查、修改有关合同、协议以及其他涉及法律事务的文书，有效维护会员权利，降低投资风险。三是着力打造服务平台。与人社局、社管综治委、司法局、总工会共同研究建立劳动争议预防调解机制，制定下发《关于加强全县劳动人事争议调解工作的实施意见》，提升预防调解工作能力，为构建和谐劳动关系，维护社会稳定发挥积极作用。3月底，县工商联组织企业参加在江川人才市场举办的专场招聘会，有包括云南联塑科技发展有限公司、云南宏斌食品厂、江川翠峰鸿湖有色塑料有限公司在内的10余家企业参加，提供岗位招聘信息88条，招聘就业人数699人，进场求职人数达500多人，达成就业意向200多人。与县就业局共同举办“民营企业招聘周”专场招聘会，云南联塑科技发展有限公司、云南阳光食品有限公司、云南宏斌食品厂等10家企业参加招聘会，提供岗位信息34条，就业岗位370个。通过企业面对面与求职者交流，真正实现有效对接服务。招聘会达成就业意向50多人。四是着力打造发展平台。根据市委、市政府的规定，玉江高速公路从2014年1月1日开始限行，由于本次限行涉及面广，涉及行业企业众多，规定实施后，立刻引起社会各界特别是工商界的强烈反映。在此情况下，县工商联领导主动作为，一方面面向反映情况的商会代表、企业人士说明本次限行的相关情况，希望他们做好会员、员工的思想工作，安抚大家的情绪，克服暂时困难，另一方面加强商会企业与政府之间的协调沟通，及时开展调查走访，并形成《关于要求解除玉江高速公路限制货运车辆通行的情况反映》报告，将出现的情况及存在的问题及时向县委、县政府汇报，引起县委、县政府高度重视，维护了江川经济社会稳定。五是着力打造商会建设平台。2014年，县政府将“认真落实加快餐饮业发展的实施意见，打造地方餐饮品牌”作为市政府重点督查二十项重要工作来抓，半年来，县工商联多次组织餐饮商会会员活动，详细传达《玉溪市人民政府关于加快餐饮业发展实施意见》和云南省财政厅云南省商务厅《关于做好2014年度省级促进餐饮业发展专项资金项目申报工作的通知》，另外，根据“云南餐饮名店”和“中华餐饮名店”的具体要求，做好摸底、申报工作，全年共有两家企业通过“云南餐饮名店”的审批。六是着力打造交流平台。6月，组织云南江川荣盛实业有限公司、云南江川汇海农产品有限公司、云南江川宏斌绿色食品有限公司、云南龙华铜雕有限公司、江川腾达机械制造有限公司等5户企业参加第2届“南亚博览会”暨“第22届昆交会”。从食品、机械制造、工艺品等方面展示江川的优势，通过这个平台为企业争取了发展机遇。6月和8月，分别推荐江川县铜器工艺协会的会员企业带着云南斑铜、云南乌铜走银、仿古铜工艺、旅游纪念品及纯手工铜炊具等160多个品种、上千件作品参加玉溪“文博会”和云南“文博会”，让更多的人近距离领略江川铜器制品的精湛工艺，使企业获得更广阔的市场前景。

（王青青）

文 联

【概 述】 江川县文学艺术界联合会（简称县文联）是在中共江川县委领导下的一个群团组织，下辖8个协会11个艺术门类：作家协会（含民间文学协会）、戏剧曲艺家协会、音乐家协会、舞蹈家协会、书法美术家协会、摄影家协会、诗词楹联协会。2014年，县文联履行“联络、协调、服务、指导”工作职能，团结带领全县广大业余文艺工作者，坚持“为社会主义服务、为人民服务”方向，贯彻“百花齐放、百家争鸣”方针，深入实际，深入基层，深入群众，坚持先进文化的前进方向，积极投身于“以优秀的作品鼓舞人”的创作实践中，文艺事业呈现出繁荣发展的大好局面。各文艺家协会以文艺创作为中心，围绕出作品、出人才积极开展文艺创作、展演活动，取得可喜成绩。

截至年底，共编辑出版《星云》文艺季刊4期，发表各类文艺作品337篇（幅、首），计约684000字；组织10名书法会员参加“三下乡”开展为民书赠春联活动，现场书赠春联1000多副；作家协会、诗词楹联协会联合召开由30人参加的理事扩大会；杨洪伟、杨兰秀作品入选云南青年书家20人网络展览；6人荣获第七届“玉溪市优秀文学艺术奖”；杨金、张粉棠获首届“玉溪日报文学奖”优秀奖；音乐家协会举办“欢歌闹元宵”演唱会；云大教授赵椿应邀到江川二中讲授楹联创作课；杨艳惠参加第二届纽约国际校园文化节演出获金奖；“星云书画苑”揭牌；摄影家协会开展“彝乡人文风情”创作活动；7件作品入围玉溪市“美丽乡村”摄影大赛；37人作品入选“玉韵溪声”书法美术摄影展；5人在2014年玉溪市“五县区文学联展中”获奖；叶晓霞作品两次入选“全国中国画作品展”；红塔区峨山江川“三县区”摄影作品联展首展在江川举行；《刘永富墨迹》出版问世；举办首届“爱妃玛莉杯·仙湖卫士”摄影大赛；郭家义歌词《云南杜鹃花》获金奖；歌晨诗集《骚湖》出版问世；召开四届二次文联委员会；《江川文学作品精选》出版发行；6人作品入选云南省第三届临书展；文联下属8个文艺家协会和65名会员的213件作品受到县表彰奖励；江川13名代表出席市第四次文代会。书法家协会与金骏大药房联合推出羊年挂历1000册。

【《星云》季刊】 编辑出版《星云》文艺季刊4期，发表小说、散文、诗歌、戏剧、书法、美术、摄影等各类文艺作品448篇（首、幅），约658800字。

【为民书赠春联】 2014年春节前夕，县文联组织10名书法家参加文化、卫生、科技“三下乡”活动，分别在雄关乡、大街街道为民现场书赠春联1000多副。

【文联书刻楹联赠付云龙】 1月3日，文联把书写篆刻好的楹联“鬼斧神工雕世界，奇思妙想塑春秋”送到本土雕刻家牛摩村付云龙家，以表彰其艺术成就，鼓励其多出精品。县委常委、宣传部部长龚桂存为其揭牌。

付云龙现建有自己的雕塑工作室。自幼随父亲从事石雕艺术，后到云南艺术学院雕塑专业深造。1995年学成后扎根家乡，将本土文化与雕塑艺术完美结合，创作大批雕塑作品，涵盖泥塑、石刻、根雕、铜艺等各种材质，其作品在国家、省、市举办的展赛中频获佳绩。作品《陛下》、《阿嫂新娜》入选“中华人民共和国成立45周年云南美术作品展”；《母亲》入选“庆祝香港回归祖国云南美术作品展”；1999年，根艺作品《独行者》在云南省第二届根石艺美术作品展赛中荣获一等奖；同年10月，作品《抚仙湖》入选“庆祝建国50周年云南省美术作品展”。2008年，付云龙被命名为“玉溪市第一批优秀民族民间工艺师”；2010年，付云龙被云南省工艺美术行业协会吸收为首届理事会会员。

【作协、诗联协会召开理事扩大会】 1月10日下午，县作家协会、诗词楹联协会联合召开由30人参加的理事扩大会。

会议总结2013年的协会工作，明确2014年的主要工作思路。2015年3月16日是县文联成立20周年、《星云》文艺季刊创刊20周年，作家协会决定在2015年编辑出版《江川文学作品精选》一书。会上，将《关于编辑出版〈江川文学作品精选〉征稿启事》发给参会人员，要求各位会员在第一季度提供作品。诗词楹联协会2014年的主要工作是：编辑出版《江川诗词楹联书法作品精选》；组织作品向市以上报刊投稿；加强各级会员的发展工作，力争2014年有会员加入中国楹联学会。

【杨洪伟、杨兰秀作品入选云南青年书家20人网络展览】 2014年新春来临之际，云南书道联盟主办的“贺岁甲午——云南青年书家20人网络展览”开展，县书法家协会会员杨洪伟的5件书法作品、杨兰秀的6枚篆刻作品入展。此次共展出云南省内20位青年书

家的精品佳作百余件，作品以行草为主，楷行隶篆书体俱全。

【6人获第七届“玉溪市优秀文学艺术奖”】 2014年6月江川县汤秀琼、陈九憨等6人的作品获市委、市政府第七届“玉溪市优秀文学艺术奖”。

“玉溪市优秀文学艺术奖”是中共玉溪市委、玉溪市人民政府设立的常设性文艺奖项，是玉溪市文学艺术界最高奖。此届评奖，共评选出8个艺术门类的42个奖项，江川县获奖作者、作品分别是：汤秀琼诗集《木槿花开》获文学类二等奖，陈九憨草书《刘禹锡诗》、李正德行草《空山》获书法类二等奖，杨汉强专题片《象形书画显风流——李建成书画艺术赏析》获影视（剧）片类二等奖，杨兰秀篆刻印屏《古滇独秀·高原明珠》获书法类三等奖，赵天平小品《要账》获戏剧类三等奖。

【杨金、张粉棠获首届“玉溪日报文学奖”优秀奖】 由玉溪日报社、新平县委宣传部、云南省玉溪市发展工贸有限责任公司主办，玉溪日报社副刊部、各县区文联承办的2013年首届“玉溪日报文学奖”评选结果于1月29日揭晓，县作家协会会员杨金的现代诗《一个春天的早晨》、张粉棠的散文《心归故乡田园》获优秀奖。此次共刊发参赛作品256篇（首），评选出获奖作品58篇（首）。

【音乐家协会举办“欢歌闹元宵”演唱会】 2月14日晚，县音乐家协会在县城老戏台举办“欢歌闹元宵”新春演唱会。演唱内容共分“中华情怀”“情满人间”“美丽家园”“时代颂歌”四个乐章，共演奏（唱）《党旗更鲜艳》《咱们的领袖毛泽东》《浪广谣》《两湖情》《想在水乡安个家》等18首歌曲。并特邀三街文艺队伴舞，《欢天喜地》《欢腾在中国大地上》《正月十五闹元宵》《欢聚一堂》四个歌舞穿插其中1000余人观看演出。

【杨兰秀作品入选云南庆“三八”女书法家作品网络展】 2014年国际“三八”妇女节期间，云南书道联盟推出“红芳墨痕”——庆“三八”女书法家作品网络展，共展出云南各地16位知名女书家的120多幅作品，江川书协理事杨兰秀有6枚篆刻作品和1幅篆书作品入选。

【赵椿到江川二中讲授楹联创作课】 为开展诗联进校园活动，3月26日下午，江川二中邀请云南大学教授赵椿到学校讲授楹联知识创作课，县诗词楹联协会组织9名中青年骨干会员到场聆听。

赵椿生于1937年，云南鹤庆人，云南大学理学院教授。现为云南民族画院副院长、云南省楹联学会副会长、云南省楹联研究所所长、研究员。著有《鹤庆楹联选》、《对联学概论》、《古滇联苑碑刻集》。赵椿结合多年的楹联创作经验，围绕四个方面开讲：抓好志向教育；学好联律通则；多向古人学习；力求“画龙点睛”。

【杨艳惠参加第二届纽约国际校园文化节演出获金奖】 由中国社会福利教育基金会星光会、美国国际艺术家联合会、中国非物质文化遗产促进会、美中友好交流协会全美总会等单位联合举办的“第四届文化中国·中国非物质文化遗产美国林肯中心星光盛典第二届纽约国际校园艺术节”于2月9日在美国林肯中心举行，县音乐家协会会员杨艳惠应邀参加，参与《泼水》古筝合奏演出，并荣获中国非物质文化遗产林肯中心展演“金奖”。

【“星云书画苑”揭牌】 4月16日，江川县“星云书画苑”成立，玉溪市文联主席普辉、副县长李启红参加揭牌仪式。

李启红代表县委、县政府向“星云书画苑”的揭牌表示祝贺，希望书法家、美术家两个协会充分利用好这个活动场所，进一步抓好对全县青少年的培训工作，使江川的书画艺术事业更上一层楼。

【张化忠到“星云书画苑”调研】 5月13日下午，云南省工艺美术协会会长张化忠在市委宣传部副部长、文产办主任龚紫山，县委常委、宣传部部长龚桂存，县委宣传部副部长、文产办主任杨春文陪同下，到“星云书画苑”调研，县书法家协会主席李正德向各位领导介绍“星云书画苑”成立情况。张化忠、龚紫山还就“星云书画苑”今后如何发展，提出意见和建议。

【7件作品入围玉溪市“美丽乡村”摄影大赛】 6月初，江川县摄影家协会会员在共青团玉溪市委、玉溪日报社、玉溪市青年联

合会、玉溪市青年企业家协会联合举办的玉溪市“美丽乡村”摄影大赛中，有5人的6幅作品获相机组入围奖，分别是：业保华的《高原水乡》，侯新华的《清洁星云湖》、《雾锁晨晖》，杨东的《隔河晚景》，瞿江勇的《期待》，杨勇的《田野交响》。瞿江勇的《稻香四溢》获手机组三等奖。

【37人作品入选“玉韵溪声”书法美术摄影展】 在“中国梦之玉韵溪声”——玉溪市2014国庆书法美术摄影展评选中，江川共有37人作品入选，并有部分作品获奖。

此次活动由中共玉溪市委宣传部、玉溪日报社、玉溪市文化局、玉溪市文联联合举办，由玉溪市书法家协会、美术家协会、摄影家协会协办的“中国梦之玉韵溪声”——玉溪市2014国庆书法美术摄影展，分别各评选出100件入展作品，在入展作品中分别评出一等奖1名、二等奖3名、三等奖5名，江川共有37人作品入展，并有部分获奖。其中：书法类入展作品27件，杨洪伟作品获一等奖，李正德作品获二等奖，杨兰秀、杨智坤作品获三等奖，陈九憨、霸存富、王小明、张空、李存华作品获优秀奖；侯墨林、刘文康、刘金文、李旭富、马松波、唐新文、宋玉萍、李峤、杨汉英、杨海斌、顾绍雄、陈华、张恨水、史宝仓、韩天智、李俊霖、李绍明、霸成杰作品入展；美术类入展作品8件，叶晓霞作品获二等奖，杨云聪作品获优秀奖；马松波、霸存富、陈九憨、张喜云、毕明贵、刘金文作品入展；摄影类入展作品2件，刘志明作品获优秀奖，张涛作品入展。

【2014年玉溪市“五县区文学联展”评奖结果】 6月23日，2014年度“玉溪市五县区文学联展”评奖活动在澄江结束，县文联《星云》编辑部选送的4篇参评作品全部获奖。

玉溪市五县区文学联展评奖活动，在江川、澄江、通海、红塔区、华宁五县区文联的共同努力下，已开展18年。在此次评奖会上，共评出16篇文学作品。其中，江川作者汤秀琼诗歌《天空之下》（5首）获诗歌类一等奖，廖会芹、李国琴的短篇小说《有糖的日子》、《老子跟你拼了》获小说类二等奖，张粉棠散文《心归故乡田园》获散文类二等奖，罗连辉获优秀编辑奖。

【叶晓霞作品两次入选“全国中国画作品展”】 8～9月，叶晓霞的国画作品《梦乡二》《梦乡一》分别入选由中国美术家协会、包头市人民政府主办的“吉祥草原·丹青鹿城——2014年全国中国画作品展”，中国美术家协会主办，浙江省美术家协会、浙江省浦江县人民政府承办的“万年浦江”中国画展。

叶晓霞现为江川县第一中学美术教师、江川县美术家协会秘书长，2012年加入云南省美术家协会。多年来，叶晓霞一直致力于中国山水画的临习与创作。自2006年以来，叶晓霞一直拜云南画院画家杨方国为师，学习山水画创作。2014年5月，叶晓霞考进“荣宝斋范扬山水画”高研班，利用假期和节假日陆续到北京进行为期一年的学习深造。之前，叶晓霞曾在江川县第一中学图书馆、云南李家山青铜器博物馆、玉溪市图书馆、通海县文化馆举办过个人中国画展。其作品多次入选县、市、省展览，并有部分作品获奖。

【三县区摄影作品联展在江川首展】 9月25日，迎国庆“红塔区、峨山、江川摄影作品联展”开展仪式在云南李家山青铜器博物馆举行。共展出三县区的作品90幅，其中多幅作品曾在国内外各种摄影比赛中获奖。此次联展自9月25日开展，至10月15日结束，之后分别到峨山、红塔区展出，各地分别展出15天。

市文联主席普辉、县政协副主席李绍华出席仪式。县委常委、宣传部部长龚桂存致辞。龚桂存说，三县区摄影作品联展搭建了一个相互交流、相互学习、增进了解的平台，希望广大摄影爱好者走进美丽的江川山水，创作出更多的精品力作。

【《刘永富墨迹》出版】 9月下旬，《刘永富墨迹》出版。

《刘永富墨迹》由县文联、县老干部诗书画协会编辑，由刘永富女婿李树华出资出版。全书共从散落民间的220多件刘永富的书法墨迹中遴选出96件结集出版。原政协曲靖市主席、中国书法家协会理事、云南省书法家协会名誉副主席王敏题写书名，玉溪市老年大学校长、市书法家协会主席冯任生写序。

【举办首届“爱妃玛莉杯·仙湖卫士”摄影大赛】 11月10日，

由县文联、县“爱妃玛莉”婚纱摄影公司联合举办的首届“爱妃玛莉杯·仙湖卫士”摄影大赛评奖揭晓，业保华等人的《为了抚仙湖的美丽》（组照）等13件作品分别获奖。

活动于6月10日开始征集作品，10月25日截稿，共征集到摄影作品300余幅（组），通过玉溪市摄影家协会专家评选，共有13件作品获奖。其中：业保华的组照《为了抚仙湖的美丽》获一等奖；刘志明的组照《卫士风采》、沈丽兰的《建设第二故乡》获二等奖；侯新华的《清洁员》、冯孝忠的《村民打扫垃圾》、蔡怡玲的《志愿者》获三等奖；伏汝祥的《抚仙湖卫士》、李自庆的《绿化湖岸》、侯新华的《清洁入湖河流》、张玉昆的《为了明天》、蔡怡玲的《我们在行动》、冯孝忠的《美化家园》、余祥的《仙湖神韵》获优秀奖。

【郭家义歌词获奖】 8月，郭家义创作的歌词《云南杜鹃花》，在由世界华人音乐家协会、中国国际华人艺术家协会、香港音乐家协会等六个协会联合举办的2014亚洲国际艺术节作品征集评选中荣获“歌曲创作金奖”。这是郭家义继2014年《压岁钱》在感动中国新创词曲选拔组委会主办的“儿歌爷爷杯——全国第二届儿童歌曲创作大赛”中荣获一等奖，《抚仙湖的涟漪》在中国民族器乐学会、世界华人音乐家协会、中国青少年艺术教育促进会、北京乐器学会主办的“2014北京国际青少年音乐节作品征集评选”荣获歌曲创作金奖的又一殊荣。

【歌晨诗集《骚湖》出版】 江川县作家协会会员歌晨的现代诗集《骚湖》，于9月由四川党建期刊集团、四川民族出版社出版发行。

歌晨原名周陆剑，男，云南省江川县前卫镇小街村委会下高桥村人，1953年4月生，自小热爱文学，共创作散文、现代诗数百篇（首），大多作品曾在县级以上报刊发表，曾有作品在玉溪市五县区文学联展中获奖。《骚湖》收录作者诗歌249首，作品题材大多以描写江川人文、自然景观为主。

【文联召开四届二次委员会会议】 12月3日，县文联召开由18名委员参加的四届二次委员会会议。会议传达学习中共中央总书记习近平在全国文艺工作座谈会上的讲话精神；传达学习市委《关于加强和改进新形势下文联和文艺工作的实施意见》；总结文联2014年工作，提出2015年工作思路：由于工作变动，同意郭小平辞去第四届文联委员会委员职务，选举增补刘金文为第四届文联委员会委员；推选产生江川县参加市第四次文代会的代表9名。

【《江川文学作品精选》出版发行】 12月中旬，由江川县文联编辑，云南出版集团、云南人民出版社出版发行的《江川文学作品精选》出版发行，全书共收录江川40位作者20年来创作的中短篇小说、散文、现代诗歌作品124篇（首）。

为纪念文联成立20周年、《星云》文艺季刊创刊20周年，年初，县文联作家协会决定编辑出版《江川文学作品精选》一书，经向社会广泛征稿后，县文联和作家协会成立编委会，组成3个编辑小组，开展对中短篇小说、散文、现代诗歌的编辑选稿工作，最终从100多万字的来稿中，遴选出40万字的作品，结集成册。

【6人作品入选云南省第三届临书展】 12月中旬，“嘉特杯”云南省第三届临书展评选揭晓，江川的王小明、叶宝、李正德、李旭富、杨兰秀、杨智坤6人的书法作品入选。

此次书法展由云南省文学艺术界联合会、云南省书法家协会主办，云南嘉特投资有限公司、云南鼎盛兴商贸有限公司协办，该临书展始于2009年，每两年举办一次。

【全县文艺工作座谈会】 为进一步学习贯彻落实中共中央总书记习近平在全国文艺工作座谈会上的重要讲话精神，繁荣江川文艺创作，12月12日，江川县召开全县文艺工作座谈会。县委书记马文龙，县委副书记、县长钱兴，县委常委、宣传部部长龚桂存，县人大常委会副主任刘跃宁，副县长周福荣，县政协副主席李绍华出席会议。

县文联下属作家协会、书法家协会、摄影家协会、音乐家协会代表先后发言，对江川县文艺事业的发展思路和存在的困难、问题提出意见和建议。

马文龙作讲话，对近年来全县文学艺术创作所取得的成绩作出肯定，要求全县各相关部门、广大文艺工作者要认真学习中共中央总书记习近平在全国文艺工作座谈会上的讲话精神，准确把握文艺发展的根本任务，潜心创作、精益求精，努力创作出更多更好展现江川人民在富裕和谐美丽新江川建设中的优秀作品。

【8个文艺家协会和65名会员受到县表彰奖励】 为贯彻落实党的十七届六中全会和十八大精神，深入实施“文化兴县”战略，激发广大文艺工作者的创作热情，鼓励多出精品，多出人才，推动江川文化事业大发展、大繁荣，县委、县政府于2013年8月30日出台《江川县文化事业发展扶持奖励办法》，2014年12月12日，在全县文艺工作座谈会上，县委宣传部代表县委、县政府结合此“办法”对全县各文艺团体及会员所取得的成绩进行表彰奖励，文联下属8个文艺家协会和65名会员于2013年度在省、市、县各级发表、展演的213件文艺作品受到表彰奖励。

【3人作品获省第二届青少年书法大赛优秀奖】 12月25日，江川县霸成杰、杨智坤、杨洪伟作品在云南省第二届青少年“吕合滇茅杯”书法大赛中获青年组优秀奖。

此次大赛由云南省文联、省教育厅、共青团云南省委主办，云南楚雄吕合酒厂有限责任公司等四家单位承办，活动主题是“书写经典·传承文明”，45岁及该年龄段以下的书法爱好者均可投稿，免费参赛。书法比赛按年龄分为少儿组、少年组和青年组进行，设硬笔和毛笔一、二、三等奖，入围作品为优秀作品展览。

在2009年云南省首届青少年书法大赛中，江川共有16位作者的作品入展。

（罗连辉）

科　协

【科协第六次代表大会】 2014年11月13日，江川县科协第六次代表大会在县城召开，县委书记马文龙，县委副书记、县长钱兴，县政协主席罗跃岗，县委常委、宣传部部长龚桂存出席大会。109名县科协第六次代表大会代表，县属有关单位、人民团体主要负责人参加大会。市委整改落实督查组组长吕田兴、市科协主席罗世明应邀出席会议。大会听取和审议县科协第五届委员会《工作报告》，选举产生县科协第六届委员会委员、常委、主席、副主席。韩振华、张彦龙当选为县科协第六届委员会主席、副主席。会议对2011-2014年度10个江川县科普先进集体和20个先进个人进行表彰奖励。

【科技、卫生、文化三下乡大型科普活动】 1月20日，在雄关乡举行科技下乡集中活动。送科技、卫生和服务，还进行文艺演出。发放种植、养殖、卫生等方面的书籍宣传资料1万多份，展出展板79块。

【“全国科普日”科普活动】 9月11日，县科协与县民宗局、司法局、农业局、卫生局、地震局等部门联合，在江川县城明珠路开展以“创新发展、全民行动”为主题的全国科普日集中宣传和咨询活动。展出居民健康生活方式、反邪教组织、防震常识等科普知识展板36块，发放民族团结教育宣传、识别和抵制“全能神”邪教组织宣传、安全用药、拖拉机安全驾驶常识、蔬菜、烤烟栽培等科普系列丛书宣传资料16种11000多份，现场咨询100多人次，受益群众3000多人。

【2014年科技活动周活动】 县科协通过悬挂宣传横幅、发放传单、播放广播、收看学习科技政策节目等形式进行科技知识宣传，宣传烤烟生产、禁毒防艾、殡葬改革、防震减灾、预防传染性疾病等科普知识；举办科普展览和咨询服务活动；在学校开展“科技生活创新圆梦”主题日活动。

【开展农业科技推广和技术培训】 县科协全年开展以农函大为重点的农业科技推广和技术培训，指导农民发展畜牧养殖业和有机农业特色种植业，全年举办培训班97个，培训9200余人。其中农函大招生1500人，农函大特色班4个311人。

【青少年科普教育】 组织参加第30届全国青少年科技创新大赛。共推荐“江川谷堆山野生花卉资源调查与利用研究”等学生项目7个、教师方案1个、小学生科幻绘画作品30幅。参加第十六届中国科协年会。江川县第一中学生物教师沈洪付撰写的科技论文《生物多样性保护教育资源的开发与应用》，经中国青少年科技辅导员协会组织专家评审，代表云南省参加第十六分会场的专题论坛

活动，并作为该分会5个专题发言人之一，作题为“生物多样性保护教育资源的开发与应用”专题报告，并进行答辩。各中小学召开防震主题班会，开展以“地震时的自救与互救”为主题的演练活动。江川县公安局消防大队与县教育局等有关部门深入学校开展消防知识讲座，开展灭火和逃生演练。

【科普项目申报实施】 惠农单位开展各类技术培训和现场观摩会20余次，受训农民4000人次，免费向农民发放图书资料1000余册，宣传资料5000余份；新发展蔬菜、水果、花卉种植面积5000亩，带动县内外种植面积11000亩。出口创汇1500万美元，内销23500吨，收入2400万元。推荐共申报科普项目8个，其中：国家级2项，省级3项。已经立项4项（其中中国科协“基层科普行动计划”2项，云南省科普惠农1个，云南省科普示范项目1个），争取上级资金60万元。

【江川县反邪教协会成立】 2014年11月19日上午，江川县反邪教协会成立暨第一次会员大会在江川宾馆召开。会议表决通过《江川县反邪教协会章程（草案）》及《江川县反邪教协会选举办法（草案）》，选举产生第一届理事会。

（张树良）

红十字会

【概　述】 2014年，县红十字会加强组织建设，扎实做好备灾救灾、大病特困群众救助、应急救护培训、红十字志愿服务、青少年活动等工作，发挥了政府人道领域的助手作用。

【志愿者培训】 为使红十字会志愿者更好地了解红十字会志愿服务和掌握应急救护技能，4月25日，县红十字会召集注册的54名红十字志愿者开展第二批志愿者培训。县人民政府副县长、县红十字会会长杨军苹，县委宣传部副部长杨春文等参加培训。培训共有六项议程：志愿者自我介绍，增加彼此间相互了解；县红十字会常务副会长曾春就红十字会来源及主要工作、应急救护知识等开展宣传培训；曾春就志愿服务的概念、价值和意义，红十字志愿者服务的基本任务和对象等志愿服务知识开展全方位培训；通报《江川县红十字2012—2013年度志愿者参于服务活动的情况及累计服务时间》；对县红十字会志愿者服务队暂代队长、副队长进行提名表决；举行志愿者宣誓仪式。

【纪念世界红十字日“大爱江川　携手与共”主题系列活动】 为纪念“五八”世界红十字日，5月7日，县红十字会组织28名志愿者开展“大爱江川　携手与共”主题系列活动。为确保活动出实效，县红十字会将志愿者分成5组人员，沿县城主要街道向过往行人、沿街商户开展宣传募捐。县医院派出4名医护人员免费为群众诊病检查、健康咨询，助阵红十字宣传募捐活动。活动当天，江川县红十字会共发放捐款倡议、红十字法律法规、艾滋病防治知识、造血干细胞捐献等各类宣传资料8000余份，展出应急救护知识、宣扬“人道、博爱、奉献”展板15块，广播捐款倡议50余遍，为约150名群众开展健康咨询和义诊。活动结束后，共有20家爱心单位和社会爱心人士捐款共计42604.7元。

【发动为鲁甸灾区募捐倡议】 为帮助鲁甸灾区群众渡过难关，县红十字会向全县人民发出《关于向昭通鲁甸地震灾区募捐的倡议书》，整个募捐活动接受54家爱心单位、社会爱心人士捐款共计138468.6元。

【筹资募捐】 2014年，县红十字会加大红十字筹资力度，发挥志愿者在筹资募捐中的新力量，从推动定向捐款和非定向捐款入手，引导更多的爱心人士积极参与到社会公益活动中。充分利用流动广播音响，发挥文学、播音志愿者的作用，撰写宣传倡议，制作音频宣传片，在县城主要街道流动广播，倡导“人道、博爱、奉献”红十字精神，有效动员群众加入到红十字的筹资募捐活动中。2014年县红十字会共募集到定向和非定向各类善款424578.30元，其中定向捐款360018.6元、非定向捐款64559.7元。

【人道救助】 2014年，县红十字救助工作紧紧围绕老、弱、病、残等社会最易受损群体组织实施人道救助。全年对因患白血病、癌症、尿毒症等重大疾病致贫特困家庭给予救助，共救助符合条件的群众51户，发放救助金67000元。

【开展村级卫生服务】 县红十字会为贫困山区路居镇红石岩村的卫生服务所送去价值4000元的10套病床用品，提高村级卫生服务能力。

【志愿者服务活动】 2014年，县红十字会共新发展团体会员单位7家，志愿者51人，捐献干细胞志愿者60人。为规范志愿者队伍管理，县红十字会组建5支志愿服务队（人文关怀、宣传募捐、应急救援、乡村和捐献造血干细胞志愿服务队），各志愿服务队按照职责与分工，各司其职，密切配合，有效推动红十字会志愿服务工作全面化、品牌化。2014年，县红十字会志愿者共开展“大爱江川——携手与共主题纪念世界红十字日宣传募捐活动”“走进山区小学 陪伴孩子们欢度六一”“关爱家园 保护母亲湖”“看望慰问困难老党员”“敬老节送温暖活动”“年度座会及捐干宣传培训会”等活动9次，充分发挥志愿者在宣传劝募、人道关怀、环境保护中的作用，在宣传红十字公益力量的同时提升红十字志愿服务品牌的社会效益。

【召开第二届二次常务理事会】 2014年11月12日，县红十字会组织召开常务理事会，11名红十字会常务理事参加会议。会议宣读红十字会第二届理事会会长罗跃岗的辞职报告，审议通过拟增免常务理事和新红十字会会长候选人情况的报告，选举县人民政府副县长杨军苹担任红十字会第二届理事会会长，免去原县财政局局长董林颉常务理事职务。会议总结回顾红十字会第二届理事会3年来所开展的工作，审议《江川县红十字会2012年1月至2014年9月捐款收支明细情况》，安排部署今后的主要工作任务。县政府副县长、红十字会会长杨军苹作讲话，并对今后开展好红十字会工作提出三点要求：围绕县委、县政府中心工作，求真务实，从为政府分忧，为群众解难的高度出发，发挥红十字会在保稳定、保民生方面的重要作用。不断提高红十字公信力。要使红十字会的财务收支更加透明、规范，主动接受来自政府、公众、新闻媒体的监督，在赢得百姓认可和尊重的同时，实现红十字事业健康持续发展。加强自身建设。大力发展志愿者队伍，广泛吸纳社会各界热心人士，汇聚人道资源，把红十字会建成基础牢固、影响广泛的社会救助团体。

【开展“关爱家园 保护母亲湖”活动】 5月20日，县红十字会组织志愿者和机关工委、妇联、工会、共青团等团体会员单位共30余人开展“关爱家园保护母亲湖”活动，对星云湖主要流域旧州河海浒段河道两旁的杂草、垃圾等污染物进行集中清理。此次活动共出动装载机1台，清运车辆1辆，清理垃圾10吨。

【援建首个博爱图书室】 在开展党的群众路线教育实践活动中，县红十字会以培育和弘扬社会主义核心价值观为核心，到云南省宏斌绿色食品有限公司募集资金1.5万元，在大街小学援建首个红十字“宏斌博爱图书室”，为学生搭建立德教育平台，将知识的种子和互助奉献的理念传承下去。同时为充分发挥“博爱图书室”有效作用，县红十字在“六一儿童节”来临之际，在大街小学开展主题为“书香漫校园，博爱行天下”读书有奖征文活动，旨在通过征文活动，鼓励学生们多读书、读好书、善读书，积极培育和弘扬社会主义核心价值观。

【“博爱送万家活动”】 县红十字会先后到翠峰招益村、雄关乡雄关社区、大街小白坡、江城温泉、安化光山、大街中心敬老院等开展博爱送万家活动，为196户困难群众送去价值1.7万元的毛毯、被子、糖果等慰问品。

【为爱心企业及单位授“爱心”牌匾】 为感谢爱心企业及单位在江川县红十字号召的宣传募捐活动中做出的贡献，县红十字会分别向江川县金牛建材城、坤安建筑有限公司、云南宏斌绿色食品有限公司、中共江川县委老干部局4家企业及单位授予“奉献爱心 救助贫疾”“爱心企业”牌匾。

【应急救护示范演练】 11月6日，县委书记马文龙，县政府副县长、县红十字会会长杨军苹及县委、县政府机关单位干部职工观看江川县红十字会的应急救护示范演练。为进一步增强机关干部职工的防震减灾意识，掌握应急避险的正确方法，培养自我保护、自救互救、听从指挥、团队协作的基本能力，县委、县政府决定在县委政府机关单位组织全体干部职工开展防震应急演练。县红十字会受县委、县政府指派

在这次防震应急演练中承担应急救护示范演练，手把手地为大家普及应急自救互救常识。县红十字会接到任务后，精心组织，邀请市红十字会应急救护培训中心培训部老师和县红十字会应急救护志愿服务队的志愿者以模拟地震受伤开展应急救援情景形式，向县委、县政府机关单位的干部职工展示当灾难发生时如何开展自救互救。

【群众性应急救护培训】 2014年，县红十字会坚持把应急救护培训工作做成一项服务大众，惠及民生的品牌工作来抓落实。一是严把初学驾驶人员、营运资格人员、拖拉机驾驶员等交通道路运输从业人员的应急救护培训工作关，确保参加培训人员均能通过培训掌握一定的急救技能。2014年县红十字会共开展培训29期，培训人数3555人。二是加大公益性应急救护、防灾备灾知识及应急避险能力宣传工作。县红十字会分别在安化乡光山彝族村、大街街道小白坡村、前卫镇杨家咀村、江城镇三百亩村开展公益应急救护培训10期，普及应急救护知识6300余人。同时继续利用小礼品和小奖品充分调动群众参与培训的积极性，确保群众通过培训掌握一定的急救知识。

【深入企业开展应急救护培训】 云南宏斌绿色食品有限公司一直致力于慈善事业，积极为江川干旱山区建设爱心水窖、援建博爱图书室等项目捐款，两年来通过江川县红十字会爱心捐赠平台，累计捐款14万余元，2014年，被县红十字会授予“爱心企业”称号。为回馈企业的爱心善举，11月28日，县红十字会深入云南宏斌绿色食品有限公司开展公益性应急救护知识培训，帮助企业职工掌握急救技能。县红十字会救护师、县医院急诊科主任史云峰为大家讲解应急救护知识；县红十字常务副会长曾春为参会的40位企业中层领导宣传造血干细胞捐献相关知识与捐献流程，倡议他们成为造血干细胞捐献志愿者。培训结束后，14位企业职工积极加入造血干细胞捐献志愿者行列，并完成首次血样采集。

（吴冬丽）

军　　事

编辑　余立言

江川县人民武装部

【领导名录】

政　委　曾宪涛

部　长　何　麟

副部长　杨会政

【概　述】　2014年，县人武部按照“抓根本保方向、抓基础强内功、抓重点求发展、抓典型兴特色、抓安全促稳定”工作思路，紧紧围绕强军目标，坚决贯彻落实两级军区、军分区和县委、县政府的决策部署，扎实抓好以军事斗争准备为龙头的国防后备力量建设，确保人武部安全稳定和各项工作任务完成，被玉溪市、玉溪军分区评为“拥政爱民先进单位”，被军分区表彰为“安全稳定先进单位”，人武部全面建设和国防后备力量建设迈上新台阶。

【思想政治建设】　始终坚持以思想政治教育为主线，深入学习中央军委主席习近平系列重要讲话精神，兴起学习党的十八届三中、四中全会和全军政治工作会议精神热潮。扎实开展4个专题党委中心组带机关理论学习，广泛开展“牢记强军目标、献身强军实践”主题教育、“讲党性、立规矩、治歪风、树正气”专题教育，持续培育当代革命军人核心价值观，干部职工高举旗帜、听党指挥、履行使命的行动更加自觉。结合清明、烈士纪念日等时机，深入开展革命优良传统、爱国主义教育活动，组织干部职工看红色影片、讲红色故事、唱红色歌曲，到烈士陵园祭奠。利用民兵整组、民兵军事训练、全民国防教育日等时机，适时抓好国防教育和民兵思想政治教育，进一步增强国防观念。积极做好新闻宣传工作，分别在《解放军报》《中国国防报》《西南民兵》等报刊杂志上刊稿20余篇。

【党委班子建设】　坚持以提高党委班子执政能力为核心，抓班子带队伍，认真学习贯彻《党委工作条例》，坚持民主集中制，规范党委工作程序，大力加强作风建设，提高科学决策、民主决策、依法决策能力，增强凝聚力、战斗力。按照“摸清基准点、破解疑难点、激活共鸣点、找准结合点”要求，早筹划、早准备、早安排，扎实开展党的群众路线教育实践活动。按照“要求要严、标准要高、措施要实”的标准抓好对照检查，不回避问题，不怕揭丑，深入开展批评与自我批评，党委专题民主生活会取得实效。突出抓好整改落实阶段，针对查找出来的问题和不足，制定一方案一计划一清单，采取销账方法，进行“拉网式”“体检式”整改落实，清退违规办公室2间、住房1套，转作风取得效果，形成风清气正、团结和谐、干群关系融洽氛围。

【军事工作】　紧紧扭住深化拓展军事斗争准备龙头，严格落实战备制度和规定，加强战备教育和战备值班，及时修订完善各类预案方案，投入经费购置补充被装、帐篷等物资器材，提高应急应战能力。始终坚持按网施训、严密组训、依法治训，严格训风考风，突出首长机关和民兵军事

训练，强化共同科目训练，注重重难点训练，确保训练内容、训练时间、训练地点、训练质量“四落实”，在军分区的半年和年终军事训练考核中取得优异成绩。以做好抢险救灾准备工作为抓手，按照预案多次组织人武部机关和民兵应急分队进行演练，全面检验“联得上、收得拢、拉得出、起作用”能力。按照“资源共享、分期管理、共同使用”原则，在人武部组建一支30人的民兵常驻分队，探索出适合江川县民兵常驻分队建设新路子。按照“试点先行、经验推广、全面达标”工作思路，扎实做好基层武装部规范化达标建设，采取乡镇（街道）自筹、以奖代补方式，投入165万余元，全县7个基层武装部以全优成绩通过达标验收，受到市政府、军分区联合考核组好评。针对“当兵冷、征兵难”情况，坚持全面准备、深入动员、严格把关、廉洁征兵，圆满完成征集任务。

【后装保障】 坚持“党委当家、后勤理财”原则，严格执行《基层财务管理规定》，保证全年各项预算经费收支平衡。着眼履行作战保障任务，修订完善各类保障方案，及时补充后勤战备物资器材，加强后勤各库室管理，后勤战备水平得到提高。严格落实中央八项规定和军委十项规定，严控行政消耗性和公务接待开支。大力加强营区绿化美化建设，投入经费数十万元，改造装修民兵常驻分队宿舍、新建晒衣场、粉刷营区外墙，营造环境优美、拴心留人环境。立足现有条件，搞好伙食管理，突出饮食安全，预防各类疾病发生，改善干部职工生活。

【安全管理】 始终把依法治军从严治军作为全局性、基础性、长期性工作紧抓不放，坚持常讲、勤查、严惩，扎实抓好安全稳定工作。深入开展“条令学习月”活动、“重制度、严纪律、强责任、正作风”专题教育整顿，认真学习条令条例，坚持定期议安议管，分析安全隐患，查找安全问题，制定安全措施，增强条令意识、法规意识、安全意识。严格人员管理，正规一日生活制度，从严落实上下班制度，坚决执行《禁酒令》，严防人员失控失管。加强营区营院管理，严格落实盘查、出入登记等制度，认真开展营区周边治安环境专项清理整治活动，对营院周边宾馆招待所、公共娱乐场所、网吧进行摸排，确保营区营院安全。加强信息安全保密管理，规范文件管理和资料打印，按标准完成文印室建设。

【拥政爱民】 积极筹划和落实双拥工作，发挥人武部的组织协调和桥梁纽带作用，定期组织召开驻江部队联席会和军地联谊会，分析双拥共建工作开展情况，共同研究解决遇到的困难和存在的问题。积极协调驻江部队发扬拥政爱民优良传统，扎实做好扶贫帮困、抢险救灾、社会维稳等工作。组织民兵参加植树造林、“两湖”清理整治、巡逻执勤和抢险救灾等任务，积极参建参治。加大环湖巡查力度，协调77216部队打捞星云湖漂浮物，确保开渔节顺利举办。组织干部职工捐款捐物，资助贫困家庭和贫困学生，解决部分学费、生活费。配合民政部门扎实做好双拥模范城创建活动，江川县荣获云南省第九届“双拥模范县”称号。

【表彰先进】 2014年10月，县人武部被玉溪市政府、玉溪军分区评为“拥政爱民先进单位”。12月，县人武部被玉溪军分区表彰为“安全稳定工作先进单位”，大街街道、江城镇、前卫镇武装部被县人武部表彰为“先进武装部”。2014年4月，前卫镇武装部干事白建峰在参加云南省军区组织的“乡镇（街道）专武干部集训”中，被省政府、云南省军区评为“优秀学员”。12月，人武部军事科职工王强被省军区表彰为“践行强军目标先进典型”；县人武部部长何麟被玉溪军分区嘉奖一次、人武部副部长兼军事科长杨会政被玉溪军分区表彰为“爱军精武标兵”；大街街道武装部部长坝少林、江城镇武装部部长安明喜、前卫镇武装部部长金德富、路居镇武装部部长罗进城、县人武部后勤科科长蒋徐勇、县人武部军事科参谋孙润波、县人武部军事科职工王强、县人武部军事科职工王国林、县人武部后勤科职工申绍民、县人武部后勤科职工周军被县人武部嘉奖一次。

（赖广春）

77216部队

【概　述】 2014年，部队党委认真贯彻中央军委主席习近平一系列重要指示，坚决落实上级决策部署，紧紧围绕党在新形势下的强军目标，坚持“一打五抓”具体抓手，扎实工作、开拓进取，有力推进年度各项工作任务。团队建设呈现出稳步发展的良好态势。团先后被表彰为全军“先进纪检监察集体”，军区“人才培养先进单位”、集团军“先进旅团级单位党委”、“全面建设先进旅团级单位”、“抓基层先进旅团级单位”，军区“依法治军从严治军先进单位”，连续12年保持部队安全稳定。

【思想政治建设】 坚持把学习贯彻中央军委主席习近平系列重要讲话精神作为首要政治任务和党委首位工程，按照“五化”“五有”和“三有”要求，采取“党委集体议、专题会议析、全员覆盖育、监督检查评、丰富活动抓”方式，扎实抓好党的十八届三中、四中全会和讲话精神的学习贯彻，广泛开展“学哲学用哲学”“阅读一书、周写一文、日答一题”等活动，促进基层理论学习普及深化，党委常委作专题辅导21场次。深化培育当代革命军人核心价值观，以“牢记强军目标、献身强军实践”主题教育为根本，扎实开展形势政策、“四反”和军魂教育，抓好党史军史团史学习，以周永康、徐才厚、叶万勇等案件为反面教材开展警示教育，确保“三个绝对”。大力发展先进军事文化，组织开展中华优秀传统文化学习和“强军风采”系列文化活动，突出野味战味兵味扎实抓好野战文化“五个一”建设。狠抓政治工作规范落实，严格落实“九步法”，推广政治教育选课制度，完善文化装备“四箱”、教学器材及政工网建设。积极推进军事斗争政治工作准备，深入开展战斗力标准大讨论和“争建打仗型党委机关、争创能打胜仗营连、争当精武善战官兵”活动，涌现出余明权、王正江、王浩等强军典型，新闻宣传和理论研究成果丰硕，在中央级媒体刊稿58篇，军事训练中政治工作经验被集团军转发。

【基层建设】 坚持以强军目标为统领，围绕“一个思路、四个体系”细化贯彻落实措施，抓建基层思路进一步理清。严格落实常委挂钩帮带、机关对口指导工作机制，组织2批31人次下连当兵和蹲连住班，深入开展“帮建支部、帮带干部、帮抓骨干”活动。抓好八项经常性工作落实，制定完善《“一打五抓”工作手册》《“双争”评比实施细则》，狠抓“三会一线”“权限控制法”等工作机制。大力开展党委机关为基层办实事活动，投入20余万元为基层配发点歌机系统、投影仪等文化装备，10余名官兵家庭涉法、子女入学等实际困难得到解决。坚持党建带团建促军人委员会，突出“一诺三评”开展创先争优活动，表彰5个先进党支部和37名先进个人，团共青团委被军区表彰为红旗团委。

【作风建设】 深入学习贯彻中央军委主席习近平关于作风建设的指示精神，以“为民务实清廉”为主要内容，围绕纠“四风”改作风树新风，严密组织621名党员参加第二批党的群众路线教育实践活动，“六个分项治理”“双六条整治纠治”和“三项清理”等工作成效明显，各级党组织的创造力凝聚力战斗力进一步增强，党员干部的先锋模范作用进一步凸显，团队的风气进一步纯正。深入推进党风廉政建设，扎实开展“三清理”、“三整治”活动，制定《惩治和预防腐败体系建设2013—2017年工作措施》，党委领导带头落实规定、作出承诺，纪委定期巡查监督，调整使用干部78名、士兵考学提干5名、入党立功108名、选晋士官295名。坚持开展党委机关“三个三”和团队建设科学发展“金点子”评选活动，积极畅通“五条民主渠道”，定期答复官兵意见建议。教育引导官兵正确行使民主权利，“有话敢讲，有话愿讲，有话会讲，有话有地方讲，讲了必有回应”氛围更加浓厚。

【安全稳定工作】 坚持以条令条例为遵循，严格落实军区“六个管好”规章，修订完善人员、经费管理等21项规定措施，深入开展“学法规、用法规、守法规”和“条令月”活动，部队按大纲训、按纲要建、按条令管、按制度办意识更加牢固。常态化组织安全常识教育，深入开展“百日安全无事故”活动，严格落实常委督查、机关巡查、基层自查制度，坚持每周抽查、通报和讲评，纠治违纪外出、违章行车、违规喝酒等倾向性问题，开展军容风纪、营区环境、网络安全等集中整治，安全管理扎实有效。以防范重大安全问题为重点，分层修订完善安全预案，按照“四有三防”“五有十防”标准规范兵器室、弹药库设施秩序，严密组织“三实”作业、野外驻训等大项任务中的安全风险评估，集中组织8次安全大排查，进一步消除安全隐患。坚持每月走访通报驻地社民情，开展“司法审判进军营”“法在我心中”警示性教育活动，认真组织“两支队伍”培训，对455名新兵和重要岗位人员进行政治考核。

【双拥共建】 2014年，部队贯彻落实改进作风要求，本着简朴热烈、务实高效原则，广泛开展双拥共建活动。“春节”“八一”前夕，组织召开军地联谊座谈会，共叙军民鱼水情谊，共话强国梦强军梦，共商军地发展大计，感谢地方党委政府和人民群众对部队建设的关心支持，研究解决双拥工作中的实际问题。参加军地联席会议，协调地方政府为部队解决官兵转业安置、军事训练场地建设、子女入学入托、随军家属就业等方面实际困难。主动参与平安创建、和谐创建活动，驻训部队及时与驻训地乡镇派出所签订《军警协作协议》，开展军警联防联治。召开“三八”“八一”军属座谈会，组织官兵家属及子女到驻训地参观慰问、到抚仙湖观光游览。组织双拥文化交流，开展军地足球友谊赛和军地联谊“六个一”活动，使广大官兵在潜移默化中增进军民友谊。发动官兵积极参与新一轮双拥模范城（县）创建活动，进一步巩固和发展“心连心、同呼吸、共命运”的新型军政军民关系。部队和53分队被评为玉溪市拥政爱民先进单位，黄云和徐中华被评为拥政爱民先进个人。

【解难帮困】 2014年，部队立足驻地实际和自身资源优势，就地就近，力所能及，做好扶贫帮困、助学兴教、医疗扶持和献爱心送温暖等工作。积极主动与驻地政府、村寨联系，帮助驻地群众办好事实事，走访慰问驻地困难群众，清理整治驻训地周边村寨环境卫生，进一步加深和巩固军政军民关系。“春节”前，由部队领导带队，到驻地雄关乡、小营村、红坡村，走访特困群众、孤寡老人和军烈属。组织部队领导参加“1+1”助学活动，向驻训地八一爱民学校赠送图书、学习用品，积极帮助解决贫困儿童就学问题。组织57名官兵为驻地企事业单位、普通高等学校和高级中、小学职工、师生军训，累计军训18340人次，广泛开展“3·5学雷锋”便民活动，组织5个小组70余名官兵进入城区及周边村镇街道和敬老院，积极为驻地人民群众开展理发、义诊、修理电器、打扫卫生等活动，共为群众理发200余人次，修理各种电器家用电器150余件。开展医疗服务活动，为民治病200人次，免费发放价值2.5万余元的药品，组织300多名官兵参加义务献血。积极开展献爱心送温暖活动，组织1696名官兵参加向四川芦山地震灾区献爱心捐款活动，共捐58余万元。

【美化环境】 开展“生态工程”活动，坚持“驻守一方、绿化一方、造福一方”。积极参加抚仙湖、星云湖等重点湖泊河道生态治理，搞好高原湖泊的水体保护，发动官兵参与植树造林、水上巡逻、打捞水葫芦等活动，在绿化、美化、净化环境中展示全团官兵崭新的精神风貌。12月14～23日，部队出动官兵9000人，机械车辆1000余台次，历时10天，协助驻地江川县打捞星云湖沿线36千米的湖面水葫芦、水生植物和各类生活垃圾3000余亩，使星云湖水域环境得到改善。大力倡导“厉行节约、节能减排”，广泛开展“国防林、双拥林”植树造林活动和生态营区创建活动，最大限度降低或避免军事活动对生态环境的影响，带动营区周边生态文明建设，以实际行动支持美丽玉溪建设。

（李新玉）

法　制

编辑　余立言

政　法

【概　述】 2014年，全县政法各部门在县委、县政府和上级政法部门领导下，深入贯彻落实中央、省、市政法工作会议精神，认真执行县委《关于进一步加强政法工作的决定》，认真贯彻执行党的十八大、十八届三中和四中全会精神，突出反恐、法治江川平安建设主线，深化重点工作，切实开展政法干警核心价值教育实践活动，进一步加强和改进政法工作，为推进新型工业化、城镇化和农业现代化，开创全县经济社会科学发展的新局面创造了更加和谐稳定的社会环境。

【创新社会维稳机制】 县委政法委认真贯彻县委《关于进一步加强政法工作的决定》，在全面推进社会管理创新的同时，重点在大街街道、江城镇探索矛盾纠纷排查化解稳控机制，取得阶段性成果。一是千方百计化解矛盾纠纷，在坚持和完善领导包案的前提下，大街、江城、前卫、路居积极探索矛盾纠纷化解工作，采用政治、经济、教育等手段，化解了一大批积案，如路居杨小七案、前卫熊牙定案、大街三街群体上访案、江城冯家湾上访案。二是积极探索人民调解新机制，鼓励社会贤达、县乡人大代表、政协委员参与民间纠纷调解。大街下营社区刘正昌率先成立个人调解室，在司法部门支持下，有效开展各项调解工作。三是整合力量，把网格化服务平台与“6995”语音信息平台有效整合，探索党政引导、社会参与、民众参加的社会防控、矛盾化解、治安联防体系。至2014年底，江川县加入“6995”的农户40000户。四是工作重心下沉，县委政法委牵头研定并给予财力支持，乡镇（街道）负责落实，村（社）具体实施治安调解综合运行机制，把村（社）治安联防队、村组治保人员、调解人员组织起来，全面开展村庄巡逻、矛盾排查、人民调解、治安服务等工作，有效维护基层稳定，真正做到小事不出村、大事不出乡镇。

【法治平安建设】 2月17日，全县2014年县委政法工作会议召开。县委副书记、县长钱兴宣读县委、县政府《关于表彰2013年度社会管理综合治理先进集体的决定》并进行颁奖，县委书记马文龙、钱兴分别代表县委、县政府与各乡镇（街道）和成员单位签订《2014年社会管理综合治理维护稳定目标管理责任书》，马文龙作讲话，县委常委、县委政法委书记陈琎寿对2014年综治维稳和平安创建工作进行安排部署。4月28日，制定下发县委《关于加强政法工作的决定》。6月11日，为切实推进全县平安法治建设工作全面开展，江川县及时召开政法综治半年工作推进会。副县长、县公安局局长牛旺林主持会议，陈琎寿作讲话，县委政法委分管综治、维稳、防范邪教工作的3位副书记分别就下半年如何开展政法综治维稳工作进行安排部署。

【矛盾纠纷排查化解】 全县各级各部门严格执行《江川县重大事项社会稳定风险评估办法》、

《江川县关于建立维护社会稳定预警工作机制的规定》和矛盾纠纷排查调处协调会议纪要月报制度，从源头上抓排查，从根本上抓预防，从基础上抓化解，努力预防和减少社会矛盾纠纷和重大群体性事件的发生。在落实矛盾纠纷排查调处协调会议纪要月报制度中，各级各部门按照县级每月、乡镇（街道）每半月、村（居）每周开展一次“拉网式”排查的要求，坚持“排查走在调处前，调处走在激化前”的原则，认真做好矛盾纠纷预防和排查工作，立足及早发现、及时化解，最大限度地把问题解决在基层，努力实现“小事不出村，大事不出乡镇；矛盾不上交，不给上级添麻烦”的工作目标。2014年，全县各级各部门共排查各类矛盾纠纷2409件，调处2310件，调解成功率达95.8%。其中，新排查出重大矛盾纠纷2件，对上年及历史遗留的重大矛盾纠纷化解工作仍实行领导包案制，全力做好化解工作。

【重大事项社会稳定风险评估】 推行重大事项社会稳定风险评估工作，进一步完善重大事项社会稳定风险评估机制和预警机制。江川县2012年制定下发《江川县重大事项社会稳定风险评估办法》和《江川县重大决策社会稳定风险评估实施方案》，对重大决策事项开展社会稳定风险评估，从评估范围、评估内容、责任主体和评估程序等作细化，使评估工作具有针对性和可操作性，做到有章可循。将年度考核与日常督导检查结合，把社会稳定风险评估工作列入党委、政府督查工作的重点内容，及时发现纠正问题。2014年，发布重要预警事项1件1起。

【确保社会平安和谐】 开展基础数据录入，将基本公共服务纳入网格化社会服务管理工作，深入持久开展“建机制、强服务、重管理、抓基层、广宣传、创特色”六项工作。2014年接收刑释解教人员245人（其中解除矫正帮教对象127人，刑满释放人员118人），帮教243人（有2人外出未回），帮教率99%，5年内有刑释人员965人。与刑释解教人员父母及其亲属一起到监所接领118人，做到无缝连接。全年走访社区矫正人员家庭483次，组织公益劳动和集中教育7次346人次，新接收矫正人员165人，共接收社区矫正人员707人，累计解除429人，现在册矫正278人。向全县广大青少年开展自身安全、禁毒防艾、心理健康等各项宣传活动，开展“三个一”专项整治行动（一次安全大检查、一次法制安全教育、一次应急演练），“护校安园”专项整治行动和春季学校食堂食品安全专项整治行动，并申报安化中心小学为市级“平安校园”。县民政局依法登记社会团体6个，民办非企业单位14个，完成社会组织年检68个，其中：社会团体36个，民办非企业单位32个，年检率达100%。健全“两新”组织单位内部社会管理综合治理长效工作机制，即社会团体单位实行“法人负责制”，民办非企业单位实行“注册人负责制”和“法人负责制”。县交通运输局充分利用客运站人员过往较多的实际，大力开展法律、法规宣传教育活动，对7户企业组织召开安全稳定工作会议，加大对乡镇船舶和油气库站的管理力度，确保安全生产无事故。

【政法队伍建设】 近年来，政法部门不断加强自身建设，不论是年龄结构，还是学历层次均得到优化，为政法机关履行职能提供坚实组织保障。继续在政法部门开展教育实践活动、政法干警核心价值观教育活动，政法干警核心价值观概括起来就是“忠诚、为民、公正、廉洁”，政法各部门按照中央关于推进社会主义核心价值体系建设的要求，组织政法各部门的领导干部、一线干警、法学专家开展讲认识、谈体会活动，并大力宣传践行政法干警核心价值观的先进典型。通过认真学习、讨论、实践，牢固树立政法干警核心价值观，使政法干警始终真正把这8个字内化于心、外化于行。

【文化软实力建设】 进一步增强政法机关的文化软实力建设。县级政法机关大力加强政法文化建设，积极探索具有中国特色、政法特点、时代特征的政法文化建设新路子，努力为政法工作和政法队伍建设提供坚强思想保证、强大精神动力、有力舆论支持、良好文化条件。千方百计帮助政法干警解决工作生活中实际问题的同时，充分发挥政法文化在陶冶情操、舒缓压力等方面的重要作用，努力营造有利于政法干警身心健康、依法履职的良好氛围。大力加强政法文化阵地建设，大力加强人民法庭、检察室、派出所、司法所、监管场所的文化设施建设，为广大政法干警特别是一线干警提供良好的文化服务。统筹整合政法文化资源，有效利用传统媒体和新兴媒体，全方位、多角度宣传政法综治工作，向广大人民群众展示工作成效，组织开展丰富多彩的政法文化活动，更好地凝聚警心警力，进一步增强政法机关的文化软实力。

【整治突出治安问题】 通海县“4·22”事件后，江川县制定下发《江川县开展突出治安问题排查整治工作的方案》。各成员单位均结合自身实际制定专项排查整治方案，对两湖周边、城乡结合部、城中村、边界地区和治安复杂场所、部位等认真组织暗访督查，取得较好的整治效果。共立各类刑事案件847起（含治安类6起、经济类27起），破248起，破案率为29.3%，抓获各类犯罪嫌疑人171人（移送起诉138人），抓获逃犯32人；通过破案缴获摩托车19辆、电动自行车15辆，缴获赃款赃物折合人民币38.25万元；受理治安案件1279起，查处922起，查处率72%，查处违法人员361人；破获毒品案件78件，其中贩卖毒品案件1件、无主毒品案19件，运输毒品案件15件，零星贩毒案件43件，缴获毒品10183.95克（其中海洛因4643.28克，冰毒片剂5540.27克，冰毒晶体0.4克），毒资2万余元，抓获犯罪嫌疑人55名，其中刑事拘留38人、取保候审2人、监视居住4人、移交四川公安机关7人、强制戒毒3人、行政拘留1人，共查处吸毒人员238人，其中强制隔离戒毒59人、社区戒毒115人，行政拘留44人，社区康复15人，不予处罚5人。全县共发命案3起并全破，为近10年来命案最少的一年。

【网格管理推进信息平台建设】 按照《云南省综治信息化暨玉溪市网格化管理服务江川县试点工作方案》，于3月14日，组织全县7个乡镇街道的综治、司法、信访干部和9个试点社区（村）的网格长、网格员，共150余人参加培训会，乡镇（街道）和司法、计生等成员单位相继开展业务培训工作；5月16日，县网格化社会服务管理中心安装调试完毕；6月中旬，全县7个乡镇（街道）和9个社区分别完成网格化社会服务管理中心（站）建设任务；10月，完成向社会公开招聘10名系统管理员工作。全县完成矛盾纠纷调处情况录入，完成7个乡镇（街道）和9个社区计算机终端密钥登记工作，推动全县网格化社会服务管理工作。

【治安防控体系建设】 按照“空中有监控、地面有巡逻、出入有卡点、社区有联防、网络有导控”的思路，打造立体治安防控体系，平安江川道路视频监控系统200余个监控器和线路全部贯通，110指挥中心相关设备全部到位，并向社会公开招聘协勤人员16名。县委、县政府新增保安力量，提高自身防范能力；县委、县政府积极倡导全县企事业单位自筹资金开展单位内部安防系统建设；县委政法委带头完成内部防范监控系统的安装；县住建局认真落实星云铭城、财富广场等新建小区的安防技防设施建设工作，并逐一落实原有住宅小区的安保措施，有效预防各类刑事治安案件的发生。按照县委办、县政府办《江川县“6995平安建设信息平台”实施方案》要求，于6月11日召开启动会，将基层组织和人民群众分别组织起来，电信、移动、联通参与组网工作，共同应对自然灾害或不法侵害，全县“十户”联防活动开展效果良好。全县不断加强群防群治组织建设，充分发挥保安员、治安联防队、护村队、内部单位保卫组织、村组、农户的作用，建设“三级”防控体系。至2014年底，全县共建立治保会72个、治保人员660人，建立巡逻组织75支，巡逻队员1161人；成立各类帮教小组120个。

争取资金，加强劳动教育矫正的建设工作，在基地原房屋基础上新建教育培训室，使面积达到116.7平方米，培训人员达到80人。法律服务所共办理非诉讼代理22件，代写法律文书65件，解答法律咨询543人次。代理诉讼25件，调解纠纷88件，为村、企业担任法律顾问13家，为社会弱势群体提供法律援助113件。

【政法宣传】 2014年，全县各成员单位重视平安法治江川宣传工作。一是认真开展春、秋两季综治维稳宣传月活动。3月5日，江川县妇联、司法局、禁毒大队、610办、疾控中心等多家单位20余人在县城明珠路，开展宣传咨询活动。活动期间发放各类宣传材料4000多份，挂历500张，展出艾滋病防治、禁毒宣传、崇尚科学反对邪教等各类展板62块，接受法律咨询8人次，各乡镇（街道）司法所共发宣传材料15000份，展板宣传7期127块，广播宣

传140次听众11万余人，黑板宣传72块144期，标语宣传1000余条，解答法律咨询78次109人，举办培训1期132人，张贴宣传图183张。10月下旬，江川县认真开展法治宣传月活动，县委政法委领导带头走进商铺、农贸市场，向社会宣传法律知识、解答法律疑问、提供法律服务。二是集中开展宣传各项活动。全县进行法制宣讲22次6679人；广播宣传798次，听众560160人次；学校上课1次，受教育师生1000人，培训骨干16期443人次；专业法宣传41天231人次；帮教青少年34次35人；开展法律咨询579次776人；展出图片12期273幅；黑板宣传78块505期；印发材料57期18400份；张贴悬挂普法标语2444条。三是50余家成员单位认真开展平安法治宣传活动，各成员单位悬挂宣传标语200余条，并以县电视台插播公益广告、发送手机短信和在200余块电子显示屏、168家文化单位的电视设备上打出标语等形式进行广泛宣传。四是把宣传月活动与“公正司法为人民”结合起来。如在九溪镇中营、大村村委会250多名村民共同起诉追索劳务报酬的案件，为核实原告的诉讼主体资格，保障其诉讼权利，法院干警为250多名原告制作询问笔录。为不影响生产，干警们从上午9时至晚上10时，热情接待每一名群众。五是开展禁毒“流动课堂”宣传活动。期间开展法制宣讲4次683人；黑板宣传块期；广播宣传123次近9万余人；印发材料10期3260份；展出图片5期148幅；培训骨干2期180人；开展咨询21次347人。

（王汐羽）

司法行政

【机构编制】 2014年全局编制数为38名（行政编制30名，事业编制8名），实有人数32名，其中行政人员29名（2014年5月和7月，因工作变动调出2人，2014年9月新招录3名公务人员），参公管理人员3名（2014年12月调入1名）。

【概　述】 2014年，县司法局全面贯彻落实党的十八届三中、四中全会和中央、省、市、县政法工作会议精神，按照“促进社会公平正义、增进人民福祉”总体要求，抢机遇、抓基础、促发展、创特色、求实效，全力推进司法行政各项工作全面开展，为平安、法治江川建设充分发挥部门职能作用。

【依法治县】 根据中共玉溪市委依法治市领导小组办公室《2014年玉溪市普法依法治理工作要点》文件，制定《江川县2014年普法依法治理工作要点》，报县委批准发文；为认真落实《中共云南省委、云南省人民政府关于加强司法行政促进依法治省的意见》精神，6月5日，江川县制定下发《中共江川县委、江川县人民政府关于加强司法行政促进依法治县的意见》；6月18日，由县委书记马文龙同7个乡镇（街道）、48个成员单位签订《江川县2014年依法治县工作责任书》；制定《江川县进一步加强领导干部学法用法工作实施方案》，明确基本目标和学习内容，健全领导干部学习培训和考核机制；按照“谁主管，谁普法、谁执法、谁普法”责任制的要求，制定《关于印发江川县“六五”普法主体责任制实施方案的通知》在全县实施，将法律法规普及宣传细化到各责任单位，突显多部门联动整抓共管效果。

【经济普查法制宣传】 为正确引导广大普查对象依法配合第三次全国经济普查，2013年12月至2014年1月，县司法局与县统计局在全县范围内开展以《经济法》和《全国经济普查条例》为主的法制宣传活动，期间共发经济普查《公开信》、《宣传画》等资料20000余份，现场咨询87人次，广播宣传586次，张贴标语、宣传画3764条（份），悬挂宣传横幅11条，设立户外大型广告牌2个，气象电子显示屏238块，黑板、专栏宣传112块（个），选聘指导员、普查员459人，培训骨干300人，出动宣传车巡回宣传4天15人次。

【护林防火法制宣传】 2月16日至20日，县司法局与县林业局、森林公安局、江城镇政府等相关单位协作，以江城镇三百亩村委会为重点，采取举办培训班、出动宣传车宣传、放映警示教育片、以案释法、进村入户等形式，与村民面对面进行森林防火法律法规宣传。活动中，共走访群众219户、广播宣传10次、张贴悬挂标语350条、召开会议10次、培训骨干70余人、放映警示教育片5场次、解答咨询32人次。

【“三八”妇女维权周宣传】 3月5日，县妇联、司法局、禁毒大队、610办公室、疾控中心等单位共20余人在县城明珠路，开展以“庆三八　美丽江川　服务先锋”为主题的“三八”妇女维权周宣传咨询活动。期间共发放各类宣传材料4000多份，挂历500张，环保袋1000只，展出艾滋病防治、禁毒宣传、崇尚科学反对邪教等各类展板62块，接受法律咨询8人次。

【行政执法案卷集中评查】 4月21日至5月4日，县政府法制办、司法局组织人员，对各执法单位2013年行政执法案件卷宗进行评查，并抽调35件报市评查，评查结果：优秀30件，合格5件。

【送法进校园】 县司法局配合县教育局、消防大队、关工委，从4月1日开始，在全县中小学校开展以“严禁野外用火，保护美丽家园”为主题的“五个一”森林防火宣传活动。活动围绕“上一节森林防火课、写一篇森林防火征文、出一期森林防火黑板报、写一幅森林防火标语、致一封给学生家长的公开信”等“五个一”来开展。并于6月10日组织人员到九溪镇中学开展《关爱明天　普法先行》法制讲座，近500名师生参加听讲。

【领导干部法治讲座】 8月25日和9月28日，分别由县安监局局长马常有、县法院副院长赵剑作《人的安全及生产安全关系解析》《养成法治思维，善用法治方式——领导干部如何提高法治能力》专题讲座培训，全县实职副科级及以上领导参加。

【“六五”普法统一考试】 10月30日，组织全县36名副处级以上领导和7个乡镇（街道）、93个单位、26所中小学共5671人，参加全市“六五”普法统一考试，参考率、合格率达100%。

【“12·4”国家宪法日宣传】

12月4日，县委宣传部、县司法局组织县法院、检察院、统战部、民政局、公安局、卫生局、610办、国税局、国土局、安监局、环保局、电力公司等22家单位在县城明珠路开展以“弘扬宪法精神，建设法治江川”为主题的法制宣传咨询活动。发放各类宣传资料26500份，接受群众咨询206人次，悬挂大标语35幅，张贴小标语2698条，展出展板39块。

【抚仙湖渔政专项法制宣传】

围绕抚仙湖禁渔捕捞期的有关规定，县司法局采取出动宣传车、发放宣传材料、解答法律咨询等方式，在沿湖村庄开展抚仙湖专项整治法制宣传活动，期间发放宣传材料1560份，解答法律咨询48人次。

【烟叶育苗种植收购法制宣传】

县司法局紧紧围绕“抗大旱，保烟苗，调纠纷，保民生”的工作思路，坚持“五个确定”，围绕“五个主题”，以抗旱保育苗为主线，以加强烟草种子管理、确保烟苗品种纯度为重点，以营造稳定有序的收购环境为目标，切实开展《烟草专卖法》《烟草种子管理办法》《合同法》《水法》《治安处罚法》《刑法》等法律法规的宣传。认真抓好涉烟矛盾纠纷排查调处工作，要求调解人员深入基层，深入抗旱第一线，及时排查调解各类涉烟矛盾纠纷。2014年，出动宣传车97天388人次，开展广播宣传802次，黑板宣传393期，法制宣讲7次1980人，调解烟农纠纷55件144人，标语宣传738条，解答法律咨询1039人次，编印材料3期17200份。上报信息9期51篇，图片59幅。

【禁毒“流动课堂”宣传】 为进一步提高广大群众防范毒品意识，县司法局组织开展为期一个月的禁毒“流动课堂”宣传活动。期间共开展法制宣讲4次683人；广播宣传123次88170人；印发材料10期3260份；展出图片5期148幅；张贴标语1859条；培训骨干2期180人；播放宣传片2部1场；开展咨询21次347人。

【青少年法制教育】 为抓好青少年的法制宣传教育工作，2014年，县司法局组织人员到全县各中学、中心小学上法制课8次，受教育师生3813人，帮教青少年48次53人。

【经常性法制宣传教育】 全县进行法制宣讲31次7623人，广播宣传1186次，学校上课8次，受教育师生3813人，培训骨干29期813人次；专业法宣传59天426人次；帮教青少年48次53人；开展法律咨询846次1261人；展出图片26期873幅；黑板宣传78块739期；印发材料70期32600份；张贴悬挂普法标语6718条。

【“大调解”工作】 县司法局

与县法院联合化解诉调对接案件1件，与检察院联合化解检调对接案件4件，与派出所联合化解公调对接重大矛盾纠纷29件；制定下发《江川县司法局推行网格化管理实施方案》，进一步加强7个乡镇（街道）、72个村级调委会的网格化建设，确定人民调解网格化信息员，建立科学的分工协作机制、高效的工作运行机制、规范的监督考核机制，通过上下联动，资源共享，多方参与，实现社情全掌握、矛盾全化解、服务全方位；不断建立健全矛盾纠纷预防、排查和调处机制，着力抓好矛盾纠纷的排查化解工作，2014年以来，各司法所共组织矛盾纠纷排查调处84次。

【民间纠纷调解】　2014年，全县各级调解组织共化解各类矛盾纠纷2021件（其中村级调委会调解1554件，居调委会调解366件，乡镇街道调委会调解101件），调解成功2004件。防止民转刑7件58人，防止群体性上访3件47人，制止群体性械斗5件88人，预防矛盾纠纷发生40件，矛盾纠纷涉及当事人4291人，涉及金额746.85万元。

【以案定补】　2014年，对达到以案定补标准的1760件调解案件（其中简易纠纷1040件、一般纠纷640件、重大纠纷80件），进行奖励兑现，兑现金额127200元。

【安置帮教】　通过不断健全完善各项制度和措施，确保县、乡安置帮教工作机构对刑释解教人员做到底数清、情况明，帮教记录、台账明晰。通过实施信息数字化管理，切实做好预放人员的信息核实和释放人员的衔接工作。2014年，与家属到监所共接领释放人员118人。通过全局上下不懈努力，对江川县5年内接收在册的刑释解教人员965人和2014年接收的245人，在规定时限内均进行有效帮教。

【社区矫正】　至2014年止，江川县共接收社区矫正人员707人，累计解除429人，在册278人。在做好矫正人员日常管控工作的同时，2014年以来，与县公安局、法院、检察院召开社区矫正工作联席会议2次，开展工作联合检查13次，与乡镇派出所进行联合执法活动8次。各司法所组织走访社区矫正人员家庭483次，组织公益劳动和集中教育7次346人次，单独教育212人，审批外出请假人员63人次。并对脱管人员及时进行追查，对严重违反法律和监管规定的矫正人员按程序分别实施行政拘留、强制隔离戒毒、撤销缓刑收监执行等措施。2014年，对6名严重违反矫正规定和吸毒人员进行收监执行，对3名违规人员给予警告处分。

【困难刑释解教人员和社区矫正对象帮扶】　2014年，县司法局通过与县民政部门协调，为一名患严重肺结核病（治疗不彻底三次反复）的特困矫正人员解决5000元医疗救助款。

【省级示范基地建设】　投资60万元（省级50万，市级10万），完成江川县社区矫正和刑释人员安置帮教省级示范基地建设。

【基层法律服务】　加强对基层法律服务工作者的职业道德和职业纪律教育，发挥基层法律服务队伍懂法律、懂政策的优势，组织和动员法律服务工作者深入到村组，着力化解各种社会矛盾，把服务“三农”放在突出位置，积极为建设社会主义新农村提供法律服务。2014年，全县4个法律服务所共办理非诉讼代理22件，代写法律文书65件，解答法律咨询543人次。代理诉讼25件，调解纠纷88件，为村、企业担任法律顾问13家，为社会弱势群体提供法律援助113件。

【公证工作】　2014年，江川县公证处共办理各类公证222件，其中民事210件、经济12件，涉案标的1555万元，解答公证法律咨询209次633人，代书、草拟修改各类合同协议及公证法律文书215份，提出口头司法建议20条，被采纳19条。

【律师工作】　2014年，江川县川和律师事务所共办理各类法律事务74件（其中刑事23件、民事和经济51件），担任法律顾问13家，办理法律援助案件76件，代写法律文书234件，提供法律咨询526人次。

【法律援助】　2014年，县法律援助中心共办理法律援助事务314件，其中刑事案件159件，民事诉讼及非诉案件155件。受援总数314人，其中残疾14人，老年118人，未成年130人，妇女100人，困难群众10人，解答法律咨询45人次。

（廖江平）

公　安

【组织机构】　2014年，行政编制数245人，实有234人（男民警210人、女民警23人、男工勤人员1人），年内减少2人（新招录3人、调入8人、退休7人、调出6人）。机构编制数27个实有27个：政治工作办公室、指挥中心、警务保障室、法制大队、治安管理大队、经济犯罪侦查大队、国内安全保卫大队、禁毒大队、刑事侦查大队、交通警察大队、巡逻警察大队（与大街所合署办公，2014年10月巡逻警察大队牌子移至上营东街14号）、看守所、拘留所（与看守所合署办公）、大街派出所、江城派出所、路居派出所、前卫派出所、九溪派出所、雄关派出所、安化派出所、孤山派出所（与江城所合署办公）、网络安全保卫大队、警务督察大队、消防大队、纪检监察室、信访室、出入境管理大队。

【概　述】　2014年，县公安局以反恐维稳为核心，全面建设“平安、法治、美丽”江川为主线，围绕全县经济社会发展大局和全局“12345”（即：围绕维护社会大局稳定“一个任务”，坚持一手抓业务、一手抓队伍“两抓机制”，提升人民群众满意度、提升公众安全感、提升队伍整体素质“三升目标”，打造学习型、创新型、服务型、实干型“四型警队”，深化大维稳、大情报、大刑侦、大防控、大宣传“五大格局”）思路，严打违法犯罪，整治突出治安问题，严密治安管理，强化交通消防安全监督管理，切实维护江川社会大局稳定，服务经济发展，促进公平正义。

【刑事案件】　2014年，立各类刑事案件1815起（刑侦类1769起、治安类8起、经济类31起、交通类7起），破675起，破案率37.2%；抓获各类犯罪嫌疑人374人，移送起诉366人；抓获逃犯61人；通过破案缴获摩托车31辆、电动自行车30辆，缴获赃款赃物折合人民币260.7万元。其中，刑侦类立案1769起，破案636起，破年前案件430起，破案绝对数1066起。与上年相比，立案减353起，降16.6%，破案减85起，降11.8%，破案率升2%，破案绝对数增74起，升7.5%。

【经济案件】　2014年，受理各类经济案件30起，立案31起（合同诈骗21起、信用卡诈骗2起、生产销售伪劣产品1起、非法经营6起、职务侵占1起），破案24起；同比立案增1起，升3.4%，破案增3起，升14.3%。涉案价值340.65万元，通过破案挽回经济损失62万元。超额完成市公安局下达的全年经济案件破案任务。

【毒品案件】　2014年，破获毒品案件105件（其中贩卖毒品案4件、无主毒品案24件、运输毒品案20件、零星贩毒案57件），缴获毒品16189.6克（其中海洛因5499.46克、冰毒10690.14克）、轿车4辆、面包车1辆、摩托车2辆、手机31部、毒资6万余元，打掉吸贩毒团伙16个，抓获犯罪嫌疑人101名（其中刑事拘留85人、取保候审4人、监视居住3人，移交外地公安机关7人、强制隔离戒毒2人）。

【吸毒人员】　2014年，查处吸毒人员393人，其中强制隔离戒毒118人、社区戒毒165人、行政拘留40人、社区康复58人、不予处罚12人。

【行政案件】　2014年，受理行政案件2807起（其中治安案件2729起、其他案件78起），查处1786起，查处违法人员780人（其中拘留408人、罚款166人、警告2人、其他处理204人），罚没款12.88万元。同比受理案件增361起，升15%，查处数增124起，升7.5%。其中，治安案件查处1731起，查处率63.4%。

【交通事故】　2014年，全县发生交通事故1144起，死亡39人，受伤420人，损失105.4万元。与上年相比，事故减56起，降4.67%；死亡人数减14人，降26.42%；受伤人数减48人，降10.26%；损失减68.2万元，降40.12%。

【交通违法案件】　2014年，受理违反道路交通管理法律法规案件17374起，查处17374起；与上年相比，受理数、查处数均增2644起。

【火灾事故】　2014年，全县发生各类火灾事故73起，伤1人，烧毁房屋82间2145.1平方米，粮食1240千克，直接经济损失93.57万元。与上年相比，事故增48起，升192%，死亡减2人，烧伤人数持平，损失增48.5万元，升107%。

【户 政】 2014年，办理二代居民身份证（登记指纹）14495证、“农转城”4894人、迁入户口1208人（省内1012人、外省196人）、迁出1074人（省内945人、省外129人）、出生落户2896人、死亡销户2102人。

【流动人口】 2014年，全县在册出租房283户，流动人口3903人。年内采集流动人口信息1959条、注销418条、办理居住证2826证。

【出入境】 2014年，受理普通护照1714人次、加注74人次、遗失补发16人次；前往港澳通行证1人次、往来港澳通行证709人次、往来港澳签注1559人次；大陆居民往来台湾通行证292人次、加注297人次；境外人员常住江川3人（越南籍2人、缅甸籍1人）、录入临时来华境外人员住宿信息198人次、查获“三非”人员7人次。

【监所管理】 2014年，县看守所关押各类犯罪嫌疑人399人，其中上年转下89人、新收押310人，新收人员比上年增13.14%；日均押量124人，比上年减3.87%；日最高关押量168人。关押人员中死刑犯3人（已执行1人）、死缓3人、重刑犯18人、未成年人33人。开展集体教育5960人次、谈话教育4643人次、安全大检查24次、卫生消毒52次。投送监狱136人、刑满释放22人、缓刑释放27人、取保候审72人、变更强制措施或其他出所15人。8月27日，红塔区看守所将在押的女性犯罪嫌疑人15名分流到江川看守所关押。年内，看守所依法履行羁押、收押、提审、会见、出所就医、交付执行等程序，确保监所的安全和刑事诉讼顺利进行。

2014年，拘留所收被拘留人员471人（男369人、女102人），总计执行拘留天数5515天，日均在拘11.7人，拘留人数与上年相比增127人。

【案件审核】 2014年，法制审核刑事案件324起612人，其中报捕案件128起224人、移送起诉案件196起388人；审核行政案件385起995人。组织考核案件10次，考核案件458起，其中刑事案件107起、行政案件351起。

【网络安全】 2014年，查处网络赌博、造谣、传播暴恐音视频案（事件）6起；查处网吧未落实实名制的违法经营案16起，警告并处罚款14起、责令停业整顿2起。落实非经营性互联网上网服务场所安全保护技术措施80家单位，安装前端设备69套。

【信 访】 2014年，县公安局接受来信来访70件（批）222人（次）。其中，接受省公安厅稳控信息8件8人（次），办结6件6人；市公安局交办10件10人（已办结）；县信访局交办8件117人次（已办结，其中1件110余人次为联名访，要求解决户口统一管理问题）；本局接受信访信件6件6人（其中3件3人为重复上访、1件1人无实质诉求、受理2件2人，均已办结）、直接接待群众来访38件（批）81人（次）（其中非公安机关管辖2件2人、重复上访6件6人、当场答复18件53人次、已按相关要求办理7件15人、受理5件5人、已办结4件4人、正在办理1件1人）。

【驾管业务】 2014年，全县机动车增3380辆，保有量64221辆（大型汽车2876辆、小型汽车24509辆、摩托车36535辆、农用运输车35辆、挂车185辆、教练汽车79辆），同比增5.55%；电动自行车注册登记648辆，保有量13395辆；机动车驾驶人增4292名，驾驶人61114人（汽车类驾驶人41235人、摩托车驾驶人19879人），同比增7.55%。办理车管业务26378件、驾管业务16117件。

【行业管理】 2014年，旅馆业114家，上传信息数据47万余条，日均1300条，查处违法违规经营旅馆54家次，通过旅馆业信息系统抓获网上逃犯7名。废旧金属收购业18家，上传信息491条。公章刻制业1家，审批刻制印章624枚。

【维稳反恐】 把维护社会政治稳定作为首要任务，层层落实各项管控措施。2014年3月，成立反恐处突应急处置分队，由年轻民警30名组成。8月，招聘巡特警辅警50名，在县城设置巡防控制圈，全部屯警县城街面。建立以指挥中心牵头负责，国保、治安、经侦、网安、派出所等部门及各司其职、密切配合的情报信息预警工作机制，不断延伸情报信息搜集触角，狠抓54名维稳信息员、网络舆情引导员队伍建设，做到先期介入排查、先期研判、及时上报；建立由各乡镇（街道）派出所、综治办、司法所的“警司治”联勤联调模式，将隐患化解在基层；建立群体性突发事件处置机制。7月8日，举行危险货物运输应急处置演练；7月11日，在前卫中学举行校园反恐应急演练等各种反恐防暴模拟实战演练和应急处突专业培训3期270人次，确保发生暴恐案件和突发事件时，快速反应、快速处置；加强对重点部位、重点物品的巡控管控力度；加强对枪支弹药、危爆物品、烟花爆竹等生产、储存、运输、销售、使用过程管理。2014年，上报《江川公安要情》117期（条），圆满完成十八届四中全会、全国省市县"两会"、APEC会议等重大会议安保任务30余次，全县社会政治保持持续平稳。

【社管综治】 制订下发《2014年江川县公安局开展社管综治维稳及平安创建活动实施方案》，落实领导小组、办事机构、人员，明确第一责任人、直接责任人，局领导与各部门签订工作责任书。健全重大事项社会稳定风险评估、社会稳定预警工作机度。以"警民开放日""6·26""安全月"为平台，开展宣传法律法规、禁毒防艾、防火安全知识，展出各类展板、实物80余块（种），发放宣传资料3.5万余份。每月对全县及本单位的纠纷、热难点进行排查、整理，实行"零报告"制度。全局9个调解室共调处各类矛盾纠纷1176起。开展平安单位创建活动，配强生活区、办公区保安人员8名和楼长幢长7名，完善《局部门、派出所一日内务制度》《江川县公安局门卫制度》《巡逻、保安人员工作职责》《安全交接班》《值勤情况检查记录》《来访人员登记》等制度措施，年内单位内部无刑事、火灾、非正常赴省进京上访和重大治安、交通、安全生产案（事）件发生。在打击刑事犯罪、治安管理、禁毒、网络安全、"平安出行"、交通消防安全等工作中，认真履职，完成市级下达各项工作指标。

【打零收戒】 2014年1月28日至5月10日，在全市开展的打击零星贩毒收戒吸毒人员（简称打零收戒）百日攻坚专项行动中，制定方案，成立以局长任组长的领导小组。行动中，采取集中优势警力，对县城及周边地区的重点涉毒区域和场所开展整治，打击长期盘踞在县内、严重危害社会治安的贩毒"批发商""分销商"，全员收戒吸毒人员。行动中，破获毒品刑事案件66件（其中零星贩毒案件43件），缴获毒品6273克（海洛因2285克、冰毒3988克），抓获犯罪嫌疑人55人，打掉贩毒团伙5个、零星贩毒网络3个、吸贩毒窝点5个；查处吸毒人员183人（其中行政拘留33人、社区戒毒90人、强制隔离戒毒52人、社区康复9人），在打零收戒百日攻坚专项行动中，取得全市破案数、收戒数排名第一的好成绩。

【治爆缉枪】 2014年2月21日至11月30日，县公安局开展"治爆缉枪"专项行动，制定方案，成立专项行动领导小组，设立办公地点在治安大队。一是开展射钉器管控工作。对全县五金用品、体育用品、建材用品、铜器加工店、杂货店和摊点进行摸排，将3家销售射钉器、弹，一家销售射钉弹的个体工商户纳入实名制销售管理。二是开展烟花爆竹、民用爆炸物品安全管理，打击涉爆违法犯罪行为。三是开展宣传发动工作，收缴流散社会的枪支弹药、爆炸物品。行动中，印制通告1000份、布标12份、传单5000余份；破获非法生产、运输、储存爆炸物的刑事案件12起，抓获犯罪嫌疑人14名；收缴射钉枪7支、气步枪3支、旧炮弹3枚、军用子弹230发、射钉弹317发、黑火药31.3千克、铁沙0.36千克、雷管31枚、导火线755米、管制刀具341把、仿真枪支41支及各类烟花爆竹1.3万余箱、烟花爆竹原材料2600千克。

【灭黄禁赌】 2014年2月21日至11月30日，县公安局在全省开展的"灭黄禁赌"专项行动中，制定工作方案，成立以副县长、县公安局长任组长，政委、分管副局长任常务副组长，相关局领导任副组长，治安、派出所和指挥中心、政工室、纪检监察室、法制、督察、网安部门主要负责人为成员的"涉黄涉赌"专项行动领导小组。县公安局与治安大队、派出所签订责任状，派出所与辖区场所业主、法人签订责任状。治安大队长、派出所所长是辖区第一责任人，社区民警为直接责任人。重点整治宾馆、KTV歌舞娱乐、洗浴、足疗、按摩、美容美发、茶室、棋牌室、桌球室、中心城区街道、巷道、怡心园文化广场和学校周边区域，打击卖淫嫖娼、赌博违法活动，重点打击处理组织、强迫、引诱、

容留、介绍妇女卖淫犯罪和组织淫秽表演、聚众赌博违法活动的组织者、策划者、首要分子和充当“保护伞”人员。行动中，投入警力2115人次，查处涉黄案件39起，涉黄人员被行政拘留40人、罚款4人，捣毁涉黄窝点3个，责令停业整顿涉黄宾馆酒店2家；查处涉赌案件42起（开设赌场刑事案件1起、涉赌治安案件41起），抓获涉赌人员229人，收缴赌博机41台、车辆2辆、赌资56.8万元。

【“1·30”盗窃案】 2014年1月30日，县城兴江路的陈静烟酒店发生盗窃案，被盗境界玉溪香烟8件、庄园香烟1件、礼品烟7盒，价值14.6万元。案件发生在除夕，给当事人造成较大经济损失，有一定社会影响。县公安局成立专案组，开展侦破工作，民警认真勘验案件现场，调阅案发现场周边的监控视频，搜集证据。经大量排查分析工作，锁定犯罪嫌疑人刘平（男，25岁，昆明市禄劝县人），在市公安局技侦支队的支持配合下，在禄劝县城城郊成功将犯罪嫌疑人抓获，当场缴获赃款3.2万元，循线在昆明市盘龙区一个销售香烟点，缴获被盗的境界玉溪香烟4件。

【盗车团伙】 2014年以来，江川县盗窃“两车”案件较为突出，发案数占全县刑事案件发案数的50%以上。刑侦部门按照“什么犯罪突出就打击整治什么犯罪”原则，牵头组织开展“打击多发性侵财犯罪”专项行动，将盗窃“两车”犯罪作为工作重点，切实履行职责，回应人民期待。通过工作，发现并抓获李云龙、业海彬为主的一个盗窃团伙，经初审，2人供述伙同罗洪、伏鑫等人在县城及周边盗窃电动自行车作案80余起的犯罪事实。该盗窃团伙涉案较多，社会影响恶劣，市公安局将该案列为督办案件，要求江川加大侦破力度，抓捕在逃人员，彻底铲除该盗窃团伙。按督办案件要求，县公安局成立专案组，加紧开展各项侦查抓捕工作，通过两个多月侦查，成功摧毁由吸毒人员李某、业某等6人组成的盗窃电动自行车团伙（市公安局督办案件），成功侦破自2013年10月以来，团伙成员相互纠集，窜至县城及周边，采用强扭龙头锁以及断线点火等手段，先后盗窃各类电动自行车作案150余起，涉案价值30余万元，所盗电动自行车低价卖于他人，赃款用于吸毒及日常生活开销的犯罪事实。

【螺旋藻案】 2014年4月2日，县公安局经侦大队在江城镇的云南金塔实业有限公司内，端掉生产假冒伪劣保健食品窝点一个，抓获涉案嫌疑人10余名，查获假冒伪劣的螺旋藻保健食品191箱，收缴自动包装机2台、打码机1台等生产设备及包装物一批，涉案价值41万余元。2014年7月1日，公安部将该案立为督办案件，7月24日成功破案，主要犯罪嫌疑人金城氿、赵瞬锦被移送起诉，追缴非法所得14万余元。

【学校命案】 2014年9月23日13：50时，前卫中学七年级11班学生陈某到教室上课，被同班同学付某邀约的八、九年级学生杨某等多人，从教室里叫到教学楼过道上殴打，殴打当中陈某掏出随身携带的弹簧刀对付某、杨某各刺一刀，致两人不同程度受伤，付某被刺破心脏经抢救无效死亡。

【创模工作】 2014年5月5日至12月10日，在创建国家环境保护模范城市工作中，县公安局主动作为，结合公安职责，积极参与创建工作。制定工作实施方案，成立创建国家环境保护模范城市工作领导小组，政委张文红任组长，副局长胡尚辰、黄良任副组长，交警、指挥中心、治安大队、大街派出所负责人为成员，工作领导小组下设办公室在交警大队。将县城划定区域开展机动车禁止鸣喇叭和其他噪音污染治理；对未遮盖运输沙石土砖等建筑材料以及未用箱体密闭运输畜禽粪便、生产生活垃圾等车辆飘洒滴漏运输问题开展治理；机动车尾气污染防治和对已达到报废标准的车辆按照相关规定强制行报废作为整治重点。禁止载质量750千克以上的车辆及货车、拖拉机、三轮摩托车、畜力车等“四类”车辆驶入县城的兴江路、抚仙路、宝凤路、宁海路、明珠路及中心城区；依托五岔路口货车限行执勤点，做好限行车辆管理，与23家沙石运输企业签订责任书，禁止沙石运输企业车辆不净车出场上路、不密闭运输、超载；配合交通运输、城市管理综合执法部门，以兴江路、大铁线为重点路段，采取定点查处车辆扬尘污染行为；对飘洒滴漏行为、未遮盖运输沙石土砖等建筑材料以及未用箱体密闭运输畜禽粪便、生产生活垃圾等车辆从严查处；严格路面检查，查处机动车辆逾期未检、套牌、报废车上路行驶等交通违法行为，对于查处的已达到报废标准的车辆，扣留车辆按照相关规定强制进行报废；实施机动车黄绿标管理，对“黄标车”采取限行、治理及报废措施，禁止环保定期检测不达标机动车上路行驶，淘汰报废车辆和排污不达标车辆，减轻机动车尾气污染。9月1日起，交警大队联合城市管理综合执法部门，以“力求治理一条街道见效一条街面，巩固一条街面带动一片街区”为整治目标，每天早8时至晚22时不间断逐条街道开展县城道路交通秩序环境综合整治工作，规范街道停车秩序。划定县城兴江路、抚仙路、宝凤路、宁海路、明珠路等街道以内为交通禁鸣区域，加大城区机动车禁鸣执法力度的噪声污染监管控制。行动中，查处乱停乱放交通违法行为350余起、“漂洒滴漏”货运车50余辆、劝返“四类车”500余辆。

【退还赃物】 2014年5月15日上午，县公安局组织刑侦、法制、政工室等部门，在县公安局刑侦大队办公区开展退还涉案财物暨安全知识防范宣传活动，办案民警依次将近期追缴的15辆摩托车、16辆电动自行车以及12万余元现金发还给案件受害人。同时，开展防范电信诈骗、防止拐卖、防范涉电犯罪等知识宣传，提供法律咨询。

【视频监控】 城市视频监控系统二期工程建设——平安城市建设，于2014年1月2日开工，项目预计总投资2098万元，由114套治安视频监控、15套道路视频监控、6套卡口抓拍、20套闯红灯抓拍及传输、存储设施设备组成，集公安、交警多级监控系统组成。11月下旬，建成高清监控点203个，其中球机101个、枪机102个，监控点覆盖县城所有街道、主要路口、重点单位和要害部位。11月25日，通过初验投入试运行。

【巡特警辅警】 2014年7月上旬，根据市公安局要求，面向社会公开招录巡特警辅警员，经过严格的面试、体能测试、体检、政审和公示程序，8月24日，招录巡特警辅警员50名（男46名、女4名）工作完成。8月25日至9月25日，实行封闭式体能训练和知识培训。10月1日，参加县公安局办公楼落成典礼，作队列队形、警棍盾牌、防暴处突、擒拿格斗等汇报表演。巡逻警察大队负责对巡特警辅警队员管理和组织开展相关工作。

【图侦中队】 2014年11月，江川县“平安城市”高清视频监控系统建设项目通过初验并投入运行，为高效运用该系统在防范和打击刑事犯罪的作用，县公安局决定在刑侦大队设立图侦中队，专司图像侦查工作。因警力不足，11月初，公开向社会招聘女性辅警人员5名为图侦中队工作人员，由情报中队负责管理、组织开展工作。

【南博安保】 2014年6月6日至12日，在第2届中国—南亚博览会和第16届中国科协年会安保工作中，制订安保工作方案，把责任细化到部门，明确部门一把手为第一责任人。指挥中心、国保、反恐、信访、刑侦、治安、网安等警种与派出所共同参与，网上网下同步推进，开展情报信息收集，矛盾纠纷排查。对高危人员，落实管控措施。治安、禁毒、交警联合行动，对全县26家涉爆单位进行清理检查，坚持每日零报告制度。6月1日至15日，停止危爆物品、剧毒化学品途径昆明运输的审批工作。在县城街面全线布警，启动武装巡逻，对国计民生单位、重点单位、要害部位、治安复杂场所、重点路段的巡逻防控。在繁华商业区、集贸市场、车站、码头、医院、学校、重点旅游景区等人员密集场所开展武装巡逻。对流动人口聚集区、中小旅店、出租房屋、洗浴中心、歌舞厅、影吧、网吧、酒吧、发廊等行业场所开展集中整治。设立公安检查——桐关村站，民警、协勤员9名，由省公安厅统一调度指挥。全县设立流动卡点9个，公开查缉过往车辆、人员和物品。从全局各部门抽调年轻优秀民警30名组建反恐处突应急处置分队。安保期间，出动警力2400余人次，车辆300余辆次，查验机动车580辆次、人员3200余人次，抓获犯罪嫌疑人12名，破获刑事案80起，缴获摩托车19辆、电动车15辆；查处赌博案件8起、赌博违法人员25人；排查矛盾纠纷33起，调处31起。

【开渔节安保】 在第十届“开渔节”暨高原湖泊水产品交易会安保工作中，县公安局出动警力120余人、协警人员60余人，出动

车辆50余台次，“开渔节”期间无重大安全事故（案件）发生。节前，召开专门会议，部署安保工作；节日期间，组织有力，安保措施到位。副县长、县公安局局长牛旺林，政委张文红，副局长黄良等局领导亲临“鱼跃人欢”、捕鱼发船、水产品交易、文化活动现场及沿湖公路、主要交通要道等地指挥安保工作。

【杨嘉武调研】 2014年9月16日，省长助理、省公安厅厅长杨嘉武在副市长、市公安局局长明正彬陪同下，深入江川县公安局九溪派出所调研指导工作。副县长、县公安局局长牛旺林向杨嘉武汇报公安局在严打整治、队伍建设、治安防控、反恐维稳及服务群众等工作中取得的成效和做法。杨嘉武对江川公安工作特别在维稳、群众工作方面取得的成绩给予肯定，强调今后的工作：要做好反恐维稳工作。云南反恐形势严峻、任务艰巨，要把反恐维稳作为当前公安机关的首要任务；要严厉打击毒品违法犯罪，抓好毒品查缉和宣传教育工作；要关心人民群众的热难点问题，有效打击“黄赌毒拐枪”等违法犯罪行为；要注重信息化基础建设工作，做大科技强警、信息强警；要抓好班子、带好队伍，坚持政治建警、从严治警，搞好反腐倡廉教育工作，确保队伍零违纪；要注重舆论引导，加强网络安全工作；要抓好公安机关执法规范化建设，树立良好的公安形象；要抓好平安云南、平安江川建设，什么问题突出就整治什么问题，群众反映什么问题，就解决什么问题。

【杨金莹调研】 2014年6月25日，省国防科技工业局党组书记、局长杨金莹，在省民爆集团董事长刘润轩陪同下，到江川检查指导危爆物品管理工作。下午，杨金莹一行5人深入江川县物资有限公司炸药仓库，在炸药、雷管存储区，对储存库房逐个检查，查阅各项规章制度、出入库用药量登记、视频监控巡视记录，询问爆炸物品生产、储存、运输及日常管理、防范措施和责任落实等情况。在危爆物品管理工作中，杨金莹强调：一要牢固树立“民爆安全无小事”“安全就是效益”理念，切实把安全生产放在首位。二要严格落实民爆物品安全管理规定，强化细节意识，强化管理制度的落实。在人防、物防、技防“三防”措施上下功夫。三要着力增强安全主体责任意识，把各项安全责任落实到岗位、落实到人头。公安机关服务危爆物品从业单位时，要高度重视危爆物品安全监管工作，加强督导检查，发现隐患和问题，要督促整改到位，确保危爆物品管理绝对安全。副县长、县公安局局长牛旺林等陪同调研。

【马文龙视察】 2014年11月5日下午，县委书记马文龙率四套班子成员及相关部门领导，到县公安局视察工作，县公安局党委副书记、政委张文红陪同视察。在县公安局“110”指挥中心大厅现场，张文红将平安城市建设、203个高清视频监控探头的信息采集上传、社会信息的采集导入共享及城市交通信息管理等工作向马文龙作汇报。马文龙边视察，边询问当前全县社会治安状况、应急反恐处突指挥调度机制、城市交通管理现状、城市监控建设规模、监控系统运行等情况。

【玉江线限行】 2014年1月1日起，为营造玉溪安全、舒适的交通环境，新玉江线禁止载质量750千克以上的货车驶入（每日23：00时至次日06：00时允许持有通行证车辆通行），县公安局交警大队分别在玉江高速公路的江川县城五岔路口、九溪收费站设置控制点和紫红坝路口临时检查点。同年10月30日，为方便群众及生产企业物资运输，根据市委、市政府决策，货车限行工作取消。

【办公楼落成】 2014年10月1日8：00时整，江川县公安局办公楼（业务技术用房和办公用房）落成迁址仪式开始，县公安局机关值班民警、武警消防官兵、巡特警辅警150余人统一着装，在大楼前整齐列队，举行升国旗、唱国歌仪式。公安局办公楼位于县城江通路（江川客运站东行200米），占地19.59亩，建筑面积13760平方米（其中主体工程13层），投资3290万元，中央、省、县共拨付资金2430万。2012年5月开工，2013年4月31日主体工程竣工，2014年9月，大楼室内外装修、网络综合总线、信息化系统及其他附属工程竣工。典礼上，副县长、县公安局局长牛旺林作讲话，50名巡特警辅警员举行队列队形、警棍盾牌、防暴处突、擒拿格斗表演。

【基础建设】 2014年，投入96

万余元，进行基础设施建设。投入25万元，对景新路公安局生活区的临街平房改造。2014年5月，投入31万余元，在路居所食堂原址对食堂改造重建（因食堂出现倾斜、设施陈旧、就餐条件有限），9月完工，共三层，一层车库、二层食堂（设餐厅厨房，功能配套）、三层凉台（娱乐健身活动场所）。投入30余万元，对县拘留所加层改造。

【装备投入】 2014年，投入380万余元，采购执法执勤车辆、反恐维稳、服装等装备。其中，投入260万余元，购买7辆越野车、2辆轿车和2辆反恐维稳巡逻执法执勤车；投入60万余元，通过询价、谈判的方式分七批采购防暴盾牌50块、防暴头盔100块、防弹盾牌30块、大盾牌30块、防暴服10套、防毒面具30副、抓捕器35套、防刺服50件、拳击套25副和便携式安检门、防暴毯等反恐维稳装备和公安应急装备；投入60万余元，通过询价方式先后分七批采购巡特、辅警作战服、作战鞋、春作训服、春秋常服、冬常服等装备。

【警运会】 2014年1月13～15日，县公安局举办第八届警体运动会。设男子篮球、1000米团体（8男2女）、100米绑腿齐心协力（10人）、拔河（13男2女）四个比赛项目，每项设一、二、三等奖各一名。由局领导和27个内设部门组队为局机关（局领导、政工、纪检监察、督察、指挥中心、警务保障、法制、信访）、刑侦（刑侦、禁毒、经侦）、治安（治安、交警、看守、拘留）、大街（大街所、网安）、江城（江城、路居和雄关所）、前卫（前卫、九溪和安化所及国保、出入境管理）六支联队，共176名民警参赛。治安、大街、前卫联队获男子篮球一、二、三名；刑侦、前卫联队获1000米团体、100米绑腿齐心协力、拔河比赛三项一、二名；局机关联队获1000米团体和拔河比赛两项第三名；江城联队获100米绑腿齐心协力赛第三名。

2014年12月17～19日、29～31日，举行第九届“警体”运动会，设篮球、乒乓球、羽毛球团、抬乒乓球、拔河5个比赛项目17个奖项，由大街、治安、机关、刑侦、江城5支联队参赛，共产生5个项目的一、二、三等奖和道德风尚奖、优秀组织奖各一名。

【技能比武】 针对国内反恐维稳的严峻形势，提高基层一线民警应急反应和综合实战能力，省公安厅举办《2014年全省公安机关反恐暨警务实战技能比武活动》。8月12日，比武正式启动，楚雄、大理、文山和玉溪四个州市公安机关划分为比武C片区，比武参赛的县、派出所及参赛队员，采取随机抽取的方式进行。8月20日晚，省公安厅随机抽取江川县公安局代表市公安局参加比武。8月21日，市公安局抽调政治部、特警支队、红塔分局6名人员组成教官组，赶赴江川协助、督导比武工作。22日，教官组分为2个小组分赴7个派出所开展辅导工作。同日，省公安厅政治部教育训练处副处长陈从华率比武裁判组14人到江川。23日，省公安厅又随机抽取江城、安化所及两所民警为参赛派出所和参赛队员，代表全市参加比武（第一阶段）。24日，江城、安化派出所依次进行常见警情处置、派出所反暴恐袭击处置和应用射击三个科目比武，取得C片区第一阶段比武第一名。

【演讲比赛】 2014年4月，县公安局组织民警开展“为何从警、如何做警、为谁用警”暨党的群众路线教育实践活动主题演讲比赛活动。比赛前，各党支部动员民警，以身边的先进典型、好人好事、自己从警的认识体会积极组稿参与演讲。通过预赛，选出10位选手入围决赛。10日晚，在县公安局大会议室进行演讲决赛，通过角逐，张伟（作品《梦想——坚持到现实》）获一等奖，黄锁柱、郭妍（作品《为你而来》）、高磊（作品《用宣传作战的警察》）获二等奖，张俊（作品《有一种选择叫无悔》）、徐江昆（作品《我是一名人民警察》）、李婉楠（作品《用青春铸就蓝盾和警魂》）获三等奖。县文联叶自林、卢正顺、罗连辉为评委，高磊、罗媛主持。

【男篮成立】 2014年3月21日，局党委研究决定，成立江川县公安局男子篮球队。当日召开筹备会，政委张文红、副局长侯冬代表局党委参加会议，领队、教练和队员18人参会。男篮在局党委领导下，由工会、团委具体管理，承担对外运动比赛、联谊赛、邀请赛等赛事活动，通过对外交流，提升江川警方形象。球

队的日常训练（活动）以业余时间为主，尽量不占用工作时间。

【人　事】 2014年，提拔正科级领导9名，调整正科级领导岗位1名；提拔副科级领导7名，免副科级领导职务1名；提拔股所级领导10名，调整股所级领导岗位12名，免股所级领导职务2名，调整民警岗位34名。

【外　宣】 加强国家级报刊电视、省级《云南法制报》《云南警方手机报》《云南警方微博》、市级《玉溪日报》《玉溪电视台》《玉溪警方微博》和县级《江川电视台》等报刊电台媒体的联系沟通。2014年，江川公安新闻上各级媒体463条，其中：国家级7条、省级147条、市级225条、县级84条。

【表彰奖励】 先进集体：2014年2月，县公安局刑事科学技术室被公安部授予“全国一级刑事科学技术室”荣誉；3月，县公安局禁毒大队被市政府办授予“玉溪市2013年度禁毒工作先进集体”荣誉；4月，县公安局、县公安局交警大队被县政府评为2013年度江川县安全生产先进集体；5月，县公安局被县政府评为2013年度禁毒工作先进集体；6月，县公安局被县委、县政府评为2013年度流动人口基本公共服务均等化工作先进集体；9月，县公安局被县委、县政府评为江川县妇女儿童工作先进集体，县公安局国保大队、刑侦大队、大街派出所被市公安局记集体三等功。2014年，县公安局15个部门被局党委评为先进集体。

先进个人：2014年3月，张平被县委评为2013年度作风述职述廉评议先进领导干部；4月，何云贵、刘文林被县政府评为2013年度安全生产先进个人；5月，罗媛、李明惠被县政府评为2013年度禁毒工作先进个人，普明忠被县政府评为2013年度消防工作先进个人；6月，黄雪松、伏绍鹏被县委、县政府记个人三等功；7～9月，李存贵、孙琳、黄良、潘东、杨宁、平双娟、徐金德、罗云良、张伟（大）、张逸被市公安局记个人三等功；8月，大街派出所石亚江被省公安厅政治部授予“派出所社区（驻村）优秀民警”荣誉，江城派出所朱建贵被省公安厅政治部授予“派出所参与‘禁毒打零’优秀民警”荣誉。2014年，县公安局91名民警、武警、消防官兵及56名辅警人员被局党委嘉奖。

（黄　迪）

检　察

【领导名录】

检 察 长　资云坤
副检察长　平雪刚
　　　　　郑　翔
　　　　　钱　瑜
　　　　　李　新（2014.2任）

【概　述】 2014年，县人民检察院全面落实中央政法工作会议和全国检察长座谈会议的部署要求，切实肩负起维护江川经济社会大局稳定、促进社会公平正义、维护宪法法律权威、保障人民群众安居乐业的职责使命，为推进法治江川、平安江川建设作出新贡献。一年来，县检察院圆满完成年初制定的各项工作目标，总体工作水平有明显提高，继续保持“省级精神文明单位”称号。并被命名为玉溪市“廉政文化示范点”和江川县“生态文明之家”等荣誉称号。

【组织机构】 2014年，县检察院编制数47人。实有在职人员45人，年内挂职1人，退休3人，调出2人，调入2人，招录1人。其中，男性30人，女性15人；检察人员41人，法警2人，党员31人。共设反贪污贿赂局、反渎职侵权局、公诉科、侦查监督科、职务犯罪预防科、民事行政检察科、控告申诉科、检察技术科、驻看守所检察室、办公室、政治处、纪检组、人民监督员办公室、环境资源保护检察科、法警队、案件管理办公室16个科、局、室。

【刑事检察】 贯彻落实县委加强法治建设创建省级平安先进县的要求，以人民群众平安需求为导向，密切关注社会治安新形势，依法严厉打击各类犯罪，切实维护江川经济社会和谐稳定。共受理公安机关提请批准逮捕案件131件230人，同比件数增18.0%，人数增4.45%。依法批准逮捕和决定逮捕119件220人，决定不批捕12件20人，不批捕案件数和人数占总数的10.08%、9.09%。受理公安机关、本院自侦部门及他院移送审查起诉的案件217件389人，经审查向人民法院提起公诉193件350人，移送市人民检察院12件20人，提起抗诉2件2人，其中1件1人已改判，决定不起诉19人，同比增46.15%，追诉漏犯14人，追诉漏罪10起，所有公诉案件，法院均做出有罪判决。突出打击重点，批准逮捕故意杀人、伤害、危害食品药品安全犯罪嫌疑人23人，提起公诉48人，保障群众生命健康权；批准逮捕危害校园安全、侵害未成年人犯罪嫌疑人3人，提起公诉7人，保护未成年人身心健康；批准逮捕“两抢一盗”、诈骗等多发性侵犯人民群众财产的犯罪嫌疑人82人，提起公诉97人，保障人民群众财产安全；开展禁毒专项斗争，批准逮捕81人，提起公诉75人，遏制毒品犯罪蔓延；批准逮捕盗伐林木、非法采矿等破坏生态环境犯罪嫌疑人3人，提起公诉15人，保障生态文明建设。

【刑事诉讼监督】 坚持追究犯罪与保障人权并重、监督违法与维护司法权威并重，完善监督机制，提高监督能力，切实维护司法公正。依法开展刑事立案监督，监督侦查机关立案2件2人，撤案3件3人，监督行政执法机关移送刑事案件1件2人；强化对侦查活动的监督，积极引导侦查，提高案件侦查质量，积极开展犯罪追诉工作，提高打击犯罪威慑力，全年共提前介入重大刑事案件侦查5件16人，退回侦查机关补充侦查19件48人，纠正漏捕9人，追诉漏犯14人、漏罪10起；强化对刑事审判活动的监督，坚持落实检察长列席法院审判委员会、量刑建议、刑事判决裁定审查等制度，提出量刑建议122件，采纳率为87%，提出刑事抗诉2件，发出纠正违法通知2件，切实保障法律正确统一实施，促进审判活动公开公正。

【职务犯罪侦查】 按照党中央提出的“老虎”、“苍蝇”一起打的反腐工作要求，坚持有案必查、有腐必反、有贪必肃。立案侦查贪污贿赂、渎职等职务犯罪案件14件15人，同比件数增40%，人数增36.36%。通过办案挽回国家经济损失830余万元。开展查办和预防发生在群众身边损害群众利益职务犯罪专项工作，查处严重损害群众利益的窝案6件6人，保障群众合法权益。规范侦查行为，严格执行讯问职务犯罪嫌疑人全程同步录音录像、看审录分离等制度。规范指定居所监视居住等强制措施和侦查手段的使用，充分运用信息化技术侦查措施收集固定证据，坚决杜绝刑讯逼供等非法取证行为，保障犯罪嫌疑人合法权益，确保办案质量和效果。

【职务犯罪预防】 认真贯彻落实《云南省预防职务犯罪工作条例》及县人大及其常委会审议意见，全面开展预防职务犯罪工作，努力从源头上减少和遏制腐败滋生。深入发案单位开展座谈调研、发放调查问卷、撰写调查报告、开展案件剖析，对发案单位监督管理上存在的问题和薄弱环节提出预防建议16条。受理行贿犯罪档案查询903次，3个单位因有行贿犯罪记录收到取消投标资格等相应处理，促进社会信用体系建设。依托廉政文化园，建成预防职务犯罪警示教育基地，开展预防宣传警示教育61次，受教育人数达2000余人。坚持每年报送预防职务犯罪年度报告，为党委、政府决策提供参考，2013年度预防职务犯罪年度报告得到县委主要领导的重要批示，被云南省人民检察院评为首届“优秀年度报告”。

【民事行政检察】 强化对民事行政诉讼监督，认真贯彻新修订的民事诉讼法，办理民事行政申诉案件112件。其中，审查处理民事行政生效裁判、调解监督案件3件；办理民事行政执行活动监督案件62件；办理审判活动监督案件2件；办理行政执法监督、支持起诉、督促起诉、督促履行职责类案件45件。通过民事行政诉讼监督，有力促进民行诉讼秩序，保障人民群众合法权益。

【控告申诉检察】 坚持依法处理涉法涉诉信访问题工作机制，坚持检察长接待日、联合接访、下访、“首办责任制”等制度，开设“12309”举报电话，畅通信访渠道，办理群众来信来访47件54人，属举报7件，控告类17件，申诉类23件。对所受理的来信来访案件均按“首办责任制”100%分流处理完毕。检察长接待日接访24次，接访群众24件26人，积极参与“书记县长接待日”接待工作12次，接待人民群众来信来访109件418人次。认真开展“案件评查”活动，落实执法办案风险评估预警机制，推进检调对接机制建设，从源头上预防新的矛盾产生。

【驻所检察工作】 强化刑罚执行和监管活动监督，坚持对生效的判决交付执行和刑罚变更执行实行“一案一审查”，全年共检查“三证”“三书”705份。其中判决书77份；裁定书10份；执行

通知书137份；拘留证276份；逮捕证111份；释放证94份，发现并纠正有错误法律文书13份，确保依法关押，凭证释放。深入开展社区矫正工作，全年查阅社区矫正人员档案540余份，集中教育授课三次，书面建议纠正司法机关对社区矫正对象违法和违反社区矫正规定10件10人；建议社区矫正办提请人民法院收监执行罪犯7人。通过驻所检察工作，依法维护监管秩序，保障监管安全，保证刑罚依法执行，切实发挥监所在刑事诉讼和刑罚执行中的监督制约作用。

【综治维稳】 认真落实检察环节各项社会管理综合治理措施和领导责任制，深入九溪、前卫等乡镇督促指导综治维稳和禁毒工作，全力投入“扫黄禁赌”、治爆缉枪等专项整治行动，积极参与校园周边环境整治，针对办案中发现的社会治理漏洞和发案规律，提出完善防控体系建设的检察建议8件，切实推进平安江川、法治江川建设。加强法治宣传，以“12·4宪法宣传日”“综治维稳宣传月”“举报宣传周”等活动为平台，深入推进“法律五进”活动，增强群众知法、守法意识。依法监督社区矫正工作，与监管部门建立工作联系制度，开展“三延伸、三深入”工作，防止社区矫正对象脱管、漏管，促进社区服刑人员教育转化，保障刑罚依法正确执行。定期监督回访、考察宣告缓刑、暂予监外执行罪犯，监督纠正监外执行罪犯监管改造违法情况10件，建议收监执行10人，法院裁定收监执行7人，切实消除治安隐患。认真落实办理未成年人刑事案件规定，指定专人办理未成年人刑事案件52件、开展未成年人刑事案件社会调查34次、聘请合适成年人到场15次、附条件不起诉5人，加强与学校、家庭联系和回访考察，帮助失足未成年人改过自新，回归社会。

【检务公开】 深化检务公开，推进阳关检察，自觉接受社会监督。通过检察信息网，发布重大案件信息5条，公开案件程序性信息1011条，公开法律文书17份，启用触摸屏查询系统，实现网上网下公开同步进行，提高执法办案透明度。

【人　事】 2014年，任用正科级挂职领导1名；3名干警退休，包括1名正科级干部；2名干警调出，2名干警调入，招录1名干警；干警变动比例较大，院党组及时通过与有关单位沟通、协调，补充人员缺口，稳定人员队伍，保证检察工作顺利开展。

【检察文化建设】 加强检察宣传和理论调研，编发检察信息及简报105篇31期，上级采用17篇；1篇调研文章获玉溪市检察院重点调研课题三等奖。深入推进检察文化建设，大力弘扬以公平正义、廉洁从检、执法为民为主题的检察精神，努力提升队伍的凝聚力、创造力。

【警示教育基地建设】 2014年，县人民检察院依托本院廉政文化园，新投资9万余元建成预防职务犯罪警示教育基地。

【荣誉表彰】 2014年，县人民检察院继续保持省级精神文明单位称号。2014年8月，县检察院检察员付云秀被全国关工委、司法部授予“全国青少年普法工作先进个人”荣誉称号。2014年10月17日，县检察院法警龙海参加玉溪市人民检察院“坚守职业良知、践行执法为民”为主题的演讲比赛中获二等奖。2014年12月8日，县检察院检察员赵俊雯1篇玉溪市检察机关检察理论研究课题文章获市检察院重点调研课题三等奖。

【县人大专题视察】 11月7日下午，县人大常委会副主任杨本忠组织县、乡两级人大代表及纪委、公安、法院、审计一行30余人到县检察院专题视察查办和预防职务犯罪工作，县检察院党组书记、检察长资云坤向与会人员及相关领导汇报县检察院2014年查办和预防职务犯罪工作开展情况。杨本忠及各位与会人员听取汇报后对县检察院查办和预防职务犯罪工作所采取的措施、办法及其成果表示肯定，并对今后工作提出建议和意见。

（林　辛）

审　判

【领导名录】

院　长　郑子云

副院长　毕金彪

　　　　潘文保

　　　　张秋红

　　　　赵　剑（2014.7任，挂职）

【概　述】 2014年，县人民法院紧紧围绕“努力让人民群众在每一个司法案件中都感受到公平正义”目标，牢牢把握司法为民公正司法主线，忠实履行宪法和法律赋予职责，全面提升审判质量、效率和效果，全面推进队伍建设，各项工作取得新进展，为推动富裕和谐美丽新江川建设提供有力的司法保障。共受理各类案件1750件，审执结1606件，结案率为91.8%，结案标的金额5853万元。

【组织机构】 2014年县法院共有各类工作人员58人（其中男40人，女18人；党员36人，团员6人；法官43人，书记员4人，法警9人，其他审判辅助人员2人；正、副院长4人、专职审判委员会委员2人，正副庭室长16人）。至年末内设机构15个，包括民事审判一庭、民事审判二庭、刑事审判一庭、刑事审判二庭、行政审判庭、审判监督庭、立案庭、环境资源保护审判庭和执行局9个审判业务机构及政治处、监察室（纪检组合署）、办公室、研究室、审判管理办公室、法警大队6个综合管理机构，江城法庭1个派出法庭。

【民商事审判】 认真贯彻调解优先、调判结合原则，强化“三个注重”（即注重辨法析理，让当事人输赢明白；注重案件调解，努力化解矛盾纠纷；注重案结事了，提升办案效果）。受理民商事案件1177件，审结1083件（适用督促程序案件342件），结案标的金额4412万元。其中调解结案219件，撤诉184件，诉讼案件调撤率为54.5%。高度重视传统美德、家庭道德教育，引导当事人正确处理家庭关系，有效防止家庭矛盾激化，审结婚姻家庭、继承案件258件；公正快捷审理机动车交通事故案件，对强制险、商业三者险合并处理，减少当事人诉累，促使保险公司及时理赔，共审结机动车交通事故案件61件，被告主动履行44件，给付赔偿金额435万元；平等保护市场主体合法权益，规范市场秩序、保障交易安全，审结借款、买卖、租赁、建设工程等合同纠纷案件343件；妥善处理群体性纠纷，对九溪镇涉及两个村委会的247名村民追索欠款合同纠纷案件、江城镇三百亩村委会25户村民土地租赁纠纷案件依法慎重审理，注重思想疏导，双方服判息诉，并在法院主持下自动履行判决。

【刑事审判】 始终贯彻“宽严相济”刑事政策，做到该宽则宽，当严则严，宽严相济，罚当其罪，坚持惩罚犯罪与保障人权并重。受理刑事案件231件440人，审结217件408人，其中公诉案件201件379人，自诉案件16件29人。判处罪犯276人，判处5年以上有期徒刑26人，5年以下有期徒刑、拘役227人，单处罚金23人，并处罚金、没收财产141人。充分发挥刑事审判在反腐败斗争中的职能作用，审结职务犯罪案件12件15人，依法严惩县林业局原局长冯超、财政局原局长董林颉等社会影响较大的职务犯罪案件，以贪污、受贿等七宗罪一审判处冯超有期徒刑25年，并处没收个人全部财产；以受贿罪、行贿罪判处董林颉有期徒刑15年。保持对毒品犯罪严厉打击的高压态势，审结贩卖、运输毒品案件31件56人，有效遏制毒品蔓延。严惩食品安全犯罪，对被告人罗亚等12人将病死猪出售，致病死猪猪肉流入市场的销售不符合安全标准食品犯罪予以严惩，对6名被告人判处实刑。刑事自诉案件、附带民事诉讼案件坚持在合法、自愿的前提下加强调解，积极引导被告人认罪悔改，促成61件案件达成调解协议，赔偿被害人损失407万元。重视和加强未成年人犯罪案件审判工作，全面贯彻“教育、感化、挽救”方针，坚持教育与惩治并重，审理未成年人犯罪案件34件43人。

【行政审判】 坚持合法性审查和利益平衡原则，依法维护行政相对人的合法权益，支持行政机关依法行政。受理城市管理、国土、计生等行政案件16件，结案10件。对市中级人民法院指定管辖的澄江县城市综合执法局为被告的行政强制案件进行审理和裁判后，经法律释明和判后答疑，被告及时履行45万元的赔偿义务。对在行政审判工作中发现的行政执法问题及时向行政机关提出司法建议，促进司法与行政良性互动。

【执行工作】 以专项执行行动为抓手，努力破解“执行难”，维护司法权威。受理执行案件332件，执结302件，执结率为91%，执结标的金额1442万元。认真开展“转变执行作风、规范执行行为”专项执行活动，清理“涉民生”“涉金融”“涉一年以上未执结”案件，执结案件47件，执结标的金额387万余元。开展社会抚养费征收案件专项执行行动，

清理执行积案41件，征收社会抚养费35万余元，司法拘留1人；加强与金融、公安、工商、房管等部门的沟通交流，做好债务人财产调查，向省高级人民法院报送存款查询200余件，查询、冻结存款金额300余万元；坚持思想疏导与强制措施相结合，促成当事人互让互谅，自动履行46件，和解执行89件。对有履行能力而拒不履行生效裁判的被执行人依法采取拘留、罚款等强制措施，强制执行32件。对逃避执行的被执行人纳入失信黑名单予以公布，压缩其生活空间，敦促其及时履行义务；彰显司法人文关怀，对30件案件中的42名申请人进行司法救助，发放救助金78万元。

【司法公开】 运用信息化手段促进司法公开。加大使用数字化法庭力度，同步录音录像庭审案件133件。丰富诉讼服务中心的诉讼信息触摸查询系统，构建高效、便捷、人性化的信息查询平台，增设“诉讼指南”“裁判公开”等栏目。依托云南法院司法信息网，在诉讼服务中心设置门户网站、诉讼指南等二维码通道，安装无线网络供当事人使用。公开审判流程、执行案件信息517件，同步发送信息查询码至当事人预留手机号码，提示当事人对案件进展情况进行查询。积极推进和规范裁判文书上网工作，分别在中国法院裁判文书网、云南法院司法信息网公布裁判文书370篇。

将司法公开贯穿于审判执行工作始终。继续开展和深化“阳光司法工程”活动，以该活动方式组织开庭审理案件11件，旁听群众3089人，其中人大代表68人，政协委员22人。精心选择贩卖毒品犯罪案件在全民禁毒日到县第一中学开展“阳光司法工程”活动，案件宣判后，对旁听的2600余名师生进行以案说法和开展禁毒宣传工作，增强师生的识毒、防毒、拒毒意识。在首个“12·4”国家宪法日暨全国法制宣传日活动中，邀请人大代表、政协委员、学校师生到法院参加公众开放日活动，宣传宪法、弘扬宪法精神，了解法院审判执行和文化建设工作。重视人民陪审员的参审工作和监督职能作用的发挥，共安排人民陪审员265人次参与审理案件148件。

【司法为民】 加强窗口建设，提升便民服务。以努力为群众诉讼提供接待功能齐全、环境设施到位的立案信访窗口为目标，完成诉讼服务中心的升级改造。建成导诉安检区、审判事务区、便民服务区、信访接待区和调解接待区五个诉讼服务区域，为诉讼当事人提供诉讼指导、材料打印、案件查询、判后释疑等服务。实现司法公开机制、诉调对接机制、便民诉讼机制与司法救助机制的配合与协调，最大限度地满足人民群众的司法需求。

规范司法礼仪，加强利民措施。建立健全首问负责制、服务承诺制、文明接待制，按照热情周到、便捷高效的要求提升诉讼服务质量，共审查立案1577件，接待群众来访1400余人次。将化解矛盾纠纷的关口前移，加强立案调解工作，共调解结案87件。确保普通群众不因经济困难打不起官司，对63件案件依法缓、减、免诉讼费8.17万元。为符合司法援助条件的刑事被告人指定辩护人18人次。方便群众诉讼，对行动困难的当事人开展上门立案，选择典型案件到事发地进行巡回审判，传播法律知识。

【队伍建设】 大力加强法院队伍正规化、专业化、职业化建设，提高职业素养和专业水平，努力建设一支信念坚定、执法为民、敢于担当、清正廉洁的法官队伍。

坚持从严教育。强化思想政治建设，用科学理论武装干警头脑。坚持高标准、严要求，认真开展党的群众路线教育实践活动，将整风精神贯彻到活动中，扎实推进各个环节的工作。利用休息时间组织干警集中学习指定篇目和自选内容，党组班子成员均为全院干警进行专题党课讲授。向人民陪审员、律师等社会各界广泛征求意见，法院班子、班子成员认真对照检查，查找存在的问题。以专题民主生活会为契机，认真开展批评与自我批评，消除隔阂，凝聚力量，达到团结—批评—团结的目的。坚决整治“六难三案四顽症”，改进司法作风，将整改成果外化于行。建立长效机制，集中精力抓好制度建设，列入“废、改、立”的30项制度均已整改完成，新建制度21项。将党的群众路线教育实践活动与“良知道德公正廉洁”暨“素质提升年”、“读党报、强素质”等活动结合起来，提升干警的思想境界、职业操守、人文素养，将公正司法内化于心。强化教育培训，组织参加上级法院组织的培训学习265人次，以自主择校、自主选课的方式组织干警、人民陪审员到高等院校参加为期一周的提升素质研修班的学习培训。以组织比赛的方式，选拔优秀干警参加市中级人民法院组织的“良知道德公正廉洁”主题演讲比赛，荣获三等奖。组织优秀裁判文书评选，挖掘典型事例，发挥典型示范引导作用。

坚持从严管理。落实中央八项规定，进一步规范法院人财物的管理，制定“人民陪审员管理规定”、“财务管理规定”、“公务接待管理规定”、“差旅费报销管理规定”、“信访接待工作规则”等系列制度，形成用制度管人、靠制度办事的良好氛围。坚持用制度管案，进一步完善审判流程管理和案件质量评查工作，建立各审判业务部门的案件流程管理制度，细化节点管理，将均衡结案作为重要参考指标，突出强调审限管理。制定“案件质量评查管理规定”，开展案件常规评查和重点评查工作，所有案件未经评查程序不得归档。实行案件审判运行态势定期通报制度，总结审判经验，克服薄弱环节，切实提高审判质效。

坚持从严监督。按党章要求的程序，改选四个支部委员会，由院党组成员担任支部书记，实现抓业务与抓党建工作协同推进，支部的组织力和执行力建设得到强化。认真组织开展“在职党员到社区报到为群众服务”、“美丽江川服务先锋”等服务型党组织建设活动，有力地促进党组织和党员作用的发挥。认真落实党风廉政建设党组主体责任和纪检监察部门监督责任，坚持“标本兼治、综合治理、惩防并举、注重预防”的方针，认真抓紧抓好反腐倡廉工作，狠抓作风建设，促进法官清正、法院清廉、司法清明。通过先进事迹激励、反面典型警示、廉政党课引导、廉政文化熏陶等方式，加强对干警的廉洁司法教育。综合运用廉政风险防控、随案发放廉政监督卡、深入开展审务督察、办案信息公开、办案流程控制、案件质量评查、执法过错追究等措施，对立案、审判、执行等司法活动实行全方位、全过程的监督制约，构筑“不敢腐、不能腐、不想腐”的牢固防线。

【审判管理】 将审判质效的各项指标要求纳入绩效考核量化，进一步完善绩效考核办法，将从优待警的要求落到实处，激发干警工作热情，全年受理各类案件1750件，一线审判、执行人员人均结案近60件。立案调处工作起色较大，调解、疏导各类案件120多件；立、审、执协调配合成效明显，审结的1304件民商事案件中，进入执行程序案件仅为280件，占21.5%，与2013年（审结979件，进入执行程序475件）的46.9%相比，明显下降；审判管理方面坚持高标准，严要求，建立各审判业务部门的案件流程管理制度，细化节点管理，制定“案件质量评查管理规定”，开展案件常规评查和重点评查工作，所有案件未经评查不得归档；实行案件审判运行态势定期通报制度，总结审判经验，克服薄弱环节，切实提高审判质效；继续开展优秀裁判文书评查，在本院获得一等奖的裁判文书被省高级人民法院表彰为“全省优秀裁判文书”。经中级人民法院审管办统计分析，2014年江川法院审判质量综合指数在全市法院排名第三。

【基础设施建设】 努力争取县委、县政府和上级法院的支持帮助，不断改进基础设施，努力改善办公办案条件，推进法院各项工作科学发展。法院文化建设稳步推进。按照上级法院有关法院文化建设量化考核指标的要求，结合实际制定“文化建设中长期规划”，逐步推进县法院文化建设。在调解大厅、会议室、楼道、走廊等处配置反映诚信文化、廉政文化、制度文化的摄影、书画作品及标识牌。在完成审判办公综合大楼修缮改造的基础上，稳步推进法院“四室一家”（图书资料室、电子阅览室、健身室、院史荣誉室和职工之家）、大法庭修缮等基础设施的建设。经与玉溪市图书馆洽谈，达成建设“玉溪市图书馆江川法院图书流通点”的合作意向。信息化建设领域进一步深入。以科技强院为目标，深化法院“天平工程”建设。新建远程视频接访系统，与市中级人民法院、省高级人民法院、最高人民法院的网络视频远程接访系统予以联通；建成执行查控系统，实现对被执行人身份信息查询，银行存款、车辆等财产信息的查询和控制；建成县法院门户网站，开设“法院要闻”“诉讼指南”等11个栏目，整合司法公开三大平台，建成网上诉讼服务中心网站模块；建成符合便捷、高效要求的数字审委会会议系统；制定

"信息化建设任务分解方案"，对信息化建设管理、应用推广工作进行责任分工，形成"总体统筹、分工协作、各负其责"的工作格局。

【素质提升年活动】 按照上级法院部署要求，2014年3月初在全院干警中组织开展"素质提升年"活动，活动以党的十八大、十八届三中全会、中央政法工作会议和全国全省法院院长工作会议精神为指导，认真贯彻落实习近平总书记系列重要讲话精神和重要批示精神，紧紧围绕"努力让人民群众在每一个司法案件中都感受到公平正义"目标，按照"政治过硬、业务过硬、责任过硬、纪律过硬、作风过硬"队伍建设要求，以强化司法良知，恪守职业道德，提升能力素质，促进审判工作，塑造良好形象为重点，加强思想教育、狠抓业务培训、拓宽技能交流、加大竞赛激励，努力打造一支素质过硬、让党和人民放心的法院队伍，为建设富裕和谐美丽新江川提供有力的司法保障为指导思想。活动以着眼于提升广大干警的"六个素质"和"六个能力"，即提升政治素质、思想素质、业务素质、作风素质、廉洁素质和科学文化素质，提高把握大局能力、群众工作能力、司法工作能力、舆论引导能力、信息化运用能力和拒腐防变能力，努力实现干警政治更加坚定，思想更加纯洁，能力更加过硬，形象更加优化，服务更加亲民，保持法院队伍的先进性和纯洁性为目标任务结合党的群众路线教育实践活动的开展，抓好学习教育和作风建设，提升政治素质和思想素质。"素质提升年"活动与党的群众路线教育实践活动同步开展，紧紧围绕"三案"易发多发的职责岗位、权力边界、工作环节等内容，将整治工作常态化、制度化，坚决防范"三案"问题反复。组织学习各类文件精神和重要讲话，观看专题片，七名党组班子成员均开展专题党课教育，为保证学习工作两不误，确保参与人员到位，除沿用周五下午集中学习传统外，还将学习安排在晚上进行。

认真开展好"良知道德公正廉洁"专项教育活动，提升思想素质和廉洁素质。在全院开展"良知道德公正廉洁"主题演讲比赛。结合当下的社会现象和本院干警突出存在的思想、作风问题，立足实际、贴近生活、贴近干警，阐述对道德、良知和责任的认识、理解与感悟。来自全院各部门的9名选手结合工作实际展示新时代法官的风采，比赛邀请专业教师、人民陪审员担任评委。赛后的点评深化对主题的认识，提高干警的演讲技能，推荐参加市中级人民法院演讲比赛的选手获三等奖。开展党风廉政专题讲座和违法违纪典型案例专题报告会。由纪检组组长向全院干警作题为《坚持群众路线、改进司法作风、确保司法廉洁》的专题党课，组织干警学习玉溪中级人民法院编印的《前车之鉴　警钟长鸣》，开展学习经验及体会的交流发言。引导干警树立正确的世界观、人生观、价值观和权力观，充分认识"权从何来，为谁执法、为谁服务"这一根本问题。

拓展培训渠道，强化培训效果，提升业务素质和科学文化素质。响应相关部门和上级法院的部署要求，积极组织参加各类培训教育80余人次。组织25名干警到云南大学参加综合业务、刑事审判业务、民事审判业务三期培训班的培训学习。组织干警68名、人民陪审员24名到厦门大学参加提升素质研修班的学习教育。培训学习提高干警的工作能力，加强司法政务、司法警务、舆情应对、调查研究、信息化应用等方面的能力，提高干警的综合素质和实际工作能力。在全院开展2013年审结并生效的优秀判决书评选活动，以提高法官裁判文书的制作水平，营造比学赶超的创先争优氛围，通过评选促使法官牢固树立责任意识、质量意识和办精品案件意识，树立严谨细致、精益求精的工作作风，引导法官增强裁判文书说理的针对性、准确性、透彻性，努力做到辨法析理、胜败皆明。采取分名额由各庭室组织上报参评裁判文书33份，共决出十二份秀裁判文书，其中有一份同时被省高级人民法院表彰为全省优秀裁判文书。以裁判文书上网倒逼文书质量，在互联网上公布法律文书370篇。继续开展阳光司法工程活动。认真组织实施《江川县人民法院关于继续开展和深化"阳光司法工程"活动的通知》，通过走出去、请进来的方式，强化庭审公开，自觉接受人大代表、政协委员、人民群众的监督，弘扬法治精神；促使审判人员不断学习、研究提升庭审效果的途径，解决工作的能力，力争达到审理一案，教育一片的效果。

【"12·4"首个宪法日暨公众开放日宣传活动】 12月4日是全国的第一个"国家宪法日"，为进一步增强人民群众对法院工作的了解，增进对宪法、法律的尊崇和信仰，县人民法院积极响应上级法院和县委的部署要求，以共青团员"走出去"的方式到县城闹市开展"12·4"国家宪法日暨全国法制宣传日集中宣传活动，以"请进来"的方式邀请县人大代表、政协委员、大街中学师生到院参加公众开放日活动，零距离了解法院、法官和法院工作，喜迎第一个国家宪法日。上午9时，受邀参加活动的县级人大代表7人、政协委员10人、学校师生10人在江川法院数字法庭旁听一起故意伤害案庭审。9时30分，在立案庭庭长引导、解说下，实地视察江川法院诉讼服务中心、调解大厅建设，向来宾演示触摸查询系统功能设置和法院网站登录操作，参观调解室、审判法庭，讲解诉讼文化墙、文化走廊的内容设置和寓意。10时，在本院三楼大会议室召开座谈交流，由政治处主任向来宾讲解设立国家宪法日及法院公众开放日的目的意义、回顾新中国建立以来我国宪法的制定、发展、完善历程，介绍法院的基础建设、队伍建设、文化建设和审判执行工作情况，并听取来宾对法院工作的意见和建议。座谈会由县法院党组成员、副院长毕金彪主持，法院还向来宾发放《婚姻大事无小事》《房被强拆法律帮你》《医病疗伤解心忧》等"法在身边"系列普法漫画书籍。

【全市法院立案庭庭长座谈会在江川召开】 2014年8月19日下午，玉溪中级人民法院在江川法院召开全市法院立案庭庭长座谈会。会前，全市法院立案庭庭长参观江川法院诉讼服务中心建设推进情况，中级人民法院立案庭庭长马云对江川法院近两年来的诉讼服务中心建设情况给予肯定，认为江川法院诉讼服务中心建设的推进工作走在全市法院的前列，工作中做到"四个到位"，即思想认识到位、领导重视到位、工作措施到位、资金落实到位。座谈会上，江川县法院主管立案工作的副院长毕金彪对相邻关系纠纷、承包地征收补偿费用分配纠纷、行政非诉申请执行等特殊、敏感案件的立案审查作交流发言。

【"阳光司法"进校园】 为开展好"全民禁毒宣传月"之"不让毒品进校园"活动，6月24日上午，县人民法院精心选择一起贩卖毒品案件到江川县第一中学开展"阳光司法工程"活动，全校2600余名师生职工旁听案件庭审，接受禁毒宣传教育。2014年1至2月间，被告人陈冬有、徐祥多次向多人贩卖毒品甲基苯丙胺。2014年2月13日，被告人徐祥帮助被告人陈冬有与吸毒人员陈某正在交易毒品小麻时，被当场抓获，现场查获毒品可疑物小麻10片，净重0.94克。随后又抓获被告人陈冬有，从陈冬有身上和其住处的房间内查获片状毒品可疑物小麻76片，净重7.26克，经鉴定，所查获的片状毒品可疑物均为毒品甲基苯丙胺片剂。法庭审理后认为，被告人陈冬有、徐祥以贩卖为目的，非法多次贩卖毒品甲基苯丙胺片剂，其行为已触犯法律，应当以贩卖毒品罪追究2人的刑事责任。被告人徐祥因犯盗窃罪尚在缓刑考验期，应当撤销缓刑判决，与贩卖毒品罪一并处罚。经合议庭合议，法庭当庭宣判，分别以贩卖毒品罪、贩卖毒品罪和盗窃罪判处被告人陈冬有、徐祥各有期徒刑三年零六个月，并分别处罚金人民币3000元和5000元，没收吸毒、贩毒工具。法庭休庭评议阶段，法院干警向在场师生职工介绍"阳光司法工程"活动的背景、形式和意义，围绕云南省特殊的地理位置，云南省禁毒工作的严峻形式，向师生介绍"全民禁毒宣传月"活动的主题、内容和形式，现场回答学生关于如何禁毒方面的提问。案件宣判后，合议庭法官围绕贩卖毒品罪的构成要件进行以案说法，释明案件判决的法律依据和理由。为将案件审判与2014年"全民禁毒宣传月"活动结合起来，法律释明后，合议庭成员进一步向旁听人员介绍毒品的种类、危害、吸毒可能引发其他犯罪的情况，并引导学生观看由县禁毒办提供的40块禁毒宣传展板。

（王玲芬）

经济管理

编辑　徐凡清

发展和改革

【国民经济和社会发展计划执行情况】 2014年，主要指标预计完成情况：全县现价生产总值完成61.28亿元，比上年同期增5.75万元，增9.8%；财政总收入完成8.6万元，增11.8%；地方财政收入5.96万元，增17.1%；公共财政预算收入5.01万元，增8.8%；规模以上固定资产投资完成30.64亿元，增7.5%。社会消费品零售总额完成171453万元，增12.7%；城镇居民人均可支配收入26193.6元，比上年同期增2411.01元，同比增10.1%；农村居民人均可支配收入9274元，比上年的8180元增1094元，增13.4%。

【农业经济暨新农村建设】 农业基础设施建设不断完善。农业综合开发土地治理、小型农田水利（五小水利工程）、农村饮水安全、病险水除塘除险加固、山洪灾害防治、石漠化治理等项目稳步推进，新农村和“一事一议”财政奖补项目积极推进，农村生产生活条件不断改善。

小春粮食总产887.67万千克，同比减5.2%；油料总产738万千克，同比减0.8%；蔬菜总产17682万千克，同比增11%。大春总播种面积211012亩，同比减1626亩，其中：粮食种植面积54021亩，总产预计3421万千克，增6.1%；蔬菜种植面积59533亩，总产预计12469万千克，增4.4%；烤烟种植面积94260亩，减9.5%。烟叶收购工作完成，收购烟叶1142万千克，收购均价28.46万元，收购金额3.25亿元，上等烟比例71.6%。蔬菜产业对农业增收的支撑作用更加明显，农村经济保持平稳增长态势。

预计全年农业总产值24.17亿元，增5.9%；农业增加值14.88亿元，增5.5%；农村居民人均可支配收入9274元，比上年的8180元增加1094元，增13.4%。

【固定资产投资管理】 受多重不利因素叠加影响，计划内主要建设项目开工不足，仙湖锦绣、晋江高速等重大项目推进缓慢，金色抚仙湖九龙国际会议中心处于停建状态，县委、县政府采取措施，强化项目指挥部制度，分解细化目标任务，加大督查考核力度，集中精力攻坚重大项目重点工作。龙旺湖城城市综合体、腾达机械年产2.5万件/套数控精密机床齿轮、阳光食品有限公司酱咸菜行业农产品储运物流中心、工业园区1-4号路工程等重点项目加快推进，带动规模以上固定资产投资增长。规模以上固定资产投资完成30.64亿元，增7.5%。全县工业投资75572万元，比上年降7.1%，占总投资额24.7%；房地产开发投资60117万元，降43.5%，占总投资额19.6%。

【工业经济】 全年工业总产值预计完成64.54亿元，比上年增9.4%；工业增加值14.48亿元，增23.5%。工业经济对全县GDP的贡献率为44.6%，拉动GDP增长4.4个百分点。其中：规模以上工业增加值108713万元，增23.5%，

【新型城镇化建设】 融入“三湖”生态城市群和滇中城市经济圈一体化建设，围绕“建设新城”目标，加快县城扩容提质，

完善城镇功能，提升城镇化水平。龙旺湖城城市综合体、星云铭城、景华苑等项目主体工程完工，“平安城市”、保障房建设、泰怡云湖苑、江川金三角商业城、时代购物中心等城镇建设项目稳步推进，星云路街区整治全面启动，县城经营管理水平不断提升。路域环境专项整治、麦雄线、大铁线路面大修工程完工，小白城路面改造启动，江中路建设、翠大线太阳能路灯安装等项目加快推进。重点镇建设有序推进，江城古镇建设项目基本完工，城乡人居环境和美丽家园建设深入推进，胡家湾、小凹等一批美丽乡村呈现新貌。

【财政金融】 财政总收入完成8.6万元，增11.8%；地方财政收入5.96万元，增17.1%；公共财政预算收入5.01万元，增8.8%；城镇居民人均可支配收入为26193.6元，比上年同期增2411.01元，同比增10.1%；农村居民人均可支配收入9274元，比上年的8180元增1094元，增13.4%。

【“两湖”治理暨生态环境建设】 坚持生态立县、环境优先，不断加强“二湖一库”流域生态环境保护治理。全力实施抚仙湖“四退三还”工程，星云湖退田还湖工程、抚仙湖一级保护区缓冲带生态建设全面完工。入湖河道治理、石漠化治理和农村面源污染、农村环境卫生、东风水库径流区综合整治工程顺利推进，九溪两污治理项目完工，九溪河、董炳河小流域农村生活污染及河道治理成效明显，城乡生态环境进一步改善。执行建设项目节能审批制度和环保“三同时”制度，节能减排工作取得实效，单位生产总值能耗降2.8%。

【社会事业】 2013年保障性住房项目前期工作基本完工。大中型水库移民后期扶持工程顺利推进，实施项目10个，计划总投资1621.1万元，其中移民专项投资1410万元，群众自筹211.1万元。完成道路硬化6374米，受益群众1000余人；农村公房建设5件，建筑面积18190平方米，受益人民6100人；人畜饮水2件，建设管道5309米，受益群众9020人。

教育事业稳步发展。中小学校舍安全工程、美丽校园建设积极推进。文化兴县战略稳步实施，群众性文化活动蓬勃开展。医药卫生体制改革进一步深化，卫生事业健康发展，县妇幼保健院业务用房及辅助设施、中医院综合楼、城乡医疗设施和医疗条件进一步改善。前卫、九溪敬老院改扩建工程，县殡仪馆等建设项目稳步推进。社会治安综合治理工作不断加强，安全生产工作长抓不懈。

【价格收费管理】 做好《收费许可证》2013年年审工作，从源头整治乱收费。根据《云南省收费年度审验管理办法》相关规定，于2014年3月1日至5月30日对全县所有《行政事业性收费许可证》进行年度审验。共审查2013年核实的收费单位62个，核销2个（江川县地税局及江川县档案局），应年审收费单位60个，实际年审收费单位60个，年审率达100%。全县收费项目59大项，其中涉企收费25个，涉农及涉企收费3个，其他收费31个。年审金额3319.30万元。2013年收费额占财政收入（50925万元）的6.52%。规范收费行为，清理不合理收费，及时变更和注销已取消的收费，发现收费管理中存在的问题。江川县价格收费管理股工作人员，得到上级部门的肯定，被评为云南省2014年收费统计工作先进工作者。进一步加强和规范涉农价格与收费管理，促进农业稳定发展、农民持续增收，落实强农惠农政策，切实保护广大人民群众的切身利益。贯彻执行省、市关于规范中小学服务性收费和代收费管理的政策规定。进一步规范和完善非营利性医疗服务价格管理，贯彻执行省发改委关于基层医疗机构“一般诊疗费”的收费政策，同时巩固全县非营利性医疗机构关于住院诊查费等医疗服务项目的试行价格。贯彻执行省、市关于规范中小学服务性收费和代收费管理的政策规定。2014年，开展春节期间商品价格、旅游价格、涉农价格、商行银行、电信行业、广播电视、供电、供水、物业管理、教育、卫生等收费专项检查，共查处价格违法案件2件，查出价格违法282357.6元，责令退还用户（含学生）金额282357.6元，罚款金额282357.6元（已收缴入库）。

【“平价商店”建立】 2014年4月29日，江川县新建1家试点平价商店——江川华联商贸有限公司通过市级考核验收，完成市政府下达的平价商店建设任务，平价商店销售涵盖蔬菜、粮、油、肉、蛋5大类60余个品种的平价农副产品，每月惠民金额近万元，受益居民近9万人次。

【价格认证工作】 依法做好价格鉴证工作。根据《云南省涉案财物价格鉴证管理条例》的有关规定，遵循客观、公正、科学的原则，依法对司法机关、行政机关和仲裁机构进行价格鉴证工作。2014年共进行价格鉴定31件，鉴定标的金额为313万元，其中民事案件2件，标的金额0.17万元，刑事案件67件，标的金额312.05万元；完成价格认证1件，金额0.78万元。

【大中型水库后期移民扶持工作】 加强移民直补资金和项目资金的使用管理。累计核减移民人数81人，其中2014年核减10人，实有直补移民1806人。后期扶持资金按每人每年600元的标准，按季发放，当月核减人口从次月起停止发放直补金。在所有项目实施过程中，没有出现挤占、挪用、截留移民资金和违纪违规的现象。

做好后期扶持项目建设工作。大中型水库移民后期扶持工程顺利推进，实施项目10个，计划总投资1621.1万元，其中移民专项投资1410万元，群众自筹211.1万元。完成道路硬化6374米，受益群众1000余人；农村公房建设5件，建筑面积18190平方米，受益人民6100人；人畜饮水2件，建设管道5309米，受益群众9020人。整合资金，推进项目建设，按质按量完成年度移民后期扶持项目、库区基金项目和移民示范村建设任务。

【开展群众路线教育实践活动】 加强与群众的联系，为群众解决实际困难与问题。与市移民开发局协调，为祁家营村委会祁家营村民小组安排移民后期扶持资金45万元，即时兴建人畜饮水工程。督促检查翠峰村委会在建移民扶持项目工程，安排小额贴息贷款200万元支持翠峰村“美丽乡村”建设。为提高农户种植养殖科技含量，掌握更多技术信息、农产流通信息，赠送7台计算机、1台多功能打印一体机给翠峰村委会，使翠峰村委会优先进入村级现代化办公行列。帮助解决翠峰村委会招益村村民小组供水设施改造问题，拨款3万元（该款属于发改局正常工作经费）补助招益村村民小组的管网改造。针对安化社区存在旱情严重的情况，拨款7万元给安化乡政府及安化社区解决抗旱急需经费问题。

（李雪莹）

扶 贫

【整村推进扶贫开发项目】 2014年8月，省、市扶贫办批准扶持建设安化彝族乡安化社区大营自然村、光山村委会香柏甸自然村，江城镇桐关村委会上、下清水沟小组4个自然村实施整村推进项目建设，扶贫项目总投资240.4万元，其中：省级财政180万元，地方财政整合20.8万元，自筹资金39.6万元。项目实施村庄道路硬化3.3千米13169平方米，蔬菜销售及文化活动场地硬化3114平方米；浇筑灌溉蓄水池3个，可蓄水342立方米；支砌围墙及挡墙石方613.3立方米，建设沟渠1.65千米；新建公厕3座20坑，种植核桃270亩，蔬菜320亩，建设标志碑3块。解决4个小组470户1449人村庄行路难、文化场所难问题，加强产业发展建设，使项目建设村生产、生活条件得到改善，经济得到发展；严格项目管理，管理使用好扶贫资金，专款专用，使扶贫资金在项目建设后发挥好的经济、社会、生态效益。

【困难户安居房建设】 江川县2014年度省级扶贫安居工程项目建设4个乡镇6个村（居）委会15个村（居）民小组40户148人实施困难户安居房建设，建设困难户安居房5581平方米，项目总投资362万元，其中：国家扶贫财政专项资金40万元（扶贫安居工程每户补助1万元），整合资金和群众自筹322万元，群众自己投工投劳2650余个；扶贫安居工程圆满完成建设任务，贫困群众住上新居。

【扶贫贴息贷款建设项目与劳动力转移培训】 2014年8月，为云南阳光食品有限公司争取项目贴息贷款扶贫资金3000万元，贴息扶贫财政资金90万元，项目建成年产1.5万吨特色酸腌菜生产规模。项目总投资5600万元，企业自筹资金2600万元，申请扶贫贴息贷款3000万元。项目建成后，全年收购约1.6万吨新鲜蔬菜，带动农户27500户种植蔬菜，实现每户增收1500元。

2014年9月，发放小额到户信贷扶贫资金2000万元，贴息贷款扶贫财政资金100万元，项目资金受益全县7个乡镇（街道），59个村（社区），惠及农户422户（建档立卡132户，占总户数的31%）1676人，其中种植户309户，占全部贷款户的73.15%，受益资金1463万元，帮助发展烤烟种植780

亩，蔬菜1026亩，经济林果150亩；养殖户72户，占17.55%，受益资金351万元，发展养殖猪羊等4236头，养殖家禽78050只，水产品21667公斤；其它41户，主要经营农副产品行业，占9.3%，受益资金186万元；涉及贫困农民经济收入稳步增长，贷款农户户均增收1623元。

2014年10月，协同玉溪市工业财贸学校在安化彝族乡光山村委会进行计算机专业劳动力转移培训122人，投入财政扶贫资金12万元，让民族贫困群众学一技之长，协同县委组织部在光山村委会开展红色股份建设试点工作。

【扶贫对象建档立卡】 2014年6月，以2013年的人均纯收入为主要依据，县扶贫办把贫困人口、贫困村、贫困乡等规模分解到各乡镇（街道），各乡镇（街道）组织开展工作，首先户主本人自愿提出书面申请，各行政村召开村民代表大会进行民主评议，形成初选名单，经过村民委员会核实后公示，经公示无议后的名单报各乡镇（街道）政府进行审核，进行公示无意见后上报县扶贫办复审。然后县扶贫办审核通过，上报市扶贫办审核通过，上报省级审核公示通过。按照市级2013年末农民人均纯收入低于5000元的标准，江川县有贫困人口数8942户28215人，占全县农业人口218316人的12%；涉及全县7个乡镇（街道）69个村（居）委会，430个村（居）民小组，其中：大街街道1404户4415人、江城镇2290户7068人、前卫镇1333户4194人、安化彝族乡1648户5144人、路居镇628户2084人、雄关乡780户2536人、九溪镇859户2774人。按照国家2013年人均纯收入低于2736元的扶贫标准，农村扶贫对象建档立卡贫困人口4158户13750人，占全县农业人口的6%，涉及全县7个乡镇（街道）53个村（居）委会，300个村（居）民小组，其中：大街街道458户1508人、江城镇977户2796人、前卫镇659户2211人、安化彝族乡930户3656人、路居镇363户1118人、雄关乡347户1090人、九溪镇424户1371人。

按照“一高一低”的标准识别出贫困乡1个即是安化彝族乡；按照“一高一低一无”的标准识别出贫困行政村8个，其中：江城镇三百亩村委会、桐关村委会、祁家营村委会，安化彝族乡光山村委会，前卫镇石河村委会，九溪镇矣文村委会，雄关乡白石岩村委会，路居镇红石岩村委会；按照同时满足“一高一低一无”的标准识别出贫困自然村36个；按照同时满足“双达标”的标准识别出贫困危房房613户；按照同时满足“双达标”的标准识别出需实施易地搬迁的贫困户134户433人；贫困扶贫对象识别后，积极组织各乡镇（街道）统计员将扶贫对象初选名单录入电脑，建立电子档案、打印扶贫手册、组织安排帮扶等工作。

（杨清明）

统　计

【概　述】 2014年，江川县统计局以提高统计能力、统计数据质量和政府统计公信力为核心，着力推进统计建设，注重统计事业的全面协调发展，发挥好统计信息、咨询、监督的职能作用，不断提高服务领导决策、服务科学发展、服务社会公众的能力和水平，为全县经济社会发展提供优质高效的统计服务。

【机构设置】 江川县统计局是全县统计和国民经济核算工作的政府职能部门。2014年，江川县统计局共有行政编制12名，机关工勤人员编制1名，其中，设局长1名，副局长3名。江川县地方统计调查队为江川县统计局所属财政全额拨款的事业单位，共有事业编制5名，设队长1名，由县统计局1名副局长兼任。2014年末，江川县统计局实有在职干部职工13人，其中：行政编制12人，机关工勤编制1人；江川县地方统计调查队实有职工3人。

全县7个乡镇（街道）设统计工作站，为县统计局派出机构，核定事业编制17名，机构性质为财政全额拨款事业单位。江川县统计局大街统计工作站事业编制4名，江城统计工作站事业编制3名，前卫、九溪、路居、雄关、安化统计工作站事业编制各2名。2014年末，全县7个统计工作站实有在职干部职工14人，其中：江川县统计局大街、江城统计工作站各实有人数3人，前卫、路居、安化统计工作站各实有人数2人，九溪、雄关统计工作站各实有人数1人。

【主要统计数据】 2014年全县地方生产总值612796万元，比上年增9.8%；人均地方生产总值21555元，比上年增9.5%。农林牧渔业总产值241715万元，比上年增5.9%。工业总产值645452万

元，比上年增9.4%。规模以上固定资产投资完成306429万元，比上年增7.5%；城镇居民人均可支配收入26194元，比上年增10.1%；农村居民人均可支配收入9274元，比上年增13.4%；社会消费品零售总额171453万元，比上年增12.7%；居民消费价格（CPI）比上年涨2.1%。

综　合　2014年全县完成地方生产总值612796万元，比上年增9.8%。其中：第一产业增加值148788万元，增5.5%，占GDP的24.3%，对GDP增长的贡献率为14.1%；第二产业增加值199008万元，增14.7%，占GDP的32.5%，对GDP增长的贡献率为49.7%；第三产业增加值265000万元，增8.6%，占GDP的43.2%，对GDP增长的贡献率为36.2%。人均地方生产总值21555元，增1968元，增9.5%。

产业结构　三次产业结构由上年的25.1：31.7：43.2发展变化为24.3：32.5：43.2，其中：第一产业比重比上年下降0.8个百分点；第二产业比重比上年提高0.8个百分点，第三产业比重不变。

农　业　全年全县农林牧渔业总产值241715万元，增5.9%。其中：种植业总产值137159万元，增1.0%；林业产值4098万元，增22.0%；牧业产值84617万元，增10.8%；渔业产值9444万元，增31.4%；农林牧渔服务业产值6397万元，增13.8%。

工　业　2014年全县工业总产值645452万元，增9.4%。其中：规模以上工业产值375675万元，增16.5%；规模以下工业产值269777万元，增0.7%。工业增加值144786万元，增18.0%，工业经济对全县GDP的贡献率为44.6%，拉动GDP增长4.4个百分点。其中：规模以上工业增加值108713万元，增23.5%；规模以下工业增加值36073万元，降12.0%。

固定资产投资　2014年规模以上固定资产投资完成306429万元，增7.5%。其中：工业投资完成75572万元，减5760万元，降7.1%；房地产开发投资60117万元，减46245万元，降43.5%。

批发、零售、住宿、餐饮业　2014年社会消费品零售总额完成171453万元，增12.7%。分行业来看，批发零售业常态化发展，其中：批发业完成10612万元，增12.0%；零售业完成118609万元，增12.9%；餐饮业增长较快，完成33318万元，增18.5%；住宿业完成8913万元，降6.3%。

从营业收入看，批发业销售额31473万元，增17.0%；零售业销售额146455万元，增16.0%；住宿业营业额16799万元，增6.2%；餐饮业营业额53711万元，增24.0%。

城镇、农村居民人均可支配收入　2014年全县城镇居民人均可支配收入26194元，比上年增2411元，增10.1%；农村居民人均可支配收入9274元，比上年增1094元，增13.4%。

居民消费价格　居民消费价格（CPI）累计比上年涨2.1%，商品零售价格涨1.2%，农业生产资料价格涨2.1%。

其他服务业　营利性服务业增加值10921万元，增5.5%，增长速度比上年的0.4%提高5.1个百分点，对GDP增长的贡献率1.0%，拉动GDP增0.1个百分点。非营利性服务业增加值78549万元，增9.2%，增长速度与上年持平，对GDP增长的贡献率11.4%，拉动GDP增1.1个百分点。

能源消耗下降　淘汰落后产能，促进产业升级，2014年全县万元GDP能源消耗1.2698吨标准煤/万元，与上年的1.3075吨标准煤相比，降2.4%（可比价）。其中：规模以上工业能耗2.5038吨标准煤/万元，降18.3%。

非公经济加快发展　2014年非公经济增加值331308万元，比上年增10.7%，占GDP比重54.1%，非公经济比重提高0.1个百分点。

【统计服务】　2014年，共编发《江川统计》48期、《江川统计信息》17期，发布《2013年江川县国民经济和社会发展统计公报》，撰写《江川县国民经济和社会发展“十二五”规划中期主要经济指标完成情况评估分析》《2013年江川县规模以上固定资产投资运行情况分析》《江川县2013年资质建筑业情况分析》《江川县2013年房地产开发运行情况分析》《2013年江川县城镇居民家庭收支统计调查简析》《2013年江川县农业经济发展情况》《江川县2013年畜牧业生产分析》《江川县2014年上半年居民消费价格指数运行情况分析》《2014年上半年江川县消费市场运行情况分析》《关于江川县青铜制品业的调查报告》等专项分析材料；搞好统计数据监测；做好季度、年度GDP核算，把反映全县经济发展和民生的主要数据如GDP、固定资产投资、社会消费品零售总额、农村居民人均可支配收入、城镇居民人均可支配收入、居民消费价格指数、节能降耗、财政金融等通过江川统计网向社会发布。为各级党委、政府和社会公众全面了解全县经济发展提供统计服务。同时开展劳动力抽样调查、人口变动情况抽样调查、全县秋粮生产情况等专项调查，为党委政府及有关部门科学决策提供统计调查资料，发挥统计参谋作用。

【统计信息化建设】 2014年，江川县统计局重视政府信息公开，成立政府信息公开工作领导小组，指定专人负责，编制信息公开指南和信息公开目录，建立健全规章制度，做好网上信息公开，统计部门作为政府部门中的服务机构，提供"快、精、准"的统计信息是统计职能的最直接体现，将继续按照"实事求是、客观全面、快精准"的要求，以全心全意服务的宗旨，做好统计政府信息工作。2014年，江川县统计局通过门户网站"政府信息公开"专栏主动公开统计分析、财务预决算公开、信息等33条。

【统计改革】 2014年，劳动力抽样调查实行"双轨制"，由单一的程序录入改为程序录入与PDA数据采集相结合，在提高工作效率的同时，提高统计数字的准确性、及时性；在农业统计方面，农业统计方法做变革，根据国家统一部署，全国统一实行《乡（镇）社会经济基本情况统计》（简称乡卡）联网直报，改变以前的传统纸质报表方式，提高农业统计时效性。

【统计执法】 为进一步加强和改进统计工作，提高政府统计公信力，发挥统计在国情国力调查、指导国民经济和社会发展上的服务保障作用，根据《统计法》《玉溪市统计局关于对专项整治规范统计工作巡查发现问题进行整改的通知》《玉溪市统计局关于清理和废止涉嫌统计违法违纪文件的通知》的要求，江川县开展专项整治和规范统计工作。在全面清理和整治中，没有发现对企业"一套表"联网直报中干预独立统计、依法统计的文件及规定，没有涉及对调查对象、项目单位分解、下达目标任务及将统计部门纳入招商引资、经济增长、民生改善和节能减排考核责任单位的文件。多形式开展统计普法宣传教育，以第三次全国经济普查为中心，以"12·4"全国法制宣传日活动为平台，利用宣传车、宣传标语等形式开展普法宣传。宣传活动中，共悬挂横幅9条，标语3262条，展出黑板报20期，散发《统计法》及《第三次全国经济普查》宣传材料4000余份。加强联网直报企业检查，截至2014年12月底全县联网直报企业共79户，其中规模以上工业34户，资质建筑业15户，房地产15户，批发零售业5户，住宿餐饮业9户，重点服务业1户。79户联网直报企业均能在报告期内按时、按质、按量在国家统计局网络平台上报送统计数据，上报率100%。

【统计站规范化建设】 加强统计基层基础建设是服务和推进统计科学发展的重大战略举措，是提高统计能力、统计数据质量、统计公信力的基础工作和关键环节，是解决制约统计发展的瓶颈和障碍的主要抓手。以乡镇（街道）统计站为中心的统计基层基础工作是整个统计工作的基石，是统计实现科学发展的根基。统计站在县域经济发展统计监测、全县及7个乡镇（街道）经济运行分析、农业农村统计、城乡住户一体化调查、人口抽样等专项调查和全国第三次经济普查中，发挥较好的作用。按照《玉溪市人民政府关于进一步加强和改进统计调查基层基础工作意见的通知》《国家统计局关于加强乡镇（街道）统计工作的意见》和市统计局相关会议精神要求，县统计局组织各乡镇统计站站长到峨山、通海、华宁进行现场观摩和经验交流，并制定《江川县统计局关于推进乡镇（街道）统计规范化建设的意见》；各乡镇（街道）统计站围绕意见要求，进行自查自纠、整改落实，截至2014年底，江川县7个乡镇（街道）统计站做到"五有"（有机构、有人员、有办公地点、有经费、有设备和台帐）；在统计管理方面，严格按照"五化"（统计管理制度化、统计手段现代化、统计工作法制化、统计培训经常化、统计服务优质化）进行管理。

【秋粮生产的实割实测】 为准确把握全县秋粮生产第一手资料，2014年，根据市统计局安排部署，全市各县区分别进行秋粮生产实割实测。9月，县统计局组织各乡镇统计站站长和业务人员到峨山进行观摩、试验，在总结经验的基础上，9月底，组织

各乡镇统计站工作者到江城镇温泉村、前卫镇小街村开展实地测试。此次测试通过量、割、晒、炒、称等几个步骤测试出粮食的亩产量，掌握第一手的粮食调查数据，为准确把握全县的粮食产量数据奠定基础。

【第三次全国经济普查】 江川县第三次全国经济普查于2014年1月1日正式进行入户登记。此次普查主要采取PDA现场采集数据技术。1月1日，举行由分管副县长、县普查办领导及县乡普查骨干参加的入户登记启动仪式，与会人员在大街街道深入企业、个体户现场手持PDA成功采集数据，全县普查登记正式启动。截至2014年3月31日，全县圆满完成现场入户登记工作。4月初，结合入户登记及录入情况，完成纸质表格完善工作。同时，乡镇及县经普办对三经普数据质量进行审核，并在审核的过程中进行查缺补漏、查遗补漏，对存在的问题（如：告知书污损、损毁、四上企业台账不健全等），逐一解决。4月下旬至6月底，国家、省、市对县级的数据质量依次进行抽查。截至6月底，江川县第三次全国经济普查入户登记，PDA数据录入，数据上报，数据审核，国家、省、市、县的数据质量抽查，普查指导员、普查员的经费发放工作结束，江川县第三次全国经济普查工作进入先进评选表彰阶段。此次评选按照市经普办的文件要求，依法依程序进行，其中：市级先进集体5个，市级先进个人31人；县级先进集体23个，县级先进个人80人。

（杨　薇）

审　计

【机构设置】 2014年，江川县审计局编制总数22名，其中：行政编制15名、事业编制6名、工勤编制1名。领导职数为局长1名，副局长2名。年末实有21人，其中：公务员编制20人、工勤编制1人。内设四股一室：经济责任审计股、固定资产投资审计股、财政金融审计股、综合股、办公室。

【概　述】 2014年，县审计局全面贯彻落实省市审计工作会议精神，以科学发展观为统领，紧扣县委政府经济工作重心，以服务江川经济科学发展和谐发展跨越发展为审计工作第一要务，充分发挥审计“免疫系统功能”和建设性作用，认真履行审计监督职责，突出对重点领域、重点部门、重点资金的审计监督力度，努力提高新形势下审计监督能力和水平，按照“程序、规范、质量、文明”的总要求，圆满完成各项审计任务。截至12月底，完成审计项目88项，其中：固定资产投资审计74项、经济责任审计5项、预算审计2项、专项资金5项、财务收支1项、其他审计事项1项。查出问题金额19585万元，处理处罚金额10444万元，其中：核减工程投资2087万元、收缴财政324万元、归还原资金渠道和调账处理8033万元。移交纪检监察机关案件2起，涉案金额21万元。编撰审计信息或简报3篇，市纪委采用1篇；撰写理论文章3篇；编写审计项目AO实例、方法及经验5篇，被市审计局评为鼓励奖、应用奖4篇。

【财政审计】 坚持以财政收支真实性为基础，以资金、资产、资源、项目为主线，不断深化财政预算执行审计内涵，从审计预算编制、批复、执行的程序和结果入手，加大对各预算单位的审计力度，加强对部门承担的重大投资项目、重点专项资金管理、分配、使用及效益情况的审计监督。全年完成年初计划安排的江川县2013年度县本级预算执行情况及效益审计、县地税局2013年度税收征管情况联网审计。审计后，责成地方税务局征缴应缴未缴税款4.1万元；责成县财政局缴入国库纳入预算管理7814.2万元。

【固定资产投资审计】 2014年，江川县审计局跟进政府重点工作、继续扩大投资审计覆盖面，对县委、县政府安排的重点工作和项目做好事前、事中、事后的审计监督，全力推进基础设施建设项目前置审计、跟踪审计、竣工决算审计的能力和水平。截至12月底，完成投资建设项目74项，其中：决算审计44项、前置审计30项、审计核减工程投资2089.6万元。

工程决算审计完成44项。累计核减工程投资1448万元。存在的主要问题是：工程量不实，重复计价、部分主材价格偏高，定额子目套用错误等。江川县星云湖截污治污和县城防洪工程，送审结算10946.3万元、审定结算9872.1万元、审计核减1074.2万元；江川县龙泉山生态工业园区龙泉大道工程，送审结算3608.6万元、审定结算3460.2万元、审计核减148.5万元；县档案局综合档案馆建设工程，送审结算1235.7

万元、审定结算1127.5万元、审计核减108.2万元；江川县影剧院装修改造工程，送审投资382.9万元、审定投资360.4万元、审计核减22.5万元。超批复、超概算投资276.2万元。实际投资江川县影剧院装修改造工程，超投资91.9万元，超批复302.9万元的30.3%；江川县龙泉山生态工业园区龙泉大道工程，超批复2900.4万元的19.2%；县档案局综合档案馆建设工程，超投资185.1万元，超批复1040.7万元的17.7%。

前置审计完成30项，核减投资639万元。江川县2011～2012年保障性住房配套建设项目，送审招标控制价5701.9万元、审定招标控制价5615万元、核减86.8万元；县星云湖东西大河环境综合整治工程，送审招标控制价313.2万元、审定招标控制价275.5万元、核减37.7万元；江川县龙泉山工业园区6号市政道路路基工程，送审招标控制价335.7万元、审定招标控制价303.5万元、核减32.1万元；江川县2012年保障性住房规划道路工程，送审招标控制价451.9万元、审定招标控制价425.5万元、核减26.4万元；江川县2014年农村饮水安全项目，送审招标控制价487.7万元、审定招标控制价463.9万元、核减23.8万元。

其他项目投资审计情况完成1项。按照县委、县政府的要求，对江川县龙泉山工业园区建设项目的征地、项目建设、入园企业补助、建设债务、工程进度等方面的情况进行全面概况性的摸底审计，为进一步理顺投资建设管理关系，推进项目建设进度，争取上级专项建设补助资金发挥积极的监督服务作用。

【领导干部经济责任审计】 全年完成5项。即：县政务管理局局长张存美、县交通局局长胡禄金、县烤烟生产办公室主任廖永富、县农业局局长杨杰、县抚仙湖管理局局长李佳强任期经济责任审计。审计查出问题金额750.5万元、外理处罚307.1万元、收缴财政207.6万元、归还原资金渠道和调账处理144.8万元。存在的主要问题是私存私放资金、挪用专款、扩大开支范围、项目资金长期结余等。

【部门财务收支审计】 全年完成县中医医院2013年度财务收支审计。审计查出问题金额95万元、收缴财政13.2万元、移送纪委监察部门处理处罚案件线索1起，涉案金案18万元。

【专项资金审计】 全年完成2013年省级自然村整村推进和扶贫安居工程资金、江川县2013年农业综合开发产业化经营项目中央财政贷款贴息资金、江川县2006～2013年度大中型水库后期扶持资金、江川县2013年市县投入农业面源污染治理资金、2013年度新型农村合作医疗基金的管理使用情况专项审计，并及时出具审计报告，为项目验收、争取上级资金提供数据依据。

【其他审计事项】 围绕市、县两级政府2014年20项重点工程建设项目和10件惠民实事项目的开工建设及有关专项资金的管理使用情况，适时跟进项目的前置、竣工决算审计工作。8～10月期间，抽调审计人员15人，配合省市审计机关完成全国土地出让金耕地保护项目审计，以及稳增长促改革调结构惠民生政策措施落实情况跟踪审计。

【依法审计】 严格执行中华人民共和国审计署令第6号《审计机关项目质量控制办法》，以规范审计行为，提高审计质量，明确审计责任，推进依法审计为根本出发点。融《审计准则》《审计机关审计处罚自由裁量权基准制度》等审计执法规范要求于整个审计进程中，审计工作做到事实清楚、证据充分、程序规范、引用法律法规恰当、处理处罚适当。一年来，未出现行政复议、行政诉讼案件。

树立严谨细致的工作作风，以制度建设推进依法审计。2014年，县审计局进一步完善《江川县审计局复核操作管理办法》《审计执法责任追究实施办法》。明确规定审计机关出具的法律文书，由科室负责人、副局长、局长逐级复核责任制，责任细化，风险共担。

【自身建设】 加强政治学习和法律法规教育。强化“政治学习日”制度，以创建“学习型机关”为契机，加强党的路线、方针、政策的学习，把“四群教育活动”“跨越发展先锋活动”“科学发展观”等作为学习的主要内容，提高审计人员政策理论水平，坚定政治、维护党章、严肃党纪。加强审计业务知识的学习，强化业务技能，提升审计执法水平。组织职工学习修订后《审计法》《审计法实施条例》《国家审计准则》《行政诉讼法》《行政复议法》《预算

法》《会计法》《云南省行政事业企业领导干部任期经济责任审计办法》《建设项目审计处理暂行办法》《财政违法行为处罚处分条例》等审计法律法规、规章制度，提高审计人员的综合素质、专业判断能力和业务技能，增加知识储备，适应新时期审计工作的需要。采取多层次、多形式把培养精通工程技术、经济管理、计算机应用、法律法规等综合专业的复合型审计人才作为审计机关的长期工程落到实处。2014年，选派年轻干部到南京审计学院学习1人次；组织新进人员参加法律法规、审计业务流程、计算机辅助审计培训2人次；组织科级公务员任职培训1人次；组织审计人员参加省市审计机关业务视频培训37人次；组织年轻干部参加审计师职称考试5人次；组织业务骨干交叉至曲靖市参加全国土地出让金及耕地保护项目审计5人次。

（李华英）

工商行政管理

【概　述】 2014年，江川县工商局贯彻落实全省工商行政管理工作会议、市局会议和县委、县政府会议精神，进一步推进全局工商行政管理绩效工作深入开展，实施“百千万”工程、红盾护农、诚信市场平安市场建设、开展党的群众路线教育实践活动、廉政文化建设、工商干部调研企业谋发展活动，为营造公平、规范、和谐、诚信的江川市场经济环境做出贡献。各项工作得到市局、县委和县政府的肯定，荣获第七届市级文明单位、江川县2013年先进综治委成员单位。

【法规工作】 完善执法制度。严肃办案纪律，突出强制措施、证据规范和自由裁量权等重点环节，完善办案制度规范，细化办案程序性规定，建立案件报告制、会商制，加快推广说理式处罚文书，规范执法行为。完善措施，加强执法队伍专业化建设，明确办案机构权限划分，相应建立案件线索管理、案件信息报备等工作制度，完善办案单位和业务部门的衔接联动机制和责任区分机制。加强执法监督。健全完善内外监督制约体系，严格落实行政执法责任制，严格行政问责。建立岗位执法责任制度，明确行政执法职责，强化执法检查，进一步做好行政复议工作，提高执行力和公信力。转变执法方式。更新执法理念，把执法的重心由事后处罚转到事前的规范、指导和宣传教育上。研究制订行政指导的具体办法和配套措施，确定不同阶段的工作重点，成熟一项推进一项。研究制定与行政指导方式相适应的程序规定、格式文书、档案管理制度，规范实施批评教育、预警、告诫等工作措施，刚柔并举，宽严相济，引导经营者自律经营，实现监管执法与规范发展的良性循环。提高执法科技手段，加强信息技术在监管执法中的运用，促进依法行政水平的提高。截至10月30日，全局共办理一般程序案件21起，简易程序案件25起，核审案件罚没金额184.9万元，实际收缴到财务帐的184.9万元。

【企业注册】 截至2014年10月30日，全县共有企业872户，其中国有集体企业236户、注册资本金30533万元。私营企业636户，从业人员17542人、注册资本金182396万元。全县共有个体工商户10479户、从业人员26069人、资金数额84365万元。有农民专业合作社118户、成员总数1231人、出资总额3184万元。全县共有外商投资企业11户，其中企业法人6户，分支机构5户。新办私营企业112户、注册资金49899万元、从业人员1621人。新办国有集体企业6户、从业人员40人。新办个体工商户2049户、资金数额22985万元、从业人员5259人。新办农民专业合作社13户、出资额955万元、成员总数90人。

【企业监督管理】 鼓励个体工商户发展。对登记失业人员、残疾人、退役士兵以及毕业2年以内的普通高校毕业生，从事个体经营的，在工商部门首次注册登记免收登记注册类和证照类等有关行政事业性收费；允许一人申办多个个体工商户营业执照；允许已办理变更、注销登记的个体工商户使用原有名称。2014年全县应完成个体工商户新增户数6%、从业人员10%（即应新发展户数533户、从业人员2216人），到10月30日新发展户数2049户，完成应发展户数的384%，从业人员5259人，完成应发展数的237%。扶持小微企业发展和非公经济转型升级。落实新创办微型企业的政策，做好《云南省微型企业创业扶持实施办法》的宣传，4～10月，共办理个体户转型升级47户（其中转型为有限公司6户，转型为个人独资企业41户）。鼓励创办农民专业合作社。允许一个农民申请加入多个专业合作社；允许农民、土地承包人以农民投资者身份申请设立农民专业合作社。目前全县有农民专业合作社118户、成员总数1231人、出资总额3184万元。扶持发展农村经纪业。推进农村经纪人指导培训工作，提高农产品经营户的组织化程度，形成龙头企业+专业合作组织+基地（农户）的产业链条，推进农业产业化进程。扶持建立经纪人协会3个，培训各类经纪人525人次。支持重大投资和重点项目、重点领域和重点产业建设在江川实施。上门为“江川新天力农业装备有限公司”“江川古滇故事文化艺术传播有限公司”“云南江川翠峰水泥有限公司”“江川明星鱼洞餐饮文化旅游服务有限公司”等企业的设立、变更提供咨询服务，做到急事急办，特事特办。全年共办理私营企业变更登记155户、国营集体企业变更登记52户、私营企业注销登记14户、国营集体企业注销登记3户、个体工商户变更登记346户、个体工商户注销登记456户、农民专业合作社注销登记2户。

【市场规范管理】 继续加大治理无照经营工作力度。建立健全查处取缔无证无照经营联席会议制度和信息通报、执法协作机制，进一步加强与相关职能部门协调配合，推进无照经营的清理整治工作，加大各类重点行业无照经营的清理整治力度。开展打击侵犯知识产权和制售假冒伪劣商品专项行动。突出重点区域、重点市场、重点商品，集中开展专项整治，打击坑农害农违法行为，查处销售假冒伪劣农资案3起。在全县300余家农资经营户中，评出“农资示范店”20家。加强竞争执法工作。开展流通领域服装质量专项整治，打击侵犯知识产权和制售假冒伪劣商品专项整治、校园周边环境专项整治、网络市场专项整治，汽车配件、打私和卷烟打假等专项整治。对中央电视台“3·15”晚会曝光的尼康D600、激光笔、橡皮擦及涂改液、代步车等商品开展专项检查。打击传销。综合运用打击、防范、预防、宣传等手段，保持打击传销高压态势，完善打击传销和规范直销机制。加强商品交易市场和网络市场监管。落实市场整体巡查制度，开展农村文明集市、诚信市场创建活动，对老街兴集贸市场按县级诚信市场要求继续加强市场的日常监管，并评定为2014年文明市场。对江川华联超市按市级诚信市场继续加强日常监管，江川乾景商业中心集市评定为县级平安集市。贯彻落实《网络交易管理办法》，逐步建立辖区网络企业数据库，开展查处无照开办经营性网络商品及服务交易平台行为，探索规范网络市场经营主体准入工作，加大网络违法广告、虚假宣传、制售不合格商品等违法经营行为查处力度。履行社会管理综合治理工作职责。狠抓取缔“黑网吧”、打击拼装车窝点等专项整治，配合有关部门开展校园周边经营秩序、娱乐场所禁毒、扫黄打非等工作。开展动产抵押登记工作，全年为18家企业登记，贷款18096万元。开展股权出资、股权出质和债权转股权登记，为企业特别是中小企业解决融资难的问题。与县工商联、工商银行、信用合作社配合协作沟通，探索建立银政企合作长效机制，帮助企业解决融资难题。搭建企业融资平台，帮扶小微企业开展股权出质、动产抵押等融资服务。截至9月30日，办理股权出质登记15件，出质股权数额13678万元，企业融资总额达3680万元。针对小微企业普遍存在融资难的问题，发挥工商职能作用，向小微企业宣传推广股权质押、动产抵押等融资方式，帮助其盘活资产，拓宽融资渠道，搭建融资平台，实现银企合作，解决企业在生产经营中面临的资金难题。并向工商银行、信用合作推荐21户私营企业获得银行贷款15679万元。

【消费者权益保护】 加快12315行政执法体系建设步伐，推进消费维权进社区（农村）工作，使城乡消费者享受同等维权公共服务。关注新型消费领域中的新情况和新问题，提高对市场消费突发事件的防范和快速应急处置能力。推进实施12315数据分析报告制度，反映消费者的利益诉求和关注的消费热点。强化流通领域商品质量监管。规范流通领域商品质量抽检行为，完善后续处置和消费警示措施。根据消费者申诉举报热点难点，强化重点商品质量监管，集中开展专项整治，打击销售假冒伪劣商品违法行为。加大服务领域消费维权力度。针对服务领域消费纠纷的特点，研究有效措施，加强服务行业监管，破解行业消费“潜规则”，加强消费教育引导和行业

规范。在全县范围内创建“消费满意示范店”41个。开展“岗位学雷锋、履职提效能”主题活动。设立“学雷锋消费维权岗”，2014年，“学雷锋消费维权岗”共接受消费者咨询248起；开展系列“学雷锋12315开放日”活动、“学雷锋走进‘一会两站’”活动、“学雷锋走进‘消费维权服务站’”活动、“学雷锋回访消费者”等活动。2014年，共接到消费投诉25起，受理25起，成功调解25起，为消费者挽回经济损失30000元。其中受理商品质量类投诉8起，种子类投诉1起，手机5起，其它11起。电话咨询248起。

【反垄断与反不正当竞争执法】 2014年，县工商局推进反垄断和反不正当竞争执法，构建治理商业贿赂长效监管机制，推进查处取缔无照经营综合治理工作，开展打击侵犯知识产权和制售假冒伪劣商品、打击传销和规范直销、扫黄打非、禁毒防艾等工作，开展校园周边环境整治、预防青少年犯罪工作。开展打击传销规范直销和“扫黄打非”工作，出动人员8人次，车2辆次，对出租房业主发放通知和宣传资料1000份，检查出租房场所34家。开展2014年“两烟”打假打私专项行动，出动人员63人次，车辆23台次，检查香烟经营户（重点是对宾馆、酒店、娱乐场所及旅游风景区进行检查）572户，保护卷烟市场秩序。加强案件查办工作，打击经济领域的各种违法行为。全年共办理案件21起，简易程序案件25起，罚没金额184.9万元。

【广告监督管理】 严把广告主体准入行为，广告战略实施稳步推进。做好对各类广告发布的受理审核登记，开展广告发展现状调研，建立台账，谋划辖区广告发展战略，推进广告监测系统建设，开展虚假违法广告专项整治。截至年底，全县共有广告经营户21户（其中有限公司1户、个体工商户20户）。2014年共受理审核发放户外广告登记证85户、广告备案登记52户。加大媒体广告监测和案件查处力度，规范广告市场秩序。2014年，共查处广告案件30件，罚款2.4万元。

【商标监督管理】 加强商标宣传教育，严格商标管理。结合各类宣传活动宣传商标知识，深入企业开展商标知识宣传培训，提高企业实施商标战略的能力。强化商标注册行政指导，继续完善商标梯次培育机制，全县高知名度商标质量进一步提高。全县共有有效注册商标381件（其中，玉溪市知名商标35件，云南省著名商标21件）。2014年全县新报注册商标39件，有7件获注册。2014年新申报云南省著名商标6件、玉溪市知名商标9件材料，全面超额完成市局下达的云南省著名商标2件、玉溪市知名商标3件的任务数。培育地理商标“江川萝卜丝”。江川已成为全省创建无公害农产品生产示范基地县之一。拥有农产品深加工企业10余家，已建成1000吨/年萝卜丝生产线6条、800吨/年魔芋精粉加工生产装置和2套万吨级酱菜调味品生产装置。江川萝卜丝产业提高农村冬季土地的利用率，成为当地农民增收致富的支柱产业。

【计划财务】 2014年，县工商局按照“财务收支管理制度”和省市局“行政成本控制制度”的规定，在支出方面，坚持开源节流、量入为出的原则，提高资金的使用效益，保障工商管理工作的顺利进行。在行政性收费方面，执行项目及法规依据定位准确合法，执行“收支两条线”规定，所有行政性收费及罚没收入已全额上缴市局或县财政，做到应收尽收，应缴尽缴。

【人事教育】 组织开展2014年度公务员考核工作，全局共有46名公务员、2名事业人员、2名机关工勤参加考核，其中评定优秀等次9人，称职等次39人，2名事业人员为合格等次，考核结束后，完成材料的上报和归档工作；建立干部培养使用成长机制，有计划地安排干部进行学历教育和在职培训，拓宽干部的知识面；做好工资调整工作，确保工资福利工作及时准确完成。结合实际，采取划小单位、分散学习的方式，有针对性地开展教育培训工作，提高干部职工的知识水平。

【消协工作】 2014年，县工商局推进社会消费维权网络广覆盖，提高“一会两站”服务水平，开展12315“五进”工作，建立6个消费维权服务站，畅通消费纠纷快速调解渠道；指导各级消协组织建立消费维权律师团，为消费者提供成本低廉的法律援助；协同相关部门，建立密切配合、互通信息、分拨转办的互动协作机制，不断提升消费维权社会化水平。建立江川县工商局"12315"申诉制度、江川县工商局"12315"消费者申诉值班制度，及时办理每一个投诉。在全县7个乡镇72个村委会（社区）、学校、商场共建立12315联络站和消费者投诉站共计86个。

【个私协会工作】 按照《云南省鼓励创业"贷免扶补"实施办法细则（暂行）》文件精神，制定工作计划，在全县范围内组织各分会深入企业和个体工商户中广泛宣传鼓励创业"贷免扶补"政策，营造"自主创业、艰苦创业、全民创业"的浓厚氛围。建立"1+3"跟踪服务机制，做到一名享受鼓励创业"贷免扶补"政策的创业人员由一个承办支部负责，1名党员负责联系协调，1名创业导师负责帮扶指导工作机制，并签订"贷免扶补"帮扶协议，从"贷免扶补"申请、营业执照办理到相关部门的审批都由帮扶党员一站式完成。对申请"贷免扶补"的项目进行可行性、创业者的还贷能力等创业项目初审。已审核18户并填表上报县人事局和县信用联社审核，获得贷款90万元，吸纳就业人员75名。全年"贷免扶补"创业对象还款率保持在100%以上。

【信息化建设】 2014年，县工商局以提升运用水平为重点，加快推进信息化建设。加强信息化人员的素质建设，配合市工商局开展网络商品交易监管信息平台试点建设、完善12315数据库和数据分析中心建设、开展食品和重点商品市场准入监管信息平台试点建设、完成非公有制经济组织党建数据录入。推进执法办案信息化应用，2014年所办案件90%录入计算机，实现资源共享。根据职责分工，明确一名信息员，信息员编写《上周要情》上报市局和县委办、政府办，并向各类新闻媒体投稿，截至年底共编写《上周要情》十八期72篇，其中市局动态采用14篇，省局政务信息采用1篇，市级各类报刊采用1篇。

【工商系统改革】 注册资本登记制度改革。2014年3月5日，县工商局召开注册资本登记制度改革培训会议。依据2014年2月18日国务院印发的《注册资本登记制度改革方案》，云南省于3月1日起实施注册资本登记制度改革，按照便捷高效、规范统一、宽进严管的原则，创新公司登记制度，降低准入门槛，强化市场主体责任，促进形成诚信、公平、有序的市场秩序。注册资本登记制度改革的主要内容为：实行注册资本认缴登记制，公司股东（发起人）自主约定认缴出资额、出资方式、出资期限等，并记载于公司章程，企业登记无需提交验资报告；放宽注册资本登记制度，除法律、行政法规规定的特定行业注册资本最低限额另有规定外，取消有限责任公司最低注册资本3万元、一人有限责任公司最低注册资本10万元、股份有限公司最低注册资本500万元的限制；将年检（验照）制度改为年度报告公示制度，根据《企业信息公示条例》《个体工商户年度报告暂行办法》建立企业信息公示制度、建立符合个体工商户特点的年度报告制度，探索实施农民专业合作社年度报告制度。流通环节食品安全监管体制改革。根据国务院有关文件精神和《云南省人民政府关于改革完善省以下食品药品监督管理体制的实施意见》《江川县人民政府关于调整县乡食品药品监督管理体制的通知》文件精神，将县工商局的流通环节安全监督管理职责划入县食品药品监督管理局。按照"编随人走、人随事走"的原则，截至2014年3月26日，县工商局将监管流通环节安全监督管理执法人员11人、执法车辆2辆、相机2台、各种电脑11台、食品安全检测设备12套移交给县食品药品监督管理局。工商行政管理的体制改革。依据《云南省人民政府办公厅关于做好省级以下工商质监管理体制调整工作的通知》《玉溪市人民政府办公室关于印发玉溪市工商行政管理体制调整实施方案的通知》文件精神，2014年9月1日，玉溪市工商行政管理局与江川县人民政府签订《玉溪市工商系统行政管理体制调整划转交接书》，将县工商局的管理人员50人（公务员46人、工勤人员2人、事业人员2人），资产1835.45万元下划移交县政府管理。

（覃智凡）

质量技术监督

【概　述】 2014年，江川县质量技术监督局在县委、县政府和市局党组的领导下，以开展党的群众路线教育实践活动为契机，以服务经济和社会发展为已任，围绕"保增长、保民生"的中心任务，贯彻落实科学发展观，把握住"抓质量、保增长、促发

展”的质监工作指导思想，不断开拓创新，在服务中监督，在监督中服务，打基础、树形象、做贡献，奋发进取，圆满完成各项工作任务。

【质量工作】 县质监局严格市场准入制度，加强工业产品证后监管，对辖区的20家重要工业产品和食品相关产品实地核查工作，进行分类监管，确保产品从原材料入厂到产品出厂整个环节的质量保障，强化企业的产品质量意识和企业质量安全主体责任。加强企业巡查，开展工业产品的监督抽查工作，共出动执法人员200余人次，检查企业80余家次，重点对辖区的化肥、水泥、烟花爆竹产品进行监督抽查，共抽取工业产品样品62个送检，其中烟花爆竹样品9个，化肥样品26个，建材样品13个，其它产品14个，产品合格率比上年同期均有提高。开展“质量月”宣传活动，围绕提升质量效益、实现“三个转变”的主题，通过下社区、企业的形式，对《质量发展纲要》、中国质量大会精神及相关产品质量安全知识进行宣传，悬挂“质量月”活动标语1条，发放宣传资料600余份，制作宣传展板3块。

【食品及食品相关产品安全监管】 县质监局对食品加工环节的监管于3月与食品药品监督管理局交接结束，在交接前开展食品生产企业和小作坊的监管工作，春节前夕对米线、卷粉生产企业进行抽样检查。开展食品包装容器等食品相关产品日常监管工作。共出动执法人员20余人次，对辖区内4家食品相关产品生产企业分别进行2次日常检查。对企业的卫生条件、原材料使用、生产条件、自检情况等进行检查，配合省局抽取4个样品送检，除1个产品标识不合格外，产品实物质量均为合格。

【特种设备安全监管】 县质监局制订“一岗双责”责任制度、监督检查和检验工作计划等制度和措施，与特种设备使用单位续签《特种设备安全使用责任书》，并指导特种设备使用单位制定特种设备安全事故应急救援预案。开展教育培训，提高人员素质。在4月和10月，先后2次组织全县特种设备使用单位的作业人员进行取（换）证培训。参加培训各类特种设备作业人员300余人。加强监管，消除特种设备安全隐患。共组织执法人员200余人次，检查特种设备使用单位70余家次，检查特种设备600余台次，排查安全隐患5起，下达特种设备安全监察指令书5份，被责令整改单位已对隐患进行整改。抓好开工告知和登记注册工作，从4月1日起，特种设备开工告知和登记注册下放县局，共办理开工告知89件、登记注册设备234台，清理录入特种设备数据900余台次。

【计量工作】 县质监局开展计量检定及宣传工作，出动人员30人次、车12辆次，对辖区内12个小区开展民用三表计量检定检查，共检查电表3490只、水表3200只，检定率100%。对集贸市场、眼镜店、医院、加油站、超市建立群众监督机制，并制定“诚信计量承诺书”进行公示。开展日常检定巡查工作，全年共计检查企业18家，检定台秤64台。开展计量授权单位检查及能效标识检查。开展检测机构、实验室专项检查，对全县3家机动车检测站及4家实验室进行专项检查，做到资质合法有效，确保检测公平公正。

【认证认可监管】 县质监局制定江川县2014年食品农产品认证监管工作实施方案，建立企业认证台账。对辖区内4家11个认证证书企业进行检查，经检查，4家企业产品销售环节中产品认证标识、认证证书的使用合法，不存在伪造、冒用、超期、超范围使用有机产品、绿色食品和无公害农产品认证标志、认证证书的行为。

【执法打假】 质监局共出动执法人员250余人次，出动执法车辆100余辆次，查处各类违法案件10件，所查处案件涉及生产许可证方面1件、质量方面4件、计量方面5件。开展质检利剑专项行动、“双打”工作，共检查各种重要工业产品生产企业80家次，其中化肥生产企业36家次、危化品生产企业20家次、水泥生产企业6家次、纸容器生产企业2家次、塑料容器生产企业6家次，其它10家次。对全县3家化肥取证生产企业和3家水泥取证生产企业进行日常巡查和专项检查，对辖区的危化品、危化品包装物等重点企业进行检查，保障产品质量和生产安全。

【标准化工作】 县质监局在江磷集团开展4A级标准化良好行为企业试点并通过专家组考核确

认，成为云南省第一家通过4A级标准化良好行为企业试点确认的民营企业。启动雄关萝卜农业标准化示范区建设工作，召开推进大会，免费发放3500亩萝卜种子，全县萝卜种植近2万亩，种植标准的制定正在进行中。开展江川大头鱼地理标志产品保护申报工作。做好组织机构代码证的证书发放，数据、电子档案的清整维护工作。全年共办理组织机构代码证963套。

【品牌建设和质量兴县工作】 县质监局履行牵头部门职责，健全质量工作机制，推进质量兴县工作，6月，召开江川县质量兴县工作推进会，总结全县产品质量、环境质量、工程质量、服务质量等方面的工作情况，提出下一步“质量兴县”工作的目标和要点。结合“质量兴县”工作，县质监局继续开展质量兴企、质量兴品工作，对全县的优势产业烟花爆竹、红砖企业的整合等方面给予支持和配合。加强对辖区内现有2个云南名牌产品的管理、指导工作，指导其它企业申报名牌产品工作。

（范　珍）

安全生产监督管理

【概　述】 2014年，江川县安监局围绕全市安全生产工作会议精神，进一步强化“红线”意识，围绕“健全完善安全生产责任体系，加大隐患整改治理力度，坚决遏制重特大安全事故，确保生命财产安全”的工作目标任务，履行安全综合监管职责，开展安全生产大检查、隐患排查治理、“打非治违”等专项行动，确保全县安全生产形势持续稳定。

【安全生产指标控制情况】 2014年，全县工矿商贸及生产经营性道路交通事故发生4起，同比持平；死亡4人，同比持平；受伤0人，同比降100%；直接经济损失70.5万元，同比升16.6%。其中：工矿商贸企业发生事故1起，死亡1人，直接经济损失70万元；生产经营性道路交通事故3起，死亡3人，直接经济损失0.5万元。市政府下达江川县的安全生产控制指标5人，实际死亡4人，全县安全生产指标控制较好，安全生产形势稳定。

【安全生产责任体系】 根据全市安全生产工作会议精神，县政府于2014年3月7日召开全县安全生产工作会议。会议全面总结2013年全县安全生产工作情况，对做好2014年安全生产工作进行安排；县委常委、常务副县长李志刚代表江川县人民政府与7个乡镇人民政府（街道办事处）、12个县安委会主要成员单位，3户企业签订2014年安全生产目标责任书，明确其责任单位及工作职责，将责任落实到部门、乡镇（街道）。

【党政同责】 为加强党委、政府对安全生产工作的领导，建立健全“党政同责、一岗双责、齐抓共管”的安全生产责任体系，有效防范和减少各类安全生产事故，保障人民群众生命财产安全。依据省、市要求和有关法律法规规定，结合江川实际，出台《江川县安全生产党政同责暂行规定》，各乡镇（街道）出台“党政同责”暂行规定；根据“三个必须”的要求，制定《江川县县级有关部门安全监管职责暂行规定》，进一步明确、细化县级31个部门的安全监管职责。全面构建“横向到边、纵向到底”的安全生产监管责任网络。

【隐患排查治理】 2014年，县安监局共对监管监察范围内的521户生产经营单位进行监督监察190户480户次。其中，非煤矿山40户次，填写检查记录27份，查出隐患155条，整改147条，整改率94.8%；工贸企业52户次，填写检查记录47份，查出隐患199条，整改146条，整改率73.3%；危险化学品生产经营单位89户次，填写检查记录12份，查出隐患82条，整改82条，整改率100%；烟花爆竹生产企业296户次，填写检查记录147份，查出隐患208条，整改208条，整改率100%。对10起违法行为进行立案处罚。

【重大隐患挂牌督办】 对路居镇兰田小学、侯家沟小学、石河小学存在的安全隐患下发《江川县人民政府关于挂牌督办校舍安全隐患的批复》文件进行挂牌督办，目前隐患已完成整改并销号。对江川大铁线（老江华路）、江川县雄关中学校舍安全隐患上报市政府挂牌督办。对大铁线投入900余万元对路面裂缝进行填补、重新铺设沥青，隐患基本整改消除，已向市安委会上报销号申请；雄关中学隐患校舍已进行拆除重建，隐患已消除。

【“打非治违”专项行动】 为打击各类非法违法生产经营建设行为，遏制和减少安全生产事故，促进全县安全生产形势持续稳定好转，按照《玉溪市人民政府办公室关于继续深入开展“打非治违”专项行动的通知》《江川县人民政府办公室关于继续深入开展“打非治违”专项行动的通知》，继续在全县开展安全生产“打非治违”专项行动。各行业领域共打击非法违法、治理纠正违规违章行为1482起。其中道路交通1156起，建设施工75起，消防49起，危险化学品4起，非煤矿山30起，水上交通77起，烟花爆竹33起，民爆物品18起，其他40起。

【“七打七治”专项行动】 根据市政府“六打六治”打非治违专项行动的安排部署，县政府于2014年8月22日召开“七打七治”打非治违专项行动会议，制定下发《江川县集中开展“七打七治”打非治违专项行动实施方案》，各“打非治违”责任单位相互配合，深入企业开展专项行动。2014年，共出动1023人次，邀请专家23人次，检查505家企业，开展联合执法23次，共打击整治110起非法违法行为。其中，对3起危货运输企业运输车辆未检审、未办理报废手续进行责令整改；对61起车辆超载、非法营运、无证驾驶等非法违法行为，进行警告并罚款3.54万元；对2家运输企业分别存在车辆GPS监控不到位、少数驾驶员无从业资质、少数车辆报废未办理报废手续的问题责令限期整改；对2起重大火灾隐患责令整改并进行备案，对30起防火工作不到位的进行现场整改；对6起烟花爆竹超量、堆垛不规范、产品流向信息未录入系统的责令限期整改，并共处罚款2.7万元；查处1起非法私自加工生产烟花爆竹成品、半成品行为，当场扣押9车火炮成品、半成品，查获涉案人员18名；对5起盗采矿产资源的行为，当场责令停止非法违法行为，并共处罚款1.5万元。

【安全生产大检查】 按照《玉溪市人民政府办公室关于立即开展安全生产大检查的紧急通知》《江川县人民政府办公室关于立即开展安全生产大检查的紧急通知》文件要求，县安监局督促行业主管部门按照3个百分比的要求，开展安全生产大检查工作，如实填写检查表，上网登记备案。各行业领域共排查企业232户，查出问题及隐患1676条，整改1563条，整改率93.3%，对尚未整改的113条隐患各有关部门加强督促整改。

【非煤矿山专项整治】 根据县安委办印发《关于开展江川县非金属矿山安全生产攻坚克难专项行动方案的通知》，自2014年5月20～28日，县安监局聘请专家对辖区内的非煤矿山企业对照《非金属露天矿山重点整治事项检查验收表》逐项进行检查。共检查非煤矿山企业21户，填写现场检查记录21份，下发责令限期整改指令书4份，排查出安全隐患85条，已督促整改完毕。按照市政府与县政府签订的2014年安全生产目标责任书的要求，严格按照法律程序，将江川县大平地红砖厂粘土矿、杨柳坝矿业有限公司、路居凹头山石料厂3户企业的安全生产许可证注销，并拆除供电等生产设施设备，恢复耕地，完成江川县2014年非煤矿山整顿关闭任务。

【工贸企业专项整治】 按照《江川县工贸行业高风险作业专项治理工作方案的通知》，对江川县存在高风险作业的19户企业，依据有关法规、规程和标准，通过对照专项治理的内容和要求，组织相关人员自检自查，针对存在的问题逐一制定整改方案，落实整改资金、限期和责任人等工作。并于2014年4月10～28日按照《玉溪市安全生产监督管理局关于开展工贸行业高风险作业专项治理检查验收工作的通知》要求，组织验收组，对19户工贸企业高风险作业专项治理工作进行验收，19户企业均验收合格。

【危化品企业专项整治】 加快涉及“两重点一重大”企业的自动化控制系统改造工作，全县构成重大危险源的云南江磷集团股份有限公司化工生产本部、云南江磷集团股份有限公司化工生产五车间、江川县瑞星化工有限公司400吨黄磷储槽，按照省、市安监部门关于重大危险源安全监管的工作要求，完成自动化监测监控系统改造，重大危险源温度、压力、液位、流量、泄漏报警等重要参数自动监测监控、自动报警、连续记录、紧急切断装置的安装。开展化学品罐区安全专项整治，经过排查，全县涉及化学品储罐的企业有2户共8个黄磷储罐。已督促企业自检自查，并要求企业按照《玉溪市安全生产监督管理局转发云南省安全生产监督管理局关于进一步加强化学品罐区安全管理文件的通知》文件要求，进一步完善罐区监测监控系统，强化罐区生产运行管理，加强罐区人员培训等工作。加强危险化学品生产储存装置设计安全管理，通过排查，江川瑞星化工有限公司15000吨磷酸生产设备，云南江磷集团7[#]、8[#]电炉设备未进行安全设施设计。督促企业对装置布局、工艺技术及流程、主要设备和管道进行设计复核，全面查找并整改装置设计存在的问题，并要求企业做好安全防护措施，严防整改过程中发生事故。

【烟花爆竹生产企业专项整治】 加强日常安全监督检查，确保整合期间的安全。共检查烟花爆竹生产企业296厂次，填写现场检查记录147份，发现安全隐患208条，整改208条，整改率100%，对4起非法违法行为进行立案处罚。抓好烟花爆竹产业整合改建工作。在县烟花爆竹产业整合领导小组的领导与支持下，履行安全监管职责，通过召开会议、主动协调、加强政策宣传、督促落实等措施，推动烟花爆竹产业整合改建工作。原有的18户烟花爆竹企业中，3户企业因城镇上山发展规划退出烟花爆竹产业，2户已改建完成并投入生产，因该2户企业在工业园区30平方千米范围内，计划在2015年底退出，剩余13户按照省、市要求整合为8户，5户退出企业已签订协议。

【职业危害专项整治】 根据《玉溪市重点行业领域职业危害专项整治方案》，制定《江川县重点行业领域职业危害专项整治工作方案》，明确18户危化品企业、5户非煤矿山企业、2户烟花爆竹企业为整治对象，深入企业开展职业卫生监督检查，共查出隐患和问题115条；责令当场整改68条，填写检查记录32份，下发责令限期整改指令书17份，整改复查意见书13份，对江川县杰源硅石厂工作场所与生活场所未分开设置进行立案处罚。按照“发现一家，申报一家”的原则，组织冶金、建材、机械、非煤矿山、危险化学品、烟花爆竹等行业存在职业病危害的用人单位开展职业病危害申报工作。完成职业病危害项目申报企业共60户，涉及职工4610余人，接触职业危害人数1212人，申报率100%。推进建设项目职业卫生“三同时”工作。按照《建设项目职业卫生“三同时”监督管理暂行办法》，督促5户企业完成了职业病危害现状评价报告编制工作。

【安全生产标准化建设】 深入推进规模以上工贸行业安全生产标准化达标工作，2014年市安监局下达江川县的达标任务是10户规模以上工贸企业必须达标，为确保完成任务，县安监局采取措施，通过召开会议，深入企业，多次与企业负责人沟通协调，推动标准化达标创建工作的开展。年底，10户规模以上工贸企业已经完成达标工作。2户已开工生产的烟花爆竹生产企业通过改建，安全生产条件从硬件、软件方面得到提高，已顺利通过安全生产标准化三级企业达标审核。同时，加强已达标企业的动态化管理，督促已经达标的危险化学品、非煤矿山、烟花爆竹批发、其他工贸企业严格标准管理，防止管理滑坡、标准下降，对检查发现降低标准或取消标准化等级的企业，责令重新进行达标创建。

【安全生产许可】 为从源头上防范和减少事故，按照规范审查、严格条件、明确程序、确保质量的总体要求，遵循“公平、公正、公开”原则，危险化学品完成重大危险源备案3项，危险化学品经营许可证办理延期93户、新办证5户、注销3户；非煤矿山企业2户安全设施项目通过初步设计审查，3户通过安全设施竣工验收，3户取得安全生产许可证，2户通过延期换证；烟花爆竹生产企业2户经过改造，取得安全生产许可证。

【烟花爆竹质量检验】 依托烟花爆竹监测站，开展烟花爆竹部分产品和主要原材料的检验，4～10月共开展多种形式的检验97批次，涉及烟花爆竹产品检验84批次，原材料检验13批次。其中：公安机关打非检验委检47批次，质监局委检13批次，工商部门委检4批次，企业委检35批次。并出具委托检验报告64份，其中公安、安监委托47份，厂家委托17份。

【应急救援】 开展应急救援演练，提高救援水平，2014年江川县分别组织开展道路危险货物运输、采场滑坡地址灾害事故2次应急救援演练。2次演练，指挥人员、抢险人员、安全警戒人员、后勤救护人员等参演人员相互配合、协调到位、步伐统一、物资充分，完成演练任务。演练有效的检验应急预案的可行性，应急救援资源的可靠性，应急救援部门、机构、人员之间的协调性，锻炼应急救援队伍，提高应急救援队伍的救援能力。按照《玉溪市安全生产委员会办公室关于开展安全生产应急资源普查工作的通知》文件要求，为进一步了解和掌握全县安全生产应急资源现状，强化应急资源管理，提升应对安全生产突发事件能力，江川县于2014年4～7月对全县行政区域内各有关企业、有关部门和社会组织的应急救援装备、应急物资进行普查。江川现有26个单位有应急救援装备共387套（组），5个单位有应急救援物资共116套（组）。通过此次普查，进一步掌握全县应急救援物资、装备信息，为安全生产事故救援提供物资信息保障，为科学救援、提高救援效率奠定基础。

【安全生产宣传教育】 以宣传贯彻习近平总书记系列重要讲话精神、大力实施安全发展战略为主线，深入开展“安全生产月”活动。6月19日，联合市安监局、市电视台以“强化红线意识、促进安全发展”为主题，到云南江磷集团股份有限公司螺蛳铺黄磷厂进行专题宣讲并制作专题篇；6月17～21日，以“坚守红线、从严执法”为主题，全县集中开展系列安全生产咨询日活动，发放宣传资料1万余份，展示事故典型案例，向广大群众宣传安全知识及相关法律法规，提高全民安全意识。督促非煤矿山、危险化学品、烟花爆竹等企业严格落实“三项岗位”人员持证培训和新上岗人员的岗前培训。2014年，在市劳动保护科学技术学会的支持下共培训（取证、复审）非煤矿山、危险化学品、烟花爆竹、其他工贸企业“三项岗位”人员907人。其中：主要负责人106人，安全管理人员378人，特种作业人员423人。加强新《安全生产法》的宣传工作，以《致企业负责人公开信》的印发工作为契机，全面宣传贯彻新安法，各乡镇（街道）、县安委会各成员单位把宣贯新安法与加强企业安全监管、“七打七治”打非治违专项行动等工作紧密结合起来，制定宣贯方案，县安委会办公室共收到宣贯实施方案27份，收回企业学习宣讲签名背书单116份。

（闵曦予）

国土资源

【概　述】 2014年，江川县国土资源管理工作按照2014年全县国土资源工作会议确定的各项工作目标，按照中央、省、市国土资源管理新论述、新要求，科学分析，因地制宜，突出特色，紧扣县委、县政府的经济社会发展目标，不断创新国土资源管理工作，努力做到保护资源更加尽职尽责，利用资源更加节约集约，维护群众权益更加尽心尽力，开展党的群众路线教育实践活动，为促进江川县经济社会发展提供坚实保障。

【耕地保护】 建立健全耕地保护责任制，坚持用途管制制度，加强耕地保护的制度化、规范化和日常化管理。严把非农建设项目用地审批中用地预审或规划审查环节，加强基本农田保护巡查，把违法占地行为消除在萌芽状态，确保耕地保护责任目标至2015年耕地保有量不得低于25.5万亩，基本农田保护面积不得低于21.288795万亩。

【土地供应】 2014年，以招拍挂及协议出让方式供地10宗，面积53.9607公顷，出让价款34097万元，以划拨方式供地4宗，面积4.1504公顷，价款1143.7181万元。

【土地征转】 进一步加强土地储备工作，推进储备土地前期开发整理，组织国营渔场片区的土地开发整理和土地平整工作。2014年内征地工作共涉及7个项目，分别为：晋江高速公路项目，南方航空护林总站江川直升机场暨南方森林航空消防训练基地建设项目，年产6万套真空管太阳能热水器生产项目征地工作，城镇上山片区地上附着物后续的调查及补偿工作，江中路片区的征地拆迁工作，绿竹集团烟花爆竹行业整合用地征地工作及地上附着物调查、补偿、拆除工作，江川县殡仪馆项目征地工作；拟报批江城20宗小宗地，待确定出让底价后可上报供地方案进行报批。审批临时用地1宗，面积0.0424公顷。向县政府请示审批设施农用地7宗，面积1.8574公顷，其中生产设施用地1.4259公顷，附属设施用地0.4315公顷。报县政府审批宅基地31户，其中国有土地1户，面积148.96平方米；农村宅基地30户，面积3012.4平方米。切实维护农民合法权益，规范征地程序，落实补偿标准。2014年，共兑付被征地农民集体征地费2157.484万元。地上附着物补偿费22449.57万元，被征地农民社会保障支出1867.25万元。

【土地利用管理】 执行《建设项目用地预审管理办法》，做好建设项目用地的预审工作，2014年共预审建设项目2个。分别为南方航空护林总站江川直升机场暨南方森林航空消防训练基地建设项目和江川县前卫敬老院项目，面积10.4881公顷，其中耕地1.4954公顷。

【规划修编】 开展土地利用总体规划评估修改工作。完成江城镇、路居镇2个乡镇的土地利用总体规划适时评估修改，修改成果已经市政府批准，并上报省厅待备案。大街街道土地利用总体规划评估报告已编制完成，待省厅批准实施。组织编制《南方航空护林总站江川直升机场暨南方森林航空消防训练基地建设项目涉及江川县江城镇土地利用总体规划（2010-2020年）修改方案》《华宁县磨豆山风电场工程项目涉及江川县路居镇、雄关乡土地利用总体规划（2010-2020年）修改方案》，2个方案按照法定程序进行听证、公示，经市政府批准，通过省厅备案，成果可以实施。

【土地开发整理】 2014年，江川县完成安化乡新庄村、九溪镇鸡窝等6个村土地整治项目（二调项目）两个项目。项目预计投入土地整治资金1698.48万元，建设总规模543.64公顷，新增耕地129.8公顷，进一步夯实确保粮食安全的基础。安化乡董炳村土地整治（补充耕地）项目、江城镇陈家湾等7个村土地整治（补充耕地）项目、路居镇红石岩等2个村土地整治（补充耕地）项目、前卫镇石河等3个村土地整治（补充耕地）项目通过可研评审，待根据评审专家的意见修改后进行项目的规划设计。同时组织上报2个省级投资的土地整治项目，分别为江川县九溪镇大营等3个村土地整治项目和江川县前卫镇小街等4个村土地整治项目。

【基本农田划定和高标准基本农田建设】 江川县按时按质推进基本农田划定工作，已确定629个基本农田保护片块，面积共计15122.46公顷。截至年底，全县基本农田划定工作的各项工作任务已完成，并通过市级初验，待省厅验收。开展高标准基本农田建设工作，上报的江川县九溪镇大营等3个村土地整治项目已通过可研评审。

【矿政管理】 进一步健全和完善矿业权审批、管理的各项制度，补充完善江川县矿业权设置方案。完成2014年度矿产资源补偿费、采矿权使用费征收方案编制，并实现征收网络直报。做好矿山储量动态测量管理、矿产资源储量备案及登记统计工作，完成2014年矿山储量动态测量工作计划编制。补充完善《江川县矿业权设置方案（2013—2015）》。加强矿山地质环境保护。做好建设项目压覆矿产资源查询审批管理工作，完成建设项目矿压查询6件。妥善处理矿山开采中的各种矛盾纠纷，防止群访群斗事件发生。配合处理清水沟磷矿南采区项目搬迁工作。完成矿山开发利用统计网上报送、矿产资源补偿费征收网络直报、矿山定期不定期矿山开采利用监督检查等工作。完成2013年矿业权年检网上报备工作。完成2014年度矿产资源补偿费、采矿权使用费征收工作，征收资补费148.41万元，采矿权使用费1.55万元，并实现征收网络直报。开展路域环境整治源头治理。

【地质灾害防治】 编制完成2014年地质灾害防治方案、应急预案。建立地质灾害防治群测群防体系，“三表两卡一通知”全部发放到位，共计1064份。全县开展15期地质灾害防治宣传培训，培训人数1066人，发放宣传材料1000余份。开展地质灾害演练和地质灾害治理与搬迁避让工作。2014年共计开展地质灾害演练8次，参加人数1980人。争取省、市资金534.66万元，实施江城镇白家营村、九溪镇六十亩、江城镇蔡家庄、大街街道小白坡水箐沟村搬迁避让地质灾害治理项目。组织申报路居东大河特大型泥石流地质灾害治理项目，预计争取省、市资金900万元。组织申报九溪镇小营村、路居镇米汤水村和前卫镇杨家咀小学地质灾害避让搬迁项目。加大汛期地质灾害的巡查和监测，做好“威马逊”“海鸥”台风防治工作，指导受灾群众科学救灾防灾，确保生命财产安全。

【执法监察】 2014年，共开展巡查120次，及时发现和制止土

地、矿产违法违规行为85起；以政府重点项目推进、国家土地督察、违法用地清理、“打非治违”整治、群众信访举报为契机，不断加大环湖沿线、矿山、工业园区、农村“三项用地”巡查力度，及时发现制止和依法查处各种土地、矿产违法行为，对85起违法占地、非法开采行为下发《责令停止违法行为通知书》。其中及时发现与制止36起，非立案处理29起，立案查处20起，立案查处并结案10起；与公安、工商、法院和各乡镇人民政府等部门协商，及时发现和制止土地矿产违法行为共计97起；完成全国土地例行督察工作，实现江川县国土资源管理工作“零约谈”“零问责”；落实土地审批前踏勘制度。2014年先后对6宗土地建设项目进行现场踏勘。依托全国土地监测监管平台，建立项目用地批后监管联系单、项目用地监管台账、监管日志及项目开竣工监管情况跟踪表，对近3年来的44宗项目用地实行全程监管，做到土地批前有踏勘，批后有监管；开展2014年卫片执法工作，完成全县48个土地卫片数据图斑的变更调查工作。开展矿产资源勘查开采领域的“打非治违”工作，加强动态巡查，打击非法勘查和采矿行为，维护正常的矿产资源管理秩序。做好“七打七治”打非治违专项行动工作，进行安全生产常识宣传，并对查出的安全隐患现场督促整改或限期整改要求，全年共组织检查389人次，查处一般隐患27项。

【地籍测绘管理】 对全县测量标志点进行检查，协助测绘单位做好测绘成果汇交和年度测绘资质年检工作，配合市国土资源局开展测绘地理信息单位市场信用评价工作和保密工作专项检查，完成“数字玉溪”地址地名更新调查工作。开展安化光山和照壁山1：500地形测制工作，面积4平方千米。

【土地变更调查】 土地变更调查，国土资源部共下发江川县57个监测图斑，面积1390.5亩。经过实地调查、分析研究、分类处理，做好上报图斑中新增耕地的复核，土地变更调查道路以外监测图斑的复查及信息套合工作，共计完成9个图斑的复核。开展农村集体使用权调查工作。截至年底，共完成71个村456个小组67580宗的调查。开展第一次全国地理国情普查、测绘管理、耕地后备资源调查工作。

【低丘缓坡土地综合开发利用】 加快龙泉山低丘缓坡土地综合开发利用试点推进步伐。组织开展龙泉山城市工业区低丘缓坡试点项目定期评估报告编制。完成江川县龙泉山城市工业区低丘缓坡土地开发利用项目（第一期）三个批次的土地收储工作，批准农用地转用及土地征收面积共计191.8753公顷。完成玉溪市万利包装科技有限公司新建项目的供地，面积9.6798公顷。

【重大决策听证制度】 组织召开《南方航空护林总站江川直升机场暨南方森林航空消防训练基地建设项目涉及江川县江城镇土地利用总体规划（2010–2020年）修改方案》《华宁县磨豆山风电场工程项目涉及江川县路居镇、雄关乡土地利用总体规划（2010–2020年）修改方案》《江川县县城等七个乡镇（片区）土地定级及基准地价更新测算成果》听证会，发扬民主，反映民意，集中民智，增加重大事项决策工作的透明度和公众参与度。

【保障重点项目用地】 做好2014年重大项目建设的各项工作，推进各个建设项目的实施。保障重点项目、民生用地。上报110kv棋盘山变电站项目、南方护林航空总站直升机场暨训练基地项目农用地转征报件，面积11.2571公顷。

（李朋利）

建设·环保

编辑　徐凡清

住房和城乡建设

【概　述】　2014年，江川县住房和城乡建设局围绕建设富裕和谐美丽新江川的目标，以科学发展观为指导，强化领导、注重科学民主决策，全力推进重点项目和市政设施建设，住房和城乡建设事业得到持续发展。至2014年底县城建成区面积达5.3平方千米，城镇化率38%，城市主要街道27条，总长25.94千米，道路硬化率达97.23%，供水管网达10.69万千米，日清扫面积81.2万平方米，县城绿化覆盖面积106.75万平方米，绿化覆盖率30.5%，公共绿地面积75.54万平方米，绿地率21.89%，排水管网总长54.54千米，日供水能力1.5万立方米，日处理污水能力2万吨，污水收集率82%，污水处理率100%，生活垃圾无害化处理率100%。

【规划编制】　结合保护耕地、促进城镇化科学发展，完成山水新城片区控制性详细规划，总规划面积3.27平方千米。加快江中路片区保障性住房建设，结合县城片区规划，完成廖家营城市综合体规划编制，总用地39.69公顷。启动县城专项规划编制。县城绿地系统、综合交通、公共服务设施、市政基础设施专项规划、城市设计和色彩规划、地下管线、地下空间利用专项规划，完成初步规划方案的编制工作。完成江川区纲要初稿编制。结合撤县设区工作，启动江川区总体规划纲要编制工作，完成前期收资调研、初稿编制和初步方案汇报。编制县城控制性详细规划，已进行规划方案的初步汇报工作。

【规划管理】　严把规划项目审批关，落实规划强制性内容，维护规划的严肃性和权威性。2014年提请上报县规委会通过星云路、明珠路、振兴街街区整治，盛世商业中心，县城公共服务设施，保障性住房，九溪大河，福德陵园等11个规划建设方案；办理建设用地规划控制指标6件；建设项目“两证一书”110件（其中选址意见书14件、用地规划许可证17件、工程规划许可证79件）。

【“两污”项目建设】　为加快生态美丽江川建设步伐，指导配合九溪镇建成污水处理厂及配套管网工程及生活垃圾处理工程；制定《江川县城乡垃圾整治实施方案》和《江川县城乡垃圾整治以奖代补资金考核奖励办法》，全面实施城乡垃圾整治工作；完成8千米北片区污水处理厂配套管网建设；启动江川县老污水处理厂提标改造工程，已完成项目的可研、环评的批复，及设计的招投标工作。

【保障性安居工程】　开展2014年保障性住房600套（廉租房300套，公租房300套）的建设工作，项目建设前期工作已结束，正在进行基础施工。对已竣工验收的2011年保障性住房932套进行分配入住工作。通过“两审两公示”，以现场摇号的方式，分配廉租房234套、公租房250套。完成年度廉租住房租赁补贴发放工作，共发放廉租住房租赁补贴97.18万元，惠及318户家庭。

【农村危房改造】 加大农村危房改造力度。2014年市下达江川县农村危房改造任务是拆除重建1144户，补助资金1287万元。及时下达到各乡镇（街道），年底完成农村危房改造目标任务，开工率、竣工率、信息录入率均达100%，荣获全市一等奖。

【街区整治】 为提升县城品位，树立城市形象，打造城市道路通透的视觉景观效果，启动县城（星云路、明珠路、振兴街）街区整治。工程预算总投资9600万元，于11月4日开工建设。

【房地产发展与管理】 房地产开发项目有景华苑、龙旺湖城、古滇国、九龙国际会议中心、星云铭城、华怡雅苑、天湖湾、仙湖锦绣，完成投资25.25亿元。完成所有权、初始登记378件，转移登记491件，成交金额7401.87万元，缮发证1738份，完成抵押登记1194件。办理商品房预售许可华怡雅苑、仙湖岛、古滇国城、龙旺湖城共4个项目，预售面积16.03万平方米。按照《云南省房地产经纪机构管理办法》初审县内新成立房地产经纪中介机构，全县有资质的中介机构6家；规范小区物业管理，物业公司从5家增到7家；2014年新增2家暂定资质的房地产开发企业，县内房地产开发公司24家。

【建筑业和燃气业管理】 召开建筑安全工作会议，与24家建筑施工、监理企业签订安全生产目标责任书，层层落实安全生产责任制。开展六月“安全生产月”活动，组织15家在册施工企业的法人代表、项目负责人、专职安全员参加安全事故典型案例剖析会，促使企业管理层、作业层安全意识不断提高。集中开展“七打七治”打非治违专项行动，杜绝工程赶工期、抢进度、忽视安全生产、冒险作业的行为。制定工程质量治理两年行动工作方案。全年开展建筑安全检查10次，累计检查建设项目工地86次，查出各类质量安全问题和隐患316项，提出各项安全整改意见和措施322条，提升建筑市场的管理水平。开展燃气安全检查5次，发整改通知书9份，提出各项安全整改意见和措施18条。配合上级部门做好江川县天然气利用发展的前期工作。

【供排水保障】 投资49.6万元完成花椒沟应急泵站改造工程。完成工业园区临时供水管道450米供水工程安装工作。全年实现优质安全供水459.78万立方米。组织定期巡查，全年巡查12次，抢修146次，更换到期水表3000只，抄表6836只，巡查县城二次供水水池652个。全年低保减免900人，减免水量16200立方米，免费提供市政及消防用水6417立方米。做好污水处理工作，全年有效处理污水278.19万吨，完成COD削减量684.83吨，完成氨氮削减量75.9吨。

【质量监督检测】 2014年全县质量安全报监工程32项，建筑面积47.31万平方米，总造价50966.5万元；监督竣工验收工程6项，建筑面积16.66万平方米；办理工程竣工验收备案5项，建筑面积5.27万平方米；办理施工机械使用登记，物料提升机18台、塔式起重机26台次，建立“巡查制度”助推监督能力提升。组织监督执法检查5次。

【招投标工作】 贯彻执行《中华人民共和国招标投标法实施条例》和《玉溪市房屋建筑和市政基础设施工程招标代理和造价咨询服务招标投标管理办法（试行）》，规范招标代理和工程造价咨询服务行为，执行工程建设招投标“三审备案”制度。有形建筑市场进行招投标的工程建设项目共22个项目（31个标段），限额以下建设工程招投标项目5项。

【执法监督管理】 组织行政审批项目清理工作，并按要求按时限完成审核上报行政审批项目39项。组织执法年检培训及换证工作。制定综治维稳工作方案和社会治安综合治理目标责任书。开展城建执法行政管理案件评查相关工作，组织全体执法人员（包括综合执法局）40人进行业务培训。进行建设行政处罚案件调查、处理及审核监督工作2件，确保行政处罚做到依法行政，程序合法。

【环境卫生管理】 为改善县城卫生环境质量，清扫保洁管护，自2014年5月1日起实行市场化运作，建立起“大环卫、全覆盖、动态化”运行机制，实现清扫保洁工作的高效化和长效化，县城环境卫生环境好转。县城清扫保洁面积增加25.2万平方米，垃圾清运做到日产日清，每天清运垃圾量57吨，全年清运垃圾2.08万吨。

城区面貌、生态环境、人居条件持续改善，城市建设及管理水平不断提升，连续6次获得省级“甲级卫生县城”荣誉称号。

【园林绿化管理】 为提升人居环境，对道路、河道、公园等公共绿地进行拾遗补漏、增补完善，实施见缝插绿和拆墙透绿工作，投资103万元补栽灌木8562.6平方米，新建绿地134.7平方米。投资168万元补栽地被植物2万多平方米，安置青石条凳66条，铺筑青石板路125平方米，安装景观灯70套，摆放木制花盆66个，提高县城绿化覆盖率。同时做好绿地的浇水、草坪树木修剪、病虫害防治等日常养护工作，保证花草树木的正常生长，逐步改善县城环境的绿化美化景观效果。

【人大建议和政协提案】 自觉接受人大法律监督、政协民主监督。全年共办理县人大代表建议案及县政协委员提案20件（其中：人大代表建议6件，政协委员提案14件）、信访件3件，做到件件有答复、事事有回音，满意率、办结率达100%。

（郑文红）

住房公积金管理

【概　述】 江川县住房公积金管理部属于玉溪市住房公积金管理中心的派出机构。2014年，江川县管理部以贯彻执行国务院《住房公积金管理条例》为主线，结合江川县的工作实际，围绕实现住房公积金自身科学发展为主题，落实玉溪市住房公积金管理委员会《玉溪市住房公积金缴存、提取和贷款管理暂行办法》，促进江川县住房公积金各项工作发展。

【住房公积金归集】 2014年，新增安康食品有限公司等非公企业缴存单位6户55人，扩大缴存住房公积金的覆盖范围。按照省市住房公积金监督管理的相关政策，2014年4月调整江川县财政供养人员住房公积金缴存基数，调整后人均月增缴存额136元，人均月缴存额达1046元。2014年全县缴存住房公积金单位214个7430人，缴存金额10218万元，比上年增13.59%，其中2014年6月30日结付职工存款利息588万元。全县人均月缴存额1080元。

【住房公积金提取】 2014年，江川县公积金管理部为全县符合提取条件的职工购建房和偿还住房贷款本息等提取住房公积金1948人，共计提取公积金6259万元，比上年增610万元，增10.80%。其中：购建房提取2129万元，偿还贷款3055万元，离退休提取770万元，调到转移87万元。

【住房公积金贷款】 江川县公积金管理部支持职工家庭合理的住房贷款需求，重点支持首套自住房贷款，不予发放第三套及以上住房贷款。住房套数的认定以人民银行征信系统的住房贷款记录为依据，并结合职工现有住房情况判定。同时，继续实施住房公积金个人住房贷款置换商业银行住房贷款，减轻职工购房资金成本。2014年为符合条件的260户职工家庭发放住房公积金贷款5841万元，比上年减26.52%，其中：为51户职工置换商业银行住房贷款663万元。

【住房公积金财务指标】 截至2014年底，住房公积金累计缴存总额76406万元，累计提取总额47724万元，缴存余额28682万元，住房公积金累计贷款总额40543万元，贷款余额19104万元，存贷比66.61%，无个人逾期贷款，资金保值安全。

（张　虹）

环　保

【概　述】 2014年，江川县环境保护局把握全县环保中心工作和重点任务，以“两湖”水污染防治、污染减排为重点，加大环境监管力度，推进生态文明创建，强化队伍建设，提升服务水平，服务县域经济跨越发展。严格环境管理，审批建设项目41个，办理“三同时”环保建设项目验收手续13个；完成监测站实验室标准化建设，建成全市首个县级污染源在线监控平台；出动执法人员1868人次，开展598场次现场环境监察，打击违法排污行为，遏制污染反弹；征收排污费68万元；立案调查环保违法行为4起，收缴罚款5.89万元；全年县城大气环境质量达《环境空气质量标准》（GB3095-2012）一级天数200天。

【“两湖”保护】 围绕规划水质目标，按照《云南省“九湖”流域水污染综合防治目标责任书（2011-2015年）》要求，以《星云湖“十二五”水污染综合防治规划》为指导，重点推进星云湖

水污染综合防治规划项目及新增项目落实。推进星云湖退田还湖相关项目。退田还湖已完成，退出农田3054.51亩；建成调蓄塘135245平方米，建成20.12千米巡护道路及截污配水沟、人行步道8.5千米，恢复湿地、湖滨带5324亩，种植各类乔木达37万株，补种水生植物90万株，实施残体打捞、清淤清杂9380立方米，设置围网3622米、宣传牌91块。各标段已通过初验，进入竣工决算。累计完成投资9921万元。加快沿湖村落环境综合整治步伐。大石咀、大凹、上西河、大摆4个村环境综合治理工程已完工，村污水、垃圾得到规范收集处理，沿湖26个重点村落环境综合整治项目稳步推进。开展入湖河流治理。从源头、河道、沿湖村落、农业多方面入手，在东西大河、大街河、渔村河、螺蛳铺河4条主要入湖河流实施环境综合治理，完成投资1125万元。继续实施湖泊内源生物治理工程。圈养紫根水葫芦1500亩、普通水葫芦400亩，核心区总氮、总磷、氨氮削减30～40%、有效治理区削减20～30%，透明度提升1倍。加强已建治理工程项目运行管护工作。做好主要入湖河口湿地、湖滨带管护工作。坚持定期不定期巡查，加强与管理主体各乡镇环建中心联系，发现问题及时处理；建立星云湖湿地、湖滨带管护机制，通过协调镇、村、组、群众共同参与，建立起覆盖全湖的管护机制。

做好抚仙湖水污染综合防治项目实施及后续工作。完成抚仙湖大鲫鱼河流域环境综合治理工程后续工作。项目已完成竣工决算审计。同时已将管护工作移交路居镇人民政府，制定考核办法，确保工程效益正常发挥。

【污染物减排】 加强环保目标责任考核，推行主要污染物总量减排“一岗双责”制度，县政府与相关部门、县环保局与减排重点企业签订《江川县2014年污染物减排工作目标责任书》，加大执行和督促检查力度，确保目标责任落实；制定《江川县2014年主要污染物总量减排工作实施方案》，做到职能部门齐抓共管；坚持减排例会制度，定期分析减排形势，督促减排进度，确保减排目标的实现；深入企业和相关部门摸底调查和分析研究，及时掌握减排动态信息，提出对策和建议；加强污染减排统计、监测和考核体系建设；加大污染减排宣传力度。与市政府签订的13个减排项目中，江川县污水处理厂及配套管网工程完善污水收集管网（1万吨/日）管理减排项目因提标改造工程已于2013年1月停运；江川县南北污水处理厂管理减排项目中的江川县供排水有限公司星云湖南片区污水处理厂、江川县供排水有限公司星云湖北片区污水处理厂均已建成投运；9个农业源减排项目4个关停外，其余5个污染治理设施已建成投运；结构减排项目云南省江川县水泥厂已拆除机立窑；云南江川翠峰水泥有限公司1号、2号新型干法窑实施烟气脱硝工程因企业资产重组停产未建设。减排责任书外江川县拆除江川县凤凰山水泥有限责任公司机立窑。全县化学需氧量和氨氮排放总量控制在3350吨、275吨以内，二氧化硫和氮氧化物排放总量控制在687吨、925吨以内。

【项目审批及管理】 贯彻落实国务院《建设项目环境保护管理条例》，对所有建设项目、技改项目进行全过程的控制和管理，把好审批关。对一些审批权限不在本级的项目，及时向上级环保部门汇报，做好联系服务。2014年共召开“建设项目环境影响评价文件审批领导小组”会议11次，共审批建设项目41个，否决项目1个，批准试生产项目6个。

加强“三同时”制度的落实，严格控制新污染源的产生。扭转“重审批、轻管理”的状况，在“三同时”项目建设期间进行跟踪管理，发现问题及时责令整改，并按规范要求做好竣工验收，2014年，共对13个建设项目进行“三同时”验收。

把环评审批变为环评服务。简化环评办事流程，承诺时限在法定时限基础上缩短三分之二，并将审批内容、审批依据、申报材料、办事流程、承诺时限等内容在环保局一楼大厅和网站上进行公布，对达到具体要求的登记表项目实行随到随办，实现审批办件的提速，在项目咨询、环评审批、竣工验收等环节上全程为企业做到优质服务。

【排污许可证年检】 以排污许可证年检为抓手，促使企业做好污染治理设施运行管理工作。完成玉溪江川沃尔佳肥业有限公司换证工作，云南江川翠峰纸业有限公司、凤凰山水泥、卓一食品等14户企业的年检工作。

【环境统计】 开展环境统计工作。严格筛选工业污染源重点调查单位，做好环境统计填报的基础工作。全县纳入统计的工业企业30家，集中式污染治理设施4家，畜禽养殖21家，共55家。

【清洁生产审核】 完成江川瑞星化工有限公司、云南江磷集团股份有限公司、江川县丰茂纸业有限公司、江川安福化工有限公司的清洁生产审核评估验收工作；指导督促云南江川天湖化工有限公司开展清洁生产审核工作。

【环境监察执法】 2014年，累计出动执法人员1868人次，开展598场次现场环境监察，打击违法排污行为，遏制污染反弹，防止新污染的产生。

加大全县10家（包括2家污水处理厂）国控、省控、市控重点排污企业及8家县定重点排污企业的监督检查力度，做到每月不少于一次随机监察，对辖区内其它一般企业，根据行业特点随机监察。通过日常监督检查，进一步向企业宣传环保相关法律法规知识，促使企业加强对污染防治设施的运行及管理。

开展“两湖”现场监察、污染物总量减排监察、新建项目“三同时”执行情况监察、排污许可证监察、高考、中考期间监察等常规监察活动。

查处环保违法行为。加大现场监督检查工作，共查处环保违法行为4起，结案4起，收缴罚款5.89万元。向7家企业（养殖户）下发整改通知7份。追缴上年2件处罚案件罚款5万元。

执行征收标准和收费程序，开展排污费申报、审核工作。加大排污量现场核查工作，狠抓执收程序。按季度对征收情况进行公示，2014年全县共征收排污费68万元。

【环保专项行动】 一是开展抚仙湖污染隐患大排查。为确保抚仙湖水生态环境安全，配合县抚管局对抚仙湖沿岸的餐饮单位、在建开发项目等127家单位进行排查。

二是开展2014年环境安全隐患大排查大整治工作。出动76人次对20家企业进行检查。其中加油站14家，化工企业5家，液化气站1家。经检查，加油站、液化气站、化工企业均编制有环境应急预案，但预案不全面，未经专家评估，也未通过环保部门备案。各化工企业工艺废水基本做到全封闭循环使用，无私设排污口偷排的现象，已停产企业的工艺废水均贮存于水处理设施池中，各水池水位均在安全范围内，未发现废水外溢和偷排现象；化验药品均管理规范，建立台帐，保管和使用有专人，剧毒化学物品用保险柜保存，无随意倾倒、堆放或丢弃的行为。

三是开展环境保护专项检查工作。共出动执法人员107人次，对辖区内的水泥、化工、造纸、电镀、垃圾填埋场、污水处理厂（站）、集中饮用水源等32家企业（水源点）进行环境保护专项检查工作。经检查，江川县无重大环境安全隐患。

四是开展放射源使用单位安全大检查。出动8人次，对辖区内2家放射源使用单位进行安全大检查。经检查，2家单位“六防”安全措施到位，均由专人负责管理，无重大安全隐患。其中云南江川恒昌造纸有限责任公司一台克重测定仪（核素K_r^{85}V类放射源）正在使用，江川县凤凰山水泥有限责任公司一台多元素荧光分析仪（核素P_u^{238}IV类放射源）已停用，已上报省辐射站进行收贮。

五是开展2014年整治违法排污企业保障群众健康环保专项行动。结合江川县实际，牵头组织县工商、工信、住建、监察等部门，开展2014年整治违法排污企业保障群众健康环保专项行动，对重点企业、集中式饮用水源、县城施工工地开展检查，提出整改要求和管理建议。

六是开展县城饮用水水源安全专项检查。对县城饮用水源点，江川县供排水有限公司3个自来水厂进行监察。检查组人员提出意见，要求江川县供排水有限公司完善二水厂所缺设备及各项措施后，完成该项目环境保护竣工验收；三水厂启用时，要对损坏的水质净化设备进行修缮，确保供水水质达标；增加水质化验人员及设备，使水质监测频次及指标达到相关规定要求。

七是开展大气污染单位专项检查。为贯彻执行国务院大气污染行动计划，江川县把大气污染物排放企业纳入2014年环保专项行动，重点检查江磷集团、江川县水泥厂等17家工业企业，龙旺湖城等3个建筑工地，3个沙石料卖场及7家宾馆饭店，并针对存在的问题，提出书面整改意见。

八是开展制药、重金属企业专项检查。江川县现有云南恒大药业有限公司和江川县前卫电镀

厂。云南恒大药业有限公司环保手续齐全，污染物治理设施安装到位，固体废物处置符合环保要求。江川县前卫电镀厂开展危废申报，生产废水经处理后全部回用于生产，含重金属水处理污泥经干化处理后贮存在具有“三防”措施的库房中，之后转交云南大地丰源环保有限公司（有危险废物处置资质证）进行处置。

【生态创建】 推进国家级生态县创建工作。组织实施《江川生态县建设规划（2011–2020年）》，制定下发《江川国家级生态县建设实施方案》和《江川县国家级生态县创建任务分解方案》，两方案明确国家级生态县创建工作的目标任务、工作重点、实施步骤、保障措施、工作要求和各部门职责任务。加大对生态乡镇（街道）创建工作的指导和督促力度，组织召开江川县生态乡镇创建工作动员及业务培训会，下拨乡镇、街道创建经费45万余元。

推进创建国家环境保护模范城市工作。制定印发《江川县2014年度创建国家环境保护模范城市工作实施方案》。实施蓝天工程，确保空气质量稳定达标。创模重点工程顺利完成，完成九溪镇河口村环境综合整治工程，安化乡三家村、张家庄村村落环境整治工程，九溪镇污水处理厂及管网配套建设工程，九溪镇生活垃圾收运设施工程等建设。安化乡大营村完成实施方案评审。

完成国家有机食品基地的申报工作。玉溪天丽食品有限公司于2014年5月7日通过省环保厅的初审工作。

推进“绿色学校”和“绿色社区”创建工作。2014年申报成功市级绿色学校3所（翠峰中心小学、大庄中心小学、伏家营中心小学），市级绿色社区一个（九溪镇大营社区）。

【大气污染防治】 制定《江川县大气污染防治行动实施方案》，从指导思想、工作目标、重点任务、保障措施4个方面进行安排部署，保障人民群众身体健康，改善环境空气质量。狠抓工业企业大气污染治理工作。加强对企业废气污染物排放的治理，加大对各企业废气污染治理设施的运行监管工作，发现污染治理设施不适应的，督促企业进行更换，确保污染物达标排放。对违反大气污染防治的违法行为，进行立案查处，对治理无望或不符合产业政策的，责令进行关停。加强县城扬尘污染治理。对砂石料等易产生扬尘的堆放场所进行遮盖，每天多次对县城主要街道进行洒水抑尘。强化路面管控力度。开展路域环境整治，减少道路扬尘污染。加快推进机动车尾气污染防治，完成淘汰任务1629辆。开展秸秆禁烧整治工作，减少秸秆焚烧造成的大气污染。下发《江川县人民政府办公室关于做好秸秆禁烧工作的通知》。各乡镇组织人员深入田间地头，向农户宣传秸秆禁烧知识，并进行监督，发现焚烧行为，及时给予制止。

【环境信访】 建立健全环境信访制度，做好涉及环境保护的群众来信来访接待工作，解决群众的合理诉求。注重抓好来电来访督查，切实做到群众投诉的每一个问题都有回音，查处的每一个案件都有结果。全年共受理各类投诉8件，解决污染纠纷1件，处理率100%，结案率100%。为群众挽回经济损失5500元，对群众反映的16个污染问题进行调查处理。

【环境监测】 开展县城环境空气质量监测。2014年县城大气环境质量中达《环境空气质量标准》（GB3095–2012）一级天数200天，二级天数84天。监测数据每月分上旬、中旬、下旬3次通过玉溪网、玉溪日报、阳光政府网等媒体向社会公开发布。完成每月县城集中饮用水源地水质监测（地下水）、地表水水质监测（13条主要入湖河流）、县城环境空气质量监测、国控源及在线比对、减排监测等例行监测任务。完成各类应急监测和竣工验收监测，服务地方经济建设和环境管理决策。

【环境监管能力建设】 投资17万余元，建成玉溪市辖区范围内第一家县（区）级在线监控平台并投入运行。截至2014年，已有9家企业安装30台（套）污染源在线自动监控系统，其中有8家已验收，1家因未生产验收工作未完成。完成监测站实验室标准化建设。完成实验室的搬迁、装修及实验台柜的安装，实验用房面积达1500余平方米，并争取资金25万元用于监测站监测能力扩项，三大仪器（原子吸收光谱仪、离子色谱仪、原子荧光分光光度计）已安装调试并投入使用，新增项目培训已完成，质量体系文件修订完毕，监测能力已基本达到《玉溪市2014年县区监测工作意见》提出的要求，能够完成各类例行监测、应急监测和竣工验收监测，服务地方经济建设和环境管理决策。解决江川县环保机构基层设施薄弱的问题。

【环境宣传教育】 加强环保法律法规宣传工作，在“6·5”世界环境日、“8·26”抚仙湖保护日、法制宣传周及宪法宣传日，宣传环境保护法律法规和政策。开展“6·5”世界环境日系列宣传活动。通过发送环保宣传短信、开展电视宣传，普及生态环保知识，提升民众的节能减排意识。展出环保宣传展板30块次，现场发放新修订的《环保法》3000份，宣传册1600份，环保购物袋1000个，环保围裙300个，粘贴画200套，抚仙湖保护手册800份。在中小学开展环保科普进校园活动，到前卫中学、前卫中心小学通过讲座报告、科普大篷车展具展示、展板展出、资料发放、专家咨询、现场知识竞赛等形式开展环保教育。

强化信息宣传报道工作。以江川网、江川新闻网、阳光政府四项制度网站、《环保简讯》、《玉溪环境》杂志以及省市环保网为宣传窗口，及时发布环境信息，在《玉溪日报》公布江川县大气环境质量状况。编辑《江川环保简报》12期100余条信息发至县属相关各部门、单位。在省、市、县媒体发表信息90余条。

【人大建议、政协提案】 2014年，承办人大代表建议3件、协办政协提案1件。代表、委员满意率达100%。

【其他重点工作】 贯彻落实责任政府、阳光政府和效能政府“四项制度”，按时发布重要事项公示信息40条，重点工作通报信息62条；抓好党风廉政建设工作，严格执行三重一大集体决策制度；抓好社会管理综合治理工作。

（刘蓉芳）

抚仙湖管理

【概　述】 2014年，江川县抚仙湖管理局围绕建设富裕和谐美丽新江川目标，以实现抚仙湖四退三还，构筑全面、健康的抚仙湖沿湖生态保护屏障为工作思路，抓工程措施管理；以广宣传、强监管、抓执法、构体系、建补偿为工作思路，抓非工程措施管理。

【主要经济指标】 2014年，办理捕捞许可证227个，收取渔业资源增殖保护费22.7万元；征收抚仙湖资源保护费145.24万元（其中：地税代征103.35万元）；征收水资源费13.98万元；办理各类案件163件（其中渔政43件，环保110件，水政2件，航政8件）；收缴罚没收入29470元。

【工程措施情况】 缓冲带工程 续建抚仙湖湖滨缓冲带“退田、退房、退塘”还湖一期工程已基本完工，开展1700亩的生态修复工程，完成12861.9米的抚仙湖周围围网封隔，种植乔木75435株，灌木17814.16平方米21656株，竹类7000株，藤本植物750株，常春藤3250平方米；对隔河、牛摩河、玉带河等主要河流入湖河口、湖湾进行清淤，清除淤泥30459.4立方米；完成明星河、鲭鱼湾河低污染水净化工程；基本完成秦家山、胡家湾、大马沟等15个村的村落污染控制工程，安装排污管34156米，建设检查井1273座；建设大马沟至大沙咀、牛摩、火焰山3片人工湿地的优化工程。工程已有16个标段送审计部门进行审计，至2014年底完成11个标段的审计。

玉带河清水产流机制修复工程 玉带河是连接抚仙湖与星云湖的河道。为改善玉带河流域生态环境，保护抚仙湖，市发改委对玉带河清水产流机制工程进行可行性研究报告和初步设计的批复，工程概算投资3733.93万元，主要建设隔河村—胡家湾—秦家山、海门村的生活污水收集工程，玉带河生态河道建设工程、生态村落建设工程、拆迁区域生态修复工程4个子工程。该工程在市抚管局完成前期工作，移交玉溪市抚投公司完成招标代理、造价咨询、监理招标和前置审计情况下，于2014年6月24日移交县政府，交由县抚管局负责实施。经招标，2014年7月28日，由云南省江川县龙马城市建设工程有限公司开工建设，至2014年底，完成450万元的投资，完成土方开挖4991.83立方米，土方回填3129.45立方米，安装管道2422米。

牛摩河流域环境综合治理工程 牛摩河是抚仙湖的入湖河流之一，全长4千米，流域面积13.1平方千米，上游水土流失严重，河道淤积，流域内5个村生活污水垃圾、农田废弃物直接入河，对抚仙湖造成污染。为保护抚仙湖，市发改委对玉带河清水产流

机制工程进行可行性研究报告和初步设计的批复，工程概算投资2990.83万元，主要建设上游水土保持生态建设工程、沿河村庄环境治理工程、入河农业面源污染治理工程、生态河道建设工程四个子工程。该工程在市抚管局完成前期工作，移交玉溪市抚投公司完成招标代理、造价咨询、监理招标和前置审计情况下，于2014年6月24日移交县政府，交由县抚管局负责实施。经招标，2014年7月28日，由云南东辰建设工程有限公司开工建设。至2014年底，完成路基平整1025.45立方米，土方开挖7451.41立方米，完成投资767万元（其中补偿土地租金及青苗损失、地上附着物451.87万元）。

抚仙湖流域重点村落环境综合整治工程　主要对抚仙湖流域内77个村实施环境综合整治，包括村落污水收集处理工程、生活垃圾收集与处置工程、人蓄粪便处置工程、道路恢复建设工程四项子工程。其中江川县11个村（小凹：上凹、雷打石；红石岩：黑山脚、岔母得、红石岩、中箐、米汤水；三百亩：摩洛山、三百亩、龙潭、风吹口），批准投资958万元，前置审计价1247.37万元。该工程在市抚管局完成前期工作，移交玉溪市抚投公司完成招标代理、造价咨询、监理招标和前置审计情况下，于2014年6月24日移交县政府，交由县抚管局负责实施。至2014年底，完成投资200万元，完成土方开挖2653.83立方米，场地平整1443.34平方米，浇筑混凝土253.725立方米，破碎路面466.45平方米，切割路面569.37米，回填砂石料361.25立方米，回填土方207立方米，钢筋混凝土涵管10米，石方开挖145.8立方米。

【非工程措施情况】　抚仙湖保护宣传　继续以抚仙湖保护宣传教育基地为依托，与业务工作、党的群众路线教育实践活动等结合，开展各类学习宣传和培训，召开环境卫生管理会3次，水上安全工作会5次，非工程措施专项整治会2次，举办法律法规系列知识讲座4次；以“6·5”世界环境日、法制宣传周、全国科普日等为契机，开展环保法律法规知识宣传活动，张贴环保标语100余条、节水倡议书30份；发放节水倡议书2000份、《保护抚仙湖，节约用水》宣传材料1000余份、《云南省抚仙湖保护条例》小册子1000本、条例节选3000余份、《开湖捕捞通告》1000余份、《文明旅游倡议书》1000余份，展出环保、缓冲带建设展板16块，抚仙湖保护布标4条，解答群众咨询2000余人次；深入牛摩小学开展以“小手拉大手　湖清水更秀”环保宣传教育实践活动，引导、发动学生参与抚仙湖保护。

渔政管理　做好2013年抚仙湖开湖期及2014年封湖禁渔期的渔政管理工作，打击电力偷捕、灯光诱捕、地笼捕鱼等违法违规行为，取缔地笼等禁用渔具，强化禁渔期渔船归港管理。全年共出动执法艇213船次、执法车辆128车次、执法人员1510余人次，暂扣渔船19只、网圈48个、渔网182张、泡沫筏7个、轮胎2个、电瓶4个、推进器6个、电鱼设备3套，收缴地笼207余个；抓好2014～2015年度抚仙湖银鱼开湖捕捞工作，办理银鱼捕捞证227个，为227户渔民办理气象信息。

水政管理　继续以“合法取水、有偿使用、依法收费”为目标，做好水政管理工作。审核上报玉溪市仙湖蓝星科技发展有限公司、云南福湾农业科技有限公司等5户取水单位的取水许可申请。审核上报云南福湾农业科技有限公司等3户恢复取水的申请（市局未批准）。加强对取水用水行为监督管理和检查，下发《抚仙湖计划用水节约用水的通知》72份，对昆明芊卉园艺有限公司等7户水表损坏的单位，下发限期整改通知书。督促用水户按《抚仙湖计划用水节约用水的通知》取水，在上年的基础上节约用水10%。按照高效利用、全面节约和先生活后生产、先节水后供水的原则，限制工业和其他用水。对蓝莓公司新建的取水点进行监督，确保污水不排入抚仙湖。依法足额收缴水资源费13.98万元。

水上安全管理　加强对非机动船舶公司的监管，召开水上安全工作会2次，强化节假日与旅游高峰期水上安全检查与监管；与古滇国文化客运中心、明星水上游乐有限公司等5家公司签订《守法经营承诺书》《水上交通安全生产承诺书》和《江川县抚仙湖水上交通安全目标管理责任书》，明确责任，强化职责；加强宣传教育，将《加强抚仙湖水上安全生产有关问题的通知》发放至沿湖村委会、涉水单位、捕鱼户，提高涉水人员安全意识；根据抚仙湖非机动船艇“营运安全、总量控制”的原则，办理红宝石沙滩服务部、明星鱼洞餐饮文化旅游服务有限公司非机动船入湖许可。全年出动管理人员545余人次、执法救援艇231船次、车辆41车次，救援涉险游客36名，拖回暂扣无证入湖脚踏船4只，帮助疏散高峰期孤岛游客200余名。

项目前置初审 2014年，根据《云南省抚仙湖保护条例》《江川县人民政府办公室关于进一步加强和规范抚仙湖保护范围内建设项目前置审批初审管理的通知》等法规、文件，受理云南江川“仙湖锦绣”湖滨景观生态公园项目、江城镇秦家山村退房还湖旧村改造项目等6个项目的前置初审，并将符合条件的项目按要求上报试验区管委会。继续抓好宾馆、饭店等经营组织的前置审查，办理审查意见27份。

在建项目监管 监管辖区内重点在建项目，制止污水入湖等各类污染抚仙湖的行为，对湖滨带堆放废弃物、填湖等违反《云南省抚仙湖保护条例》的行为进行立案查处，共制作重点项目监管记录17份，立案7起。加大乱搭乱建违法行为查处，配合路居镇政府拆除小凹的“临违”建筑，联合江城镇政府拆除冯家湾新建违规建筑物6幢，拆除1000余平方米。强化沿湖各类新改扩行为的监管，全年制作监管记录13份，立案32起。

沿湖环境卫生管理 建立环卫监管量化分级管理制度，引导和促使沿湖宾馆饭店进行自我周边环境的自觉维护、自我监督和自我管理，落实经营户“门前三包”责任制。与94户宾馆、饭店业主签订《江川县抚仙湖沿岸宾馆饭店环境保护目标管理责任书》，明确双方责任和义务。联合工商、环保、交通、旅游、水利等部门，对江川县抚仙湖辖区沿湖宾馆饭店进行污染隐患排查，严禁任何单位和个人向抚仙湖排放污水、废弃物。整合力量，开展“四清”保洁活动24余次，出动保洁、监督、执法人员25000人次，对纳入管理的6个村委会，36个村民小组，8条主要入湖河道，以及湖滩、湖面、环湖路等区域进行打捞、清扫，清运垃圾2300余吨。建立“农民缴费、政府补贴、桶装收集、集中清运”的市场化路子，协调市县资金150万元，为沿湖两镇环卫市场化工作正常运转提供保证。

专项整治 4月29日至5月3日，集中力量，对乱停乱放渔船进行专项整治。出动执法车2车次、执法艇6船次、执法人员40人次，拖回乱停乱放船只11条。6月4～30日联合县工商、环保、交通、旅游、水利等部门，开展抚仙湖旅游环境暨非工程措施专项整治，划定摆摊经营红线0.8千米，封堵入口25个，修复围网20余米，出动执法人员1975人次、部门工作人员326人、执法车442车次、执法艇127船次，清理违规摊点34个，清理湖岸滩地垃圾7车，制止不文明行为125起。7月25日至8月25日联合县司法局、县公安局等部门开展渔政专项整治，发放宣传材料2560余份，张贴通告36份，滚动宣传19次，开展咨询78人次，召开专题会议5次，建立渔民台帐323户，签订承诺书174份，设定渔船归港点16个，归港渔船622只，出动执法车辆104车次、执法艇35船次、执法人员479人次，收缴助推器1个、电鱼工具1套、渔网100余张、银鱼刺网圈13个、地笼156个、渔获物10千克，拖扣渔船2条，立案调查5起。

【资源保护费征收】 在费源有限、停车场不规范、景区管委会未成立等条件下，形成《调整2014年度抚仙湖资源保护费征收工作任务情况报告》上报相关部门，建议减少资源保护费征收任务；结合抚仙湖一级保护区宾馆、酒店、旅馆及个体餐饮经营户证照年度审验工作，通过部门联动，密切配合等方式，开展资源保护费征收工作，做到应收尽收，全年征收145.24万元（其中：地税代征103.35万元，抚管局征收41.49万元）。

【招商引资】 成立招商引资小组，明确责任人，通过勤联系、走出去、请进来的方式，引进江川县抚仙湖湖滨缓冲带“退田、退房、退塘”还湖一期工程项目、药王谷项目、奥宸小镇项目，引进市外国内资金4114万元（招商引资任务4000万元），其中江川县抚仙湖湖滨缓冲带“退田、退房、退塘”还湖一期工程项目1972万元，药王谷项目140万元，奥宸小镇项目2002万元，完成招商引资任务，完成102.85%。

【抚仙湖保护日】 8·26到来之际，开展第十个抚仙湖保护日活动。通过悬挂标语、发放材料、展出展板、现场讲解、广播宣传等方式进行宣传，营造节日氛围，提高群众爱湖、护湖意识；组织30余家单位、沿湖党员、团员、环保志愿者、保洁人员开展

“四清”保洁活动，清扫街道26.5千米，清理污水沟渠13.9千米、入湖河道10余千米，清理湖面4千米，清理垃圾池（箱、房）51个、公厕31个，清捡湖滩18.8千米；督促沿湖企业、宾馆（酒店）、饭店对治污设施进行全面检查，排除隐患，确保正常运行，杜绝污染事件发生。

【效能政府建设】 推进政务公开，提升公共服务水平。全年发文450件，收文2500件，张贴财务信息6次，张贴公示人事任免、奖惩信息3次，在政府信息网络查询系统中加载抚仙湖常见问题解答信息8条；公开工作信息46条，重点工作通报46条，重要事项20条。建立健全行政调解机制，化解社会矛盾，接待群众来信来访2次，办理信访案件5起，回复人大议案1起，做到事事有回音，件件有答复。推行一线工作法，确保决策制定、工作落实、问题解决、工作创新在一线。建立“部门帮村、党员帮户”联村结对帮扶机制，结成帮扶对子57个，更换民情卡10张，深入联系点312天，走访农户676户，解决困难、问题24个，收集意见建议25条；干部职工捐款1000元，送温暖5户；捐助10000元帮助孤山村委会清理河道。

（杨　筠）

星云湖管理

【概　述】 2014年，江川县星云湖管理局贯彻落实《云南省星云湖保护条例》，切实做好星云湖渔政管理工作，提高水产品在经济发展中的比重，做好生态环境保护，减少水质变化负效应，抓好星云湖保护管理工作。

【机构编制】 江川县星云湖管理局为江川县人民政府管理的财政全额拨款事业单位，机构规格相当于正科级。核定事业编制11名，其中，管理人员编制11名；核定单位领导职数3名，其中，设局长1名（相当于正科级），副局长2名（相当于副科级），2014年实有在编在岗人员5名。江川县渔政管理站，为江川县星云湖管理局所属财政全额拨款事业单位。核定事业编制40名，其中，管理人员编制28名，专业技术人员编制8名，工勤人员编制4名，设站长1名，副站长2名。2014年实有在编在岗人员39名。

【主要经济指标】 2014年12月25日至2015年1月23日星云湖开湖捕鱼30天，共办理捕捞许可证648本，征收渔业资源增殖保护费2916000元（4500元/证），2013年星云湖鱼产量2030吨，均价15元/千克，产值约3045万；2014年度开湖，拟按5%的增长量，预计鱼产量2131.5吨，按均价15元/千克计算，预计产值3197万元。2014年办理垂钓证57人，收取证费38600元。

【集中采购星云湖放湖鱼苗】 2014年2月20日，江川县星云湖管理局在江川县公共资源交易中心四楼评标室二号对2014年集中采购星云湖放湖鱼苗进行竞争性谈判，采购本着“公开透明、公平竞争、公正和诚实信用”的原则，对参加竞标的13户从事鱼苗养殖、具备履约能力的供应商进行竞争性谈判采购。最后5户供应商中标。鱼苗认购品种：鲢鱼、鳙鱼、鲤鱼、鲫鱼、青鱼，认购数量113吨，金额约122.5万元。在评定过程中，邀请县委办、县人大、县政协、县政府办及县纪委、监察、检查院、发改局、财政局、农业局、审计局、公共资源交易中心等部门参与监督，要求供应商在满足谈判文件规定的鱼苗种类、规格要求的前提下，所提供的鱼苗必须体质健壮、无鱼病，保证放入湖中成活率达90%以上。

【星云湖鱼苗投放】 2014年2月26日，江川县星云湖2014年鱼苗投放启动仪式在渔政管理站举行。参加启动仪式的有市农业局相关领导、副县长李志刚，县委、人大、政府、政协、纪委、监察、发改局、财政局、检察院等单位人员，沿湖4镇的分管领导及3名渔民代表。

2014年共投放鱼苗达125275.3千克，金额：1395234.5元，其中：鲢、鳙鱼111281千克（占投放总量的89%），鲤鱼10061千克，滇池高背鲫鱼3012千克，青鱼921千克，整个投放工作在县有关部门及部分渔民代表的共同参与监督下，星管局精心组织，统一指挥，严把投放鱼苗质量关，确保符合规格要求、体质健壮、无鱼病的鱼苗投放湖中。

【禁湖期宣传教育工作】 为严厉打击电鱼、下网等非法捕捞行为，有效保护星云湖渔业资源，实现渔业资源的可持续发展，确保江川县广大渔民的合法权益，星管局立足工作实际、突出工作重点、坚决打击一切违法偷捕行为。做到进村入户摸底调查，做好渔民群众思想教育、引导工作，采取各种形式宣传《渔业法》《云南省星云湖保护条例》等相关法律法规，发放宣传材料300份，提高沿湖群众的遵纪守法意识。各乡镇共召开村组干部、渔民代表大会48次，参会人员960人，通过形式多样的宣传教育，为星云湖的渔政执法提供良好的社会环境。

【渔政执法】 重视宣传教育引导。发布2次电视通告，张贴通告30份，宣传材料300份，人员180人次，星管局干部职工深入湖边、田间地头、渔民家中宣传渔民封湖禁渔期政策和规定。对重点偷捕者联合公安发放通知书并签名做好工作。

加大渔政执法力度。根据工作实际，调整常规、注重灵活、主动出击、点面结合，加强对重点偷捕地段，流动偷捕团伙的监控，并对一些偷捕者进行事前教育，遏制偷捕案件的发生。针对一些不法分子为牟取利益，在星云湖水域进行电鱼、下网捕鱼等非法捕捞行为，开展星云湖渔政管理专项整治行动，采取措施，抓住“三个重点”，做到“三个结合”，即抓住重点对象（历年偷鱼的惯犯），重点地段（偷鱼者经常实施偷捕的地段，主要以星云湖十里长堤、麻地咀一带为打击的重点地段），重点时期（鱼汛期），做到集中整治与长效管理相结合，惩治和教育相结合，自查和督查相结合，开展打击非法偷捕行为，并对偷捕者进行严厉惩处，将整治工作有关情况在江川新闻网上进行公开报道，通过宣传报道震慑违法人员，教育广大群众。截至12月底，共出动执法车检查140次、执法人员2200人次，出动执法快艇4199次、执法人员3720人次，查处偷捕渔业资源案件148起，涉案人员160人，收缴各类网具26502张、地笼1938个，收取渔业资源损失赔偿费267650元，收缴电鱼设备（电瓶）8套。

【信访工作】 认真对待群众来信来访，妥善处理事关群众利益的突出问题，把矛盾化解在基层，化解在萌芽状态。全年共接待群众来访10人次，处理信访件1件，处理率100%，来信来访工作处理及时到位，全县没有发生一起因星云湖管理工作问题引发到市、省上访事件和群体性事件，及时将有关群众利益的突出问题及群体性事件化解在萌芽状态。

（王渝阳）

城市管理综合行政执法

【概　述】 2014年，江川县城市管理综合行政执法局围绕全县经济社会发展总目标，坚持以服务江川经济社会发展为第一要务，以改善城市人居环境为根本出发点，积极建章立制，开展“一日四查”，不断探索和完善城管执法长效机制，突出重点、全面履职，城管执法工作取得显著成效。

【机构编制】 2014年7月8日，江川县机构编制委员会同意县城市管理监察大队增加人员编制20名。至2014年底全局编制数93名，实有74名（行政编制3名，事业编制11名，协管员编制60名）。

【队伍建设】 加强队伍培训，提高业务素质，在全体执法人员中开展4期法治培训。进一步提高执法人员的法治思维和法治意识，严格执法程序，规范行为举止，综合素质和应急处理问题的能力得到提升。

【市容秩序管理】 探索试行网格化、精细化管理，采取定路、定岗、定人、定职责的“四定”管理办法，进一步明确任务，细化职责，责任到人。严格查处占道经营等行为，全年共清理违章占道7400余起，警告1200余起，教育改正800余起，暂扣物品998件。以疏堵结合方式规范王字街烧烤摊点，取缔浪广路北段砂石料交易市场，重新对县城烧烤摊点和砂石料交易市场进行规划布摆，县城市容秩序得到有效改善。

【防违控违工作】 2014年，县城管执法局继续保持高压控违态势，不断加大防违、控违力度，采取自查和摸排的形式，对在日常巡查中发现和群众举报的违法建筑，采取措施加以解决。2014年共调查处理违规建设行为13起，维护规划的严肃性和权威性，为提升城市品位，打造宜居县城营造良好的外部环境。

【路灯管护】 及时修复宝风路与宁海路交叉口，宁海路与景新路T型路口红绿灯；更换景新路、景新巷烧毁的地下主线和中学路两次被盗的地下主线共267米；在

静安巷新修建检查井1个、铺设管线20米；在湖滨路灯杆下部加装熔断器59套；及时修复抚仙路全线路灯。确保县城亮灯率在98%以上，方便广大市民出行，提升人民群众的安全感。

【停车泊位管理】 为合理利用城市道路资源，维护交通秩序，提高城市道路运行效率，引导市民养成“文明停车、规范停车”的良好习惯，依据县发改局批复，县城管执法局从2014年7月1日起对县城城市道路上的临时机动车停车泊位开展试收费运行工作。经过半年的试运行，县城停车泊位收费对节能减排绿色出行起到积极促进作用，县城区停放车辆明显减少。收费前每天县城流动车辆约为3000辆，收费后直接减少500余辆，缓解县城静态交通压力。

【巩固省级卫生县城】 按照江川县巩固省级卫生县城工作方案，结合部门职责，做好巩固省级卫生县城相关工作。召开专项会议，对巩固省级卫生县城工作进行安排部署；做好县城的综合整治工作，共清理占道经营250余起，乱堆乱放乱挂160起，违规设置的户外广告店牌136块，清理违规设置的人行道斜坡40余处，对2辆违规上路的渣土车司机进行口头教育；对县城所有墙面、立柱、地面的“城市牛皮癣”进行全面清理；与县城各类商户签订“门前三包”责任书2350份。完成巩固省级卫生县城工作。

【建筑工地和散体物料运输管理】 成立专职的文明工地建设管理中队，加大巡查力度，狠抓洗车台建设、硬化进出场道路、密闭运输、沿途保洁、文明施工等工地源头治理，2014年共整改建筑工地7处，新建洗车平台5个；联合交警、住建、交通等部门，开展路域环境整治，加大城区建筑渣土偷运、偷倒、违规拖运和渣土撒落污染路面等违规行为的查处力度，2014年查处散装未覆盖运输车辆60余台；促进渣土运输市场有序发展，引导成立2家渣土运输公司，规范散体物料和建筑垃圾运输。2014年2公司已办理备案登记渣土车12辆。

【户外广告管理】 针对县城户外广告散、乱、差、丑的问题，加大对县城户外广告的整顿规范力度。江川县户外广告设置规划和技术标准已通过专家评审并上报县规委会待审；在县城11处地点设置13块小广告张贴栏，规范张贴行为。加大违法户外广告的清理力度，2014年共清理非法小广告54000余条。

【城区交通秩序管理】 2014年7月1日起，县城人行道上停放机动车辆的违法行为由县城管执法局负责调查取证，交警负责处罚。2014年下半年对328起人行道上停放机动车的违法行为进行调查取证并移交交警部门处理，改善城区交通秩序。

【人大建议和政协提案办理】 2014年，承办人大代表建议1件、政协委员提案6件，做到件件有回复、事事有着落。

【其它工作】 2014年，引入社会资本投资109万元对县城老旧路名牌进行更换，新安装多功能果皮箱路名牌250架和不锈钢路名牌40块。2014年11月办公地点从原县实验中学搬迁至文林街5号。

（李伟宏）

工商企业

编辑　徐凡清

工业商贸和科技信息

【工业经济运行情况】 2014年，全县完成全部工业现价总产值64.55亿元，同比增9.4%；其中：规模以上工业完成现价总产值37.57亿元，同比增16.5%。规模以上工业实现工业增加值10.87亿元，同比（可比价）增23.5%，完成全年目标16亿元的67.9%，增幅全市排名第三；实现主营业务收入33.14亿元，同比增13.93%，完成全年目标31亿元的106.9%；实现利润总额2.52亿元，同比增58.49%，完成全年目标1.8亿元的140.1%；实现税金1.88亿元，同比增36.22%，完成全年目标1.7亿元的110.9%。

【工业项目固定资产投资完成情况】 2014年，全县工业固定资产投资完成7.29亿元，同比负增长10%，占全县规模投资30亿元的24%，完成市下达年度工作目标任务12亿元的60.75%。

【投资1000万元以上的工业投资项目情况】 2014年具体重点项目固定资产投资完成情况如下：

新上重点工业项目投资完成情况：

企　业	项目名称	计划投资	完成情况	备注
云南联塑科技发展有限公司	年产10万吨新型塑料管材	4亿元	1～12月，项目已完成投资4亿元	
云南腾达机械制造有限公司	产2.5万件/套数控精密机床齿轮	14037万元	已完成投资1.5亿元	占地110亩
玉溪万利包装材料有限公司	年加工能力达1.6亿只纸箱生产基地	1.49亿元	已完成征地、场地平整等前期工程投资5866万元	占地120亩
江川新天力现代农业装备制造有限公司	年产4.5万台高原机械装备制造及农业产业工程项目	1.8亿元	已完成征地、场地平整等前期工程投资3687万元	占地176亩
云南滇湖渔具有限公司		3400万元	已完成投资2850万元	占地10亩
云南特固电气有限公司			累计投资4350万元	

技术改造重点工业项目投资完成情况：

企　业	项目名称	计划投资	完成情况	备注
云南宏斌绿色食品有限公司	技术改造	3450万元	已完成投资	
云南阳光食品有限公司	物流中心大楼、培训大楼项目	3500万元	已完成投资	
玉溪天丽食品有限公司	技术改造	3300万元	正在建设，完成投资2500万元	
天锋彩印包装有限公司		1000万元	已完成投资1000万元	
玉溪丫眯绿色休闲食品有限公司	扩建厂房	2115万元	已开工，完成投资500万元	
玉溪比格力实木门业有限公司	年产5万扇实木门生产线	3200万元	已完成投资3200万元	
小煤窑新型墙材有限公司	新型环保砌块生产线	6200万元	已完成投资5660万元	

【工矿企业争取上级财政资金扶持】　2014年，县工信局践行党的群众路线教育实践活动，以“转作风，促发展”为抓手，坚持把为工矿企业争取上级政策性扶持资金作为服务企业发展、促进工业经济平稳较快增长的一项重点工作抓紧抓好。全年共为江磷集团、云南联塑、腾达机械、阳光食品、云南荣盛、江川新天力等70多家企业争取到上级工业、节能及信息化建设政策性补助资金4654.75万元。

【烟花爆竹企业整合项目工作】　2014年，指挥部办公室牵头组织绿竹集团与城镇上山二期涉及的王牌烟花火炮厂进行多轮协商整合事宜，已进入整合阶段。长寿烟花火炮厂已完成技改并经国家、省级专家组验收，进行职工培训，等待发证。江川后鑫烟花火炮厂、云南江川朱家庄祝寿花炮厂已完成技改，正在申请安全验收。路居高龙潭烟花火炮厂与久禄仓储的技改工作正在稳步推进。完成仓储用地（小团山）涉及的炼铁厂与井盖厂的搬迁及相应的补偿工作，移交绿竹集团进行建设。小白坡园区10千伏高压线问题经协调，确定实施方案，进入实施阶段。完成400余亩总部建设用地正式摘牌，进行围墙施工、附着设施拆除清理及农户庄稼收割等相关工作，与设计院签订设计合同，进入设计规划阶段。整合目标达成“通过整合优化提升”，确保全县烟花火炮生产许可证控制在10本以内（实际审批8本）。江川河咀金龙烟花火炮厂等8户企业正在进行优化整合工作。全年可完成投资1.92亿元，完成全年计划完成投资额2.75亿的69.82%，其中：总部用地款1.3亿元，4户企业安全技改投资0.26亿元，销售公司投资0.36亿元。

【红砖企业整合项目】　2014年，在2013年完成14家红砖企业进行关闭整合的基础上，7月底关停过渡期保留的7家红砖厂，11月底全部拆除7家红砖厂砖窑，全县红砖企业关停工作已全部结束。为关闭的11家红砖厂争取到2014年关闭小企业资金1400万元，为11家红砖企业的941名职工就业安置提供资金支持。新型墙材有限公司第一条新型墙体材料生产线建成并投入生产，其他生产线按计划完成设备的选购、厂址的总体布局、厂区规划，年内建成投入生产。

【淘汰落后产能】　2014年，江川县在淘汰水泥立窑方面，通过向企业下发拆除通知书，现场核查，为企业向省市工信部门申报淘汰落后产能项目资金、申办水泥粉磨站，以及协同相关部门严格落实省发改委、省工信委、省质监局关于对淘汰类水泥熟料生产线（企业）执行更加严格的差别电价等产业政策等方式，督促、引导企业制定《淘汰落后产能实施方案》，为江川县水泥厂已停产的2#机立窑和原定于2015年6月淘汰的江川县凤凰山水泥有限责任公司的（Φ3.2×11m）机立窑生产线拆除奠定基础，确保江川县全面完成省市工信部门下达的2014年、2015年淘汰落后产能工作目标任务，县水泥厂2#机立窑于9月22日、10月16日通过县、省市工信部门的现场核查验收，并争取到淘汰落后产能中央财政奖励资金230.77万元；县凤凰山水泥有限责任公司9月25日拆除的（Φ3.2×11m）机立窑生产线于10月14日通过县工信局与县环保局的现场核查验收。

【工业项目投资备案】 2014年，县工信局在工业技改项目备案工作中，贯彻落实“限时办结，免费服务”制度，做到“非禁即入”，方便快捷，每个项目备案时间不超过3个工作日。全年共办理工业技改备案项目34个，计划投资67519万元，其中：有24个项目已经开工，部份项目已经竣工。

【节能目标任务完成】 全县“十二五”期间单位GDP能耗下降目标任务是13%，至2014年已下降12.16%。2014年，全县单位GDP能耗下降目标任务是2.45%。1～12月规模以上工业企业综合能源消费量为15.68万吨标准煤，同比降6.4%；万元产值能耗0.4174吨标准煤，同比降19.68%；单位工业增加值能耗2.5038吨标准煤，同比降2.4%。

【工业固定资产投资项目节能登记】 2014年，对30个固定资产投资工业项目进行节能登记。

【能源审计】 2014年，江川恒昌造纸有限责任公司通过能源审计。

【能源体系建设管理】 2014年，云南江磷集团股份有限公司开展企业能源管理体系建设，并通过企业内审，正等待省市审核。

【工业用电量】 2014年，工业用电量59005万千瓦时，同比增7.6%，占全社会总用电量72195万千瓦时的81.73%，占比提高0.25个百分点。

（张秀珍）

【非公经济发展情况】 2014年，全县非公有制企业总户数达11129户，比上年增1705户，增18.09%，其中：私营企业673户，比上年增135户，增25.09%；个体工商户10456户，比上年增1570户，增19.69%。非公企业占全县企业总户数的97.9%。非公有制经济注册资本金271476万元，比上年增72789万元，增36.55%。工商登记从业人员44020人，比上年增5924人，增15.55%，完成市政府下达目标任务41500人的106.07%。

2014年，全县非公经济实现生产总值612796万元，比上年增57506万元，增10.36%；实现非公有制经济增加值331308万元，比上年增31623万元，增10.55%，占全县GDP比重的54.1%，比上年提高0.1个百分点，完成市政府下达36亿元目标任务的92%。从产业结构看，实现的331308万元增加值中，第一产业完成43203万元，占13.04%；第二产业完成173926万元，占52.5%；第三产业完成114179万元，占34.46%。

2014年，全县5000万元以上重点非公经济企业共13户，比上年增3户，其中：跨4亿元以上1户，跨2亿元以上1户，跨1亿元以上5户，5000万元以上6户。13户重点非公经济企业共实现销售收入194863万元，实现利润总额16617万元，上缴税金5897万元，实现工业增加值57587万元。

【微型企业创业扶持】 2014年，江川县贯彻落实《云南省微型企业创业扶持实施办法》，共受理云南省微型企业创业扶持资金申请66户，经初审、现场查验、评审委员会审核、公示无异议，最终50户微型企业被纳入扶持范围，完成市政府下达50户的目标任务。50户微型企业，共完成投资2874.5万元，带动就业273人，激发全民创业热情，为江川县营造良好的创业氛围。

【省市级成长型中小企业申报】 2014年，江川县共有省、市级成长型中小企业19户，其中：省级成长型中小企业13户（2014年新增江川县欣宇机械实业有限公司、江川县翠峰鸿湖有色塑料包装有限公司2户），市级成长型中小企业6户。19户省、市成长型中小企业共实现销售收入113339万元，实现利润总额6659万元，上缴税金2070万元，出口额达10199万元，带动就业3278人。

【争取各类扶持项目发展资金】 2014年，江川县共推荐国家、省、市符合相关产业政策导向的新上、技改、扩建项目23项，获得省市级财政专项扶持资金的共有9项，扶持资金累计225万元。

其中：省级民营经济暨中小企业发展专项资金扶持项目3个、省级项目扶持资金180万元；获得市级中小微型暨民营经济发展项目专项资金的企业6户、市级专项扶持资金45万元。

【中小企业管理者培训】 2014年，县工信局组织全县中小企业和非公企业参加省、市各类培训5次44人；组织相关部门、各乡镇农经中心、规模以上和部分中小微企业负责人、业务人员200余人参加江川县举办的2014年国家、省、市中小企业暨民营企业申报发展专项资金项目工作业务培训。

（李　能）

【中小企业融资】 2014年，县工信局对县内存在资金困难的企业进行摸底调查，共收集缺乏流动资金企业19户，共需求贷款流动资金3亿元。建立资金需求企业台账，根据各企业实际情况，分批次向农村信用联社、工行、农行、邮政储蓄银行、玉泉融资贷款担保公司、惠民小额贷款担保公司、三农贷款联保管理协会等金融机构进行推介，并及时跟进予以协调，促成银企合作成功。同时，组织30余户企业参加市举办的中小企业项目融资银企洽谈会，向大会推荐有融资需求的企业。组织14个县属职能部门的领导、9家银行的行长、27户有融资需求企业的法定代表人召开江川县2014年银企座谈会，传达全市银企座谈会精神，介绍企业流动资金需求调查情况，企业银行互动交流，建立合作意向。

（符可奇）

【无线电管理宣传】 2014年，县工信局以“世界无线电日”“无线电管理宣传月”活动为契机，联合县文旅广体局、江川电信分公司、江川移动分公司、江川联通分公司共同开展“世界无线电日”和“无线电管理宣传月”两次大型宣传活动。全年发放全国无线电管理宣传特刊、无线电相关法律法规、无线电应用等宣传资料1210份；发放特制的无线电管理宣传纸杯5000个、面巾纸310盒；利用气象电子显示屏200余块和三大运营商的LED电子显示屏制作滚动播出宣传标语8200余条；在气象灾害预警信息发布平台，制作发送手机短信1500余条。在江川县工信局信息公开网和江川科技网发布《世界无线电日通稿》《中华人民共和国无线电管理条例》《云南省无线电管理条例》。活动期间在江川电视台黄金时段滚动播出宣传活动主题标语，共12条44次，播放电磁辐射宣教片21场次。

【新一代公众移动通信建设】 为保障移动通信建设顺利有序进行，县工信局督促运营商在基站建设中完善审批程序。3月5～12日组织技术人员对中国移动玉溪分公司2014～2015年计划在江川县域内新选址建设36座移动通信基站进行站址海拔、坐标及周围的无线电台站、易燃易爆设施、风景名胜、学校等方面的情况进行勘验，并报送市工信委审批。

【两化融合发展水平数据采集网上填报】 为贯彻落实《云南省两化融合专项行动计划（2014—2020年）》，全面摸清江川县规模以上工业企业“两化”融合现状和存在的问题。5月22日至6月3日，组织全县31户规模以上工业企业开展“两化”融合发展水平数据采集网上填报工作，并完成该项工作，为省市工信部门建立规模以上工业企业“两化”融合情况信息库奠定基础，为制定科学的“两化”融合推进策略提供决策依据。

【“数字企业”建设项目】 为推动江川企业信息化建设，鼓励企业开展“数字企业”创建活动。2014年，经组织调研、筛选，确定云南江磷集团股份有限公司、云南卓一食品有限公司、云南阳光食品有限公司申报2014年市级“数字企业”信息化建设专项资金扶持项目。经争取，3户企业共获得市级“数字企业”信息化建设专项扶持资金11万元。

（罗海清）

【六月安全月大检查】 为深入开展全国“安全生产月”活动，在全社会营造“科学发展、安全发展”“关爱生命、关注安全”的舆论环境和社会氛围，2014年，县工信局精心组织，周密部署，真抓实干，圆满完成“六月安全月”活动各项工作，为防范各类安全生产事故、促进企业安全生产形势持续稳定好转提供安全保障。

【国庆电力安全大检查】 2014年9月25日，县工信局局长钟镖率领局安全生产领导小组一行4人到县供电有限公司开展安全大检查工作。检查组听取供电有限公司主要领导国庆期间电力安全检查情况汇报；查看公司安全大检查的会议纪录、资料、台帐及国庆期间的应急准备和应急值守工作；对江中路附近的110KV线路等进行实地检查。

【年终安全大检查】 2014年12月16日，县工信局副局长张亚民率局安全领导小组成员一行4人到江磷集团股份有限公司、云南江川天湖化工有限公司开展岁末年初安全大检查工作。检查组听取公司负责人年终安全大检查情况汇报，查阅公司的安全检查会议纪录、台帐、资料，实地查看江磷集团股份有限公司赤磷生产车间、云南江川天湖化工有限公司磷矿开采场。检查组对两公司年终安全大检查工作给予充分肯定。

【“5·15”食盐安全宣传日活动】 为贯彻落实好食盐管理条例，县工信局在2014年第21个“5·15”食盐安全宣传日活动期间，共出动宣传人员8人，发放《消除碘缺乏危害健康手册》、碘缺乏宣传画及碘缺乏宣传折页等资料1100份，张贴标语7条，受理群众咨询800人次，提高全县人民食用加碘食盐的安全意识。

【食盐市场专项大检查】 2014年，县工信局共出动执法人员50人次，车辆10辆次，检查食品生产企业12户、食盐经营户148户、学校食堂6个、宾馆（饭店）83个、食盐零售门市66家、超市5家及农贸市场8个。全年食盐市场专项大检查共查获违规食用盐490千克，无碘盐50千克，并依法对相关违法单位、人员进行处罚。

（刘光启）

【民营经济大会】 2014年9月29日，组织受表彰的民营企业、民营企业家和先进个人，各乡镇（街道）、各部委办局主要领导，全县近80家民营企业的负责人等共200余人召开全县民营经济大会。会议对云南江磷集团股份有限公司、云南宏斌绿色食品有限公司、江川县恒昌纸业有限公司等3家2013年度工业经济发展突出贡献企业，云南卓一食品有限公司、云南腾达机械制造有限公司等2家2013年度工业经济发展创业创新企业，张曦等10名2013年度工业经济发展先进工作者，以及在2013年度科技进步与创新工作中做出优异成绩的7家先进单位和2名先进个人进行表彰奖励。

（符可奇）

【对外贸易】 2014年，全县实现进出口总值7802万美元，同比增7.8%，完成市年度目标任务8000万美元的97.5%；其中：出口7741万美元，进口61万美元。

从进出口商品看，磷化工系列产品实现贸易进出口1793万美元，同比增1.13%；以蔬菜为主的农产品实现进出口5453万美元，同比增11.45%；花卉实现进出口389万美元，同比负增长29.7%；机电产品实现进出口156万美元；渔网加工实现进出口11万美元。

从进出口企业类别看，私营企业实现7241万美元，同比增12.54%；外资经营企业实现561万美元，同比负增长30.22%。

【内贸流通】 2014年，江川县实现社会消费品零售总额171452.5万元，同比增12.7%。分行业看：批发业完成10612万元，增12.0%；零售业完成118609万元，增12.9%；餐饮业完成33318万元，增18.5%；宾馆住宿业完成8913万元，降6.3%。

【蔬菜成为出口创汇第一大产业】 2014年，江川县以蔬菜为主的农产品实现进出口5453万美元，同比增11.45%，占全年进出口总值7802万美元的69.89%，跃居江川县出口创汇第一大产业。

【成品油管理】 2014年，共计销售成品油38352吨，同比负增长1.75%。其中：93#汽油销售15016吨，同比增7.14%；97#汽油销售1102吨，同比增19.52%；柴油销售22234吨，同比负增长7.73%。

【启动社区农超建设】 2014年，江川县重点在德馨园（职教小区）、县城中心区依托现有华联超市、百信江川购物广场、平一超市江川店、天天乐超市，建设4～5个便民农超。市商务局批准德馨园（职教小区）慧捷农超建设，该项目资金已拨付到承办企业。

【“万村千乡”信息化建设】 在前期“万村千乡”建设工作中，江川县重点对江城镇江城综合商场、渔村波红农家店、后卫村文华农家店、小街村桂英农家店、河嘴村树红农家店等5户农家店进行信息化终端建设，每户拨付2000元项目建设补助经费。

【南博会上江川企业收获】 2014年第2届“南亚博览会”暨“第22届昆交会”于2014年6月6～10日在昆明国际会展中心举

行。江川县组织云南江川荣盛实业有限公司、云南江川汇海农产品有限公司、云南江川宏斌绿色食品有限公司、云南龙华铜雕有限公司、江川腾达机械制造有限公司等5户参展企业在本届展会上各显特色，收获颇丰。

以荣盛和汇海为代表的果蔬保鲜公司展现江川县生物资源和生产加工优势；宏斌酱菜主打的“中华老字号”——“调鼎斋”品牌，以抢眼的特装形象和丰富的酱菜品种吸引广大客商；作为江川县第一家进入机电馆展销的江川腾达机械制造有限公司拓展公司的交流平台；同时，江川青铜制品首次参加南亚博览会并首次参加“一县一品”展览，充分展示江川古滇文化、青铜文化的发展成果。会展期间，五家企业负责人还分别参加南亚商品展览展示、南亚国家投资促进会、南亚商品采购大会、中国—南亚商务论坛等活动。

【云南荣盛实业有限公司昆交会签约四项目】 2014年6月7日，在第2届南亚博览会暨第22届昆交会上，云南荣盛实业有限公司共签约4个项目。分别是：与泰国洪源农产品有限公司签约1483.47万美元；与迪拜金凡有限公司签约1838.72万美元；与深圳绿田进出口有限公司签约4700万元人民币；与哈尔滨哈达果蔬股份有限公司签约6698万元人民币。副市长解仕清、市商务局局长段家祥、副县长李启红及市、县相关部门负责人参加签约仪式。

【商务安全】 2014年，江川县在元旦、五一、十一、中秋节及江川“开渔节”等重大节日期间，采取措施，加强商务安全专项整治活动，共检查相关商贸企业和流通场所19个，发现安全隐患2起，其中责令整改、限期整改2起，已整改2起。贯彻落实县委、县政府、市商务局在安全生产、消防安全工作方面的文件精神，并结合各单位工作特点抓好安全生产、消防安全、食品安全等工作落实。强化安全生产责任。针对当前安全形势及加油站工作的特殊性，要求中石油、中石化两家公司在保证油品安全供应的同时，对进站加油的重点人员、车辆要加强监管，对带散装桶加油情况要进行实名登记，对可疑人员要适时报告。继续做好安全防范工作，总结安全防范经验，落实安全生产责任。加强节日及特定时期商务安全检查。针对“十一”等节日情况，适时组织开展商务安全大检查大排查工作。重点组织开展农贸市场、大型超市、成品油等商务安全整治专项检查，全力净化商贸服务业领域消费市场秩序，保障消费者和企业的合法权益。结合行业特点，落实流通环节安全。做好流通环节商品流通安全，适时开展价格监测预警预报，维护社会稳定。节假日期间，各超市商品储备充分，物资种类齐全，加油站油品充足，满足节日期间出行安全。突出重点，加强整治。对百信购物广场江川店、天天乐超市、华联超市江川店、平一购物广场四家超市进行抽检，均未发现有过期食品和假冒伪劣商品。对中石油、中石化等14个加油站进行检查，均未发现假冒伪劣商品和价格欺诈行为。

【市商务局调研】 2014年3月13日，市商务局局长段家祥带领相关科室负责人到江川调研商务工作。听取工作情况汇报后，段家祥肯定县商务工作取得的成绩，对2014年商务工作，要切实做好内贸工作，抓好重要商品、重点商品的监测管理，按照要求，切实做好市场建设。对外贸企业要加大扶持、加以培育、强化发展、搞好服务。要鼓励支持企业放心、放手、放胆地做大做强。对外经、商务运行作要求。深入江川天丽食品有限公司、云南荣盛实业有限公司、江川同欣食品有限公司等企业进行走访，了解企业生产经营状况及项目推进情况，帮助协调、解决企业存在的困难和问题。

（王子明）

【科技项目申报管理】 2014年，江川县共申报国家、省、市科技计划项目28个，其中：国家级科技项目1项；省级科技项目19项；市级科技项目8项。实际获得立项25个，其中：国家级科技项目1项；省级科技项目18项；市级科技项目6项。江川县蔬菜标准化种植与精深加工产业化示范园获得科技部立项，实现申报国家级科技项目的突破。新认定云南省创新型试点企业1户、省级科技特派员3人、云南省科技示范园1户、云南省科技型中小企业2户、云南省农产品深加工科技型企业2户及云南省优质种业基地1户。继续实施“科技下乡”“科技活动周”“科技示范园”和“建设创新型玉溪行动计划”等惠农工程。

【优化科技创新环境】 2014年，江川县把落实创新型玉溪行动计划作为推进江川县科学发展的重大举措抓紧抓实，加快县域科技创新体系建设。实施《关于加强科技进步与创新，促进江川经济社会全面发展的意见》《江川县科技进步与创新奖励办法》《中共江川县委江川县人民政府关于贯彻落实〈中共玉溪市委玉溪市人民政府实施建设创新型玉溪行动计划的决定〉的意见》等政策性文件，加快江川科技进步与创新工作步伐；召开江川县2014年科技工作会议，全面总结和安排2014年科技创新工作，表彰奖励2013年科技创新工作先进集体和个人，其中：奖励发明专利2项、实用新型专利4项、外观设计专利3项，获国家级高新技术企业认定奖励1项，获省级企业技术（工程）中心认定奖励1项，青少年科技创新奖励1项，合计发放奖金164500元。

【科技成果与研发】 2014年，江川县工信局对符合规定条件的科技项目进行筛选，重点选取在研究开发中取得新的实质性进展以及取得明显经济和社会效益的科技成果进行申报，圆满完成2014年省市县科学技术进步奖的初审和申报工作。2014年新获省级科学奖授奖2项、市级科学奖授奖3项，县级科技进步与创新奖励12项。新获省级、市级科学奖励分别是江川县畜禽改良站《保育猪生物发酵床环保养殖技术研究与示范》获云南省2013年科学技术三等奖，江川一中《江川县野生中药材资源调查及栽培利用》获得省青少年科技创新奖励一等奖，江川县土壤肥料工作站《玉溪市测土配方施肥技术应用与推广》获得2013年度玉溪市科学技术一等奖，江川县水产技术推广站《抚仙四须鲃人工驯养繁殖技术研究》获得2013年度玉溪市科学技术二等奖，江川县动物疫病预防控制中心《玉溪市生猪重大动物疫病免疫技术探索与推广》获得2013年度玉溪市科学技术三等奖。

【争取科技项目资金】 2014年，江川县针对企业在科技创新中存在的资金难题，加大项目资金争取力度，将争取上级立项扶持作为首要工作来抓，围绕国家科技资金支持导向和投入重点，建立沟通和联系渠道，了解科技项目申报和立项的有关信息，提高项目申报的针对性和有效性。加强对企业的指导与服务。深入企业调研，帮助企业设计、开发合适的项目，指导企业申请不同类别的项目资金，并对申报流程中的细节和注意事项予以说明，对申报材料层层把关，提高项目立项成功率。全年共争取国家、省、市科技项目扶持资金399万元，其中国家补助资金145万元、省级补助资金208万元、市级补助资金46万元。

【科普工作】 2014年，江川县认真开展科技暨知识产权宣传周活动，成立领导小组，下发《关于举办江川县2014年科技活动周的通知》，明确各部门工作任务，组织各部门开展科技、卫生、地震、烟草、农业、畜牧等方面科技知识普及活动。组织开展以“城镇化与减灾”为主题的“防灾减灾日”科普宣传活动。各部门共出动30人，展出展板50块，向群众发放防震减灾、防灾应急、气象灾害、卫生防疫、家庭消防、农业病虫害和红十字会法律法规等知识手册、宣传彩页、宣传资料共计21种4800余份（册），悬挂横幅1条。开展知识产权巡回宣传。联系市科技局（知识产权局）组织一辆宣传车，到江川县县城、乡村开展知识产权巡回宣传，宣传知识产权相关法规法规、普及知识产权基本知识。开展科技、知识产权进学校、企业活动。县教育局组织学校宣传科技、知识产权法律、法规及保护等基本知识；县科技、科协工作部门深入重点企事业单位，开展知识产权工作宣传，研究企业知识产权工作，协调市知识产权援助中心下企业，为云南荣盛实业有限公司、云南金塔实业有限公司两户企业策划申请专利6个，解决企业在科研或者专利申请方面的问题。组织科普基地开展科技活动周工作。组织全国科普教育基地—云南李家山青铜器博物馆免费向公众开放，开展知识产权及科普宣传工作。开放3个青铜文化展厅、2个鱼文化展厅，全面展示古滇国时期经济生产、文化艺术、科技水平等方面的内容，突出科普教育和地方文化特色；准备科技和知识产权相关资料，免费向入馆公众发放。向社会公众宣传《玉溪市“十二五”科技与知识产权发展规划》《专利申请与保护指南》《知识产权基本100问》《云南省专利行政保护与维权指南》等相关知识。整个知识产权活动周共接待入馆公众1000余人次，发放各种科普宣传材料300余份。

【科普统计】　2014年，县工信局做好县国土资源局、县文化旅游广电和体育局、县农业局等全县21个相关部门的科普统计布置工作和业务指导，并对全县21个部门的统计表进行审核、数据修正，数据录入。据统计：全县共有科普专职人员108人、科普兼职人员132人及注册科普志愿者5999人；全县共有非场馆类科普基地4个及科普展览区面积923平方米，当年参观人数96100人次；全县共有农村科普（技）活动场地3个及科普宣传专用车2辆；全年共筹集科普经费35.6万元，年度共使用科普经费39.4元；全年共出版科普图书1种60000册，电视台播出科普（技）节目时间64小时，电台播出科普（技）节目时间392小时，科普网站2个，发放科普读物和资料262275份；全年共举办科普（技）讲座578次，参加人数37185人次，举办专题科普（技）展览21次，参观人数114200人次，科技活动周科技专题活动次数45次，参加人数5109人次，举办实用技术培训689次，参加人次31034人次，重大科普活动次数5次。

【知识产权】　2014年，江川县加强知识产权工作。开展知识产权宣传活动。下发《关于举办江川县2014年科技活动周的通知》，开展“4·26”知识产权宣传活动日、“科技活动周”系列活动，深入规模企业和学校开展知识产权宣传、咨询、调研活动，共商企业知识产权申请和保护工作。做好知识产权服务和专利申请保护工作。2014年申请专利40件，其中：发明7件，实用新型17件，外观设计16件；获得专利授权31件，其中发明2件，实用新型12件，外观设计17件，提升县域科技自主创新能力。开展专利法规宣传、咨询，妥善处理知识产权纠纷，多次组织企业参加“玉溪市专利信息分析及科技文献应用培训”、《云南省专利促进与保护条例》玉溪宣讲暨专利执法培训、“云南省专利资助申报系统”等培训班，提升企业专利创造、运用、保护与管理能力。帮助专利权人申请省、市各种专利资助奖励8件，发放上年度省、市、县专利资助奖励资金4万余元。

【江川县蓝莓科技示范园建设项目通过验收】　2014年年底，由市科技局牵头，会同市农业局、市经作站、市科技发展中心及行业有关专家组成验收组，对江川县工信局承担的“江川县蓝莓科技示范园”建设项目进行验收。

验收会上，县工信局局长钟镖就江川县蓝莓科技示范园项目建设情况作工作汇报。在听取汇报后，验收组按照项目建设要求，审阅江川县蓝莓科技示范园建设项目验收材料，并就有关问题进行质询。最后，验收组的各位领导、专家分别进行发言，江川县蓝莓科技示范园建设项目配套资金到位，所提供的技术资料完整，组织管理措施到位，完成项目任务书规定的各项考核指标，同意通过验收。

江川县蓝莓科技示范园建设项目围绕发展蓝莓种植与抚仙湖、东风水库径流区环境保护，调整农业产业结构、减少农业面源污染，增加农民收入等目标任务，2013～2014举办蓝莓种植技术培训、技术咨询指导累计1236人次。经过两年多的标准化项目建设，目前已在九溪、三百亩、牛摩、明星、胡家湾等地规模、连片种植3个系列，18个品种的蓝莓1362亩；引进云南万家欢集团、仙湖蓝星科技发展公司等2户蓝莓种植企业，成立江川仙湖蓝星、红糵蓝莓庄园、福湾等3户蓝莓专业合作社，建成1个连片规模面积在100亩以上的标准化、规范化蓝莓种植示范基地。

【云南江磷集团股份有限公司创建成为云南省创新型试点企业】

2014年10月8日由省科技厅牵头，省国资委、省工业和信息化委、云南江磷集团股份有限公司被省总工会四部门共同组织评审和遴选，认定为云南省创新型试点企业。该公司是江川县重点培育的科技型民营企业，注重科技投入与技术创新工作，与昆明理工大学、天津大学、北京大学共同合作建立的“云南省工业废气净化及一碳化工研究发展中心”，于2008年通过云南省企业技术中心认定；拥有4项发明专利授权，另外还有2项发明专利申请进入实质审查；1997年获国家外经贸部批准，拥有自营进出口权，为全国第二大黄磷出口企业。

【江川县蔬菜产业获国家科技部项目支持】　2014年，《江川县蔬菜标准化种植与精深加工产业化示范》科技项目被成功列入国家科技部2014年富民强县专项行动计划。该实施年限为2014年5月至2016年4月，项目资金总额1300万元，其中：县级自筹1005万元，市级补助100万元，省级补助50万元，科技部补助145万元。通过项目实施，完善农业科技推广服务网络，将江川县建建设成为蔬菜产业强县和蔬菜产业示范区。

【玉溪市调味品工程技术研究中心建设项目通过验收】 2014年11月19日，由市科技局、市财政局、市工信委及行业有关专家组成验收组，对云南卓一食品有限公司承担的玉溪市调味品工程技术研究中心建设项目进行验收。验收组根据科技计划项目合同，审阅项目总结报告，实地查验了项目建设情况，并对有关问题进行询问，同意给予验收。

【科技创新工作】 科技创新工作环境进一步巩固和完善。县委、县政府重视科技创新工作，召开4次会议专题研究科技创新工作，组织召开江川县民营经济发展大会，制定出台《中共江川县委 江川县人民政府关于加快民营经济发展的实施意见》，表彰奖励2014年科技创新工作先进集体和先进个人。开展科技和知识产权活动周系列工作和科技文化、卫生三下乡工作，4次组织规模以上企业负责人参加市、县科技及知识产权管理知识培训班，组织30户规模以上企业负责人到浙江大学学习科技管理知识。完成2014年科学技术协会换届工作，表彰奖励科普工作先进集体和先进个人。开展江川县蓝莓科技示范园建设工作，培训农户1236人次。企业与财政科技经费投入力度不断加大。2013年（R&D）经费支出与国内生产总值（GDP）的比例为1.5%，比2012年的0.04%增加1.46个百分点，比考核指标0.1个百分点多出1.45个百分点；2014年县本级财政科技拨款为974万元，同比增27.8%，比考核指标10%多17.8个百分点；2014年县区本级财政安排给县区科技部门使用的科技、知识产权经费为285万元，比2013年的201万元增84万元，增41.8%，比考核指标10%多31.8个百分点。科技工作绩效指标超额完成。2014年完成科技工作绩效自评63分，超市政府下达的40分达23分，超额57%。

【市科技局指导企业科技创新工作】 2014年5月21日，市科技局局长李世华率领市科技局相关科室负责人，到江川指导企业科技创新工作。指导组成员实地考察云南江川卓一食品有限公司、云南腾达机械制造有限公司、云南联塑科技发展有限公司3户企业，和企业负责人及员工交流，了解企业生产、经营、设备、人才、知识产权及科技创新工作等情况。

李世华肯定江川企业科技创新工作所取得的成绩，对江川下一步企业科技创新工作提出要求，要加强科技创新平台建设，云南江川卓一食品有限公司要依托孙保国院士工作站，狠抓企业人才队伍建设，解决企业发展技术瓶颈，促进企业科技创新工作。要制定科学合理的发展规划，规划要树立“科技创新”推动企业发展的思想，切实依靠科技创新来提升企业的市场竞争力。要建立完善的市场运营机制，理清发展目标和思路，抓住机遇，加快发展。要提供优质科技服务，市县科技部门要树立服务企业的思想，了解和掌握企业科技创新工作情况，切实为企业发展提供政策、项目、技术、人才、信息各方面的支持服务，充分发挥科技创新推动企业技术进步和经济发展作用。

【创新型玉溪行动计划2013年度考评情况】 县政府与市政府签订的《建设创新型玉溪行动计划2013年度目标责任书》考核内容共计8项，2013年江川县开展各项工作，完成目标责任工作任务。自评得分95分，考评得分93.4分，名列全市第三。

R&D投入取得突破。2012年规模以上工业企业研究与开发（R&D）经费支出192.3万元，占当年国内生产总值（GDP）0.04%，实现R&D经费和R&D强度零的突破。创新平台建设成绩显著。新建云南卓一食品有限公司的孙宝国院士工作站1个，实现玉溪市院士工作站建设零的突破；新认定省级企业技术中心1个，即云南宏斌绿色有限公司技术中心。全县科技创新能力不断提高。2013年，新认定高新技术企业1家，云南省科技型中小企业2家；新列入省级以上科技计划项目数5个；新认定市级农业特色产业科技示范园1个；新获省科学技术奖1项和市级科学技术奖3项，科技绩效工作按标准计分47分，和澄江并列，次于红塔区和通海。

（叶红梅）

【党委党建】 2014年，共有党的基层组织32个，其中党总支4个、党支部28个。共有党员368名，其中：预备党员5名，占党员总数的1.36%；女党员79名，占党

员总数的21.47%；少数民族党员13名，占党员总数的3.53%；35岁及以下的党员27名，占党员总数的7.34%。大专以上学历的党员152名，占党员总数的41.30%。共有申请入党人（不包括积极分子和发展对象）41名，入党积极分子（不包括发展对象）37名，发展对象6名。

强化各项党务工作。加强思想理论武装，提高党员队伍思想政治素质。坚持每月一次党员学习，组织各总支、支部学习党的十八大、十八届三中、四中全会精神，习近平总书记系列讲话精神以及省、市、县等有关会议精神，教育引导广大党员坚定理想信念，提高党员干部政治理论素养。抓好党员干部教育培训，组织各党总支、支部书记、青年党员参加局党委举办的党的十八届三中全会精神宣讲会、党的十八届四中全会精神宣讲团宣讲报告会，组织各党总支、支部书记、非公企业负责人参加“两类”组织党建培训班。加强党员、干部思想作风建设，组织各党总支、支部认真学习中央“八项规定”精神，学习中央、省、市关于“违反规定典型问题”通报，教育引导党员干部提高自律意识。加强组织建设，提高党组织的凝聚力和战斗力。做好党员发展工作。认真把好工作程序，支持党支部做好发展党员工作。2014年共发展非公企业预备党员4名。强化党务干部队伍建设。结合机构变化和干部人事变动，对江磷集团党总支下设支部进行调整，调整配备县供销社党总支、蔬菜公司党支部、县安监局支部负责人、委员，加强工作力量。开展好“党员先锋活力工程”。建立6名班子成员定点联系34家规上企业和11家非公企业党组织工作制度，定期督促指导企业、各党组织抓好各项工作。抓好软弱涣散基层党组织整顿，对下岗改制企业党组织进行分类定级，采取健全党组织、配齐党支部委员、完善工作制度、组织开展专题组织生活会等措施，促使县农业机械厂等几家后进党支部工作进一步规范，实现整顿提高。深化“美丽江川服务先锋”活动。县工信局机关支部、县安监局支部、县粮食局党总支深入联系社区，开展“元旦、春节”走访慰问困难党员、寒冬送温暖、环境卫生整治等活动，深化主题服务月活动效果。组织5个机关党总支、支部开展在职党员进社区活动，活动中认领服务项目3个，参与主题服务月21次，开展志愿服务、公益活动13次，协调项目1个、资金5.8万元，投入服务资金6.46万元。推进教育实践活动。按照县委党的群众路线教育实践活动要求，加强领导，精心组织，做好“学习教育、查摆问题、整改落实”3个环节工作，推进2个层面的工作：一是以局领导班子和党员领导干部为重点，教育引导党员领导干部，提高做好新形势下群众工作的能力，转变工作作风，在为民服务上取得成效。局班子及6名党员领导干部围绕“四风”认真撰写对照检查材料，按期召开了民主生活会。二是以局党委下辖各党总支（支部）为单位，组织全体党员参与，通过开展路线教育实践活动，思想境界进一步提升，作风进一步转变，党群关系进一步密切，先锋模范作用进一步发挥，达到党员干部受教育的目的。各党总支（支部）班子、全体党员围绕“四风”深刻查找问题，组织召开了专题组织生活会。加强制度建设。坚持党内激励关怀机制，2014年春节慰问困难党员22人。通过建立健全党员积分制管理考核、党建工作责任制、加强群团组织建设、坚持党务公开等措施，不断提高党建工作水平。

（杨宏蕾）

招商合作

【总体运行情况】 2014年，市政府下达江川县招商引资引进市外国内资金考核目标任务55亿元，其中省外国内资金38亿元；外资考核目标任务300万美元。

2014年1~12月，全县实施市外国内资金项目99项，结转项目31项，新建项目68项，使用市外国内资金564955万元（上年同期425748万元），同比增32.7%，完成目标任务的102.7%。其中使用省外资金380415万元（上年同期349558万元），同比增8.8%，完成市政府下达的省外资金目标任务38亿元的100.1%。外资上报309万美元，完成目标任务的103%。重点签约项目5个，在谈项目32个，开发储备项目43个。在玉溪市一区八县、高新区十家目标任务责任单位中排名情况：江川县1~12月份招商引资引进市外国内资金数排名第3，增速第7；引进省外国内资金数排名第3，增速第8；外资完成数排名第7。

【到位资金行业分布情况】 全县实施的99个项目中，经济合作类项目85项，引进市外到位资金570191万元，占全县市外到位资金总额的93%；社会合作类项目14项，引进市外到位资金56900万元，占全县市外到位资金总额的7%。一产业项目4个，以种养殖、农副食品精深加工、茶为主，市外到位资金18309万元，占3%；二产业项目37个，以塑料制品、烟花爆竹产品，通用机械设备、化学原料、电力的生产和供应业为主，市外到位资金225560万元，占41%；三产业项目58个，文化旅游、房地产、通信服务、交通道路、城市群公共设施管理业为主市外到位资金321086万元，占56%；市外到位资金在一、二、三产业的比重分别为3%、41%、和56%。

【市外到位资金投资来源地情况】

从长三角和珠三角来看。长三角地区项目5个，到位资金70134万元，占省外到位资金总额的18%；珠三角地区项目6个，到位资金88985万元，占省外到位资金总额，70%。

从各省区市到江川县投资来看，其中湖北、重庆、北京、广东、浙江、上海分别以57474万元、51000万元、47444万元、43747万元、37595万元、28584万元位居到位资金前6位，合计投资项目34个，到位资金265844万元，占省外到位资金总额的70%。

省内到江川县投资共有8个州市和省级企业，到位资金229947万元。其中仍以昆明和省属企业为主，到位资金216260万元，占省内到位资金总额的94%。

【各乡镇及部门完成任务情况】

1~12月，各乡镇（街道）实际引进市外国内资金256733万元，同比减18%，环比增15%，完成乡镇街道目标任务302000万元的85%。乡镇（街道）目标任务完成情况差异较大。从同比来看，上报到位资金同比增长的乡镇（街道）是大街街道、前卫镇，其他乡镇为负增长，但下滑趋势缩小。从环比看江城镇增长较大85%，安化乡、大街街道、前卫镇小幅增长外，其他3个乡镇环比增长均为零。从完成目标任务和时间进度来看，九溪镇、大街街道、前卫镇、安化乡分别完成138%、128%、117%、104%，均按时间进度完成任务。路居镇、江城镇、雄关乡分别完成任务数的39%、58%、61%，均低于时间进度要求。

【县直20个责任单位完成情况】

工业园区管理委员会上报项目4个，到位资金58802万元。其他责任部门单位和无责任部门单位上报项目44个，1~12月到位资金356256万元。13个单位上报到位资金已完成目标任务数，7个单位未完成上报到位资金目标任务数。

（陈玉雯）

工业园区管理

【概　述】　2014年，龙泉山工业园区认真履行职责，与高新区密切配合，各项工作干在实处，走在前列，主要经济指标成倍增长，取得“两大突破”，三项工作有新进展。

【园区主要经济指标成倍增长】

2014年，园区企业预计实现工业总产值3.71亿元，同比增2.81倍，完成市级下达责任目标0.54亿元的6.86倍；实现主营业务收入2.76亿元，同比增2.03倍，完成县级下达责任目标6亿元的46%；规模以上工业增长加值0.71亿元，同比增2.25倍，完成县级下达责任目标2亿元的35%；实现税金0.04亿元，同比增2.88倍，完成县级下达责任目标0.4亿元的10%；实现利润总额0.3亿元，同比增3倍，完成县级下达责任目标0.5亿元的60%；实现税金0.04亿元，同比增2.88倍，完成县级下达责任目标0.4亿元的10%；完成固定资产投资5.02亿元。其中：园区基础设施投资0.5亿元，工业投资4.52亿元。同比增43.5%，完成市级下达责任目标5亿元的100.4%，完成县级下达责任目标5.5亿元的91.3%；向上争取和筹措建设资金2.34亿元（其中：高新区拨入资金1.86亿元），居全市园区第三。

【园区规划、发展定位和产业布局】　在园区规划上：龙泉园区总规和启动区控规于9月12日通过专家评审。根据园区控规成果，结合地形、地貌情况，进一步落实8平方千米起步区内的道路、给排水设施、电力等市政设施选点、布点情况，实施园区基础设施配套工程。

在发展定位和产业布局上：立足于产城融合、科技新城的定位，重点发展生物医药、高端装备制造、新能源新材料、电子信息产业、现代服务业五大产业，形成宜居宜业的山水城市。

【招商引资】 2014年，龙泉园区招商引资预计到位市外国内资金4.42亿元，同比增13.7%，占市级下达目标任务4亿元的110.5%，县级下达目标任务5亿元的88.4%，其中：引进省外国内资金2.6亿元，完成县级下达责任目标4亿元的65%；上报县招商合作局包装储备向外推介的重点项目有5个，部分项目在市委、市政府举办的“绿色之约逐梦玉溪—100名浙商玉溪行”招商洽谈大会上列入《玉溪市招商引资项目》目录包装推介，完成率达100%；4个新签约入园：投资1.05亿元、占地40亩的上海杰隆集团动物源性蛋白及活性肽提取深加工项目；投资0.45亿元、占地15亩江川巨鹏燃气经营开发有限公司天然气利用工程项目；投资0.92亿元、占地50亩云南福达钢构工程门业有限公司年产1万吨管桁架、H型钢构件及10万平方米遥控车库门生产线项目；投资1.4亿元、占地60亩云南荣盛实业有限公司年产泡沫箱1500万只、塑料筐1000万只、瓦楞纸箱1000万只生产线项目。

【基础设施建设】 投入资金2.48亿元，完成龙泉大道路面硬化及人行道绿化，仙水大道和4号路、5号路的路面硬化，6号路路基，3000立方米高位水池供水，三街抽水站、排水沟、截污管、110千伏安变电站、电信管道、电缆沟、电缆建设等工程。推进龙腾路、江滇路、江义街建设的前期工作。11月27日完成三条道路的可行性研究报告评审，12月30日完成初步设计评审工作，进入施工图纸设计阶段。于12月初完成园区单立柱广告的建设施工工作，成功投放园区的形象宣传广告。

【服务企业】 树立园区管理是服务、协调是服务、招商是服务的理念，对17个建成投产项目、在建项目、已签约未建项目、意向性入园项目实行“五个一”，即一个项目、一名领导、一套班子、一个方案、一次考核的定向定责服务机制。针对每个项目存在的问题，明确责任人和完成时限，实行倒逼机制，通过限时办结和代理帮办等有效措施，建立全方位、经常性服务体系，为企业排忧解难，促进企业早入园、早建设、早投产。完成杰隆科技、福达钢构、荣盛包装等项目进入园区的选址堪界工作；投资25万元解决万利包装和特固电器的用电问题，完成园区内供电线路前期设计勘察工作；加快5个已入园项目的建设，其中：总投资0.8亿元、占地35.96亩的云南特固电气有限公司；总投资4亿元、占地359.67亩的云南联塑科技发展有限公司一期；总投资1.4亿元、占地110亩的云南腾达机械制造有限公司3个项目已建成投产。总投资1.49亿元、占地145亩的玉溪万利包装材料有限公司年加工1.6亿只纸箱生产项目已进入厂房主体施工阶段；总投资1.8亿元、占地175亩的江川新天力现代农业装备制造有限公司项目于12月底动工建设。

（张雨曦）

粮　食

【概　述】 2014年，江川县粮食局贯彻执行县委、县政府的工作安排部署和市粮食局的工作要求，紧扣“保供给、稳市场、惠民生”的工作重心，继续深化国有粮食企业改革，加强调控，抓好粮油购销，完善储备调节，推进产销合作，完成各项工作任务，保障江川粮油市场的基本稳定和政策性粮食供应及全县粮食安全。

【粮油购进】 2014年，全县（纳入统计范围的粮食企业及个体工商户）购进粮食18782吨，比上年增2679吨，增16.6%，其中，国有粮食企业购进粮食7807吨，同比减230吨，减3%；购进兑入油菜籽3013吨，同比减502吨，其中，国有粮食企业收购兑换1104吨（含县外调入），占全县收购量的36.6%，同比减300吨。

【粮油销售】 2014年，全县（纳入统计范围的粮食企业及个体工商户）销售粮食20369吨，同比增570吨，增2.9%；销售菜油693吨，同比增17吨，增2.5%，其中，国有粮食企业销售粮食7435吨，同比减525吨，减6.6%；销售菜油401吨，同比增22吨，增5.8%。

【粮油库存】 2014年末，全县（纳入统计范围的粮食企业及个体工商户）周转粮库存6762吨，同比增1171吨，增21%；库存油脂767吨，同比增131吨。其中，国有粮食企业粮食库存6103吨，同比增267吨，增4.6%；油脂库存760吨（含储备油），同比增131吨，增21%。

【经济效益】 国有粮食企业2014

年实现销售收入3356万元，比上年增87万元。实现利润54万元，同比增加利润2万元，其中，江川县粮食收储有限公司实现利润64万元，云南江川军粮供应站经营亏损10万元。

【放心粮油进农村进社区】 在原大街、江城、九溪、路居和云南江川军粮供应站5个粮油平价销售点的基础上，开展放心粮油进农村进社区活动，2014年6月，在安化乡安化社区，前卫鱼村，雄关麦冲，路居螺蛳铺、上坝，江城农贸市场设置6个粮油平价直销点，让僻远山区群众吃上放心、安全、平价粮油。全年销售平价大米1840吨，菜油330吨，让利31.6万元。

【政策性粮食供应】 军粮、救灾救济粮的供应是粮食部门的一项政治任务，贯彻落实《军粮供应管理暂行办法》，军粮供应企业紧贴部队需求，不断提高服务质量，坚持定点采购、统一包装、一批一检、品种兑换、面条委托代加工等措施，按时按质按量完成军粮供应任务。江川县粮食收储有限公司与民政部门配合，及时供应救灾救济粮（大米）370吨，保障民生、维护江川社会稳定。

【粮食流通监管】 依法开展粮食流通监督管理，维护粮食流通市场秩序，确保粮食质量安全。开展粮食收购许可证审核年检，规范粮食收购行为。根据《粮食流通管理条例》《粮食收购资格审核管理暂行办法》规定，于2014年2～3月，对全县取得《粮食收购许可证》的6户粮食收购户进行年度检审。年审合格率100%。加强粮油收购市场监管，保护种粮油农民利益。在大小春粮油收购期间，出动执法人员32人次，车辆17台次，对全县从事粮油收购的经营户进行巡回检查，指导督促其严格执行国家粮油收购政策，在收购场所公示收购品种、等级、质量标准、收购价格、兑换比例，接受群众监督，保护种粮油农民利益。开展粮油库存质量监管。在做好日常监管的同时，加大元旦、春节、中秋、国庆等重大节日期间的监管力度，全年出动执法人员42人次、车辆24台次深入市场、粮油门市和企业，对全县主要从事粮油经营的39户（国有粮食企业2户、个体经营户37户）库存成品粮油质量进行全面检查。检查库存粮油2309.2吨，其中：大米1229吨，面粉面条113.1吨，食用植物油967.1吨，防止粮油食品安全事故的发生。

【社会粮食流通统计】 根据《粮食流通统计制度》的要求，对从事粮食经营的38户（其中，国有2户、个体36户）经营大户列入统计调查对象，按月收集、汇总、上报粮油购销情况，对从事油菜籽收购的19户油坊的收购加工情况进行全面调查、了解，掌握全县粮油流通情况。开展城乡居民（50户）固定粮情调查和全县粮食供需平衡情况统计分析，每季进进一次全县粮情分析，半年进行统计资料的上报汇总分析，年终对全县粮食供需平衡情况进行全面统计分析，并以书面形式上报县政府和上级粮食主管局，为粮食宏观决策提供依据。

【粮食清仓查库】 根据《玉溪市发展和改革委员会玉溪市粮食局玉溪市财政局中国农业银行玉溪市分行关于开展2014年全市粮食库存检查工作的通知》要求，于3月下旬至4月上旬，对2户国有粮食企业（江川县粮食收储有限公司、云南江川军粮供应站）的库存粮食进行检查。检查储粮点11个、粮食仓库52个、粮油门市5个，检查粮食7808吨，其中：粳稻4685吨、玉米2755吨、小麦270吨（含面粉面条）、其他粮食98吨。

【储备粮管理】 落实储备粮管理办法和相关制度，加强日常管理，严防勤查，确保储备粮储存安全，夯实稳定粮食市场的物质基础。2014年，先后组织粮油储存安全检查15次，对储粮安全隐患及时督促企业进行整改；强化库存粮食品质监控，对库存粮食定期抽样送检，送检样品9个，代表量4500吨，根据检验结果，确定当年2340吨（其中，稻谷1840吨、小麦500吨）储备粮的轮换任务，选用黑龙江优质品种进行轮换，新粮轮入于12月25日完成。

【粮油储备加工中心建设】 计划投资1165万元的粮油储备加工中心建设于2013年2月27日由县发展和改革局立项批复，2013年10月9日完成370吨油库建设，3000吨现代化仓库建设于2014年12月10日竣工通过验收，综合管理用房和榨油车间于2014年12月23日完成图纸设计、工程招标等系列工作。预计整个工程于2015年6月竣工投入使用。

【资产盘活】 2014年11月，与昆明江川籍商人洽谈，将闲置12年的县城百乐门及场地共3860平方米出租给其经营使用，为企业增加年收入50万元。

【仓储设施维护修缮】 抓住国家加大仓储设施建设时机，加大仓储设施维护修缮改造力度，向省市县争取仓库建设资金126万元（省63万元、市42万元、县21万元），企业自筹资金224万元，对国有粮食企业县城大仓粮点1～2号仓、教场粮点9～10号仓进行功能提升维修改造。

（陈金芬）

供　电

【概　述】 2014年，江川供电有限公司以“坚定不移推创先、扎实有效强基础、为创建省级先进县级供电企业目标努力奋斗”为主题，深化南网战略落实，全面推进创先工作，持续提升安全生产、营销服务、规划建设、经营管理、队伍建设、党群工作的规范化水平，圆满完成全年各项目标任务。

年末，有在职员工290人，其中劳务派遣员工144人，平均年龄36岁。其中，具有中专及以上文化程度97.30%，具有中级及以上专业技术资格11人，技师及以上职业资格3人。下设17个部门，5个营业网点。运行4座110千伏变电站，2座35千伏变电站，总变电容量32.5万千伏安。运行维护110千伏输电线路2条，总长30.97千米；35千伏输电线路5条，总长70.40千米；10千伏配电线路47条，总长737.38千米；0.4千伏及以下线路1088.47千米。公用变压器598台，总容量5.656万千伏安。直供客户9.64万户。

【经济技术指标】 供电量7.47亿千瓦时，同比增6.87%；售电量7.26亿千瓦时，同比升7.88%；最高日电量316.45万千瓦时，同比降3.05%；最高负荷为146.36兆瓦，同比降6.34%；综合综合供电可靠率99.98%，同比升0.14个百分点；综合电压合格率98.56%，同比升1.26个百分点；工业产值达27860.95万元，同比增1.31%；应缴税费1918.79万元，同比增45.71%；电网建设总投资达1.07亿元。

【发展战略】 按照云南电网有限责任公司统一部署，从加强基础管理和提升核心能力着手，围绕安全管理、供电可靠性、客户服务、节能降耗四大核心领域，稳步推进一体化管理工作。制定创先综合行动计划482项，完成率100%。2014年，公司聚焦年度目标，健全工作机制，开展全员创先，创先核心指标全面提升：安全生产风险管理体系外审得分71.51分；客户年均停电时间5.74小时/户，同比降27.87小时/户；第三方客户满意度80分，同比提高9分，顺利实现公司2014年度创先阶段目标。2014年公司组织绩效八县公司排名第二。

【安全生产】 风险管控加强。深入开展2014年安全生产风险管理体系建设暨标准化评级自评工作，体系外审得分在八县公司排名第一。完善安全生产责任制，持续加强安全目标与指标过程控制。电网风险动态、闭环管控，设备风险分层、分级、分类、分阶段管控得到强化，优化作业分级管控模式，定期公布环境与职业健康危害因素。加强设备运行管控能力，完成主网及配网主要风险及重点维护策略编制，加大运维管理，提高设备健康水平，确保可靠供电。开展安全隐患排查整治工作，全年累计消除隐患35起。完成应急预案及现场处置方案修编，开展应急演练43次。

生产业务优化。规范设备风险评估，将设备状态评价结果应用于2015年大修技改项目申报及“十三五”规划中。完成110千伏螺丝铺变、110千伏早街变可视化作业流程的制作及应用。以提高供电可靠性和减少客户停电时间为目标，进一步提高生产作业计划的量化和细化程度，生产作业计划完成率98.3%，同比升2.5个百分点。开展带电作业59次，节约时户数8251时户。遵循“配网生产图纸唯一化”的要求，开展图实相符核对工作，清理GIS图模45条。圆满完成各项保供电任务。

运行水平提升。加强电网建设及信息建设水平，开展光纤全覆盖工程。将设备状态评价结果应用于2015年的大修技改项目申报及十三五规划中，设备分层、分级、分类、分阶段的设备风险管控模式逐步形成。拆除10kV九溪线无功补偿装置，购置3台低压线路无功补偿设备。严控临时性停电检查，全年临时停电计划1次，临停计划比率0.44%，同比降0.40个百分点。完成2014年农网Ⅱ类固定资产大修项目。工程重点解决部分农村电压质量偏低的问题，进一步提升配网设备健康运行水平，降低配网故障率。

【营销服务】 增供扩销措施有力。树立“以客户为尊，主动服务”的营销行为理念，及时了解节能减排政策信息和工业发展情况，走访大客户62户。建立重点项目跟踪机制，确保项目早用电、多用电。了解客户潜在用电需求，做好负荷增长和供电能力的预测及统筹安排。完成云南江磷集团股份有限公司#4黄磷炉接入及35kV化肥厂线改造、“三湖引水”、龙泉山生态工业园区、火炮砖瓦产业整合、保障性住房、“美丽校园”校安工程等建设项目，参与城市综合体建设项目，解决客户用电卡脖子项目2个，完成抗旱保供电和烤烟生产用电项目19个。

客户服务全面提升。开展业扩报装专项整治、客户用电安全专项整治和明查暗访等客户服务工作评价，解决客户服务突出问题。以减少客户用电安全隐患为目标，治理客户侧安全隐患38起。多渠道开通电费缴费方式，12月非现金缴费比例95.72%。完成客户档案信息核查工作，七个一致性指标100%。按计划推进电能计量“一体化、规范化”管理。“把脉”高线损线路，降低线损率，全年实现降损增供电量549.145万千瓦时。低压集抄覆盖率62.47%。首创“送安全、送平安”客户走访活动。

【规划建设】 做好电网规划。首次开展基建、生产技改、营销技改涉网资产统一规划，形成完备的电网投资规划项目库。围绕地方重点项目建设，完成《2014年配电网规划滚动修编报告》。完成“十三五”配电网规划编制，并通过省公司评审。完成2015年农网项目可研，共计26个项目，总投资估算1026.6万元。

加快电网建设。完成220千伏雄关变电站及进出线建设的协调工作，为110千伏大街变、110千伏早街变提供第二个电源点，为经济发展预留电力负荷发展空间，工程计划总投资1.84亿元，已完成投资1.01亿元。解决110kV早街变配套10kV出线通道问题，35kV早九线、35kV早前线线路工程完成施工投运，已完成投资2570万元。完成110千伏棋盘变电站完成土地征用相关报件资料及土地争议的协调工作，前期投资285万元。为改善生产条件，新建调度生产大楼年内完成投资150万元。

支持地方建设。根据市政建设需要实施的电力项目10kV九溪线、上头营线#4–#7塔搬迁、10kV上头营线T小龙潭支线搬迁、10kV城西开闭所Ⅰ回线T澄川路支线#5塔搬迁、10kV出流改道专线#7–#8搬迁。35kV大前线#3塔搬迁、#10–#12塔线路改造，经协调，于2014年4月全部完成。向上级争取项目、资金，投资1016万元完成2014年农网改造升级10kV及以下工程项目，新建和改造10kV线路12.83千米，低压线路8.29千米，新增（改造）配变57台，容量6655kVA。

【经营管理】 财务管理不断强化。深化全面预算管理，合理优化资源配置。清理长期往来款项。资金计划和使用管理方式实现按月计划、按月考核、按季兑现，资金收支计划准确率100%。实行非现金结算，库存现金“零”余额。开展固定资产清理工作，提升资产管理能力。完成资金安全管理、内部会计控制的专项自查工作。

内控管理深入有效。健全法律风险防范机制，开展法律外部咨询及培训4次。完成内部审计项目4项，成立以经理为组长的审计整改组织机构，整改内审项目及自查发现问题33项，到期整改完成率100%。开展效能监察和业扩报装、招投标、“八项规定”专项治理工作，学习应用《审计典型案例》，促进公司依法经营。严把法律审查关，公司合同、制度和重大决策的法律审查率达100%。强化公司绩效考核管理，下发公司《2013年管理评价指标分析报告及改进意见》。举办公司首届管理论坛和QC成果发布，荣获玉溪供电局管理论坛发布会一等奖。

【基础管理】 成立供电所规范化建设工作领导小组，实行公司领导供电所责任挂钩机制。制定《供电所规范化建设工作方案》及实施计划，并进行二次筹划、任务分解。明确工作职责界面，将专业化管理转化为具体措施。通过开展配网、营业普查，提升数据质量，使报表更加真实有效。将日常记录表单由118套减少到76套，减轻基层员工工作负担。截至2014年12月，实现配网图实相符准确率100%，站—线—变—户对应关系准确率100%，客户信息数据完整性100%。应用生产、营销信息系统固化业务流

程，提高工作效率。通过规范化建设提升员工业务技能，夯实基础管理，强化执行力。大街、前卫供电所评价等级达到标杆供电所，江城、九溪、路居供电所评价等级达到示范供电所。大街供电所营业服务班荣获局四星班组荣誉称号。

【作风建设】 作风建设深化。严格执行网省局改进工作作风的有关规定，厉行勤俭节约，制止奢侈浪费，坚持廉洁从业，并将落实情况作为民主生活会、述职述廉对照检查的重要内容。开展作风提升活动，抓好各级人员执行力建设，转变员工工作作风。严格贯彻落实“八项规定”，会议费同比降58.47%；业务招待费同比降52.59%；差旅费同比降5.04%。

【党群工作】 推进党建和反腐倡廉。开展教育实践活动“回头看”工作，7项整改承诺内容按时完成整改。开展“道德讲堂”系列活动，践行社会主义核心价值观。荣获省公司2014年特色党支部创建优秀成果表彰和玉溪电网2014年特色党支部发布一等奖。深入推进惩防体系建设，辨识岗位廉洁风险1093项，与检察院、公安局建立预防职务犯罪和办案协作机制。开展预防职务犯罪警示教育、党风廉政建设对照检查月活动。抓好精神文明建设和综治维稳工作，荣获江川县2014年度社会管理综合治理维护稳定工作先进集体。落实《关于进一步加强公司办公用房清理整改工作的通知》要求，共清理办公用房77.74平方米。

开展群团工作。组织劳动保护监督检查、职业健康管理、“安康杯”竞赛、“素质杯”竞赛等群众性安全生产活动，最大限度消除安全隐患和职业危害。全年开展一线班组、重点工程、生病住院慰问65人次，获玉溪电网“模范职工之家”荣誉称号。全面推进“和谐温馨供电所”创建，5个供电所获局授牌命名。团支部积极开展“号”“手”创建，服务青年立足岗位成才。“点亮你，点亮我”主题活动被云南电网有限责任公司确立为2014～2016年优质服务品牌。公司被玉溪团市委命名为“学雷锋示范单位”。组队参加玉溪供电局“安全微小品”大赛荣获一等奖。连续4年开展“优质服务送进麻风村”活动。

【获奖情况】 2014年9月被市文明办授予“学雷锋活动示范点”荣誉称号，2014年12月被云南电网有限责任公司授予“支部创先123”特色党支部荣誉称号。

（海　霞）

供销合作

【概　述】 2014年，江川县供销社全面贯彻落实省、市、县委政府关于深化改革实施供销社“二次创业”文件精神，按照“强化乡村流通网络建设，增强农资服务功能，积极参与产业化工作，完善内部管理措施，为‘二次创业’夯实基础”的工作思路扎实开展工作。全年累计完成：全年经营总额36071万元；销售总额35903万元；农副产品销售总额5371万元；利润总额347万元；社有资产总额1472万元；农资化肥销售量55956吨。完成新发展专业合作社4个，培训农民专业合作社理事长15人，培训农资销售人员二期250人，培训农产品经纪人150人。拥有1个配送中心、78个综合服务社、1个庄稼医院，发展农村各类协会9个。

【农资服务惠“三农”】 江川县供销社农资公司通过抓基层党组织建设，充分发挥先锋模范作用，以农资经营服务“三农”为主线，抢抓机遇，更新理念，不断完善经营管理机制，为江川农业增产、农民增收作贡献。及早谋划，深入乡村农户，调查了解掌握农用物资供求关系和市场动态，多方筹措资金，与生产厂家协调，加强与农资经销商的合作，提前落实各种农资商品购销合同，拓宽货源，加大采购力度，做好淡储旺供，确保江川县春耕农业生产资料的供应。采取多样销售方式确保供应。农资经营人员延长营业时间，坚守工作岗位，送货下乡进村到户，针对经济比较困难的农户，实行担保赊销，解决农民“买肥难”。供销社各企业严把进货质量关，严格从正规渠道统一直接调运，保证质优价廉的农资商品足量供应到位。配合农业、工商、质监等部门，做好农资市场清理整顿工作，加大对本系统农资门市部的检查力度和监控力度，防止销售假冒伪劣农资商品，杜绝坑农害农事件发生。重视价格变动情况，严格执行国家价格政策，坚决杜绝擅自提高购销价格行为，做到不哄抬价格、不囤积居奇，确保价格合理平稳，确保农民买得起、用得上质优价廉的农用物资。通过各种措施，确保全县在最佳节令完成春耕生产任务。2014年全系统销售（配送）各类化肥55956吨，金额21368万元；农药1165吨，金额2242万元；农膜86吨，金额111万元。

【资产管理】 为推进供销社企业改革，加强供销社社有资产的开发、经营、管理，确保社有资产保值增值，并实现供销社可持续发展。招商引资3000万元，将小花园门市列入开发项目，项目建设稳步推进，预计2015年6月可投入使用。土产公司开发经县政府常务会议研究同意进行改造；九溪基层社的改造已完成地勘、图纸设计、项目申报。对全系统资产现状的租赁、承包经营情况进行市场调研，全面分析，适当提高租金比例，确保社有资产保值增值。贯彻落实党的十八届三中全会和中央关于深化供销合作社改革的精神，按照中央、全国总社、省委、省供销社、市委、市供销社关于开展供销社合作社综合改革试点工作的安排部署，江川县社被列为试点单位，综合改革方案已形成县委、县政府文件下发，2016年9月将完成综合改革试点工作任务。

【“两社一会”发展】 按专业合作社和行业协会的规范要求，2014完成新发展专业合作社4个，培训农民专业合作社理事长15人，培训农资销售人员二期250人，培训农产品经纪人150人。

【野生菌人工促繁】 在安化旧村看山房、安化大山、雄关野生菌专业合作试验示范基础上，2014年，以江川董炳野生菌产销专业合作社为依托，抓野生菌人工促繁，申报省级2014年度食用菌产业发展项目专项资金，争取到省市野生菌产业发展专项资金15万元，筹措资金5万元作为合作社发展经费补助。在基地路口制作宣传展板2块，在安化乡、雄关乡所建立试验示范基地进行人工扩繁1500亩，通过人工扩繁，采取挖沟、挖塘、浅铲和罩薄膜小棚4种方式处理过的林地均长出干巴菌，人工促繁方法已初现效果。

（史岩松）

城市建设投资

【概　述】 江川县城市建设投资有限公司2009年11月成立，为政府出资设立的国有独资公司，注册资金4000万元。主要经营城市建设投资项目及资金使用管理；建设工程项目管理；筹措城市建设资金，负责城建项目的市场化运作，对外招商和开发经营；统一运作国有城建资产及相关产业经营；统一经营城市规划区内国有土地；对贷款建设、收费还贷项目的管理；自有资产、资金的运作经营开发；房地产开发；房屋租赁；物业管理；县政府授权管理的其他工作。内设综合办公室、财务部、工程管理部、资产经营部。2012年4月江川县城投公司与江川县广厦保障性住房开发投资有限公司合署办公。2014年度共有工作人员17名。

【项目建设】 建成2011年保障性住房项目932套保障性住房。项目规划总用地面积40.35亩，总建筑面积59788.3平方米，共建932套，其中：公租房704套、建筑面积47920平方米；廉租房228套，建筑面积11668.3平方米。项目总投资14152万元。项目于2011年11月25日开工，工程全部完成，达到入住条件。根据下达的目标任务第一批306户保障对象保障房分配工作已完成。

完成2012年保障性住房项目856套保障性住房主体工程。项目于2012年9月16日开工，项目规划总用地面积74.70亩，总建筑面积55124.30平方米，共建住房856套，其中：廉租房240套，建筑面积12157.2平方米；公租房616套，建筑面积42852.04平方米。项目估算总投资12113万元。

有序推进2013年保障性住房项目500套保障性住房。项目于2013年6月10日开工，项目规划总用地面积23.33亩，总建筑面积29000平方米，共建住房500套，其中：廉租房300套，建筑面积15000平方米；公租房200套，建筑面积14000平方米。项目估算总投资9710万元。

启动建设2014年保障性住房建设项目。项目规划总用地面积14.32亩，共600套，总建筑面积37771.30平方米，其中：廉租房300套，建筑面积14770.80平方米；公租房300套，建筑面积20656.04平方米。项目计划投资9799.89万元。

正在建设2011、2012年保障性住房配套开发项目。项目总用地面积42.05亩，总建筑面积约39564.5平方米，计划总投资6500万元，为尽快推进项目建设，在资金困乏的情况下，用施工方部

分垫资的方式建设。

开工建设2013、2014年保障性住房配套开发项目。项目总用地面积16.33亩，总建筑面积约15335.70平方米，计划总投资2998.43万元，资金公司自筹。

启动项目区1号道路建设工作。1号道路在2011年项目与2012年项目中间，是两个小区进出的主要道路，计划总投资426万元，为保证两个项目能按期入住，经报县政府同意，采取部分垫资方式施工。

【融资工作】 为保证项目的顺利实施，2014年6月，向玉溪市商业银行江川支行申请贷款3000万元，用于2012年保障性住房建设项目；2014年7月向江川县信用合作联社申请贷款3000万元，用于2013年保障性住房建设项目。

【其他工作】 按照县政府要求，公司筹集696万元在怡景园购置住房14套，投入150万元进行装修。截至2014年12月，公司累计上缴税金1444万元，上缴财政收入2213万元，上缴项目土地出让金8050万元。

（靳嘉玲）

农林·水利

编辑　徐凡清

农　业

【概　述】　江川县农业局加挂江川县畜牧兽医局、江川县乡镇企业局牌子。局机关现内设一室四股，即：办公室、生产综合股、计划财务股、法规股、畜牧兽医股；下属设置15个事业单位，即：江川县农业技术推广站、江川县植保植检站、江川县土壤肥料工作站、江川县种子管理站、云南省农业广播电视学校江川县分校（加挂江川县农民科技教育培训中心牌子）、江川县经济作物工作站、江川县经营管理站、江川县农村环保能源工作站（加挂江川县绿色食品管理办公室牌子）、江川县农机监理站、江川县农机化技术推广服务站、云南省江川县农业机械化技术学校、江川县水产技术推广站（加挂江川县水生动物防疫检疫站牌子）、江川县动物卫生监督所、江川县动物疫病预防控制中心和江川县畜禽改良站（加挂江川县草山饲料站牌子）。年末实有在职人员119人，其中机关工作人员20人（行政人员18人，工勤人员2人），事业人员99人。具有大专以上学历86人，占职工总数72.27%，事业人员中拥有专业技术职称82人（其中高级职称29人、中级职称40人），占实有事业人员82.83%。

2014年，县农业局按照“围绕增收调结构、依托烤烟建产业”的思路，以结构调整为主线，以项目建设为抓手，以助农增收为目标，发挥区位和自然资源优势，进一步夯实基础强后劲，优化布局调结构，强推科技抓示范，粮经并举促增收，全面提升农业产业化水平，稳步提高农业综合生产能力，加快转变乡镇企业经济发展方式，确保全县农业和农村经济继续保持平稳较快增长。全年实现农牧渔业总产值231220万元，比上年219368万元增11852万元，增5.4%；实现农牧渔业增加值141358万元，比上年132839万元增8519万元；实现乡镇企业现价总产值86.71亿元，同比增5.78%。农村居民人均可支配收入达9274元，同比增14.14%。

【种植业】　2014年实现种植业总产值（不含烤烟）达102342万元，比上年增5155万元，增幅5.3%；农民人均种植业收入（不含烤烟）达4771.664452元，比上年增319.66元，增7.18%。全县粮经种植比例为23.58：76.42，与上年的22.91：77.09相比，粮食作物比重上升。

粮食：2014年粮食总播种面积86318亩，比上年增2063亩；粮食单产达491千克，比上年减3千克；粮食总产达4234万千克（其中大春3343.93万千克，小春890.07万千克），比上年增75.18万千克；粮食总产值达12795万元，比上年增1051万元；农民人均粮食收入596.56元，比上年增10.9元。

油料：2014年油料播种面积37600亩，比上年减891亩；油料总产量达738.11万千克，比上年减7.35万千克；油料总产值达3945万元，比上年增207万元；农民人均油料收入183.93元，比上年增12.71元。

蔬菜：2014年蔬菜种植面积141583亩，比上年增8996亩；蔬

菜总产量30278.51万千克，比上年增2408.75万千克；蔬菜总产值60760万元，比上年增4350万元；农民人均蔬菜收入2832.91元，比上年增249.04元。

花卉：2014年花卉种植面积6838亩，比上年减933亩；花卉总产值23178万元（含其他园艺作物产值1618万元），比上年减656万元；农民人均花卉收入1080.67元，比上年减11.05元。

其它农作物：2014年其它农作物种植面积548亩，比上年增14亩；总产值达1664万元，比上年增203万元。

【畜牧业】 突出养猪优势产业，发展规模化、标准化生产，加快结构调整，转变生产方式，加强基础设施建设，强化疫病防控，努力巩固仔猪生产基地县创建成果，做大做强畜牧产业，全县畜牧业生产得到发展。2014年，全县完成肉蛋奶总产4454.8万千克，同比减0.45%。其中肉类总产量3119.9万千克，禽蛋产量1333.1万千克，奶类产量18千克。出售仔猪98.77万头，同比减7.06%，实现畜牧业现价总产值84617万元，同比增10.8%。

畜禽存栏：年末大牲畜存栏8613头（匹），其中牛6780头、马726匹、驴517匹、骡590匹；生猪存栏257947头（其中能繁母猪存栏43057头），羊17883只，家禽140.79万只，兔7573只。

畜禽出栏：全年完成大牲畜出栏3241头（匹），其中牛2482头，马394匹、驴224匹、骡141匹；生猪出栏287009头，羊11448只，家禽285.09万只，兔8911只。

【渔　业】 充分发挥江川水产资源优势，立足水产增效和渔民增收，在保护水域环境的前提下，引导发展无公害水产养殖，推广底层增氧、光合细菌、芽孢杆菌等在水产养殖中的应用，确保全县水产养殖工作取得成效。全年全县渔业水面面积161821亩，其中捕捞面积103000亩（抚仙湖面积），养殖面积58821亩（其中星云湖52000亩、水库4615亩、坝塘1449亩、池塘757亩）。全年累计生产淡水鱼苗4600万尾，淡水鱼种396吨，投放鱼种499吨。完成渔业产量4106吨，其中抚仙湖531吨，星云湖2130吨，水库621吨，坝塘502吨，池塘322吨。按产品类别分：青鱼产量5吨，草鱼600吨，鲢鱼424吨，鳙鱼1111吨，鲤鱼591吨，鲫鱼757吨，鮰鱼55吨，银鱼541吨，虾20吨，蛙2吨。全年实现渔业总产值9444万元。

【乡镇企业主要经济指标】 2014年，全县乡镇企业（含个体工商户）总户数达10506户，比上年新增550户；从业人员达47560人，比上年减2051人。实现乡镇企业总产值86.71亿元，同比增5.78%；实现营业收入84.54亿元，同比增4.46%；实现利润总额4.83亿元，同比增6.15%；上交税金2.32亿元，同比增5.45%；劳动者报酬6.66亿元，同比增9%。

【试验示范】 全年采取“六有六定”措施共实施新品种、新技术试验项目35项，开展高产创建5片计6.34万亩，完成间套种技术推广16.6万亩。

【病虫草鼠害防治】 2014年，组织人员在全县辖区内开展红火蚁调查、繭草及小实蝇普查工作，全县未发生红火蚁及小实蝇疫情，繭草仅在大街、前卫、江城及九溪镇有小范围发生，为小籽繭草，株高47厘米～110厘米，对农作物未造成大的损失。全年印发《江川植保信息》6期，共计173份；印发水稻病虫害综合防治措施明白卡0.65万份；开展农作物病虫草鼠害防治144.59万亩次，挽回粮食损失5034.9吨，粮食作物损失率控制在4%以下，经济作物损失率控制在7%以下。

【农民科技素质及就业技能培训】 2014年，围绕粮食、蔬菜、花卉、烤烟、仔猪等方面的科技实用技术共培训人员20万余人次，下发科技培训资料10万余份。其中开展农村劳动力培训3028人，转移2219人；培训“绿色证书”农民1378人。

【新型职业农民培育】 2014年，江川县被农业部列为新型职业农民培育示范县。培育的总体目标是按照“科教兴农、人才强农、新型职业农民固农”的战略要求，根据高原特色农业和我县优势产业发展的需求，以粮食、蔬菜、生猪等特色优势产业为重点，以种养大户、家庭农场、农民专业合作组织、农业庄园、农业社会化服务体系的骨干为培育对象，培养一批有文化、懂技术、会经营的新型职业农民，实行教育培训、认定管理和政策扶持“三位一体”培育，开展生产经营型、专业技能型、社会服务型“三类协同”发展的人才培养，建立初级、中级、高级“三级贯通”的证书等级制度。计划到2020年培育2000名新型职业农民。2014年，县农业局结合江川县情，确定农广校和农机校作为培训基地，灵活应用“分段式、重实训、参与式”培育模式和“农民田间学校”的培训模式开展培育。截至年末，累计完成新型职业农民培育521人。其中：生产经营型职业农民培育专业大户54人、农民专业合作社带头人105人；专业技能型职业农民培育农业工人52人；社会服务型职业农民培育农机服务人员100人、统防统治植保员107人、沼气生产服务人员31人、农药经销人员72人。

【农村实用人才认定】 根据中共中央办公厅、国务院办公厅《关于加强农村实用人才队伍建设和农村人力资源开发的意见》，2014年，江川县启动农村实用人才认定试点工作，围绕县委、县政府提出的“生态立县、工业强县、农业稳县、旅游活县、文化兴县”发展战略，以农业增效、农民增收为目的，创新机制，强化措施，加快培育农村种养、加工、经营、服务等各类实用人才，不断提高广大农民从事农业生产的技术能力和经营水平，实现农村人力资源的全面开发，为建设现代农业、促进农民增收和建设新农村提供人才支撑和智力保障。截至年末，全县共有农村实用人才4333人，占农业人口的1.98%。其中生产型2547人（种植类1530人，养殖类764人，加工类253人），经营型51人（家庭农场主3人，专业合作负责人7人，龙头企业者19人，农村经纪人22人），技能服务型1059人（农民植保员72人，村级防疫员216人，农机驾驶员和农机修理工244人，沼气工和沼气物管员37人，畜禽繁殖员25人，蔬菜园艺工382人，花卉园艺工83人），技能带动型85人（制造业4人，建筑业13人，餐饮业68人），社会服务型591人（乡村文体艺术者542人，乡村社会工作者28人，民间艺人21人）。

【农业信息化建设】 坚持以“服务农村、服务农业、服务农民”为宗旨，认真组织信息源，利用江川农业信息网和新农村建设信息网及“三农通”手机平台向外传递江川县农产品市场供求信息，向用户传递农业生产最新科技信息，为农业增效、农民增收提供信息保障。全年在江川农业信息网发布信息9368条，比上年同期增37.8%；在数字乡村网发布信息3278条，比上年增33.6%；完成新农村建设信息网基础数据报表及网页更新417个；发布农产品供求类信息23条，农产品价格信息26期。利用手机平台向3万余农户发送农业科技、惠农政策、农产品供求、用工需求、群众生活等手机“三农通”信息390条。

【蔬菜生产信息监测】 根据农业部安排，2014年，县农业局继续在全县开展蔬菜生产信息监测工作，负责对全县的大白菜、花椰菜等20种蔬菜的种植面积、产量、地头批发价等各项指标分别按旬度、月度、年度进行定点、定时的连续监测上报。通过开展蔬菜信息监测，及时掌握蔬菜生产动态情况，科学研判发展趋势，适时发出预警预报，从而指导农民合理安排生产，引导产品有序流通，促进蔬菜生产稳定发展和市场平稳运行。全年选定10个监测点，监测总面积632亩，上报旬度表35份、月度表12份、年度表2份、采集点登记表1份、信息13条。年末工作考核得分在全省24个监测县中位居第五名，全国排名位列前100名，连续两年受到农业部通报表扬。

【测土配方施肥】 2014年，江川县被列为农业部测土配方施肥巩固项目县。县农业局围绕“测土、配方、配肥、供肥、施肥指导”五个环节，坚持“增产、经济、环保”的施肥理念，以推广使用配方肥为核心，创新资金使用新机制，采取对种粮大户等新型农业经营主体使用配方肥进行补贴的模式，引导企业、新型农业经营主体和社会化服务组织参与配方肥生产、供应和推广服务。全年举办培训班150期，培训技术骨干800人次，培训农民10万人次，发放培训资料10万份，印发各种作物施肥建议卡20万份，累计推广测土配方施肥面积25.29万亩，应用配方肥面积15万亩，推广配方肥1.2万吨，制定各种作物配方38个，其中水稻27个，烤烟3个，马铃薯1个，萝卜1个，青蒜苗1个，蔬菜2个，油菜1个，玉米1个。

【农业投入品监管】 全年共出动农业执法人员1212人次，检查各类农产品生产企业和农资生产经营企业、单位、网点1886家次，发放宣传资料2.161万份。立案查处各类农业违法案件10件；

受理调处各类涉农质量纠纷投诉案10件，协议赔偿金额87554元；实施行政罚款8014.3元，没收违法所得76元，没收非法财物9起计2722元。

【农产品质量监测】 全年从基地、超市、农贸市场共抽取243个蔬菜品种3310个样品进行快速检测，合格率99.5%；累计开展市场检疫生猪31048头，活禽34.52万只，马肉产品1247匹，牛肉产品57头；完成定点屠宰检疫生猪59841头，检出不合格猪肉产品100头，做到生猪屠宰检疫率、检出不合格产品无害化处理率达100%。同时在全县全面推行二维码标识佩带工作，共进行戴标操作191887套，签订《食品安全责任书》344份，在58户畜禽规模养殖场建立定点联系制度。各项监管措施到位，确保全年未发生重大农产品质量安全事故。

【“三品一标”监管】 2014年，全县累计通过认证的有机食品1个，有机转换产品1个，绿色食品3个，无公害农产品3个。为依法规范无公害农产品、绿色食品、有机食品及地理标志产品“三品一标”标识使用行为，切实维护生产者和消费者合法权益，突出源头监管，对取得“三品一标”认证的生产单位的产品、产地采取定期和不定期的方式进行监督检查，重点检查获证企业是否按质量控制措施和生产技术规程进行管理和生产，是否有出入库记录，生产加工是否符合相应认证加工技术规程要求等；加强对市场流通领域的检查，全年组织对县城内的平一、百姓等各大超市开展专项检查，累计检查用标产品222个，对不规范用标、过期用标以及疑似超范围和假冒“三品一标”标志的产品进行逐一登记上报。

【龙头企业】 截至2014年末，江川县获国家级重点龙头企业称号的有云南宏斌绿色食品有限公司；获省级重点龙头企业称号的有云南宏斌绿色食品有限公司、云南阳光食品有限公司、云南卓一食品有限公司、云南荣盛实业有限公司及云南江川雄鑫农产品商贸有限公司5个企业；获市级龙头企业称号的有云南宏斌绿色食品有限公司、云南阳光食品有限公司、江川卓一食品有限公司、云南荣盛实业有限公司、云南江川雄鑫农产品商贸有限公司、江川同力橡胶有限公司、江川县九川食品有限公司、云南江川汇海农产品有限公司、云南茂晟食品有限公司、云南江川隆宇农产品贸易有限公司、云南金塔实业有限公司、云南玉溪恒丰万里花卉有限公司、江川县兄弟绿色食品有限公司、江川庆成花卉有限公司、江川金兰园艺有限公司、玉溪天丽食品有限公司、江川皇壮牧业有限公司及玉溪丫眯绿色休闲食品有限公司共18个企业。在龙头企业中，从事种植业的17个企业，畜牧业1个。全县龙头企业从业人数3053人，实现现价总产值166387万元，实现销售收入159376万元，利润总额9094万元，上缴税金1593万元，支付劳动者报酬6867万元，出口创汇36496万元。带动农户数138769户，带动农户增收总额64294万元。

【农民专业合作社】 2014年，全县新增农民专业合作社3个，分别为江川县董炳蔬菜产销专业合作社、江川绿丰蔬菜产销专业合作社及江川盛果核桃种植专业合作社，累计达41个。按从事行业划分：从事种植业的33个，畜牧业4个，渔业1个，服务业3个；按经营服务内容划分：从事产销一体化服务的24个，生产服务为主的8个，运销服务为主的4个，其它5个。在农民专业合作社中，拥有注册商标的1个，获得无公害农产品认证的2个，创办加工实体的2个，被农业主管部门认定为示范社的5个。全县加入农民专业合作社的成员达2775户个，带动非成员农户12145户。全年统一组织销售农产品总值达3039万元，经营收入2062万元，盈余282万元。

【农机推广和服务】 2014年，全县农机总动力达258863千瓦特，拥有各型拖拉机5423台，其中大中型拖拉机777台，小型拖拉机4646台；拥有耕整地机械11194台（套）、农用排灌机械6993台（套）、农产品初加工动力机械2668台、畜牧养殖机械2683台（套）、渔业机械44台、农用运输车1183台、农田基本建设机械125台，温室设施总面积614575平方米；全县乡村农机从业人员达14672人，其中拖拉机驾驶从业人员6293人，农用运输车驾驶从业人员1740人；具有农机维修点84个，农机经销点11个，农机供油站1个。年内完成国家购置农业机械补贴资金157.264万元，补贴微耕机1284台；完成拖拉机驾驶员培训二期，培训人员77人。同时组织全县农机人员及农机具积极投入抗旱、春（秋）耕作业等生产环节，发挥农机在抢农时、抢节令、抵御农业自然灾害方面的重要作用。全年累计完成机耕面积214890亩，机播面积9799.95亩，机电灌溉面积137320.95亩，机械植保面积356500.05亩，机收面积24199.95亩，农机运输作业量达到3661万吨·千米，全县主要农作物耕种收综合机械化水平达48%。

【农机监理】 以农机“推丘”工作为契机，紧紧围绕源头管理、执法监控、宣传教育等主要环节，开展“农机安全三项行动”“农机安全生产月”及“拖拉机驾驶人交通安全集中教育”等活动，加大农机安全执法力度，加强农机安全隐患排查治理，从源头上确保农机安全生产管理。全年共办理拖拉机上牌落户114副、驾驶证到期审验换证1020本、拖拉机行驶证到期换证250本，年度检验拖拉机1703台，与拖拉机机主签订农机安全责任书1703份，查出拖拉机安全隐患215条，当场整改183条，限期整改32条；查出无证驾驶人员21人，督促到县站进行培训；查出无牌拖拉机12人，督促到县站落户挂牌。全县无农机作业伤亡及特大农机道路交通安全事故发生。

【农村集体资金资产资源和财务管理】 继续稳定和完善村级会计委托代理服务，保证村级会计委托代理服务长期规范发展。截至年末，各乡镇（街道）农经中心共代管村组账目531套，资金52536万元。继续加强农村集体“三资”委托代理服务，对集体“三资”漏记、内容不全、登记错误等方面进行完善，督促各乡镇农经中心适时更新“三资”监管平台信息库资料，保证群众看到最新“三资”信息。抓好农村财务公开，确保群众知情权、参与权和监督权。督促各乡镇农经中心严格按照逐笔公开的要求，及时编制村组财务公开表，由负责的分会计督促各村组在财务公开专栏及时向群众公布，公布率达100%。

【农民负担监督管理】 贯彻减轻农民负担政策，切实把减轻农民负担政策不折不扣的落到实处。全年完成玉米良种补贴面积41504亩，补贴金额415040元；水稻24963亩，补贴金额374445元；小麦1万亩，补贴金额10万元；油菜3.56万亩，补贴金额35.6万元；小麦“一喷三防”1万亩，补贴金额5万元。完成农机购置补贴资金157.264万元；采取由财政部门按月审核、按月拨付再由供精站和配种服务站点在养殖户领用猪精液时直接折兑的补贴方式支付补贴资金146.138万元；能繁母猪保险参保41469头，受理保险责任范围内死亡母猪1535头，支付保险赔偿资金153.5万元。严格农村集体“一事一议”筹资筹劳审核，防止面向群众乱收费、乱集资、乱摊派现象发生。全年共对52个村民小组的“一事一议”筹资筹劳进行审核备案。其中：筹资人数33476人，筹资金额72万元，筹劳20321人。在大街、江城、安化、路居设置监测点，对全县25户农户的实际收支情况进行动态跟踪监控，及时掌握农民负担动向。做好群众来信来访工作，配合有关部门做好涉农收费和价格的专项检查，按时上报各项调查资料。

【农村土地承包经营及管理】 2014年，全县家庭承包经营的耕地面积118070亩，家庭承包经营农户70191户，家庭承包合同65392份，颁发土地承包经营权证65392份，机动地面积341亩。全年家庭承包耕地流转总面积19149亩，其中转包20亩，转让496亩，互换333亩，出租17570亩，股份合作304亩，其他形式的426亩。按流转去向分：流转入农户的10962亩，流转入合作社的1695亩，流转入企业的6492亩；按土地流转服务情况分：农户间自发流转6034亩，乡村组织提供信息流转5324亩，委托乡村组织流转7791亩。土地规模经营（50亩）以上的面积6884亩，其中50～100亩的2025亩，100～300亩的2555亩，300～500亩的2304亩。全县拥有县级仲裁委员会1个，仲裁委员会人数10人，聘任仲裁员24人。

【退耕还林基本口粮田建设】 2014年，退耕还林基本口粮田建设项目在前卫镇杨家咀村委会、渔村村委会、业家山村委会和前卫居委会实施。共建设基本口粮田4000亩，新建沟渠10条计5720米，机耕道路5条计2790米，采用农艺措施每亩施用精制有机肥400千克，改良土壤900亩。项目总投资320万元，其中中央、省级财政投资300万元，市、县及农户自筹20万元。

【种植业保险】 2014年，江川

县继续开展种植业保险工作，按照油菜每亩13.8元、水稻19.5元、玉米16.5元的保费进行投保，其中中央、省、市、县分别承担保费金额的40%、13%、25%、22%。全年完成油菜投保面积2万亩，水稻2万亩，玉米2万亩，累计完成投保金额6499.6万元。2014年受霜冻、冰雹、涝渍等自然灾害影响，全县农作物不同程度受灾。全年油菜受灾面积5470亩，赔偿金额238625元；玉米受灾面积1777亩，赔偿金额60619.27元。

【动物防疫】 2014年，江川县畜牧兽医部门结合辖区内畜禽饲养状况、养殖密度、养殖规模及各病种疫情风险等实际，对规模养殖场（养殖小区）开展程序化免疫，对农村散养户开展春秋两季集中免疫和常年补针。全年重大动物疫病累计免疫猪瘟118.14万头（次），高致病性猪蓝耳病96.22万头（次），牲畜口蹄疫105.68万头（只、次），家禽禽流感552.7万只（次），重大动物疫病免疫密度达应免数的100%。常规动物疫病累计免疫仔猪副伤寒29.49万头，猪肺疫29.44万头，猪伪狂犬病10.27万头，鸡新城疫367.33万只，禽霍乱204.79万只，法氏囊216.96万只，鸭瘟2.76万只，羊小反刍兽疫3.33万只（次），羊痘1.37万只，羊胸膜性肺炎2.26万只，兔瘟2.23万只，狂犬病0.25万只。免疫工作的有效开展，避免了动物疫病的传播流行，全县猪、大牲畜、羊、家禽疫病死亡率分别控制在3%、1.5%、2%、6%以内。

【动物疫病监测】 2014年，继续在全县推广应用动物疫病免疫抗体及动物疫病病原检测技术，对免疫质量和病原情况进行监测评估，及时作出预警预报，提高动物疫病防疫能力和水平。全年对7个乡镇（街道）的畜禽养殖场（户）、屠宰厂、农贸市场开展采样2182份，监测5201份次。其中：开展抗体监测4001份次，病原学监测1200份次。

【畜禽规模养殖】 2014年，全县共有各类畜禽规模养殖场（户）575个。其中：能繁母猪存栏30头以上的有89个，存栏能繁母猪7219头；肥猪出栏50头以上的有62个，出栏肥猪18331头；蛋鸡存栏2000只以上的有57个，存栏开产蛋鸡117.26万只；肉鸡存栏2000只以上的有23个，存栏肉鸡14.12万只；肉羊存栏30只以上的有305个，存栏肉羊22736只；肉牛存栏10头以上的有39个，存栏肉牛662头。

【生猪良种补贴建设项目】 2014年，江川县继续实施生猪良种补贴项目，全县累计生产种猪常温精液16564份，销售146138份，开展猪人工授精73069窝，按照每份精液由国家补助10元，农户承担1元的方式，直接补贴农户资金146.138万元，受益农户累计达58378人次。

【能繁母猪保险】 2013～2014年度，江川县继续实施能繁母猪保险强农惠农政策，全县能繁母猪保险41469头，每头能繁母猪保险金额1000元，每头保费60元，其中：中央财政每头补助30元、省级财政补助3.6元、市级财政补助6.4元、县级财政补助8元，养殖户承担12元。全年共受理保险责任范围内死亡母猪1535头，死亡率3.7%，累计支付养殖户保险赔偿资金153.5万元。

【发展畜牧业家庭农场项目补助】 2014年，江川县组织实施发展畜牧业和家庭农场项目补助工作，市级财政对能繁母猪存栏50头以上的规模养殖场（户）进行补助，全县共补助能繁母猪规模养殖场（户）59户，补贴能繁母猪5644头，拨付补助资金479800元。

【农村节能】 截至2014年末，全县农村户用沼气池保有量24985口，全年组织开展沼气池巡查24938口，维护3270口，完成病旧沼气池改造1500口；开展沼气安全使用知识培训2000人次，发放宣传资料47000份；新建沼气池服务网点10个，养殖小区100立方米联户沼气池6座。按照整村推进的原则在安化乡安化、旱谷田、董炳、新庄村（居）委会推广“二次回风”节能灶1669眼；在大街街道海浒、朱家庄、大营、伏家营等居委会推广退耕还林太阳能项目太阳能热水器900户。

【畜禽规模养殖场节能减排】 根据市政府与县政府签订的年度节能减排工作目标责任书，全县2014年列入减排对象的畜禽规模养殖场有江川县大北农牧业科技有限公司、江川县宏丰养殖有限公司、腾丰畜产品开发有限公司、业小聪养殖场、江川县龙泰种猪场、茶山养殖场、江川县海埂良种猪场、九溪生态试验示范基地、江川县雄关养殖场共9个企业。按照节能减排相关要求，腾丰畜产品开发有限公司、龙泰种猪场、茶山养殖场、九溪生态试验示范基地4个规模养殖场已关停，对大北农牧业科技有限公司、宏丰养殖有限公司2个规模养殖场节能减排工作作完善；业小聪养殖场、江川县海埂良种猪场、雄关养殖场3个养殖场按照减排工程建设内容，新建100立方米沼气池3个，建成雨污分流污水管道1031米、雨水管道及沟渠555.2米，焚烧炉3座，安全填埋井3口，堆粪间194立方米，沉淀池142立方米，尿液贮存池186立方米，集污池6立方米。

【水污染综合防治】 根据《抚仙湖水污染综合防治“十二五”规划》《抚仙湖两年行动计划》《星云湖水污染综合防治“十二五”规划》，2014年，县农业局继续在全县开展水污染综合防治农业面源污染治理项目。截至年末，在抚仙湖径流区累计完成测土配方施肥30万亩次，拆除塑料大棚178.5亩，流转土地5019.45亩，施肥结构调整2000亩，用药结构调整2000亩，开展蔬菜控氮减磷示范1420亩，增施有机肥396吨，推广发酵床养猪技术6868.2平方米，新建化粪池99口、新建畜禽养殖小区小型沼气池7个，实施绿色防控工程25330亩。在星云湖流域完成生物发酵床建设14000平方米，湖滨缓冲区推广测土配方施肥19万亩次，性诱剂5.03万亩次。项目已全部按要求建设完成，并通过县级组织验收。

【农业面源污染治理】 2014年，江川县按照市委、市政府的总体安排和部署，继续在全县抚仙湖法定水位线外延300～500米、星云湖法定水位线外延300～400米、玉江高等级公路两侧各200～500米、县内高等级公路沿线两侧各200～300米及坝区城镇主干道沿线两侧各200～300米范围内四个区域开展塑料薄膜大棚拆除工作。全年累计拆除1132.5亩，占任务数的101.5%。其中：抚仙湖法定水位线外延300～500米范围内大棚拆除18.5亩，占任务数的100%；星云湖法定水位线外延300～400米范围内大棚拆除233.4亩，占任务数的107.7%；玉江高等级公路两侧各200～500米范围内大棚拆除62.7亩，占任务数的100%；县内高等级公路沿线两侧各200～300米范围内大棚拆除200.4亩，占任务数的100%；坝区城镇主干道沿线两侧各200～300米范围内大棚拆除617.5亩，占任务数的100%。

【土著鱼保护及开发利用】 注重加强土著鱼的保护与开发利用，开展濒危土著鱼类的人工驯养繁殖试验研究及推广，推进江川渔业由数量型向质量型转变，打造以大头鱼、抗浪鱼、星云白鱼、云南倒刺鲃（青鱼）等为主的特色水产品品牌，提高特色水产品价值，发展高原特色渔业。全年共向星云湖放流大头鲤大规格鱼种2546千克，夏花鱼苗101万尾，星云白鱼3.1万尾。由玉溪市古生态抗浪鱼科研保护中心承担的云南土著鱼类繁育及推广养殖产业化项目抗浪鱼繁育及推广养殖工作成效显著，共培育3～7厘米大规格鱼种300余万尾，放流抚仙湖抗浪鱼20万尾，推广池塘、水库等养殖提供苗种26万尾，面积220亩；全县花鲈鲤、杞麓鲤、抚仙金线鲃人工驯养繁殖试验研究取得阶段性成果。2014年申请并经国家知识产权局授权江川土著鱼保护方面的专利5项，《抚仙四须鲃人工驯养繁殖技术研究》获省市多项奖项，多单位合作完成的《云南土著鱼类繁育及推广养殖》荣获农业部2011～2013年度全国农牧渔业丰收二等奖。由于工作成效显著，江川县水产技术推广站被评为全国基层水产技术推广示范站。

【提案和议案办理】 2014年办理县政协委员提案3件，办理答复均为满意。

（全永康）

烟　草

【机构设置】 2014年，江川县烟草专卖局（分公司）编制数101人。实有在职人员100人，年内调出2人、调入2人、新招聘1人、辞职1人。其中，男性75人，女性26人；公司机关内设机构为7室2科1部1站，即综合办公室、人教监察室、财务室、专卖监督管理室（稽查大队）、生产科技室、现代烟草农业基础设施建设办公室、督察考评室、监察科、安全保卫科、区域市场部、卷烟物流中转站，下设江城、安化、前卫、大街、九溪、路居、雄关7个烟叶工作站，温泉、周官、光山、螺蛳铺、上坝5个烟点。

【概　述】 2014年，江川县烟

草专卖局（分公司）开展党的群众路线教育实践活动，按照行业稳中求进、改革创新的工作方针和谋划“三大课题”、提升“五个形象”的要求，克服宏观经济增速放缓、烟叶计划调整、前旱后涝天气等诸多不利因素影响，实现卷烟销售的稳定发展、烟叶生产的规模稳定、专卖管理的水平提升。

烟叶生产实现规模稳定。2014年，市委、市政府下达给江川县的烤烟种植计划面积为9.3万亩（其中田烟4.6万亩，地烟4.7万亩），经过收购前的调整，全县实际烟叶收购计划为1142万千克。围绕全年烤烟生产收购目标任务，江川县烟草分公司在生产收购工作中通过实现“一稳、一实、三提升”——稳田烟面积、实验收工作、提升合同计划意识、提升重点科技应用、提升烟叶收购服务水平，落实各项工作，生产阶段狠抓面积和措施落实，收购期间狠抓服务工作，完成1142万千克收购计划和烟农增收、财政增效的各项目标。2014年分公司共收购烟叶1142万千克，比上年1245万千克减103万千克；上等烟比例71.60%，比上年减0.99个百分点；均价28.46元，比上年增1.91元，增7.19%，比全国烟叶收购价格上浮5%的水平提高2.19个百分点，比全市均价增幅高2.76个百分点；烟农实现烤烟交售收入32503.40万元，加上优化结构和品种补贴，烟农烤烟总收入达36099.80万元，在合同种植面积比上年减0.80万亩、收购计划减103万千克的情况下，烟农烤烟收入比上年增142万元；实现烟叶税收7150.70万元，确保7000万元以上的目标。实现上等烟比例和均价两个全市第一，上等烟比例比全市平均高3.77个百分点，均价高1.35元/千克，均价是全市唯一一家超过28元的县（区）。

卷烟销售实现稳中提质。分公司坚持市场导向、规范经营，强化品牌培育，引导市场个性化消费，加强现代化市场终端建设，坚持专销联动，不断充实细化专销联动工作内容，完成卷烟销售的各项目标任务。2014年累计销售卷烟9264.83箱，同比上年增74.81箱，增0.81%；累计含税销售金额2.51亿元，同比上年增2153.02万元，增9.39%，比全市增幅高0.21个百分点；累计含税单箱销售金额27083元，同比上年增2122元，增8.50%，比全市增幅高2.62个百分点。其中一类卷烟销售1856.68箱，同比上年增392.33箱，增26.79%；二类卷烟销售263.80箱，同比上年增143.06箱，增118.47%；三类烟销售6212.48箱，同比减60.53箱，减0.96%；省外烟（三类烟以上）销售202.40箱，同比增19.13箱，增10.43%；低焦油卷烟销售346.25箱，同比增161.61箱，增87.53%；重点品牌共计销售8492.17箱，同比增455.01箱，增5.66%。

专卖管理实现水平提升。围绕打假打私、市场监管和专卖内管，持续加强专卖管理工作。联合公安、工商等执法部门积极开展节假日专项行动和日常市场监管、“天价烟”卷烟市场清理整顿，打击各种涉烟违法行为。全年共查处卷烟违法、违规经营行为63起，其中：无证经营49起，移送工商部门处理49起；非渠道进货14起，查获并先行登记保存各类品牌卷烟39.20条，其中真品卷烟39.20条，行政处罚共计290.20元，卷烟市场净化率95%以上。累计查获无证运输烟叶案件14起，查获烟叶323083.50千克，案值804.56万元，案值均达5万元以上，已全部移送公安机关。其中“8.10”非法经营烟叶案件共查获烟叶114690千克，案值206万元，抓获涉案人员10人，查扣涉案车辆7辆，累计涉案金额400余万元，达国家局网络案件标准。

基础管理实现改进提升。按照行业规范建设的工作要求，严格执行“三项工作”审批制度，落实“应招尽招、真招实招”的要求；推进办事公开民主管理，制定实施细则，明确公开事项；开展“小金库”专项治理，通过专项治理提升规范意识和规范水平；落实安全生产主体责任和“一岗双责”责任制，深入推进安全标准化建设，提升安全生产的基础水平和意识养成。

（李　纯）

【烤烟种植轮作规划】 规划轮作和连片种植是烤烟生产规模稳定、质量提高的重要手段。2014年，江川县分公司制定烤烟种植规划实施方案，各烟叶站和乡镇、村组严格按计划认真做好烤烟种植面积的规划，突出规划轮作，做到规划定面积、定农户、订合同。全县计划种植田烟面积46000亩，地烟面积47000亩，落实连片种植240片，比上年减36片，连片种植规模增加，所有连片面积均达100亩以上，其中连片面积200亩以下70片，占11.03%；连片面积200～500亩110片，占36.80%；连片面积500亩以上60

片，占52.17%。实现规模化种植，机械化作业。

【商品化育苗率100%】 全县共设置育苗点54个、大棚60个、中棚74个、小棚12260个，育成烟苗11160万株，可供移栽面积9.30万亩，商品化育苗率100%。

【烟用物资调供】 全年供应漂浮盘115744片，基质3375立方米，池膜828床，小棚300套；农药及微肥：二氧化氯1吨，漂白粉5吨，威百亩2吨，毒消1吨，58%甲霜灵锰锌5吨，磷酸二氢钾3吨，硫酸锌3吨，保得生物肥1吨，25%甲霜霜霉威1吨，3%多抗霉素粉剂4吨，80%代森锌5.50吨，8%宁南霉素水剂2吨，病毒特2吨，36%甲基硫菌灵3吨，灭芽灵2吨，36%仲丁灵乳油1吨，富万钾2吨。化肥：复混肥5170吨，硫酸钾1430吨，提苗肥285吨；地膜239.75吨；包装物：麻片147800套，麻线8吨，布标签269200张。

【烤烟抗旱移栽】 全县统一机械深耕39322.80亩，缩短烤烟移栽翻田、碎垡时间，移栽集中度高，同一片区1～3天完成移栽，为大田最佳节令集中移栽赢得充足的时间；加大适时抗旱集中早栽技术宣传和培训推广力度，田烟做到合理调剂抗旱用水，同一田块、同一片区通线理墒，定点深栽，株行距合理，地烟加大膜下小苗抗旱移栽推广力度，推广膜下小苗移栽技术5.40万亩。5月5日烤烟移栽全面结束，进度比上年提前1天。

【蚜茧蜂防治烟蚜】 建立6个繁蜂点，设立大棚1971平方米、小棚420个，防治种烟面积9.30万亩，占计划种植面积的100%，将蚜株率降到3%以下，降低烟叶农药残留量，提高烟叶安全性。

【优化烟叶结构】 按照“巩固、完善、提高”和“五个坚持”的要求、围绕“控规模、提质量、增效益”目标，严格检查、验收和考核，清除下部2片不适用烟叶，上部2片留叶毁型，处理好田间“下2上2”4片不适用烟叶，着力推进优化烟叶结构清除田间不适用烟叶工作。全县共制定优化结构工作方案71份，层层签订责任状，政府部门共签订责任状71份，分公司与各烟站、职工、辅导员组长签订责任状130余份，各烟叶站与各乡镇（街道办）和村（居）委会签订优化烟叶结构处理协议71份。配备称量设备863套，毁型工具1529个，生石灰22325千克，组建不适用鲜烟叶处理专业队48支，专业队员2490人，确保下部2片和上部2片不适用烟叶清除处理到位。全县计划清除下部鲜烟叶6510吨，上部叶留叶毁型面积93000亩。实际清除下部鲜烟叶6876.14吨，占计划清除量的105.62%，上部叶留叶毁型面积77336.40亩，占计划毁型面积的83.16%。江川县分公司严格按照省、市公司补贴资金管理办法、实施细则组织兑现补贴资金，在不适用烟叶清除处理验收合格后一次性以电子结算的方式兑现给烟农，一次验收不合格的坚决不予兑现补助。共兑现优化结构补助资金1392.72万元、特色品种补助资金2282.66万元。

【科学封顶、适时打杈】 根据烟株的长势长相、土壤肥力、施肥量、气候、品种等因素实地指导封顶打杈，在田间50%中心花开放时或有效留叶数达18～20片一次性封顶，杜绝封顶过高和过低，做到合理留叶。封顶3～4天后，烟株上部2～3个烟芽生长到2～3厘米时统一打杈一次，全面推广化学抑芽技术。

（刘 芳）

【烟水配套、机耕路项目】 全县共批复烟水配套、机耕路项目1508件，其中：水窖1500件，容量22500立方米；沟渠6件，总长度6.51千米；泵站1件；机耕路1件，总长度2.30千米。水窖项目为提前批复实施项目，该项目于2013年全部完工，其余项目于2014年4月动工，2014年7月完工。全年共完成烟水配套、机耕路项目1508件，其中：水窖1500件，容量22500立方米，沟渠6件，长度5.78千米；泵站1件；机耕路1件，长度2.20千米。支付烟草行业投入补贴资金744.13万元。

【卧式密集烤房建设项目】 全县卧式密集烤房建设项目于2014年3月中旬全面动工建设，至2014年7月底全面完工。共建成卧式密集烤房386座，支付烟草行业补贴资金1158万元。

【育苗设施项目】 育苗设施（可移动式小棚）项目于2014年1月4日动工，1月17日完工。完成可移动式小棚3500套，支付烟草行业补贴资金122.82万元。

（王红梅）

【卷烟销售】 全县持证卷烟零售客户995户，零售户总数占全县总人口的3.60‰。销售卷烟9264.83箱，其中一类卷烟1856.68箱，二类烟263.80箱，实现单箱销售收入27083元/箱，销售总收入2.51亿元。

【零售终端建设】 以零售客户自愿参与为前提，以公平、公正、公开为原则，采取全面调查，科学评分，顺序筛选的方式，选定零售终端目标客户开展终端建设工作。截至年底，两家工业企业和一家商业公司与142户零售客户开展零售终端建设业务，其中云南中烟公司51户，浙江中烟公司31户，云南省烟草公司玉溪市公司60户。

【品牌培育】 2014年，江川分公司为满足消费者需求，提升辖区内品牌销售宽度，以“精心选取、细分市场，指导上柜，突出陈列，引导消费”的方式，开展二类卷烟、省外三类以上卷烟、低焦油含量卷烟的品牌培育工作。截至年底，二类卷烟销售263.80箱，同比增143.06箱，增幅达118.47个百分点；省外三类以上卷烟销售202.40箱，同比增19.13箱，增幅10.43个百分点；低焦油卷烟销售346.25箱，同比增161.61箱，增幅达87.53个百分点。

（官　磊）

【“两烟”经营监督管理】 联合公安和工商等执法部门，开展“元旦”“春节”期间卷烟市场专项整治及“天价烟”价格管理等专项联合行动。全年累计出动执法人员2048人次，出动执法车辆396车次，检查卷烟经营户累计8230户次，全年共查处各类涉烟违法犯罪行为77起，其中：无证经营49起，移送工商部门处理49起，非渠道进货14起，先行登记保存各类品牌卷烟39.20条，其中真品卷烟39.20条，罚款290.20元，卷烟市场净化率95%以上；查获非法收购、运输烟叶案件14起，查获烟叶323083.50千克，涉案金额804.56万元，每起案件案值均达到5万元以上，按照规定已移送公安机关处理。全年无拆单分摊、内外勾结、搞卷烟体外循环的情况，全面实行电话订货、电子结算、网上配货、现代物流的卷烟营销模式，实现100%入网销售，100%的落地销售，100%的落户销售。

【专卖零售许可证管理】 按照《云南省玉溪市烟草专卖局关于印发玉溪市卷烟零售网点合理化布局实施指导意见的通知》文件要求，结合《中华人民共和国行政许可证法》《中华人民共和国专卖法实施条例》《烟草专卖许可证管理办法》《烟草专卖许可证申请与办理程序规定》等相关法律法规，坚持公开、公正、透明、高效、便民的原则，结合江川县实际，合理布局烟草制品零售点。

【专卖法律法规宣传】 加强对烟草专卖法律法规的宣传，为共同遵守和维护烟草专卖执法营造良好的环境。参与“3·15”“6·29”“12·4”等宣传日活动，宣传烟草专卖法律法规。共发放宣传资料2000余份，展示10余个品牌的真假卷烟，并现场对鉴别真假卷烟方法向群众进行讲解，群众咨询200余人次；在烟叶收购期间，加大对《烟草专卖法》等相关法律法规的宣传力度，与县司法局沟通协调，在烟叶收购期间出动宣传，进一步增强群众守法意识，维护烟叶收购秩序。

【烟叶生产经营管理】 按照《云南省烟草行业商业企业内部专卖管理监督工作规范》要求，对烟叶生产经营的全过程，分环节进行事前、事中、事后的监管，深入烟叶生产各个环节，发现问题及时处理，并监督整改。收购期间全县设立烟叶堵卡点4个，其中县级卡点3个，市级卡点1个，堵卡人员32人，应急车辆4台，维护正常烟叶收购秩序。

【卷烟市场网格化管理】 按照《云南省烟草专卖局卷烟市场网格化管理实施意见》《云南省卷烟零售客户监管办法》的相关要求，结合江川县卷烟市场状况及持证零售户分布情况，制定《江川县烟草专卖局卷烟市场网格化管理方案》，确定全县卷烟市场二、三、四级网格化管理，建立“权责明确、流程规范、任务清晰、运转高效”的工作机制，做到市场监管“可视、可控、可评”，构建“打击严厉、管理到位、疏导及时、服务周到”的市场监管体系，规范市场秩序，提高市场净化率。

【专卖执法队伍建设】 制定专卖人员培训计划，并计划组织考试、考核。全年共培训4次，培训内容以法律法规知识，证件、案件、内管、稽查等业务知识为主，参培率100%。专卖全体人员参与玉溪市专卖局组织的专卖人员培训，成绩合格。

【烤烟种植收购合同管理】 深入各乡镇监督检查烤烟种植收购合同的签订情况，严把合同签订关。各烟站认真执行市、县公司要求，按照种植面积、收购计划、核定单产后与烟农签订合同，共签订合同18159份，并在收购前全部发放到烟农手中，合同签订后以村民小组为单位进行张榜公示，接受群众监督。除涉及调整的合同外，没有擅自涂改现象，无虚假合同、空合同、买卖合同的情况发生。

【自检自查自律】 2014年，工程投资项目、物资采购、广告促销业务按照高标准、严要求，扎实开展“三项检查”自查工作。经自查，江川县局（分公司）的工程投资项目手续齐全、程序规范，资料完备。决策程序合法、运作规范，监督执行到位。

（张冲平）

林业

【概述】 江川县林业局机关内设办公室、计划财务股、林政股、森林防火股（森林防火指挥部办公室）；局属设置江川县森林公安局（正科级）及7个事业单位，即：江川县森林病虫害防治检疫站（推公管理）、江川县林木种苗站、江川县经济果木林推广站、江川县营林工作站、江川县林业科学技术推广站、江川县林政稽查大队、江川县林权管理服务中心。2014年底江川县林业局实有在职干部职工69人，其中，行政人员25人（公务员10人，工勤人员2人，森林公安局7人，森林病虫害防治检疫站推公管理6人），事业人员44人（专业技术人员16人，技术工人28人）。

2014年，江川县林业局紧扣“森林江川”建设主题，以生态建设、林产业发展为重点，以助农增收为核心，全面实施生态立县战略，大力建设森林生态体系。深入开展党的群众路线教育实践活动，加强作风建设，抓好队伍建设，完成绿化造林、林地管护、森林防火、林政执法、森林病虫害防治、林改等各项工作任务，着力推进林业产业发展和新农村建设，确保资源增长、农民增收、生态良好、林区和谐。

【绿化造林】 以“两湖”面山、主要交通干道、河道堤岸、湖泊湿地、村庄绿化、机耕道路为重点，争取国家、省、市重点林业生态建设项目，推进森林江川建设和农村经济发展。全年实施石漠化综合治理、陡坡地生态治理、退耕还林配套荒山荒地造林、低效林改造、森林抚育、防护林建设等多个项目，绿化造林成效明显。实施江川县2013年石漠化综合治理项目工程，完成核桃种植1000亩（种植漾濞泡核桃1.6万株），营造水源涵养林4800亩（种植圆柏52.8万株，旱冬瓜27.4万株），建15立方米小水窖800口，启动实施封山育林2.6万亩，封育期为5年，项目总投资875万元。实施江川县2013年国家森林抚育项目，完成云南松、桤木、圆柏等人工中幼林抚育1.0万亩，国家项目补助投资98.5万元，林木生长环境得到进一步改善。实施江川县2013年低效林改造项目，完成人工中幼林抚育1.0万亩，省级财政项目补助投资98.5万元，为提高低效林地的生产率创造条件。实施绿色通道建设工程，完成玉江高速江川段、抚仙湖环湖路江川段、澄川路江川段、江华路江川段、江通路江川段、玉江老公路江川段、星云湖环湖路、九溪河流域、牛摩河流域、北前路安化段等县境内主要交通绿化造林，租赁绿化用地7149.9亩，种植杨树、中山杉、石楠、滇朴、樱花等绿化苗木65.56万株。实施江川县2013年退耕还林配套荒山荒地造林项目，完成核桃种植0.5万亩。各级党政机关率先垂范办造林绿化点，发挥示范带头作用，推进义务植树工作，县直机关绿化样板林200亩，种植木荷1.2万株。全县完成义务植树60.26万株，完成率100.44%。实施巩固退耕还林成果项目基本口粮田建设4000亩，完成排灌沟渠0.57千米，农耕路0.28千米，地力培肥900亩，技术培训400人；完成全县3.3万亩退耕还林地的检查验收，兑付验收合格面积退耕还林补助资金400.8万元。

【林政资源管理】 执行森林采伐限额管理及生产计划管理制度，规范采伐审核审批程序，严格把好林木采伐审批关。全年共审核发放《木材采伐许可证》46份，采伐面积1558.53亩，出材量1031.44立方米，征收育林基金52158.3元，办理木材运输证290份，运输木材3113.59立方米。在云南省林业调查规划院昆明分

院的指导下，组织开展“江川县十三五期间森林采伐限额编制”工作，为十三五期间省政府下达江川县的森林采伐限额提供准确的建议采伐指标，提高林业经营水平。执行《云南省林地管理条例》，以林地管理为核心，强化项目建设征占用林地报件的审核上报工作。配合前卫镇、江城镇、九溪镇、江川县殡仪馆、江川县福德陵园经营性公墓等建设项目外业调查、报件组织、审核上报工作。全年共完成林地征占用审核上报12宗，面积35.86公顷，批准10宗，批准面积32.02公顷。办理临时使用林地2宗，面积0.94公顷。加大使用林地的监督检查力度，发放停止违法使用林地通知书16份，配合国家林业局驻云南省资源监督专员办事处对江川县抚仙湖沿岸4个建设项目用地情况实施监督检查。并组织开展“林地年度变更调查”工作，为掌握全县历年的林地保护情况，全国林地“一张图”提供基础数据。

【森林防火】 遵循“预防为主，积极扑救”的森林防火方针，从落实责任、加强宣传、强化火源管理、增加投入、提高应急保障能力等方面狠抓落实，促使各项防火措施落到实处，从根本上遏制森林火灾的发生，完成省、市、县森林防火目标责任指标。共接到12119报警电话82起，出警处置森林火情14起，处置2起卫星热点（其中，一起为荒火，一起为灌木火），无森林受灾面积，当日扑灭率100%，火案查处率100%，与2013年相比，12119报警电话数、出警处置火情次数分别降43.45%、41.67%，没有发生重、特大森林火灾和重大人员伤亡事故，森林防火工作取得成绩。落实防火责任制。全县共层层签订各类责任书92197份，其中县政府与各乡镇（街道）政府、县森林防火指挥部与指挥部成员单位、县林业局与各乡镇林业站“三线”责任书36份，乡镇与村委会、村委会与村小组、村小组与农户、林业站与护林员共签订92161份，把领导责任、部门责任、地块责任和包片责任落实到乡（镇）长（大街街道主任）、村主任、村民小组长、林权所有者等关键人，把防火措施跟应急措施落实到林区基层、山头地块和防火第一线。加强宣传培训。利用乡村广播、会议、板报、电视、入户通知书、警示牌、警示旗、横幅、短信、宣传车、培训等方式，搞好森林防火宣传教育。下发《户主通知书》8.47万份，张贴戒严令1630份，设立警示牌70块，设置警示彩旗555面，悬挂宣传横幅383条，设立大型宣传警示标语牌两块，播放警示专题片3期。联合县教育局开展学校“五个一”宣传教育，发布森林火险等级预报短信7.36万条。举办森林防火预防、扑救安全知识培训县级14期，乡镇（街道）、村57期，人员5076人。强化火源管理，减少火灾隐患。始终坚持“预防为主”和“防范胜于救灾”的方针，从重预防、抓源头、堵漏洞、严格落实五个百分之百等几方面加强野外火源管理。招聘瞭望台观察人员12人、巡山护林员157人，设立卡点61个，卡点检查人员129人。抓专业队伍建设。县级共组建专业队1支30人，集中食宿在林业局，统一训练，实行半军事化管理。7个乡镇（街道）组建应急扑火队7支106人，组建民兵义务扑火队123支1338人。火灾保险。森林火灾保险投保面积54.88万亩，投保金额21.95万元。2月4日，前卫镇老关坝发生的森林火灾，过火面积253.36亩，损失面积为92.4亩，涉及受灾被保险林木所有权单位4家、林农2户，共计赔付3.69万元。

【林业行政执法】 严厉打击涉林违法犯罪活动，消除林区治安安全隐患，开展森林火灾、盗伐林木、移植野生植物、非法捕猎、违法占用林地等案件的专项执法行动，保护森林资源和野生动植物资源安全。全年侦破查处各类涉林违法犯罪案件56起，出动警力187人次。立刑事案件8起，破获8起，刑事拘留3人，取保候审7人，移送起诉8起；林业行政案件48起，查处48起，行政处罚49人（次），其中：盗伐林木3起，滥伐林木2起，擅自开垦林地19起，擅自改变林地用途16起，野外违规用火3起，过失引起森林火灾1起，非法收购木材3起，向林地内倾倒垃圾1起，罚款83.64万元，收缴木材37.9立方米，救助野生动物50只（条）。开展“2014天网行动”“2014利剑行动”“候鸟迁徙保护专项行动”，4月1日开始，森林公安局出动警力28人次，对县城内2个集贸市场、1个花鸟市场、4家工艺制品商店以及8家快递物流公司进行清理、排查，巡逻检查“两湖”周边以及山间水坝鸟类栖息地和农贸市场、餐饮行业，未发现涉及野生动物及其制品的违法犯罪行为。

【林业有害生物防治检疫】 加强林业有害生物监测预警工作，全县设立林业有害生物固定监测点23个，监测样方321个，监测面积5.64万亩，主要监测拟松材线虫、松墨天牛、横坑切梢小蠹、松毛虫、经济林病虫害。林业有害生物危害面积达20.07万亩，其中轻度11.22万亩，中度5.91万亩，重度2.94万亩。科学防控，开展森林病虫害的防治工作。实施松毛虫、小蠹虫等综合防治，控制危害区虫口密度。防治安化乡光山村委会旧村小组长领岗松尺蠖危害450亩；防治受金龟子危害的石楠等绿化树种1000余株；防治受锈病、叶枯病危害的四季杨26.35万株。强化检疫执法，把好调检检疫关、开展好产地检疫工作。对全县16家苗圃基地2376亩实施产地检疫，检疫苗木169.08万株；签发植物检疫证书524份，蓄积为3114立方米；对玉江高速、江华路、江通路、翠大线至明星等主要干道两侧绿化树种四季杨复检10万余株，松科植物648立方米。加强野生动植物物保护管理，补偿野生动物肇事1200元；完成云南省第二次野生动物资源调查工作。

【林业科技】 结合实施的巩固退耕还林、石漠化治理、省市中低产林改造和省市核桃产业竹子产业发展等项目，抽调站所专业技术人员配合局属部门深入安化、江城等4个村委会开展营造林技术宣传培训工作，培训村组干部96人、经营业主及群众600余人，从政策、科普、技术保障宣传推广林业生产经营技术；在全县“科技宣传周”“全国科技日”活动中，以展板展出、资料发放、现场咨询、成果展示等形式向社会公众全面普及宣传核桃栽植等林业实用技术，咨询群众1000余人，发放6个类别的宣传资料6万余份，帮助联系解决种植、种苗、果树管理等问题的经营者9户。举办县级核桃栽培嫁接管理技术培训2期，培训林农400余人。指导各乡镇及村组开展2014年新栽和历年种植核桃的规范化管护实施面积2.7万亩，其中定干修剪0.5万亩、病虫害防治2.5万亩、防霜冻1.35万亩、施肥1.8万亩、浇水2万亩。

【森林生态效益补偿】 2014年，实施重点公益林森林生态效益补偿面积34.56万亩，其中国家级重点公益林18.66万亩，省级公益林15.9万亩，分布于珠江源头的抚仙湖、星云湖、东风水库径流区及县境内石漠化和水土流失严重地段，地类为有林地、疏林地、灌木林地，涉及6个乡镇1个街道63个村（居）委会。以江川县国家级、省级公益林落界资源数据和2013年征占用林地情况为基础，统计纳入生态效益补偿的公益林资源数据，按新的补偿标准分析测算江川县2014年度国家级、省级公益林补偿资金。申请江川县2014年度森林生态效益补偿资金518.18万元，其中：中央财政279.76万元，省级财政238.42万元。到位资金484万元，其中：中央财政261.4万元，省级财政222.6万元。兑现各乡镇2013年第二批中央财政森林生态效益补偿基金105.4万元；聘请公益林护林人员157人。

【林权配套改革】 申报2014年林业贴息贷款项目计划600万元，开展林业小额贴息贷款政策，全年共有15户办理抵押登记，10户贷出资金235万元，其中符合林业贴息政策、贷款手续齐备并把报送申报贴息材料的有9户，贷款215万（其中有162万元符合贴息政策），贷款年限3～5年，项目涉及工业原料林、木本油料林、经济林抚育种植等。完成2011～2013年度38户林农的653万元贷款的财政贴息资金26.91万元。林权服务中心对外窗口服务功能逐步完善，9月云南省林权综合管理信息平台启用后，正式在林权管理平台中办结2户，其中1户流转，1户更正。加大纠纷调解力度，调解回复张尔明“锦泰农场栽核桃的反映”和前卫镇张伍营村陈军驹林地办理林权证的申请。设立林权登记、林权流转、林木采伐运输、植物检疫、科技法律咨询五个办公窗口，方便农户办理林木采伐、运输、检疫等各项业务。

【林业产业】 组织开展全县林产业发展情况调查统计及发展规划编制，完成《江川县2014年省级木本油料产业1万亩核桃种植项目》《玉溪市“三湖”流域经济林发展规划（2014～2015年）》《江川县“两湖”径流区经济林发展实施方案》《江川县“十三五”核桃产业发展规划（2015—2020）》的编制，组织实施2014年核桃产业发展项目建设工作。共完成核桃种植2.3万余亩，其

中：国家退耕还林工程配套荒山荒地核桃种植0.5万亩，市级核桃产业发展项目1.2万亩，补植补造0.3万亩，零星种植0.3万亩。

做好林产企业管理服务工作。完成第十批省级林业产业龙头企业“云南绿地园林绿化有限公司”及首批林农专业合作社省级示范“江川上头营冬桃产销专业合作社”动态监测年报编制，按省、市相关林产政策及补助资金文件要求，拨付江川县2家企业云南省第十批龙头企业奖励资金5万元及首批省级示范社发展补助资金10万元。完成江川县2014年省级林业产业龙头企业和省级示范社摸底调查工作，组织筛选“江川泰怡园林绿化工程有限公司”及“云南江川柏池古绿色产业有限公司”申报评选云南省林业产业省级龙头企业；组织“江川雄关盛果核桃种植专业合作社”及“江川柏池古经果林产销专业合作社”申报林农专业合作社省级示范社。申报的2家企业及2家专业合作社已通过省级认定并公示。

（陈花艳）

水　利

【组织机构】　2014年末，江川县水利局实有在职干部职工51人，其中：行政人员15人（公务员13人，工勤2人），事业人员36人（专业技术人员18人，工人15人，职员3人）。局机关内设一室两股，即：办公室、防汛抗旱股、水政水资源股。设下属事业单位5个，即江川县水利勘测设计队，江川县防汛抗旱站（与“江川县工程管理站”实行两块牌子一套工作机构），江川县水土保持工作站，江川县茶尔山水库管理所，江川县大街抽水站。

【概　述】　2014年，江川县实施可持续发展治水思路，牢牢把握“推改革、增投资、提效益、惠民生、保安全”的水利改革发展总体思路，继续贯彻落实中央关于加快水利改革发展的决定和省委省政府“兴水强滇”战略，进一步提升水利服务于全县经济社会发展的总体能力，为高原湖泊生态县建设作出贡献。

有效灌溉面积。全县有效灌溉面积111319亩，有效灌溉面积占总耕地面积128296亩的86.77%，比上年的86.22%上升0.55个百分点。

节水和除涝灌溉面积。全县节水灌溉面积累计68881亩，占全县总耕地面积128296亩的53.6%。全县除涝面积累计达65648亩，占全县易涝耕地面积68130亩的96.36%。

水土保持治理。全县累计治理水土流失面积184.41平方千米，占全县水土流失面积380.83平方千米的48.42%。

堤、闸建设。全县累计建成达标堤防47.25千米（水利普查调整数），占堤防总长度199.24千米的23.72%；建成小型水闸157座（水利普查调整数）。

农村饮水安全人口。全县年末农村饮水安全人口23.94万人，占全县农村人口的86.51%。

水利供水工程。全县累计建成水利供水工程32852件。蓄水工程。累计建成水库坝塘358座，其中：中型水库1座，小（一）型水库14座，小（二）型水库53座，小塘坝290座，总库容6568.92万立方米，年设计供水能力4996.09万立方米。引水和其它水源工程。累计建成引水工程41处，年设计供水能力2403万立方米；累计建成小水窖29277件，年设计供水能力40.33万立方米；累计建成水池1513口，年设计供水能力11.6万立方米。机电井和泵站工程。累计建成机电井1231眼（其中：规模以上浅层地下水机电井38眼，规模以下浅层地下水机电井1193眼）；累计建成泵站工程432处（其中：规模以上泵站93处，规模以下泵站339处）。

水利工程供水情况。全年水利工程为各行、各业供水量6103万立方米，比上年的6070万立方米增33万立方米，其中，水利工程为农业供水量4819万立方米，为城乡居民生活供水量871万立方米，为工业供水量298万立方米，为生态环境供水量115万立方米。

【农田水利基本建设】　2014年，全县共计完成各类水利工程1571件，其中沟道岁修工程1253件，水利基本建设工程318件，完成工程量90.37万立方米；完成水利建设投资14148万元，其中水利基本建设投资5912万元，农水投资8236万元；新增灌溉面积0.06万亩，改善灌溉面积0.53万亩，完成干支渠防渗5.2千米，新增加蓄水能力1.76万立方米。

【小河坝水库除险加固工程竣工】

小河坝水库除险加固工程批复投资192.5万元。主要建设内容：对上游坝坡整形护坡，下游坝坡培厚加固，坝体进行霹裂式灌浆；对输水涵洞进行改造加固，更换闸阀。工程于2013年10月开工建设，2014年6月完工，施工单位为云南天宝建筑有限公司，监理单位为红河州水利水电工程建设监理有限公司。完成主要工程量：土方开挖回填10475.05立方米、石方支砌559.15立方米、混凝土878.28立方米、钢筋制安1.0吨、坝土灌浆599.35米、基岩帷幕灌浆1009.15米、新建管理房50平方米、金属结构安装直径200PE管36米，直径200钢管6米，直径200管道闸4道。完成工程直接投资146.92万元。小河坝水库除险加固工程实施后，增大调洪库容，提高调洪能力，保障下游农田的灌溉，防洪效益和灌溉效益显著。

【西河一库水库除险加固工程竣工】 西河一库水库除险加固工程批复投资90万元。主要建设内容：左坝肩帷幕灌浆防渗处理，坝顶增设防浪墙，下游坝坡整形后采用植草护坡，改扩建溢洪道，更换涵洞闸门。工程于2013年10月开工，2014年6月完工，施工单位为云南浩翔建设工程有限公司，监理单位为昆明枢灵水利水电工程建设监理有限公司。工程完成工程量：土方开挖回填2656.13立方米、石方支砌662立方米、混凝土257立方米、坝土灌浆40.94米、基岩帷幕灌浆21.0米、新建管理房50平方米、直径300球墨铸铁管12米，直径300管道闸门二道。完成工程直接投资66.5万元。

【木凹田水库除险加固工程竣工】 木凹田水库除险加固工程批复投资259万元。主要建设内容：坝体、坝基及坝肩帷幕灌浆，上游坝坡采用C15砼预制块护坡整形，下游坝坡培厚加固，增设排水棱体和水位观测设施，坝顶增设防浪墙和路缘石；改造输水涵洞；改扩建溢洪道。工程于2013年10月开工建设，2014年7月完工，施工单位为云南兴辉水利水电工程有限公司，监理单位为云南鼎权工程项目管理有限公司。完成主要工程量：土石方开挖6349立方米，土石方回填3488立方米，混凝土现浇577.7立方米，干砌石443立方米，浆砌石44立方米，钢筋制安15.14吨，灌浆钻孔1152米，灌浆进尺713米。完成工程直接投资170万元。

【爱心水窖工程】 2014年，江川县实施“爱心水窖”工程300口，完成投资183万元，建设地点雄关乡。工程共计完成土石方开挖回填27087立方米，浇筑砼方2370立方米，钢筋制作安装14.4吨，增加蓄水容积7500立方米，改善灌溉面积500亩。

【抗旱】 2014年，江川县继续呈现干旱少雨的气候特征，全县抗旱工作形势异常严峻。据统计，全县农作物受旱面积43989亩，6座水库和76座坝塘因旱干涸，13条河流因旱断流，13275人和2549头大牲畜的饮水因旱出现困难。因旱减收粮食309吨，经济作物损失3756万元。全县共计投入抗旱救灾资金480.03万元，抗旱用电157.99万度，抗旱用油257.31吨；抗旱共计浇灌面积32992亩，临时解决13275人和2549头大牲畜的饮水困难问题。据初步估算，抗旱共计挽回粮食损失346吨，挽回经济损失2094万元。

【防汛】 2014年汛期，江川县严格按照“防大汛、抢大险、抗大灾”的要求，扎实组织做好防汛抢险救灾的各项具体工作。按照防汛抗洪工作行政首长责任制的要求，层层签订江川县2014年防汛目标管理责任书，切实加强对防汛工作的组织领导，确保防汛工作顺利进行。扎实备汛，确保水利工程安全度汛。加强对防汛值班工作的管理，确保汛情的及时上报和上情的及时下达，保证防汛抗洪工作上下联系畅通。加强同气象等部门的联系，随时掌握天气状况，及时指导防汛抢险工作。加大对全县水库、坝塘的监控力度，确保水利工程安全度汛。突出重点，全力以赴做好防汛抢险救灾工作。2014年，全县受灾人口60427人，受灾面积36249亩，公路冲毁29条次，倒塌房屋89间，造成直接经济总损失达4248.3万元，因洪涝灾害减产粮食1454吨。汛期全县共计投入防汛抢险救灾人数16724人次，减淹耕地6951亩，避免粮食减收1259吨，减少受灾人口10373人，转移人员165人，减灾经济效益2045.8万元。

【水土保持】 2014年，江川县共完成水土流失综合治理面积13平方千米。在治理中坚持以小流域为单元，工程措施与生物措施相结合，并建立低、中、高层次的综合治理模式，改善水土流失区的生态环境和农业生产条件，进一步促进山区经济的可持续发展。在抓好治理工作的同时，推进水土保持监督执法工作，认真落实“三权、一案、三同时”制度，加大监督检查力度，严格查

处水保违法案件，依法征收水保“两费”和审批开发建设项目水保方案。2014年，全县共计检查生产建设项目35个，审批开发建设项目水土保持方案和报告表12个，收取水保“两费”35.46万元，人为水土流失得到控制。

【水行政管理】 继续以国家水资源管理三条“红线”指示精神为指导，加强对全县水资源的管理，逐步实现以水资源的可持续利用促进经济社会的可持续发展。围绕“加强河湖管理，建设水生态文明”主题，开展“水日水周”水法律法规宣传教育活动，进一步提高广大干部群众的水法意识，扩大水行政执法的社会影响。全县共计悬挂布标横幅8幅，发放宣传材料2000余份，张贴宣传主题画22套。加大水行政执法检查力度，查处各类水事违法案件，调处各类水事纠纷，督促指导全县水行政执法工作。继续加大水资源管理力度，科学管理水资源，编制《江川县实行最严格水资源管理制度的实施意见》，并经县政府批准。做好普法依法治理工作，进一步提高全局干部职工的执法水平、提高从业人员的法制观念、自律意识和群众知法维权的保护意识，营造良好的法治氛围。2014年，江川县共计征收水资源费44万元，调处水事纠纷8起。

【项目储备】 2014年，县水利局继续以水库除险加固、水源工程建设为重点，做好项目规划设计工作，争取水利建设项目。先后完成底母坝水库安全鉴定及初步设计工作，完成九溪河山洪沟防洪治理工程、星云湖南岸中水利用工程、“三湖调水”雄关分流工程规划等8个项目的初步设计，完成江川县农村中小学校用水及学生饮水安全基础设施建设实施方案和2014年中央预算内农村饮水安全项目实施方案的编制，完成西南林业航空总站项目和路居上坝老虎山采石厂2件水土保持方案编制工作。

（罗留芝）

交通·邮电

编辑　徐凡清

交　通

【概　述】　2014年底，江川县交通局及所属事业单位人员机构编制数43名，实有人数35名，其中，局机关编制15名，实有人员14名，局属事业单位编制28名，实有21名（其中，地方段编制15名，实有13名；路政大队编制6名，实有5名；隔河船闸所编制7名，实有3名），共缺编人员7名。县交通运输局围绕县委、县政府确定的交通发展目标，开拓创新，努力抓好交通运输科学发展、和谐发展各项工作，完成各项工作任务。完成仙水大道沥青路面建设，江川殡仪馆道路建设，澄川、玉江、江华、江通等公路路面修复工程及道路周边绿化、亮化改造工程；完成大铁线、麦雄线大修工程，推进红江、江通高速等公路建设项目前期工作，加大招商引资和向上争取资金力度，完成2014年固定资产投资和招商引资任务。开展党的群众路线学习教育实践活动，全面落实党风廉政建设工作措施，不断推进效能政府建设、加强行业管理，全面做好道路养护、路政管理、船闸管理、运政管理等交通运输工作。

【仙水大道路面建设】　2014年3～8月，投资2245万元完成仙水大道路面工程建设。仙水大道起点与玉江高速公路相交的紫红坝，经三街村，止于老晋思线小街桥，全长3.70556千米。路面硬化2.47千米。道路按城市Ⅰ级主干道标准进行设计，计算行车速度50千米/小时，采用沥青混凝土路面结构，设计使用年限15年。道路断面宽40米，断面布置为：5.0米（人行道）+3.5米（非机动车道）+1.5米（绿化带）+8米（机动车道）+4米（中央分隔带）+8米（机动车道）+1.5米（绿化带）+3.5米（非机动车道）+5.0米（人行道）。该工程建设采用“委托企业垫资建设、项目完工分期支付资金”的投资模式，企业垫资建筑安装工程费，垫资时间为3年，按3–3–4比例分年度偿还。

【江中路建设工程】　2014年，由于建设用地范围内房屋拆迁未完成，目前完成江中路K0+110–K0+800段及2号路路基填筑，两条道路共完成3000米长雨、污排水管道埋设，完成工程投资900万元。

【县殡仪馆道路建设工程】　2014年3～12月，投资879.46万元（批复资金），完成江川殡仪馆道路建设。江川殡仪馆道路起于江川县烈士陵园下167乡道，止于新建殡仪馆北侧，总里程1.573千米。公路建设等级设计为基本级，路基宽8.5米，路面宽7.5米，路面铺筑为沥青混凝土路面。设计速度15千米/小时；汽车荷载：公路—Ⅱ级。项目工程采用垫资模式建设。

【新高速公路规划】　红江通高速公路建设　红塔区至江川至通海高速公路前期工作，由市交通运输局统一协调推进，分为红塔区至江川高速公路及江川至通海高速公路2个项目。路基宽度为24.5米，双向四车道高速公路，设计速度80千米/小时。

红江高速公路　路线总体走向为由北向南。起于红塔区梅园，接晋红高速，从起点开始向东降坡，在玉昆钢铁集团公司厂区北侧和西河水库南侧之间区域展线布设，而后在K2+000附近上跨既有昆玉高速，并跨过新西河后路线掉头向南，一直降坡至段家营，随后路线沿玉溪盆地东北边缘地带布线，由红旗水库和大营之间通过，经中卫营至白龙潭而离开盆地升坡进入山区并进入东风水库二级保护区，在东风水库二级保护区中设置大湾山隧道、董炳河1号隧道、董炳河2号隧道和河口隧道通过以避免大面积开挖，路线在大湾山隧道后一直降坡直到河口隧道结束，在CK23+400附近上跨既有玉江高速，再经九溪镇西侧的六十亩村、南侧的大村，大街街道土官田村，继续向西经跃进水库至大寨水库到达路线止点K42+600，接拟建江川至通海高速公路和晋宁至江川高速公路。本项目路线长43.451千米，估算投资70.95亿元，平均每千米1.633亿元（含银行贷款利息5.0267亿元）。

江川至通海高速公路　路线起点K0+000（H–1861.775米），连接红塔区至江川高速公路，止点K42+600。路线总体走向为由北向南。从起点大寨水库开始向南布线，在K0+600附近上跨既有江通一级路，至磨盘山东侧后以长1840米的雄关隧道和长370米大箐隧道两个隧道穿越山岭即到达大箐水库北侧，并在K4+600附近上跨既有江华一级路，随后路线从雄关乡南侧通过，沿杞麓湖北侧和东侧山麓地带布线，分别经通海县县城北侧的兴义村、岳家营大新村和普塘营而离开杞麓湖湖边平坦地带进入山岭地带，路线继续向南，从罗庄西侧通过后设长350米的小公山隧道穿越小公山和公共山之间垭口，此后沿山谷布线至止点秀水沟，接已建通建高速。本项目路线长24.664千米，估算投资34.8118亿元，平均每千米1.4114亿元（含银行贷款利息2.8443亿元）。

项目工程可行性研究报告已通过省发改委评审，11项报件编制审批工作正在进行，其中水土保持方案、节能评估、文物调查3项已取得省级相关部门批复。

【县城环城路规划】　江川县县城环城路起于老晋思线小街桥，经上高桥、下高桥，在上大河咀处与翠大线相交，经渔文化广场、老河咀、六家咀，沿旧州河至金家庄、滇中湖畔，至恒昌造纸厂接上翠大线，经朱家庄、戚官、江一中后、上头营，与玉江大道相交后，接上仙水大道K1+500处，利用仙水大道至小街桥形成闭合环城公路，道路全长15.2千米，其中利用仙水大道段长2.2千米（本段尚有1.23千米未建设），规划新建环城路13千米。工程投资估算总金额为12.76亿元，其中，工程费用为9.38亿元，工程建设其他费2.13亿元，基本预备费1.04亿元，建设贷款利息0.20亿元。已完成路线方案规划及工程可行性研究报告编制，规划方案已上报县规划委会待评审，方案评审后，将上报工程可行性研究报告至县发改局进行评审立项。

【小白坡段路面大修】　2014年11月，投资2200万元（批复资金）对江通路小白坡段进行沥青混凝土路面改造，该段里程为4.2千米。12月底，已完成投标资格预审、拦标价审计、招投标工作。

【公路日常修复】　2013年12月～2014年7月，投入资金900余万元完成大铁线19千米、麦雄线8.045千米的局部大修工程；投入资金260万元完成县乡道日常养护。

【公路水毁修】　全年投入资金48万余元对受灾路段进行紧急抢修保通。

【绿化养护】　投入资金61万余元，对玉江高速公路六十米大道绿化养护。截至年底，县道绿化率85%，乡道50%，村道50%。

【安保工程】　投入资金90余万元完成玉江高速公路安保工程、投资82万元完成环湖西线、甸海线安保工程，投入3.6万元完成部分农村公路安保工程。

【路域环境专项整治】　2014年，投入资金4000万元完成玉江、江通、江华、澄川、环湖东路两测37万株绿化工程。全年投入资金80余万元清理玉江高速垃圾569.2吨，江通一级公路垃圾323吨，江华一级公路清理垃圾329.9吨，老晋思线垃圾2386吨，老玉江线垃圾8023吨，北前线垃圾2106吨，白金线垃圾1424吨，大铁线垃圾5024吨，麦雄线垃圾5227吨，环湖线垃圾331吨，环湖线填补坑塘使用风化料300吨，环湖东路垃圾586吨，江孤路垃圾191吨，九溪联络线垃圾51吨，甸海线垃圾56

吨，共修剪绿化3.2万平方米。

【路政管理】 全年共出动路政执法人员8500人次，发放宣传册2500份，发放《违法行为通知书》1890份。查处路政案件127件，案件立案率100%，查处率99%，收回路产赔补（偿）1468项，收取路产赔（补）费109万元，索赔率99%，路产损失恢复率100%，制止各种侵占路产路权行为787起，公路两侧红线控制率93.9%，清理拆除公路上非法标志标牌清理非交通标志1148块，清理违法平交道口15个，清理违法建（构）筑物13325平方米，清理取缔以路为市占道经营行为131起，清理取缔违法加水站点16处，整治占用公路打场晒粮违法行为53起，检测运输车辆166179辆，其中超限超载车辆5368辆，收取超限运输罚没款866115元，拒绝车货总重超过55吨的车辆上路行驶891台次，强制关闭江通路小白坡段K1+900M处右侧的砂石料场。

【行政审批】 全年共受理公路路政行政许可事项35件，审批13件。

【运政管理】 截至12月底，全县共拥有普通货物运输经营业户9119户（新增956户），货运车辆8640辆（新增127辆），客运车辆485辆（班线车辆134辆、公交车169辆、出租车182辆），道路危险货物运输车辆119辆（城南公司58辆、大运公司61辆），道路运输从业人员达13405人（新增1020人），维修业户169户（新增8户），新建检测站1个。

完成春运运输工作。2014年春节，投放客运车辆8785辆次（其中加班895辆、包车40辆），客位数达18.53万座，输送旅客达11.49万，比上年同期增3.2%。

查处非法运车辆，全年共查扣各类“黑车”21辆，比上年同期增47%。

加强对客运站及公交运输公司监管。严把市场准入关，根据市场发展的需要以及相关政策的规定，新审批成立2家渣土运输企业。在办理各类行政许可过程中，严格要求，认真把关，对符合条件的企业和车辆办理道路运输证，并在行政许可流程中高速、便捷的给予办理，而对于不符合要求的则坚决不予办理行政许可。加强危险货物运输车辆的审验工作。全年完成辖区内危货车年度审验99辆，年审合格率100%。

重点加强对辖区内危险货物运输企业的监管。每月至少一次对2家危险货物运输公司进行安全检查外，并配合上级部门检查。

联合多部门开展应急消防演练。7月，江川县交通运输局联合公安、卫生、环保、安监、消防、交警等部门和大型汽车运输公司，开展道路危险货物运输应急演练，提高道路危险货物运输事故的处置能力，相关责任单位提高对危险化学品事故的认知程度，加强事故预防能力。

做好道路运输业质量信誉考核及营运车辆审验工作。10月，江川县交通运输局对8053名持有《从业资格证》的驾驶人员、2843辆普通道路货物运输车辆和1256户经营业户进行审验进行诚信考核。

加强对客运车辆的监管。对全县134辆9座以上班线客车按要求全部安装GPS卫星定位系统，并将客运车辆的日常监控纳入安全检查范围。做好包车牌的收发上缴和台帐登记工作。执行省内包车客运安全管理，在办理过程中，审查相应的资格条件，执行400千米以上需配备2名驾驶员和驾驶员连续驾驶时间不得超过4小时的规定，对不符合条件的一律不予办理。

【人大代表、政协提议答复】 2014年度，认真办理和答复人大代表建议12项、政协提案11项、回复信访件10件，满意率100%。

【荣誉表彰】 2014年2月，云南省公路局对江川县交通运输局在云南省农村公路管理养护年活动中表现突出，授予“先进集体”荣誉称号。2014年9月，云南省公路局对江川县交通运输局在云南省农村公路管理养护年活动中表现突出，授予“先进单位”荣誉称号。2014年9月，云南省公路局对施睿同志在云南省农村公路管理养护年活动中表现突出，授予“优秀个人”称号。2014年12月，云南省交通运输厅对胡禄金同志在云南省交通运输经济统计专项调查工作中表现突出，授予“优秀个人”称号。

（周　愚）

江川公路管理段

【概　述】 江川公路管理段隶属玉溪公路管理总段，是公益性一类事业单位。截至12月底，有在职职工51名，其中段机关20名，站所一线职工31名（翠峰治超流动稽查人员11名，竹城公路管理所17名，侯家沟公路管理所3名），负责管养江川县境内2条干线公路44.449千米，其中沥青路面9千米，二级水泥路面35.449千米（路基宽21.5米）。

2014年，江川公路管理段坚持“立、稳、富、强、兴、和”的发展思路，以科学发展观为统领，以围绕“四个交通”建设为根本，以“畅安舒美”为目标，以养护主业为中心，以提升单位行业文化建设为基础，全段干部职工团结协作，开拓创新，全面完成各项工作任务。共投入项目资金447.45万元对所管辖路段进行养护，全年修补路面病害66958.4平方米，清扫路面、路肩3124044平方米，清理水沟路肩杂草165.81千米，粉刷行道树8774株，路况质量得到提升。

【养护举措】　2014年，江川公路管理段按照玉溪公路管理总段月巡查制度要求，成立月巡查考核小组，组织人员调查管辖路段病害，全面掌握病害情况，做好每月作业计划和施工安排；为确保各项养护生产任务落到实处，将养护作业分为路基养护组和路面修复组，两组各负其责，同时作业，改变以往路面养护苦战期间路基排水设施无法顾及的情况，保障涵洞、边沟排水系统畅通无阻，全面提升公路综合服务能力。

路基组：重视路基养护，提升路基服务功能。继续执行“养路面不如养水沟路肩”的理念，加大清挖水沟、清理桥涵的力度，全年共清理水沟31.53千米，路面横向开槽245米，清理涵洞39道228立方米，清理整修路肩19049平方米，清理路肩堆积物521立方米，清理挡墙外高草38957平方米，清理边坡杂草47770平方米，清扫路面2550194平方米，植树1464株。

路面组：加强及时养护。对路面坑塘、沉陷、裂缝等病害采用不同养护方法及早及时修复。对分散性车辙、波浪拥包等病害进行铣刨；对水泥混凝土路面动板、错台等病害严重的路段，通过击碎原路面，加铺垫层找平、压实、洒透层、铺筑4cm厚AC-16中粒式沥青砼面层的方法修复路面病害。全年共罩面处治裂缝5507.2平方米，封单条裂缝149256米，处治油包1008.89平方米，泛油132957平方米，热油冷料层补法修复水泥砼路面2789.5平方米，碎石同步封层57200平方米，沥青混凝土修复水泥砼路面37595.21平方米，处治坑塘992.29平方米，沉陷759.15平方米，软基换填305.3平方米，铣刨路面14778.1平方米。

江川公路管理段养护管理工作注重以数据为依托、质量为保障。投入23.07万元建成实验室1个，配齐各类试验仪器，设专职试验人员3人，用实验数据保障工程建设的科学性，路况质量取得良好成效。全年公路技术状况指数（MQI指标）达77.84%，公路优良路率40.90%，公路养护管理责任目标年终综合考核排列全总段第三名。

【开拓创新】　为减轻职工劳动强度，缓解一线生产人员不足的问题，江川公路管理段鼓励职工集思广益、自我创新，结合养护生产需要进行小发明小创造，自改吹风机，将吹风机安装在生产车上既可清扫路面也可运输道路垃圾；在总段发明的洒油壶基础上研发既能灌缝又能洒热油、乳化沥青的多功能小型机具，提升工作效率，解决沥青洒布车老化故障频发影响生产的难题，节约养护成本。

【农村公路预防性养护技术演示会】　2014年6月18日，云南省交通运输厅在江川召开云南省农村公路预防性养护技术演示现场会，来自全省各州（市）129个县交通局300余人参加会议。设置2个演示现场（四级沥青路面、二级公路水泥混凝土路面），每个演示现场设置3个演示点，分别由玉溪总段总段长王新华、养护科长詹松、江川公路管理段段长李庆玲对沥青路面出现的坑槽、沉陷、裂缝、啃边和水泥混凝土路面裂缝、坑洞、板角断裂、破碎板等常见病害的预防性养护方法及修复处治流程进行讲解。

【超限治理】　2014年7月，江川公路管理段根据玉溪公路管理总段关于治理车辆非法超限运输工作的相关文件要求，与江川公路路政管理大队协商超限治理移交工作，报批治超方案，组建治超队伍，超限运输治理工作有序开展。半年来共治理超限超载车辆3500辆，收取超限运输罚没款75万元，严禁车货总重超过55吨车辆上路行驶70台次。

【站所文化建设】　江川公路管理段在抓好主业的基础上，加强站所文化建设，关心职工生活，提高职工幸福指数。投资30余万元，对侯家沟公路管理所进行改造，修缮原有的综合楼、厨房、洗衣间等，增设书画室、职工书屋、棋艺室、音乐室，增添各类书籍、乐器、棋艺、书柜、桌子等，丰富职工业余生活，提高职工综合素养。

在站所建设中保持先辈遗留的痕迹，将先辈们筑路时用来碾压路面的石磙子、磨面用的石磨、修理工具用的打铁房完整保留下来，了解先辈们是怎样“人背马驮”的修筑公路，加深职工对先辈的缅怀，弘扬先辈们艰苦奋斗、吃苦耐劳的“铺路石”精神。被玉溪公路管理总段评为基层示范管理所。

2014年，侯家沟公路管理所定为中国交通教育研究会（公路）职工分会2014年年会、云南省公路局基层管理示范所（站）建设现场推进会和云南省总工会的参观示范点，大理总段、普洱总段、楚雄总段等友邻单位相继到此参观学习。

【领导调研】 2014年2月23日，交通运输部科学研究院专家朱宝林、郭朝阳到澄川线察看水泥混凝土路面修复效果。2014年5月14日，省农村公路科教专业委员会会长康仲明及玉溪公路管理总段党委书记马建峰、总段长王新华深入云南省农村公路预防性养护技术演示现场准备路段指导工作。2014年7月14日，省公路局党委书记黄玉峰、党委副书记欧青及玉溪公路管理总段总段长王新华、工会主席杨洋深入江川公路管理段侯家沟公路管理所调研示范站所建设情况。2014年7月31日，省交通运输厅工会主席李杰、省公路局工会主席杨永恩及玉溪公路管理总段党委书记马建峰深入江川公路管理段侯家沟公路管理所慰问一线职工。2014年8月8日，省公路局党委副书记、纪委书记孙长有率全局各总段纪委书记到江川公路管理段召开《云南省公路局廉政风险防控管理工作手册》第一次修改工作会。2014年10月3日，省政府副秘书长黄立新深入侯家沟公路管理所查看基层站所建设情况。2014年11月13日，省总工会党组书记、常务副主席王惠萍，宣传部部长岳琼英一行到江川公路管理段侯家沟公路管理所调研指导工作。

【安全生产】 逐级签订《安全生产工作责任书》37份，制定《突发公共事件预案》《水毁防抢保通预案》。组织人员参加上级举办的公路养护施工安全标志标牌规范设置现场演示竞赛活动；举办消防安全知识讲座，开展消防应急疏散演练；开展岗前培训及养护作业现场安全防护教育培训；深入开展安全生产大检查，排查整改隐患8起，投入安全生产经费81591元，安全态势平稳，实现全年安全事故零发生的目标。

【应急保通】 2014年组织抢险保通人员95人次，车辆32车次，小型装载机10台次，共用23天清理昆孟线K92+660至K92+670路段危岩落石739平方米，清理昆富线坍方674.5立方米，除损坏防撞墩10个，及时消除道路安全隐患。

【荣誉表彰】 2014年2月，江川公路管理段被玉溪公路管理总段评为“农副业生产先进集体”，江川公路管理段竹城公路管理所荣获玉溪公路管理总段“文明先进站所”荣誉称号。

（张金糯）

电信

【概　述】 2014年，中国电信江川分公司贯彻落实集团和省、市公司部署，推进“一去两化”战略转型。进一步深化机制体制创新，以2014年经营维护管理工作为重心，着力提升公司收入和用户市场份额及规模，进一步推进“划小承包经营”工作，加快公众客户群的发展，加大政企项目转收及应用拉动力度，重视移动、宽带存量用户客保工作。业务收入完成收入2672万元，同比增15.8%，绝对值415万元。总体经营业绩全市排前列，全省排第10名前，全面实现量、收双跨越目标。

【实施“惊蛰行动”】 2014年4月16日，江川分公司正式启动“惊蛰行动”农村特卖会行动。二季度开始，网络部和办公室除正常当班人员外其余下沉参与到“惊蛰行动”营销大会战中。江川分公司将各项指标落实到具体责任人，强化考核措施。解决一些农村支局所一线员工生产生活中的实际困难和问题，帮助基层员工谋发展、谋利益，努力帮助基层员工提升个人能力和价值，在员工和企业共同发展的良性循环中，实现农村市场持续健康的稳定发展。

【社会渠道建设】 吸引社会渠道参与拓展个人客户群的增量市场。按照省市公司提出的一镇一店、一镇一站、一村一点的建设

要求，共完成空中充值点110个，60个一级代理经销商加盟，为实现移动、宽带规模发展积聚社会资源。

【县委领导莅临慰问】 2014年1月30日下午，县委副书记石伟、政协副书记杨吉英等领导莅临江川电信分公司进行春节慰问。石伟表示在2014年新春佳节即将到来之际，代表县委、县政府对江川电信的广大职工进行慰问，感谢江川电信在2013年对江川的通信建设和地方经济做出的贡献。江川分公司经理刘春生对江川电信在2013年取得的成绩向县委领导做报告，并表示在2014年江川电信会再接再厉做好业务发展、网络规划，为江川的通信建设和地方经济做更好贡献。

【赵俊达到江川调研】 2014年6月26日上午，省公司资深总裁赵俊达率督导办公室领导到江川分公司调研。6月26日上午，在玉溪分公司总经理黄峰、办公室主任孙天龙陪同下，赵俊达一行到江川分公司主营业厅和江城中心支局调研。在江川分公司星云路营业厅，赵俊达一行对营业厅业务受理流程、3G终端陈列展示和销售、拆机挽留流程，安装宽带可用资源，每月产能完成量、薪酬待遇发放等进行了解。在江城中心支局，了解划小承包经营情况及划小后中心支局的经营发展情况；了解近期中心支局工作开展情况与江城镇各厅店的经营情况。

【无线电管理宣传月活动】 按照江川县工信局9月23日关于开展2014年无线电管理宣传月活动的部署，为普及无线电知识，宣传无线电法律法规，扩大无线电宣传影响力。江川分公司在2014年9月24日和9月30日通过电信营业厅电子宣传屏发布无线电宣传标语，内容为：珍惜频谱资源、保护电磁环境；严禁非法设台，保障通信安全，保护电磁环境，促进和谐发展。通过电信营业厅电视播放电磁辐射宣教片；9月25日在客户办业务的同时发放《全国无线电管理宣传月特刊》折页300份。通过电信营业厅电子宣传屏、电视播放、向群众发放宣传折页方式，提升普及无线电频谱资源常识和法律知识，提高公众对电磁辐射正确认识和了解；提高全社会遵守无线电法规的意识，营造全社会关心、重视无线电频谱资源、维护空中电波秩序、支持无线电管理各项工作健康有序开展的良好社会氛围。

【优化网络部服务支撑】 2014年，网络运维工作的两个重点为扩大改造生产线与简化优化流水线。网络部落实网络工作“三个面向”，以CI2+S2为网络工作的主轴，网络“四个专项行动”为辅，聚焦客户感知，提升网络能力和服务水平。按“三个面向”要求，按照“四个一片”需求，全力推进FTTH建设。不断提高网络安全保障、服务支撑和资源优化配置能力，全面保障优质综合信息服务提供能力，持续提升全业务网络竞争力，较高效的完成工作，对部分基站进行流量、话务量调优，新建县城4G基站8个；新建前卫村、白沙地、双桥营、桑园4个3G基站，全县DO已覆盖。

（邓　琼）

联　通

【概　述】 2014年，中国联通玉溪分公司网络能力增强，移动基站数量增加，3G网络实现主要乡镇覆盖；宽带接入端口增加，骨干互联网扩容取得成效，县公司全力推进宽带升级提速，创建网络优势促进客户发展和保有。4G网络4G终端上市—双4G、双百兆、网速更快、体验更广；开展2G、3G转4G业务，让用户体验到更优质的网络服务。2014年，联通、电信、移动用户可以办理携号转网业务——号码不变三家通信营运商直接用户自由选择。在上年的基础上加大完善实施区域分级管理和深度营销，拓展宽带增量市场，提高资源利用率；乡镇市场配合广电网络改造，以EOC发展为主，优质社区，以公司自网为主，通过合理投资，拉动自网宽带及行业客户收入；服务水平持续改善，落实宽带装移修公开服务承诺，服务及时率提升；移动网络不断优化，3G与2G网络质量投诉率下降，发展4G业务市场拓展成效明显，收入增速持续保持行业领先，成本开支持续改善，发展结构不断优化，3G业务满意度继续保持行业第一，全业务满意度居行业第二。全面提升管理水平，以本地网全成本管理核算为基础，强化经营活动的动态监控；完成大ERP系统的推广实施，建立财务信息透视体系；重点领域改革持续深化，实施一体化市场营销管理与运营，建立纵向到底的经营监控体系，强化集团客户事业部体系建设，建立适应电子商务发展的管理体制和运营机制；坚持民主公开、竞争择优，以业绩为导向组织各类技能培训，使队伍素质持续提高。

为适应新的发展要求，中国联通江川县分公司侧重于规模发展，城区重点于3G、4G业务为主，乡镇重点于2G业务为主，推进行业信息化应用。进一步加强加大3G、4G网络建设与优化，加快产品及应用创新，扩大市场营销推广力度，发挥产业链优势，实现移动固网用户数和全业务收入的快速增长

【基站建设】 截至2014年底，总投资250万元分别在大街街道长虹汽贸、大街中学对面、老街心菜市场旁，前卫镇，江城镇小马沟村、左卫村、宝塔营村等地加建基站8个，加强手机信号覆盖深度和广度，方便各地人民群众，提高全县的网络覆盖率。

【渠道建设】 为更好地服务于中国联通用户，发展渠道建设，分别在全县范围内的重要城区发展中国联通业务代销商6家，发展乡镇代办点27家，做到无论在何处都能见到中国联通的统一按标准VI制作下发联通授权销售点的门牌，提高联通的知名度，更好地方便用户，达到为用户提供优质、完善服务的目的。

【二级部门初具规模】 2014年，在对网格的划分管理基础上，为提高工作效率，从省公司到县区分公司对内部管理机制进行整改完善。公司按省公司的指导思想和网格实施管理办法，将江川县辖区划分为城区网格、乡镇网格两大网格，在人力方面进行优化及调整。实施人岗匹配制度，加强员工对工作的积极性与公司归属感。公司资源得以整合，各网格之间相辅相成，重点突破关键区域，明确划分相关责任人。处理各种综合事务为主的后台支撑中心，形成一种矩阵式的管理机构。各部门齐心协力、协调发展，增强公司的凝聚力。

【实名制登记】 自2014年，全国统一所有用户在三家运营商购买任何一种卡，必须本人持本人有效证件购买，运营商必须对所销售的卡进行实名登记。各地州市公司分别安排人员不定期的对个代理商、营业厅进行实名制工作暗访。一旦发现有违章办理的必须进行金额不等的罚款，情况严重的除承担罚款外取消代理资格。分公司2014年将实名制工作列为日常重点工作来开展。

【与云南省江川世涛房地产开发有限公司签订商铺购买合同】 为繁荣市场经济，盘活资产，分公司于2014年与云南省江川世涛房地产开发有限公司签订财富广场A3商铺购买合同。分公司于459.05万元的价格签订商铺购买合同。

【集团业务建设】 2014年，中国联通继续加大集团客户投资建设力度，新办理5个较大的集团业务，合计用户972户。

（张小倩）

移　动

【概　述】 2014年，为响应省公司推动战略转型有效落地，着力提升网络、营销、管理、队伍四大能力，中国移动云南江川分公司全体员工在集团公司和省市公司的正确领导下，认真、高效、创造性开展县公司经营工作，加快发展速度、提高发展质量，增强可持续发展能力，做好公司的各类营销活动的落地实施，保住市场份额；以精细化绩效考核为手段，调动员工的工作积极性，确保公司各项经营目标的顺利达成。

截至2014年12月31日，在网客户规模16万户，营运收入完成8029万元，超额完成年度目标值。

【网络建设】 2014年，江川新建基站180个，全部开通并投入使用，实现江川县城区和农村移动网络99%覆盖。网络质量提升，改善农村基础设施，提高群众生活质量。在江川县“开渔节”前夕，对移动基站进行扩容，“开渔节”期间增派应急通信车2辆，保证节日期间的通信畅通。

【企业建设】 2014年，江川分公司重视企业文化建设工作，开展多种形式的业务活动，“客户为根、服务为本”“心服务、皆为您”“网络挑刺”等，让客户参与到移动的建设和发展中，工会、党支部、团支部，利用业余时间组织各类活动10余次，通过一系列活动的开展，职工的团队合作精神得以加强。通过开展省级“青年文明号”创建活动及“道德讲堂”活动，把建设社会主义核心价值体系的根本任务落实到基层，强化员工的思想道德内涵，形成良好的文明风尚。

（金　琳）

财政·税务

编辑　余立言

财　政

【概　述】　2014年，县财政局紧紧围绕发展主线，牢固树立大局意识，攻坚克难，主动作为，全力以赴抓收入、凝智聚力促发展、优化结构惠民生，圆满完成县第十五届人大二次会议确定的各项目标任务。全县财政总收入完成86066万元，比上年增9310万元，增12.1%，其中：地方财政收入完成59631万元，比上年增8706万元，增17.1%；地方财政支出完成165469万元，比上年增19596万元，增13.4%。

【非税收入】　2014年，江川县继续推进财政票据电子化改革，进一步完善“单位开票、银行代收、财政统管、源头控制”的票款分离收缴制度，加大非税收入稽查和纳入预算管理力度，全年非税收入完成14284万元，比上年增44.5%。

【争取上级资金】　2014年，全县共争取到上级专项资金93513万元，比上年增16687万元，增21.7%。

【教育投入】　2014年，全县完成教育支出31905万元，比上年增3.6%。拨付农村义务教育寄宿生生活补助和营养改善计划全覆盖补助资金2578万元，2.92万名农村中小学生受益；安排资金252万元，对1870名高中和职业教育学生提供助学金；为906名中等职业教育学生免除学费181万元；筹措资金3136万元，加快中小学校舍安全工程和农村义务教育薄弱学校改造工程建设速度，切实改善义务教育办学条件。

【社会保障和就业】　2014年，全县完成社会保障和就业支出20702万元，比上年增3.3%。筹措资金3280万元，引导12.97万名城乡居民参加社会养老保险；安排小额担保贷款财政贴息资金1382元，撬动信贷资金21361万元支持创业促就业；拨付再就业资金440万元支持1417人就业；投入“两个低保”资金2544万元，1.35万生活困难人群实现应保尽保；发放抚恤及退役安置补助1480万元，确保3269名抚恤和安置对象的定期定量资金供给；安排城乡临时救助及自然灾害救助等资金492万元，缓解急难群众生活困难；投入县中心敬老院建设资金270万元，进一步改善五保老人集中供养条件；拨付殡仪馆及公墓建设资金1152万元，确保殡葬改革顺利推进；安排八十岁老人保健补助资金374万元，对5816名高龄高寿老人进行补助。

【支持医疗卫生事业】　2014年，全县完成医疗卫生支出17765万元，比上年增18.9%。拨付新型农村合作医疗财政补助资金8949万元；安排资金113万元，对符合条件的2.88万名特殊参合对象予以城乡医疗个人缴费全额补助。

【支持经济发展】　2014年，全县筹集重大项目建设资金54123万元，保障工业园区、美丽家园、“美丽校园”及校安工程、保障性住房、市政基础、路域环境整治和生态环保等重点项目稳步推进；安排农业基础设施建设资金5318万元，进一步改善农业生产条件，促进农业增产增收；争取石油价格改革补贴820万元，促进公交事业平稳运行，缓解群众出行难问题；办理减免税5996万元，拨付企业扶持资金13304万元，帮助企业置换贷款6690万元，支持企业加快发展；筹措资金33202万元，重点支持“四退三还”、截污治污项目、沿湖拆临拆违、拆大棚等工作，星云湖水质得到改善，抚仙湖继续保持I类水质。

【支持文体事业】 2014年，全县文化体育与传媒支出1502万元，比上年增12.1%。安排资金139万元，支持“三馆一站”免费开放；拨付重点文物保护资金230万元，对江川二中文庙进行修缮保护；筹措资金218万元，支持农民健身工程和农村文化活动场所建设。

【保障性住房建设】 2014年，全县住房保障支出6204万元。兑付农村危改工程建设补助资金1287万元，重点解决1144户困难群众的住房问题；筹集资金2340万元，支持856套保障性安居工程项目建设；安排资金214万元，继续对符合条件的708户居民发放租赁住房补贴。

【强农惠农补贴】 2014年，全县投入1196万元，继续实施农资综合补贴、良种补贴、退耕还林补贴等直补政策和能繁母猪、农房、水稻、油菜、玉米等涉农保险政策；拨付涉农贷款增量奖励资金70万元，拉动9365万元信贷资金支持农业生产发展；安排80万元新型农民职业培训资金，对500人进行劳动技能培训；筹集水库后期移民扶持资金381万元，进一步改善库区移民生产生活条件。

【公共安全投入】 2014年，全县完成公共安全支出6852万元，政法经费足额保障到位，政法司法能力建设进一步增强。

【政府采购】 2014年，江川县进一步深化政府采购管理，健全完善监督机制，不断规范政府采购行为，努力提高经济效益和社会效益，全年完成政府采购支出3721万元，节约财政资金485万元，节约率11.53%。

【农业综合开发项目通过省级验收】 7月11～13日，省农业综合开发项目检查验收组对江川2013年度农业综合开发项目进行考评验收。此次验收的农业综合开发项目共4个，总投资1353万元，其中，土地治理项目2个：前卫镇高标准农田建设示范工程和三道沟水库灌区中低产田改造；产业化经营中央财政贷款贴息项目2个：云南宏斌绿色食品有限公司2万吨蔬菜加工扩建和云南卓一食品有限公司2千吨调味品加工扩建流动资金贷款贴息。验收组采用“听、看、查、问”的方式对项目进行检查后，同意通过验收。

【农业综合开发】 2014年，江川县投资1172万元，实施前卫5000亩高标准农田建设和九溪3700亩中低产田改造项目。衬砌渠道14.55千米；埋设管道0.45千米，渠系建筑物104座（道）；建抽水站3座（机房3座，架设输电线路1.02千米，变压器3台）；新建水池14个，安装主水池至分水池输水管3.48千米；修建机耕路7.09千米；科技培训3212人次，引进蔬菜优良品种规范化示范种植305.7亩。两个项目完工并通过验收。

【一事一议财政奖补】 2014年，江川县深入推进一事一议财政奖补工作，实施项目54个，其中：普惠制50个，美丽乡村4个。项目总投资3462.02万元，其中财政奖补资金1588.25万元。项目涉及建设村内小型水利设施1个、人畜饮水项目4个、村内道路项目8个、村内环卫设施项目2个、村容美化亮化项目2个、村级公共活动场所37个，惠及村民33476人。

【会计管理】 2014年，组织66人参加会计从业资格和89人参加会计专业技术资格考试，完成1095人会计从业资格证书的登记和换证；举办行政单位会计制度、行政事业单位内部控制规范和财政支农政策培训；开展会计信息质量检查和加强对代理记账机构的监督管理。

【国有资产管理】 2014年，江川县进一步加强国有资产管理。对82家事业单位国有资产产权进行登记。发放国有资产产权证77家，不予发放产权证5家。77户事业单位共登记资产总额69181.2万元，其中：固定资产50959.99万元，其他资产528.67万元。公开出售公务用车4辆和房地产3宗；报废危房5幢和48间平房、公务用车8辆，对11个行政事业单位289

台（套、件、个等）办公设备审核并确认报废。开展县属行政事业单位闲置住宅资产清理，清理闲置住房146套，收回129套（间），未收回17套（间）。

【财政监督】 2014年，进一步加大财政监督力度。一是加强财政专项资金管理，不断完善财政各类专项资金管理办法。开展2012～2013年文化专项资金和"菜篮子"补助资金、农业财政结余资金、非税收入清理和检查。二是加强日常监管。将财政监督由事后监督向初始环节前移，实行事前参与预警、事中跟踪防范、事后审核问效的全过程同步监督检查，促使财政监督检查经常化、制度化、规范化。三是不断拓展监督空间，实施全面监督。对预算编制、执行、上级专项资金使用情况等进行全方位监控。四是加强财政内部监管。进一步完善财政资金拨付内控制度，规范资金拨付审批程序，强化内部分工，健全拨款印鉴管理制度，做好拨款印鉴管理。加强对乡镇财政所管理，下发乡镇财政资金信息327个，公开公示国家政策信息121个，开展乡镇财政资金抽查巡查工作218次，促使乡镇完善内部管理制度，规范资金管理，提高资金使用效益。

【信息工作】 2014年，编发财政信息92期、论文5篇。其中，省厅采用5篇，《云南财会》采用6篇，《玉溪日报》采用2篇，《玉溪财经》采用8篇，县级采用73篇。

（吕玉红）

国 税

【概 述】 2014年，县国税局以依法组织税收收入为中心，坚决不收过头税，坚决防止和制止越权减免税，坚决落实各项税收优惠政策的组织收入原则，应收尽收。县国税局共组织各项税收收入21036万元，同比增收1567万元，增长8.05%，全局上下齐心协力，做到全年无新增欠税，实现自2001年起连续14年无新增欠税。其中：增值税累计入库15310万元，同比增收1201万元，增长8.51%。企业所得税累计入库5614万元，同比增收387万元，增长7%。消费税累计入库9万元，与上年同期19万元相比减收10万元，下降53%。个人利息所得税累计入库0.80万元，与上年同期3.82万元相比减收3.02万元，下降79.01%。车辆购置税累计入库102万元，同比减收8万元，下降7.10%。

【重点企业增值税】 2014年，县国税局以风险管理为导向，以信息管理为依托，监测和分析重点企业税源，掌握税源状况和发展趋势，合理规划税收收入，对重点企业税源实行有效管理和控制，提高纳税人税收遵从度，实现应收尽收。其中：江磷集团入库430万元，同比减收941万元，减幅69%。江川供电有限公司入库1432万元，同比增收325万元，增幅29%。凤凰山水泥厂入库130万元，同比增收22万元，增幅20%。增收主要原因是生产设备技术改造后，企业设计产能提高，产销量同比上升，拉动税收收入增长。造纸及纸制品行业：江川恒昌造纸有限责任公司入库121万元，同比增收148万元，下降55%，增收主要原因是2013企业产销量大幅上升，拉动税收税收增长。玉溪市烟草公司江川分公司累计入库增值税2834万元，同比增59万元，增幅2%。江川天湖化工有限公司累计入库2817万元，同比减收1442万元，增长105%。

【企业所得税征收】 2014年，县国税局继续贯彻向加强所得税管理要收入的理念，不断优化企业所得税征收结构，加强季度企业所得税预缴管理，保证税款及时足额入库，全年企业所得税累计入库5614万元，同比增收387万元，增长7%；稳步推进2013年度汇算清缴，截至5月31日，县国税局2013年度应进行所得税汇算清缴的260户企业全部完成年度纳税申报，全年实现营业收入17.97亿元，营业成本14.48亿元，营业税金及附加1283.45万元，期间费用1.97亿元，实现利润7385.07万元，纳税调整增加2973.89万元，纳税调整减少3927.76万元，纳税调整后所得6431.20万元，应纳所得税额2116.12万元，减免所得税额1175.72万元，已预缴所得税额2431.99万元，汇算清缴应退所得税额315.88万元。2014年，企业所得税累计入库5614万元，同比增收387万元，增7%。其中玉溪市烟草公司江川分公司2806万元，同比增收119万元，增4%；云南江川天湖化工有限公司1144万元，同比增收778万元，增213%；云南联塑科技发展有限公司249万元，属2014年的新增税源；云南红塔包装实业有限责任公司126万元，同比增收58万元，增85%；江川县农村信用社911万元，同比减收952万元，降51%；江川同力橡胶有限公司退2013年汇算清缴产生的多缴税金64万元，入库同比减收81万元。

【纳税评估】 2014年，县国税局共对34户纳税人进行综合纳税评估，评估补缴各类税款合计41.46万元，其中增值税36.29万元，企业所得税2.43万元，滞纳金2.74万元。

【税收执法】 2014年，县国税局全面落实税收执法责任制，坚持开展执法监督检查，严格税收执法考核和执法过错责任追究，进一步规范行政处罚、行政许可、行政强制等税收执法权行使，加强税收执法风险的事前防范和事后处置，深入推进依法行政工作。深化税务行政审批改革的后续监管，完善税收执法案卷评查的长效管理机制，切实做好税收执法案卷评查工作。2014年，税收执法管理信息系统考核子系统对县国税局在CTAIS操作的26343条数据进行监控，执法行为正确数26343次，调整后信息实现“零过错”目标，执法正确率达100%。

【纳税服务】 以教育实践活动听取意见工作为契机，积极搭建内外“面对面”沟通平台，广开言路把脉“挑刺”，深化纳税人维权服务。分别召开中层干部、一般干部、青年干部以及纳税人座谈会，搭建内外沟通平台，倾听真诉求，收集好意见。依托办税咨询台，充分发挥窗口人员和值班员与纳税人面对面交流的优势，及时记录纳税人反映的各类涉税诉求。依托税企QQ群及QQ空间等网络平台，通过在线交流，广泛收集纳税人关注的热点难点问题。依托日常征管工作，在日常管理、纳税评估和政策宣传等各项工作过程中，广泛征求纳税人涉税疑难问题，切实找准便民服务“着力点”，提高办税服务质量和效率。

【营改增】 根据省、市局的统一部署，着手准备“营改增”行业扩围各项前期工作，积极与地税部门联系配合，认真开展税源摸底调查，加强内部业务培训，更新配置前台软硬件设备，积极组织干部职工参加各级“营改增”业务培训，做到“纳税人不落空一户，业务细节不落空一点”。2014年，全县“营改增”累计入库788万元，同比增收591万元，增长301%。其中：交通运输业入库481万元，同比增收316万元，增长191%；现代服务业163万元，同比增收131万元；电信业143万元，同比增收143万元；邮政业入库1万元，同比增收1万元。

【国地税联合办税】 充分利用地税税费代征窗口入驻国税办税服务厅的便利条件，拓展联合征管工作广度和深度，推行“联合办证”和“联合注销清算”，联合办证的推行使税务登记办理过程实现“一厅通办、一窗受理、统一税号、两证合一、一次服务、一站办结”，避免纳税人在纳税过程中因混淆两证税务登记证号而引起的诸多不便，有效节省纳税人的办税时间，结束纳税人办理税务登记必须跑两个部门，办两份证，使用两个税号的历史。

【税收优惠政策】 严格贯彻落实税收法律法规，充分运用征管数据分析、税收执法检查、税收执法监察等手段，推进税源专业化管理，挖掘风险潜伏点，开展风险导向下的纳税评估工作，定期进行风险查找和化解工作，确保各项税收政策准确执行到位；明确工作要求，深入企业了解其实际生产和经营状况，将能享受增值税、企业所得税优惠政策的企业作为跟踪管理重点，严格减免税审核方法步骤和办理程序，不折不扣执行好国家出台的各项税收优惠政策，切实维护好纳税人合法权益。2014年，共减免小微企业所得税14.58万元，纳税评估34户，补缴各类税款41.23万元。

【精神文明创建】 把文明创建工作与加强思想教育，提高队伍素质相结合，为国税发展提供素质保障；把文明创建工作与加强信息化建设，优化服务质量相结合，为经济建设提供服务保障。2014年3月，县国税局被县关心下一代工作委员会评为“五好”关工委，县国税局工会被县总工会授予“2013年度工会重点工作目标责任考核鼓励奖”；11月，县国税局被省档案局评为“云南省党政机关社会团体档案工作规范化管理示范单位”。2014年2月，张楠被省国税局授予“云南省国税系统第八批精神文明建设先进工作者”；3月，王峻被县委、县政府评为2013年度新农建设优秀

常务书记；5月，潘绍明被省国税局评为2013年度“营改增”“个人突出贡献奖”，李晟鹏被省国税局评为2013年度“营改增”“先进个人”；9月，王新芬被县委办、县政府办表彰为“江川县妇女儿童工作先进个人”。

（张　薇）

地　税

【概　述】 江川县地方税务局内设办公室、计划财务股、征收管理和纳税服务股、税收政策管理股、人事教育股、监察室、政策法规股、规费股、科技信息股、考核督查办10个股室，稽查局一个直属机构，下辖一分局、二分局、三分局、四分局4个派出机构。共有干部职工69人。其中：大专以上学历67人，占职工人数97%；党员32人，占职工人数46%。

2014年，县地方税务局围绕省地方税务局提出的“内提素质，外树形象，打造阳光地税”工作总目标和“依法治税、阳光办税、征管强税、科技管税、人才兴税、着力培税、服务促税”总要求，坚持依法治税、从严治队、科学管理主题，不断加强干部队伍建设，加强税收科学化、精细化管理，强化重点税源的税收征管力度，优化税收服务，扎实推进税收征管改革，完善税源分类分级管理制度，积极推进党风廉政责任制建设，始终把组织收入作为整个税收工作的中心，为国收税，为民聚财，为地方经济社会的发展奠定坚实基础。

【税费收入完成情况】 2014年，县地方税务局共组织税费收入5.8亿元，其中，征收入库地方各税4.21亿元，比上年同期减少546万元，减幅1.28%；征收社会保险费1.62亿元，比上年同期减少5073万元，减幅23.89%；征收工会经费499.90万元，比上年同期增收24万元，增长5.05%；征收抚仙湖资源保护费103.40万元，比上年同期减收14.10万元，减幅12.01%；征收价格调节基金26.50万元，比上年同期减收10.50万元，下降28.48%。

【税收征管】 2014年，县地方税务局不断加强税收征管规范化建设水平，提高税收征管效率，通过开展领导带队业务股室下基层调研活动，及时收集问题，了解情况，解决问题，积极推动各项工作向程序化、制度化、规范化、法制化建设目标迈进。一是调研到位，重基层规范化建设。深入各基层分局，并有针对性地下企业对税收政策执行情况进行调研，及时掌握税收征管中急需规范的基础性问题，逐步规范税收征管制度。二是措施到位，重基层程序化建设。从登记、发票管理、资料归档、文书传递等重点基础环节进行认真梳理，比照税收征管法和相关文件，查找出程序执行不准确的操作流程，进一步修改完善县地方税务局征管流程，并加大对基层执行力的监管，推动基层程序化建设。三是思想到位，重基层制度化建设。抓好税收管理员制度、教育培训制度、督查考核制度的落实，转变思想，提高认识，明确、细化管理员的工作职责，规范管理员的管理事项、管理程序和管理标准，适应征管改革、营改增、纳税服务平台等工作的进一步推进，做到人员到位、职责到位、考核到位、责任追究到位。

【重点税源和重点行业税收监管】 根据省地税局统一安排部署，按照全市地税系统深化税收征管改革“因地制宜，公布实施”基本原则，县地方税务局作为玉溪市地方税务局税源分类分级管理试点单位，认真细化分类分级管理，做到科学管户与管事相结合、科学合理定岗定员定责，对纳税税额在5万元以上的重点税源企业和重点行业税收由二分局管理，并抽调税收业务比较熟练的人员充实到二分局进行专业化管理，要求管理分局按行业分类进行管理，把重点税源按行业类别分为金融保险业、邮电通信业、建筑安装业、房地产及物业管理、烟草、电力等重点纳税企业，对七个行业实施专业化的税收监控管理。

【税收收入预测分析】 县地方税务局始终把收入预测分析工作作为组织收入工作的重中之重来抓。一是根据税收任务完成情况，强化税收收入责任意识，细化各项收入措施，每月按期召开收入分析会，按月分解收入任务，深入分析每月组织收入工作中存在的问题和困难，并对江川县税源状况、税收收入形势、政策执行情况和征收管理情况进行深入分析，特别是重点税源、重点行业的税源变化情况进行全面把握。二是加强收入工作领导，提高收入预测准确性。提高认识，加强领导，征收管理分局分局长及时掌握重点税源信息，及时跟踪管理重点税源的征缴工作。收入核算部门统筹，税政部门配合，征管部门强化的征收格局。切实提高收入预测准确率。三是加强计划管理，确保收入平稳增长。把握税源动态，特别是重点税源行业、企业的税收实现情况，为税收收入预测奠定坚实基础，杜绝收入预测的随意性，保证收入旬报的准确性；密切关注月度税收资金运行情况，及时掌握征期内应征、开票、入库、提退、查补等税收资金变化情况，当税源出现较大波动时，及时报告和调整。通过对各行业、各税种的分析，从中发现征管中存在的问题，对症下药，解决难题，从而健全征管措施，提高征管效能，为全年收入任务的圆满完成奠定坚实基础。

【阳光稽查】 2014年，县地方税务局以查处税收违法案件和组织税收专项检查为重点，抓好违法举报案件的受理调查，加大检查和处罚力度，深入整顿和规范地方税收秩序。联合公安部门打击制售假发票的行为，规范稽查执法行为，发挥稽查“以查促管、以查促收”的职能作用。一是确定检查对象，认真做好查前准备。调阅被查对象的纳税档案等资料，对相关信息进行收集和分析，对被查对象的经营规模、生产状况、行业特点、财务核算以及生产流程进行综合分析，寻找检查切入点，确定检查重要环节或部门。二是对检查人员进行明确分工，相互配合。检查中，要求每位检查人员应高度负责，善于在每一环节抓住战机，做到迅速及时，以快制胜，获取第一手证据资料。三是实行每周汇报会，分析存在的疑点问题。对检查中的情况每周进行一次汇报，对存在的问题及疑难讨论分析，检查发现的共性苗头问题及时积极向县地方税务局业务股室汇报，以达成政策执行上的共识。四是处理税务稽查与企业自查之间的关系。防止重复检查和多头布置，防止多头进驻和重复检查。进一步规范稽查执法行为，增进法治意识和执法风险意识，增强工作的责任心和法制观念。五是树立“服务意识”，处理好执法与服务的关系。在严格执法、维护税法公正的同时，加强税收宣传和政策辅导，让企业通过税收宣传、政策辅导和疑点问题提示，主动把问题解决于自查自纠中，提升纳税人税法遵从度。

【税收宣传】 在全国第23个税收宣传月活动中，县地方税务局紧紧围绕“税收·发展·民生”主题，不断拓展税收宣传渠道，创新税收宣传手段，开展送税法到工业园区、送税法进企业等税收宣传，并积极做好“四个结合”，增强税法宣传效果。一是税收宣传与纳税服务相结合。深入广大纳税人中进行调研，听取纳税人的意见和建议，及时掌握纳税人的需求信息，积极采取措施从纳税人需求角度多种形式开展税收宣传服务工作，切实提升服务质量。二是税收宣传与信息载体相结合。借助广播、电子信息公开平台、大厅触摸屏、移动电信短信平台等多种信息媒体进行税法宣传。整个税收宣传月期间，发送税收宣传短信2万余条，进一步扩大税收宣传的覆盖面和影响力。三是税收宣传与税收征管相结合。制发宣传资料、悬挂税收宣传标语、张贴宣传画，向纳税人免费发放税收宣传材料，在征税大厅设立咨询台，长期接受纳税人咨询，增进纳税人对税收工作和税收政策的了解，提高纳税人遵从度。四是税收宣传与“群众路线教育”“蹲企服务”相结合。将税收宣传与开展“群众路线教育”“蹲企服务”有机结合起来，为纳税人提供一对一的零距离服务，全面掌握纳税人生产经营情况，及时解决纳税人存在的困难及问题。

【落实小微企业优惠政策】 县地方税务局采取措施，确保普惠型税收优惠政策落实到位，为小微企业健康发展创造良好税收环境。一是主动做好政策效益测算。为准确把握因税收优惠政策引起的税源变化，县地税局积极开展调研摸底工作，对辖区符合优惠政策的纳税人的规模和经营情况进行调查核实，对有疑义的反复与企业比对，做到政策清楚、依据清楚，确保政策落实定位中不变形走样，严防弄虚作假等情况发生。二是主动做好政策执行的汇报。在全面了解县域小微企业发展现状，剖析制约其健康发展的突出困难和问题的基础上，围绕政策带来的实惠和机遇，主动向市地方税务局、县政府做好汇报，争取最大限度理解和支持。三是主动做好政策信息传递。组建专业化团队承接该项工作，结合当前开展的群众路线教育实践活动，主动传递税收优惠政策信息，耐心解答纳税人咨询，辅导小微企业建账建制，确

保纳税人真正享受到税收优惠政策，为县域经济社会增强发展后劲和内生动力。四是主动做好政策落实公示。在办税服务厅等地点进行政策公示，做到政策落实一步，公开公示一步，监督跟进一步，做到宣传好落实好。

【便民办税春风在行动】 县地方税务局围绕总局“便民春风行动”的总体要求，结合实际，积极采取措施，全面落实“便民办税春风”行动工作。一是创新服务方式。抽取业务骨干组成“税收服务专家顾问团”为纳税人提供咨询辅导服务，团队以“热情、细心、周到、主动、及时、不推诿”为服务宗旨，把小微企业、外来投资企业等特殊群体作为服务对象，采取下户座谈、电话咨询、上门咨询三种方式进行事前服务，与“蹲企服务”相辅相成，形成特色服务，积极宣传税收政策，提前预防问题产生，促源培税，进一步促进和谐征纳关系。二是在国税办税服务厅设置窗口统一办理业务。建立定期情报交换制度，确定相关纳税资料每月相互传递一次，做到信息共享，减少纳税人在办理涉税事宜过程中重复提供资料、多次往返于国税、地税税务机关现象。三是认真落实“纳税服务再优化”。以涉税事项办税服务厅终审制为切入点，以精简高效和方便纳税人为原则，完善岗位工作职责，推行首问责任制、限时服务、咨询服务、延时服务、提醒服务、预约服务、一次性告知服务等服务事项，开设“绿色通道”服务残疾人、老年人等特殊群体，做出服务承诺，定期收集纳税人的意见和建议，在办税服务厅设置咨询台，由值班领导负责随时解答纳税人提出的疑难问题，引导纳税人顺利办理各项涉税事项。四是全面推行阳光办税、接受监督。在办税服务厅醒目位置设置电子显示屏、触摸屏公开办税程序、纳税指南、政策法规、定额核定、行政审批程序等事项，工作人员挂牌上岗，公开工作人员姓名、照片、职务、工作职责，实行AB角制，公开文明服务用语、廉政纪律、服务承诺，设置举报箱、意见簿，接受社会监督。

（陈　飞）

金融·保险

编辑　余立言

人民银行

【概　述】　2014年，江川县金融机构充分运用金融联席会、银企座谈会等方式，积极搭建银企、银政交流平台，加强信息沟通与交流，提高政策传导的针对性和有效性，确保信贷投放合理、适度增长。12月末，全县各金融机构各项存款余额949105万元，比年初增加100929万元，增11.90%。各项贷款余额614964万元，新增101199万元，增19.70%。积极支持工业园区建设，截至2014年12月末，江川县金融机构支持园区建设贷款余额1.26亿元，比年初增加0.41亿元，增长48.24%。支持小微企业贷款发展力度加大。12月末，全县银行机构小微企业贷款比年初增加2.87亿元，增长24.12%，超过全县贷款增速4.42个百分点。

【发展普惠金融】　支持农林牧渔业贷款力度增强。12月末，全县农林牧渔业贷款余额5.42亿元，比年初增加0.87亿元，增长19.12%。进一步加大对民生领域信贷支持。2014年，全县累计发放保障性住房开发贷款3000万元，全县银行机构累计发放“贷免扶补贷款”2410万元，累计支持498名人创业；累计发放“创业促就业小额担保贷款”5164万元，累计支持700名下岗和失业人员就业及创业；累计发放“劳动密集型小微企业贷款”350万元，累计支持2户小微企业发展；累计发放“林权抵押贷款”9户，金额合计202万元；累计发放“红色信贷”606万元，有效扶持115户农村困难党员户生产生活；累计发放“移民贷款”22户，金额合计200万元。

【存款准备金管理】　运用好差别准备金动态调整机制。及时准确上报《江川县农村信用联社差别准备动态调整方案参数表》《云南省地方法人金融机构稳健性参数监测表》，按要求组织落实好辖内的定期测算工作，用好差别准备金动态调整工具，加强对地方法人金融机构实施差别准备金的成效评估。加强存款准备金管理，完善存款准备金制度的调控功能。加强存款准备金日常管理，高度关注金融机构流动性状况变化，及时上报《辖区金融机构存款准备金政策执行情况报告》。认真贯彻落实好《关于鼓励县域法人金融机构将新增存款一定比例用于当地贷款的考核办法》，对已达标的江川县农村信用联社执行低于同类金融机构正常标准1个百分点的存款准备金率。认真做好再贷款管理的日常工作，按月对再贷款管理系统进行日终处理。加强对辖区支农再贷款需求情况的调查分析，及时将支小再贷款和支农再贷款管理的相关政策规定转发至辖内金融机构，有效增强三农及小微企业金融支持力度。

【农村支付环境建设】　积极推进惠农支付服务点建设。当前全县共有48个惠农支付网点，网点遍布全县7个乡镇（街道），覆盖率达100%。2014年12月31日，共办理取款5429笔，金额380.28万元；转账1493笔，金额133.7万元；缴费19557笔，金额60万

元。切实推进烤烟收购电子化支付结算，持续提升金融服务烟农效率。全年通过电子结算支付烤烟收购款108718笔、共计32509万元，实现烤烟收购100%非现金结算。加大农村刷卡消费及用卡环境建设，2014年建成玉溪第一个刷卡无障碍示范景区——江川县孤山刷卡无障碍示范景区。

【国库资金管理】 认真做好国库日常核算。按照操作规程和业务处理手续正确划分预算级次和科目，准确及时地办理中央、地方共享收入按比例划分入库，以及税收返还等工作，按时编制会计报表，确保日常核算正确无误。截至2014年12月31日，共办理预算收入88396万元。强化库款支拨、退库监督。继续坚持库款支拨、退库三审制度，对每一笔拨款、退库采取接柜人员审核，逐笔登记，主办人员复查，股室负责人审查。对非预算单位或非正常拨款以及财政自拨费用进行严格审核监督，要求财政部门提供相应批文或报告单，杜绝不合理拨款。对退库重点审核其有无文件依据，是否属于退库范围，比例是否合规等，防止人情拨款，关系退税情况发生，共办理预算支出157976万元；退库478万元。

【账户管理】 加强账户管理，严格按照《中华人民共和国行政许可法》《人民币银行结算账户管理办法实施细则》等法律法规，做好银行结算账户的监督管理工作。2014年开立账户462户，撤销账户共429户，变更163户，归档429户。

【反洗钱及人民币反假】 建立并完善辖区内反洗工作联系机构，明确职责、细化分工，要求各金融机构按季报送非现场监管资料。加大反洗钱培训教育力度，进一步提高反洗钱从业人员的遵纪守法意识和抵御洗钱工作的自觉性，防止内部或外部相勾结的洗钱犯罪活动。切实加大人民币反假工作力度，全年收缴假人民币87760元。加大反假宣传工作力度，建立人民币流状部监测机制，进行人民币反假专项宣传，本次宣传月共组织宣传5场（次）、出动宣传车6次、流动宣传点2个、参加宣传人数25人（次）；共发放宣传资料近1200份，发放宣传品200份。

【信用体系建设】 认真做好贷款卡管理及行政审批取消工作。2014年1至12月累计新办贷款卡30户，办理贷款卡年审171户，自然人办卡5户。按照《中国人民银行办公厅关于取消贷款卡发放核准行政审批项目有关事项的通知》要求，认真做好行政审批取消后的相关工作。按要求做好企业及个人征信报告的查询工作。2014年共办理企业信用报告查询25户、个人信用报告查询175人，其中查询收费8人次。继续做好农户信息系统上线各项工作，累计导入农户信用信息5.27万户，占应导入总数98.14%，农户贷款余额达15.09亿元，比年初增加1.62亿元，增长12.03%。重点推进《云南省农村信用户信用村信用乡镇创建管理办法》贯彻落实，继续推进信用体系建设。江川县农村信用联社评定信用户总数达5.58万户，占同期全县农户总数的71.45%，其中，AAA级信用户10067户、AA级信用户26894户、A级信用户16783户，授信总额达22.95亿元，全县农村信用联社信用户贷款余额9.9亿元，占同期全社贷款余额37.77%。

（徐　锴）

建设银行

【概　述】 2014年，中国建设银行股份有限公司江川支行在职员工30名，内设办公室和客户部两部门，下设营业部和建川分理处两个对外营业网点；新增位于大街镇乾景商业中心自助银行服务区一处，星云路、宁海路、乾景商业中心、阳光海岸4个自助银行服务区，为全县人民提供24小时不间断金融服务。

【业务经营概况】 2014年，建行江川支行各项工作继续保持良好发展态势。截至年末，一般性存款余额16.38亿元，较上年新增2.98亿元，其中：对公存款余额9.5亿元，较上年新增2.14亿元；个人存款余额6.88亿元，较上年新增0.84亿元。年末自营业贷款余额5.64亿元，全年投放自营性贷款1.01亿元，其中：对公贷款投放0.785亿元、个人贷款投放0.23亿元，主要支持地方的涉农重点龙头行业、个人住房等项目。公积金贷款投放0.57亿元。全行贷款不良率0.017%。全年实现账面利润0.33亿元。在县委、县政府的支持下，9月30日与县财政局签订《江川县中小微企业助保金、助保贷贷款业务合作协议》，积极扶持地方中小微企业发展。

（普明珍）

农业银行

【概　述】　2014年，中国农业银行股份有限公司江川县支行有对外营业机构5个，即：支行营业室、大街支行、江城支行、信誉分理处、九溪分理处。支行机关内设：综合管理部、公司业务部、个人金融部、风险管理部；有在职员工78人。截至年末，各项存款余额150537万元，比年初增10406万元，其中对公存款余额54815万元，比年初增2998万元；个人存款余额95672万元，比年初增7408万元。各项贷款余额139440万元，比年初增20883万元。实现拨备前利润4513万元。

【网点转型】　2014年5月5～13日，在玉溪分行个人金融部组织的内训师5人小组指导下，对全行营业网点服务进行转型导入，转变农行服务理念，提升营业网点对外的服务技能和服务质量。

【网点建设】　2014年6月，经省行《关于对江川九溪分理处等3个网点购买建设项目的批复》支行购买建设位于九溪镇棠路东段的土地及房产，占地829平方米，建设面积737平方米，批复总投资660.5万元，10月开工建设，2014年完成投资316万元。

【同业合作】　2014年7月3日，农行江川县支行与江川县农村信用联社鉴订《现金领缴业务协议》。信用社在农行开立同业存款账户，用于办理现金提缴、资金汇划，服务期限一年。

【“职工之家”建设】　从2014年8月开始，经省行批准，开展以“小食堂、小阅览室、小健身房、小休息室、小沐浴室”为主要内容的“职工之家建设”，项目年末结束，完成总投资635468元，其中：支行本部359009元，江城支行276.459元。

（戴吉寿）

农村信用合作联社

【概　述】　2014年，县农村信用合作联社围绕省联社确定的“751”业务发展目标及尽快组建目标一致、管理统一、运作高效、防控有力的云南农村商业银行改革目标，按照省联社及玉溪办事处的年度工作安排，奋力攻坚克难，实现县联社发展主要目标，取得重大成绩。截至2014年末，各项存款43.43亿元，比上年增加5.24亿元，增13.72%，占全县银行业金融机构各项存款余额的46.51%，市场份额位列全县银行业金融机构第1位。各项贷款27.04亿元，比上年增加4.37亿元，增19.28%，占全县银行业金融机构各项贷款余额的43.97%，市场份额位列全县银行业金融机构第1位，其中：“涉农”贷款余额21.72亿元，占各项贷款的80.33%，较年初增3.58亿元；中小微企业贷款余额11.83亿元，占各项贷款的43.75%，比年初增2.7亿元，财务总收入达30,149.85万元，同比增加5,050万元，增20.12%，实现税前利润5890元。

【培育特色金融】　面对信贷规模管控的大背景，县联社准确把握政策导向，培育特色金融，合理调配有限的信贷资金。着力打造“特色农业金融”，按照中央关于全面深化农村改革加快推进农业现代化的要求，投放4880万元资金支持江川县烟草、花卉、畜牧等高原特色农业优势产业和一批具有发展潜力的农业龙头企业发展。着力打造“特色民生金融”，首次独家发放“红色信贷”114户600万元，“精准扶贫贷款”421户2000万元，全年共发放政策性贴息贷款5612万元。着力打造“特色产业金融”，结合江川县工业产业结构调整需要，大力支持云南腾达机械有限公司等进驻工业园区企业。

【网点建设】　2014年，县联社按照现代银行环境设施和功能标准加大营业网点基础设施改造，着重对联社营业部、大街信用社、江城信用社、路居信用社、九溪信用社等9个经营社进行改造，改造后营业网点设施摆放整洁有序，建筑物外观形象按省联社统一、规范的VI形象标准设置社标、社名、社徽、门楣招牌等形象标识，整体感觉焕然一新。

【成立片区信贷中心】　2014年3月1日，县联社结合扁平化管理实际，以基层社为中心，正式成立片区信贷中心，实现信贷流程短平快，使信贷人员更“专”、风险管控更“准”、审批效率更“高”、全面管理更“精”。

【智慧农信】　2014年11月，县联社“智慧农信”综合信息服务平台在联社营业部、大街信用社成功上线运行，在有效提升进入营业厅客户体验的同时，实现与

手机银行、网上银行、微信银行、短信银行的互动对接，为客户打通自助办理查询、转账、汇款、缴费等银行业务办理的电子渠道。

【增资扩股】 在全面清产核资和资产评估的基础上，扎实开展首次溢价募股工作，完成增资扩股1000万股，募集资金1400万元，增强资本实力。通过溢价募股，江川联社的企业价值和发展前景得以客观反映，有效维护老股东权益，加强江川联社与员工之间、与股东之间的合作关系，提高员工和股东参与管理、监督的积极性。

【社　志】 县信用社自1954年开办以来，至今走过60个春秋，2014年联社成立社志编纂工作委员会，所有部室、经营社积极参与编撰工作，历时10余月，完成社志编撰工作，并于2014年11月印刷出版。

（业骐瑞）

邮储银行

【概　述】 2014年，邮储银行江川县支行贯彻落实2014年省行党委提出的以“深化管理、深挖潜力”为主题，以“严控风险”为管理重点，以“抓机遇、调结构、拓空间”为经营重点，加快推进二次转型，围绕年初制定的工作目标和措施，各项业务均取得较快发展。

2014年，支行共有员工34人，内设综合管理部、综合业务部二个部门，有县支行营业部、江城支行、星云路支行三个自营网点。截至12月31日，全县邮储余额为26745.6万元，完成业务收入1565.02万元。截至12月31日，贷款余额27504.17万元。

【信贷业务】 截至12月31日，个人贷款余额达27504.17万元。其中小额贷款结余1851.57万元，商务贷款结余6187.17万元，综合消费结余2610.19万元，再就业贷款结余8482万元，畜牧贷款结余541.59万元；二手房贷款结余739.99万元，质押贷款结余94.70万元，小企业贷款结余6996.96万。2014年全县共发放贷款23380万元。

【个人金融业务】 2014年，个人储蓄余额21359.6万元，较年初净增2698.6万元；销售理财产品10020.52万元；代办保险189.04万元；销售基金100.61万元；信用卡累计发放517张。

【公司业务】 截至2014年12月31日，公司业务余额5386万元，较年初净增2035万元，票据贴现2483万元。

（周　兰）

商业银行

【概　述】 2014年，玉溪市商业银行江川支行加强差异模式建设、流程银行建设、全面风险建设、内部机制建设、企业文化建设、人才队伍建设，促进改革创新，大力发展小微业务，提高小微企业贷款可获得性和覆盖率；大力改善资产负债结构，提高储蓄业务占比，努力推动各项业务稳步发展，为建设富裕和谐美丽新江川作出积极贡献。截至2014年12月31日，江川支行各项存款余额33438万元，其中：对公存款27831万元，储蓄存款5607万元，各项存款占全县金融机构存款总量的3.5%；各项贷款余额32518万元（包含通过信托通道对江川工业园区投资开发有限公司进行的1亿元的融资支持），存贷比为97.24%。

【支持政府重点工作和重大项目】 2014年，支行积极向总行争取信贷资金，充分发挥“管理层少，决策迅速，手续便捷，服务优质高效”优势，服务地方经济发展。全年投入政府重大项目及重点工程的信贷资金8500万元，主要包括：5月30日，向县土地储备中心发放贷款2500万元；6月25日，向江川县广厦保障性住房开发投资有限公司发放贷款3000万元；9月18日，向江川工业园区投资开发有限公司发放贷款3000万元。截至2014年末，支行对县政府重点项目贷款余额合计21120万元。

【服务县域中小企业】 服务县域中小企业，支持“三农”。投放贷款500万元扶持云南阳光食品有限公司进行农产品综合精深加工，促进农业发展，农民增收。

【金融知识讲堂】 开设金融知识讲堂，精心组织业务骨干进机关、进企业、进社区、进农村、进商圈，开展形式多样、有针对性的宣传活动，把金融知识送到金融消费者身边，引导大家科学合理使用银行产品和服务，提升消费者保障自身资金安全的意识和能力，积极构建和谐金融关系。

（伏跃华）

中国银行

【概　述】　2014年，中国银行股份有限公司江川支行（简称中行江川支行）在职员工16名，内设营业部、业务发展部和综合管理部三部门，行长一名，副行长两名。对外营业网点一个，位于大街镇浪广路100号，浪广路和仁和街交叉口。自助服务区为客户提供24小时不间断金融服务，包括存取款、汇款转账结算、账户管家服务、投资理财服务、小额结售汇、缴费特区及其它信息查询服务等。

【负债业务】　截至2014年12月31日，中国银行江川支行各项人民币存款余额为35373万元，比上年末新增7887万元（不包括信用卡及理财，以下同），增幅为28.69%。其中，人民币公司存款余额25367万元，比上年末新增7699万元，增幅为43.60%。人民币储蓄存款10006万元，比上年末新增188万元，增幅为1.91%。

【资产业务】　截至2014年12月31日，人民币各项贷款余额为34864万元，比上年末新增23737万元，增幅为213.33%。其中，公司贷款余额30900万元，比上年末新增23220万元，增幅为302.34%；个人贷款余额3964万元，比上年末新增517万元，增幅为15%。中行江川支行不良贷款余额为0元（不包括信用卡）。

【收入情况】　2014年，中国银行江川支行完成人民币净收入1275.32万，同比增幅67.62%，非利息收入125.82万，同比增幅56.53%。

【特色业务】　外汇买卖和国际结算是中行特色、传统业务，对外公布的外汇牌价随国际市场时时更新。除外币存款外，中行江川支行还为客户提供多种外币兑换交易服务，包括美元、欧元、英镑、港币、澳门元、加拿大元、澳大利亚元、日元、泰铢、新台币、新加坡元、新西兰元。截至2014年末，中国银行江川支行国际结算量1500多万美元。

（石华伟）

人寿保险

【概　述】　2014年，中国人寿保险股份有限公司江川县支公司共有在职职工11人，营销员116人，公司所辖中国人寿保险股份有限公司江城营销服务部、九溪营销服务部、前卫营销服务部、路居营销服务部。内设6个部室：经理室、办公室、个险销售部、团体业务部、银行保险部、客户服务部。围绕上级公司提出的“紧扣一个主题，把握两大重点，谋求三大目标，强化四项措施”的经营思想，在确保规模的基础上，朝着“业务转型，提升价值，强化队伍，文化建设”的发展目标，加强管理，拓展市场，取得较好成绩。全年实现总保费收入4600万元，其中长期寿险全年保费收入4135万元，短期意外险全年保费收入465万元，赔付意外伤害、死亡、满期给付等各类案件2700余件，综合赔付率71%。

【基础管理】　2014年，中国人寿保险江川县支公司深入推进管理制度化，规范业务流程，提高业务处理效率；加强柜面标准化建设；加强运营人员技能训练，通过开展技能练兵，业务管理走在全市先进之列。围绕业务、需求、考核和育人抓培训，贴近基层与展业一线，在系统的理论学习基础上注重实践。全年举办柜面综合职能和管理培训10次；团险部、银行保险部专业技能培训8次；个险部话术技巧和条款培训每周1次；深入推进零现金收付费，加强费用预算管理、成本管控，进一步加强资产管理，做好业务系统维护，切实发挥信息保障作用。

【渠道发展】　2014年，中国人寿保险江川县支公司高度关注营销队伍建设，注重提升营销队伍素质，实现转型发展。调整产品结构，由粗放式管理到精细管理，深入落实晨会经营、活动管理、基本法三项根本机制，以基础管理促发展，个人保险渠道得到拓展，实现业务转型。银保渠道关注规模业务，在市场拥有领先地位的前提下，通过发展业务提高内含价值，注重客户经理和理财经理队伍建设，客户经理队伍销售由传统的驻点型向服务型转型；理财大胆尝试银保渠道交叉销售新模式；在大力发展短期险的前提下，创新销售模式，团体险渠道进一步拓展，开展产寿互通、交叉销售，高效开拓市场，大胆探索推进团险客户服务队伍建设，初步建立起统筹销售与服务的组织管理体系。

【队伍建设】　年初以增员工作

为重点，1月至3月，以创说会的方式和在职员工1加1增员，通过面试、培训和代理资格证考试，经过3个月时间，新增人员30余人；7月至9月，以业务发展为中心，通过保单重升级和各类客户服务活动，公司个险渠道期交保费收入213.02万元，成功创建4个“保险先进村”，达成“准星”级服务部1个，“两星”级服务部3个，有效服务“三农”，提升农村居民的风险保障意识。积极服务教育，承担学校风险，解决家长后顾之忧，实现在校学生和幼儿保险费收入115.3万元，与计生系统共同开展“幸福家庭意外伤害保险”，承保11253人次“计划生育家庭意外伤害保险”，实现保费收入28.2万元。与农信社和农行开展“国寿小额信贷意外伤害保险”实现保费收入12.27万元。银邮代理合作更加成熟，搭建更多的合作平台，举行小型“沙龙”座谈会和高效的网点“特训营”活动，实现银保合作保费收入865万元。

【客户服务】 2014年，中国人寿保险江川县支公司以“牵手国寿，品味生活”为主题开展客户系列活动，围绕“稳中求进、奋力拓展”总基调，持续打造公司优质服务品牌形象，以“国寿客户节”和“牵手”系列客户活动为契机，拉近与客户的距离，提升客户满意度。以送培训进职场等助飞活动与销售一线“心连心”，以开展“国寿小画家”，参加比赛人数高达100多人，拿到名次人员达10%。加大对客户投诉处理的时效管理，让客户有诉必应，及时解决问题，让客户满意，让客户放心。

【风险管控】 2014年，中国人寿保险江川县支公司将风险防范作为主线，贯穿于全年各项工作之中。开展各种主题教育活动，深入开展巡视检查、监督检查、效能监察工作。加大综合治理销售误导，以“诚信我为先”活动为契机，使风险防范工作进一步加强。筑风险防范之屏，把防范风险作为公司的生命线，提高风险管理水平，牢牢守住安全底线。坚决做到风险防范与监督检查并举，依法合规经营，加强销售人员的自我监督管理。

【支持基层】 2014年，中国人寿保险江川县支公司全司上下树立节俭意识，降低各项费用开支，严格执行中央和公司的各项厉行节俭文件精神，制定一系列管理办法，并实行先申报、再审批、后使用的管控程序，降低经营成本，提高经营效益。做到管控有力、令行禁止。全力支持一线业务发展，机关员工树立“服务一线、支持一线、倾斜一线”的服务意识，尽最大的努力服务一线的员工，支持创费能力强的业务，倾斜公关难度大的事务。在所有企划奖励中，激励措施以精神奖励为主，物质奖励为辅；以学习培训为主，以外出考察为辅。把有限的费用花得更有价值。

【参与政府活动】 2014年，中国人寿保险江川县支公司部署、落实反洗钱宣传工作，在员工、客户中营造反洗钱氛围。做好各项材料报送，配合县公安局做好治安防范宣传，经理室参与重大案件理赔，慰问家属，同时承担社会责任，奉献爱心解决燃眉之急。

（邢榕玲）

人保财险

【概　述】 2014年，人保财险江川支公司有在职员工30人，公司经理室下辖综合部、理赔部、出单中心、农网部、直销部、个代部、客户服务部，截至2014年12月31日，公司保费收入3892万元，办理各类理赔案件7273件。

【全县农房统保】 为增强江川县广大农村抵御自然灾害和意外事故的能力，帮助农民群众防范和化解各种风险，促进农村和谐稳定，以实际行动支持新农村建设。人保财险江川支公司认真贯彻落实《国务院关于保险业改革发展的若干意见》和有关农村保险工作精神，于2014年9月13日完成全县7万余户农房的新保、续保工作。

【能繁母猪承保】 在服务“三农”，支持社会主义新农村建设中，人保财险江川支公司连续8年为全县能繁母猪办理统一承保手续，及时为广大能繁母猪养殖户化解风险，保障养殖户再生产能力，促进养殖户增收致富。

【成立人保之友俱乐部】 2014年11月1日，江川支公司人保之友俱乐部正式运行。该部通过电话回访、短信提醒、微信公众服务平台、会员管理系统，多渠道向客户提供保险服务咨询、活动介绍、保险知识宣传、交通违章查询、车辆保养提醒等服务。

（张力凡）

教育·气象·防震减灾

编辑　余立言

教　育

【概　述】　2014年，全县有公办学校76所，其中：乡镇中心小学12所，村完小42所，一贯制学校4所，教学点3个，乡镇中学11所，普通高中2所，职中1所，县幼儿园1所。有教学班1112个，其中：幼儿学前班195个，小学548个，初中255个，普通高中80个，职业高中34个；全县在校学生44683人，其中：在园（班）幼儿6875人，小学18408人，初中12687人，普通高中5406人，职业高中1307人。

小学毛入学率110.03%，小学学龄儿童入学率99.98%，辍学率0.47%，毕业率99.61%，小学毕业生升学率98.71%，年巩固率99.58%，新招一年级新生受过一年学前教育100%，学前幼儿毛入园（班）率87.15%，15周岁初等教育完成率99.86%。

初中毛入学率122.77%，初中毕业率99.46%，初中辍学率1.89%，年固率98.29%，17周岁初级中等教育完成率98.92%。

教职工2762人，其中：正式教职工2434人，保安130人，临时人员198人。专任教师合格率高中达99.67%、初中达99.41%、小学达98.22%。

学校占地面积829925平方米，校舍建筑面积344121平方米，小学生均校舍建筑面积7.05平方米；中学生均校舍建筑面积10.11平方米，其中初中9.05平方米。小学生均占地16.47平方米；中学生均占地25.96平方米，其中初中18.68平方米；小学生均图书15.07册，初中生均图书24.23册，高中生均图书9.13册。

【落实“三免一补”政策】　认真贯彻落实农村义务教育经费保障机制改革的相关政策，设立义务教育专户，执行《江川县农村义务教育经费管理暂行办法》，加强资金运行管理，实行“校财局管校用”。2014年，农村义务教育“三免一补”到位资金1259.336万元（其中：农村义务教育阶段家庭经济困难寄宿制学生生活费补助资金1002.46万元、农村义务教育免费教科书专项资金192.66万元、农村义务教育阶段文具费资金64.216万元）。已对全县32910名学生进行免费教科书发放。

【学生营养改善计划】　2014年，继续贯彻落实《江川县人民政府办公室关于切实做好江川县农村义务教育阶段学生营养改善计划工作的通知》（江政办发〔2013〕106号）文件精神。2014年8月，按照省市关于实施营养改善计划要求，统一由县教育局组织，委托招标机构，对全县营养改善计划牛奶分两个标段进行统一招标，面包等其他食品仍由乡镇（学校）进行招标。2014年，需营养餐经费1841.64万元，到位补助经费1779.75万元（其中市级809.9605万元，县级969.7895万元）。江川县实施营养改善计划的学校共有72所，其中：初中11所、中心小学12所、九年一贯制学校4所、村完小42所和3个教学点；全县享受免费营养早餐学生30957人。

【校安工程】　推进以学校标准

化建设为目标的校舍安全工程，努力改善办学条件。结合《玉溪市人民政府关于印发玉溪市美丽100校园行动计划暨中小学校舍安全工程实施方案的通知》和相关会议的要求，按照“企业融资代为建设，政府分期偿还”的融资、建设模式，积极组织实施江川县“中小学校舍安全工程暨美丽100校园行动计划”。2014年是江川县“美丽100校园行动计划暨中小学校舍安全工程”推进最困难的一年。由于原合作企业“江川锦裕达投资管理有限公司”无力继续推进该工程，2014年7月18日重新与“江川县建筑业商会”签定新的合作协议后，该工程才得于继续推进。2014年，共拆除危房28幢18017平方米；新建并投入使用校舍5幢7069平方米，投入资金1256万元；在建校舍38幢37367.97平方米，预计投入资金7099.91万元；加固并投入使用校舍50幢41136平方米，投入资金2450万元；打造美丽100校园5所，投入资金612.4万元。学前教育闲置校舍改造并投入使用3所3105平方米；增设附属幼儿园改造并投入使用4所1000平方米，投入资金256.34万元。

【学校信息化建设】 为推进江川教育现代化进程，实施农村薄弱学校改造计划，2014年，共投入资金107.6万元（其中：中央、省级资金66万元，市级资金20.7万元，其他配套资金20.9万元），配备电子白板44套，配备图书6026册，添置配备部分完小音体美等设施设备。全县信息化建设规划投入资金5700余万元，其中市级补助1996.93万元，县级投入1996.93万元，学校投入1711.66万元。新建多媒体教室567个，购置计算机2874台，校园网76点（校），建设网络终端4148个，校园监控系统1290点，教师培训教室1个，录播室8间，LED大屏6块。江川一中、江川二中、江川职中、江川县幼儿园四所一期项目学校于2014年12月启动建设，全县高中、职中、初中和中心小学都开设计算机课，完小和校点都能利用远程教育设备下载、刻录和同步利用远程教育资源。江川县已建成江川教育网络平台，与省市教育网对接，实现全县学校与局机关之间的互通互联。

【队伍建设】 强化作风建设和师德师风建设，贯彻落实中央八项规定，制定下发《江川县教育系统加强作风建设工作要求》，提出“强化学校管理、规范办学行为，强化校长管理、提升管理效能，强化教师管理、树立良好形象，强化机关作风、发挥表率作用”要求，积极推行“四项制度”，落实《江川县教育局党支部共产党员先进性标准》和《江川县教育局机关作风建设十条》要求，学习教育法律法规，开展“六五”普法系列学习活动，要求干部职工牢固树立“全心全意为人民服务、甘当人民公仆”的意识，结合岗位实际，以政策为依据，以法律为准绳，认真履职，严守纪律，真抓实干，热情服务。在教师中开展师德师风教育活动，加大对违反师德行为惩诫力度，努力使广大教职工做到教师职业道德基本规范“爱国守法，爱岗敬业，关爱学生，教书育人，为人师表，终身学习”的六条要求。加强中小学领导班子和师资队伍建设。一是通过人才引进和提前招聘方式，公开招考高中阶段教师36人，公开招聘义务教育阶段教师27人；从原已锁定的代课教师中择优招聘22人，为教育的健康发展注入了新的生机和活力。二是加强对学校领导班子成员的选拔和任用。根据《江川县中小学校长管理办法（试行）》的要求，2014年调整交流中小学校长13人，提拔6人担任校长职务，同时对学校中层领导一并进行调整。三是加强教师培训，全面提高实施素质教育的能力和水平。组织764名教师参加“国培计划”置换脱产培训、短期培训和远程培训，除举办继续教育培训、履职晋级培训和新教师培训班之外，2014年还组织中年教师培训350人、骨干教师候选人培训114人等，共培训8期，参加培训教师1479人次。四是继续抓好各级学科带头人和骨干教师管理，提出学理论、搞教改、出成果、成名师要求，有计划地培养适应素质教育的骨干教师、学科带头人和名教师队伍。五是抓好青年教师培养。通过开展新课程、新教材培训、新老教师拜师结对、青年教师课堂教学竞赛等活动，激发青年教师研究课堂教学的积极性。六是制定下发《江川县中小学顶岗教师管理要求》和《江川县教育局关于完善结对支教学校管理工作的通知》，实行教师顶岗和支教制度，促进优质教育资源共建共享。2014年，全县专任教师中有正高级专业技术人员1人，副高级专业技术人员310人，中级专业技术人员1339人；有7人参加过国家级骨干教师培训，有省特级教师2人，省级学科带头人1人，省级骨干教师20人，市级学科带头人9人，市级骨干教师36人，县级学科带头人33人，县级骨干教师356人。

【学校管理】 以“美丽校园，活力学校，提升质量”为工作目标，努力办高品位、高水平、高质量的学校。制定《江川县教育局关于进一步规范教学行为提高教学质量的要求》，狠抓落实工作，定期对全县义务教育阶段学校教学常规工作进行检查，对检查中存在的问题进行分析探讨，交流看法，碰撞思想，达成共识，同时提出整改意见和建议，不断强化学校内部管理，提升办学效益。制定《江川县学校综合目标管理考评方案（试行）》，要求学校既要依法治教，注重制度化、规范化管理，又要以人为本，以德治校，注重人性化、科学化管理；要求学校领导班子注重学习提高，成为师生表率，同时又要关注教师成长和学生发展，树立“管理育人，服务育人”意识，推动学校实现系统、科学、有序、高效的管理目标，整体提升全县各学校教育教学质量和办学水平。提出“美丽校园，活力学校，提升质量”管理要求。各学校结合校情，建立职责明晰、领导有力、运转有序、保障到位的工作新机制，明确具体目标任务和完成时限，制定具体的措施办法，切实加强学校管理。在认真落实“一个要求和12项制度”同时，强化班级建设，出台《江川县教育局关于加强班级建设的意见》，建立班级建设考核激励机制，不断推进“严、细、深、实”的学校精细化管理。2014年积极创建3所绿色学校，5所文化学校，打造伏家营中学为校园文化建设示范学校，江川职中为校风教风学风示范学校，巩固文明学校28所，创建生态文明之家4所。

【德育工作】 突出“德育为首”理念，重队伍建设，抓活动载体，落实《江川县教育系统加强作风建设工作要求》，开展师德师风教育活动，加大对违反师德行为的惩诫力度，形成校内校外齐抓共管、覆盖全面、职责明晰的德育工作网络，建起师德好、业务精、责任心强的学校和社会德育工作队伍，建立预防青少年违法犯罪联席会议制度，形成德育工作合力。全县现有关工委组织78个，校外德育辅导站23个，共聘请法制副校长33人、校外德育辅导员125人，已开办家长学校22期。广泛开展“阳光体育运动”，开足体育课时，确保学生每天锻炼1小时，积极开展丰富多彩的社团活动，努力引导学生珍爱生命、学会生存、幸福生活，号召全体教职员工走进学生、享受工作、快乐生活。

【教研教改】 强化教学科研工作，落实《江川县教育科学研究“十二五”计划》《江川县教育科学研究课题管理办法》《江川县教育局关于推进“双主互动”课堂教学模式的意见》等一系列教育科研管理制度。2014年，江川县教研员独立承担尚在研究的各级课题8项，其中国家级2项，市级2项，县级4项；学校和教师承担的29项县级课题研究进展顺利，有的已取得阶段性成果；同时完成30项“十二五”县级研究课题的立项工作。实施“捆绑式”和“自主式”教学交流，开展教学常规大检查，积极组织学科竞赛，组织新教师“五项技能”考核，开展送课进校活动，强化校本培训，认真学习和运用现代教育技术，健全教学教研制度，落实教研教改措施，优化教学管理，加强质量监控，强化过程性评价，推动学校教育教学工作有序运行。全力加强毕业班工作。落实《江川县毕业班教学工作指导意见》，明确奖惩措施，强化教研员职责，同各学校签订教学质量目标管理责任书，切实加大调研、指导、督查力度，有效服务毕业班教学工作。一是召开全县提高教学质量研讨会，提出要求，明确措施，并进行跟踪问效；二是加大同市教科所、玉溪师院附中的联系，加强教研交流、教师培训和信息共享；三是组建高中学科中心教研组，切实加强高中学科教研，努力提高高考成绩；四是广泛收集信息，召开毕业班复习研讨会，各科教研员有针对性地深入学校、课堂、备课组，与教师面对面座谈、研究、讨论、交流，和老师们共同分析复习迎考的得与失，及时掌握学生学习情况，调整复习策略，有针对性地指导毕业班教学。

【支教工作】 2014年，教育局继续实施城镇中小学骨干教师到农村定期支教项目，按照《江川县教育局关于城镇中小学骨干教师到农村定期支教的实施意见》，共派出骨干教师9人（其中：男教师2人，女教师7人，县

级骨干教师6人），涉及语文、数学、英语、思品、物理、化学、地理等学科。城镇中小学骨干教师、学科带头人到农村学校定期支教，坚持派其所需、注重实效、相互促进、共同发展原则，以学校结对捆绑方式组织实施。结对情况为：大街中学—雄关中学，前卫中学—翠峰中学，江城中学—路居中学，大街小学—雄关小学，后卫小学—安化小学，实行一年一轮换。

【学校安全】 学校安全无小事，安全工作事关师生的生命和健康，是办学的前提。一是建立健全和完善安全工作管理体系，层层签订责任书，落实岗位责任制，县教育局于2014年8月成立安全股，各学校设立安全管理办公室，并将27名安全管理办公室主任纳入学校中层；二是强化制度建设，严格执行《江川县学校安全管理要求》；三是加强安全宣传教育，强化师生安全防范意识；四是认真组织开展学校安全隐患排查治理，做到防患于未然；五是加强日常管理，认真做好日检周查工作，严格执行值守制度，严防安全事件发生；六是建立江川县学校安全工作联席会议制度，与公安、司法配合，加大法制宣传教育力度；七是联合政法委、公安、工商、文化等部门，开展多轮校园周边环境整治，重点开展防校园暴力整治行动，就校园安全人防、物防、技防作研究和加强；八是成立江川县校园医疗机构及周边治安综合治理专项组和校园及周边治安综合整治工作小组，明确工作职责。

【学生资助管理】 2014年8月，县教育局正式成立学生资助管理中心，把党和国家的资助政策落到实处，用爱心铺就贫寒学子成才的和谐之路，努力实现“不让一名孩子因家庭贫困而失学”目标。2014年江川学生资助工作惠及75所学校和73所幼儿园，资助学生（含幼儿及大学生）35173名。一是资助江川县学前教育家庭经济困难儿童445人，补助资金13.35万元，所有补助资金于11月全部以现金方式兑现到家长手中。二是为全县33082人次义务教育学生免费提供教科书；为全县30613人次义务教育学生免费提供文具费，涉及资金63.14万元；为全县8036人次学生补助提供寄宿生生活补助，涉及资金964.6625万元。以上免补资金于12月20日前兑现至学生本人。三是认真落实普通高中国家助学金，严格按照一等2000元/生·年、二等1000元/生·年的标准和公开、公平、公正的原则评审发放。2014年春季学期评选国家助学金受助对象1478人，发放补助资金92.9万元；秋季学期评选1578人，发放补助资金103.9万元，县级配套资金足额到位。四是认真落实中等职业学校资助工作，按照专人负责、明确分工、细化管理要求，启动教育局网上审核程序，逐月审核学校公示名单，规范档案资料。2014年共资助36.24万元。五是稳步推进大学生生源地信用助学贷款工作。2014年，江川县共发放生源地信用助学贷款近2000万元，支持贫困学生3355人次，办理贷款631人次，发放贷款378万余元，累计回收本金304万，回收利息12.96万，至今无一人违约。六是普通高校家庭经济困难新生入学资助项目效益不断显现。2014年共资助大学新生76人，实际发放资助金50500元，无结余，无截留。七是申报云南省和玉溪市优秀困难学子72人全部通过评审，30.8万已全部到位。八是2014年江川县励耕计划及特困幼儿教师资助共评选资助贫困或遭受重大灾害教师19人，资助标准为每人1万元，发放资金19万元。

【高中阶段教育】 抓好高中“龙头”，确保教学质量。在抓好“两基”巩固提高工作的同时，紧紧抓牢高中教育“龙头”不放松。通过人才引进和提前招聘方式，公开招考高中阶段教师36人。在不断加大高中建设投入，改善办学条件的同时，努力创设宽松的用人环境，建立有效的聘任、考核、分配等竞争激励机制，对江川一中、江川二中分别设10万元的毕业班奖励经费，巩固教学质量。2014年，江川县高考上线率为90%，一本人数为62人。近十年来，保持高考上线人数和一本人数位居全市县级前列。

【职业教育】 拓宽就业渠道，全力推进职业教育发展。坚持以服务为宗旨，以就业为导向，按照“积极发展、深化改革、创新机制、激发活力”思路，以“出口畅，进口旺”为目标，拓宽职业教育发展空间，加快推进职中扩建工程，理清发展思路，拓宽就业渠道，探索“2+1”培养模式，实现“订单式”培养。加强与经济发达地区企业的联系，提升学生就业质量，毕业生就业率达97.4%，已连续8年超过96%，2014年在校生人数1307人。

【学前教育】 编制《云南省江川县农村学前教育机构建设规划》，大力发展学前教育，夯实教育基础。按照“两条腿走路”发展思路，坚持发展、规范、提高并重指导方针，一方面不断提升县幼儿园办园质量，积极筹建小学附设中心幼儿园；另一方面积极引导和规范社会力量办园，初步形成以公办园为示范，小学附设中心幼儿园为支点，社会力量办园为主体的发展格局。职教小区幼儿园作为县幼儿园分园开始招生，基本满足县城适龄儿童入园需求，农村也通过灵活多样的办园形式，为越来越多的学龄前儿童提供接受早期教育机会。雄关乡中心幼儿园、后卫中心幼儿园按公办园方式办班，发挥辐射带动作用，取得良好办学效益。2014年，全县共有幼儿园、学前班68所，其中独立建制公办幼儿园1所，小学附设中心幼儿园4所，民办幼儿园（学前班）29所。

【招生考试】 围绕“强化责任，综合治理，确保中高考安全平稳进行”工作目标，严格执行省、市招生工作会议精神，坚持“以考生为本、为学校服务、为考生服务”思想，认真落实高校招生“阳光工程”，坚持公平公正原则，加强管理，从严治考，在选拔培训监考教师、工作人员方面，在加强考点、考场建设方面制定严密规范的制度，完成高考、高中学业水平考试和初中学业水平考试等各项招考任务，各类考试公平规范，未出现考试舞弊事件，得到省、市巡视员好评。2014年受理普通高考报名人数2070人，初中九年级学业水平考试报名人数3163人，初中九年级体育考试报名人数3299人，初中八年级学业水平考试报名人数4289人，高中学业水平文化课考试报名21830科次、信息技术报名人数1879人，成人高考报名207人，自学考试报名87科次，教师资格认定非师范类报考“教育学、教育心理学”98科次。2014年江川县普通高中招生1650人，职业高中招生503人。

【教育收费】 贯彻落实各级政府及有关部门关于治理教育乱收费要求，2014年4月，制定《关于成立江川县教育领域损害群众利益专项整治工作领导小组的通知》，进一步巩固江川县治理中小学乱收费的成果，规范教育收费行为，加大治理力度，完善监督管理制度，健全教育收费公示制度，促进江川县教育行风建设，各学校严格执行“一费制”、“三限制”等收费政策和各项免补政策，反复强调治理教育乱收费工作的重要性，明确纪律，并组织学校进行收费自查。在自查基础上，每学期会同县纪委监察、物价和纠风办等相关部门进行收费检查。检查结果表明，江川县中小学都能按相关要求实行收费公示和“收支两条线”管理，做到亮证收费、按证收费、公示收费和透明收费，一年来各级各学校无教育乱收费现象。

【成人教育】 扎实做好扫盲和实用技术培训工作，完成各类培训42094人次。2014年全县青壮年文盲人数仅为1人，全县青壮年非文盲率为99.99%。

【师生运动会】 2014年10月20日～11月7日，在江川一中、大街小学、大街中学等赛点举办江川县教育系统师生运动会暨第六届“园丁杯”篮球赛。设有应急避险演练、师生广播体操、大课间体育活动、大众健身操、篮球等项目，全县75所公办中小学和县幼儿园参加比赛，涉及师生38560人，奖项设置为团体总分中学组6名，小学组6名，优秀组织奖2名、体育道德风尚奖2名；单项奖为应急避险演练6名，广播体操教师、学生各6名，大课间体育活动6名，大众健身操6名，篮球男子组、女子组各6名。

【党建工作】 教育局党委紧紧围绕教育改革与发展主题，深入开展党的群众路线实践教育活动、“四群”教育、基层组织建设和作风建设活动，加强党员经常性教育，着力构建保持共产党员先进性长效机制，以增强基层党组织的创造力、凝聚力和战斗力为目标，以加强领导班子、干部队伍建设和基层党组织建设为根本，制定《江川县教育系统加强作风建设工作要求》文件，解决基层党组织和党员在思想、作风以及工作能力方面存在的突出问题，完成党建工作的各项任务。一是及时调整充实党建工作领导小组和工作机构，研究制定局党委2014年工作要点，并同各支部签订党建工作责任书；二是认真开展政治理论学习，积极组织党员和干部队伍培训。制定学习培训计划和《关于推进江川县教育系统学习型党组织建设的实施意见》，坚持每周一上午的政治学习、每个季度1次的党委中心组理论学习和一年1次的民主生活会制度，不断提高班子成员的政策理论水平。并将中心组理论学习活动扩展到江川一中等6个党支部。三是制定《江川县教育局党委党建工作制度》汇编，共制定24项制度，建立健全基层党建工作责任制度、联席会议制度、党建工作联系点制度和督查制度。四是加强基层党组织建设和党务工作者队伍建设。2014年11月，在县委组织部指导下，完成江川县第一中学、江川县第二中学、江川县职业中学党总支升格工作，推动基层党组织的规范化建设。调整江川县第一中学党总支委员9人，调整江川县第二中学党总支委员7人，调整江川县职业中学党总支委员7人，11月举办第十期入党积极分子培训班暨党员干部培训班，共培训入党积极分子43人，颁发结业证43份，结业率达100%，培训党员干部140余人。在2014年培训基础上，严格遵循“坚持标准、保证质量、改善结构、慎重发展”十六字方针，通过团组织推优、党支部考察、政治审查、公示、支部会表决和党委谈话，严把标准，层层推选，发展3名（其中女党员1名）新党员，同时做好4名预备党员转正工作，为党组织注入新的活力。五是完善机关“三评”工作，制定党务公开制度和实施细则，明确公开目录，促进党内民主，自觉接受党外监督，不断提高党组织的公信度。六是加强党员队伍的教育管理。认真组织一年1次的党员民主评议工作，积极推行党员积分制管理，下发《关于推行党员分层量化积分制考核管理的通知》，要求各基层党组织结合单位及学校实际，制定实施方案。2014年12月教育局党委推荐江川县职业中学为2014年度“先进基层党组织”，评选“先进党务工作者”5人，评选“优秀共产党员”20人。七是巩固基层组织建设活动。在教育系统继续开展基层组织晋位升级工作，对6个基层党组织进行全面摸底调查，组织开展分类定级，“先进”1个、“一般”4个、“后进”1个。结合实际查找存在的问题，并深入分析存在问题的主客观原因，寻求解决问题的措施，制定整改提高实施方案，以巩固“先进”、提升“一般”、推动“后进”为目标，采取分项限期整改，实行整改落实周报制度，实现晋位升级，推动基层党组织的规范化建设。八是指导学校健全和完善党务、政务、校务公开制度和教代会制度，推进学校民主管理进程。全面推行服务承诺制、限时办结制、首问责任制和领导干部问责制“四项制度”，解决影响和制约江川县教育事业发展的思想观念、工作方式和工作作风等方面存在的问题。

【廉政建设】 坚持反腐败领导体制，履行“一岗双责”工作机制，层层签订党风廉政建设责任书。一是加快推进惩治和预防腐败体系建设。突出抓好教育、制度、监督三个关键环节，建立和完善符合系统自身实际的惩治和预防腐败体系，收集整理编制《江川县教育局建立健全惩治和预防腐败体系五年规划任务分解落实情况资料目录》。二是建立健全廉洁自律制度、民主议事制度、重大事项报告制度和诫勉谈话等制度，严格执行《关于改进工作作风、密切联系群众的八项规定》《六项禁令》《事业单位工作人员处分暂行规定》，对新任校长进行任前谈话，对原任校长进行经常性约谈，做到警钟常鸣。三是认真落实《江川县关于加强学校反腐倡廉建设的意见》，制定《江川县教育系统推进廉政文化“六进”活动实施方案》，在全县学校开展廉洁教育及廉政文化进校园活动，把江川二中创建为县廉政文化建设示范点，通过示范带动，逐步建立起教育系统反腐倡廉“大宣教”格局。制作宣传栏122块，出专栏126期，班级出专题黑板报468期，制作廉政警句宣传牌96块，上以“八荣八耻”为主的专题教育课256节，参加班级756个，参加学生36220人，开廉政文化主题班会265次，参加班级724个，参加学生31275人。四是执行民主集中制原则。制定《江川县教育局加强党政“一把手”权力运行监督制约暂行办法》，规范议事决策权、选人用人权、财务管理权、物资采购处置权和工程项目管理权。按照“三重一大”要求，坚持重大事项决策、重要人事任免、重要项目安排、大额度资金使用事项集体讨论决定。五是开展作风建设工作。强力推进《江川县教育系统加强作风建设工作要求》，治理庸懒散软问题，公布监督电话和邮箱，及时发现和纠正党员干部在思想作风、学风、工作作风、领导作风和生活作风方面存在的突出问题，大兴密切联系群众、求真务实、艰苦奋斗、批评与自我批评之风，以提高领导水平和执政能力为重点，切实加强领导班子的执政意识教育、团结干事教育，领导干部必须讲政治、顾大局、守纪律，培养“思想解放、作风优良、敢为人先、务实清廉”的干部队伍。六是深入贯彻落实《中国共产党党员领导干部廉洁从政若干准则》，严肃查处违反廉洁自律规定的行为，健全财务制度，执行招投标要求，严格执行高中“三限制”政策，努力营造教育系统风清气正的良好氛围。2014年教育系统出现2名教师严重违纪违法，根据中华人民共和国人力资源和社会保障部、监察部第18号令《事业单位工作人员处分暂行规定》第二十二条之规定，对2名教师进行开除公职处分，并在教育系统开展警示教育活动，杜绝此类事件再次发生。

【江川县青少年学生校外活动中心】 江川县青少年学生校外活动中心以“坚持方针，面向学生，校外延伸，拓展兴趣，培养特长，全面发展”为办学思想，建立起一套规范、实用、高效的管理运行和办学培训机制，建成一支业务精良、经验丰富的教师队伍，办学覆盖全面，专业设置齐全，培植起跆拳道、拉丁舞等优势特色专业。2014年已开办26期培训班，参加培训学员2.8万人次，已初步实现创办全市一流活动中心目标。活动中心投入使用后，在拓展学生兴趣，培养学生特长，引导学生远离网吧等不良环境，促进学生全面发展方面发挥了积极作用。

（代志伟）

【江川县2014年“星抚杯”青少年英语口语大赛】 2014年5月28日，由江川县青少年学生校外活动中心和江川县教科所联合举办的2014年“星抚杯”青少年英语口语大赛在江川一中举行。比赛按幼儿，小学A、B组，小学C组，初中组，高中组分成10组同时进行，共有349人参加，其中幼儿组2人，小学A组2人，小学B组47人，小学C组63人，初中组154人，高中组81人。分别设一、二、三等奖，比赛结束现场颁发奖品和证书。获一、二、三等奖的选手推荐参加第十一届玉溪市“聂耳杯”青少年英语口语大赛。

（杨　明）

教育科研

【队伍建设】 一是组织教研员外出学习交流，吸取先进的教育科研课改经验，以学习促进专业的可持续发展。二是加强教研员自身的学习和研究，积极营造教研员自觉学习的氛围，通过订阅报刊杂志、自主购买图书、利用网络交流等形式，做到统一学习和自主学习相结合，政治学习和业务学习相结合，理论学习和调查研究相结合。三是要求教研员带头上研究课、做专题讲座。四是实行“3+2”工作法，即每周3天深入基层学校听课评课，2天在单位学习、处理有关事务。一年来，教研员人均听课评课80节以上。五是通过召开全县教研员、教务主任、教科室主任、教科研骨干的培训工作会议和教育科研专题会议，强化队伍建设，促进教育科研队伍专业化发展。

【科研管理】 为了促进教育科研朝着“上与下合心，教与研合力，行与评合一”的方向发展，县教科所采取“三结合”的办法，强化教研功能，确立教科所的引领方向。首先是重点项目与整体推进相结合，从“教研是学校第一生产力，教学是学校第一要务，教师是学校第一资源”理念入手，把研究“双主互动”课堂教学模式、导学案设计、小组建设、导学评价列为教科所与学校推进高效课堂建设的核心任务，把研究教学策略、课堂环节、教学评价作为提升教学质量的重要支撑，树立教研方向的引领性。其次是教科研规划与策略构建相结合，充分重视教科所的谋划与构建能力，坚持规划与构建同步推进，坚持把教科研工作纳入学校的目标管理责任制之中，把教科所的教研规划与课堂改革的构建性实施意见，以教育局关于教学教研工作的文件形式下发，增强教研工作的执行力。三是指导服务与过程考核相结合，建立指导服务的权威性。

【课题立项】 县教科所坚持课题牵动战略，以“科研管理规范化，课题研究实用化”为主导思想，切实抓好课题研究。为使课题研究选题合宜，开展扎实，取得成效，县教科所强化了课题研究的全程管理和指导。严格按照《江川县“十二五”教育科研规划》《江川县教育科研课题

指南》开展课题立项工作，鼓励学校和教师积极开展课题申报立项活动，严把选题立项、组织实施、总结交流三个关口，以教研员、骨干教师为主体，组建课题组，合作交流、协同攻关，扎实有效地进行多项课题研究。2014年，全县共申报立项国家级科研课题4项，即：由江川县教科所副所长黄毅主持的《初中语文“少教多学”课堂教学模式研究》，由江川一中语文组承担的《高中语文“少教多学”的策略与方法研究》，由前卫小学承担的《小学语文“少教多学”的策略与方法研究》，由龙街小学承担的《阅读教学中“少教多学”的策略与方法研究》。江川一中教师李滨主持的《高中英语“一少两多”课堂教学模式研究》、江川二中教师赵兴阳主持的《将社会生活中的化学渗透到高中化学教学中的研究》、龙街侯家沟小学教师杨四弘主持的《校本教材的开发与实践评价的研究》等36项课题被列为“十二五”期间的县级教育科研立项课题。

【推进“四项研究”】 一是开展以“美丽校园，活力学校，提升质量”为核心的内涵性研究，全面推进素质教育；二是加强“双主互动”行为化研究，力求稳妥、有序、深入地实施课堂教学改革；三是加强名师、学科带头人、骨干教师的带动辐射效应，提高全县教师整体素质的研究；四是加强片区教研的创新研究，完善“研训合一”的运行机制。加强课题研究的过程管理。加强指导，要求每位学科教研员下乡调研时都要对所在校的相应学科课题进行跟踪指导。在结项工作上严格把关，组织评审组对申报的课题进行评审，全年共分两次批，集中时间对大街中学的《“双主互动”教学模式下化学试卷讲评课的策略应用研究》、前卫渔村小学的《提高小学语文阅读教学有效性》和《构建和谐课堂，提高教学实效性》3个课题进行结题鉴定。

【教学视导】 根据《江川县教科所2014年教育科研工作计划》，县教科所采取定期和随机、定向和抽查相结合的办法，积极开展教学视导工作，通过听课评课、检查备课、作业批改、辅导反馈、教学反思情况，全面了解教师教学工作状况。每次视导尽量做到不丢盲点，指导不留死角。初中学生学业水平考试质量分析会结束后，学科教研员又针对初三备考工作和“双主互动”教学改革工作进行联合视导，从课堂教学、制度建设等方面全面了解各校工作开展情况，了解存在的问题和遇到的困难，总结各校成功的经验，互相学习、互相借鉴。做好各校之间、学科教师之间的信息互通，使有效资源共享，优势资源互补。每次视导结束后安排专人撰写视导教研简报下发全县各校，供学习借鉴，同时为领导工作决策提供依据。

【教学改革】 一是研究课堂，引导教学改革。县教科所通过制定学科课堂教学评价标准、学科教学指导意见等，在提高教师教学能力上下功夫，在提高学生学习能力上抓策略。二是坚持把落实“双主互动”作为课堂教学改革的中心工作，以全县各年级教学研究活动为载体，发动和组织全县各学校、各层次的有效力量，研究“双主互动”教学模式的新思想、新行为，通过典型引路、观摩推进方式，引领高效课堂建设工作深入推进。每个教研员按计划深入学校开展学科指导、顺利完成年初和学期初制定的教研工作计划，多方面、多层次开展教学示范课、观摩课、教学研讨等活动。三是适时总结，提供交流平台。帮助学校由教育理论演绎模式，由教学实践提炼模式，由自身特点创新模式，培养树立教学改革典型，打造江川名师名校，注重集中指导，促进学校教育质量整体提升。

【常规促校】 县教科所于2014年11月26～28日组成8个检查组，对全县义务教育阶段学校教学常规工作进行检查。本次共检查39所学校。其中，中心小学12所，村级小学12所，初中11所、九年一贯制4所。检查组依据《江川县2014年义务教育阶段学校教学常规检查记实表》，通过查资料、现场查看、走访师生、听课、召开检查反馈会等方式，了解被抽查学校常规管理工作开展情况，并进行评估，对于检查中存在的问题进行分析交流，同时提出整改意见和建议。检查组成员共随堂听课262节，达优秀的101人，占38.5%，差1人，占0.38%；查看教师备课本1347本，达优秀的296人，占21.97%，差2人，占0.15%；检查学生作业13163本，批改优秀的教师181人。

【毕业班教学】 县教育局分别

于2014年8月和10月召开全县性的提升教学质量专题会议，县教科所深刻领悟两次会议精神，牢固树立“质量”意识，定位于服务教师、服务教学，与义务教育学校鉴定《江川县2014年义务教育阶段毕业班教学质量目标管理责任书》，下达各校毕业班质量目标，充分发挥教科所的督导管理作用。制定《江川县中小学教学工作常规管理规定》，并将教学工作的评估得分纳入学校年终的目标考核，将教研与行政督导有机整合，督促学校按照规定逐项落实，进一步规范教学管理。各学科教研员坚持“深入学校”“深入课堂”“面对教师”“面对学生”工作原则，注重基层，服务学校，认真研究毕业班新授课、复习课、评讲课、练习课的教法，全面落实每月集体备课制度，精心组织四次统测，切实加强教学视导工作。尤其对薄弱学校、薄弱学科、薄弱班级，敦促学校制定转化落实措施，集中力量抓好落实，促进均衡发展。2014年12月9日，县教科所特邀市教科所学科教研员到江川县对初中学科教师进行培训，并对毕业班教师在教育教学中存在的问题和困惑给予专业指导和帮助，确保全县中小学常规教学有质运行。

【动态监测】 一是做好考试组织工作，把握命题质量关、试卷保密关，在考试过程中，将全体教研员下派到各学校巡查，确保考试数据的真实性。二是做好数据统计和分析工作。每一次考试后，全县统一阅卷，并对考试的数据及时统计、分析，为把握考情、校情、学情提供准确参考信息。三是做好“诊疗”工作。学生每一次考试成绩都以电脑数据方式保存，考试后，召开分析会，对学生学科成绩、学科有效分、考试成绩的差异系数等方面进行比较分析，发现问题和不足，并提出相应的措施和方法。

【常规教研】 县教科所在教研活动的策划上，提出“立足常规、形成常态、一组一项、一师一例”的基本要求。即教研活动要立足于教育教学实际，为改进教育教学常规服务；要按计划常态开展，做到“七有”（有时间、有地点、有人员、有主题、有组织、有交流、有成效）；每个教研组至少每学期开展一项教研特色活动；每位教师一学年至少搜集一个典型教育教学案例。各校按照县教科所要求，围绕教学常规改进，完善管理制度，开展“同课异构”“公开课”“展示课”等听课、观课、议课的教研活动。

【连动教研】 县教科所按照“以强带弱、城乡互动、资源共享、互帮互学、均衡发展”原则，将全县学校按学段划分成5个小学教研片区、5个初中教研片区，充分发挥校长、基层教研员、骨干教师作用，每个教研片区每学期由一所学校牵头，突出以教师为研究主体，以互动研讨交流为主要形式的教学研究活动，加强片区内教研交流，多层面开展教研交流。一年来，县教科所依托片区教研，在全县上下，以“双主互动”教学为主题，组织开展多项活动，涌现出大街中学、九溪小学、前卫中学、大街小学、大庄小学等一些校本教研示范校。

【送教下乡】 县教科所针对农村学校的实际，在将送教下乡活动制度化、常态化的同时，不断改进送教下乡的内容和方式。一是将单纯送课改为送教，每次送课都确定一个主题，既送课又送培、送研，使送课的过程成为观课农村教师研修的过程；二是采取同课异构的方式，由学科教研员带去的优秀教师与当地教师执教同一个课，然后通过执教教师说课、教研员评课、互动议课，使观课农村教师能获得更深感悟；三是教研员根据确定的送教主题结合现场课的情况，举办专题讲座；四是课后参与并指导当地学校的一次校本教研活动。

【校本研训】 县教科所将校本研训的落脚点放在校本培训和校本教研上，把校本培训和校本教研工作列为学校工作的检查内容，指导学校从课程改革的实际出发，进行课程资源开发、教学研讨、集体备课、教学行为、教学反思、学习方式等探索，发挥学校教研组在学科中的组织、探究作用，以研究、解决教学和教材中的问题为主要内容，突出校本教研、培训的针对性和实效性，在解决教学的实际问题中，指导教师将新课程的理念转化为日常的教学行为。大部分学校结合自身办学目标制定校本培训、校本教研方案和学期工作计划，探索“研训一体”的校本模式，有的学校以原有经验为基础，在继续发挥“师徒结队”、“名师指导”及“走出去、请进来”等作用的同时，加强目标管理，完善培训机制；有的学校将教师新课程理念培训、教学基本功和专业技能的培训与课题研究相结合；还有一些学校把读书活动、艺术教育、教学课件制作引入校本培训，组织教学沙龙，解决教育教学中的模糊问题。

【教学竞赛】 县教科所于2014年10月14～23日，组织义务教育阶段“星抚杯”课堂教学、说课及课件展示竞赛活动。课堂教学竞赛的科目是：初中语文、数学、英语、化学、美术，小学语文、数学、品社；说课及课件展示的学科为初中生物、历史、思品，小学英语、科学；初中地理为版图、版画展示。全县160名选手参加角逐，观摩教师达800多人。经各组评委评议，前卫中学顾文琛、大庄中学王阿春、九溪小学杨兰仙等39名教师获一等奖，海浒学校钟珺、路居中学张华、大街中学张青等73名教师获二等奖，龙街中学陈容、后卫小学唐国有、江城小学许薇等48名教师获三等奖。

【教职工“三笔字”比赛】 2014年10月17日，举办全县教职工“三笔字”（毛笔字、钢笔字、粉笔字）比赛。全县共64名教职工参赛，比赛按规定内容书写，要求参赛者在30分钟内完成。评委现场评出一等奖16名（大街中学杨洪伟、江川职中石从春、九溪中学周增云、龙街中学宋剑刚、大街小学王关明、大庄中学李晓芬等6名教师获毛笔字一等奖，大街小学周秋明、前卫中学邓海燕、江城中学龚洪选、河咀小学潘韬、伏家营中学毕为志等5名教师获钢笔字一等奖，伏家营中学李鸿晶、路居小学徐兴强、龙街中学潘增辉、前卫小学普绍文、江城中学秦树磊等5名教师获粉笔字一等奖）、二等奖33名、三等奖15名。

【论文获奖】 在2014年9月云南省课程教材教学研究杂志社举办的2014年云南省教育科研论文竞赛中，县教科所黄毅撰写的《对文本解读有效性与创造性的几点思考》、大街小学刘四艳撰写的《浅谈新课程理念下童话课文教学的有效性》、伏家营小学马毅撰写的《让师爱的力量在课堂教学中闪光》等13篇教育科研论文获一等奖，县教科所韩卫东撰写的教学设计《世界的海陆分布》、翠峰小学陈东富撰写的《把班级建设成为温馨的家》、大街小学闻燕南撰写的《有画便有话——谈小学低年级看图作文教学》等30篇教育科研论文或教学设计获二等奖，大庄中学李绍红撰写的《宾语从句在中考中的应用》、前卫中学周姗姗撰写的《七年级英语教学“双语”课堂的必要性》、雄关中学杨习撰写的《探究“光学成像中感觉距离与实际距离是否相等”》等58篇教育科研论文或教学设计获三等奖。在2014年12月“中国教育家报刊社·人民教育家研究院”“云南教育成果编辑室”共同举办的2014年第十一届教育工作者优秀论文征稿活动中，县教科所黄毅撰写的《语文课堂如何让学生动起来》、后卫小学吴少平撰写的《培养学生的语文自学能力》、江川职中杨茂斌撰写的《培养中等职业学校学生职业技能素质的措施办法》等15篇教育科研论文或教学设计获一等奖；县教科所吴艳红撰写的《浅议信息技术课中的感情教育》、雄关小学杨世雄撰写的《浅谈低年级学生数学自学能力的培养》、大街中学张瑞清撰写的《质量与密度（教学设计）》等46篇教育科研论文或教学设计获二等奖；江城中学周纪红撰写的《初中物理教学中作业反馈的有效性》、伏家营小学蒋春梅撰写的《九色鹿（教学设计）》、前卫中学杨春霞撰写的《运用信息技术实施创新教育》等50篇教育科研论文或教学设计获三等奖。

【教学指导成效】 在2014年9月至11月市教育局组织的2014年全市中小学教师高效课堂教学技能竞赛中，江川县共选派21名教师参加相关学科竞赛。大街中学侯娅琼获初中语文女教师岗位技能竞赛一等奖，江城中学李云获初中数学一等奖，大街中学侯雪艳获初中生物一等奖，大街中学王文丽获初中物理一等奖，大庄小学杨春艳获小学语文一等奖；前卫中学陈艳萍获初中数学女教师岗位技能竞赛二等奖，大街中学张丽萍获初中思品二等奖，大街中学杨艳梅获初中英语二等奖，江川一中黄泳霖获高中语文二等奖，江城中学李俊江获初中美术二等奖，江川二中黄艳红获高中美术二等奖，江川一中黄小荣获高中音乐二等奖，江城小学杨琳获小学音乐二等奖；路居中学彭涛获初中物理教学技能竞赛三等奖，江川二中孙露获高中地理三等奖，江川一中李海霞获高中历史三等奖，江川一中侯玲秀获高中化学三等奖，后卫小学张兰获小学数学三等奖，江川一中张文获高中信息技术三等奖，大街小学沈谢艳获小学美术三等奖，江城中学张东林获初中综合实践活动三等奖。

【物化成果】 2014年5月，《中国西部教育》为江川编辑出版《江川县教研论文特刊》；2014年12月，《云南教育·教研园地》编辑出版《江川县中小学教师教育科研论文集》。

（黄　毅）

教师培训

【概　述】 2014年，江川县师资培训工作，把重心放到基层，把重点放在基层教师上，把主要精力投入到提高教师的教育教学技能和业务素质的提高上，发挥县级教师培训机构指导、服务职能，开拓教师培训新路子，整合县内外优秀培训资源，把实施中小学教师素质提升工程作为加强教师队伍建设的突破口，通过请进来、走出去的教师培训战略，以新课改精神为导向，以新课程培训为重点，紧紧围绕“课改”“质量”“创新”“提升”工作思路，有效开展工作。做到“五个结合”：集中培训与校本培训相结合；本地培训与远程培训相结合；骨干培训与全员培训相结合；学历培训与教育教学技能培训相结合；自主培训与外出培训相结合。

【学科教师培训】 2014年3月对全县中考科目学科教师进行专题培训，360人参加。培训内容：学科复习思路及方法，学科命题趋向、复习重难点透析，复习备考建议。

【学历提高】 为拓展自身发展空间，更好为江川县教育和经济建设服务，与省电大联合办学，向上“借智”“借力”。开办汉语言文学、英语、教育管理、学前教育等专业本科班；开办教育管理专业、学前教育专业、计算机专业、会计学专业、金融专业等专科班，解决教师及其它行业人员学历提高问题。有150人参加学习。

【新教师“五项技能”考核】 对2013年参加工作的60名教师进行“五项技能”考核（“五项技能”指：作课、论文、说课、教案、评课），考核均为合格。

【新教师岗前培训】 2014年9月20～22日对全县招聘的中小学（幼儿园）教师进行培训。有8个培训专题：《新课程下的课堂教学》《如何做好教育科研工作》《如何命制试卷》《教育教学常规》《教育政策法规》《班主任工作》《怎样说课》《怎样评课》。56人参加培训，学时50。

【幼儿园教师远程培训】 为贯彻落实《云南省教育厅关于实施中小学教师教育技术能力提升远程培训项目的意见》精神，于2014年10月10日至11月10日对20名幼儿园教师进行教育技术能力远程培训，学时60。

【落实“国培计划”】 2013年8月，启动“国培计划—中小学骨干教师培训项目”。县教育局就培训工作实施进行专题研究，成立实施领导小组，制定培训方案和管理措施，将培训结果纳入教师年度考核目标。要求各学校成立以校长为组长的“国培计划”领导小组，落实国培专干，认真组织、合理选送培训对象，遴选在校本研修中发挥辐射作用的骨干教师参加培训，并为参训教师提供必要的学习场所、设备、时间等保障和网络技术支持，合理解决好参培教师学习与工作之间的相关问题，建立电子档案库、对外出学习的教师及网络学习的教师监控到位。

全县组织一线指导教师、骨干教师、管理人员、中小学（幼儿园）教师置换脱产、中小学（幼儿园）教师短期、中小学（幼儿园）副校长短期、中小学（幼儿园）教师远程等培训，719名中小学（幼儿园）教师参加培训。

【骨干教师候选人培训】 2014年7月24～25日，举办江川县第六期骨干教师候选人培训，共114名教师参加。围绕“骨干教师专业发展及要求、教育教学科研方法、如何撰写课题研究报告、怎样说课和评课、课件制作”等专题进行讲解。

【中年教师培训】 根据《江川县中小学教师培训十二·五发展规划》要求，为中年教师专业素养提升创设条件和平台，促进师资队伍均衡发展，结合江川县中年教师实际和特点，于2014年7月23～7月25日举办江川县中年教师培训班。全县中小学、幼儿园男教师年龄在50～55周岁，女教师年龄在45～50周岁共计370名参加培训。县教育局局长郭自壮作《新形势下江川县教育发展的现状及改革思考》、玉溪市教科所副所长吴永林作《准备好，做一个幸福的教师》、云南师范大学教授赵建兴作《中年教师心理调试》、县教科所所长唐文明作《中年教师专业发展及要求》、县人民医院内科主任杨洪斌作《中年教师营养与健康》专题报告，李吉应、杨秀兰、龚青艳、赵杰四位教师交流。

【后备干部培训】 为贯彻落实人才强校战略思想，切实提高学校后备干部的综合素养，政治理论水平及管理能力，使江川县教育系统储备一支数量充足、能力强、素质高、具有可持续发展能力和学校管理创新能力的教育管理工作者，推荐12名中小学后备干部于2014年9月22～27日参加云南师范大学组织培训。

【组织参加上一级培训】 10月8日至11月7日，组织参加“伍集成文化教育基金会”上海研修培训（龙街小学郭正芬、大街小学刘丽参加培训）；10月1～30日，组织6名教研员参加县级教师培训机构培训者远程培训；9月22日至11月15日，组织8名幼儿园教师参加华中师范大学幼儿园骨干教师远程培训；6月15～27日，组织2名教研员参加中央美术学院书法、美术培训；10月12～15日，组织60名教师参加云南师范大学“市校合作”学科骨干教师培训；11月16～18日，组织15名教师参加“玉溪市小学教学过程评价与优化研讨”培训会；11月21～25日，组织42名教师参加“玉溪市专职教研员、中学教科所主任、中学骨干教师、山区教师技能研修”培训；11月20～21日，组织5名教师参加“玉溪市名师工作室主持人研讨”培训会；12月11～12日，组织1000名教师参加市教科所教研员到江川县对初中学科教师进行研讨培训。

（张本林）

江川县第一中学

【概　述】 2014年末，学校占地270亩，建筑总面积41661平方米，学生宿舍总面积13709平方米。学校有班级53个，其中高三年级19个班、高二年级16个班、高三年级18个班，在校学生3843人。教职工212人，专职教师199人，其中高级教师75人，一级教师70人。全国优秀教师1人，特级教师2人，省级优秀教师11人，市级优秀教师19人，市级骨干教师7人，市专家组成员13人，县级骨干教师18人。2014年高考上线人数1364人，一本上线60人，本科上线率54.10%，综合上线率95.59%，上重点线人数居全市各县区同级同类中学之首。

【教育科研】 2014年，学校继续推进新课改，转变教学观念，严格执行省颁课程计划，开展多层次、多形式的校本教研活动，尤其重视在年级组管理模式下的教研组、备课组建设，着重发挥教研组、备课组在教学研究中的核心作用。落实每个教研组、备课组确定学期工作计划、集体备课的内容和时间，并把任务分解落实到人；落实每位任课教师每学期要上一节公开课及新老教师结对子活动；继续坚持领导进课堂听课制度，作业全批全改、每月查备课本等教学管理制度。2014年3月，教师沈洪付设计的科技活动方案《寻找家乡最美丽的风境——生态景观多样性保护实践活动方案设计》获云南省第29届青少年科技创新大赛一等奖。8月，沈洪付辅导的科技项目《江川县野生大型野生真菌种质资源调查与利用》获全国第29届青少年科技创新大赛二等奖。

【教师参加第十六届中国科协年会】 第十六届中国科协年会于2014年5月24日在昆明开幕，江川一中生物教师沈洪付撰写的科技论文《生物多样性保护教育资源的开发与应用》，经中国青少年科技辅导员协会组织专家评审，代表云南省参加第十六分会场的专题论坛活动，并作为该分会5个专题发言人之一，作题为“生物多样性保护教育资源的开发与应用”专题报告，并进行答辩，美国加州大学的桑多瓦耳教授还专门和沈洪付进行单独交流。

【应急避险演练活动】 自2014年秋季学期起，根据教育部制定的《中小学幼儿园应急疏散演练指南》和《玉溪市教育局关于加强中小学幼儿园应急疏散演练的通知》精神，江川一中按照文件精神要求，结合县教育局《美丽校园、活力学校、提升质量》实施方案，学校利用每月升旗仪式之际，组织全校师生进行学校教学区应急避险及大型集会时紧急疏散演练和防震减灾应急避险演练。演练根据德育处制定的演练方案严格实施，各年级组长、班主任及课任教师各司其职，保障师生安全、有序、快速地转移到操场安全地带。

【首次参与捆绑体学校】 根据《玉溪市教育局关于开展普通高中学校捆绑发展工作的通知》，江川一中与玉溪师院附中、江川二中、华宁一中、华宁二中组成玉溪市高中第三捆绑体。江川一中语文教师张月蓉、数学教师严媛、政治教师李继红3位教师为捆绑体学校教师呈现3节优研讨课。教研活动结束后，江川一中校长靳江与其它4位校长举行捆绑发展签约仪式。

【承办江川县2014年师生运动会闭幕式】 江川县2014年师生运动会闭幕式在江川一中举行，共有27所中小学校（幼儿园）参加。闭幕式上江川一中师生进行应急避险、广播体操、大课间体育活动和大众健身操演示。江川一中获得运动会团体总分（中学组）第一名、大众健身操第一名、篮球（男子组）第一名、应急避险演练第一名、广播体操第二名、体育大课间活动第二名和优秀组织奖。

【校园文化艺术节】 2014年，江川一中校团委联合玉溪市语文名师工作室成员，为庆祝江川一中第十四届艺术节暨建校80周年，开展诗歌朗诵赛、书法赛、诗歌散文赛等一系列校园文化活动。

诗歌朗诵比赛分为初赛和决赛两个部分。来自江川一中各班的同学踊跃报名参赛。有28组同学进入初赛，经过激烈比赛，12组选手挺进决赛。来自339班业丰华、李敏聪的《泱泱中华》夺冠。朗诵比赛结束后，玉溪市语文名师工作室成员、江川一中语文教研组组长付云辉和云南省普通话测试员蒋文江两位教师对比赛进行点评。

书法赛为现场竞赛形式，选手当场进行书法创作。以云南省书法家协会会员、江川一中历史教研组组长李正德为评委会主席的评委团当场进行评奖，最终321班陈显斌的软笔书法作品获得一等奖，赛后，李正德对比赛做出点评。

诗歌散文比赛也收到大量参赛作品，经过评委评阅，李敏聪的两首词获得一等奖。这些比赛是江川一中第十四届艺术节暨建校80周年活动的重要组成部分。

（杨　明）

江川县第二中学

【概　述】 江川县第二中学现为云南省二级一等普通高中。截至2014年底，学校共有教职工108人，专任教师103人，其中高级教师24人，一级教师37人，管理岗位2人，工勤岗位2人。省级骨干教师2人，市级骨干教师2人，县级骨干教师16人。全校现有28个教学班（高一12个班，高二、高三各8个班），1889名学生，班级编至209班。学校校园占地面积88.99亩59266.96平方米（含文庙占地面积31.87亩21225.42平方米）。除文庙之外，学校实际占地57.03亩（38106.2平方米）。

2014年高考文科上线率100%，理科上线率为71.89%，文、理科综合上线率达83.19%。高考成绩有新亮点：一本上线2人，文科、理科各1人；本科上线80人，上线率13.72%；文科上线率继续保持100%。实现学校“多本科，出一本”的办学目标。

【开学典礼】 2014年2月23日，江川二中在学校篮球场举行2014学年春季学期开学典礼，大会由学校副校长朱文学主持。校长、党支部书记靳江致开学辞，副校长褚正权宣读荣获2013年秋季学期各年级单科前三名和总分前二十名获奖学生名单，并进行颁奖。

【高考百日誓师大会】 2014年2月27日，江川二中在学校礼堂举行“高考百日誓师大会”。副校长朱文学主持，副校长褚正权作动员讲话，高三年级全体师生和学校毕业班工作领导小组成员共600人参加大会。会上，高三年级全体学生集体誓言“苦战百日，青春无悔；决战两天，高考无畏”。

【心理健康讲座】 2014年4月4日，江川二中邀请云南省心理学会常务理事、云南省心理咨询首席专家、云南师范大学心理学教授赵建新为学校高三年级师生600人作主题为“阳光心态迎接高考”心理健康讲座。

【送课进校活动】 2014年4～5月，玉溪市名师工作室送课进校活动在江川县第二中学举行。本次活动邀请3位名师工作室成员为高三年级理科班学生授课。4月15日，邀请玉溪市省级高中物理名师工作室主持人、玉溪市民族中学教师甘霖作“高考方法，物理实验”专题讲座；5月5日，邀请玉溪市省级高中物理名师工作室成员、玉溪市师院附中教师李华骝作“选择题、计算题考试技巧”专题讲座；5月9日，邀请玉溪市化学名师工作室主持人、教师张运鸿作“化学选择题解答技巧”专题讲座。高三年级理科班学生和物理组、化学组全体教师300余人听讲。

【“五四”文艺演出】 5月3日晚，江川二中在学校礼堂举行庆“五四”文艺演出。活动由学校团委主办、学校“舞蹈社团”承办。先进行32名新团员入团宣誓仪式，后进行文艺演出。共表演节目28个，采用评委当场亮分的形式评出一、二、三等奖20个。

【“钟秀杯”班会课竞赛】 5月15日，江川二中举行第十届“钟秀杯”班会课竞赛和研讨活动。竞赛采用年级预赛和学校决赛形式进行，决赛由高一、高二年级4个班的学生和全体班主任共300人参加。旨在通过“以赛促研”，探索学校德育工作、班级建设、心理健康教育工作的新途径。

【儒家经典传承】 江川二中从校园建在江川文庙中这一独特条件出发，依托文庙深厚的历史文化底蕴，对优秀传统文化继承创新，将“读书立品，进德修业”的优良传统融入现代教育中，探索实践以《论语》等儒家经典为载体的德育教育。精选传统文化中的名言警句，制作160多块语录牌，张挂在教学楼、办公室、学生宿舍、礼堂等校园各处，营造浓厚的校园文化氛围；利用元旦组织一次师生2000多人参与的《论语》诵读竞赛；召开以《论语》为载体的主题班会，撰写以《论语》为载体的教育论文，并将各班竞赛的朗诵稿和优秀论文等编成校刊《钟秀》专辑。

【“6·26国际禁毒日”系列活动】 2014年6月26日第27个国际禁毒日来临之际，江川二中按县禁毒委和教育局工作要求，开展禁毒防艾系列宣传教育活动。学校投资近万元自制禁毒防艾教育宣传展板37块对师生进行宣传展览，学校德育处组织高一、高二年级1200多名学生学唱由本校教师段平德、宋艳珊创作的禁毒歌曲《告别罂粟花》，参观毒品预防教育展室，上毒品预防教育主题班会，写毒品预防教育心得体会，出禁毒防艾黑板报，参加禁毒防艾专题知识竞赛和禁毒防艾征文活动，向全体学生家长下发《珍爱生命　远离毒品》公开信。

【“孔庙之旅”“钟秀讲坛”活动】 为加快校园文化的发展建设，打造校园文化精品窗口，依托文庙资源弘扬传统文化，2014年秋季学期，江川县第二中学开展“孔庙之旅”和“钟秀讲坛”两次大型系列活动，创新学校德育工作形式。“孔庙之旅”以“知文庙，增荣誉；识文庙，长见识；爱文庙，延文化；敬文庙，畏天地”为主题，利用班会和大课间活动时间以班级为单位组织全校学生参观文庙，并将传统文化的“仁义礼智信”理念贯穿到参观活动中。主讲人从语文、历史教研组中选择普通话清晰流利，喜爱乡土文化的女教师担任。“钟秀讲坛”以“点燃星星之火，传承文化经典”为主题，以“传承经典，启迪智慧”为宗旨，每月利用一天的晚自习，由学校邀请的主讲人（每次2名玉溪师范学院中文系大四优秀学生，1名玉溪师范学院中文系教师）到校以讲座方式向全校通过自由报名产生的学生主讲文化经典知识。每次讲座流程分90分钟讲座和30分钟自由提问两部分。

【党组织建设】 2014年11月10日，中共江川县教育局委员会下发《关于同意成立江川县第二中学党总支委员会的批复》《关于同意中共江川县第二中学总支委员会选举的批复》《关于同意中共江川县第二中学总支委员会选举结果的批复》文件，同意江川县第二中学党支部升格为党总支委员会，下设3个党支部：第一党支部、第二党支部、第三党支部，为江川县教育局党委下设党组织。金星、李红、李清明、李玲、褚正权、陈东、李俊为党总支第一届委员会委员，金星任党总支书记，李红任党总支副书记，李清明任组织委员，李玲任宣传委员，褚正权任纪律检查委员，陈东、李俊两位委员负责青联及统一战线工作。

11月10日至14日，学校党总支对学生和教师中的入党积极分子16人进行培训教育。

【法制教育暨禁毒防艾专题讲座】 2014年11月15日，江川二中组织高一年级全体师生共680人举行法制教育暨禁毒防艾专题讲座。

【高一新生军训】 2014年12月7～10日，江川县第二中学开展2017届高一新生军训活动，参训学生660人。内容主要包括队列队形训练、军事思想教育、宿舍内务整理、规章制度学习等。

【文化艺术节】 12月12日19时，江川县第二中学第十四届文化艺术节在学校操场举行。2014年的文化艺术节节目多样化，有论语诵读、小品、大合唱、独唱、舞蹈、各种乐器弹奏等，活动始终以"丰富校园文化，彰显青春风采"为主线，在校园内营造出健康、文明、和谐、进步的氛围，为学生提供展示青春、自我的舞台，为学校德育发展注入新的生机与活力。

【瑞士友人观摩孔家文化】 12月12日上午，云南大山公司总经理山国勇、云南省漫画家李昆武携瑞士友人到江川二中观摩孔家文化。参观江川文庙和钟秀书院，校长金星向他们介绍江川县第二中学的发展史和江川文庙的历史。江川文庙，俗称黉学，是江川规模最大的古建筑群，于清乾隆四十四年（1779年）开工兴建，道光四年（1824年）落成，历时45年。文庙占地31亩，规模宏大，结构严谨，气势雄伟，是云南第二大文庙，仅次于建水文庙。山国勇、李昆武、瑞士友人和金星合影留念。

（李清明）

江川县职业中学

【概 述】 2014年底，江川县职业中学占地面积74.5亩，校舍面积19690平方米，教学仪器设备660万元，图书15480册。有在册在编教职工69人，其中正式教师65人（1人借调县招办），职工4人，其中工人2人（技师、中级工各1名），职员2人。正式教师中的高级教师18人，占教师总数的27.6%；一级教师24人，占教师总数的36.9%；初级教师16人，占教师总数的24.6%；见习教师7人。学校有县级骨干教师9人，市级学科带头人2人。正式教师学历达标率（本科）95.3%；正式教师中的双师型教师13人，占教师总数的20%；此外，有临时教师17人，特聘教师9人。学校开设旅游服务与管理、计算机应用方向（包括平面设计专业、会计电算化专业、网络技术专业）、农产品保鲜与加工、电工电子技术等四个专业类群6个专业，学生1250人。其中，旅游服务与管理185人，计算机网络技术101人，电算化会计92人，计算机平面设计118人，电子电器应用与维修489人，农产品保鲜与加工253人，服装设计与工艺12人。共有34个班级，其中在校班级23个，在外顶岗实习班级11个。

【参加省"语文出版社杯"旅游技能和"福斯特杯"会计技能比赛】 2014年4月15～19日，县职业中学组队赴曲靖市参加由省教育厅主办，曲靖市麒麟区职业技术学校、曲靖市财经学校承办的2014年云南省"语文出版社杯"旅游技能大赛及"福斯特杯"会计技能大赛。4名学生参加中餐10人宴会摆台、客房中式铺床两个赛项。教师侯琴参加中餐10人宴会摆台赛项比赛。6名学生参加会计电算化和会计手工两个项目。在"语文出版社杯"旅游技能大赛过程中，旅游30班学生李玲玉获得客房中式铺床项目第8名（三等奖），学校获得旅游技能大赛团体三等奖。

【江川老干部诗书画协会传统文化进职中诗书画展】 经学校与江川县老干部诗书画协会沟通协调，2014年5月16日下午，在县老干部诗书画协会会长赵鹏带领下，6名会员到职中开展"传统文化进校园"活动。共展出书画作品66幅。高一、高二部分班级共426人参加开幕式，并欣赏诗书画作品。县老干部诗书画协会、古滇国书画院向职业中学捐赠3副书画作品，并进行现场书画展示，活动后还召开共话职中发展座谈会。

【第四届夏季运动会】 5月27日下午6时，"江川职中2014年夏季运动会"拉开帷幕。学生比赛方面设拔河、武动青春、同步走、25人26足走4个项目，以班级为单位进行比赛，以四项总成绩排名，团体总分前十名颁发奖状和进行物质奖励。教师方面设气排球比赛一个项目，以教研组为单位参加。经过角逐，学生比赛团体总分前十名依次为：电子电器17班、电子电器10班、电子电器20班、电子电器16班、电子电器14班、电子电器21班、计算机42班、计算机43班、电子电器11

班、农产品加工12班；教职工气排球比赛获奖结果第一名至第九名依次为：后勤组、电器组、食品组、德育组、英语组、计算机组、数学组、旅游组、文科组。

【第二届“螺峰杯”主题班会比赛】 2014年5月26日，县职业中学举行第二届“螺峰杯”主题班会比赛。比赛根据职高生现阶段自身发展的特点和需求，结合校情，从专业意识教育、爱校教育、文明礼貌教育、诚信教育、安全教育、自信心培养等方面来设置主题。比赛围绕主题，通过情景剧、演讲、诗歌，小品等形式，并结合视频、图片、PPT等，进行师生情感交流与互动，让学生在活动中得到体验与感悟。旅游31班班主任马云雯作课《文明礼仪在我心》获一等奖，计算机35班班主任张春会作课《感恩过去，展望未来》，计算机42班班主任胡勇作课《幸福人生从诚信开始》获二等奖、农产品保鲜与加工14班班主任唐江会《养成良好行为习惯，放飞远大职业梦想》和电子电器14班班主任邓强作课《架起沟通的桥梁——感悟父母心》获三等奖。

【2014年校企合作座谈会】 7月11日，“江川县2014年经济社会发展校企合作座谈会”在县职业中学形体室举行。座谈会由县职业中学与县工信局联合举办。县内云南宏斌绿色食品有限公司、云南腾达机械制造有限公司、云南新天力机械公司、云南特固电气、江磷集团、江川万利包装、江川阳光食品、江川卓一食品共8家企业的负责人及企业代表，市委党的群众路线教育实践活动督导组常务副组长孙月峰参加会议。县人大常委会副主任、总工会主席、县委党的群众路线教育实践活动第二督导组组长陆富仙出席会议并讲话。县工信局主要负责人通报江川县工业经济运行情况，县职业中学校长介绍学校办学情况及近年来校企合作取得的成效。8家企业负责人及企业代表分别介绍各自企业的基本情况以及岗位设置和用工需求，表达与职业中学合作愿望。

【参加省第二十九届青少年科技创新大赛】 2014年，县职业中学组织师生参加“云南省第二十九届青少年科技创新大赛”。经过评选，2014年8月27日，玉溪市科协、市教育局联合下发《关于奖励第二十九届青少年科技创新大赛获奖作品的通知》：县职业中学所报项目成绩喜人，由陶绍明、潘文波、杨茂斌三位教师指导毕聪、马旗泽及李文涛同学完成的《湖滨带稻草的利用调查报告》荣获市二等奖、省三等奖；由陶绍明、潘文波、杨波三位教师指导岳青、杨江瑜同学完成的《江川职中食品加工专业学生化学学习现状调查与分析》荣获市三等奖、省三等奖；由龚贵有老师自创的《用灯泡代替电动机进行电力拖动实训》荣获市二等奖、省二等奖。

【教师参加国家及省级教学设计及说课赛】 2014年9月24～26日，根据市教育局转发的《关于举办云南省第三届中等职业学校“创新杯”教学设计及说课竞赛的通知》，县职业中学教师钱丽颖、李金红参加由云南省教育科学研究院主办，云南省职业技术教育委员会公共基础类专业委员会承办的云南省第三届中职学校“创新杯”文化基础课教学设计及说课赛，钱丽颖的《展望我们未来的职场》获语文学科二等奖、教师李金红的《等次数列前N项求和》获数学学科三等奖。2014年11月18～20日，教师王霄作为云南省的唯一一名参赛选手，携说课课题《篮球双手胸前传接球》到广西参加2014年全国中等职业学校体育与健康课程“创新杯”教师信息化教学设计和说课大赛获三等奖。2014年12月4～6日，教师龚贵有赴浙江宁波市参加2014年全国中等职业学校“创新杯”电类教师说课大赛，其说课课题《接触器自锁正转控制电路》获三等奖。

【高级教师示范课】 2014年10月下旬至11月上旬，县职业中学组织4名高级教师，采取教师自愿申请方式面向全校教师讲示范课。其中范桃仙作课《中餐零点摆台》，王宝贵作课《篮球运动基本技能》，张吉英作课《用发展的观点看待逆境与顺境》，周波作课《Unit 8 Check-out Teaching Plan》。

【2014年文体技能节】 “2014年江川职中文体技能节”于2014年12月22～24日举行。文体技能节包括“玉溪市第十届职业院校暨江川职中第九届学生技能竞赛”、“江川职中第33届校运会”、“江川职中2014年新年文艺晚会”系列活动。2014年12月23日上午，举行开幕式，校旗

队、鲜花队、彩旗队、表演队、评委队、参赛队入场后，举行茶舞、竹竿舞、校园广场舞、青春健美操、校园武术操、教师大众健身操表演。学生技能竞赛共设置4个模块的比赛项目：1.旅游技能（7项）。中餐10人宴会摆台、中餐4人零点摆台、餐巾折花、中餐主题台面设计展示、客房中式铺床、茶艺展示、前厅问询及服务；2.计算机技能（13项）。计算机组装、网线制作、微电影制作、点钞、珠算、翻打传票、FLASH动画制作现场赛、POTOSHOP图形图像处理、五笔录入、Word排版、“讲文明，树新风”主题电子小报作品赛、“讲文明，树新风”PS作品赛、FLASH动画作品赛；3.电子电器技能（8项）。功放电路的制作、声光控电路的制作、八路抢答器的制作、照明电路的制作、CAD电气制图设计、单片机设计与制作、板钳正转控制线路制作、行线槽正转控制线路制作；4.食品加工技能（3项）。面点制作、软饮料制作、酿酒工艺。2014年文体技能节运动会比赛项目包括：集体项目拔河、跳绳、60米X8迎面接力，个人项目越野跑（男）、1500米（女）1000米（男）800米（女）100米仰卧起坐（女）引体向上（男）急行跳远。2014年12月24日晚举行迎新年文艺晚会。

【校本培训与国培】 2014年，县职业中学先后组织教师参加各种外出学习培训56人次，继续教育培训64人次。县内培训方面：7月23日，组织教师张兴才、龚贵有、杨惠仙等12位中年教师到后卫中学（原实验中学）参加中年教师业务素质培训；7月24日，组织教师孙思维、胡勇、李红英到后卫中学（原实验中学）参加县级骨干教师候选人培训；8月19日，组织9名教师到县教师进修学校参加履职晋级培训。省市培训方面：4月中旬，组织教师李红英参加玉溪市心理学学会会员培训；5月17日，组织教师黄正刚、赵发春到昆明参加《政治经济学与社会》德育课课程培训，组织教师杨茂斌、李红华、周志芬、陈冬艳、李小青参加2014云南省职业财经类应用型人才培养研讨会。省外及国培方面：3月至6月，组织教师杨波到贵州轻工职业技术学院参加国家级专业骨干教师（食品加工方向）培训活动；组织教师杨茂斌、陈锁秀分别于5月、7月到上海电子信息职业技术学院参加云南省职教系统管理人员培训。10月至12月，派出教师潘文波到河北师范大学参加国家级专业骨干教师（电工电子方向）培训；12月，组织教师杨茂斌、李金红赴上海同济大学参加学校管理知识培训。

【校本教材编写】 2014年，县职业中学组织开展校本教材编辑工作。旅游教研组开发并编写完成《江川旅游》、《客房服务实训教程》、技能大赛知识《掌中宝》三本实训教程，并把《江川职中优秀毕业生之星》《江川职中教研组教师公开课教学设计集》《中餐摆台实训研究》《江川职中旅游专业教学指导方案》等资料汇编成书；计算机专业组编写完成《word》《PowerPoint》和《五笔录入》校本教材。

【学生职业技能考证】 2014年，县职业中学先后组织旅游服务与管理31班、32班共52名学生完成餐厅服务员（初级）、初级茶艺师技能鉴定的报名、辅导及鉴定工作；组织计算机38班、39班、40班，电工电子14班、15班、16班、17班，农产品保鲜与加工12班、13班共415名学生分别参加计算机操作员（初级）、维修电工（初级）、西式面点师（中级）技能鉴定的报名、辅导及鉴定工作，学生在鉴定中过关率达98%以上，良好率达30%以上。组织计算机38班、39班、40班，电工电子14班、15班、16班、17班，农产品保鲜与加工12班、13班共415名学生参加国家级普通话水平测评，普通话二乙达标率达75%以上。12月30日，组织旅游31班27人、旅游32班26人，共计53人参加由玉溪技师学院进行的初级茶艺师技能鉴定。

【招生与实习就业】 “出口畅，入口旺”。招生工作：截至2014年11月7日，录取新生513人，完成主管部门下达的500人招生任务。实习就业工作：3月，组织安排旅游29班、电工9班、计算机34班共计76人进行顶岗实习。其中赴昆明服装厂5人，江川瑞文酒店7人，北京食分钟2人，江川阳光海岸5人，玉溪克莱克（玉石销售）6人，自主择业8人，江苏太仓同维13人，江苏联滔电子厂30人，提前实习4人。6月上旬，安排农产品保鲜与加工10班、11班，旅游30班，电工电子10班、11班、12班、13班，计算机35班、36班、37班共10个班334人，分别到省内外知名企业参加顶岗实习，本届同期毕业学生340人，就业学生337人，毕业生就业率达99%。其中赴江苏昆山环鸿50人，江川阳光海岸3人，北京食分钟餐饮连锁店20人，昆明嘉华食品厂12人，上海望湘园21人，江苏昆山华冠35人，江苏昆山联滔电子厂120人，上海丰收日集团公司35人，昆明面包工坊8人，学生自愿家长自主联系就业30人。顶岗实习学生全部参加实习保险工作，参保率达100%。在教学实习方面，暑假期间，组织132名同学分别到云南通海斯贝佳食品有限公司、江川阳光海岸、江川瑞文酒店进行教学实习。

【联合办学与社会培训】 2014年春季学期，县职业中学与县残联联合组织28名残疾人参加计算机基础知识应用技术培训。在联合办学方面，学校与玉溪师院教育学院和成教院协商，组织安排就读学前教育的86名学员（在册）和电子技术应用42名同学两个大专班学生进行课程教学工作。9月，组织110名学生进行成人高考网上注册报名；10月，组织80名报名考生到玉溪参加成人高考。

（赵发春）

气　象

【机构设置】 为贯彻落实中国气象局、省气象局关于县级机构改革的相关精神，根据《玉溪市气象局关于印发江川县气象局机构设置方案的通知》（玉气发[2014]23号）文件精神，对内设机构进行调整，调整后设办公室、法规科、防灾减灾科3个管理机构，江川县气象台（气象站）、江川县气象服务中心2个直属业务单位。辖江川县人工增雨防雹办公室、玉溪市江川县防雷装置安全检测中心。

【气候评价】 2014年江川气候特点：降水略偏少，气温偏高，光照充足，年降水量为811.0毫米，比历年同期偏少37.8毫米（−4%），比2013年同期偏多50.0毫米（7%），是2008年以来最多的一年。年内春季至初夏高温干旱严重，雨季开始期比历年略偏晚，结束期比历年偏早，汛期内单点性大雨、暴雨天气过程比历年偏多，局部洪涝灾害突出，秋季出现5~10天连阴雨天气，对秋收秋种略有影响。

2014年，主要异常气候事件以高温干旱、雨季略偏晚、汛期单点性大雨（暴雨）天气突出、初秋连阴雨天气为主。年内热量条件和光照条件丰厚、水分条件比近几年偏好，但降雨时段分布不均，春旱及初夏干旱严重，汛期内无大范围洪涝灾害出现，但局部洪涝灾害偏重，气候条件对农业生产利大于弊，蓄水条件较好，2014年江川县气候条件对工农业生产而言，属中等偏上年景。

气温：2014年平均气温为17.3℃，比历年同期偏高1.4℃，比2013年同期偏高0.3℃，属偏高年份。年极端最高气温为33.7℃（6月4日）；年极端最低气温为−1.8℃（1月21日）。

降水量：2014年江川县降水量为811.0毫米，是2008年以来最多的一年，总体属正常略偏少年景。安化、雄关、九溪、路居和前卫5乡镇降水与历年同期相比，都为略偏多，大街、江城略偏少。其中前卫降水最多为985毫米，其次是雄关980毫米，与历年相比偏多1−2成。大街、安化、路居和九溪降水均在800毫米以上，其中大街偏少5%，其它偏多3~6%。全县仅有江城降水量最少，为767毫米，与历年相比偏少约1成。

日照：2014年日照时数为2393小时，比历年同期偏多204小时（9%），比2013年同期偏多123小时（5%），属略偏多年份。总体上，2014年光照充足。

【主要气象要素述评】

1. 气温

（1）年平均气温

2014年平均气温为17.3℃，比历年同期偏高1.4℃，比2013年同期偏高0.3℃，属偏高年份。年极端最高气温为33.7℃（6月4日）；年极端最低气温为−1.8℃（1月21日）。

（2）气温时空变化

2014年我县气温季节分布为冬季（2013年12月~2014年2月）和夏季（6~8月）略偏高；春季（3~5月）特高；秋季（9~11月）偏高。各月平均气温与历年同期相比，2~5月、11月偏高2.0~2.5℃，属特高年份；6月、9月偏高1.5~1.6℃，属偏高年份；其余各月偏高0.4~0.8℃，属正常略高年份。年内4月中旬至6月上旬初出现持续高温少雨天气，其中5月中、下旬至6月上旬平均气温及6月极端最高气温均创有记录以来同期最高记录。

1月平均气温为9.2℃，比2013年同期低0.6℃，比历年同期高0.5℃，属略偏高。

2月平均气温为12.9℃，比2013年同期低2.6℃，比历年同期高2.3℃，属特高。

3月平均气温为16.4℃，与2013年同期低0.5℃，比历年同期高2.4℃，属特高。

4月平均气温为20.2℃，比2013年同期高0.9℃，比历年同期高2.3℃，属特高。

5月平均气温为22.6℃，比2013年同期高1.5℃，比历年同期高2.5℃，属特高。5月中、下旬平均气温均创有记录以来同期最高记录。

6月平均气温为22.5℃，比2013年同期高0.5℃，比历年同期高1.5℃，属偏高。极端最高气温为33.7℃（6月4日），突破1960年有气象观测资料以来历史极端最高气温值。6月上旬平均气温创1960年有气象记录以来同期最高值。

7月平均气温为21.6℃，与2013年同期持平，比历年同期高0.8℃，属略高。

8月平均气温为20.8℃，与2013年同期持平，比历年同期高0.4℃，属略高。

9月平均气温为20.5℃，比2013年同期高1.5℃，比历年同期高1.6℃，属偏高；

10月平均气温为17.1℃，比2013年同期高1.4℃，比历年同期高0.4℃，属略高；

11月平均气温为14.5℃，比2013年同期高0.9℃，比历年同期高2.0℃，属特高。月内2～3日及16～17日受弱冷空气影响出现两次弱降温天气过程。

12月平均气温为9.6℃，比2013年同期偏高1.0℃，比历年同期高0.7℃，属正常略偏高。月内冷空气活动频繁，4～5日、21日及27～28日受弱冷空气影响，出现阴天间多云及降温天气，12～13日及16～18日受强冷空气影响，出现阴冷及小雨的强寒潮天气，其中16～18日的寒潮过程持续时间长、降温幅度大、影响范围广，是今年入冬以来最强的一次寒潮天气过程。在16～18日的寒潮过期间，最低气温降至2.6℃。20日以来，受辐射降温影响，出现霜或霜冻天气，最低气温降至-1.8℃（21日）。

2. 降水

（1）年降水量

2014年，江川县降水量为811.0毫米，是2008年以来最多的一年，总体属正常略偏少年景。安化、雄关、九溪、路居和前卫5乡镇降水与历年同期相比，都为略偏多，大街、江城略偏少。其中前卫降水最多为985毫米，其次是雄关980毫米，与历年相比偏多1–2成。大街、安化、路居和九溪降水均在800毫米以上，其中大街偏少5%，其它偏多3–6%。全县仅有江城降水量最少，为767毫米，与历年相比偏少约1成。

（2）降水时空分布特征

2014年，江川县降水季节分布为冬季（2013年12月～2014年2月）特多；春季（3～5月）偏少；夏季（6～8月）略偏少；秋季（9～11月）略偏多。各月降水量与历年同期相比，4月及12月特少，1月略偏少，5月、8月和10～11月偏少，6～7月略偏多，3月为偏多，2月和9月特多。降水绝对量以6～7月和9月偏多、4～5月和8月偏少明显。

1月降水量大街12毫米，江城、路居、九溪和前卫1～9毫米，其余乡镇（街道）11～13毫米，大部乡镇（街道）比历年同期偏少38～91%，总体属偏少至特少年份。与2013年同期相比，江城、路居偏少1～3毫米，九溪偏多近1毫米，其余偏多3～8毫米。月内除12～13日受高空槽和冷空气影响，全县出现阴冷和小雨局部中雨；20～21日受北方冷空气影响，江川县出现强降温和小雨天气外，其余时段基本无降水出现。

2月降水量路居10毫米，江城和安化21～24毫米，其余乡镇（街道）29～38毫米，月内降水高度集中在18～19日。与历年同期相比，路居偏少41%，江城偏多19%，其余乡镇（街道）偏多70～120%。2月降水总体特多。大部乡镇（街道）比2013年同期偏多12～38毫米（2013年2月无降水）。

3月降水量路居14毫米、九溪20毫米，其余乡镇（街道）26～39毫米。与历年同期相比，路居偏少近3成，九溪正常，大街偏多3成，其余乡镇偏多69～99%。大部乡镇（街道）比2013年同期偏多14～25毫米。

4月降水量各乡镇（街道）均特少。大街、江城、前卫13～16毫米，其余乡镇4～9毫米。与历年同期相比，路居偏少近9成，其余乡镇（街道）偏少6～8成。与2013年同期相比，路居、江城、安化偏少17～19毫米，前卫和安化偏少2～3毫米，九溪偏多5毫米，大街与2013年同期接近。4月6日～26日出现持续21天的高温晴热天气，导致气象干旱快速发展，局部出现森林火情。

5月降水量各乡镇（街道）与历年同期相比为偏少到特少。江城5毫米，安化22毫米，其余乡镇（街道）34～61毫米。与历年同期相比，大街、前卫偏少3成，其余乡镇偏少5～9成。与2013年同期相比，九溪、大街、前卫偏少37～74毫米，其余乡镇偏少100～186毫米。5月中旬至下旬初受干燥偏西气流控制，我县出现持续晴热高温天气，各乡镇（街道）出现不同程度干旱。

6月降水量江城、大街、九溪、雄关140～188毫米，其余乡镇206～248毫米。与历年同期相比，江城正常，大街偏多15%，前卫、安化偏多近7成，其余乡镇偏多3～5成。与2013年同期相比，各乡镇（街道）偏多61～138毫米。

7月降水量雄关、安化、九溪200～231毫米，其余乡镇（街道）151～184毫米。与历年同期相比，江城、路居偏少近1成，雄关、安化、九溪偏多2～4成，其余乡镇（街道）偏多6～10%。与2013年同期相比，路居偏少6毫米，雄关、江城、安化偏多47～97毫米，其余乡镇（街道）偏多103～161毫米。月内强降水主要出现在11～13日及20～22日，局部出现洪涝灾害，其中7月20～23日受登陆台风“威马逊”减弱西移影响，局部出现山体滑坡及泥石流灾害。

8月降水量为略少至偏少。大街、雄关90～104毫米，其余乡镇134～141毫米。与历年同期相比，大街、雄关、路居少3～4成，其余乡镇偏少近1成。与2013年同期相比，江城正常，九溪偏多12毫米，大街偏少139毫米，其余乡镇偏少28～90毫米。

9月降水量为特多。安化、大街、九溪、前卫139～186毫米，其余乡镇204～275毫米。与历年同期相比，安化偏多48%，大街、九溪、前卫偏多86～97%，其余乡镇116～192%，总体为特多年份。与2013年同期相比，安化、九溪偏多75～77毫米，路居、雄关偏多200毫米，其余乡镇（街道）偏多103～178毫米。月内中、下旬先后受台风“海鸥”、切变及弱冷空气等影响，我县出现5～10天连阴雨天气，其中17～18日受第15号台风“海鸥”减弱西移影响，我县出现大到暴雨局部大暴雨天气，农作物受灾较重。

10月降水量大街56毫米，前卫、九溪、雄关47～49毫米，其余乡镇24～30毫米。与历年同期相比，大街偏少16%，前卫、九溪、雄关偏少近3成，其余乡镇偏少5～6成，总体为偏少至特少年份。与2013年同期相比，江城偏少42毫米，路居、九溪、大街偏少78～89毫米，其余乡镇偏少109～142毫米。

11月降水量雄关、江城、安化偏少近30～34毫米，其余乡镇（街道）22～29毫米。与历年同期相比，安化、江城偏少1成多，其余乡镇（街道）比历年同期偏少2～4成，总体为略少至偏少年份。与2013年同期相比，大街偏多17毫米，其余乡镇偏多20～32毫米。

12月降水量前卫1毫米，其余乡镇（街道）不足1毫米。与历年同期相比，雄关偏少100%，其余乡镇（街道）偏少94%～99%，总体为特少年份。与2013年同期相比，江城、路居偏少10～16毫米，其余乡镇（街道）偏少45～55毫米。

3. 日照

（1）年日照时数

2014年日照时数为2393小时，比历年同期偏多204小时（9%），比2013年同期偏多123小时（5%），属略偏多年份。总体上，2014年光照充足。

（2）日照时空分布

日照时数与历年同期相比，5月、9月和11月比历年多2成多，6月、8月偏少1～2成，7月和12月与历年接近，其余月份偏多1成多。

1月日照统计为246小时，比2013年同期多28小时，比历年同期多23小时（11%），属略偏多。

2月日照统计为251小时，比2013年同期少27小时，比历年同期多30小时（13%），属略偏多。

3月日照统计为281小时，比2013年同期多17小时，比历年同期多34小时（14%），属略偏多。

4月日照统计为281小时，比2013年同期多41小时，比历年同期多35小时（14%），属略偏多。

5月日照统计为258小时，比2013年同期多29小时，比历年同期多49小时（23%），属偏多。

6月日照统计为128小时，比2013年同期少57小时，比历年同期少18小时（-12%），属略偏少。

7月日照统计为118小时，比2013年同期多18小时，比历年同期少3小时（-3%），属略偏少。

8月日照统计为116小时，比2013年同期少11小时，比历年同期少28小时（-20%），属偏少。

9月日照统计为157小时，比2013年同期多37小时，比历年同期多30小时（23%），属偏多。

10月日照统计为154小时，比

2013年同期多22小时，比历年同期多20小时（15%），属略偏多。10月中旬受地面冷空气及副高外围气流影响，中旬照时数比历年同期偏少5成，出现阴天间多云的寡照天气。

11月日照统计为219小时，比2013年同期多14小时，比历年同期多45小时（26%），属偏多。

12月日照统计为184小时，比2013年同期多13小时，比历年同期少13小时（-7%），属略偏少。

【主要气候事件】 2014年江川县主要气候事件有春季和初夏高温干旱、雨季开始期偏晚、汛期局地暴雨洪涝突出，秋季连阴雨等。

1. 春旱和初夏干旱严重。4月中旬至6月上旬初，我县出现持续高温少雨天气，春旱和初夏干旱严重，部分大春作物受灾，人畜饮水困难。

2. 雨季开始期略偏晚。于5月26日进入雨季，比历年偏晚7天，第一场全县性的透雨于6月4日之后才开始，总体属略偏晚年份。

3. 汛期内局地大雨、暴雨天气突出。年内50毫米以上的暴雨天气达48站次（江川县境内所有区域站）。6月5~7日、16~17日、28~29日及8月2日、7月11~13日、20~22日、9月17~18日及20~21日出现8次明显的强降水天气，局部出现较重洪涝灾害及山体滑坡、泥石流等衍生灾害。

4. 秋季连阴雨天气。9月中、下旬先后受台风“海鸥”、切变及弱冷空气等影响，出现5~10天连阴雨天气，其中17~18日受第15号台风“海鸥”减弱西移影响，江川县出现大到暴雨局部大暴雨天气，农作物受灾较重。连阴雨天气对秋收秋种略有不利影响，但对秋季蓄水和增加土壤墒情较有利。

【主要气象灾害及损失】 2014年江川县主要气象灾害有干旱、大风冰雹和洪涝等灾害。

1. 干旱

1月下旬至2月17持续28天无降水出现，江川县局部出现轻旱；5月9~25日期间均未出现降水天气过程，全县以晴热高温天气为主，风高物燥，蒸发量加大，全县出现不同程度的旱情，不利于大春作物的生长。

截至5月底，江川县各乡镇（街道）均遭遇不同程度的旱灾。据江川县防汛办统计，小春作物农作物受灾面积共13214亩，其中轻旱9781亩，重旱3433亩。大春作物农作物受灾面积共24301亩，轻旱21321亩，重旱2874亩，干枯106亩。因旱有13275人和2426头大牲畜饮水困难。

2. 大风、冰雹灾害（10次）

1月12日，江川县受南支槽和冷锋切变影响，下午出现雷暴及降水天气过程，在16时42分至46分江川县气象观测场及大街街道办事处（大营、海浒、朱家庄等3个村委会）遭遇冰雹袭击成灾，冰雹持续时间5分钟，最大冰雹最大直径为6毫米左右。此次冰雹天气过程共造成农作物（蔬菜、豆类、油菜）受灾3990亩，成灾2400亩，农业经济损失219.27万元。

3月21日20时30分左右，江川县受南支波动缓慢东移和冷空气南下共同影响，局地遭遇雷暴、冰雹、短时强降水等灾害性天气发生，致使安化乡、大街街道、雄关乡、江城镇遭遇冰雹灾害，此次灾害共造成10293亩农作物受灾。

4月5日下午13时30分左右，受南支槽和弱冷空气影响，江川县江城镇和安化乡局部遭遇冰雹、大风灾害，近万亩农作物受灾，部分民房和烤房受损。

5月26日15时13分左右，受副高外围气流和弱冷空气影响，江川县大街社区及前卫多处出现冰雹灾害，冰雹最大直径10mm左右，作物受灾6718亩，成灾2112亩，绝收1700亩。

6月5日夜间，受切变和冷空气影响，江川县出现强对流天气，前卫、雄关遭遇局部冰雹灾害，部分作物受灾。

7月10日15时27~32分，江川县大街小白坡社区（小白坡、哨房、雨西摆、烂泥箐）一带发生大风夹杂冰雹，烤烟受灾面积达2520亩，成灾1440亩，直接经济损失370万元。

7月12日15时20~25分，江川县九溪镇大村村委会（水沟边）一带发生大风夹杂冰雹，受灾面积达780亩（其中烤烟损失程度100%的有370亩，10%~30%的有215亩，包谷200亩）。

7月26日14时40分，江川县安化及江城局部遭遇强对流袭击成灾，过程共造成13585亩烤烟受灾。

7月29日18时55分~19时00分，江川县大街小白坡社区（雨西摆村）、伏家营社区（旧洲村）一带出现大风夹杂冰雹，受灾面积达650亩（其中玉米350亩，烤烟300亩），经济损失16万元。

9月10日16时左右，江川县受弱辐合区影响，大街街道朱家庄、大营、伏家营等3个社区27个居民小组遭遇短时大风冰雹袭击成灾，冰雹持续时间2分钟左右，共造成2202亩作物受灾，821亩成灾，200亩绝收，直接经济损失424万元。

3. 洪涝（5次）

6月5～7日，受切变和冷空气影响，江川县各乡镇（街道）均出现不同程度洪涝灾害，部分作物受灾，并造成局部公路和水利设施损毁，4间房屋倒塌。

6月28～29日，受切变、辐合区和弱冷空气影响，江川县出现大雨局部暴雨，九溪镇及前卫镇局部出现洪涝灾害，部分作物受灾，塌房屋3间。

9月10日15至20时，江川县大街、路居及雄关局部遭遇短时强降水袭击成灾，其中路居中营村出现山洪灾害。此次强对流天气共有1091.5亩农作物成灾，绝收250，屋倒塌1户，进水60户。

9月14日2至5时，江城镇遭遇短时强降水，275亩农作物被水淹，5户农户进水，其中1户1边土墙倒塌，无人员伤亡，3户农户家具被泡，1户农户13头小猪被淹死；三百亩1个养鸡场淹死400只鸡；白家营段家村3米路塌方。

9月17～18日，受2014年第15号台风“海鸥”减弱西移影响，江川县普降大到暴雨，局地短时大暴雨天气，全县各乡镇（街道）均不同程度受灾。过程累计雨量70–180毫米，受灾人口37550人，直接经济损失1389.818万元。其中，民房倒塌24间，水利设施受损19件，直接经济损失82.51万元；农作物受灾2.253万亩，直接经济损失1307.308万元；发生地质灾害滑坡1起，发生地质灾害险情1起，受地质灾害威胁影响105人，临时转移安置人口105人；抚仙湖环湖公路路居小凹村段受塌方、泥石流影响通行受到影响。

【气候对相关行业的影响】

1. 气候与农业。2014年江川县气温偏高，降水量总体为正常略偏少年景。年内降水月季分布也不均匀，其中春季至初夏高温少雨，干旱严重，汛期6～7月、9月降水偏多，局部暴雨洪涝灾害突出，9月中、下旬出现5～10天连阴雨天气。2014年热量条件和光照条件丰厚、水分条件比近几年偏好，春旱及初夏干旱影响较重。气候条件对小春作物生产前期有利而后期不利，4月～6月初干旱较重，对大春作物栽种及苗期生长不利，6月5日后降水增多，对大春作物中、后期生长有利，2014年江川县气候条件对农业生产而言属中等偏上年景。

2. 气候与水资源。2014年江川县降水量811毫米，比历年同期偏少4%，是2008年以来最多的一年，总体属正常略偏少年景。2014年蓄水条件比近几年偏好，对蓄水较有利。据江川县防汛抗旱指挥部统计，2014年全县库塘蓄水4140.54万立方米，比2013年偏多1054.09万立方米。

3. 气候与林业。2014年江川县冬季降水偏多，但降水高度集中在少数几次降水天气过程，其余时段以高温少雨天气为主，对森林防火工作有不利影响；春季至初夏高温少雨，雨季开始期偏晚，干旱严重，对森林防火工作十分不利，局部出现森林火情。秋季（9～11月）降水略偏多，其中9～10月降雨天气过程较多，对森林防火工作总体有利。

4. 气候与交通旅游。2014年江川县降水略偏少，大面积洪涝灾害不明显，夏秋除了局地强降水引发山洪，造成部分道路堵塞、塌方外，基本没有大的影响，对交通、旅游有利。

【完成江川国家气象观测站观测设施更新改造】 拆除气象观测场原有风杆，优化气象探测环境与气象监测设施，高标准完成江川国家气象观测站风塔制作安装，确保气象监测科学准确及时，进一步强化气象灾害监测预警防御能力。

【建成江川县气象灾害防御中心】

完成山洪灾害防治县级非工程措施气象项目、山洪地质灾害防治气象保障工程项目及江川县人影作业指挥业务平台建设，构建江川县气象综合业务服务平台，初步建成江川县气象灾害防御中心。

【开展面向新型农业经营主体直通式气象服务】 与县农业局签订直通式服务协议，通过手机短信向全县169个新型农业经营主体提供气象灾害预报预警、天气预报等信息。编制《江川县农业气象周年服务方案》。

【加快建立健全气象防灾减灾体系】 坚持站位全局、主动融入，积极推进气象工作政府化，逐步完善气象防灾减灾体系。经江川县第十五届人民政府第15次常务会议决议，投入气象防灾减灾经费11万元，建成7套温、雨两要素自动气象站，升级5套雨量要素区域自动站。2014年底，江川县温、雨两要素以上区域自动气象站总数达到21个，基本满足江川县气象防灾减灾和气候资源开发与保护及基本公共气象服务需要，加快建立健全气象防灾减灾体系。

【防灾减灾社会管理职能强化】按照政事分开、管办分离原则，履行好社会管理职能。积极配合县政府做好规范社会中介服务机构防雷管理的相关工作，完成江川县政务服务网上大厅建设基础数据库建设工作，开通气象行政许可网上大厅审批服务，利用“云南省投资项目并联审批系统”办理气象行政许可业务18件。

【畅通气象预警信息发布渠道】针对相关部门提出的气象预警信息发布不及时问题，县气象局增购“企信通”作为气象灾害监测预警信息发布平台，从而确保信息畅通，气象预警信息手机用户由500户提高到1670户。

拓展气象服务面。针对服务面不广问题，县气象局与交警、环保、民政等部门签订气象服务协议，拓展服务面。年内，增加江川县大气负氧离子等级发布，全年共发布8000条次。

【完成江川县暴雨洪涝灾害风险普查】按云南省气象局要求时间点完成暴雨洪涝灾害风险普查业务工作，年内数据完整率达80%。

【人工影响天气工作】积极筹措资金。2014年共投入人影经费116.28万元，其中县财政投入88.61万元，占总投入的76.2%；中国太平洋财产保险股份有限公司江川支公司投入27.67万元，占23.8%。

抓实安全管理。县政府继续与各乡镇、街道签订人影工作安全责任书，人工影响天气工作纳入县政府绩效考核。

增雨防雹成效显著。2014年6～9月，共组织实施人工影响天气作业258次，发射各类人工影响天气火箭、高炮弹3242发。人工防雹的开展，减少烤烟直接经济损失1400万元，其它农作物260多万元，人工影响天气投入产出比达1：42以上，取得显著社会效益和经济效益，得到县委、政府肯定。

继续推进作业点标准化建设。协调云南省人影中心协调作业点建设资金30.0万元对未达到标准化的炮点进行改造。

【防雷减灾技术服务】严格履行防雷安全监管职责，努力推进防雷减灾技术服务。年内共检测96家，其中加油站14家，烟花火炮厂4家，完成土壤电阻率测试和审核新建建筑施工防雷图纸33家，技术审核33家，新建筑物竣工验收44处（幢），完成雷击风险评估项目3个，为建设项目防雷设计和施工提供重要依据。

【推进县级气象机构综合改革】为贯彻落实按照《玉溪市气象局关于印发江川县气象局机构设置方案的通知》（玉气发[2014]23号），经局务会研究决定，报市气象局人事教育科批准，县气象局下发《江川县气象局关于调整内设科室人员上岗的通知》（江气发〔2014〕12号），完成3个管理机构：办公室、法规科、防灾减灾科及2个直属业务单位（气象台、气象服务中心）挂牌工作。通过改革，县气象局围绕“职能融入、能力提升、注重特色、创新发展”工作思路，履行好江川县气象局作为江川县人工影响天气领导小组成员、防雷减灾领导小组成员、防汛抗旱指挥部成员、森林防火指挥部成员、地质灾害防御领导小组成员、中小学校舍安全领导小组成员作用，有效履行气象灾害防御、气象害监测预警预报、公共气象服务、社会管理等职责职能。

【完成江川县气象局气象基础设施建设规划】按照《云南省气象部门基层台站基础设施建设指导意见》，完成江川县气象局气象基础设施建设规划，申报江川县气象局业务技术用房建设项目，于2014年6月被省局批准立项。

【完成云南省企事业单位档案规范化管理认定】12月3日，受玉溪市档案局委托，由江川县档案局组成的档案规范化管理认定评审小组对江川县气象局档案工作规范化进行认定，评审组通过实地查看，查阅材料，逐项对照打分，一致认为江川县气象局档案工作规范化管理达到认定标准，同意通过验收。

（李阳春　李林润）

防震减灾

【地震活动】据云南省正式地震目录，2014年1月至12月江川县境内共计发生0.0级以上地震12次

（江城2月14日1.2级、4月9日1.4级和4月12日1.1级3次地震震中重合），其中0.0～0.9级1次，1.0级以上11次，最大地震为4月28日江城1.8级，最小地震是2月14日星云湖0.7级。与2013年同期相比地震频度增加、强度有所减弱。2014年2月和4月是江川地震活动相对集中的2个月，分别发生地震4次（4次地震全部发生在2月14日）和3次。其余4次地震则分别发生在1月、3月、8月和12月。地震活动空间分布较为集中，主要分布于江城、大街、雄关和前卫等4个乡镇（街道）。其中江城镇地震频度最高，共发生地震6次；其次是雄关乡，发生地震3次；前卫镇和大街街道各发生地震1次。此外，星云湖水域发生1次。九溪镇、路居镇和安化乡则未记录到精确定位地震。

【地震预测】 县防震减灾局2013年所作的《云南省2014年度地震趋势研究报告》对云南地区作出预测尺度为一年的地震活动趋势预测，其预测结论为：

一、云南省2014年度发生地震的最大震级Mmax≤7.0级（CFi=0.81）

二、云南省2014年度地震危险区：

1. 滇东北以103°26′E、27°20′N为中心，长半轴180km、短半轴70km范围内的大关–昭通–巧家–会泽–东川–寻甸与四川相邻地区，MS6.0～7.0级，CFi=0.85；

2. 滇西保山–永平–巍山–弥渡–大理–漾濞–祥云–洱源–宾川–剑川–鹤庆–永胜–丽江–宁蒗–华坪一带，MS5.5～6.5级，CFi=0.85；

3. 滇西南至滇南的澜沧南部–勐海北部–景洪北部–普洱–江城北部–墨江–石屏–建水–开远–峨山–红塔区–通海–江川–华宁–弥勒一带，MS5.3～6.3级，CFi=0.65。

根据中国地震局地震目录和云南省正式地震目录，2014年云南省内共发生4组8次5.0级以上地震，分别为德宏盈江双震（5月24日5.3级、5月30日6.1级），昭通永善双震（4月5日5.3级、8月17日5.0级）、8月3日鲁甸6.5级和普洱景谷震群（10月7日6.6级、12月6日5.8级和5.9级）。云南省发生的最大地震为景谷6.6级地震，小于7.0级最大地震预测强度，第一条预测意见准确。对于所圈定的三个地震预测危险区，滇东北东川–昭通危险区内先后发生发昭通5.3、5.0级和鲁甸6.5级地震，预测结论准确；滇西保山–华坪危险区则未发生5.0级以上地震，预测结论虚报；滇西南至滇南预测危险区则先后发生了昭通景谷6.6、5.9和5.8级地震，预测结论准确。盈江5.6级、6.1级地震则未发生在所圈定的三个危险区内，预测结论漏报。综合以上所述，县防震减灾局2014年中期预测对应率为50%。

此外，县防震减灾局在2014年度第1408期、第1412期《震情分析》中对昭通永善5.0级，普洱景谷5.8、5.9级地震作出较为准确的短临预测。

【应急避难场所建设】 为使江川县在遭遇地震、火灾、水灾、爆炸、泥石流等突发自然灾害或公共事件时，向人民群众提供一个临时、安定住所，满足他们衣、食、住、行、通讯和医疗等基本生活需求，维护社会稳定，江川县自2013年开始在县城怡心园广场规划设置江川县县城应急避难场所。

江川县应急避难场建设由县防震减灾局负责，县民政局、城建局和文旅广体局等多部门配合完成。2013年9月11日，县防震减灾局联合县民政局、县住建局和大街街道办事处上营社区等部门（单位）考察玉溪市地震应急避难场地。2013年10月，玉溪永立设计有限公司完成对应急避难场所规划。2013年11月8日，县政府召开应急避难场所建设工作会，研究确定应急避难场的规划设计方案。2013年12月6日县政府第十五届九次政府常务会讨论应急避难场建设有关问题，同意县城应急避难场建设方案。2014年7月24日，项目在县政务中心公开招标，由江川县周官建筑有限公司中标，至2014年11月完成应急避难场所各项建设工作。

江川县应急避难场所建设共投入资金30余万元，总占地面积42094.8平方米，规划设置5个应急棚宿区，3个应急厕所，以及应急指挥、卫生防疫、医疗救护、物资储备和垃圾储运场地各1个，并设置应急消防、供水、供电、通讯、停车、排污和疏散通道等相关配套设施，达到国家Ⅲ类应急避难场所建设标准，能同时满足2万人应急避难需求。同时，为方便广大人民群众应急避难，整个应急避难场所拆除28间茶室铺面，拆除面积882.56平方米。

【监测环境改造】 2014年3～12月，县防震减灾局在收回对外出租房屋和场地基础上，投资近5万元完成地震监测环境改造。监测环境改造工程主要包括拆除局院内简易房屋6间，对拆除后场地进行硬化、绿化，并栽种香樟树和樱花树，设置相应标准车位，同时对办公用房和监测楼进行重新修缮。

【新建三个地震预警和烈度速报台】 为了研究和完善地震预警技术及其应用，提高江川其周边地震的监测和预警能力，为江川县组织基于地震预警系统的演习做好基础，作为玉溪市与成都高新减灾研究所合建项目一部分，2014年5月5～6日，江川县防震减灾局与研究所工程技术人员在乡镇领导和工作人员配合下，完成江城镇明星村委会、路居镇人民政府和大街中学3个地震预警和烈度速报台仪器设备安装工作，使江川县具备初步地震预警和烈度速报能力，为提高地震应急救援能力、减轻地震灾害提供了基础保障。

【大街中学地震应急演练】 5月12日上午10时，县防震减灾局副局长郑忠党带领4位专业技术人员到大街中学，指导该校1400余名学生利用课间休息时间开展地震应急演练。演练完整模拟地震来袭时应急避险、紧急疏散和场地避震整个过程。经过精准计时，紧急疏散仅用2分30秒，达到预期目的。演练结束后，县防震减灾局向学校每一位师生员工赠送《防震避震常识》和《地震应急自救手册》两种资料，共计1600册。

【省地震局退休老领导老专家到江川县参观】 2014年5月13日上午，省地震局组织30余名副厅（局）级以上退休老领导和具有副高以上职称老专家，在市防震减灾局局长金志林、县分管防震减灾工作副县长杨军苹陪同下先后到江川县防震减灾局、龙街中学参观。老领导和老专家们参观县防震减灾局办公、监测环境，听取局长普秀英对县防震减灾局各项情况说明，了解地震监测设施及仪器工作情况，对县防震减灾局监测环境、办公条件和台站管理给予较高评价。

在玉溪市级和江川县级“防震减灾科普范学校—龙街中心小学”的考察活动中，老领导和老专家们首先观摩了该校师生开展的地震应急演练。演练结束后，省地震局退休老领导胡永龙、陈铁牛和金志林、杨军苹等领导向校长、各班级学生代表赠送《地震应急自救互救手册》和《地震来了怎么办？》VCD光盘，请他们将《手册》和《光盘》发放到每一位师生，通过学习共同提高防震减灾意识。老领导、老专家们与部分学生在阶梯教室一同听取研究员石绍先所作的题为《防震减灾在小学》的科普讲座。并参观学校防灾减灾科普展室，聆听学校小学生讲解员对展室陈设和主题所作讲解。

【2014年度防震减灾工作联席会】 为深入贯彻落实国务院、省、市政府防震减灾工作联席会议和各级领导重要指示精神，回顾总结2013年防震减灾工作，分析研判地震形势，安排部署2014年县防震减灾工作，江川县于2014年4月24日上午在政府会议室召开防震减灾工作联席会议。会议由县政府办副主任龚钲主持，分管防震减灾工作副县长杨军苹、县防震减灾工作领导小组成员、各乡镇（街道）分管领导和县人大、政协、纪委相关部门领导共50余人参加会议。

杨军苹回顾江川县2013年度防震减灾工作情况、取得的成绩，分析江川县防震减灾工作现状、存在的问题和困难，就2014年防震减灾工作提出要求：认清形式，切实增强做好防震减灾工作的责任感和紧迫感；突出重点，尽心尽力抓好防震减灾各项工作；加强领导，落实责任，确保防灾减灾各项措施落到实处。杨军苹强调各乡镇（街道）、县防震减灾领导小组成员单位要充分认识到防震减灾工作的极端重要性，要牢固树立“宁可千日不震，不可一日不防”的思想，要做到“宁可备而不震，不可震而不备”，决不允许“震而未备”情况发生。并代表县人民政府与县防震减灾局和各乡镇（街道）分管领导签定《2014年度江川县防震减灾工作目标考核责任书》，明确乡镇（街道）年度防震减灾工作目标任务，并将其纳入县政府对乡镇（街道）年度目标考核。

县防震减灾局局长普秀英向与会人员传达中央和省、市领导对防震减灾工作的批示和国家、省、市防震减灾会议精神，分析研判当前地震形势，提出2014年防震减灾工作建议。县民政局、县住建局、县卫生局、县教育局和县公安消防大队领导分别就应急救灾物资储备、危房改造、医疗卫生应急准备、校安工程和应急救援队伍建设等工作情况作交流发言。

【雄关强震台搬迁】 雄关强震台站原址位于雄关中学校内，为配合雄关中学“美丽校园”工程建设，省、市、县地震局（防震减灾局）决定对强震动台站进行搬迁。经省、市专家多次考察选址及江川县防震减灾局协调后，将新的强震动台站地址选于雄关乡烟站内。

2月19日，县防震减灾局局长普秀英、副局长郑忠党陪同省地震局高级工程师段建新、市局监测预报中心主任沈坤一行到雄关烟站查看强震动台站建设地点。此后，县防震减灾局严格按照强震台建设规范要求，经多次协调和规划，完成子台站供电、台基等基础工程建设工作。5月15日，在省地震局高级工程师段建新一行4人帮助下，普秀英带领工作人员完成强震动台站搬迁。并在段建新等人帮助下，更换台站仪器罩，对仪器进行安装及调试，使台站观测工作恢复正常运行。

【大庄中学地震应急演练】 2014年5月16日上午，江川县大庄中学开展地震应急演练。全校800余名师生在未曾预先组织和未获任何提前通知的情况下，井然有序完成紧急避震、应急疏散及场地避震等演练科目。经过统计，整个演练从警报响起至结束仅用时2分钟，圆满完成各项应急任务，达到突然性检验该校长期以来地震应急演练效果的目的。

演练结束后，学校领导对演练进行点评，肯定成绩的同时，也指出不足。县防震减灾局3名工作人员在局长普秀英带领下前往指导，并向该校师生赠送《地震来了怎么办？》VCD科普光碟65张，以及《地震应急自救互救手册》、《防震避震常识》等科普知识读物1000册。

【领导干部学习讲坛开展防震减灾专题讲座】 2014年6月18日下午，江川县领导干部学习讲坛开展防震减灾专题讲座，县政府副县长牛旺林主持，邀请云南省地震局高级工程师李道贵作主题为“防灾减灾　关爱生命”的专题知识讲座。县委书记马文龙，县委副书记、县长钱兴，县委副书记孔江，县政协主席罗跃岗等县级主要领导，以及全县实职副科级以上领导干部和村（居）委会、社区总支书记、主任共计600余人参加讲座。

李道贵以《防震减灾　关爱生命》为主题，结合全国、全省典型震例，将地震监测预报、震灾预防、紧急救援三大工作体系总结凝炼为“测、防、救”三个要点。从“地震灾害特点、怎样应对地震、最新的科技进展”三个方面，概述汶川、玉树等地震抗震救灾主要经验，为全县领导干部讲解地震的危害、地震的产生、地震的特点、深刻的教训、地震如何预防、地震发生时如何避震、如何做好自救互救等知识，重点解析了各级政府所担负的防震减灾职能职责。并以自己多次参与省内外大震应急救援的实际经历，讲解地方政府的应急准备和应急救援过程中所应汲取的经验教训和采取的应对措施。其间，李道贵还穿插讲解江川县所处地震地质构造背景、历史地震活动和抗震设防要求等基本情况，对江川县防震减灾工作取得的成绩给予肯定。

【金志林调研应急工作】 8月28日下午，市防震减灾局长金志林带领监测预报中心主任沈坤、应急救援科长钱宝运到江川县防震减灾局调研。

金志林听取县防震减灾局局长普秀英、副局长郑忠党对应急避难场地建设、应急预案修订、应急演练方案制订和群策群防人员培训会议准备等工作进展及存在的问题的情况汇报，实地查看应急指挥平台和办公楼功能用房规划情况。金志林要求江川县防震减灾局要树立震情第一的观念，加强震情值班，及时对资料进行分析处理；并加快推进应急避难场地、防震减灾科普示范社区和防震减灾科普示范学校建设，为防震减灾工作打下坚实基础。金志林一行还对应急指挥平台、办公楼功能用房规划建设等提出意见和建议。

【李泓调研指导工作】 10月21日上午，市防震减灾局党组书记李泓、副调研员何正先一行3人到县防震减灾局调研指导工作。

李泓实地调研正在进行中的监测环境改造，了解观测机井基本情况，并查看地震前兆监测仪器设备工作状态。县防震减灾局局长普秀英、副局长郑忠党向李泓汇报县防震减灾局机构沿革、人员编制、仪器设备、环境改造、应急演练、应急避难场所建设、防震减灾科普示范学校和示范社区创建等防震减灾三大体系及党风廉政建设工作开展情况，以及人员编制不足、经费紧缺和应急指挥平台建设等存在的困难和问题。

李泓对江川县防震减灾局各

项工作和所取得的成绩予以肯定，表示今后要加强市县防震减灾局的工作对接。并要求县防震减灾局切实履行好《防震减灾法》和《云南省防震减灾条例》等法律法规所赋予的职责，重视地震监测预报的同时要在震灾预防中有所作为。

【中国地震局群众路线教育活动第五督导组到江川调研】 为深入开展地震系统党的群众路线教育实践活动，中国地震局党的群众路线教育实践活动第五督导组组长丁平、副组长张振亚等一行4人在云南省地震局党组成员、纪检组长龙清风，省地震局老干处处长杨配新，市防震减灾局局长金志林和副局长黄家富陪同下于2月21日到江川县调研。

在县防震减灾局，局长普秀英向督导组汇报了江川县防震减灾局的人员编制、台站分布、仪器设备和气氡丧失全国观测质量评比资格（气氡已连续两年荣获全国观测质量评比第二名）等情况。督导组查看县防震减灾局的观测环境和仪器工作情况，对办公和监测环境予以较高评价。

随后，督导组一行前往玉溪市和江川县防震减灾科普示范学校—龙街中心小学参观，在防震减灾科普展室聆听该校富有特色的小学生讲解员对减隔震技术应用、地震应急准备、地震应急避险自救、江川县地震灾害背景和其它自然灾害知识的讲解，并与小学生讲解员合影留念。

【“防灾减灾日”主题宣传活动】 5月12日，江川县防震减灾局牵头组织县民政局、县工信局、县卫生局、县农业局、县林业局、县气象局、县水利局、县消防大队、县红十字会等部门在县城明珠路开展以“城镇化与减灾”为主题的“防灾减灾日”科普宣传活动。

整个活动中，各部门共出动30人，展出展板50块，向群众发放防震减灾、防灾应急、气象灾害、卫生防疫、家庭消防、农业病虫害、林业病虫害防治和红十字会法律法规、紧急救护等知识手册、宣传彩页、宣传资料共计21种4800余份（册），悬挂横幅1条。其中县防震减灾局出动6人，展出以地震监测预报、法律法规、应急救援、震灾预防和农居抗震等为主要内容的科普宣传展板7块，发放《防震避震常识》和《地震应急自救手册》读本1000余册，并接受多人次的现场咨询。

【举办地震群策群防工作培训班】 为进一步推进江川县地震群测群防工作，提升地震群测群防队伍工作水平和业务能力，更进一步动员全社会力量共同参与防震减灾工作，县防震减灾局于10月24日上午在县委党校举办地震群测群防工作培训班。培训班由县防震减灾局局长普秀英主持，各乡镇（街道）分管防震减灾工作领导、防震减灾助理员、文化站站长，各村、社区副主任（文书），部分“小一型”“小二型”水库管理员，部分养殖厂法人代表和水源管理人员共110人参加培训。

市防震减灾局地震监测预报中心副主任续外芬从什么是地震、云南地震灾害特点和怎样应对地震三个方面对地震基本概念知识，云南地区地震活动构造、地震活动特点、地震空间分布，以及震前准备、震时应急避险和震后自救互救知识进行讲解。

县防震减灾局副局长郑忠党从防震减灾工作方针与体系、地震群测群防的意义、地震群测群防工作模式和地震群策群防工作内容四个方面进行授课。重点结合宏观异常对辽宁海城7.3级，云南龙陵7.3级、7.4级和孟连7.3级地震成功预报所作出的贡献，以及国内多次地震前所出现的宏观异常震例，对地下井泉水类发浑、变色、变味、涌水、干枯，动物类冬蛇出动、青蛙迁徙、老鼠过街、鱼跃水面，植物类反季开花、结果，地表类地面塌方塌陷、地表隆起、山体崩塌滑坡、田地喷沙冒水等各种宏观异常现象的特征、识别方法和报送方式进行讲解，并对宏观异常现象与地震之间的复杂关系进行说明。

在参训人员观看《易门防灾应急“三小”工程建设工作纪实》视频后，普秀英对培训进行总结，并对群测群防工作提出六个方面要求：各乡镇（街道）要进一步统一思想，强化对防震减灾工作的领导；各乡镇（街道）要认真对照年初与县政府签订的目标责任书完成对《地震应急预案》修订，并做好预案演练；县防震减灾局将对各乡镇（街道）宏观测测点进行挂牌并给予一定补助，请各乡镇（街道）给予支持；希望与会人员在今后的地震群测群防工作中积极配合，动员社会力量参与防震减灾工作；各乡镇（街道）要强化宣传教育，加大对防震减灾科普知识宣传力

度，提高全民防震减灾意识；各乡镇（街道）要有计划地逐步建设地震应急避难场所，安装有明确标识的指示牌。

【李燕到县防震减灾局参观访问】 10月24日上午，丽江市地震局局长李燕、副局长王学仁一行7人在玉溪市防震减灾局应急救援科科长钱宝运陪同下到江川县防震减灾局进行参观访问。

李燕一行参观了江川县防减灾局地震监测环境和办公设施、设备，江川县防震减灾局专业技术人员向李燕一行介绍江川县地震前兆观测机井、台站分布、观测手段和人员编制等基本情况。钱宝运向李燕一行介绍江川局正在实施的地震监测环境改造，并实地讲解地震应急指挥平台的规划方案、技术措施和预期效果。

【水位探头线性标定】 2014年4月3日，省地震局监测中心前兆台网中心高级高程师李龙江、工程师起卫罗两位专家到江川县防震减灾局，对该局“九五”水位观测探头进行线性标定，测定水位观测工作参数，确定水位探头工作状态。同时对气象三要素进行检测维修，拆除已报废的内置电瓶，采取外接电瓶工作方式保障仪器的正常供电；并提升集气管，使该局的逸出气体观测能够顺利进行。

【维修地震仪器】 6月17～19日，省地震局监测中心前兆台网中心高级高程师李龙江、工程师起卫罗等3位专家到江川县开展仪器维修工作。起卫罗等首先到江川县防震减灾局，维修更换此前因雷击而损坏的水位探头和数采单元，恢复水位、水温和气象三要素等测项的正常观测，并对气汞仪器故障进行检查。又赶到渔村观测站，对仪器设备故障进行排查，找出仪器故障原因，为下一步恢复观测打下坚实基础。

【安装地震仪器】 10月13日-14日，云南省地震局监测中心前兆台网中心工程师起卫罗等3位专家到江川县开展仪器安装和维修工作。

起卫罗等首先到到渔村观测站，将已经修好的“十五”数字化水位、水温仪进行重新安装，恢复此前因仪器故障而暂停的渔村数字化前兆观测。随后，起卫罗等又来到江川县防震减灾局，更换6月以来一直处于故障中的气汞观测仪的电子元器件，并修复气汞采数系统设备，使其重新恢复正常观测。

【县委政府机关开展地震应急疏散演练】 为提高机关干部职工防震避震和紧急避险能力，增强他们的防震减灾意识，11月6日上午，中共江川县委、县人民政府、县人大、县政协、县纪委、县政法委和机关大院内办公的各单位、各部门干部职工共计400余人举行地震应急疏散演练。

机关大院内的全体干部职工在地震警报响起后，采取正确的避震措施，并有序、快速撤离至大院内空旷场地避险。在县纪委停车场内，县委书记马文龙，县委常委、常务副县长张文彬，县委常委、县委办主任邓春元，县人大主任李东林，副县长杨军苹等江川县党政主要领导和干部职工现场参观县消防大队组织的各类抢险求救援器材使用现场展示，并亲自参加消防灭火体验。同时，县红十字会组织志愿者向参演人员现场进行伤员包扎、紧急救护和转移救治等应急救流程及救治方法现场演示。

演练结束后，参演人员步行至县怡心园广场参观江川县应急避难场所和防震减灾、民政、消防等部门展出的宣传展板。县防震减灾局局长普秀英向参观人员现场介绍应急避难场所建设、功能分区和容纳人员等基本情况。

为保障此资演练安全进行，县公安局、120急救中心组织公安干警和医护人员进行现场保障。同时通过电视、网络等媒体发布公告，避免地震谣言发生。此次演练县防震减灾、民政、消防等部门共展出展板45块，发放宣传材料600余份，应急包400余个。

【县抗震救灾指挥部开展地震应急桌面推演】 11月6日上午，江川县人民政府召开抗震救灾指挥部2014年工作协调会，开展地震应急室内桌面推演，目的是进一步熟悉《江川县地震应急预案》，掌握地震应急指挥、协调、组织等工作的各个环节，查找地震应急工作中存在的问题，总结并运用演练中得到的成功经验，提高指县挥部有效应急挥的处置能力。

桌面推演由县委常委、常务副县长、县抗震抗救灾指挥部副指挥长张文彬主持。演练模拟在距县城4千米左右的大街街道大营社区发生5.0级地震，造成人员伤亡和财产损失，县抗震救灾指挥部在听取县防震减灾局局长的震情汇报和应急响应启动建议后，立即召开抗震救灾指挥部工作会议，张文彬按照《江川县地震应急预案》有关规定，宣布立即启动地震应急Ⅳ级响应，全面安排部署抗震救灾工作。随后，县抗震救灾指挥部听取县防震减灾局、县民政局、县卫生局、县水利局和县交通局等成员单位应对地震灾害采取应急处置措施的情况汇报，圆满完成桌面推演各项任务。

桌面推演结束后，现场观摩演练的县委书记马文龙讲话，作出指示：高度重视重大自然灾害应急抢险救灾工作，虽然江川各种自然灾害不算频发，但不能温水煮青蛙，放松防灾减灾这根弦；完善重大自然灾害应急处置预案，落实部门职责，强化联动协作，形成统一指挥，分级管理，各负其责，协调一致的应急体系，做到召之即来，来之能战，战之能胜；在认真总结此次应急桌面推演的基础上，进一步推广重大自然灾害应急演习工作，各部门、各乡镇要组织开展形式多样的应急演练，增强演练的针对性，切实提高应急响应能力。

马文龙最后强调，各级各部门要按照以练为战，有备无患的总体思路，切实提高面对自然灾害的应急处置能力，扎实做好监测预警、群测群防、科学避让、工程治理、救援物资和力量准备等各项工作，做到周密安排、严防死守，确保全县人民群众生命财产安全。

县委常委、宣传部部长龚桂存，县委常委、县委办主任邓春元，县委常委、副县长李志刚，县人大常委会副主任刘跃宁，副县长牛旺林、王波、杨军苹、普朝鹏等县领导和县抗震救灾指挥部部分成员单位负责人参加推演。

【马文龙到县防震减灾局调研】 11月6日上行，县委书记马文龙带领县委常委、常委副县长张文彬，县委常委、县委办主任邓春元，分管防震减灾工作副县长杨军苹，到县防震减灾局调研。

马文龙一行首先查看县防震减灾局办公监测环境、地震监测设施和仪器设备，局长普秀英和副局长郑忠党介绍了监测办公境修缮改造、地震应急指挥平台规划、前兆观测机井和地震仪器设备功能等相关情况。

普秀英围绕防震减灾工作三大体系，从四个方面向马文龙进行工作汇报：机构沿革、人员编制、台站分布、仪器设备、地震地质构造、历史地震活动、抗震设防要求管理、取得的成绩等基本情况；地震应急避难场所、防震减灾科普示范学校和示范社区创建等震灾预防非工程措施等工作现状和进展；当前工作中存在的问题和急需解决的困难，包括地震应急指挥平台建设经费缺乏、群测群防工作经费未解决、监测仪器设备老化、财政预算和人员编制不足等；下一步工作计划。

马文龙对县防震减灾局在人少事多的情况下能在国家和省、市各项工作评比中取得优异成绩表示祝贺，并对上午地震应急桌面推演和县委政府机关地震应急疏散演练进行点评。在肯定成绩的同时，马文龙指出，部分单位领导干部和职工防震减灾意识不强，在桌面推演和应急演练中不够严谨、不够紧凑，未进入角色，在一定程度上影响推演、演练的实际效果。马文龙强调，地震应急演练贵在坚持，每年应适时组织演练至少2次，从一个家庭、一个单位到全社会都应参与其中，进而提高人民群众防震避险、应急自救互救能力，增强全民防震减灾意识。

马文龙对县防震减灾局提出工作要求：在防震减灾工作中强化“防”的意识，突出震灾预防工作中的非工程性措施，强化各级《地震应急预案》的落实；县防震减灾局要强化责任意识，充分发职能作用，不受社会舆论影响，树立信心、努力工作，赢得社会的重新认识，为县委政府决策提供意见和建议；强化组织建设，提高人员素质，充分发挥党员干部的凝聚力、组织力，促进防震减灾工作向前发展。对于县震减灾局存在的问题和困难，马文龙要求参加调研的县级领导根据工作进度和需要，协调有关部门适时加以解决。

【金志林、杨军苹共同研究江川县防震减灾工作】 10月20日下午，市防震减灾局局长金志林到江川县防震减灾局，与副县长杨军苹、县防震减灾局领导共同研究讨论防震减灾工作。

金志林与杨军苹在县防震减灾局局长普秀英、副局长郑忠党陪同下查看监测环境改造进展情况，听取普秀英就群测群防培训班准备、防震减灾科普示范学校和示范社区创建等工作进展情况所作的工作汇报，并现场商讨地震应急指挥平台建设规划和功能

设施布局等工作。杨军苹向金志林汇报江川县“11·6防震减灾科普宣传日”地震应急疏散演练和地震应急桌面推演等准备情况，并一起研究确定应急演练、桌面推演方案的内容、细节、实施步骤和注意事项。陪同金志林调研的市防震减灾局应急救援科科长钱宝运对江川县地震应急准备工作中存在的不足提出意见和建议。

【县委、政府调研组到县防震减灾局开展专项调研】 10月22日上午，县委、政府第五调研组一行6人在组长、县政府办副主任周新带领下到县防震减灾局就2014年度工作目标、主要任务、工作思路及主要工作措施开展专项调研。

县防震减灾局局长普秀英重点向调研组汇报了江川县地震监测环境改造、疏散演练、应急预案修定、应急避难场地建设、抗震设防要求管理、地震预警台站建设、防震减灾科普示范学校和示范示区创建等防震减灾工作进展和完成情况，并向调研组报告了江川县防震减灾工作存在的人员编制、办公经费不足等实际困难和问题，同时就下一步工作计划进行说明。

调研组听取汇报后对防震减灾工作提出要求：强化部门间的联动；加强防震减灾宣传力度；落实地震《江川县地震应急预案》；主动争取上级部门支持，完善基础设施建设。

【黄国华到县防震减灾局参观访问】 10月12日上午，广西壮族壮族自治区地震局副局长黄国华一行4人，在玉溪市防震减灾局副局长黄家富陪同下到江川县防震减灾局参观访问。

江川县防震减灾局局长普秀英、工程师李祥向黄国华一行介绍江川县前兆观测台站和强震动台分布情况，并对观测机井概况、观测手段和人员配置等进行说明。专业技术人员还向广西地震局监测预报中心主任周斌等随行人员介绍江川局各项前兆资料景谷6.6级地震前所出现的短临前兆，对“九五”水位、水温震后出现的突升、突降等震后效应及产生机制进行交流。

【大街街道办事处开展防灾减灾应急演练】 2014年6月13日上午，江川县大街街道办事处组织全体干部职工开展防灾减灾应急演练。演练设定背景为小白坡村委会水箐沟村民小组因暴雨致山体滑坡，部分人员被埋，人民群众生命财产面临严重威胁。大街街道办事处立即成立抗灾救灾指挥部，赴赴灾区开展紧急救援工作。

根据演练方案，大街街道办事处就灾区可能出现的各种情况先后开展交通管制、灾民紧急疏散、埋压人员抢救、伤员救护转移、灾民临时安置、灾区卫生防疫和治安维护等科目，圆满完成各项应急任务。演练结束后，大街街道党工委书记靳永春对演练进行点评，肯定成绩的同时，也指出演练中存在的不足。县防震减灾局局长普秀英、副局长郑忠党应邀前往协助指导演练工作。

【江城镇举行防灾减灾应急演练】 为了检验镇村组及各相关部门应对突发性灾害的指挥协调配合能力，进一步提升江城镇相关部门和当地群众在应对地震、地质、泥石流等自然灾害发生时的应急处置能力，引导广大干部群众牢固树立防灾减灾的意识，确保人民群众的生命财产安全。7月8日，江城镇人民政府在江城镇烂泥箐村委会举行地震地质灾害应急演练活动。演练模拟烂泥箐村村民小组因地震、强降雨突发山体滑坡、泥石流等灾害，按照应急救灾预案对全村村民进行安全疏散转移。县防震减灾局应邀参与此次演练。

【市地震应急工作第三检查组到江川检查地震应急准备工作】 根据玉溪市人民政府办公室《关于开展地震应急准备工作检查的通知》要求，以市防震减灾局副局长黄家富任组长，市住建局抗震防震质量安全科科长任云珏和市防震减灾局震害防御科尹晓蕾为成员的第三检查组于2014年9月29日到江川县进行地震应急准备工作检查。

检查组实地查看江川县应急避难场所建设、县消防大队应急救器材装备和县民政局帐篷、棉被、衣物和粮食等应急物资储备等情况。随后，在县政府会议室听取副县长杨军苹及县人武部、防震减灾、民政、消防、卫生、供电公司等部门领导就江川县地震应急准备工作所作的工作汇报。检查组还查阅江川县地震应急准备工作的相关痕迹资料，从地震应急预案体系、地震应急救援组织体系、地震应急救援队伍建设和应急救援物资准备的储备、调配机制建设、农村民居地震安全工程以及中小学校舍安全工程建设、应急避难场所的规划建设情况，地震应急、抗震救灾财政资金准备投入情况、地震应急救援社会动员机制建设、防震减灾科普宣传教育等八方面进行检查。

检查组肯定江川县的地震应急准备工作，指出工作中存在的问题，要求江川县根据本县实际，按照地震应急准备相关要求，查缺补漏，进一步做好“防大震、抢大险、救大灾”的各项准备工作。

【大街中学创建县级防震减灾科普示范学校】 大街中学于2010年1月完成“玉溪市防震减灾科普示范学校”的创建工作，但始终未完成“江川县防震减灾科普示范学校”的创建工作，为此，学校于2014年10月向县防震减灾局提出申请，按要求成立防震减灾科普示范学校创建工作领导小组，制定创建工作方案和工作计划。并按要求制定《江川县大街中学防震减灾宣传教育活动计划》《江川县大街中学防震减灾应急预案》《江川县大街中学防震自救演练方案》和《江川县大街中学防震减灾自救演练实施细则》。

同时，大街中学还将防震减灾知识编入大街中学《礼仪常规读本安全知识》中，制作完整的《防震教育–防震减灾知识讲座》材料和多媒体资料，将防震减灾教育纳入日常教学计划中。并在校内制作安装防震减灾科普知识展板，建立防震减灾科普展室，设置地震应急避难场地的相关标识标牌，开展多次地震应急演练。该校为新建学校，没有D级危房，2014年11月，县防震减灾局和县教育局共同认定学校达到县级防震减灾科普示范学校创建标准，决定授予大街中学“江川县防震减灾科普示范学校”称号。

【表彰奖励】 2014年12月，县防震减灾局数字化气氡、气氡、九五水温、渔村模拟水温荣获云南省地震局表彰的2014年度全省地震前兆观测质量评比优秀奖。2014年12月，县防震减灾局荣获市防震减灾局表彰的全市防震减灾工作综合评比三等奖、地震应急救援单项奖和强震动台评比二等奖。2014年3月，县防震减灾局被县委授予“江川县2013年度党风廉政建设责任制考核优秀单位”荣誉称号；2014年12月，李祥荣获玉溪市防震减灾局授予的“玉溪市2014年度防震减灾工作先进个人”称号。

附表

江川县2014年度地震目录

序号	年	月	日	时	分	秒	经度	纬度	震级	震中	震源深度（千米）
1	2014	01	18	16	33	19	102° 43′	24° 21′	1.3	前卫	14
2	2014	01	24	12	24	30	102° 45′	24° 25′	1.1	江城	5
3	2014	02	14	06	04	49	102° 50′	24° 16′	1.1	雄关	15
4	2014	02	14	06	26	20	102° 46′	24° 21′	0.7	星云湖	6
5	2014	02	14	11	56	19	102° 45′	24° 28′	1.2	江城	5
6	2014	02	14	15	29	50	102° 51′	24° 15′	1.5	雄关	14
7	2014	03	05	12	29	32	102° 47′	24° 13′	1.3	雄关	25
8	2014	04	09	12	44	31	102° 45′	24° 28′	1.4	江城	5
9	2014	04	12	12	00	50	102° 45′	24° 28′	1.1	江城	5
10	2014	04	28	15	08	50	102° 49′	24° 29′	1.8	江城	18
11	2014	08	15	17	07	19	102° 47′	24° 17′	1.2	大街	18
12	2014	12	12	22	29	29	102° 48′	24° 30′	1.6	江城	20

江川县2014年度地震震中分布图

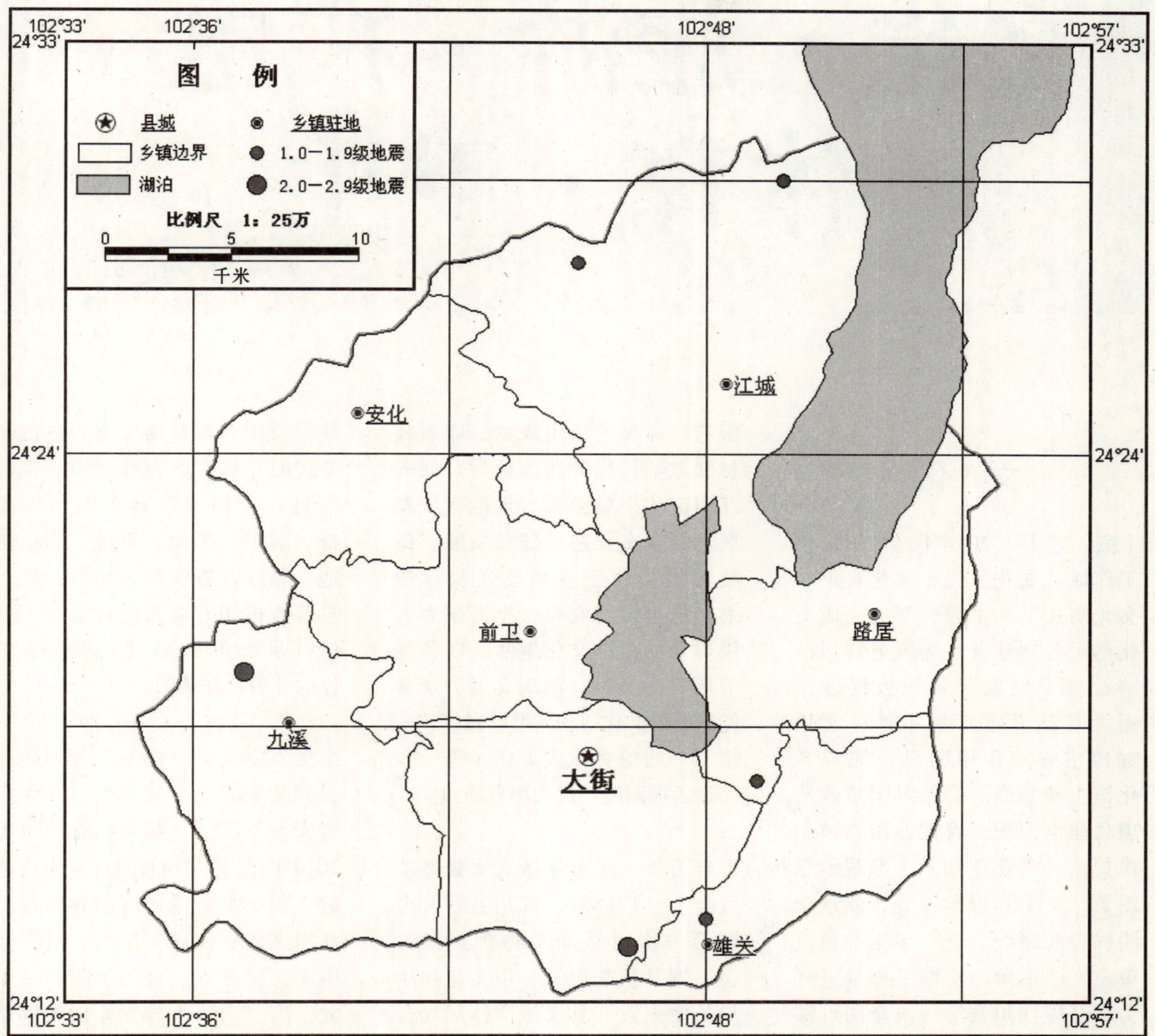

（李　祥）

文化·旅游·广电·体育·卫生

编辑　余立言

文　化

【概　述】 2014年，江川文化工作以“文化乐民、文化育民、文化富民”为主题，努力完成文化惠民各项任务，为服务江川经济社会发展发起到积极促进作用。基础设施日愈完善，文化宣传主阵地作用明显。完成文化馆主楼修缮、彩绘及园地改造项目建设工程。青铜器博物馆制作更新《参观须知》《参观示意图》、文明标识标牌等，使观众明确参观路线，进一步提升窗口单位文明形象。文博工作推进有力。开展江川县第一次全国可移动文物普查工作前期准备工作，作初步调查摸底；完成鲁子材墓地避雷设施安置工作和“红江通”高速公路及“滇中调水工程”文物调查工作；配合玉溪市文物管理所开展“三湖”周边文物调查工作。文化市场得到进一步规范。继续加强文化市场管理，加大对网吧、娱乐场所监管力度，开展“扫黄打非”专项行动，严厉打击销售政治性非法出版物、淫秽色情出版物、盗版教材和教辅读物等违法行为，促进江川文化市场健康、规范有序发展。群众文化建设蓬勃发展。持续开展文化下乡活动送戏、送书、送电影到农村，丰富城乡人民群众的精神文化生活，以各种节庆日为契机，组织开展群众喜闻乐见的文化活动，继续做好“三馆”一站免费开放工作，进一步完善各项制度，提高服务质量。

【全国第一次可移动文物普查动员会】 1月8日，江川县召开全国第一次可移动文物普查动员会。副县长李启红、市文化局副局长贾来发、县文旅广体局局长周瑜出席会议并作动员讲话。全县行政机关、企事业单位指派专人参加会议。动员会上，传达学习江川县开展全国第一次可移动文物普查工作实施方案，明确可移动文物普查的范围和内容、时间安排和实施步骤。李启红要求：全县各单位、各部门要统一思想，精心组织，明确任务，协作配合，切实落实第一次可移动文物普查的各项工作任务。各收藏保管国有可移动文物的单位，要按时、如实、完整地填报普查信息，任何单位和个人不得虚报、瞒报、拒保、迟报，不得伪造、篡改普查资料。动员会后，县普查机构专业人员对参会人员进行业务培训，为下一步普查工作的开展打好基础。

【文物安全大检查】 为预防和遏制文物安全事故发生，确保文物安全与稳定，县文物管理所于2014年1月13～14日对李家山古墓群、鲁子材墓地、海门界鱼石、江川文庙、江城文星阁、早街金甲阁、云岩寺、台山书院、一中龙王庙、旧州大雄寺等10处重点文物保护单位进行文物安全大检查。针对存在的问题，检查人员要求相关单位：按照“谁使用、谁管理、谁负责”要求，积极争取经费，尽快更换老化线路、完善消防设施设备；完善管理制度，加强内部管理，杜绝火灾、盗窃等事故发生，确保国家文物安全。

【文化下乡到雄关】 1月20日，

在江川县组织的“文化、科技、卫生”三下乡活动中，文化部门组织文化馆、博物馆、图书馆、新华书店送歌舞、图书、文物科普、生活生产科技知识到雄关乡，为雄关乡人民群众送去新春佳节祝福。

活动现场，文化馆组织全县文艺骨干编排一台时长90分钟的文艺演出，演出内容包括歌舞《中华》《星湖渔歌》《小康路上喜洋洋》《欢天喜地迎新春》，男女声独唱《千古一爱》《欢天喜地》，戏曲《游西湖》《万盏红灯》等15个节目；县博物馆发挥馆藏文物优势，制作展出《李家山古滇国文物图片展》展板20块，展出古滇国生产、生活、经济、军事、艺术等方面的青铜文化科普知识，发放《中华人民共和国文物保护法（节选）》宣传材料1000余份；县图书馆向当地老百姓发放《农科信息》《生活小常识》科技小报2000余份；县新华书店带去科技、社科、文学、少儿、文教等各类图书500余种，各类图书实行九折优惠活动。

【“迎新春送春联”活动】 1月18日，玉溪市文化馆，江川县文化馆、图书馆，雄关乡文化站在雄关乡上营村委会联合举行“迎新春送春联”活动，现场为前来参加活动村民书写春联500余幅，拉开雄关乡春节文化系列活动序幕。

【查处取缔“黑网吧”】 1月23日，由县工商局、县文化市场综合行政执法大队、县公安局网监大队以及九溪镇派出所共同联合执法，协同配合，对九溪镇的“黑网吧”进行专项整治行动。以学校周边为重点，共出动执法人员11人次，出动执法车辆3辆次，排查九溪六十亩、大营、鸡窝和喜乐庄4个村委会，依法取缔“黑网吧”4户，依据相关法律法规扣押电脑主机21台、显示器19台。

【“玉湖春韵”迎新春书画展】

1月28日，“玉湖春韵”迎新春书画展在云南李家山青铜器博物馆开展。展览由玉溪市老干部诗书画协会、江川县老干部诗书画协会联办，云南李家山青铜器博物馆承办，共展出书画作品141幅，分别在云南李家山青铜器博物馆和江川县老干部诗书画协会两个展区展出。

【文化市场联合执法检查专项行动】 为确保节日期间文化市场平安、稳定、和谐，净化文化市场环境，营造良好节日氛围，1月28日，由县文旅广体局牵头，县消防大队、县网监大队、大街派出所共同参与在县城开展文化市场联合执法检查专项行动。共出动检查人员15人、车辆3辆，分两个检查组同时进行，共检查网吧8个，歌舞娱乐场所7个。检查中由县网监大队对未实行实名登记上网的2个网吧进行处罚，由县消防大队对存在消防安全隐患的歌舞娱乐场所及网吧经营场所下发整改指令书，由县文旅广体局对未经行政审批的某KTV场所下发停业整顿通知书。

【马年春节群众文化活动】 马年春节期间，江川县精心组织群众文化活动，使全县人民在祥和、喜庆的气氛中欢度新春佳节。

耍龙舞狮热闹非凡。大年初一至初三，每天都有龙灯、狮灯、象灯、毛驴灯、蚌壳、旱船、民族腰鼓队和威风锣鼓等300多人的队伍，在县城主要街道进行巡回表演。大年初二，驻江川某部组织的龙队、锣鼓队和江城镇组织的4座高台加入街头巡回表演行列，民俗文化、军营文化表演交相辉映。

文艺舞台精品荟萃。大年初一至初三在县城老戏台组织24支业余文艺队进行文艺演出，每天8支文艺队参加演出，演出节目有歌舞、独唱、花灯剧、小戏小品等。节目95个，观众1万余人。年初二县上还组织8名歌手参加雄关文化站联合在雄关“朝阳苑”文艺演出。

展馆活动内容丰富。春节期间，初一至初七，博物馆对外开放《李家山古滇青铜文化展》和《星抚渔韵——江川鱼文化展》两个专题展览，李家山古滇青铜文化、地方特色鱼文化展览及诗书画作品吸引众多群众，累计接待观众1.7万人次。县文化馆举办“江川县第二届农民书画作品展”，展出江川17位农民书画爱好者书画作品48件。图书馆开展趣味性知识有奖竞猜、百科知识有奖抢答等活动。

大年初一至初七，组织春节广场电影放映，在县城“怡心园”广场放映电影7场，观众达千余人次。

【打击宗教极端违法犯罪专项检查行动】 为确保全县文化市场平安、健康发展，进一步净化文化市场环境，从源头上堵死宗教极端违法犯罪活动、非法出版物、涉恐涉暴音频视频及书籍宣传资料流通，营造良好社会环境，2月21日，江川县反恐怖工作领导小组成员单位——县文旅广体局、县治安大队、县反恐怖大队共同参与，在县城开展文化市场打击宗教极端违法犯罪专项检查行动。共出动检查人员11人次，车辆2辆次，检查书店2个，打印复印店2个，印刷业1个，音像制品店5个，流动商摊4个。

【“春之声”音乐协会举办元宵晚会】 元宵佳节之际，江川县“春之声”音乐协会和三街文艺队举办元宵晚会。演唱会共分中华情怀、情满人间、美丽家园、时代颂歌四个乐章。古筝合奏《赶场》拉开演唱会表演序幕，三街文艺队表演歌舞《欢天喜地》《正月十五闹元宵》，“春之声”音乐协会独唱《敬酒歌》《最炫民族风》，表演唱《想在水乡安个家》，滇剧演唱《两湖情》。

【博物馆基本陈列布展工程项目竣工验收】 2月27日，云南李家山青铜器博物馆组织召开《李家山古滇青铜文化展》陈列布展项目工程竣工验收会。县采购中心、审计局、文化旅游和广电体育局相关负责人及玉溪市永立咨询有限公司监理、云南澳科展示设计有限公司项目工程设计、施工等单位参加验收会。该工程于2013年8月底完成政府集中采购招投标，总投资90万元，9月初开工，12月20日完工。改造提升后的《李家山古滇青铜文化展》修缮原展厅3个、新增一个展厅。

验收会上，由建设方、设计、施工、监理等单位组成的验收领导小组及参加验收会的各单位人员对项目工程进行实地察看，然后召开会议听取施工方、设计方、监理方、建设单位介绍情况，工程验收小组认为：该项目按照招投标要求及施工合同约定的各项内容完成施工，工程质量合格，通过验收。

【江城镇举办首届广场舞比赛】 2月25日，江城镇在文化站举办首届广场舞比赛，来自各村的26支代表队、演员370人参加比赛，观众约1000人，经过近2个半小时角逐，明星舞蹈队、龙街大家乐舞蹈队获一等奖。

【韩国巨济市政府代表团参观博物馆】 2014年3月5日，韩国巨济市政府代表团一行15人在副县长李启红，县外事办、农业部门领导陪同下参观云南李家山青铜器博物馆。在博物馆讲解员带领下，参观《江川李家山古滇青铜文化展》《星抚渔韵——江川鱼文化展》及《江川古碑文拓片展》。

【博物馆举行现场讲解业务培训活动】 3月12日，云南李家山青铜器博物馆以基本陈列《李家山古滇青铜文化展》讲解内容为专题举行现场讲解培训活动，全体宣教人员及馆内专业技术人员参加培训。此次培训以《李家山古滇青铜文化展》为主题内容，采取“现场讲评、以老带新”方式，现场讲解模拟观众参观环境。

【图书馆举办读者消防安全知识培训】 3月15日，图书馆组织部分读者，由县安监局工程师、县消防大队教官进行消防安全知识讲座。讲座内容涉及消防安全、交通安全、社会生活安全等方面，参加培训学员38人，学员中绝大多数是读者，图书馆全体职工参加培训。

【博物馆举办安全职业道德讲座】 5月16日，云南李家山青铜器博物馆组织全体员工举办以安全职业道德为专题的道德讲堂。讲座邀请县公安局大街派出所民警主讲，内容包括重点治安单位定位性质、安防设施建设、保卫科工作原则、保卫人员职责要求和博物馆安全重要性等。

【焦然参观博物馆】 5月29日，新华通讯社经济信息编辑部主任焦然一行在市委书记张祖林，市委常委、宣传部部长杨兴荣及县委书记马文龙，县委常委、宣传部部长龚桂存陪同下参观云南李家山青铜器博物馆。

【“唱响江川·舞动星抚”群众文艺演出】 5月30日晚，江川县文化惠民“唱响江川·舞动星抚”大街街道专场群众文艺演出在江川影剧院举行。晚会分为“大街欢歌”“情满星云”“金甲民韵”“祝福家乡”四个篇章，共17个节目，舞蹈、歌曲、小品、花灯小戏、诗朗诵等多种表演形式融为一体，拉开江川县“唱响江川 舞动星抚”文化惠民群众文艺演出序幕。活动按照大街、江城、前卫、雄关、路居、安化、九溪顺序，由各乡镇、街道自编、自导、自演方式，每个月由一个乡镇到县影剧院演出，演出的节目包括各乡镇、街道的民族文化、地域风情、人文特点、风土人情等为表现主题，弘扬社会主义核心价值观，推进社会主义精神文明建设。每个乡镇、街道的每台演出由江川电视台进行全县转播，全年参演人数达到1500多人，现场观看演出观众超过5000人。

【博物馆道德讲堂第二讲开讲】 6月19日，博物馆以“讲解接待服务礼仪”为主题的道德讲堂第二讲开讲。邀请全国优秀讲解员、玉溪市聂耳纪念馆副馆长王春玲到馆进行培训示范。博物馆全体职工参加听讲。王春玲从一线接待、行政礼仪、职场礼仪三个方面就礼仪的含义、特点及博物馆接待礼仪培训的意义、接待礼仪原则、讲解接待线路引导陪同、送别客人礼仪、接待外宾礼仪、会务接待礼仪、职场礼仪仪容着装等作讲解和示范，并结合工作实际和博物馆工作人员共同探讨遇到特殊情况的灵活应变处理等细节。对讲解员现场讲解中在仪容仪表、语速、音量、讲解内容等方面存在的问题进行点评。

【老挝代表团参观博物馆】 6月26日，老挝计划投资部副部长本塔维·西苏潘、计划投资部国家经济研究所所长李宝利布宝博士等一行13人在省、市外事部门人员陪同下参观云南李家山青铜器博物馆。副县长杨军苹陪同参观。作为老挝代表团到玉溪考察工业和现代化建设情况的其中一个点，博物馆认真接待，挑选优秀讲解员进行讲解服务。

【博物馆被命名为省社会科学普及示范基地】 积极开展科普活动，加大社科普及力度，博物馆于7月被云南省社科联批准命名为云南省社会科学普及示范基地。

【参加省文物鉴定高级培训班】 8月13～25日，选派馆内7名文物专业技术人员赴大理参加云南省2014全国文博专业人员文物鉴定高级培训班。

【各级各部门到博物馆参观调研】 10月23日，第四届中国云南濒危语言遗产保护研讨会人员到博物馆参观，参观的人员有来自中国社科院、中央民族大学、北京大学、德国科学院、西南民族学院等博士、教授、研究员等共35人。

10月30日，文化部副部长、国家文物局局长励小捷到博物馆参观调研，对江川李家山出土文物给予肯定，并对馆藏文物科学保护工作提出要求。

10月31日，中国文物交流中心人员陪同美国国家美术馆专家到博物馆进行文物赴美交流展出前期文物选择调查准备。

11月9日，市委书记罗应光与国家烟草专卖局相关人员参观博物馆，对做好馆藏文物保护宣传工作给予肯定支持。

【开渔节文艺演出】 12月24日，江川县第十届开渔节暨高原湖泊水产品交易会文化惠民群众文艺演出在渔文化广场举行。整场演出由江川人自编、自导、自演，渔文化、地方特色文化突出，共有舞蹈《彝寨欢歌》《安化彝赛兹古里》，方言小品《山里人》等16个特色节目。

【非物质文化遗产展】 第十届“开渔节”期间，江川县在古滇国城举办非物质文化遗产展。邀请昆明、玉溪、红河、楚雄、大理、丽江、德宏七州市的24个非遗项目及传承人到场展示陶器炼制、银铜品制作、彝族刺绣、木雕、扎染、纳西东巴画等技艺和作品。

【路居甘棠箐遗址考古发掘】 路居甘棠箐遗址是云南省继元谋人之后发现的又一个早更新世旧石器时代旷野遗址，遗址地层堆积连续，保存状况良好，文化内涵丰富。为更准确、全面、深入地揭示甘棠箐遗址的整体文化面貌，由云南省文物考古研究所负责、玉溪市文物管理所和江川县文物管理所参与，联合对该遗址进行考古发掘。发掘从2014年10月中旬开始，至12月底结束。

【可移动文物普查】 牵头推进全县可移动文物普查工作，重点对博物馆收藏的文物进行拍照、信息录入和普查平台联网上报。截至12月底，共完成156件馆藏文物普查信息数据上报平台。

【李家山青铜器文物评级认定】 云南省文物局专家组于11月中旬到江川对云南李家山青铜器博物馆馆藏文物进行评级认定，最终认定有一级文物80件（套）、二级文物140件（套）、三级文物238件（套），其余为一般文物和文物标本。

【文物调查征集】 加大文物保

护宣传力度，注重社会文物调查征集工作，于9～10月间共征集社会流散文物近100件。

【博物馆安防系统改造】 全力推进博物馆安全防范系统建设，争取上级相关部门重视支持，于12月底完成馆内安防系统改造项目招标工作，项目投资40多万元。

【举办展览】 9月底至10月，举办《迎国庆 江川、红塔区、峨山摄影作品联展》，展出三县（区）摄影爱好者精选摄影作品90幅。11月，为庆祝博物馆建馆20周年，举办《青铜墨韵 古滇风采书画展》，展出县内知名书画作者10人作品63幅。2014年12月至2015年1月，联合县文联书法家协会共同主办《阳光情·中国梦书法展》。

（杨绍龙）

旅 游

【概 述】 2014年，江川旅游产业紧紧围绕大力实施“生态立县、农业稳县、工业强县、旅游活县、文化兴县”发展战略，按照“兴园强工、建设新城、做美生态”思路，抓牢昆玉红旅游文化产业经济带和抚仙湖—星云湖生态建设与旅游改革发展综合试验区建设重大机遇，以转方式、调结构为主线，切实把推进旅游文化产业作为全县经济社会发展新的增长点；以旅游产业融合发展为载体，高起点谋划和建设一批现代生态休闲度假旅游产品、历史文化和民族文化旅游产品、特色乡村休闲体验旅游产品，建设提升一批旅游服务基础设施，完善旅游管理服务，推动旅游业向现代服务业转变；坚定不移地实施大项目带动战略，扎实做好旅游规划指导、老景区提档升级前期工作、旅游安全生产工作和拓展旅游营销渠道，优化旅游发展环境，构建综合实力和竞争力强、产业贡献力和支撑力大的现代旅游产业体系，努力把旅游文化资源优势转化为经济资源优势，促进全县旅游产业持续健康快速发展。

至2014年底，全县共有国家3A级旅游景区1个（江川古滇国文化园）、2A级旅游景区2个（明星鱼洞和明星碧云寺公园）；四星级饭店1个（阳光海岸酒店）、三星级饭店3个（瑞文酒店、玉波苑酒店和景湖酒店）、二星级饭店3个（孤山环玉山庄、江川宾馆和玉带河宾馆）；3星级旅行社1家，2星级旅行社3家；四星级乡村旅游星级接待单位2户，三星级13户，二星级13户；团队接待设施金盘级单位1户，银盘级单位2户，铜盘级单位1户；三星级特色民居客栈4户，以抚仙湖西岸为主要区域的农家乐105家；合并星级饭店旅游接待总床位6300余个、旅游从业人员6000余人。

【经济指标完成情况】 2014年全县共接待海外旅游者470人次，比上年同期增长4.44%；共接待国内外游客270.2271万人次，比上年同期增长20.98%；实现旅游总收入127618.29万元，比上年同期增长30.03%。

其中“春节”黄金周接待游客9.3128万人次，比上年同期增长14.93%，旅游总收入3105.72万元，比上年同期增长11.18%；“清明节”接待游客1.9112万人次，比上年同期增长7.99%，旅游总收入873.41万元，比上年同期增长22%；“五一节”接待游客11.0417万人次，比上年同期增长2.3%，旅游总收入3788.75万元，比上年同期增长18.83%；“端午节”接待游客3.156万人次，比上年同期增长15.77%；旅游总收入1330.58万元，比上年同期增长18.69%；“中秋节”接待游客1.5556万人次，比上年同期增长7.5%；旅游总收入702.59万元，比上年同期增长10.25%；“十一”黄金周共接待游客6.4527万人次，比上年同期增长9.21%；旅游总收入2594.85万元，比上年同期增长7.44%。“开渔节”接待游客30.9万人次，比上年同期增长6.55%；实现旅游收入9255.3万元，比上年同期增长10.08%。

【老景区提档升级】 江川古滇国文化园针对建筑物外围墙体装饰、彩绘老化、褪色、脱落等情况，自2013年11月中旬起，对亟待修缮的环宇山庄片区、茶苑楼片区和门楼片区进行修缮、彩绘，油漆工程量为1190.5平方米、彩绘工程量138.03平方米、抹灰工程量54.1平方米，至2014年底工程基本完成。针对抚仙湖水位下降，门楼码头被浪掏空情形，委托设计单位完成两个施工方案设计，向相关部门进行意见征求，同时通过各种途径积极争取建设资金。碧云寺公园进行老景区提升改造。游路护栏、高位消防池、戏台彩钢瓦屋顶、10个游客休息点、化纸炉、鞭炮房、配电房、电缆和节能路灯建设完

成；食堂、会议室设施设备全部更新；新铺设完成300米游道（毛路）；景区标识系统由通海县正丰装饰有限公司完成设计和制作安装，通过验收。委托湖南大学设计研究院有限公司完成景区提升改造可研编制，积极争取旅游发展专项资金，主要对景区现有的3座公厕及景区主入口和道路进行新建和改造。完成明星鱼洞景区整体经营权转让，修复古鱼沟，改造餐饮区和沙滩，新建游客休憩设施，进行灯光设计，完善标识系统和安全防护设施。启动界鱼石公园提档升级工作，经多方征求意见，决定优先对主楼和旅游厕所等建筑物进行改造建设，已与玉溪师范学院美术学院签订设计协议，完成现场踏勘测量等基础性工作，设计单位进行专题汇报，按照征求到的意见和建议完成规划设计修改，进入施工设计阶段。

【旅游规划】 2014年10月21日上午9时，《江川县旅游产业发展总体规划及十三五发展规划》编制进行招标。面对抚仙湖—星云湖生态建设与旅游发展综合改革试验区和昆玉红文化旅游产业经济带全面建设，结合云南建设旅游强省和玉溪促进旅游产业发展意见，江川县于1997年编制的《江川县旅游发展总体规划》已不能适应当前旅游产业发展的需要。为推进江川旅游业的快速健康发展，江川县决定启动总体规划修编工作。县文旅广体局委托云南旺和招标咨询有限公司依法依规进行招标，商务标由合理低价单位中标，技术标由专家组成员根据投标文件讨论决定中标单位。共有昆明意图旅游规划设计有限公司、昆明新业态旅游规划设计有限公司及北京万象乾元国际咨询有限公司3家公司投标，最终确定中标单位为昆明意图旅游规划设计有限公司，中标价为48.5万元，工期为180天。

【旅游安全】 开展“平安旅游”建设活动。研究制定活动方案，在全县旅游行业景区、饭店、旅行社中开展建设活动，制定考核评分细则，进行年度考核，评选出先进集体（阳光海岸培训中心、景湖酒店）和优秀个人进行表彰奖励。开展旅游安全大检查，切实做好安全防范工作。根据省、市、县有关安全生产的文件精神和工作部署，县文旅广体局制定工作方案，与各星级饭店、旅行社、A及旅游景区签订《2014年旅游安全目标责任书》。分别配合省假日办，市、县政府开展“春节”“五一”“十一”旅游安全检查等假日安全生产检查，检查内容包括消防安全设施设备、安全疏散通道、压力容器等特种设备、食品卫生安全等方面；对可能存在的安全隐患进行全面排查。针对排查出的各方面隐患和存在问题，责令有关单位限时整改，并出具书面整改意见。积极配合抚管局、工商局、质监局、环保局、交通局、安监局、公安局、住建局、江城镇、路居镇等部门开展抚仙湖水上安全检查、道路运输安全检查、抚仙湖旅游企业取水排污检查和抚仙湖旅游环境整治行动。在县政府统筹领导下，重大节假日实行多部门统一值守，综合处理假日安全和接待服务工作，及时受理处置各种突发事件和旅游投诉。

【旅游行业管理】 按照《旅游饭店星级的划分与评定》（GB/T14308—2010），县文旅广体局组织星级饭店检查员按照职权划分，于8月对江川县阳光海岸酒店（四星）、瑞文酒店（三星）、玉波苑酒店（三星）、孤山环玉山庄（二星）、江川宾馆（二星）和玉带河宾馆（二星）进行年度复核，经上报市星级饭店评定委员会审核，江川县6家星级饭店通过年度复核。按照《玉溪市乡村旅游服务接待设施等级评定实施办法》标准，县文旅广体局组织开展对27家星级农家乐（其中一家停业）进行年度复核，经上报市星级饭店评定委员会审核，江川县26家星级农家乐通过年度复核。在自愿申报基础上，组织对“秀水庄园”质量等级评定，上报至市评委会，正式命名为玉溪市三星级乡村旅游接待单位。为推进玉溪旅游行业服务质量提升、推进全市旅游行业从业人员服务技能和综合素质提高，江川县积极组织阳光海岸酒店、瑞文酒店、锦湖酒店等8名选手参加2014年3月2～5日在阳光海岸酒店举办的玉溪市第七届旅游行业旅游饭店服务技能大赛。江川县代表队参加全部5个项目比赛，获得前厅问询1个三等奖，中餐摆台2个二等奖，西餐摆台1个二等奖、1个优秀奖，中式铺床1个二等奖、1个优秀奖，工装展示三等奖及优秀组织奖成绩。为全面提高旅游从业人员的职业道德水平和服务意识，培养适应旅游市场需要人才，于4月10日举办2014年度旅游行业从业人员培训班，县属各A级旅游景区、星级饭店、旅行社、星级乡村旅游经营户、特色民居客栈、团队旅游接待餐点、水上游乐公司管理人员以及县旅游主管部门全体职工共150人参加培训。

【旅游宣传促销】 开展玉溪市智慧旅游促销，配合市旅游发展委员会和纵横壹旅游科技（成都）有限公司完成江川县景区（点）、饭店、乡村旅游接待点、重大节庆活动等的资料收集整理和录入工作，共计筛选上报图片300张、文字简介55篇。完成《美丽玉溪——寻找玉溪最美风景专辑》《寻找云南100个最美观景拍摄点》文字编辑、图片筛选等相关工作。委托玉溪报业发行有限责任公司完成“抚仙湖——盛夏的清凉之约”A3铜板宣传页设计制作，并与《玉溪日报·晨刊》《春城晚报》同步进行投递，于4月25日和5月21日在昆明主城区、玉溪市主城区及红河州主城区进行投放，两期共投放10万份。积极配合玉溪电视台完成《亮见》栏目拍摄，已完成三期栏目（生态旅游、美食——鱼、美食（综合））拍摄。特邀重庆电视台汽摩频道“车行天下”栏目，从12月22日至26日对江川县旅游产业发展和开渔节盛况进行拍摄。参加市旅游委组织的重庆、成都旅游市场专题营销和2014上海国际旅游交易会。

【重大旅游项目建设】 仙湖锦绣项目。一期1～6号地块林地使用已经省林业厅许可批复；水资源论证报告、水土保持方案经市水利局、省水利厅批复许可；地灾评估报告、矿产资源压覆报告经省国土厅批复；第一批次和第二批次共1781.74亩土地由龙湖集团合法取得；总长9.5千米的“仙湖锦绣”景观大道（澄川路三道菜路口到鲭鱼湾片区）建设完成。完成3300亩用地范围场地清表和初步平整工作，完成土石方工程量60万立方米。2014年3月28日，仙湖锦绣项目一期取得玉溪市环境保护局批准的建设项目环境影响报告书《中国云南江川仙湖锦绣项目一期一、二批次地块建设项目环境影响报告书》，于5月和9月分别取得江川县住房和城乡建设局颁发的《建设用地规划许可证》和《建筑工程施工许可证》。300亩的湖滨公园全面建设完成，游客接待中心（会所）装修完成投入使用，沙滩铺设完成，景观游泳池建设完成，山上样板房建设装修完成。完成项目合同款、农民工保障金、人防等费用支付，修建垃圾厂至火炮厂段挡土墙，完成“三通一平”。2014年完成投资0.671亿元，截至2014年12月底累计完成投资8.7654亿元（人民币）。

金色抚仙湖九龙国际会议中心建设。2014年，金色抚仙湖九龙国际会议中心样板区别墅住宅楼、酒店副楼（B楼）公寓开盘，体验区主体基本完成开始向业主正式交房，住宅B楼交房完成95%，五星级酒店A、B、C区封顶，完成主体验收；酒店样板房室内装饰完成95%，室内活动家具安装完成；酒店室外工程（包括化粪池）施工完毕，铺贴工程完成40%；幕墙施工开始；二区住宅一标段主体施工完成95%。二标段主体施工完成90%；住宅A楼封顶完成竣工验收，广场平整场地完成，铺贴完成95%，开始种植绿化；三区住宅建筑方案设计完成，进入施工图设计阶段；一片区工程进场施工，基础工程开工；中水回用山顶高位蓄水池工程施工全部完成。完成A楼排水沟混凝土浇筑、消防通道挡墙砌筑，一号路挡墙。800立方米地埋式污水处理厂正常运转，处理后中水用于供项目施工、绿化景观用水。2014年完成投资0.189亿元，截至2014年12月底，累计完成投资7.4525亿元人民币。

天湖湾一期云顶社区项目。完成项目14平方千米控制性详细规划，提报至县委、县政府，正根据低丘缓坡总体规划以及相关政策规范进行调整和完善。项目第一组团（江川天湖湾云顶社区）完成原天湖化工531.13亩土地由工业用地变更为商业及城镇住宅用地变更手续。完成第一阶段林业征占报批资料报送省林业厅，征占手续取得省林业厅批复。“江川天湖湾·云顶社区”项目控制性详细规划通过县规委会审查和专家评审，取得县政府批复。《江川天湖湾·云顶社区一期修建性详细规划》于7月12日组织专家评审，通过评审并取得市专家组评审意见；与县供排水公司签订《江川天湖湾项目供水意向协议书》，完成签章工作，取得供排水公司批复。完成项目一期可研报告、节能评估报告编制及评审工作，取得项目一期《投资项目备案证》和《关于江川天湖湾·云顶社区一期项目节能评估报告的批复》。取得县住建局出具的《江川县住房和城乡建设局关于同意江川天湖湾云顶社区一期项目开展前期工作的通知》。取得《江川县人民政府关于小马沟垃圾填埋场的封场承诺》。项目一期取得省国土厅地灾报告备案表。完成天湖化工老厂区土地证宗地图测绘。完成项目一期水保方案的编制及评审工作，原则性通过该版方案并取得专家审查意见。按市抚管局要求，结合县委、县政府意见，启动项目三维报批材料制作及项目规划评审材料准备工作。完成项目勘测定界报告书编制。按渣场封场环评要求，对接项目环评单位，取得项目控规环境现状监测报告书（扫描件）。完成《关于云天化天湖分公司“退二进三”示范项目土地整合问题的请示》《关于江川天湖湾项目土地整合工作推进情况的报告》编制，并上报县委。取得市政府下发的关于《江川县人民政府关于江川县天湖湾云顶社区项目的请示》意见。7月17日，副市长陈勇实地调研项目地。完成项目2014年保险机构融资宣传手册制作，并上报至市金融办。

抚仙湖药王谷国际养生度假村。完成江川胡家湾一期50亩提档升极的《江川50亩项目可行性研究报告》，以及一、二期共计720亩的《胡家湾720亩地块可行性研究报告》。取得江川胡家湾村原外运中惠度假村的房屋所有权及土地所有权（共计22亩）。与胡家湾村委会共同签订胡家湾片区《开发合作意向书》。《抚仙湖药王谷国际养生度假村》总体规划通过市旅游局组织的专家评审。与县政府签订项目补充协议。协调野牛大山中药种植用地前期准备工作（与镇、村委会、村小组沟通，确定意向性地块事宜）。办理项目保证金相关事宜；与江城镇隔河村委会、西河村委会签订项目租地合作意向书；总规按评审意见修改完善后上报县政府，县政府上报至市管委会；项目一期土地手续已完善，待政府协调供地；进行酒店提档升级方案设计，进一步完善胡家湾美丽乡村商业规划，请农科院专家到野牛大山进行土壤分析。项目通过两湖实验区管委会认可。

奥宸·抚仙湖国际文化旅游小镇。完成江川项目一期用地范围的林勘林核工作和项目林地指标申报工作相关资料准备及上报；完成江川项目的市政（给排水、供电等）相关资料收集和实地调研；完成项目可研报告，对接相关单位准备项目立项备案工作。新修改完成的总规文本上报市政府；办理抚管局项目前置审查报建工作。开展项目灾评、矿压、专项评估委托单位谈判，完成前期环评、水保等专项评估合同谈判工作，水保委托单位确定。完成项目一期启动区现场踏勘，确定启动范围。与县政府对接项目保证金交纳事宜。就已交纳项目开发保证金的400.5亩，重新进行项目总体概念性规划方案编制工作。

云南抚仙湖原乡民俗风貌区（原江川抚仙湖远洋国际会议培训中心）。2014年4月经县政府同意，将项目名称由“江川抚仙湖远洋国际会议培训中心”更名为“云南抚仙湖原乡民俗风貌区”。7月完成项目总体规划方案，并编制项目总体规划文本；8月向江城镇政府提起项目拟建申报，取得镇政府同意项目拟建批复文件，并上报江川县抚仙湖保护范围内建设项目前置初审领导小组；9月项目总体规划方案经江川县抚仙湖保护范围内建设项目前置初审领导小组初审，并经县政府（江政发〔2014〕103号）文上报玉溪市抚仙湖—星云湖生态建议与旅游改革发展综合试验区管理委员会。10月27日，项目总体规划方案未通过县规委会审查；11月6日，市抚仙湖管理局组织的专家评审会上通过专家评审。因项目总体规划设计方案对项目旅游规划部分未达到《两湖风景区总体规划》要求，现按照政府相关规定及《两湖风景区总体规划》要求对项目总体规划方案重新规划设计。

（郭昊恒）

广　电

【概　述】　2014年，县广播电视系统以文化旅游广电和体育局彻底合并和党的群众路线教育实践活动为契机，对外加大宣传，搞好服务，树立广电新形象，对内狠抓队伍建设，以理顺单位内部关系为抓手，探索新的管理模式，整合人力资源，打造优势，提高办台水平，各项工作取得较好成效。

宣传工作上，始终把讲政治、坚持党的路线作为“灵魂”，把坚持正确舆论导向、做好宣传工作作为“根本”，把提高素质、搞好服务作为“基石”，进一步转变工作作风，唱响主旋律，打好主动战，传播正能量。围绕党和国家重大决策及县委、县政府中心工作抓好主题宣传报道；全力做好党的“十八大”、十八届三中全会、十八届四中全会精神宣传工作；完成县“三会”宣传报道任务；围绕“五大战略”开展主题宣传报道，引导社会舆论，有效服务县委、政府中心工作；以弘扬社会主义核心价值观为重要任务，开展宣传报道，弘扬主旋律，为美丽富裕新江川建设凝聚强大力量。全年江川人民广播电台、电视台共播出新闻8148条，上市电台、市电视台播出共计1033条（含新闻直通车）。

事业建设上，做好中央3套、省2套和市1套广播电视节目无线覆盖工程的设施设备维护和节目转播发射工作；做好江川电视台无线覆盖工程工作，构建广播电视公共服务体系，丰富群众精神文化需求。

安全播出上，搞好隐患排查整治，落实各项安全措施，完成各个重要保证时期的安全播出任务。集中开展非法地面卫星接收设施专项整治，维护卫星电视正常传播秩序。

【主题宣传】 围绕中央、省、市重大决策和县委、县政府中心工作，把学习贯彻党的“十八大”和十八届三中全会、十八届四中全会精神作为重要政治任务，超前谋划，精心策划，组织广播电台、电视台集中宣传报道，营造良好舆论氛围；完成中共江川县委十二届四次全委（扩大）会、江川县第十五届人民代表大会第二次会议、政协江川县第八届委员会第二次会议宣传报道任务，做到当天新闻当天播出，全方位向全县人民播报大会盛况，宣传大会精神，营造一心一意谋发展的良好氛围；围绕县委、县政府中心工作、县人代会年初确定的目标任务及县政府确定的重大项目开展主题宣传报道，引导社会舆论，有效服务江川经济社会发展；扎实开展党的群众路线教育实践活动宣传工作，充分发挥主流媒体作用，组织新闻记者深入挖掘，精心采编，新闻报道有力度、有声势、有特点，营造浓厚氛围。

【重点工作宣传】 始终把“围绕中心、当好喉舌”作为宣传工作最高原则，紧扣全县经济发展、社会稳定，对烤烟生产、抗旱救灾、退田还湖、美丽家园建设、街区整治、农村环境整治、工业园区建设等重点工作、重大项目、重难点问题开展系列宣传报道，为各项工作推进鸣锣开道。

【继续开展“走、转、改”】 组织采编人员继续开展“走基层、转作风、改文风”活动，不断改进新闻报道方式，推出《新春走基层》《美丽江川 服务先锋》《善行义举》等栏目，深入基层、深入各条战线采访报道新人、新事、新风尚，弘扬主旋律、传递正能量。

【“学习贯彻四中全会精神”专访】 精心组织策划，高质量推出《学习贯彻四中会会精神》专访栏目，对各乡镇和部分县属部门领导进行专访，电视、电台分别制作播出节目16期，结合江川实际对党的十八届四中全会精神进行深入宣传报道。

【“扎实开展群众教育实践活动”专栏】 开办《扎实开展群众教育实践活动》专栏，对全县第二批党的群众路线教育实践活动进行全程跟踪报道，共播出节目114期，全方位、多角度报道江川县第二批党的群众路线教育实践活动情况，为教育实践活动的开展营造舆论氛围，向全县人民展示江川县教育实践活动取得的成效。

【对内宣传】 一年来，江川电视台共制作播出新闻稿件1129条，其中，制作播出专栏《学习贯彻四中全会精神》16期，《开渔节》24期，《扎实开群众教育实践活动》114期，《善行义举》4期，《新春走基层》12期、《美丽江川 服务先锋》5期。播出禁毒防艾、交通安全、森林防火、廉政建设、生态建设等公益广告万余条（次）。江川人民广播电台共播出新闻7019条（含报纸要闻），播出《星云之声》专题时政版50期101条、法制版51期656条、综合版51期218条、农业版50期306篇，播出电台专栏《岁月如歌》《红绿灯》《生活在线》各157期。

【江川人民广播电台节日调整】 自12月1日起，对江川人民广播电台节目进行调整，截至12月31日，共播出《星抚之声》5期15条，《广播书场》31集，《健康生活》15期，《法制在线》5期，《聚焦三农》5期29篇。

【外宣工作】 2014年，全年新闻节目在市级电视台播出516条，其中，在玉溪电视台新闻综合

频道（YXTV-1）《玉溪新闻》栏目播出211条，《新闻直通车》栏目江川版播出新闻40期，240条，在玉溪电视台公共频道（YXTV-2）《大众新闻》栏目播出65条。在玉溪人民广播电台播出517条。

【改善广播电视设施设备】 争取财政资金50万元、自筹资金10多万元，购买高标清摄像机（SONY-PQW-680）2台、蓝光光驱（SONY-PQW-UI）1台，富士XA20S×8.5BRM-K3高清镜头2个，索贝XMAM媒体资产管理硬件2个，台式电脑HP83803台等广播电视设施设备，改善江川电视台采编和视频资料保存条件。自筹资金购买财务用笔记本电脑1台，全套台式电脑3台，更换电脑主机3台，改善各科室、部门办公条件，提高办公效率。

【“户户通”工程情况】 在2013年底江川县广播电视直播卫星“户户通”工程全面完成基础上，2014年，重点加强对“户户通”的技术维护和管理，并探索长效机制。完成地方节目第二期地面数字电视广播无线覆盖站点实地勘测选点工作。由宣传部召集，与移动、联通、电信3家运营商达成协议，通过移动机站来完成下一步的设备安装测试和发射工作。

【安全播出】 认真学习贯彻62号令，组织学习《广播电视安全播出管理规定》安全播出事件事故管理实施细则（暂行），修改完善《江川县广播电视安全播出应急预案》和《江川县广播电视安全播出应急协调预案》，进一步强化安全播出的组织保证和制度保证。强化机房管理制度，先后制定机房管理制度、机房岗位职责、机房服务承诺等，做到制度上墙、责任定岗，以醒目的标牌提醒机房值班人员做到安全优质播出。

【非法卫星地面接收设施整治】 与政法610、县工信局、县公安局、县文旅广体局综合执法大队、县工商行政管理局等部门和相关单位加强沟通协调，密切配合，在全县范围内扎实开展非法卫星地面接收设施专项治理，共开展联合执法4次，取缔销售和安装点1家，没收接收境外节目设施42套，没收接收机42台，利用广播电视进行宣传14条次，发放和张贴宣传单430张，打击违法行为，宣传广播电视法律法规，确保辖区内政治安全、信息安全、文化安全和社会稳定。

【杨洋到江川调研“户户通”工程建设管理情况】 10月20日，副市长杨洋到江川县调研直播卫星“户户通”工程建设管理情况。

在县委常委、宣传部部长龚桂存，副县长周福荣及市县相关负责人陪同下，杨洋先后深入到江川县九溪镇阳山庄村、前卫镇柏池古村农户家中，对江川县地面广播电视无线数字覆盖情况、农户接收信号情况、收听收看地方台节目的情况进行了解，听取偏远山区农民对“户户通”工程的意见和建议。

“户户通”工程是继广播电视“村村通”工程之后的又一惠民利民工程，于2012年在云南省正式启动，自启动至2014年10月，江川县已安装并开通“户户通”3100户，惠及20多个偏远山区村。

在实地走访调研后，杨洋指出，玉溪市的直播卫星“户户通”工程建设取得阶段性成果，但与省委、省政府要求和广大群众的期望还有差距。各级、各部门要克服现有困难，真抓实干，全力推进直播卫星“户户通”工程建设，同时管护好已建机站和设备。要加强与中国移动的协调合作，打破行业壁垒、技术屏障，低成本、高效率扩大覆盖范围，用优质的服务、低廉的费用消除城乡“数字鸿沟”，真正让老百姓少花钱，多收听收看到好的广播电视节目。

【龚桂存深入江川县广播电视系统调研】 11月12日，县委常委、宣传部部长龚桂存深入江川县广播电视系统调研，向新闻工作者送上节日祝福。

在座谈会上，龚桂存听取新闻记者代表发言，并代表县委、县政府对广播电视系统全体工作人员为江川经济社会发展作出的贡献表示感谢，祝愿全体采编播人员记者节快乐。

龚桂存说，2014年，全县经济社会各方面的工作都有记者的身影，大家为江川的发展做出了贡献。具体表现在广大新闻工作者能够坚持正确舆论导向，及时把中央、省、市、县的各项重大路线、方针政策、决定部署通过广播电视传达到全县人民群众中，真正履行喉舌的责任和义务。及时报道江川县在经济、社会、生态和党建等方面工作的动态及发展情况。把群众关心的热点难点问题进行宣传报道。及时曝光社会上的一些不文明行为。

龚桂存强调，意识形态工作是党的一项极端重要工作，今后新闻工作的使命和任务更加艰巨，江川县的宣传部门和广大新闻工作者要进一步增强责任感和使命感，要对党忠诚，加强党的领导，坚决拥护党的决定，坚决维护党的权威，严格遵守新闻工作纪律；要有为人民服务的宗旨意识，立足人民、扎根人民，站在全县经济社会发展的大局中，第一时间把群众需要知晓的信息传播出去，把群众的思想统一起来，把群众的干劲鼓起来，推动全县经济社会发展；广大新闻工作者要不断增强新闻的敏感性、洞察力和快速反应能力，要突出新闻的“新”字，第一时间准确地把县内发生的事、做出的决定告知广大受众；要能够创造性地开展工作，要创新工作方法和手段。不仅要发现美，还要能够唤起人们对美的追求，不仅要曝光不文明，还要教育引导人们摒弃和纠正不文明，不仅要传播正能量，还要把负能量转化为正能量。要把一些枯燥的东西变得生动活泼，全面提高全县新闻宣传工作的质量。

（郭艳波）

广电网络公司

【概　述】 2014年是江川支公司面对压力、迎接挑战、积极进取、创新工作的一年。一年来，公司经营班子团结带领全体员工，紧紧围绕分公司“四个年建设”工作方针，积极调整工作思路，确立工作重点，分解目标任务，着力拓展市场，通过全体干部职工的辛勤工作，圆满完成全年经营指标任务。

【主要财务指标及经营指标完成情况】 完成财务指标情况：完成经营收入1436万元。

完成各项经营指标情况：1. 数字电视续费率达98.13%；高清互动续费率达94.79%；宽带续费率达94.48%，综合续费率达95.80%。

2. 发展新增数字电视主机用户1884户，完成下达任务数900户的209.33%。与2013年相比，增1233户，增幅达189.40%。

3. 发展互联网用户2794户，完成下达任务数6050户的46.18%。与2013年相比，增727户，增幅达35.17%。

4. 完成高清互动电视主机用户7882户，完成下达指标7134户的110.48%。与2013年相比，增5952户，增幅达308.39%。

5. 发展数据专线18条。

【发展高清互动、宽带用户】

1. 加强与乡镇（街道）、村（社区）、组领导的沟通协调，以取得当地党委政府支持配合。

2. 以乡镇各站为网格化分责任区，全力营销推广高清互动、互联网业务。以网格化分片区，实行矩阵管理模式：横向将乡镇各站为主划分网格化责任片区，落实责任片区负责人，签订责任书，责任书中明确责任人在该站的责、权、利，明确销售任务及惩奖措施，将效益与工资挂钩，按月考核。纵向实行公司总经理—分管副总经理—部门—站—职工的线性管理模式，将公司的经营指标任务层层细化分解，营造人人肩上有担子，个个身上有任务的良好营销氛围。

3. 严格执行玉溪分公司动态薪酬考核制度，调动全体干部员工的积极性，全力以赴营销公司增值业务。

4. 充分发挥营业厅推广高清互动主战场作用。江川支公司在年初针对营业员制定相应激励奖罚措施，要求营业员在办理各项业务时要大力宣传推广高清互动业务。营业员推广办理高清互动的业务量不得低于当天业务总量的40%，在激励奖罚措施下，营业员成为江川支公司发展高清互动业务的一大主力军。

5. 对新建小区的用户进行深挖细耕，力求新开户用户直接办理高清互动业务。

6. 积极发展非居民集团用户，把县城的宾馆酒店列为重点集团用户推广营销。

7. 利用聘请的38名代办员在所属村委会进行高清互动电视的推广营销。

【保障安全播出】 2014年，支公司积极备战安播工作，在安播重保期前，公司安全播出领导小组组织精兵强将按照集团公司、分公司要求，结合自身实际，对中心机房、光缆主干线、乡镇分前端机房及县电供电、发电机、UPS电源、用户分配网、放大器、光节点等设施设备进行全面检查，对检查中发现的不足及时进行整改，排除隐患。安播期间，强化值班管理，排好各岗位安全播出值班表，及时上报集团

公司、分公司安全播出指挥部。值班安排上，做到重点突出，确保每天有一位领导带班，每天有一位部门负责人值守，随时有人待命。在安全播出领导小组的精心指挥下，通过全体员工共同努力，完成全年安播任务。

（张文聪）

体　育

【概　述】 2014年，江川县体育部门紧紧围绕开展“建群众身边的场地，抓群众身边的组织，搞群众身边的活动”促进工作。一年来，组织和开展县内群众性体育活动、运动会和单项比赛13次；承办和协办省级重大体育活动2次，组团（队）参加市级比赛10次；举办各类体育培训5次；安装全民健身路径23套，安装篮球架9付；看望慰问困难党员和群众2次；全面完成温泉村委会包村工作。

【县公安局第八届警体运动会】 1月13～15日，县公安局在体育馆举办第八届警体运动会。比赛设篮球、拔河和体育娱乐“齐心协力”三个项目。参加运动会运动员270人，分成机关联队、前卫联队、江城联队、治安联队、刑侦联队、大街联队。经过两天角逐，获篮球比赛前三名的是治安联队、大街联队、前卫联队。运动会举行简短开闭幕式，1月15日下午4：30时，闭幕式由县公安局副政委业富贵主持，县公安局政委张文红讲话，并为各项目前三名的代表队颁发奖金。

【县电力公司职工运动会】 1月22～23日，江川供电有限公司2014年“迎新春，送健康”职工运动会在体育馆举行。比赛项目有篮球、乒乓球、羽毛球、双抠和拔河，共有公司职工170多人参加比赛，分为五个代表队参赛。经过两天比赛，获各项目前三名的运动队和个人名次分别是：篮球（营销工会小组、生产工会小组、机关工会小组；男子乒乓球：陈瑞、杭松涛、蒋志洪）、女子（李秀华、张圆圆、方华）、男子羽毛球（业居达、官鹏、贺梓桓）、女队（张圆圆、李秀华、付驿茜）、双抠（营销工会小组、兴电工会小组、输变电工会小组）、拔河（营销工会小组、生产工会小组、输变电工会小组）。运动会举行简短开闭幕式，1月23日上午9：00时，开幕式由公司工会主席陈绍华主持，公司经理代建明讲话，本次运动会裁判员全部由体育部门教练、职工承担。

【春节象棋、乒乓球赛】 元月31日，正值大年初一，体育部门在体育馆内举办中国象棋、乒乓球比赛。参加比赛的男女运动员共34名，获中国象棋前六名的运动员为方贵华、刘雪春、平正华、刘华坤、张立忠、杨志寿，获男子乒乓球比赛前六名的运动员为韩韦江、卢正洪、陈宝成、罗培兴、唐天荣、解昕尧，获女子乒乓球比赛前四名的运动员为陈艳茹、刘志琼、杨华仙、普金兰。县体育部门业务股干部史文杰为获奖运动员颁发奖金和奖状。

【江川县召开第六次全国体育场地普查动员会】 2月11日下午，江川县召开第六次全国体育场地普查动员暨业务培训会，会议由县文旅广体局副局长官汝运主持，县文旅广体局副局长陈华传达玉溪市第六次全国体育场地普查工作会议精神。县文旅广体局局长周瑜作动员讲话，要求各乡镇、街道要加强领导、认真普查、按时按质圆满完成体育场地普查工作；通过普查，做到胸中有数，为下一步体育设施配置奠定基础。官汝运强调要严格按照“实施方案”各司其职、相互协作做好各项普查工作；体育场地普查工作与农健身工程结合实施，择优安排“七彩云南”农民体育健身工程项目。由体育部门业务干部史文杰对各乡镇、街道的普查员进行业务培训。江川县第六次体育场地普查领导小组全体成员，场地普查办公室全体成员，全县各乡镇、街道普查员30多人参加会议。

江川县第六次全国体育场地普查分三个阶段进行，2014年5月31日结束。普查方法实行属地管理原则，采取“地毯式摸底调查，实地丈量，采集数据”，自下而上逐级上报。

【李启红到体育部门调研】 2月12日上午，副县长李启红到江川体育馆调研。听取县文旅广体局副局长官汝运近3年来农民体育健身工程、重大体育活动和今后工作打算的工作汇报，实地查看体育馆、少体校体育场馆设施设备，并对下一步的体育工作提出要求。县文旅广体局局长周瑜，副局长官汝运、陈华、彭春云等陪同调研。

【江川举办“庆三八·星抚情缘”体育趣味活动】 在第104个“三八”国际劳动妇女节来临之际，3月6日，县妇女联合会、县文旅广体局在县体育馆举办2014年江川县“庆三八·星抚情缘”体育趣味活动。活动由各乡镇（街道）、县直机关企事业单位适婚单身人士个人报名，报名人数男63名，女99名，共计162人，活动分8个小组，各组分别参加“人海摩天轮”“爱的牵手”“四人五足”“大快人心”“搬运接力”“袋鼠跳”“跳大绳”“一穿而过”8个项目的趣味活动。副县长杨军萍致开幕词，县妇联、县文旅广体局相关领导参加开幕式。

【省棋站教练到江川指导棋技】

应江川象棋协会邀请，3月22日，云南省棋站教练陈信安率省棋站中国象棋特级大师党国蕾（女）和象棋大师孙文（女）到江川指导棋技。在县老体育协会基地，江川9名中国象棋业余爱好者与党国蕾同时对峙，另6名中国象棋业余爱好者与孙文对峙，两位大师赢了全部对手。比赛结束，陈信安向江川象棋爱好者讲解能赢的几种绝技，江川象棋协会20余人开阔了眼界。

【组队参加“羽林争霸赛”】

4月12日至13日，2014年红牛杯羽毛球“羽林争霸赛”西南赛区玉溪站比赛在市体育馆举行。共有来自全市各县区和行业代表队34支参加角逐，江川文化旅游广电和体育局选派7人参赛，取得团体第六名成绩。

【“庆五一体彩杯”职工30分钟快步健身走活动】 4月30日，为庆祝“五一”劳动节到来，由县总工会、县文旅广体局联合举办的江川县2014年“庆五一体彩杯”职工30分钟快步健身走活动在县城举行。参加此次活动有全县各机关企事业单位及大街街道办事处、前卫镇、路居镇、江城镇等29个单位765人。快步健身走路线：县体育馆（起点）──►左转宁海路──►文林街──►左转家乡园──►县博物馆──►左转兴江路──►县体育馆（终点），全程约4千米。上午8：20时，在体育馆正门口进行出发仪式，县文旅广体局局长周瑜主持，县人大常委会副主任、县总工会主席陆富仙致词。8：30时准时鸣枪从体育馆大门口出发，全体徒步人员走完全程。

【健身路径移交】 5月8日，江川县“七彩云南全民健身基础设施工程”移交在体育馆前大门举行，体育部门领导官汝运、陈华等分别将全民健身路径移交给安化乡的早谷田、光山李家营、新庄，江城镇的西河小湾河、孤山、黄营张旗村、温泉、牛摩，前卫镇的后卫、小街、庄子张伍营，雄关乡的窑房、小田，大街街道办的土官田、上营、早街三皇寺、早街二组，路居镇的甸头三组、石岩哨等村、组领导。健身路径经过政府招投标后购买，价值约20万元。

【组织垂钓比赛】 由县文旅广体局和江川县喜钓郎张文忠渔具连锁店主办的2014年江川县“喜钓郎”精英邀请赛于5月24日在九溪喜乐庄菜子坝塘进行，来自全县的56位钓鱼爱好者参加比赛，最大年龄的70岁，还有唯一的一位女选手。经过尾数赛和重量赛角逐，陶永平获第一名，向阳获第二名，李双顶获第三名。

【粮食系统职工文体活动】 7月17日，江川县粮食局工会在局办公楼场地举办2014年职工文体活动。体育项目设徒步走、拔河、袋鼠跳，同时结合部门特点，还设置感官鉴定粮食水分、粮食一次性称重等劳动竞赛，全系统48名工会会员参加活动。

【组队参加抚仙湖公开水域邀请赛】 7月19日上午，“七彩云南全民健身运动会”2014年第八届云南玉溪抚仙湖公开水域游泳邀请赛在澄江波息湾举行。来自云南及周边省市的437名游泳爱好者参赛。比赛分男、女2000米两个大项，按年龄和竞技水平分设大众组、半专业组、畅游组三个组别。江川县体育部门组织9人的游泳队代表江川参赛，获大众女子组第二名（徐焕芬）和第三名（秦红云）；杨宝文获大众男子组第十七名。

【组队参加“信合杯”篮球赛】

7月8～12日，玉溪市第二届“信合杯”篮球赛在玉溪市体育馆和玉溪师院举行。参加比赛的有来自全市一区八县及市直单位的11支男子篮球队。江川县信用合作联社邀请廖永刚担任教练，在少体校球场经过10余天集训后出队参赛，荣获第三名。

【县少体校被命名为“云南省青少年体育俱乐部”】 根据省体育局和省教育厅下发的《关于命名昆明市五华区瑞和实验学校等单位为云南省青少年体育俱乐部的通知》，江川县少体校被命名为“云南省青少年体育俱乐部”，省级体育行政部门资助2万元，市体育部门资助1万元，共计3万元，资助资金将用于俱乐部开展活动。

【县少体校举办体育项目培训】 7月22日至8月10日，江川阳光青少年体育俱乐部在综合馆举办篮球、羽毛球、乒乓球、柔道四个项目培训，其中男篮培训22人，教练由李润担任；女篮培训22人，教练由朱金艳担任；羽毛球培训42人，教练由李云美、李全承担；乒乓球培训20人，教练由董森担任；柔道培训17人，教练由陈云焕担任，四个项目共培训青少年学员123人。培训分两个阶段进行，第一阶段7月22～31日进行篮球、柔道培训；第二阶段8月1～10日进行羽毛球、乒乓球培训。培训时间正值中小学暑假，并进行免费，报名人数比上年同期增加。

【举办大学生村官社会体育指导员培训】 7月30～31日，县委组织部和县文旅广体局共同举办江川县2014年大学生村官三级社会体育指导员及大众健身操培训。通过学习培训和考核，体育行政部门决定授予杨博翔等23人为“三级社会体育指导员”称号。

【承办市青少年体育俱乐部篮球赛】 2014年8月20～25日，由市体育局、市教育局主办，县文旅广体局、县教育局承办的2014年玉溪市青少年体育俱乐部篮球赛在江川举行。参加比赛的有来自红塔区、易门、澄江、华宁、新平、元江、通海、江川共16支男女青少年篮球队，共263名运动员、领队、教练、工作人员参加。经过5天36场争夺，江川县获男子组第三名，并获体育道德风尚奖。

【举办“体彩杯”羽毛球赛】 8月5～7日，县文旅广体局在体育馆举办2014年江川县“体彩杯”羽毛球比赛。比赛项目设男子单打、女子单打、男子双打、女子双打和家庭双打五个项目，共有80多名业余羽毛球爱好者参加。经过3天晚上角逐，荣获男子单打前六名的运动员分别是：施翔、段留双、秦江红、张兴华、杨四代、何俊；荣获女子单打前二名的运动员分别是：夏雁丽、段子韵；荣获男子双打前二名的运动员分别是：官汝运/张明华、赵明/史东海；荣获女子双打前两名的运动员分别是：石秀焕/张圆圆、邓华/陈安娜；荣获家庭双打前六名的运动员分别是：陈安娜/刘荣华、杨海/杨舒同、邓华/宋帛益、王欣/石秀焕、段留双/段子韵、潘增辉/夏雁丽。比赛结束，县文旅广体局领导为获奖运动员颁发健身卡。

【举办健身气功交流展示】 8月8日，正值第六个全民健身日，上午，县文旅广体局在体育馆举办全国百城千村健身气功交流展示活动，共展示体育项目6个。县文旅广体局副局长官汝运参加展示指导活动。

【江川县申报2015年“七彩云南全民健身体育基础设施工程”建设项目】 2014年江川县“七彩云南全民健身基础设施工程”于5月进行，通过政府招标购买15套健身路径（6件）、6副篮球架，价值约20万元。于5月8日分别移交给6个乡镇的19个村委会（小组），并于6月30日前完成安装，投入使用。至此江川县行政村（社区）体育基础实施覆盖率达到94.4%。

体育部门组织人员深入基层调查，全面掌握全县有场无体育设施的情况，于9月8日上报3家乡镇、50个行政村（小组）为江川县2015年“七彩云南全民健身工程”的建设项目。计划总投资839.323万元，其中：申请“七彩云南全民健身基础设施工程”专项资金补助280万元。

【江川县2014云南省国民体质监测和6～69岁人群健身活动抽测工作】 江川县2014年云南省国民体质监测和6～69岁人群体育健身活动抽测工作，根据省体育局、省国民体质监测中心要求，县文旅广体局成立领导小组，经过认真研究、全面安排，制定实施方案，部署抽测日程安排、人员培训等具体工作，动员、宣传发动广大群众踊跃参加抽测工作，于10月8日完成565份抽样调查表上报工作。

【组队参加玉溪市第二届乡镇篮球大联赛】 由玉溪市体育局主办的“七彩云南全民健身运动会”2014年玉溪市第二届乡镇篮球大联赛于2004年10月9日至14日在玉溪市体育馆、运动学校举行。来自一区八县的14支男、女篮球代表队报名参加比赛。江川县文旅广体局抽调10名女子组队参加比赛。经过4天五场角逐，江川女子篮球队获女子组第三名。

【玉溪市检察机关第四届“检察杯”职工运动会在江川举行】 11月23～27日，玉溪市检察机关第四届“检察杯”职工运动会在江川举行，共有10个代表团150名运动员参加本次运动会。县检察院抽调16名干部职工参加篮球、羽毛球、乒乓球全部项目比赛。

【举办第五届“开渔节·体彩杯”羽毛球邀请赛】 由县文旅广体局主办，县羽毛球协会协办的江川县第五届“开渔节·体彩杯”羽毛球邀请赛于2014年12月27～28日在江川县体育馆举行。邀请赛设混合团体和个人项目，共有来自玉溪、新平、通海、江川的16支代表队200余人参加比赛。经过两天近200场角逐，荣获团体前三名的代表队分别是：中瑞俱乐部一队、江川县文旅广体局、玉溪羽客风云代表队；个人项目前三名的运动员分别是：男子单打：柏金伟、左文杰、施翔；女子单打：靳燕、魏月佳、白玉英；男子双打：张明华/史东海、王启平/洪树伟、蒋科伟/普春洪；女子双打：王琳琳/张君仪、饶惠仙/胡琼仙、李润/李云美；混合双打：潘旋/胡玲、宋勃鹏/沐丽娟、王志敏/曹一谦。

比赛结束进行颁奖仪式，县文旅广体局局长周瑜，党总支书记杨跃辉，副局长官汝运，玉溪市羽毛球协会会长王启平、秘书长胡善云，江川县羽毛球协会会长李桥红为荣获团体前八名、优秀组织奖的代表队，个项目前六名的运动员颁发获奖证书。

（史文杰）

卫　生

【概　述】 2014年，江川县辖区内设有医疗卫生机构12个，其中医院2个，卫生院7个，妇幼保健院1个，疾病预防控制中心1个，卫生监督检验机构1个。在职卫生技术人员528人，其中执业医师和执业助理医师262人，注册护士147人。医院和卫生院床位716张。乡镇卫生院7个，床位266张，卫生技术人员168人。村级卫生室73个，乡村医生255人。

【新型农村合作医疗参合及基金筹集】 2014年，全县农业人口数226397人，应参合人数242271人，实参合人数238621人，其中，农转城参合人数15874人，参合率98.49%。筹资标准每人每年435元，个人缴纳60元，应筹集基金10380.01万元，实际筹集新农合基金10518.59万元，其中，中央财政5250万元，省级财政597万元，市级财政2553.24万元，县级财政548.83万元，个人缴纳1431.73万元，利息收入137.79万元。

各乡镇（街道）新型农村合作医疗参合人数

乡　镇（街道）	农业人口数（单位：人）	参合人数（单位：人）		参合率
			其中：农转城参合人数	
大街街道	53279	57099	4472	98.87%
江城镇	62906	65193	3594	98.03%
九溪镇	24156	25017	965	99.59%
路居镇	26036	27131	1354	99.05%
前卫镇	43235	44750	2501	97.87%
安化乡	6755	8927	2279	98.82%
雄关乡	10030	10504	709	97.81%
合　计	226397	238621	15874	98.49%

【新型农村合作医疗基金使用及收益】 2014年，全县新农合患者医疗费用共报销10656.36万元，基金使用率101.31%；减免补偿801780人次，受益率336.01%。其中：门诊补偿771978人次，医疗费用2389.15万元，补偿金额1348.09万元；住院补偿29802人次，医疗费用14374.04万元，补偿9308.27万元，政策范围住院费用补偿比例78.52%，住院费用实际补偿比例64.64%。

【新型农村合作医疗支付制度改革】 根据市政府有关新农合支付制度改革要求及“以收定支、量入为出、收支平衡、略有结余”原则，江川县出台2014年新型农村合作医疗基金总额控制管理工作措施，在市级及其以下定点医疗机构实行普通门诊及住院补偿基金的总额预付管理，建立“超支分担、年终考核”约束机制，促进定点医疗机构内部运行体制改革，建立医疗费用自我约束机制和风险分担机制，规范医疗机构服务行为，转变医疗机构“重治轻防”的服务模式，逐步实现“要医疗机构控制费用”向“医疗机构要控制费用”转变，从制度上引导医疗机构加强自我管理，规范医疗行为，提高服务质量，有效控制医疗费用不合理增长，提高新农合基金使用效益，提升参合人员受益水平，保障新农合基金安全，促进新农合制度持续健康发展。

【新生儿“母婴共享”保障】 2014年，江川县共有863名新生儿获得新农合住院补偿，医疗总费用389.08万元，补偿208.73万元。

【重大疾病医疗保障水平试点】 2014年，江川县共有1604人享受到重大疾病救治补助，医疗费用7035360.01元，新农合补偿6056931.78元，实际补偿比86.09%。其中，住院609人，医疗费用4731196.48元，补偿3752768.25元，实际补偿比79.32%；门诊995人，医疗费用2304163.53元，补偿1843415.52元，实际补偿比80%。

【新农合大病救治保障制度】 2014年，江川县共有2599人次享受到大病救助，占住院人次的9.15%，大病补助金额1150.23万元，占住院基金支出的12.59%；补偿金额人均达到48.20元。

【门诊慢性病管理】 2014年，江川县为更好地发挥新农合特殊慢性病门诊在解决参合群众“看病难、看病贵”问题上的积极作用，将慢性病病种由原来的13种扩大到17种，将重度精神病、甲亢（规范化131I治疗）、Ⅰ型糖尿病、终末期肾病、甲状腺机能亢进（甲亢）、良性或恶性肿瘤手术治疗或化疗、涂阳肺结核、慢性肾功能衰竭（非透析治疗）、再生障碍性贫血、活体器官移植术后抗排斥治疗、小儿脑瘫、肝硬化、系统性红斑狼疮、股骨头坏死、慢性肾小球肾炎、癫痫、血友病17种特殊慢性病纳入门诊报销，补偿比例最高90%，最低70%，并按相关规定办理慢性病就医证。2014年，共有1196人次享受到门诊慢性病补偿，医疗费用230.42万元，补偿184.34万元。

【村卫生室信息化建设】 2014年，江川县7家卫生院上线实施玉溪市区域卫生综合管理系统，63家村卫生室的新农合接口开通，村卫生室门诊模块使用达60家，县人民医院、中医院、江城镇中心卫生院和妇幼保健院均已正常使用医院出生医学证明。

【县级公立医院改革】 2014年，县人民医院继续推进县级公立医院改革，取消药品加成、实行药品零差率销售。全年药品让利群众396.26万元。县人民医院进一步优化服务流程，提高医疗服务质量。

【卫生专业技术资格考试】 2014年，江川县卫生专业技术资格报名考试人员总计103人，考试合格人员54名；护士执业资格报名考试人员总计72人，考试合格30人。

【卫生专业高级技术资格申报评审】 2014年，江川县申报卫生专业高级技术资格报名人员总计6人，其中：申报正高级资格2人，申报副高级资格4人。通过评审取得卫生专业正高级资格1人，副高级资格3人。

【重性精神疾病患者管理】 2014年，确诊建档重性精神疾病915例，建档率107.77%（915/849）；健康管理（随访/体检/健康指导）915例，管理率107.77%（915/849）；复核诊断、评估严重精神障碍患者726例（其中，新增筛查病人115例、在管评估及药物治疗指导病人611例）；规范管理（随访/体检/辅助检查/健康指导/专科医生评估）634例，规范管理率74.68%（634/849）；病情稳定

（基本稳定）685例，病情稳定率80.68%（685/849）；管理指导重性精神疾病高风险患者14例，肇事肇祸及药物应急处置23例。

2014年，江川县开展稳定期门诊救助救治重性精神疾病患者612例，经费支出18.7万元，其中：新农合救助救治295例，经费支出8.5万元；公卫项目筛查评估救助救治317例，经费支出10.2万元。急性期住院救治重性精神疾病患者128例，救助救治经费74.5万元，其中：新农合救助救治83例，救助救治经费50.9万元；民政住院救助救治23例2.6万元，工疗站康复救助治疗22例21万元。一是建立精神卫生工作领导协调机制，出台《江川县人民政府办公室转发县综治办等部门关于加强肇事肇祸等严重精神障碍患者救治救助工作实施方案的通知》文件；二是以国家重性精神疾病“686”项目工作管理为支撑，在全县7乡镇（街道）72个村（居）民委员会334个自然村开展疑似精神病人症状线索登记筛查，聘请玉溪市第二人民医院精神病专家组进村入户排查、复核诊断、知情同意、危险行为评估及药物治疗调整、家属护理培训及随访管理等，并按项目管理要求做好规范建档、网络录入、随访管理等工作；三是与民政、残联及新农合相互协调实施重性精神疾病患者治疗康复救助工作；四是将重性精神病纳入新农合慢性病管理，全年为542例严重精神障碍患者发放《慢性病就医证》；五是将重性精神疾病纳入公共卫生服务管理，实行季度随访评估，若出现危险行为、肇事肇祸时及时与公安联系，实行紧急住院治疗；六是将残疾、孤寡的重性精神病患者纳入民政局工疗站托管救助；七是县人民医院设立精神科门诊，并开展诊疗活动。

【妇幼健康计划完成情况】

2014年，全县产妇总数2889人，出生活产数2909人，新法接生2909人，新法接生率100%；住院分娩活产数2909人，住院分娩率100%，全年剖腹产807例，剖腹产率为27.73%。全县72个村均开展围产期保健服务，接受围产期保健服务2889人，建册率为100%，孕产妇系统管理2856人，孕产妇系统管理率98.18%；加强对高危孕产妇筛查力度，全县筛出高危孕产妇1395人，高危筛出率48.29%，专案管理100%，住院分娩率达100%。孕产妇死亡2例，孕产妇死亡率68.75/10万。儿童保健严格实行“4.2.1”体检制，全县共有0～6岁儿童18090人，保健管理17764人，保健管理率达98.20%；0～2岁儿童8471人，系统管理8313人，系统管理率达98.13%；5岁以下儿童低体重率为1.07%；5岁以下儿童超重率为0.66%；5岁以下儿童肥胖率为0.07%。全县婚前登记4754人，婚前医学检查4531人，检查率达95.31%；婚前保健人员4531人，接受HIV自愿咨询检测4531人，检测率达100%，梅毒检测4531人，检测率达100%；孕产妇梅毒检测4262人，梅毒确认阳性6人，阳性率达0.14%；孕产妇乙肝两对半检测2886人，检出阳性孕产妇51人，阳性率达1.77%。乙肝表面抗原阳性产妇45人，所生婴儿及时注射乙肝免疫球蛋白和乙肝疫苗45人，阻断率达100%。

【儿童窝沟封闭项目】 按照省市年度项目管理要求，截至2014年5月31日，江川县实施儿童口腔疾病综合干预项目工作，在全县62所中心学校和村小学完成3894名小学生口腔健康知识宣传干预；完成2013年省市项目办8000颗指标任务，经省市专家组织督导验收优秀。2014年9月19日，启动第五轮窝沟封闭项目工作，截至2014年11月，共筛查59所小学，其中中心小学11所，村完小学48所，共预筛查141个班级、学生3173人，筛查出符合窝沟封闭适应症的学生2999人。截至2014年12月24日，两定点医疗机构共封闭1454人，封闭牙数4994颗，完成项目规定指标任务的62.43%。

【国家基本公共卫生服务项目】

2014年，全县共完成城乡居民规范化电子档案建立254566人，建档率108.61%；免费发放健康教育资料398种，224352份；设置健康教育宣传栏106块，更新次数达714次；开展公众健康咨询活动283次，参加咨询活动25455人；举办健康知识讲座523场，参加讲座25756人次；开展个体化健康教育64390人次；全县县健康教育覆盖率达89.17%，健康教育接受率达66.5%，健康教育知晓率达84.25%。

【推广艾滋病综合防治模式】

江川县积极推广以家庭为基础、以社区为依托、以专业技术机构为指导的艾滋病综合防治模式。形成“村管理、乡（镇）落实、县保障”机制，制定HIV感染者/艾滋病病人综合管理实施方案，

并开展试点工作，大街社区、海浒社区、江城社区、前卫社区、雄关社区、九溪大营社区、路居下坝社区均开展防艾宣传工作。

【艾滋病防治知识宣传教育】 2014年，江川县推行进机关、进单位、进学校、进厂矿、进社区、进村入户的艾滋病大众宣传教育。防艾办联合县公安局等单位，在企业、农村、学校和县城主要街道禁毒防艾知识宣传培训，发放宣传资料约15000份，摆放宣传展板块共计33场次，参观人数达15000余人；在乡镇（街道）、村委会（社区）、车站等多处设立防艾宣传广告牌、宣传栏、墙报、张贴宣传画；在江川新闻网、玉溪日报江川专版上稿38篇防艾工作新闻稿件；通过电视滚动播出防艾宣传短片，共1560条次（每天3条，每条3—4次）；在世界献血者日、国际禁毒日来临之际，在县城主要街道、村委会、集贸市场、学校等地开展宣传教育活动，共发放宣传单3000份，展出版面20多块；在“10·26中国禁毒日”宣传教育活动期间，全县各医疗卫生单位共发放宣传单6000多份，展出版面10多块，黑板报8期，宣传画5张，电子屏滚动宣传8期，咨询人数500余人；以世界艾滋病日为契机积极开展宣传活动，共发放宣传画1500张、折页及宣传材料3500份。

【防艾知识知晓率调查】 2014年，县防艾办对各类人群防艾知识知晓率调查结果：城镇居民艾滋病知识知晓率为98%，梅毒知识知晓率97%；农村居民艾滋病知识知晓率为94%，梅毒知识知晓率89%；校外青少年艾滋病知识知晓率为95%，梅毒知识知晓率91%；农民工艾滋病知识知晓率为90%，梅毒知识知晓率88%；学生艾滋病知识知晓率为99%，梅毒知识知晓率95%；娱乐场所业主艾滋病知识知晓率为100%，梅毒知识知晓率99%。

【艾滋病、性病疫情网络直报】 2014年，江川县艾滋病疫情报告率达100%，报告卡质量符合率达100%，梅毒报告病例现场核查准确率达94.7%。全年完成女性性服务工作者（FSW）人群哨点检测100份，完成率达100%（100/100）；男男同性恋（MSM）人群哨点检测完成54份，完成率达100%（54/54）；2014年11月底咨询检测数全县完成334份，完成率为101.21%（334/330）。

【PITC检测工作完成情况】 江川县2014年需完成PITC（医务人员主动提供的艾滋病检测咨询）工作33960份，全年完成检测份数42718份，其中确证阳性数34份，完成率达125%。初筛阳性结果告知率达100%，确证率达100%，性病门诊为就诊者提供HIV检测率达100%。疑似梅毒患者咨询告知率达100%，非梅毒治疗定点医疗机构梅毒患者成功转介率达87%（27/31），梅毒患者规范治疗率达89%（25/28）。

【安全套推广使用】 江川县现有宾馆旅店、娱乐场所145家，应摆放安全套场所145家，实际摆放145家，摆放率100%。2014年免费发放安全套181540只，社会营销安全套5890只；免费发放安全套对象为已婚育龄妇女、流动人口、社会公众、宾馆、酒店及重点人群。

【FSW人群综合干预】 2014年全县约有FSW（女性性工作者）人员27人，共开展干预活动12期，培训FSW人员257人次，发放艾滋病防治知识宣传材料252份，免费发放安全套2340只。对江川县所有FSW人群都进行HIV抗体检测，做到HIV检测一人一卡，暗娼月均干预覆盖率和艾滋病艾滋病咨询检测的比例达100%，HIV检测持卡率达98.18%，初筛阳性咨询告知率达100%，性病检查率达100%。

【男男同性恋（MSM）管理】 全县MSM人群约20人，对MSM人群进行12期培训，共培训MSM人员239人次，发放宣传材料239份，安全套2390只。全年累计对72例MSM人员进行梅毒和HIV抗体检测，检测率达100%，MSM人群月均干预覆盖率和艾滋病咨询检测率达100%，初筛阳性咨询告知率达100%，性病检查率达100%。

【母婴传播教育及婚前保健人群检测】 2014年1～11月，全县有新婚登记人员4262人，接受咨询检测4262人（任务数4000人），检测率达100%，检出HIV阳性6例，检出阳性率0.14%。孕产妇咨询检测2886人（任务数2500人），阳性1例，检出阳性率0.03%。全年开展预防艾滋病母婴传播阻断工作2例，2例中儿童HIV抗体检测均为阴性，阻断成功率达100%。阳性孕产妇及婴儿抗病毒药物服药率达100%，儿童免费抗体筛查和确证检测率达100%，母婴阻断网络直报及时报告率达100%。孕产妇接受梅毒检测4262人，梅毒确认阳性6人，阳性率达0.14%；孕产妇接受乙肝两对半检测2886人，检出阳性孕产妇51人，阳性率达1.77%。乙肝表面抗原阳性产妇45人，所生婴儿及时注射乙肝免疫球蛋白和乙肝疫苗45人，阻断率达100%。

【组织开展“三下乡”义诊宣教活动】 1月20日，按照县委、县政府“三下乡”活动的统一部署，卫生局共组织县中医医院7名临床骨干医师和县疾控中心4名健康宣教人员参加义诊宣教活动。除为当地村民开展免费诊治和咨询活动外，还提供疾病预防、健康保健及饮食疗养等方面知识的指导宣传。共接受病人诊治和咨询70余人次，测血压50余人次，免费发放药品20余种、价值人民币800余元。展出居民健康生活方式展板22块，麻风病知识展板5块，发放中医药知识宣传材料、卫生宣传单、宣传画、宣传小册子等20种共计3900余份。

【组织麻醉药品和第一类精神药品管理培训】 为认真贯彻实施《麻醉药品和精神药品管理条例》、《医院感染管理办法》等相关法律法规及规章，规范江川县医疗服务行为，保障医疗安全，2月20～21日，县卫生局组织举办江川县麻醉药品和第一类精神药品管理培训。各县级医疗机构、各乡镇卫生院以及弘益医院、云南省第三强制隔离戒毒所医院具有麻醉药品和第一类精神药品处方权的所有临床医生（执业医）、从事麻醉药品及精神药品管理的药剂人员共计260余人参加培训。

【县乡村医疗卫生服务一体化管理工作启动】 2014年2月27日，在雄关乡卫生院和大街镇卫生院分别举行医院托管挂牌仪式，标志着江川县县乡村医疗卫生服务一体化管理工作正式启动。仪式由县卫生局局长范江应主持，副县长杨军苹出席仪式并讲话，县发改局、人社局、财政局、雄关乡政府、大街街道办等相关负责人参加仪式。仪式结束后，县人民医院和县中医医院下派医疗骨干人员正式到被托管卫生院开展服务指导工作。

【市政协到江川调研县乡村医疗服务一体化建设工作】 3月12日，玉溪市政协调研组到江川调研农村医疗卫生服务县乡村一体化建设工作情况。调研组一行先后深入到前卫镇卫生院、前卫卫生所、大街街道卫生院、县中医医院和县人民医院，实地查看各医疗机构的建设情况，听取相关负责人的情况介绍，了解江川县农村医疗卫生发展现状、县乡村一体化建设推进情况、医疗卫生资源配置、医疗队伍建设等情况。市政协调研组对江川县农村医疗卫生服务县乡村一体化建设所取得的成绩给予肯定，并强调：要不断健全和完善制度，充分调动各方积极性，深入开展好农村医疗卫生服务县乡村一体化建设工作；要完善人才培养机制，加强医疗队伍建设，解决乡村卫生服务一体化中人才紧缺的问题；要加大宣传力度，真正使这项工作做到家喻户晓，深入人心，让老百姓就近就地看病，享受城镇医疗资源，造福广大人民群众。

【手足口病防控工作会议】 3月27日，副县长杨军苹，教育、卫生、县医院、中医院、疾控、妇幼以及各乡镇相关负责人共计26人在县疾控中心会议室召开江川县手足口病防控工作会议。会议通报全省、市、县及各乡镇手足口病发病情况，并作防控建议。杨军苹对下一步防控工作提出四点意见：把握形势，高度重视，要有高度的政治责任感，切实增强做好手足口病防治工作的责任感和紧迫感；明确任务、强化措施，全力做好手足口病防控工作；抓紧、抓好、抓落实，要进一步落实责任追究制度，确保各项防控措施落到实处；加大宣传力度和健康教育工作，同时广泛开展爱国卫生运动，整治好环境卫生，改变不良的个人卫生习惯。

【手足口病防控知识培训宣传】

2014年，江川县卫生系统组织开展手足口病防控知识培训、宣传活动。各医疗机构分别组织医务人员深入所属乡镇（街道）公共场所、幼儿园、小学、所辖村开展手足口病防控知识培训、宣传。共发放宣传资料15000余份，出动宣传车3辆，近600人接受咨询、培训。

【庆祝“5·12”国际护士节】 为庆祝“5·12”国际护士节，展现江川县护理人员健康积极的精神风貌，江川县卫生系统通过

举办服务礼仪表演、表彰优秀护士、护理技能操作竞赛、座谈会等多种形式开展庆祝活动。

5月8日，县中医医院以科室为单位组织徒手心肺复苏、无菌技术操作等护理技能操作竞赛；5月12日，县人民医院在门诊医技楼六楼会议室召开“护士服务礼仪表演暨优秀护士表彰大会”；5月12日，县妇幼保健院以“展卫生风采、树卫生形象、促卫生发展”为主题开展妇幼保健知识、基础护理知识、急救知识等知识竞赛；各乡镇卫生院以开展座谈会的方式来庆祝“5·12”国际护士节。

【深入社区举办艾滋病知识培训】 为大力普及艾滋病防治知识，有效预防和遏制艾滋病在农村群众中传播，5月21日，县防艾办、大街街道办事处深入大街街道伏家营社区举办艾滋病防治知识培训，120余名群众参加培训，共发放艾滋病防治材料120余份。

【组织基本公共卫生服务培训】 6月10日，县卫生局在县人民医院六楼会议室举办2014年基本公共卫生服务培训，各医疗卫生机构相关负责人共计91人参加培训。培训内容有：基本公共卫生服务项目中老年人保健管理、慢性病管理服务规范；重性精神病管理；孕产妇健康管理、0～6岁儿童健康管理；卫生监督协管工作业务培训；65岁以上老年人和0～36个月儿童中医药健康管理服务等。

【组织“6·26世界禁毒日”禁毒防艾宣传活动】 2014年6月26日是第27个国际禁毒日，江川县开展禁毒宣传活动，向广大群众宣传毒品危害，提高群众禁毒意识，呼吁群众“珍爱生命，拒绝毒品”。县禁毒大队、县卫生局防艾办、县疾控中心及大街街道共同组成的宣传队走进海浒学校，对800多名学生开展禁毒防艾宣传。通过悬挂标语、摆放展板、发放宣传材料、接受学生咨询等方式让学生们认识新型毒品的种类、新型毒品对人体、家庭和社会的危害，学习如何辨识、防范和远离新型毒品等。

（周晓明）

县人民医院

【概　述】 江川县人民医院是省级公立医院改革试点医院，2014年，在县委、县政府以及上级卫生主管部门领导下，以创建“人民满意，百姓放心”的现代化医院为目标，科学管理，着力从提高医疗质量、改善就医环境、优化服务流程、降低医疗费用，缓解群众看病难、看病贵等问题为出发点和落脚点，推动云南省县级公立医院综合改革试点工作，取得较好社会效益和经济效益。2014年完成门诊人数293869人次，比2013年增长43608人次，增17.43%；完成住院人数18328人次，比2013年增长2197人次，增13.62%；完成业务收入8652万元，比2013年增长948万元，增12.3%。

【医疗工作】 一年来，县人民医院围绕“以病人为中心，以质量为核心、以病人满意为目标”“以巩固二甲医院创建结果为重心”开展工作，狠抓医疗质量和医疗安全环节管理，进一步督促各临床、医技科室落实首诊负责制等14个核心制度，完善县人民医院病历质量监控管理制度、病案质量评价细则、抗菌药物使用规范制度等，结合公立医院改革工作开展，有效降低患者就诊费用。江川县人民医院主要从以下几个方面抓好医疗工作：

建章立制。制定江川县人民医院手术分级制度，并在实际工作中严格督促执行，确保手术安全，同时保证患者得到优质手术技术服务，使年轻医师得到学习提高机会。坚持专科化发展方向不动摇，着力培养专科化技术人才，建立各学科带头人制度。完善医院内部医疗质量安全评价控制体系，设立院科两级安全管理机构并完善医疗服务质量监控体系，督促各科室对医疗安全隐患进行自查。完善住院医师规范化培训制度，定期组织年青医师“三基”培训考核，考核成绩与绩效挂钩，提高年轻医师学习热情，培养良好学习风气。

人才培养。选送63名医技人员外出学习，25名医技人员外出进修，309名医护技人员参加华医网继续教育培训，组织全员业务培训13次（含大街卫生院及安化卫生院），9名医师通过住院医师规范化培训，1名医师参加骨干医师培训。

实习带教。完成省内医药院校25名毕业生的实习带教、16名见习工作。接受乡镇卫生院25人次进修学习，派出医疗骨干10余人次到江城、前卫镇卫生院进行专科知识培训讲课3次。

创新服务。开展临床路径工

作，规范医院诊疗行为。已开展急性ST段抬高心梗、宫外孕等20个病种、涉及11个专业的临床路径、计划性剖宫产、急性左心衰等5个单病种管理。骨科关节置换术，眼科白内障超声乳化术通过省级二类技术审核验收，两项新技术应用于临床，取得良好社会效益和经济效益。

诚信服务。重视“诚信服务”，建立窗口文明服务活动，采取意见箱、电话投诉等多种形式收集、听取群众意见，并不断改善服务质量与流程。督促各科室定期组织召开医患关系座谈会，促进医患关系的和谐发展，减少医患纠纷发生。

【护理工作】 县人民医院以病人为中心、以病人满意为目标，以《优质护理服务评价细则》为护理工作金标准，不断提升护理工作质量，增强护理人员服务意识，规范服务行为，突出以人为本、人文关怀的人性化服务，为患者提供全程、高效、优质、低耗的满意服务。

开展节日庆祝活动：2014年5月12日晚，县人民医院庆祝“5·12”国际护士节“护士服务礼仪表演暨优秀护士表彰大会”在医院门诊医技楼六楼会议室召开。县卫生局党委副书记王亮，医院党总支书记洪美英，副院长王金聪、付林华，护理部主任张维，全院180余位护士代表组成的11个参赛代表队、托管医院护士代表参加会议。活动由护理部副主任李艳兰主持。会议表彰2013年度评选出来的1名“奉献天使”、6名“服务天使”、10名“敬业天使”。各科室护士礼仪参赛表演节目以各种形式娱乐减压。

护理人才培养：3年来新招编外护士106人，护理队伍人数由2010年的131人发展到2014年的212人；3年来新招在编本科学历护士5人，以此壮大护理队伍，加强护士对基础护理工作落实的质量。选送护理骨干257人次到北京、上海、昆明、玉溪等知名医院进修学习，提高护理技能水平，服务江川百姓，提升医院优质护理服务内涵，树立医院护理服务品牌。

【信息化建设】 通过县政府招标，建立全院信息化网络，内设两个机房，内网电脑连接点201台，外网39台。全院各科室实行电子处方，电子病历书写。投资近100万元，在全院启用视频语音、监控系统，安装监控点共109个，遍布医院每个角落，用于监督全院干部职工改善工作作风、规范不文明行为，保障医务人员的执业及医疗安全。

【便民惠民】 节假日及双休日，门诊、住院、手术、检验、放射、超声、CT检查等照常服务患者；实行同级及上级医院的检验检查结果互认，减少重复检查，降低人民群众就医负担。采取便民、利民措施，门诊咨询台免费测量血压、拨打国内电话，配置轮椅、担架、雨伞、针线包、电话预约就诊及住院等便民惠民举措；急诊危重病人实行先急救、后交费，任何人不得推诿病人；门诊病人免收门诊诊查费4元，70岁以上老年人免收挂号费；各科室护士站免费提供电磁炉、电炉等加热工具，方便患者住院期间的生活；为行动不便的患者提供轮椅、平车、助行器；各科室固定电话免费拨打国内电话，对出院一周的患者进行电话随访；提供医生联系卡，方便患者联系就医、咨询服务等11项便民惠民举措。

【完善基本设施】 建成门诊医技楼：中央投资1800万元，地方配套资金700万元，新建门诊医技楼。设备投资：随着门诊医技楼搬迁，医院投资近100万元购置美国最新64排128层螺旋CT，DR、进口彩超等先进医疗设备，逐步向现代化医院建设迈进。技术方面：先后开展以腹腔镜为代表的多种微创外科、妇科手术、脊柱前后路、全髋关节置换、输尿管镜及前列腺等离子电切术等手术，领先于玉溪市县级医院前例。医院设重点专科三个：骨科、眼科、检验科；设重点科室五个：骨科、普外科、内二科、五官科、检验科。努力做到“大病不出县”。

【县乡医疗服务一体化推进】 为进一步推进公立医院改革，整合卫生资源，发挥联合优势，不断满足人民群众医疗预防保健的需求，根据江政办发〔2013〕166号文件精神要求，进一步提高卫生院的管理和医疗技术水平，满足病人需求，做到“小病不出乡，大病不出县”，进行托管乡镇卫生院工作。

托管大街镇中心卫生院：2014年2月27日，在大街中心卫生院举行“江川县人民医院与大街镇中心卫生院医疗服务一体化

管理”暨“江川县人民医院大街分院”成立挂牌仪式。县人民医院正式托管大街镇中心卫生院，由业务副院长付林华担任分院院长，全面分管分院工作，进行临床诊疗、护理、教学、防疫等日常工作管理及业务技术指导。托管后开展工作情况：大街镇卫生院先后派出13名医护人员到县医院院内、儿、急诊、中医科等进行临床培训、进修学习，重点是住院病人管理及急危重症患者的抢救治疗（其中主治医3人、医师1人、主管护师2人、护师3人、护士3人、中医师1人）。医院先后2批安排22名医护技人员（其中副主任医师4人、主治医4人、住院医师5人、副主任药师1人、主管护师6人、护师1人、主管技师1人）到大街镇中心卫生院指导工作，参与医疗、护理、药事、医技等具体工作及相应的技术指导。职能科室主任6人不定期到卫生院进行调研、分类指导工作。自8月1日起，每月安排1名医生、一名护士到分院坐诊，其他申报高一级职称人员利用休息时间到大街卫生院工作50个工作日。2014年3月1日至12月31日，共计完成工作量：就诊门诊人次1304人次、业务技术指导114人次、健康指导1323人次、心电图检查2089人次、配液1682组、输液1247人次、肌肉注射378人次、皮试221人次、给氧1人次。调配、复核、发药47人次、用药咨询及宣传22人次。分院医技人员到医院参加技能培训、知识竞赛4次，共计72人次。

托管安化彝族乡卫生院：在托管大街卫生院经验的基础上，托管安化彝族乡卫生院。2014年11月20日下午，在安化彝族乡卫生院举行“江川县人民医院托管安化彝族乡卫生院协议签字”暨“江川县人民医院安化分院”成立挂牌仪式。县卫生局副局长龚有颖、安化乡政府领导、县人民医院领导班子成员及部分职能科室主任、安化乡卫生院职工共20余人参加仪式。签字、揭牌仪式由龚有颖主持。院长李有宏对如何做好安化卫生院托管工作作表态发言。托管以来，医院每月派出技术骨干外科医生一名、护士两名到安化卫生院坐诊，帮助设立住院科室、开展外科清创工作，指导电子处方及电子病历工作开展。

【平安医院建设】 根据《玉溪市卫生局、玉溪市公安局转发云南省卫生厅、云南省公安厅关于开展医院安全防范系统建设的通知》文件要求，江川县人民医院主要以下三个方面加强平安医院建设：

组织制度：健全组织领导机制，医院院长李有宏任组长，负总责，副院长王金聪负责具体抓，总务科保卫科组织实施，党办、医务部、护理部等职能部门密切配合。完善医院安全防范系统日常管理制度和医务人员安全防范制度，健全门卫值守、值班巡查和财务、药品、危险品存放等安全管理制度。完善重大医疗安全突发事件应急处置机制和预案实现警医联动。

人防系统：新增保安人员两名，安全员及保安人员积极参加本县公安局组织培训，接受当地派出所培训，切实提高保卫人员、安全员业务素质和工作水平。组织保卫人员定时和随时巡查。医院开展全方位、多形式宣传教育工作。

物防系统：保卫配备对讲机5部、防刺背心5件、盾牌5件、钢叉3件、防爆棍等器材武装医院安保人员。

（马萍焕　李亚捷）

县中医医院

【概　述】 县中医医院占地10.59亩，业务用房4400平方米，人员编制112人，2014年有职工158人（其中在编65人，编外93人），卫技人员134人（占职工总数的84.8%），其中：副高职称以上6人，中级职称23人，初级职称125人，高级工3人，职员1人，硕士学历1人，本科学历27人，大学专科学历48人，中专及以下学历83人。设有19个专业科室，编制床位120张，实际开放135张；拥有先进医疗设备30余台，全院固定资产1501.04万元。是集医疗、预防、保健、康复、科研、教学于一体的县级卫生医疗机构，云南省唯一一家参加全国中医质量监测的县级中医医院，城镇职工基本医疗保险、城镇居民基本医疗保险、中国人寿保险公司及江川复烤厂定点医疗机构，为二级乙等中医医院。

【医疗质量监测】 2014年全年总诊疗71302人次，门诊67096人次；全年住院患者入院4206人次，住院患者出院4186人，手术895人次。微机录入病历2195份，其中：内科1301人，外科797人，妇产科243人，针灸科819人，骨伤科574人，肛肠科472人。业务收入1525万元，其中医疗收入970

万元（药品收入555万元）人均门诊费用79.44元，住院人均费用2307.32元。病床使用率73.35%，入院与出院、术前与术后、临床与病理诊断符合率97%以上，治愈好转率96%，诊断符合率98.7%，病人平均住院日8.41天。单病种治愈好转率达到卫生部颁布病种质量控制标准。各科护理质量指标达到百项指标考核标准：基础护理合格率97%，无菌护理技术操作合格率≥96%，急救物品完好率100%，五种表格书写合格率≥98%，出勤率98.6%，住院患者满意度≥91%，技术操作培训率合格率100%，参与率99%，全年护理差错事故发生率为零。

【集中招标采购工作公开化】 2014年，医院在加强医院药事管理工作的同时，进一步做好药品招标采购工作，麻醉药品、基本药品实行网上集中采购，做到低价高质招标采购目的，使病人、医院切实实现互惠互利的现实要求。

【对口支援】 为推进医药卫生体制改革，整合县域医疗卫生服务资源，加强基层医疗卫生服务能力建设，建立责权统一、功能完备、管理规范、运转高效的县乡村医疗卫生服务一体化管理模式，逐步缩小城乡卫生服务的差距，经县委、县政府及县卫生局研究，医院托管雄关乡卫生院，以实现城乡一体化服务模式。根据江政办发〔2013〕166号（《关于印发江川县开展县乡村医疗卫生服务一体化管理实施方案（试行）的通知》）文件要求，医院积极开展县乡村医疗卫生服务一体化工作，先后多次召开动员会，并于2014年2月24日带领院班子成员，由分院院长召集在5个村卫生所及分院全体干部职工中进行大力宣传，运用标语、横幅、媒体多渠道、多形式广泛宣传，使全体干部职工思想统一，达成共识，推进县乡村一体化工作，整合医疗卫生服务资源，完善合理分级诊疗模式，促进优质资源纵向流动，提升基层卫生服务能力和管理水平，缩小城乡医疗差距，让农民群众享受到县级医疗卫生服务，解决“看的好病”问题，实现“小病不出乡镇，大病不出县城，预防在基层”卫生工作目标。

【中医药知识宣传普及活动】 2014年10月22日，县中医医院院长杨绍宽，副院长黄东、陈志红等8人到雄关开展中医药宣传周宣传义诊咨询活动，并为群众提供测量血压服务，为要求推拿的群众进行检查并诊疗。针推科副主任医师黄东和医务主任金吉福向群众传授一些日常生活中简单易行的治疗手法。县中医医院制作宣传板10块，发放中医药知识宣传材料200余份，发放传染病防治知识宣传材料200余份。

【培训学习】 为提高医院医疗服务技术水平和进一步提高医院护士对“优质护理服务”内涵的认识，熟练掌握责任制整体护理服务工作方法、流程，更好地为患者提供全面、连续护理服务，护理部于2014年上半年派内科、外科、针推科、肛肠科、骨伤科护理人员共16人分别到玉溪市第一人民医院呼吸内科、神经内一科、骨二科、骨一科进行一个月短期学习。医院采用送出去、请进来方法，委派针推科、肛肠科、医技科等各科室医生到上级医院相关科室进修学习，学习先进医疗技术。预防保健科全年开展艾滋病知识培训1期、传染病防控知识培训1期、埃博拉出血热知识培训1期、诊疗规范培训1期、健康教育培训1期、慢性病转诊知识培训2期，医务科组织举办感染防控知识全员培训大会1期、中医药知识培训2期、医院病历书写规范知识培训1期、“三基三严”知识培训1期、抗菌药物的临床应用知识培训1期、应急物资的储备管理知识1期、团队精神协作知识培训1期。控感办举行医院感染管理知识培训1期、手卫生知识培训1期、医务人员职业暴露知识培训1期。

【防治艾滋病性病工作督导】 2014年8月8日下午，省疾病预防控制中心李佑芳、方清艳、陈会超3位老师在市疾病预防控制中心老师郭春园和县疾病预防控制中心性爱科科长段洪华陪同下一行6人到江川县中医医院对防治艾滋病及性病工作开展情况进行督导。

通过查阅资料、现场艾滋病及性病检测点查看，艾滋病和性病化验室快速检测登记本检查、疑似梅毒患者转介等内容进行督导，督导组对医院艾滋病和性病防治工作开展亮点工作给予肯定。同时，对下一步工作开展提出建议：实验室外部质控要有记录；移液器按要求每年进行校准；疑似梅毒患者转介到位率要达到要求；在有条件的情况下开展梅毒TRST或RPR检测。

【改善就医环境】 为了给病人提供良好的就医环境，2014年，医院在完善基础设施、购进医疗设备和加强医院环境建设方面做了大量工作。根据医院实际情况，开展院容院貌专项整治活动。环境方面，实行24小时保洁，建立保洁与消毒制度，保持室内外地面、墙体、绿化地带、院落干净整洁，无裸露垃圾，医用垃圾与生活垃圾分开处理，清理处置及时，保持空气清新干净；为保持院内良好秩序，制止和杜绝乱停靠、乱吐、乱扔、乱涂贴、乱搭建、乱堆放“六乱”现象；划定专门车辆停靠点，保持车辆停靠有序，保证救援安全通道畅通；拆除原有大厅玻璃门，在大厅设立休息椅，为前来就医的患者提供休息区；在大厅设立LED显示屏，及时向患者公示医疗服务指南、医保、新农合等政策。

（罗国芬）

妇幼保健

【概　述】 县妇幼保健院设有妇女保健科、儿童保健科、婚前保健科、妇产科、基层科、检验室、B超室、放射室、护理部、医务科、妇幼卫生信息科、健康教育科等临床保健科室，办公室、财务科、后勤科等行政后勤职能科室。全院有业务用房2015平方米，有床位10张，拥有妇科治疗仪、新生儿暖箱、蓝光箱、胎心监护仪、X光机、彩超、四维彩色B超、骨密度仪、电子阴道镜、利普刀等现代化医疗设备，2014年新购进55万元的罗氏311全自动生化分析仪、46.2万元的希森美康血球计数仪。

2014年年末实有在职职工41人，比上年减少2人。年内退休2人，调出1人，招考1人。有执业医师21人，比上年减少3人，执业助理医师3人，注册护士8人，药剂师1人，检验技师（士）3人，其它卫生技术人员1人，统计师1人，助理会计师2人，高级工1人。在职人员学历结构：本科15人，专科15人，中专10人，初中1人。专业技术职称：副高6人，中职19人，初职14人，未定职称1人，其中有4名中职待聘。在职人员年龄结构：55～60岁2人，50～55岁9人，45～50岁7人，40～45岁11人，35～40岁6人，35岁以下6人，年龄趋于老龄化。

2014年，全县妇幼卫生工作坚持以保健为中心，以保障生殖健康为目标，保健与临床相结合，面向群体，面向基层的妇幼卫生工作方针，以重大公共卫生项目为重点，以妇幼健康计划为契机，贯彻实施“一法两纲”，完成门诊诊疗58410人次，比上年增1928人次，住院348人次，比上年减12人次，实现业务收入496万元，比上年增36万元，完成省、市、县下达的各项任务指标，新生儿破伤风发生率和死亡率为零，婴幼儿死亡率稳中有降。

【高危管理】 2014年，县妇幼保健院在服务工作中，坚持做到“早、实、快”，即“孕情发现要早、全程管理要实、危急处置要快”。遵循“三个决不放弃”原则（决不能因为孕产妇及家属不配合而放弃管理、不能因为孕产妇及家属贫困而放弃救治、不能因为上级医疗机构协作不畅而放弃转诊）。服务措施体现便民、利民、惠民、爱民。在转变孕产妇管理服务模式中，主要以基本公共卫生服务项目为平台，做好主动服务、上门服务工作，为每一个孕产妇提供优质服务，包括转诊至上级医院时为服务对象挂号联系好专家、交通工具的免费提供、专人陪送、相关经费暂时垫付、生活上帮助救济等。按照《江川县孕产妇筛查管理实施方案》要求，2014年3月10～31日，妇幼保健院组织人员对全县孕产妇展开拉网式免费筛查，共计筛查孕产妇938人，筛查出高危孕产妇207人，高危筛出率达22.07%。按照《江川县高危孕产妇及高危儿童管理规范》要求，对筛查出的高危孕产妇进行规范管理，进一步建立健全高危妊娠登记、报告、随访、催诊和转诊制度；实行高危孕妇及高危儿童信息交流制度，对每例高危孕产妇认真填报《高危孕产妇报告》《高危妊娠专案管理》和《高危儿童专案管理》，并对筛查出来的高危孕产妇100%进行管理。全年对危急重症孕产妇进行追踪管理123例（极重症28例），追踪300余人次。确保孕产妇能够及时追踪和有效管理。

【召开孕产妇暨5岁以下儿童死亡评审会】 为进一步掌握江川县2014年孕产妇死亡及5岁以下儿童死亡的主要原因和影响因素，分析工作中存在的问题，制定切实可行的干预措施，降低江川县孕产妇死亡率和婴儿死亡率，按照年度妇幼卫生工作安排，全年共召开两次危急重症孕产妇、孕产妇死亡及5岁以下儿童死亡评审会，会议共评审危重孕产妇病例3例，孕产妇死亡病例2例，5岁以下儿童死亡病例10例。会议邀请市医院妇产科主任马丽红和县级评审专家参加评审。

孕产妇死亡评审专家组依据收集的危重症孕产妇资料和死亡病例资料，结合每一例孕产妇存在的特殊高危，从一般情况、主要疾病诊断、危重症出现时间、病程进展、转诊情况及建议与措施等几个方面进行分析讨论。马丽红通过对死亡孕产妇病情、死亡原因、抢救过程、用药情况等方面进行分析，强调要加强对孕产期保健服务规范、产科技术操作规范，增强对妊娠合并症及并发症、产科急危重症等早期识别和正确处理能力，洞悉疾病本质，减少可避免孕产妇死亡。

儿童死亡评审专家组根据评审要求对5岁以下儿童死亡病例从死亡诊断及诊断依据、死亡相关因素、评审结论等方面进行全面分析，找出导致死亡的主要影响因素。

评审专家组根据实际工作中总结出来的经验和教训，提出相应干预措施：加强围产期保健，及时发现孕情，重点做好孕产妇系统管理和儿童系统管理，提高高危妊娠管理质量，以减少早产或低出生体重儿的发生；提高孕期、产时保健质量；加大健康教育工作力度，提高广大群众自我保健意识；切实做好高危妊娠管理与转诊，完善急救措施，有效提高危急重症抢救能力；加强出生缺陷的二级预防，提高产前筛查和诊断率，避免严重缺陷儿出生，强化产儿科协作和急救技能训练，完善急救设施，有效提高危急重症儿抢救能力。

【孕产妇保健】 2014年，全县共有产妇2890人（农业户籍产妇2618人，非农业户籍产妇272人），建孕产妇保健手册2890人，产妇建册率达100%，与上年同期持平；产妇产前检查≥5次的人数有2889人，健康管理率达99.28%，比上年同期下降0.22%；产妇孕早期产前检查2857人，孕早期产前检查率98.18%，比上年同期下降0.29%；产妇孕产期血红蛋白检测2890人，检测率达100%，筛查出贫血37人，占1.28%，其中中重度贫血11人，中重度贫血患病率达0.38%，比上年同期上升0.02%；产妇艾滋病病毒检测2890人，检测率达100%，孕产妇艾滋病病毒感染1人，感染率达0.03%；产妇梅毒检测2890人，产妇梅毒感染1人，感染率达0.03%；产妇乙肝表面抗原检测2890人，检测出乙肝表面抗原阳性41人，阳性率1.42%；产后访视2889人，产后访视率达99.28%，比上年同期下降0.22%；产妇系统管理2857人，系统管理率达98.18%，比上年同期下降0.22%。出生活产2910人，新法接生2910人，新法接生率达100%，与上年同期持平；住院分娩2910人，住院分娩率达100%，与上年同期持平；筛查出高危产妇1396人，高危产妇筛查率达48.30%，比上年同期下降3.02%；高危产妇管理1396人，管理率达100%，高危产妇住院分娩1396人，高危产妇住院分娩率达100%；孕产妇死亡2人，1人死于产科出血，1人死于内科合并症，孕产妇死亡率达68.73/10万，比上年同期上升33.17/10万。低出生体重儿116人，发生率2.27%；巨大儿66人，发生率2.27%；早产儿111人，发生率3.81%；死胎死产16人，发生率0.55%；早期新生儿死亡6人，死亡率2.06‰；围产儿死亡22人，死亡率7.52‰；无新生儿破伤风发病人数和死亡人数。

【儿童保健】 2014年，全县共有7岁以下儿童18090人，保健管理17764人，保健管理率达98.20%，比上年同期上升0.03%。3岁以下儿童8471人，系统管理8313人，系统管理率达98.13%，比上年同期上升0.04%。5岁以下儿童13362人，身高体重检查13120人，检查率达98.19%，比上年同期上升0.01%，筛查出低体重140人，占1.07%；生长迟缓106人，占0.81%；超重87人，占0.66%；肥胖9人，占0.07%；血红蛋白检测12315人，筛查率达93.86%，比上年同期上升8.73%，筛查出贫血患病241人，占1.96%，其中中重度贫血患病23人，中重度贫血患病率达0.19%，比上年同期下降0.01%。新生儿访视2901人，新生儿访视率达99.69%，比上年同期下降0.24%；5岁以下儿童死亡12人，死亡率为4.12‰，比上年同期下降2.99‰；婴儿死亡10人，死亡率为3.44‰，比上年同期下降2.25‰。新生儿死亡8例，死亡率为2.75‰，比上年同期下降0.81‰。6个月母乳喂养调查2922人，母乳喂养2843人，母乳喂养率达97.30%，比上年同期上升0.25%，纯母乳喂养2332人，纯母乳喂养率达79.81%，比上年同期上升1.73%。

【5岁以下儿童死因顺位】 12例5岁以下儿童死亡中，第一位为先天异常、出生窒息各死亡4例，各占死亡总数的33.33%；第二位为肺炎死亡2例，占死亡总数的16.67%；第三位为早产和低出生体重、肠梗阻各死亡1例，各占死亡总数的8.33%。

10例婴儿死亡中，第一位为出生窒息死亡4例，占死亡总数的40.00%；第二位为先天异常死亡3例，占死亡总数的30.00%；第三位为肺炎死亡2例，占死亡总数的20.00%；第四位为早产和低出生体重死亡1例，各占死亡总数的10.00%。

8例28天内新生儿死亡中，第一位为新生儿出生窒息死亡4例，占死亡总数的50.00%；第二位为先天异常死亡2例，占死亡总数的25.00%；第三位为新生儿肺炎、早产和低出生体重各死亡1例，各占死亡总数的12.50%。

8例7天内早期新生死亡中，第一位为出生窒息死亡4例，占死亡总数的50.00%；第二位为先天异常2例，占死亡总数的25.00%；第三位为新生儿肺炎、早产和低出生体重各死亡1例，各占死亡总数的12.50%。

【出生缺陷监测】 为减少先天畸形发生，降低残疾儿童，控制人口数量，提高人口素质，县妇幼保健院认真贯彻落实新时期妇幼卫生工作方针，积极开展产前筛查和新生疾病筛查工作，鼓励孕妇服叶酸预防神经管畸形，怀孕4～7个月时至少做一次B超检查，以此阻断严重神经管畸形儿的出生。

出生缺陷监测基本情况：2013年10月1日至2014年9月30日共监测到围产儿2269例（男1188例，女1081例），共发现缺陷儿41例，其中出生或引产的妊娠满28周至出生后7天的缺陷儿38例（男20例，女18例），28周前引产的缺陷儿3例（男1例，女2例），出生缺陷发生率为16.75‰，比上年同期下降4.32‰；监测到城镇围产儿2128例，农村围产儿141例；监测到城镇缺陷儿39例，农村缺陷儿2例。

41例出生缺陷顺位：多指8例，居首位，占缺陷总数的19.51%；外耳其它畸形6例，居第二位，占缺陷总数的14.63%；唇裂合并腭裂、马蹄内翻足各4例，居第三位，各占缺陷总数的9.76%；小耳3例，居第四位，占缺陷总数的7.32%；无耳道、直肠肛门闭锁或狭窄各2例，居第五位，各占缺陷总数的4.88%；先天性脑积水、唇裂、尿道下裂、无脑畸形并双手手指排列错乱、唐氏综合征、阴囊过小无睾丸、肢体短缩、多趾、面部有坠生物、多指并多趾、先天性脑积水并肢体短缩，多指并肢体短缩各1例，居第六位，各占缺陷总数的2.44%。

41例出生缺陷儿畸形确诊时间及诊断依据情况分布：产前确诊10例，占24.39%，产后七天内确诊31例，占75.61%。超声诊断10例，占24.39%，临床诊断31例，占75.61%。诊断为出生缺陷后治疗性引产9例，另1例诊断为出生缺陷后未做治疗性引产。

出生缺陷儿母亲孕早期及家庭史情况：孕早期发烧大于38℃的1例，占缺陷总数的2.44%；感冒8例，占缺陷总数的19.51%；孕早期患病服药8例，占缺陷总数的19.51%。产妇异常生育史：自然流产4例，产母生过缺陷儿1例。41例产妇家庭中均无遗传史，也无近亲婚配史。

出生缺陷儿性别及转归分布：41例出生缺陷儿中，男21例，女20例，男女发生率为1.05：1。转归情况：存活29例，治疗性引产9例，七天内死亡3例。

通过分析，孕早期致畸可能因素是孕妇年龄大于35岁，孕早期接触过农药、电脑、电视、手机、微波炉，孕早期服过药、家庭遗传史，新房的装修和家具含有毒有害物质，环境污染等原因所致。为有效降低出生缺陷发生率，提出以下干预措施：一是广泛开展一级预防措施如健康教育、婚前医学检查、孕前保健、遗传咨询、最佳生育年龄选择、增补叶酸、孕早期保健（包括合理营养、预防感染、谨慎用药、戒烟戒酒、避免接触放射线和有毒有害物质、避免接触高温环境）等，防止出生缺陷儿的发生，有效降低出生缺陷发生率。二是逐步落实二级预防措施，减少严重出生缺陷儿的出生，主要是在孕期通过早发现、早诊断和早采取措施，以减少严重出生缺陷儿的出生。三是广泛开展常规孕产期保健服务，有效提高出生缺陷防治服务的可及性。四是不断推进三级预防措施。出生缺陷患儿出生后采取及时、有效的诊断、治疗和康复，提高患儿的生活质量，防止病残，促进健康。

【危急孕产妇抢救】 2014年，全县4家助产机构共发生危急孕产妇33例，抢救成功32例，抢救成功率96.96%，其中宫外孕内出血9例，占抢救人数的27.27%；产后子宫收缩乏力7例，占抢救人数的21.21%；前置胎盘5例（其中中央性前置胎盘4例），占抢救人数的15.15%；产后出血4例，占抢救人数的12.12%；重度子痫2例，占抢救人数的6.06%；不完全子宫破裂1例，胎膜早破1例，胎膜早剥1例，羊水过少1例，胎盘植入致产后失血性休克1例，产时大出血各1例，各占抢救人数的3.03%。

【孕产妇死亡监测】 2014年，全县妇幼人员共同努力，采取各种有力措施，避免因各种原因致产后宫缩乏力引起的产后大出血，产后大面积脑梗塞、脑出血，骨盆脊柱畸形、心功能不全，中央性前置胎盘反复大出血，复杂型心脏病，重度子痫，残角子宫妊娠破裂大出血，产后脑梗，孕期脑瘫，胎盘植入并发大出血等高危孕产妇的死亡。全年孕产妇死亡2例，死亡率达68.73/10万，比上年同期上升33.17/10万。

【育龄妇女死亡监测】 2014年全县共有育龄妇女76797人，上报育龄妇女死亡49人，死亡人数比上年增3人，死亡人数占育龄妇女死亡总数的0.064%，其中孕产妇死亡2人。49例育龄妇女死亡中：肺癌、车祸各死亡6人，各占育龄妇女死亡总数的12.24%；服农药自杀死亡4人，占育龄妇女死亡总数的8.16%；脑出血、肾病各死亡3人，各占育龄妇女死亡的6.12%；癫痫、前置胎盘、白血病各死亡2人，各占育龄妇女死亡的4.08%；乳腺癌、淋巴癌、直肠癌、脑癌、肝癌、胰腺癌、骨癌、食管癌、脊柱癌、野生菌中毒、被杀、溺水、脑梗塞、脑膜炎、先天性小脑萎缩、肺心病、围生期心肌病、肝炎、精神病、系统性红斑狼疮、死因不详各死亡1人，各占育龄妇女死亡的2.04%。

死因排位：49例育龄妇女死亡中，各类恶性肿瘤17人，居第一位；意外死亡9人，居第二位；心脑血管病变8人，居第三位；自杀4人，居第四位；肾病3人，居第五位；前置胎盘、癫痫各2人，居第六位；肝病、系统性红斑狼疮、精神病、死因不明各1人，居第七位。

【产前筛查和新生儿疾病筛查】 2014年全县共有产妇2890人，出生活产2910人，孕产妇产前筛查1810人，筛查率达62.63%，筛查出高危人数104人，高危筛出率达5.75%，孕产妇产前诊断75例，产前诊断率达2.60%，确诊4例，确诊率为5.33%；新生儿疾病筛查2809人，筛查率96.53%，筛出阳性儿童1例，阳性率0.04%。听力筛查2822人，筛查率达96.98%。

【预防艾滋病、梅毒、乙肝母婴阻断项目】 为使江川县预防艾滋病、梅毒、乙肝母婴阻断项目工作顺利进行，县妇幼保健院按省、市预防艾滋病、梅毒和乙肝母婴传播工作实施方案的相关要求，制定《江川县预防艾滋病、梅毒和乙肝母婴传播工作实施方案》，并按规范开展工作。2014年，共有婚前保健人员4262人，接受HIV自愿咨询检测4262，率达100%；检测人员中，HIV确认阳性6人，阳性率达0.14%；接受梅毒检测4262人，检测率达100%，检出阳性6人，阳性率0.14%。孕产妇接受HIV自愿咨询检测2886人，检测率达100%；检出HIV阳性孕产妇1人，阳性率达0.03%。孕产妇分娩1人，阻断1人，阻断率达100%；接受梅毒检测2886人，梅毒确认阳性2人，阳性率达0.07%；乙肝两对半检测2886人，检出阳性孕产妇51人，阳性率达1.77%；乙肝表面抗原阳性产妇45人，所生活产45人，及时注射乙肝免疫球蛋白和乙肝疫苗45人，阻断率达100%。自开展预防艾滋病母婴传播工作以来，HIV阳性孕产妇所生满18个月的儿童12例，12例HIV抗体检测均为阴性，母婴阻断成功率达100%；阳性孕产妇及婴儿抗病毒药物服药率达100%，儿童免费抗体筛查和确证检测率达100%，母婴阻断网络直报及时报告率达100%。

【免费婚检】 2014年，全县共有新婚人员4754人，婚前医学检查4531人，婚检率达95.31%，比上年同期下降3.82%；检出疾病249人，疾病检出率为5.50%，其中指定传染病26人，占总数的10.44%，指定传染病中性病17人，占指定传染病总数的65.38%；生殖系统疾病190人，占总数的76.31%；有关精神病3人，占总数的1.20%；内科系统疾病2人，占总数的0.80%；其他疾病31人，占总数的12.45%。对影响婚育的疾病提出医学意见30人，婚前卫生咨询4531人。

【农村孕产妇住院分娩补助项目】 中央财政设立专项经费对

农村孕产妇住院分娩给予补助，凡是农业户籍的孕产妇住院分娩，均可得到人均400元补助。为确保国家项目资金规范管理，合理使用，更好地发挥项目资金的作用，根据《云南省农村孕产妇住院分娩补助资金和“降消”项目工作经费管理实施方案》要求，结合江川县实际，制定《江川县农村孕产妇住院分娩补助资金和降消项目工作经费管理实施方案》及经费管理制度，做到独立核算，专款专用。并严格按照《江川县农村孕产妇住院分娩补助项目实施方案》要求，简化程序，在县域内的定点医疗机构实行现场分娩补助，提高工作效率，及时将资金补助到位。2013年10月至2014年9月，江川县共有农村户籍产妇2618人，住院分娩2618人，住院分娩率达100%；农村孕产妇住院分娩补助2466人，补助金额达98.64万元，补助率达94.19%。人均住院分娩费用1876元，比上年下降345元；人均个人付费770元，比上年下降384元。2014年下拨江川县的农村孕产妇住院分娩补助资金110.24万元，资金使用率达89.48%。正常产补助1730人，占补助人数的70.15%；阴道手术助产11人，占补助人数的0.45%；剖宫产补助725人，占补助人数的23.40%。

【危急孕产妇救助】 为严格规范危急孕产妇的急救和转诊，让危急孕产妇得到及时有效救治，保障母婴平安，江川县成立危急孕产妇急救转诊领导小组，指定县人民医院为危重孕产妇救治中心，保证辖区内急、重症孕产妇得到全力救治，减少孕产妇死亡发生。2014年省级配套4.6万元危急孕产妇救助经费，对患有产科严重合并症并实施危急抢救的孕产妇进行救助。全年共救助15例危急孕产妇，最高救助金额23.83元，最低救助金额2500元，救助金额共计34.87万元。

【贫困孕产妇救助】 2014年1月16日，在江川县妇幼保健院四楼宣教室召开2013年贫困孕产妇救助基金兑现会，对符合补助标准的106名贫困孕产妇进行补助，根据贫困孕产妇实际情况，最高补助2600元，最低补助200元，补助金额共计6万元。

【出生医学证明管理】 为做好《出生医学证明》管理，出生医学证明管理小组每月认真检查核实各助产机构有效签发和废证的管理使用情况，严格执行《出生医学证明》管理制度，进一步完善《出生医学证明》出入库登记、签发、换发、补发、废证登记、印章管理等各项制度，保证《出生医学证明》规范发放。全县自2014年1月1日起统一使用“玉溪市医疗卫生综合服务系统”发放《出生医学证明》，实行《出生医学证明》专人管理、专人签发，做到证、章分开保管，依法规范发放《出生医学证明》，定期上报《出生医学证明》管理使用情况年度统计表，加强管理，严禁遗失、被盗等不良情况发生。2014年1～12月，各助产机构共办理出生医学证明2637张，其中首次签发2534张，换发29张，补发6张，废证68张，废证率2.58%，办证率100%。

【控制剖宫产率】 县卫生局、县妇幼保健院领导高度重视，把控制剖宫产率作为一项重要工作来抓，定期、不定期地对控制剖宫产工作进行阶段性总结，交流工作经验，分析存在问题，提出持续改进措施。

2014年开年以来，通过分析，县人民医院、县中医院剖宫产率有上升趋势。县卫生局召开专题会议，确定各单位主要领导为第一责任人，进一步要求各助产机构要加强责任，切实为母婴健康着想，加强医患沟通，创造安全、和谐医疗环境，切实控制剖宫产率。

3月21日，县妇幼保健院召开降低剖宫产率现场分析会，特邀玉溪市人民医院妇产科主任马丽红，县卫生局局长范江应、书记朱弘如到县人民医院、县中医院进行现场办公，现场指导，并对全县妇产科医护人员进行“促进自然分娩、保障母婴安康”培训。

江川县通过采取多种措施，不断提高产科质量，努力降低剖宫产率，并取得一定成效。2014年剖宫产率为27.73%，比2012年下降13.90%，完成省级目标要求。

【人员培训】 2014年，为加强院内专业技术人员培养，县妇幼保健院派出2名医务人员到玉溪市妇幼保健院进修学习，36人进行远程继续教育学习，64人参加省市各种培训班。

为提高县、乡、村三级妇幼保健人员服务能力和服务水平，年内举办全县基本公共卫生服务暨妇幼保健适宜技术培训班，爱婴医院相关知识培训班，预防艾滋病、梅毒和乙肝母婴阻断培训班，新生儿疾病筛查相关知识培训班，出生医学证明管理等培训班共8期，共计培训572人。

【健康教育】 县妇幼保健院始终把健康教育作为妇幼保健工作的基础来抓，定期派工作人员下乡、入村督导检查，做到健康教育工作有计划、有内容，常检查、严考核，使健康教育工作的各项措施落到实处。主要采取“以妇女为核心、家庭为最佳场所”的健康教育宣传模式，采取宣传栏、标语、印发宣传资料、上街设摊宣传，电视宣传等多种形式广泛开展健康教育活动宣传农村孕产妇住院分娩补助政策。县乡两级医疗卫生单位每月出宣传妇幼保健、“降消”项目政策及健康教育知识的宣传专栏一期，并在醒目处贴有宣传妇幼保健和“降消”项目的墙体标语。2014年，全县共印发宣传资料6万多份，出版报24期，电视、广播宣传28次。同时县妇幼保健院一楼门诊电子显示屏每天将妇幼保健知识，预防艾滋病、梅毒和乙肝母婴传播知识及政策法律法规等相关内容进行滚动宣传。通过宣传教育，群众的保健知识和保健意识进一步提高，群众知晓率达96%以上。

【孕产妇免费筛查】 为加强孕产妇保健管理，了解孕期母婴健康状况，及时发现和消除影响胎儿发育和母亲健康有害因素，确保母婴安全，2014年3月10～31日，县妇幼保健院在全县范围内开展孕产妇拉网式筛查工作，对全县所有孕产妇进行免费筛查。免费筛查内容包括：一般体检、产前检查、血常规检查、B超检查、乙型肝炎、梅毒血清学试验、HIV抗体检测，并根据个体情况进一步选择进行尿常规、肝功能、肾功能、血糖、心电图等检查。共计筛查孕妇910人，产后42天产妇28人，筛查出高危因素207人，高危因素筛出率达22.07%。对筛查出的高危孕产妇，县妇幼院采取措施进行管理监护，及时处理，达到早发现、早预防的目的，保证母婴安全。

【完成省基本公共卫生服务项目考核】 2014年1月13～15日，江川县被抽取为云南省基本公共卫生服务项目考核点代表玉溪市参加考核。考核组到达江川后，首先听取县卫生局工作汇报后，现场抽签抽取考核单位，到考核单位后再采取抽签方式抽取考核资料，然后再依据所抽取的考核资料进行电话随访、进村入户随访、现场提问考试、服务对象满意度调查等方式进行考核。

通过考核，考核组一行对江川县基本公共卫生服务工作比较满意，对取得的成绩给予肯定：一是领导重视，组织健全，基本公共卫生服务项目（妇幼保健包）工作有保障；二是各级协作、措施细化，基本公共卫生服务项目（妇幼保健包）工作进展顺利；三是任务明确，责任落实，基本公共卫生服务项目（妇幼保健包）工作成效显著，妇幼保健包各项目服务管理到位、服务规范、群众认可、参与率较高。同时提出三点建议：进一步加强对基本公共卫生服务项目（妇幼保健包）工作的指导与管理，依托玉溪市综合卫生信息系统，完善居民健康档案管理工作，全面提高项目工作质量；进一步加大妇幼保健专业技术人才队伍建设，加强乡、村两级项目管理及业务工作培训；进一步加大宣传力度，提高群众的知晓率和参与率。

【在园儿童体检】 2014年3月26日至4月2日，县妇幼保健院医护人员一行7人到县幼儿园，为在园儿童进行每年一度的体格检查及生长发育评价。共体检在园儿童745人，参检率达99.07%，检查出低体重11人，龋齿238人，斜视弱视9人，贫血8人，并及时提出干预措施，确保幼儿身体健康。

【表彰奖励】 2014年8月14日，县妇幼保健院在“妇幼健康年——玉溪市妇幼健康技能竞赛”活动中，组织参加技能竞赛，获团体二等奖。

（周艳萍）

疾病预防控制

【举行禁毒防艾知识讲座】 为深化创建平安家庭，发挥妇联组织优势，围绕“履行禁毒义务、参与禁毒斗争”、开展“不让毒品进我家、预防艾滋、珍爱生命”等主题活动，进一步加大组织动员广大妇女和家庭积极参与禁毒防艾人民战争工作力度，3月11日，县妇联联合县公安局禁毒大队、县疾控中心在大街街道办事处三街社区举办一场由70余名妇女参加的禁毒防艾知识讲座。

讲座围绕江川县吸毒、艾滋病防治工作现状，运用典型案例、事例，从毒品种类和对个

人、对家庭、对社会危害以及艾滋病流行态势、传播途径、预防措施、关怀救助等方面把禁毒防艾相关知识向妇女同胞讲授。

【手足口病疫情专题分析会】 3月13日，江川县召开手足口病疫情专题分析会，县疾控中心主任周标主持。

会议通报江川县2014年1月1日至3月12日全县手足口病疫情，针对疫情呈上升的严峻性与防控形式进行分析，提出防控意见：要求各医疗单位，要强化疫情监测，密切关注聚集性疫情，及时对聚集性疫情进行处置；要突出重点人群、重点地区防控力度；要以卫生部印发的《手足口病预防控制指南2009版》和《手足口病聚集性和爆发疫情处置工作规范（2012年版）》为依据，分类指导，及早发现病人，积极救治病人，做好流行病学调查、消毒隔离和各种标本采集工作；要采取有效措施，保护易感人群，加大对托幼机构管理力度，认真落实晨检制度；要加大健康教育宣传力度，提高群众防病知识水平，以广播、宣传单等宣传形式，正面介绍手足口病防病知识。

【开展“3·24世界结核病防治日”宣传】 2014年3月24日是第19个“世界防治结核病日”，宣传主题是“你我共同参与，依法防控结核”。

围绕宣传主题，3月24日中午，县疾控中心在宁海路展开宣传活动。悬挂横幅1条、发放结核病防治宣传资料宣传单300张、宣传折页600份、结核病防治知识练习本200本、宣传礼品600包。县疾控中心宣传人员利用防治结核病宣传资料给来咨询群众讲解结核病症状、传播途径以及国家防治结核病政策等内容；利用新农村气象综合服务系统平台，发布主题内容，在线电子屏94块，合计受众146624人。

【全县手足口病防控工作会议】 为进一步加强江川县手足口病防控工作，全面贯彻落实手足口病防控各项措施，县政府于3月27日上午8：30在县疾控中心会议室召开江川县手足口病防控工作会议，副县长杨军苹，教育、卫生、县医院、中医院、疾控、妇幼以及各乡镇相关负责人共计26人参加会议，县卫生局局长范江应主持会议并作讲话。

县卫生局副局长龚有颖通报省、市、县及各乡镇手足口病发病情况，并作防控建议。杨军苹讲话：把握形势，高度重视，要有高度的政治责任感，切实增强做好手足口病防治工作的责任感和紧迫感；明确任务、强化措施，全力做好手足口病防控工作；抓紧、抓好、抓落实，要进一步落实责任追究制度，确保各项防控措施落到实处；加大宣传力度和健康教育工作，同时广泛开展爱国卫生运动，整治好环境卫生，改变不良的个人卫生习惯。范江应就手足口病防控工作作总体安排：贯彻落实手足口病防控工作的各项指示精神和要求，将分管副县长对防控工作的意见和安排指示落到实处，确保防控工作起到作用、取得实效；要以高度对人民群众负责态度，把各项疾病防控工作做细、做实；组织开展本地区防控工作督导检查，明确相关工作职责，加强疫情报告、监测和分析，各部门要通力协调配合做好全县手足口病的防控工作。

【土源性线虫病监测】 根据国家和云南省2006年—2012年土源性线虫病监测工作实施方案，2014年，江川县被列为土源性线虫病监测县。为更好地反映本土土源性线虫病的流行态势和分布规律，江川县在全县范围内按东、西、南、北、中确定5个乡镇继续开展土源性线虫病监测。

此次监测调查人数不少于1000人样本，按东南西北中抽取5乡镇为人群染监测点，乡镇雄关窑房村（东）、前卫渔村（南）、安化乡安化村（西）、江城尹衣旗村（北）、大街镇上头营（中）为监测点，主要监测钩虫、蛔虫、鞭虫及蛲虫，同时每个监测点随机抽取10户，每户采集菜园、厕所周边、庭院、厨房四类地点土样。

【市督查组到江川县督导学校卫生工作】 5月6日，市卫生局和市教育局联合督导组一行4人，到江川县开展2014年春夏季学校卫生专项督查。

督查组一行先后前往路居镇中学、路居镇中心小学、路居镇希翼幼儿园和路居镇春苗幼儿园，深入学校食堂、学生宿舍、生活饮用水点，通过实地查看、查阅档案资料、听取汇报的形式，全面了解学校卫生等工作开展情况。督查组对江川县学校卫生和手足口病防控工作给予肯定，就督导检查中存在的问题与学校、托幼机构负责人交换意见。存在的问题主要是：管理制度不完善，制度落实不到位；两家私立托幼机构面积小、布局不合理，教室、午休室空间狭窄，卫生设施不完善，设备条件简陋，存在安全、传染病暴发隐患；传染病防控能力薄弱，学校、托幼机构无保健医生，难于完成学校卫生防病任务；自备水源、二次供水消毒措施落实不到位。

【“全国碘缺乏病防治日”宣传】 5月15日是第21个“全国碘缺乏病防治日”，2014年的主题是“科学补碘，保护智力，正常发育”。5月15日，县盐务局、县疾控中心、大街镇中心卫生院围绕主题在大街明珠路设立宣传点，通过悬挂横幅、发放宣传资料、开展知识咨询等多种形式向群众解答碘缺乏病及科学补碘等知识。工作人员向市民们介绍识别真假食盐的方法以及食盐存放、科学食用加碘盐等知识，发放加碘食盐80包，宣传画2100张，小册子、宣传单、折页4300份，并提醒市民不要贪小便宜，购买、食用劣质盐，以免造成不必要损害。

【举办国家基本公共卫生服务培训】 6月10日，江川县卫生局在县医院六楼会议室举办国家基本公共卫生服务培训，全县各医疗卫生单位和村级卫生所有关人员93人参加培训。

培训主要围绕为城乡居民健康档案管理服务规范、健康教育服务规范、0～36个月儿童健康管理服务规范、孕产妇健康管理服务规范、老年人健康管理服务规范、高血压患者健康管理服务规范、Ⅱ型糖尿病患者健康管理服务规范、重型精神疾病患者管理服务规范、卫生监督协管规范、中医药服务规范等类别的国家基本公共卫生服务规范内容，分别由县卫生局、县疾控中心、县妇幼保健院、县中医院、县卫生监督局等相关专家及人员进行授课讲解。

【埃博拉出血热防控培训】 针对境外埃博拉出血热疫情，依据上级《关于开展埃博拉出血热防控培训的通知》文件精神，县卫生局、县疾控中心于9月5日下午在疾控中心会议室组织埃博拉出血热防控知识培训，来自全县各医疗卫生单位负责人及预防保健科等相关人员51人参加培训。

培训由县卫生局预防保健科科长李中文主持，县卫生局副局长龚有颖到会并讲话，县疾控中心副主任刘江伟针对埃博拉病毒定义背景、全球既往疫情、疫情特点分析、病源学传染源和宿主、传播途径和形式、发病机制和临床表现、诊断和治疗方法、院感控制、世界卫生组织风险评估和防控建议、传入我国的风险和防控工作要求等作介绍。

【2014年中西部地区儿童口腔疾病综合干预项目启动会】 根据“中央补助中西部地区儿童口腔疾病综合干预项目”要求，江川县于2014年9月19日在疾病预防控制中心召开2014年中西部地区儿童口腔疾病综合干预项目启动会。县卫生局副局长龚有颖，县教育局党委副书记、纪委书记李文平，县疾控中心主任凌剑波，慢病科全科人员以及12所中心学校校长及责任人、县人民医院口腔科三门诊、江川唐保柱口腔诊所相关负责人等40人参加会议。

会议由凌剑波主持，通报2013年项目工作情况；慢病科长杨国文安排部署2014年项目工作任务，并讲解窝沟封闭相关基础知识和技术操作规范，对项目工作周期、项目目标任务提出要求。

龚有颖对2013年项目工作给予肯定，同时对项目工作作动员讲话，强调窝沟封闭项目不仅是一项口腔疾病预防措施，更是一项惠民利民工程，希望医疗机构认真落实工作、全员培训、提高医务人员的技术和服务质量，希望各个相关单位积极配合。

李文平对2014年项目工作着重强调要广泛深入宣传，江川县实施儿童免费窝沟封闭项目意义重大，各中心学校要积极参与配合共同努力，全力以赴将这项工作做实、做好，真正让儿童受益；做到按时间排查上报学生名单；另外制定健康教育课程，要求每学年上一节口腔卫生知识教育课。

县疾控中心与各乡镇中心学校校长和项目定点医疗机构负责人签订项目工作协议书。

【高血压、糖尿病卫生日宣传活动】 2014年10月10日上午，县疾控中心联合大街卫生院和上头营村卫生所，在上头营社区早市场开展高血压、重性精神疾病、脑卒中、糖尿病防治宣日传活动，展出慢性病防治知识宣传展22版，发放预防《高血压》《重症精神疾病》《糖尿病》和预防《脑卒中》等疾病防治宣传材料11类1100余份。

【世界艾滋病日宣传】 县疾控中心围绕2014年“行动起来，向‘零’艾滋迈进”宣传主题，12月1日联合计划生育、禁毒、司法、妇联、共青团、广电等部门在大街明珠路开展宣传活动。活动共发放宣传画1500张、折页及宣传材料3500份，安全套6000只。

（杨　虎）

食品药品监督管理

【机构设置】 根据《江川县人民政府关于调整设置县乡食品药品监督管理体制的通知》文件的要求，2014年1月1日，从县工商局划转11人和县质监局划转2人到岗，乡镇食品药品监管所核定13名编制县政府已下文划转到本局。至2014年年末，县食品药品监督管理局有正式职工25人，其中公务员19人，事业人员6人。内设办公室、食品安全监管股、保健食品化妆品监管股、药品医疗器械监管股三股一室。

【概　述】 根据《江川县人民政府关于调整设置县乡食品药品监督管理体制的通知》文件要求，自2014年1月1日起，江川县食药监局新增对全县生产、流通环节的食品安全监管职能。继续负责餐饮环节的食品安全监管责任；继续负责对全县药品、医疗器械的研制、生产、流通、使用及中药材种植、医疗单位制剂、药物非临床研究、药物临床试验的质量管理规范实施监督；负责保健食品、化妆品的监督管理。2014年，共检查食品生产企业78户次，食品流通单位2869户次，餐饮服务单位3180户次，共查处食药械违法案件72起，罚没款19万元。

【食品安全监管】 至2014年底，全县从事食品安全许可及监管的工作人员14人，江川县生产企业持证24户、备案232户，流通企业持证1195户，餐饮企业持证777户。2014年，对生产不合格农村食品、乳制品、学校周边摊点、预包装食品、超过期食品以及无中文标签标识食品厂商处罚12家，罚没款29700元（其中处罚学校周边摊点3家，罚没款4800元；处罚学校食堂2家，罚没款4000元）。处罚不合格桶装水生产企业1家，罚没款5080元；处罚不合格白酒生产企业2家，罚没款2070元（对一家塑化剂超标的产品进行封存，对一家氰化钾超标的产品进行现场销毁）；处罚月饼生产小作坊5家，罚没款10720元；全县米线及卷粉抽检整治全部合格；肉及肉制品中，猪肉统一定点屠宰，管理规范，全部符合标准，其他畜禽由于没有实行统一定点屠宰，存在一定的安全隐患。

生产环节：至2014年底，全县共有获证（食品生产许可证）企业24家，其中：大米生产企业2家、桶装饮用水生产企业2家、食用植物油生产企业1家、酱腌菜生产企业5家、糕点生产企业2家、调味品生产企业3家、酒类生产企业3家、其它生产企业6家。食品生产加工小作坊300余家。针对小作坊环境卫生差、分散广、季节性强、更替快、流动性强等不利于监管的特点，县食品药品监督管理局出台小作坊备案管理政策，全力抓好小作坊监管。2014年生产环节的重点工作是食品生产许可证新办换证受理及年审工作，添加剂备案，食品标签标示，监督抽检，查处使用非食用原料、非食用添加剂、滥用食品添加剂生产加工食品，查处生产加工不符合食品安全标准的食品以及出厂未经检验合格的产品的违法行为。全年共巡查生产企业92户次，巡查覆盖率达100%，下达责令整改通知书12份，办结案件8起，受理投诉举报3起。

流通环节：至2014年底，江川县有流通经营户1195家，批发单位39家，零售单位1050家，批发兼零售单位106家，其中乳制品经营单位634家（含婴幼儿配方奶粉54家）。全年流通环节的工作重心主要放在农村结合部食品市场，专项整治销售假冒伪劣食品、仿冒知名食品特有名称食品、“山寨食品”、“三无”食品、过期变质食品等违法行为，排查集贸市场食品安全隐患；婴幼儿配方乳粉专项整治，督促生鲜乳收购站和运输车辆、乳制品生产经营者进行自查自纠，规范自律管理行为，强力整治和规范生鲜乳及乳制品市场经营秩序。全年共检查经营主体家数738户次，出动检查人员215人次，发现问题经营主体数17起。

餐饮环节：至2014年底，全县共有餐饮单位777家，其中大型餐馆14家，中型餐馆42家，小型餐馆（小吃店）557家，快餐店14家，饮品店23家，学校食堂（托幼机构）62家，机关企事业单位职工食堂41家。2014年县食药监局以大中型餐饮单位、学校食堂（学校学生营养餐）、旅游景区农家乐等为重点单位，以城乡结合部、农村边远地区、旅游景区为重点区域开展餐饮服务食品安全监管。全年共出动执法车辆356车次，执法人员1145人次，检查餐饮服务单位627户，查处违法案件35起，罚款4.48万元。

【药品、医疗器械监管】 县食药监局不断加大药械市场监管力度，2014年共出动执法人员361人次，出动执法车辆109驾次，检查涉药涉械单位478户次。立案查处药械违法案件22起，涉案金额8298.1元，罚没款共计53016元，没收违法药品9批，过期医疗器械8批。为进一步提高药械从业人员专业知识水平，增强药械生产经营单位的法律意识、责任意识、质量意识和诚信意识，县食药监局于2014年9月25～26日及10月14～17日分6期对全县药械生产、经营企业及医疗机构药品、医疗器械从业人员进行统一培训，培训内容包括医疗机构药品管理相关法律法规、《医疗器械监督管理条例》、《云南省药品经营质量管理规范现场检查评定标准》、GSP认证申请材料制作要求、《保健食品生产经营企业索证索票和台账管理规定》，全县589名从业人员参加培训和统一考试，并与药品经营企业签订《江川县药品经营企业依法经营承诺书》。

【保健食品、化妆品监管】 2014年，全县共有保健食品经营单位110家，化妆品经营单位40家，无保健食品、化妆品生产单位。县食药监局对保健食品经营单位全部进行备案工作和档案管理，建档率100%。

【监督抽检】 2014年，餐饮环节对辖区多家饭店、米线店、快餐店、奶茶店等饮食服务单位所经营的乳制品、面粉、非发酵豆制品、凉拌菜、米线、熟肉制品、自制果汁等17个批次产品进行食品安全监督抽检，合格率为88.2%。生产环节主要针对云南民族食品鲜粮制品米线产品、江川特色产品大荞饼、散装白酒及桶装饮用水进行监督抽样，分别抽取样品20个批次、10个批次、3个批次及2个批次，合格率为80%。共抽取食品类样品52个批次，52个送检，其中合格43个，不合格9个，合格率为82.7%。根据药品市场监管实际情况，确定易出现不良反应品种、降价幅度较大的品种和同品种价格相差悬殊的低价品种、违法广告宣传的药品品种、近两年药品质量公告中公告的不合格品种等为抽验重点范围及重点品种，完成市药监局下达的56批药品抽验任务。出检验报告30批，不合格2批。

【专项行动】 2014年县食药监局所开展食品药品安全隐患排查及专项整治主要有：以食品生产企业、小作坊、集贸市场、超市、学校食堂（学校学生营养餐）、旅游景区农家乐等为重点单位，以城乡结合部、学校周边、农村边远地区、旅游景区为重点区域开展食品生产、流通、餐饮环节食品安全监管。除市政府食安委办下发的《2014年玉溪市农村食品市场专项整治》的7个专项整治中江川涉及4个（包括农村食品、乳制品、学校食堂及周边摊点、预包装食品）外，县食药监局根据市食药监局转发的国家、省及市食药监局下发的文件，对桶装水、白酒、月饼、米线及卷粉、肉及肉制品、罂粟壳籽等进行13个专项整治。

以药品器械批发企业、药品零售企业、县直医疗机构和各中心卫生院为重点检查单位，以假劣药品、从业资质、进货渠道、贮藏条件为重点检查环节进行药械安全隐患排查，出动执法人员87人次，执法车辆27车次，检查医疗机构79户次。对1起未取得医疗机构制剂注册批准文号擅自使用制剂的违法行为进行立案查处，结案1起，涉案金额555元，收缴罚没款2796元，没收违法制剂1批。

【行政许可】 2014年审核、办理《餐饮服务许可证》101户（其中：新办46户、变更23户、延续32户），注销9户；办理《食品流通许可证》124户；委托受理《食品生产许可证》换证5户，小作坊备案12户；受理《医疗器械经营许可证》5户，其中新办4户，换证1户，二类医疗器械备案2户；完成4户药品经营企业《药品经营许可证》和13户药品经营企业《药品经营质量管理规范认证证书》的延期审批。

【宣传培训】 县食药监局利用广播、报纸、电视、网络等媒体，以“3·15”消费者权益日、“食品安全宣传周”、“全国安全用药月”等为载体，通过悬挂横幅标语、设置宣传咨询台、展示宣传板、发放宣传单等方式，向公众广泛宣传食品药品安全科普常识、法律法规，增强广大群众的食品药品安全意识和法律意识。2014年共举办食品协管员、食品药品从业人员培训班8期，培训食品药品从业人员675人，发放食品药品安全知识宣传单17000余份，展出食品安全宣传展板5块，接受群众咨询500余人次。通过机关门户网站编发监管信息93篇，省食药监局采用1篇，玉溪网采用4篇，市食药监局采用10篇，江川网采用40篇。

【投诉举报】 3月28日，江川县食品药品投诉举报中心成立，在县食药监局加挂“食品药品投诉举报中心”牌子，统一受理全县食品、药品、医疗器械、保健食品、化妆品等环节违法违规行为的投诉举报。自4月1日开通“12331”食品药品投诉举报电话以来，共接到举报13起，处理13起，投诉举报处理率达100%。

【巩固省级餐饮服务食品安全示范县创建成果】 2014年，按照“典型引路，示范带动，以点带线，以线促面，分批实施，逐步推广，分级管理，整体提高”的创建思路，有序推进餐饮服务食品安全百千万示范工程深入开展。一是按照江川县餐饮服务食品安全“百千万”示范工程创建规划，强化餐饮服务食品安全建设。二是根据《江川县餐饮服务食品安全事故应急预案》，组建餐饮服务食品安全事故应急处置专家库，开展应急处置能力建设。三是推进全县餐饮单位食品安全监督量化分级管理，实施量化许可、量化监督，城区食品生产经营单位实施食品卫生量化分级管理达100%，信誉评级率达40%以上；学校食堂信誉评级率大于80%以上。四是进一步加强制度建设，建立健全餐饮服务食品安全监管长效机制。

【药品不良反应监测】 5月8日，县食药监局组织召开2014年药械不良反应/事件监测工作会。江川县药品不良反应监测中心、各级医疗机构、疾病预防控制中心和计划生育服务站分管领导及监测员共29人参会。江川县不断完善监测网络和监测机制，加强监测人员培训，督促相关单位建立和执行《药械不良反应报告制度》，出台《药品不良反应和医疗器械不良事件监测报告奖励制度》，药械不良反应监测工作取得显著成效。2014年以来，共上报药品不良反应119例，医疗不良事件50例。

（蒋菡希）

卫生监督

【概　述】 2014年末，江川县卫生局卫生监督局编制人数15人，在职人数8人，其中：男4人、女4人。研究生学历1人、本科学历5人、大专学历2人。局内设办公室、卫生许可审核科、卫生监督一科、卫生监督二科四个科室。2014年，县卫生局卫生监督局围绕全年工作任务，着力强化队伍建设、作风建设、能力建设、项目建设，加大卫生监督执法力度，严厉打击非法行医，狠抓医疗卫生、放射卫生、公共场所卫生、学校卫生、生活饮用水卫生、传染病防治及卫生监督协管服务等工作，各项工作有新突破。

【业务用房建设】 县卫生局卫生监督局业务用房建设项目是为落实2011年国家启动的县级卫生监督机构房屋建设规划，进一步健全卫生监督体系建设的项目。该项目建设地点江川县大街街道办事处早街村（原大庄卫生院旧址）；规划用地1870.74平方米，总建筑面积1044平方米，为四层框架结构；施工单位云南坤安建筑工程有限公司；项目总投资200万元，其中：中央补助130万元、省补助25万元、地方配套资金45万元。该项目于2012年7月开工建设，2013年2月5日竣工验收，2014年5月7日投入使用。

该业务用房附属工程新建项目于2013年12月中旬开工建设，2014年11月20日竣工验收，工程范围为围墙拆除新建、大门新建、值班室新建、场地硬化、原有旧建筑物修缮等，建设单位云南玉溪综合工程实业发展有限公司，工程造价22.61万元。

【宣传培训】 2014年，卫生监督员共计参加省、市、县举办的各类培训19期，参培人数30人次；培训各类从业人员949人，培训合格率100%；共召开个体医会议6次，参训人员412人次；编印卫生监督信息25期。8月8日，召集全县4家餐具集中消毒单位座谈培训，共同学习《消毒管理办法》《餐饮具集中消毒单位卫生监督规范（试行）》《消毒服务机构卫生规范》（卫法监法〔2002〕142号）及《食饮具消毒卫生标准》；9月4日，召开江川县2014年卫生监督协管培训会，各乡镇卫生院院长及防保科人员共13人参加培训，会上，传达玉溪市卫生监督局关于卫生监督协管手持机运用试点工作会议精神，对手持机的推广应用提出要求；10月29日，参加由县综治委组织，县公安局、县计生局、县卫生局等多部门参与的“江川县平安法治建设秋季集中宣传月”活动，共发放各类宣传材料2500份，其中非法行医宣传材料500份、公共场所从业人员卫生知识400份、生活饮用水卫生安全知识600份、传染病防治知识1000份；11月20日、21日上午，分两期举办2014年江川县理发美容场所卫生知识培训，参训人员为县、乡两级理发美容场所及乡镇协管员，计117人参训；12月4日，参加由县委宣传部、县委依法治县办、县司法局组织的“2014年国家宪法日暨全国法制宣传日”宣传活动，共发放严厉打击医托保障就医安全、确保群众安全，坚决打击非法行医、禁止非法鉴定胎儿性别，坚持依法执业、医疗美容要远离非法行医、如何识别非法义诊和违规医疗广告计5种宣传材料800余份。

【许可审核】 2014年共计审发许可证268户（新办26户），其中：理发41户（新办9户）、住宿29户（新办6户）、生活美容14户（新办4户）、审换歌舞厅及茶室等文化娱乐场所12户（新办6户）；生活饮用水卫生许可证6户（新办1户）；换消毒产品生产企业卫生许可证4户；校验《医疗机构执业许可证》162户。发放从业人员培训合格证949个。

【卫生监督】 2014年全县共有各类管理相对户640户，建档640户，建档率100%，其中：医疗机构165户、公共场所325户、学校76所、托幼机构35所、集中式供水单位9户、二次供水单位12户、医疗放射单位8户、职业病健康体检机构1家、餐饮具集中消毒单位4户、消毒产品生产企业5户。全年监督640户、864户次，监督率135%、覆盖率100%，其中：医疗机构监督165户、203户次，监督率123.03%、覆盖率100%；公共场所监督325户、448户次，监督率137.85%、覆盖率100%；学校监督76所，监督覆盖率100%；托幼机构监督35所，监督覆盖率100%；集中式供水单位监督9户、36户次，监督率400%、覆盖率100%；二次供水单位监督12户、48户次，监督率400%、覆盖率100%。医疗放射单位监督8户，监督覆盖率100%；职业病健康体检机构监督1户，监督覆盖率100%；餐饮具集中消毒单位监督4户，监督覆盖率100%；消毒产品生产企业监督5户，监督覆盖率100%。

【监　测】 全年共对29家医疗机构开展消毒效果监测，共抽检样品119个、合格118个，样品合格率99.16%；委托县疾控中心抽检餐饮具集中消毒单位4家、合格3家，共抽检样品40个、合格34个，样品合格率85%；抽检公共场所18家，采集样品206个、合格188个，样品合格率91.26%；在枯、丰水期对39个水源监测点进行采样监测，共采集样品46个、合格21个，样品合格率45.65%。

【公共场所量化分级】 2014年共对279家公共场所进行量化分级，其中住宿业A级单位7家、B级单位5家、C级单位91家；理发场所C级单位136家；美容场所C级单位38家；公共浴室C级单位1家；游泳场所C级单位1家。

【行政处罚】 2014年，县卫生局卫生监督局加大卫生监督执法力度，1～12月共有违反医疗卫生、公共场所卫生、生活饮用水卫生等卫生法律法规的行政处罚案件28件，罚款人民币51900元。其中：医疗机构案件9件、罚款人民币15450元，非法行医案件7件罚款人民币18800元；餐饮具集中消毒单位违法案件1件，罚款人民币600元；公共场所案件4件，罚款人民币9050元；生活饮用水（集中式供水单位）案件7件，处罚人民币8000元。

【卫生监督协管服务】 2014年江川县有乡镇卫生院7家、村卫生室71家，共有卫生监督协管员21人、卫生监督信息员71人，共92人。全年应报卫生监督协管服务信息报表12次、实报12次，上报率100%；应巡查537户，实巡查680户次，巡查率126.63%；应考核卫生监督协管站7个，实考核7个，共抽查村卫生室13个，对检查中存在的基础档案资料不全、信息报送数量不足、卫生监督协管巡查记录及书面整改意见文书书写不规范等问题现场提出整改意见，要求立即整改。

【公共场所艾滋病防控】 2014年，卫生监督局加强对辖区内住宿场所、文化娱乐场所推广使用安全套监督执法及宣传工作，共发放卫生监督意见书140余份，督促以上场所摆放安全套，卫生监督覆盖率达100%。

【卫生安全保障】 2013年12月23日至2014年1月25日，卫生监督局共出动车辆10车次，人员20人次，以江川县大中型住宿场所为主，小型住宿场所为辅，以抽查方式对全县住宿场所进行卫生监督检查，以确保2014年元旦、春节期间住宿场所卫生安全。2014年6月6日、16日，共出动车辆2车次，人员6人次，对提供中高考考生集中住宿场所进行监督检查，重点检查接待场所是否持有有效卫生许可证、从业人员是否取得健康合格证明、卫生设施是否正常运转、生活饮用水是否符合国家有关卫生标准和要求等。此次检查发放卫生监督意见书5份，保障了2014年江川县中高考考生住宿卫生及生活饮用水卫生安全。

【卫生监督协管绩效考核】 2014年1月13～15日，云南省基本公共卫生服务项目卫生监督绩效考核组对2013年江川县卫生监督协管工作进行绩效考核评估。考核组采取查阅资料、现场核实、走访服务对象等方式，从组织管理、实施内容、实施效果等方面开展考核，严格按照考评内容和标准对江川县卫生局卫生监督局、江城镇卫生监督协管站、江城镇云岩村村卫生室等卫生监督协管服务机构进行检查考评，同时对管理相对人进行满意度调查。江川县卫生监督协管工作得到考核组肯定，卫生监督协管服务机构完成省级和市级下达的各项目标任务。

【市卫生局督查江川乡村两级基层医疗卫生机构】 为进一步加强江川县乡村两级基层医疗卫生机构监管，保障医疗卫生安全，根据《玉溪市卫生局关于开展乡村两级基层医疗卫生机构监督管理督查的通知》要求，2014年3月25～26日，县卫生局、县卫生局卫生监督局协同玉溪市卫生局开展乡村两级基层医疗卫生机构监督组，以医师执业情况、院内感染控制制度落实情况为监督检查重点对江川县江城镇、九溪镇乡村两级医疗机构进行抽查，抽查单位为江城镇中心卫生院、江城镇尹旗村村卫生室、江城镇翠峰村村卫生室、九溪镇卫生院、九溪镇六十亩村村卫生室、九溪镇鸡窝村村卫生室计6家医疗机构。对检查中存在的物体表面消毒记录本、高压蒸汽消毒记录本、空气消毒记录本记录不规范或未记录，使用中的消毒液无标签或标签标识不全，部分单位未对消毒产品进行索证管理，部分单位未设立预检分诊点，部分单位未对医疗废物运送工具进行清洗消毒并记录等情况，县卫生局卫生监督局当场开具卫生监督意见书，提出整改意见。

【春秋两节学校卫生监督】 为进一步加强学校卫生管理，确保学校卫生规范和广大师生身心健康，2014年3月、9月，由县教育局牵头，县公安局、县食药监局、县卫生监督局联合组成检查督查组，对全县学校、托幼机构开展全面检查。县卫生局卫生监督局以学校医务室、常见传染病防控、生活饮用水卫生、教室环境卫生、学生健康体检等为监督检查重点，共检查中小学76所，下达卫生监督意见书152份；检查托幼机构35所，下达卫生监督意见书72份。对部分学校及托幼机构存在的传染病防控工作台帐登记管理不够规范、内容缺项、漏项比较普遍，学校自建水源管理不够规范、饮用水源保护存在安全隐患；民办幼儿园卫生设施不够规范，传染病防控工作不到位等问题，提出整改意见，要求及时整改。

【业务用房投入使用】 2014年5月7日，县卫生局卫生监督局由江川县大街镇宝凤路54号搬迁至江川县大街街道办事处旱街村办公，结束自单位成立10多年来无办公用房，一直借用江川县疾病预防控制中心房屋为办公用房现状。

【创新公共场所量化分级工作模式】 2014年5月22～23日，县卫生局卫生监督局采取市、县两级卫生监督员评查与从业户交叉评查三方相结合的方式对申请A级单位的12户公共场所经营户进行统一评查，评查打分实行百分制，其中：市级监督员打分占50%、县级监督员打分占30%，从业户打分占20%。

此次评查，共评出世文假日酒店、玉泉酒店、世文酒店、卓然欣莊酒店、景湖酒店、阳光海岸培训中心、明星休闲生态会所计7户A级单位，景益宾馆、海湾软件培训中心、鑫园农家院、瑞文酒店、三和齐缘饭店计5户B级单位。

【市卫生监督局督查江川县医疗机构】 根据《国家卫生计生委办公厅关于印发2014年卫生计生监督重点检查计划的通知》（国

卫办发〔2014〕23号）、国家卫生计生委《关于进一步整顿医疗秩序打击非法行医专项行动深入巩固阶段工作的通知》（国卫办监督发〔2014〕16号）文件精神，2014年8月6～7日，市卫生局卫生监督局对江川县辖区内医疗机构开展督导检查。检查组由市卫生局卫生监督局与江川县卫生局卫生监督局医疗卫生监督员组成，共抽查江川县弘益医院、县人民医院、江川县急救站、疾控中心、杨丽诊所、李策应口腔诊所6家医疗机构，重点对上述医疗机构临床用血、医疗广告、麻醉药品管理、传染病防治、医院感染控制、消毒、隔离、消毒产品管理、医院污水及医疗废物管理等进行监督检查。共出动卫生监督员15人次，车辆4车次，开具卫生行政执法建议书1份，卫生监督意见书6份，各类监督检查表33份。

【乡镇卫生监督协管站信息化建设】 2014年8月，江城镇中心卫生院卫生监督协管站被列入全省卫生监督业务系统及手持执法终端设备的运用试点单位之一。承担辖区内卫生监督协管手持机执法应用工作，工作范围涉及食品安全协管服务、职业卫生协管服务、饮用水卫生安全协管服务、学校卫生协管服务、打击非法行医和非法采供血协管服务、公共场所卫生协管服务六个方面。乡镇卫生监督协管工作从传统模式向信息化模式转变。

【云南省第十一次卫生县城检查】 2014年10月13日至15日，江川县迎来省爱卫会全省第十一次卫生县城检查评比，评查组以卫生设施审查及卫生管理档案两个方面为重点检查内容，现场抽查1家集中式供水单位、1所学校、1家理发美容场所、3家住宿场所。通过检查，评查组专家肯定江川县在公共场所卫生、生活饮用水卫生监管方面取得的成绩，并对未来江川县如何创建国家级卫生县城，提出意见：强化卫生设施管理，使卫生设施设置、使用落到实处；规范卫生管理档案，对卫生管理档案进行统一的设计制作；壮大卫生监督队伍，为今后创建国家级卫生县城打下基础。

【市卫生监督局督查江川县卫生监督协管工作】 为做好2014年全市卫生监督协管服务项目实施情况督导考核工作，促进项目开展和任务落实，充分发挥县、乡、村卫生监督协管网络作用，确保群众受益，市卫生局卫生监督局组成由副局长刘丙兴一行5人组成的督查组，于2014年10月13日、17日对江川县江城镇卫生监督协管站、雄关乡卫生监督协管站、江城镇侯家沟村卫生室、雄关乡窑房村卫生室、雄关乡麦冲上营村卫生室计5家单位进行督导检查。督导检查，主要从卫生监督协管服务机构的队伍建设、项目实施、效果评价等方面开展。督查组指出卫生监督协管站在信息上报、协管巡查、档案管理中存在的问题，现场指导卫生监督协管员及信息员如何准确、及时地上报协管巡查情况及协管信息，如何整理、规范协管档案。

（李佳秀）

爱国卫生

【县城卫生管理】 城区市容环境以生态建设为重点，以创良好的人居环境为目标，深化环卫体制改革，加强环境卫生管理。县城街道清扫保洁以市场化运作承包，清扫保洁81.2万平方米，每天中心区保洁16.5小时，外围道路保洁14小时。为确保顺利通过省第十一次全省卫生城市检查评比，努力实现巩固省级“卫生县城”的目标，以“省检”为契机，认真开好爱卫会委员部门会议，分析巩固工作中存在的问题。根据工作需要，制定工作措施和办法。按委员部门分工职责，将标准进行分解，化整为零，逐项逐条分解到相关委员部门，由县政府与各委员部门签订责任书，实行目标责任管理。加大对薄弱环节整治力度，对街头巷尾、背街小巷、集贸市场、城郊结合部等卫生死角和街面全日保洁，共收集、清运生活垃圾20748吨，收集清运粪便46车230吨，加强对7座公厕的清扫保洁，做到垃圾日产日清，并进行无害化填埋处理。加强县城街道美化绿化亮化管理工作。对县城内人行道树、分绿隔离车带、草坪进行修枝造型6次及养护7.7万平方米绿篱，确保草坪平整无杂草，绿篱方圆有序和全施肥4次，对8900余株乔木喷洒农药3次和补栽被损绿化空地的灌木及河道树。对仁和街、明珠路、玉泉路、浪广路等路段共补栽清香木5377株、黄金叶6557株、满天星120株、迎春388株、冬樱花25株、石楠32株。对城区路灯进行全面检修与建设，及时修复宝凤路与宁海路交叉口，宁海路与景新路T型路口红绿灯，更换景新路、景新巷烧毁的地下主线和中学路两次被盗的地下主线267米，在静安巷新修建检查井1个、铺设管线20米，在湖滨路灯杆下部加装熔断器59套，确保县城亮灯率在98%以上。加强查处违章占道经营、乱停乱放、乱贴乱画执法及落实门前“三包”责任，与商户签订门前三包责任书2350份，共清理违章占道4950余起，警告2600起，教育改正560起，暂扣物品427件，清除非法张贴和喷涂的小广告18500张，查处运输车辆飘洒滴漏44人次，清理违章停放车辆350余辆。根据《江川县清理拆除临时违规建筑工作实施方案》要求，在去年完成县城拆临拆违工作基础上，继续保持高压控违态势，不断加大防违、控违力度，查处仁和街百年好合影楼违法建设行为，处罚款3000元，并限期整改；严格按照《道路清扫保洁质量考核标准》对承包地段实行日检月评办法，保证县城街道环境卫生质量良好。

【春节爱国卫生运动】 为使人们在优美的环境中欢快地度过2014年新春佳节，在县爱卫会倡导和布置下，驻江全县各部门、企事业单位，认真组织，城镇乡村全民动员，开展爱国卫生运动，治理辖区内环境卫生脏、乱、差现象。住建、公安、食药监局等委员部门统筹安排，通力合作。县环卫站安排140名清扫保洁工“舍小家、顾大家”，除夕日为清扫保洁59.35万平方米县城街道白加黑地工作，出动9辆清运垃圾车作业至夜10时多。交警大队加强城区道路通行管理，共出动警力252人次，查处各类违法行为812起。县城共清运垃圾800多吨，乡镇清除垃圾2641.3吨。

【四月爱国卫生月活动】 2014年四月，是全国第二十六个爱国卫生月。县爱卫会及时下发文件，要求各级各部门要结合党的群众路线教育实践活动，围绕“搞好爱国卫生，共建美丽家园”“远离病媒侵害，你我同享健康”主题，全县从环境卫生整治入手，广泛发动党员干部、青年团员、学生、广大群众积极参与爱国卫生月活动，掀起爱国卫生运动新热潮，着重抓好几方面工作：

认真组织，广泛宣传。以多种形式广泛宣传，充分利用广播电视、板报宣传栏等形式开展宣传。县爱卫办除发文件安排外，又在气象电子屏幕上向全县发出反复宣传动员简讯，以助推爱卫月活动。卫生、教育、广电和乡镇人民政府（街道）还结合实际，大力开展健康教育，普及卫生防病知识，广泛宣传《禁止毒品预防艾滋病》《卫生与保健》《保护环境教育》及手足口病等其它传染病科学预防知识，引导广大群众和中小学生增强健康意识，提高自我保健能力。

突出重点，加大治理。以环境卫生整治为重点，活动重心放在县城、集镇和旅游风景区综合治理。按照属地管理原则，广泛发动群众，组织动员各方面社会力量，切实搞好日常保洁，从根本上解决脏、乱、差问题。

县城狠抓小旅馆、小餐饮店、小浴室、小美容美发厅、小歌舞厅治理。各单位开展居住区及工作环境卫生整治，疏通污水沟道，填平坑凹，清除蚊蝇虫媒孳生地，保持卫生清洁，树立机关单位形象。清除街道、巷道、公厕、宿舍等墙面上乱贴广告和乱喷涂办伪证电话号码，特别是城郊结合部卫生大清理。进一步整顿市场秩序和交通秩序，完善和落实“门前三包”责任制，基本达到治乱、治脏、治差目的。开展城区道路交通专项整治，严查无证驾驶、涉牌涉证、飙车酒驾、超速超员、不按规定车道行驶、城区乱停乱放和违反交通信号等交通违法行为。对拖拉机、三轮摩托车、中型以上货车等高噪音、高尾气排放车辆，严格执行早8时至晚8时中心城区限入规定。

农村结合社会主义新农村和美丽乡村建设，动员基层单位和群众，集中开展清理整治活动。重点清理村镇入口以及公路、沟渠沿线生活垃圾。动员群众加强厕所、畜圈卫生保洁，清理房前屋后、庭院内外生活垃圾，为广大群众营造健康、宜居、和谐的生产生活环境。在“第十届铜锅美食节”和迎接“五一节”到来之际，加强对旅游景点、“农家乐”周边环境卫生监督，为游客创造良好休闲环境。

狠抓管控，确保卫生。加大对公共场所卫生和食品卫生监督执法力度，确保公共场所卫生及舌尖上的安全。严格按照《公共场所卫生管理条例》《生活饮用水卫生管理办法》《食品安全法》对全县公共场所、宾馆、饭店、学校食堂、酒店和旅游风景区的农家餐饮业及食品生产经营单位进行卫生监督，共抽查单位130个，发现存在问题5户。查处违法案件1个，给予警告、罚款50元的行政处罚。加强对饮用水源水质安全监测与管理，抓好各道关键环节，对自来水和249口供水井及740个二次供水箱进行检查和清扫消毒，保持水质达标，防止水源性疾病流行，确保人民群众身体健康。

【除“四害”活动】 县属各单位、各乡镇（街道），开展以灭鼠为重点的除“四害”活动。同时，对生活环境进行药物喷洒，投放灭蟑药45千克，灭蚊灭蝇6146平方米，降低蚊、蝇、蟑螂的密度，县城投放灭鼠毒饵647千克，有效预防鼠类传染病发生。

【农村改水改厕】 各级加强领导，积极配合，多渠道积极争取资金，改水改厕工作得到推进。农村改水受益人口4000人，完成改卫生厕70口任务。

【创建卫生村活动】 根据《玉溪市人民政府办公室关于印发玉溪市卫生村检查考核管理办法（试行）的通知》文件精神，江川县认真组织，精心安排，采取“自愿参与、合格一个、申报一个、验收一个”的办法，在2014年开展第五批市级卫生村创建活动中，江城镇温泉村委会、侯家沟村委会积极参与，在县爱卫会积极申报推荐基础上，经市爱卫会于2014年6月组织检查组进行实地检查考核认为：近年来，温泉村委会、侯家沟村委会在各级党委、政府领导下，根据相关要求，进一步加大农村环境卫生综合整治的力度，注重以点带面，推进美丽乡村建设，提高人民群众健康水平。在创建市级卫生村中，领导重视，目标明确，组织健全，措施落实，成效明显。市爱卫会以文件决定，命名江川县江城镇温泉村委会、侯家沟村委会为“玉溪市卫生村”。至此，江川县共有7个市级卫生村。

【秋冬防控传染病爱国卫生活动】 2014年10月，为有效预防秋冬季节各类传染病的发生和流行，巩固江川创卫成果，促进城乡居民养成良好的卫生行为。县爱卫会根据省、市爱卫会要求，决定在全县开展一次以传染病防控知识宣传为主要内容的爱国卫生运动。县爱卫会下发文件作出安排，同时发出相关健康常识宣传材料336份，并确定活动时间、活动内容、活动方式和工作要求。各部门和单位高度重视，广泛发动，加强组织领导，确保工作落到实处。一是全县各级各部门紧紧围绕“预防传染病、讲究卫生、促进健康”主题，以《秋冬季易发传染病》《秋冬季易发传染病　居住饮食卫生是防病关键》《秋季养生保健常识及注意事项》为主要内容，应用周会学习日等时机，组织全体干部职工学习传染病防控健康常识，对各类疾病特点和传播途径以及防控措施进行学习、了解和掌握，进一步提高全体干部职工防控意识，讲究卫生，防止传染病发生。还以板报、广播、会议、电子屏幕和发放宣传材料等方式，大力宣传甲流、结核、手足口病等传染类疾病预防和控制知识及健康卫生知识，促进居民健康行为养成。二是按照属地管理和部门包村挂钩原则，广泛发动干部、学生、群众，组织动员各方面社会力量，开展环境卫生整治活动，切实搞好日常保洁，从根本上解决脏、乱、差问题。在农村，动员基层单位和群众集中开展清理整治活动。重点清理村镇街面背巷及公路、沟渠沿线生活垃圾，为广大群众营造健康、宜居、和谐生产生活环境。加强对旅游景点、“农家乐”周边环境卫生监督，针对存在的主要卫生问题，采取措施认真解决，为游客创造良好的休闲环境。

活动做到环境卫生整治与传染病防控相互结合，相互渗透，共发放各类宣传资料17892份，出黑板报宣传栏目112期，健康咨询服务2768人次，健康知识讲座52次、人数2796人次；清除垃圾997吨，清理污水沟36680米，清除卫生死角182处，清除非法乱贴乱画小广告15694张。

【云南省灭鼠先进县城检查组到江川考核验收】 2014年12月16～17日，由云南省爱卫会组织的省灭鼠先进县城检查组一行4人到江川县城检查灭鼠工作。检查组通过实地抽检31个单位的农贸市场、宾馆饭店、食品加工、粮库、副食品店、医院、汽车客运站等所布的581块粉、鼠迹、防鼠设施及2200米的外环境。结果：有效粉块524块，有阳性5块，占0.95%（标准不超3%）；查716间房，有阳性房8间，阳性占1.11%（标准不超2%）；查防鼠设施731处，不合格处29处，阳性率3.96%（标准不超5%）；查2200米外环

境没有发现鼠迹，阳性率为0。

通过检查，检查组一致认为：江川县在巩固省级“灭鼠先进县城”的工作中，县委、政府高度重视，成绩显著；爱卫办工作措施扎实，资料完备齐全；部门协作，群众参与。五年巩固工作卓有成效，四项指标均在规定范围内，一致同意验收，并报经省爱卫会批复。

检查组在充分肯定成绩同时，提出意见和建议：进一步抓好以创卫为主的除“四害”工作，积极开展灭蟑螂、蚊、蝇活动；加强饮食副食行业防鼠设施建设，及时清理每次灭鼠后巷道残药和楼梯杂物间卫生死角，以防鼠患；加强整修街道土路，加大对街面和绿地、树下及小区和单位内卫生保洁力度，以达到巩固提高和全面推进。

【江川县召开巩固省级卫生县城工作动员会】 9月4日上午，江川县召开巩固省级卫生县城工作会议，县委和县级国家机关各部、委、办、局，各人民团体和企事业单位主要领导，大街街道办事处主任、各乡镇镇长，县爱卫会各位委员和巩固省级卫生县城工作领导小组及11个工作专业组工作成员，县级各医疗单位主要领导，县城监队队长，县供水站、植保站、能源站站长，大街市场中心主任及县人大、政协相关领导等100多人参加会议，会议由县政府办主任赵琦主持。

县委副书记、县长钱兴就巩固省级“卫生县城”成果，进一步改善江川县卫生状况，提升县城品位和人民生活质量，确保江川县在省爱卫会10月份组织开展的第十一次全省卫生城市（县城）检查评比中达标作动员讲话；副县长杨军苹对迎检工作各项任务和职责作布署。会议学习《云南省卫生城市（县城）考核命名及监督管理办法》文件。杨军苹代表县政府与大街街道、住建局、公安局、工商局、食药监局、卫生局等20个爱卫会委员部门及相关单位签订“巩固省级卫生县城”目标管理责任书。大街街道、住建局、工信局、食药监局主要负责人作表态发言。

会议要求：坚持“政府组织，地方负责，部门协调，群众动手，科学治理”的爱国卫生工作方针，以“省检”为契机，严格按照《云南省卫生县城标准（试行）》、《云南省卫生城市（县城）考核命名及监督管理办法（试行）》的要求，各级各部门要结合党的群众路线教育实践活动，从讲政治的高度，切实加强组织领导。主管领导要亲自挂帅，要发挥基层组织的作用，发挥共产党员和共青团员的先锋模范作用，广泛发动干部职工、学生、人民群众的参与作用，发挥环卫工人的清洁保洁工作作用，共同掀起爱国卫生运动的新热潮。做到投入到位、责任到位、检查到位、落实到位，完善门前“三包”制度、部门职责、各项措施和一把手负责制，抓亮点、抓精品、抓细节、抓整改，形成全社会共同参与巩固卫生县城的良好氛围，顺利通过10月省爱卫会检查团到江川县检查验收。

【江川县城再获云南省卫生县城称号】 2014年是全省第十一次卫生城市（县城）检查评比年，经云南省第十一次县城卫生检查团在10月13～14日，一行5人到江川县城，按照《云南省卫生县城标准（试行）》及考核命名监督管理办法，以4个专业组，采取听汇报、查资料、现场检查、走访等方法，按照江川县城区东、西、南、北、中区位分布确定检查点，对爱国卫生组织管理、健康教育、市容环境卫生、环境保护、病媒生物防制、食品安全和公共场所及生活饮用水卫生，疾病预防与控制、社区和单位卫生、农村卫生等九项内容进行综合检查。

经过检查和考核，并报省爱卫会审核批准，于12月10日印发的《云南省爱国卫生运动委员会〈关于命名2014年度云南省卫生城市及卫生县城的决定（云爱卫发〔2014〕13号）〉》文件中附件2命名“2014年度云南省卫生县城”名单，江川县名列其中。至此，江川县城已连续8次获得“云南省卫生县城”荣誉称号。

（李明川）

社　会

编辑　徐凡清

人力资源和社会保障

【概　述】　2014年，江川县人力资源和社会保障局围绕“民生为本，人才优先”工作主线，深入“促就业、重保障、惠民生、强人才”工作战略，在促进就业创业、完善社会保障体系、加强人才队伍建设、深化人事制度改革、推进收入分配改革、构建和谐劳动关系等方面改革创新，推动人力资源社会保障工作更上新台阶。

【公务员培训】　完成2013年度公务员和参公人员的人才统计上报工作。组织57名新招录公务员参加初任培训，66名公务员参加任职培训。组织政府系统927名公务员参加公务员通用能力培训。

【专业技术人员教育培训】　教育系统继续教育培训1351人次，其中：县级骨干教师113人、中年教师350人、新教师56人、中小学教师履职晋级122人；组织骨干教师、管理人员、中小学（幼儿园）教师置换脱产24人，中小学（幼儿园）教师短期培训32人，远程培训654人；采用远程教育形式培训卫生系统卫生专业技术相关知识686人次；农业系统继续教育培训223人次，林业系统专业培训35人次，水利系统专业培训19人次，其他系统合计122人次。全年培训共计2436人次。

【职称改革】　根据《云南省人力资源和社会保障厅关于放宽基层专业技术人员职称评聘条件》文件精神，江川县继续深化职称改革，全县教育、农业、水利、建设等系统共申报高、中、初级专业技术职务308人，其中：正高级2人，副高级111人，中级127人，初级68人。截至2014年12月31日，已评审通过246人，其中：正高级1人，副高级90人，中级93人，初级62人。对符合放宽岗位数额限制的8名高级专业技术人员进行聘任，其中县级6人，乡镇2人。

【事业单位岗位设置】　完成事业单位岗位聘用2631人，其中：正高级1人，副高级374人，中级1290人，初级843人，高级工67人，中级工15人，初级工2人，九级职员39人。聘用合同鉴证2436人，解聘27人，开除2人。

【公务员年度考核】　完成2013年度公务员年度考核，实有人数1053人，实考人数1051人（2人未参加考核），其中：优秀201人，称职800人，不定等次50人。

【专业技术人员年度考核】　完成2013年度事业单位工作人员考核工作，事业单位实有3820人，应参加考核人数3820，未参加考核22人（病休），实际参加考核人数3798人，其中：优秀等次554人，合格等次3128人，基本合格等次2人，不合格等次1人，未定等次113人。

【毕业生就业指导】　坚持“人才是第一资源”宗旨，加强“人才服务社会”理念，全年共有1049人应届高校毕业生登记报到，其中研究生8人，本科441人，专科420人，中专180人。组

织供需见面会3次，发布供求信息5期122条，提供就业岗位1399个（其中适合高校毕业生岗位525个），签订就业意向216人，参加求职人员1030人次。截至2014年末，尚未就业的大中专毕业生438人，其中：应届毕业生430人，往届毕业生8人。

【人事代理】 以人才中心为载体，以档案管理为核心，以优质服务为宗旨，以创新为突破口，加强对档案材料的完善管理工作。目前，江川县共有969人进行人事代理，其中，事业单位聘用933人，其他36人。

【人员流动管理】 全年办理公务员调动108人，其中：县内调动14人，调外县12人，外县调入10人，市工商局11人和质监局2人划入县药监局，市工商局50人和质监局9人划入县管。事业单位办理调动19人，其中：调出江川县11人（专业技术人员11人、工人1人），调入江川县7人，县内流动1人。

【人事考录】 进一步健全和完善事业单位公开招聘制度，实现事业单位公开招聘的制度化、规范化和科学化，确保招聘过程公开、公平、公正。公开招聘138人，其中教育系统公开招聘教师78人，卫生系统公开招聘工作人员24人，乡镇事业单位公开招聘工作人员29人，定向招聘7人；提前招聘高中教师25人，免费师范生5人。

【军转安置】 做好全县62名企业军队转业干部的维稳与解困工作，发放企业军转干部困难生活补贴324508元，春节慰问8人。做好8名自主择业军队转业干部的管理工作。

【工资变动审批】 政策性正常晋升人员3907人，月增资107429元，人均增资27.50元，其中：机关（含参公）单位工作人员晋升工资1286人，月增资56910元，人均增资44.25元。职务变动晋升工资和事业单位岗位变动387人；办理特殊岗位津贴变动87人；186名见习人员办理转正定级手续。办理丧葬抚恤费及遗属困难补助60人，其中：机关27人，事业33人。

【退休审批】 机关事业单位按政策办理退休共121人，其中按公务员法提前退休12人，劳动能力鉴定退休1人。企业及自谋职业者118名职工办理正常退休手续，其中特殊工种退休3人，因病提前退休4人。

【工伤认定和劳动能力鉴定】 全年共收到工伤申请198件，受理198件，其中，个人申报10件。由市人力资源和社会保障局认定198件，其中：工伤188件，不属于工伤10件。需要劳动能力鉴定17人，经市劳动能力鉴定委员会鉴定17人，其中：因工四级2人，因工六级的1人，因工七级1人，因工八级的1人，因工九级的5人，因工十级2人，因病完全丧失劳动能力5人。

【就业再就业】 城镇新增就业2273人，城镇失业人员再就业629人，特殊困难群体再就业519人，开发公益性岗位404人，城镇登记失业率3.73%。“贷免扶补”扶持创业人数50人，失业人员小额担保贷款扶持创业人数699人，小额担保贷款扶持劳动密集型小企业户数1户。宣传大学生创业扶持政策，无偿资助大学生1名，场租补贴5名，二次贷款贴息5名，扶持微型企业10户。

【农村劳动力转移】 农村劳动力转移就业351人，农村劳动力培训738人，零就业家庭实行动态清零。

【企业养老保险】 企业基本养老保险参保407户，其中：国有98户，集体18户，外资1户，其他企业（含股份制和私营企业）290户。企业参保9766人，企业离退休人员参保3159人。企业职工基本养老保险应收缴基金4239万元，实际收缴4177万元，收缴率98%；发放3156名企业离退休职工养老金5091万元，发放率100%。

【机关事业单位养老保险】 机关事业单位参保户数192户，参保职工5406人，机关事业单位离退休人员参保1828人。应收缴基金7250万元，实际收缴7244万元，收缴率99%；发放1763名行政事业单位离退休职工养老金6323万元，发放率100%。

【被征地农民养老保险】 2014年，江川县共有21813人参加被征地农民养老保险，收取保费11536.24万元，每月发放养老金4057人，全年发放231.9074万元。

【新型农村和城镇居民养老保险】 城乡居民社会养老保险参保人数17.2958万人，缴费率97.07%。发放养老金2746.88万元，累计为37013万名60岁以上老年人发放养老金11467.75万元。办理退保412人，支付退保金32.69万元。发放重度残疾人养老金补助49.058万元，为1118人发放丧葬补助费67.08万元。开展新老农保合并工作，已导入系统未领取待遇34084人，个人账户积累额18915357.50元；已领取待遇6992人，剩余额2986331.54元；未导入系统未领取待遇13133人，个人账户积累额5760202.62元；未导入系统已领取待遇962人，剩余额361580.21元。

【城镇职工基本医疗保险】 参加城镇职工基本医疗保险的单位434户，参保人数13724人（农民工参保人数1129人）。

【城镇居民基本医疗保险】 参加城镇居民基本医疗保险16521人。

【失业保险】 严格执行《云南省失业保险条例》，做好失业人员的接收、登记工作。参加失业保险人数7170人，失业保险费收入977.02万元，339人领取失业保险金，发放失业保险待遇135.43万元。

【工伤保险】 全县工伤保险参保人数14315人，其中企业参保8733人，机关事业单位参保5582人，农民工参保6135人。工伤保险基金应收缴431万元，实际收缴417万元，收缴率97%；工伤保险待遇支付541万元，其中，支付企业职工476万元、机关事业单位职工65万元。

【生育保险】 生育保险参保9271人，其中企业参保3689人，机关事业单位参保5582人。生育保险应收缴基金119万元，实际收缴118万元，收缴率99%；生育保险待遇支付137万元，其中，支付企业职工110万元、机关事业单位职工27万元。

【劳动合同登记备案】 严格按照合同登记备案的要求，对662户用人单位23049人的劳动合同进行登记备案，劳动合同签订率91%。执行不定时或综合计算工时的1户，涉及职工11人。签订6个区域性工资集体协商合同，覆盖企业312户，单独签订工资集体协商合同的企业56户，签订1个行业性工资集体协商合同，覆盖企业6户，涉及劳动者6685名职工。

【劳动人事争议案件处理】 处理劳动人事争议案件32件，涉及当事人32人，其中调解6件，撤诉6件，不予受理3件，裁决17件。结案率100%。

【信访工作】 落实信访工作十项制度，做好来信来访工作，及时答复群众咨询的政策问题，共接待涉及工资、工伤、福利等问题来访群众500人次，处理其他部门转办来信3件，直接答复率80%以上，结案率100%。

【社会保险登记】 根据《社会保险费征交暂行条例》、《社会保险登记管理暂行办法》的规定，督促用人单位办理社会保险登记。2014年，共发放社会保险登记证720份，其中机关58份，事业单位149份，企业358份，其他155份。

【劳动监察】 组织开展劳动保障执法年审，共审查各类用人单位595户，涉及劳动者18550人，督促补签劳动合同1055份。推进农民工工资保证金制度，保障农民工工资支付。共有49户建筑施工企业上缴农民工工资保证金1765.18万元。2014年，为394名农民工追回所欠工资277.05万元，协调解决31起欠薪来访事件。

【日常巡查】 做实日常巡查工作，规范用人单位的用工行为。先后对辖区内各类用人单位310户次进行巡查。

【专项检查】 开展以“农民工工资支付”“清理整顿人力资源市场”等为内容的专项检查3次，检查用人单位36户。对检查中存在违法行为的用人单位进行整改，纠正存在的违法行为，维护社会稳定。

【企业退休人员社会化管理服务】 全县建立自管学习大组8个，以各社区、村（居）委会建立自管学习小组79个，全县企业退休人员3476人，其中：机关事业单位退休工人317人，企业退休人员3159人。全县实现企业退休人员社会化管理率100%，社区管理率99.02%。全年走访看望生病住院退休职工460人次，报销金额13800元；对病故退休职工家属进行安抚并协助办理丧事76人次，报销金额11400元。

【信息公开】 本着依法行政、公开公正、高效便民、监督问责的原则，共公示相关信息153条，通报事项35项，公开信息350余条。

（蒋 丽）

机构编制

【概 述】 中共江川县委机构编制办公室（简称“县委编办”），为中共江川县委的工作部门，与江川县事业单位登记管理局合署办公。2014年，县委编办加强增人使用编制计划管理；提请召开县编委会议4次；做好事业单位分类和中文域名注册工作；进一步完善各项规章制度，规范工作流程，完善学习制度，学习中央、省、市机构编制管理政策法规，提高政策理论水平和业务水平；事业单位登记管理局完成2014年事业单位法人登记和年检工作；壮大机构编制队伍，新招考1名工作人员，工作人员由7名增加到8名。

【事业单位法人登记和年检】 事业单位登记管理局推进事业单位网上登记管理，做好事业单位网上登记管理工作。做好事业单位法人设立（备案）、变更、注销登记的日常工作，截至2014年12月31日，全县有事业单位201个，已登记（备案）事业单位173个，其中：2014年共办理设立登记8个（江川县公共资源交易中心、江川县环境监测站、江川县城市基础设施建设投资管理中心、江川县雄关乡人口和计划生育服务所、江川县雄关乡文化事务中心、江川县雄关乡社会保障服务中心、江川县安全生产监督管理局安全生产监察大队、江川县社会福利中心），变更登记40个。完成2013年度事业单位法人检验工作，应参加年检事业单位146个，参加年检133个，占应年检事业单位的91%，年检合格133个。对已参加网上登记培训的教育、卫生41个事业单位进行网上登记和年检。改进事业单位登记管理工作方式，从2015年起，证书有效期由一年改为五年，不再使用事业单位法定代表人证明书，取消事业单位法人年检，改为年度报告公示制度。

【机构编制管理】 坚持集中统一管理，严格照章办事，坚持机构编制“一支笔”审批，严禁违反机构编制审批权限和程序决定机构编制事项。经县编委会议研究同意，给各乡镇（街道）规划建设和环境保护中心、县动物疫病控制中心、江川县城市管理监察大队、江川县微波站、县防震减灾局增加人员编制；核定2014～2015学年中小学教职工编制；将“江川县江城镇卫生院”更名为“江川县江城镇中心卫生院”，“江川县前卫镇卫生院”更名为“江川县前卫镇中心卫生院”；成立江川县殡葬管理监察大队，在江川县殡葬管理所加挂“江川县殡葬管理监察大队”牌子；成立“江川县人民政府烟草产业办公室”（简称县烟办）；成立“江川县居民家庭经济状况核对中心”；撤消江川县建设工程交易中心，将江川县建设工程交易中心职责交给江川县公共资源交易中心。

【增人使用编制计划管理】 严格执行增人使用编制计划管理。下达2014年机关事业单位缺编补充人员使用编制计划227名，其中：县直、乡镇机关补充工作人员45名（含党政机关公开招考22名、公开选调1名、法院公开招考4名、检察院公开招考1名、乡镇机关公开招考15名）；事业单位补充工作人员164名（含参公事业单位公开招考15名，教育系统补充教师60名、招聘在岗代课教师22名，其他事业单位补充工作人员67名）；县外选调8名；城镇退役士兵“双考”安置10名。

【机构编制核查】 县委编办联合纪检监察、组织部、人社局、财政局等部门开展机构编制核查工作，共核查行政机构48家，事业单位197家，派出机构37家，开发区管理机构1家，乡镇（街道）7家。核查行政编制1116名，事业编制4786名，工勤编制79名，机关其他编制95名。核查使用行政编制人员1044人，使用事业编制人员4010人，使用工勤编制人员106人，使用机关其他编制人员68人。清理吃空饷人员28人。核查数据导入省级机构和人员编制核查信息系统，为下一步实名制管理、信息化建设提供基础信息保障。

【周转编制管理】 进一步加强周转编制管理工作，盘活编制存量。探索系统内、部门间编制调剂使用的有效办法，进一步加大调剂力度，实行动态调整、有减有增，将盘活存量、优化结构作为控制财政供养人员增长的主要手段，加强周转编制核定收回的日常管理。2013年江川县委编办已将16名行政周转编制全部核定到单位，经过一年来对各单位周转编制使用效率和效果的观察，县委编办根据实际情况，严格遵循“核的出去，收得回来”的原则，于2014年9月收回行政周转编制3名，由县编委掌握使用。

【“吃空饷”专项整治】 根据《关于开展机关事业单位人员“吃空饷”问题专项清理工作的通知》文件精神，江川县由县委编办牵头开展工作，按照文件要求，由各单位进行自查自纠，按时上报相关表格和自查报告，在单位自查的基础上，由县委编办牵头，联合纪检监察、组织、人社进行重点督查，督查面达到50%。江川县纳入清理共计257个行政事业单位，其中：58个行政单位，199个事业单位；涉及清理自查人数共计5213人，其中：机关单位1212人（工勤115人），事业单位4001人（工勤351人）。

【工商质监体制调整】 根据省、市相关文件，县委编办做好工商质监行政管理体制调整工作，市级下达江川县工商行政管理局47名行政编制，2名工勤编制，2名事业编制；下达江川县质量技术监督局8名行政编制，1名工勤编制。江川县工商、质监系统人员工资从9月开始由县级财政承担，纳入工资统发管理。

【行政审批制度改革】 2014年，经县委编办、县法制办、县政务服务管理局及行政审批部门“三上三下”清理，共梳理汇总江川县行政审批和管理服务事项401项，其中：行政许可293项，非行政许可54项，管理服务事项54项。2014年，江川县承接下放的行政审批事项17项，取消行政审批事项2项。省委、市委编办下发《行政审批事项业务手册编写规范》，对基本要求、格式编排、要素编写作详细说明，并进一步规范项目编码的编码规则，县委编办为全县401项行政审批事项编写项目编码，便于统一管理。

【网上大厅建设】 江川县加快网上服务大厅建设，推进行政审批事项网上集中，实现行政审批事项网上咨询、申报、预审、办理、查询、反馈和监督管理，2014年完成各单位录入、审核、同步数据工作，录入行政审批事项333项（不含乡镇），网上办事深度达到三级的128项，占38.4%。完成“保证2014年年底30%以上的办理事项达到三级深度”的目标任务。

【中文域名网站挂标】 县委编办在中文域名注册工作的基础上，部署政务和公益域名注册工作，并印发《中文域名使用说明》，对中文域名的注册、管理、访问等做详细的说明讲解。2014年，根据中央编办、省委编办、市委编办要求，在机关事业单位开展党政机关网站开办审核、资格复核和网站标识管理工作，截至2014年底，共审核67家单位有关申请，其中57家已领取标识。

【调研统计】 2014年，县委编办开展多项调研。对江川县教育系统的教职工编制数、人数、学生数、工作开展情况等进行调研。对乡镇功能及运行情况进行调研，深入江川县部分乡镇，听取乡镇机构改革运行工作情况汇报，并进行分析研究。随市委编办对“两湖机构”进行调研。开展机构改革系列调研，到农业、林业、水利、住建等部门开展实地调研。

（李建娇）

民　政

【概　述】 2014年，全县共有社区居委会20个，居民小组165个；村民委员会53个，村民小组299个；年末共有优抚对象10374人，全年共对3012位重点优抚对象发放各类补助金1317.59万元；兑现义务兵家属优待金273人123.18万元；安置退役士兵21人；全年对城市低保受益户3710户5585人发放低保金1778.77万元，对农村低保受益户8066户8801人发放低保金1304.29万元，对农村五保户608户627人发放五保供养金324.72万元；全县共有社团和民办非企业单位78个；全年结婚登记2027对，其中初婚3350人，再婚670人；复婚登记17对；离婚登记674对；全县共有60岁以上老龄人口数44060人，其中60～64岁14260人；65～79岁23884人；80～99岁5905人；100岁以上11人。

【春节前夕走访慰问军休人员】 江川县有7名军休干部，8名无军籍职工和3名伤残军人。2014年1月14日，在春节来临之际，县民政局对15名军休干部、无军籍职工，3名三级伤残军人进行走访慰问，给每人送上200元慰问金和一

袋价值60元的慰问品，合计人民币4680元。

【县四套班子慰问江川困难群体】 2014年1月22～23日，由县四套班组成的7个慰问组，分别到全县7个乡镇（街道）慰问城市特困户、农村特困户、重点优抚对象和敬老院五保老人，每个乡镇慰问特困户和重点优抚对象3户、残疾人家庭1户，户均发放慰问金300元和价值60元的慰问品一袋；每个乡镇（街道）慰问敬老院一所，给每位在院五保老人发放祝寿钱100元，对敬老院工作人员每人慰问200元。

【春节慰问安排】 2014年春节慰问安排：市慰问团慰问农村和城市特困户、烈属、伤残军人、在乡老复员军人、百岁老人各10户，军休干部、无军籍职工15人，共55户，每人慰问500元，共计2.75万元。对部队进行慰问，慰问玉溪军分区3万元、武警41师5万元、77216部队3万元、通海武警123团2万元、市消防支队2万元、市武警支队2万元、预备役3团2万元、县人武部1万元，慰问县消防大队、武警中队、预备役3团2营各5000元，共计21.5万元。以各乡镇为单位慰问重点优抚对象2931人，每人200元，共计58.62万元。慰问农村特困户200户，每户300元，共计6万元。慰问五保老人及敬老院工作人员，五保老人515人，每人100元，计51500元；敬老院工作人员25人，每人200元，计5000元；共计5.65万元。慰问百岁老人10人，每人500元，计5000元；每人1份慰问品，每份60元，计600元；共计5600元。慰问烈士墓工作人员3人，每人300元，共计900元。慰问军地离退休干部、军队无军籍退休职工、三级以上伤残军人共37人，每人200元，计7400元；每人慰问品1份，共37份，每份60元，计2200元；共计9600元。市级慰问组入户慰问7户，每户1份慰问品，每份60元，共计420元。除市级下拨经费外，县财政核拨经费50余万元。

【市、县慰问团慰问77216部队】 2014年1月22日下午，由市纪委书记李文斌率领的市春节慰问团，以及由县委书记马文龙，县委副书记、县长钱兴，县委常委、副县长张文彬，县委常委、人武部政委曾宪涛等率领的县春节慰问团，带领市、县慰问人员30余人，到驻江77216部队进行春节慰问。市慰问团慰问部队现金5万元，慰问品50份；县慰问团慰问现金3万元。

【市慰问团慰问江川困难群体】 2014年1月22日下午，由市纪委书记李文斌率领的市春节慰问团，在县委书记马文龙，县委副书记、县长钱兴，县委常委、副县长张文彬，县委常委、人武部政委曾宪涛等的陪同下，到江川进行春节慰问，入户慰问特困职工2户、下岗失业职工2户、困难企业退休人员1户、城市特困户2户、农村特困户2户、重点优抚对象2户、工伤人员及遗属1户、百岁老人1户、见义勇为人员2户、农民工2户，每户慰问500元和价值60元的慰问品1袋，慰问见义勇为牺牲者家属2户，慰问现金1000元。

【九溪镇完成村级公益性公墓第一期建设】 3月初，九溪镇首个村级公益性公墓第一期建设已按时按质圆满完成。该墓地以所在地命名为白龙坡公墓，其总占地面积5亩。按照每年死亡人口6‰测算，总规划25年，建100个墓位，第一期先行建设50个墓位，满足10年需求。配套建设墓区道路、焚烧区、休息区、停车场和绿化工程。

【路居镇老高坟公墓提档升级】 2014年2月初，路居镇对老高坟公墓投资530余万元进行提档升级，工期两个月，至2014年4月竣工。对前期设计的五个方面不足进行优化：拆除墓台间的空心砖挡土墙，换以红砖及素混浇筑的挡土墙，增加安全性；增建排水沟及蓄水池，防止雨水冲刷影响墓区稳定性，同时解决水源问题；用花砖、青砖铺设停车场和道路，更换之前设计中用水泥浇筑的方案，最大程度保证植被覆盖率；增加绿化部分，既保持水土又改善墓区环境；修建公厕，卫生便民。路居镇老高坟农村公益性建设项目遵循“绿色殡葬”“人文殡葬”的总体要求，利用地形地貌建设，合理规划分布遗体区及骨灰区，能满足13年内全镇群众的基本安葬需求。

【江城镇古埂村一民房发生火灾】 2014年3月10日上午8：30时，江城镇陈家湾村委会古埂村李长保家中，年久失修的土木房突发火灾，造成本农户及兄弟李小二房屋及财产全部烧毁，烧毁房屋面积180平方米，家中一无所有，未造成人员伤亡，民政部门及时给予救助铺盖9套、衣服18套、大米200千克。镇党委政府给予两户家庭每户1500元的救助。

【启动《烈士证明书》换（补）发工作】 3月15日，江川县启动《烈士证明书》换（补）发工作。全县共有烈士206名，其中江川籍烈士142名，县民政局负责142名烈士及家属信息的调查、填写、登记、录入上报，由省级民政厅统一编号、登记。此次换（补）发《烈士证明书》由烈属户籍所在地的县民政部门负责，将老证明书收回由县民政局存档。

【江川县祭扫革命烈士陵园】 4月4日上午，江川县机关干部、中学生、77216部队官兵2000余人到江川县烈士陵园举行祭扫烈士墓活动。县委常委、宣传部部长龚桂存主持仪式，副县长、县公安局局长牛旺林祭词。民政局干部为部队官兵讲解唐淮源、潘翼天等烈士的英勇事迹。

【江川县增添3位百岁老人】 4月11日，大街街道朱家庄社区大龙潭村廖彩云老人满100岁；5月7日，江城镇三百亩村委会风吹口村袁翠英老人满100岁；7月31日，路居镇下坝社区西海边村王秀英老人满100岁。县委、县政府相关领导到3位老人的家中，为老人颁发“百岁寿星荣誉证书”和“盛世乐天年”百岁匾，并对3位百岁寿星家庭发放1万元一次性奖励资金。江川县百岁老人已达11人。

【农村公益性公墓建设现场会在九溪召开】 4月15日上午，全县农村公益性公墓建设现场会在九溪召开，部署农村公益性公墓建设工作。会议实地观摩安化乡光山村委会李家营七月半塆农村公益性公墓、县殡仪馆道路建设情况和九溪镇阳山庄村委会白龙坡农村公益性公墓，县委副书记石伟，县政协副主席李绍华及民政、财政、林业、交通、各乡镇领导等30余人参加会议，安化乡纪委书记李江辉和九溪镇副镇长龚艳美分别从农村公益性公墓的选址、规划、科研、立项、审批、筹集资金等环节向与会人员做介绍。县委副书记石伟进行安排部署：2014年江川19个农村公益性公墓建设任务必须认真选址，科学规划，明确专人负责，抓好落实。重点在推进过程中以镇级公墓为主，村级公墓尽量整合，便于土地审批和公墓管理；在资金上按照市政府相关文件规定的补助标准县财政进行匹配。2013年度的10个农村公益性公墓建设任务，2014年8月底组织验收；2014年度的19个农村公益性公墓建设任务，2014年12月底组织验收；墓穴和基本绿化建好，焚烧池、标识标牌到位。下一步公墓审批涉及的事项，尽量减少审批环节，能减免的费用减免。两办督察室和纪委监察要对此项工作进行专题督察，时间结点是8月底和12月底，督察的目的是全力推进，圆满完成江川县的殡葬改革任务。

【市民政局到江川督查养老项目】 4月25日，市民政局副局长杨思荣一行，对江川县居家养老服务项目建设和农村幸福院建设情况进行专项实地督查。督查组一行先后实地查看大街街道6个居家养老服务项目和1个幸福院、前卫镇3个居家养老服务项目和2个农村幸福院、九溪镇3个居家养老服务项目建设情况，并提出要求，对已经建成的居家养老服务中心要尽快营运起来，真正发挥居家养老服务中心的功能，让老人有所活动、娱乐的场地，做好老人的日间照料工作。要求渔村居家养老服务中心7月1日试运行，后卫村居家养老服务中心8月1日试运行；在建的居家养老服务中心要抓紧施工，按期完工并运营；未动工建设的要在6月份开工建设，确保年内完工。

【市民政局到江川调研指导民政项目】 4月29日，市民政局局长方建华一行对江川县民政项目建设情况进行调研指导。方建华一行先后到九溪镇六十亩村居家养老中心、九溪公益性公墓建设现场、九溪敬老院改扩建现场、路居镇公益性公墓建设现场、雄关乡公益性公墓建设现场等工地查看、了解项目概况，方建华要求，要提高认识，加强领导，进一步抓好项目的进度和管理工作。要认真组织开展工作，加快时间进度，加大工作力度，加大公墓建设养老项目建设力度，使居家养老服务中心尽快为老年人服务，加强农村敬老院建设与管理，改善农村五保群体的生活状况，做好一系列民生工程，解决好群众反映强烈的突出问题、维护农村大局稳定、落实社会保障政策、促进社会和谐发展。要加强对项目资金的监督检查，管好用好项目资金，确保专款专用。

【县人大调研农村低保制度落实情况】 2014年5月6日下午，县人大调查组杨汉金、李双全、李存保、杨四代、龚绍辉一行到江城镇随机抽查黄营村委会低保工作基本情况，听取村委会低保工作汇报后，调查组一行随机对14户低保家庭进行入户核查；5月7日，以县人大常委会副主任刘跃宁牵头的调查组一行6人到九溪镇开展农村低保调研工作。调查组先后到大营村委会、大村村委会，听取民政信息员关于2013年农村低保调整工作的情况汇报。刘跃宁指出，在城乡低保调整中，镇村组要加强责任意识，认真研读低保政策，多走多访才能解决困难群众的最基本生活问题。

【市委督查组到江川督查殡仪馆及公墓建设情况】 5月13日，市殡葬改革督查组在市监察局局长李长虹带领下到江川督查殡仪馆及公墓建设情况，副县长、县公安局局长牛旺林，县民政局局长李佳强、副局长李思源和殡葬管理所工作人员陪同实地查看九溪镇白龙坡公墓、路居镇老高坟公墓和在建的江川县殡仪馆配套道路施工现场。经过实地查看、听取汇报，李长虹充分肯定江川县公墓建设成绩，鼓励基础条件好的乡镇级公墓不断完善基础设施，创新管理理念，朝着“小型化、个性化、艺术化”方向发展，缩小硬化面积，积极探索生态葬法。李长虹指出，殡葬改革是一项惠民工程，江川的农村公益性公墓尤其是路居老高坟公墓规模大、选址好、配套设施完善，是其他县应该学习的样板式农村公益性公墓。

【江川县发生“5·26”风雹灾】 5月26日下午15：13时，江川县受副高外围气流和冷空气影响，大街、前卫、九溪、路居四个乡镇（街道）遭遇大风暴雨夹杂冰雹袭击，烤烟、蔬菜、水稻等农作物受灾，叶面破损严重，农作物受灾面积8490亩，成灾面积4770亩，直接经济损失1000余万元。

【江川县宣传《社会救助暂行办法》】 5月30日，县民政局在县委党校召开《社会救助暂行办法》宣传培训会议，副县长、县公安局局长牛旺林出席会议，民政局副局长王兴堂主持会议，全县各乡、镇人民政府（街道办事处）民政助理员、老龄专干及村（社区）民政信息员共计120余人参加会议。会议就国务院2月21日颁布的《社会救助暂行办法》内容对全县民政工作人员进行宣传，民政局各股室负责人结合《社会救助暂行办法》相关的职能，就如何正确开展最低生活保障、医疗救助、临时救助、受灾人员救助、特困人员供养等工作进行授课。牛旺林提出，《社会救助暂行办法》相关工作将成为救助工作未来几年的主要法律依据，是民政的头等大事，是检验衡量民政工作的重要标尺，全县要紧紧围绕《社会救助暂行办法》，把工作抓好、落实，切忌拖拖拉拉，要维护好困难群众的基本生活尊严，做好救急难工作，在建设和谐社会中发挥出重要作用。

【江川第一家居家养老服务中心正式运营】 7月3日，渔村居家养老服务中心暨农村幸福院揭牌运营，是江川县新建并正式运营的第一家居家养老服务中心。渔村居家养老服务中心于2013年5月开始规划、施工建设，至2014年6月完工，总投资近70万元，建筑面积400平方米，设有厨房餐厅、医疗保健室及多功能活动室、书画阅览室、男女宾休息室、棋牌室等一系列休闲活动场所，为辖区的空巢老人、高龄老人、单亲老人和其他有托老需求的老年人群提供膳食供应、保健康复、休闲娱乐等日间服务。

【建军节慰问驻江部队】 7月28日，在中国人民解放军建军87周年来临之际，县委、县政府组织慰问团到玉溪军分区、玉溪市公安消防支队、武警玉溪市支队、预备役三团、123团、县人武部、县公安消防支队、武警江川支队、预备役三团二营开展八一拥军慰问活动。送上慰问金共16万元。

【建军节慰问优抚对象】 7月28～29日，县民政局开展走访慰问优抚对象活动，走访慰问烈士遗属、因公牺牲军人遗属、病故军人遗属、在乡老复员军人、带病回乡退伍军人、伤残人员、参战退役人员、农村籍退役士兵、烈士子女、军队退休干部、无军籍退休职工。全县慰问享受国家抚恤和生活补助的优抚对象2972人，发放慰问金59.44万元；军队退休干部、无军籍退休职工15人，发放慰问金共0.45万元。

【路居老高坟公墓通过初验】 5月28日，由市工作组、县委宣传部、县监察局、县民政局、路居镇政府、施工、设计、监理等对江川县路居镇老高坟公益性公墓进行验收。江川县路居镇老高坟公益性公墓项目批准总投资657万元，2013年5月开工，2014年5月28日竣工，总用地面积34118平方米，完成土石方开挖26000立方米，墓穴区建设面积9548平方米，墓区建有管理房58平方米，铺装停车场嵌草砖1860平方米，建有4个焚烧池，3个储水池（32.34立方米），公厕一座33.16平方米，纵横向面层防滑道路5条，墓位23台，已砌筑墓穴1003个。经验收组到施工现场实地查看和查阅相关资料，一致同意验收。

【城镇退役士兵选岗安置】 8月7日，江川县召开2014年退役士兵选岗安置现场会，已取得选岗资格的10名转业士官、城镇退役士兵在县纪检监察及新闻媒体的监督下，依照“双考”成绩排名依次选择到相应的岗位并签字确认，当场在选岗登记表、选岗保证书上签名、按手印，完成2014年城镇退役士兵选岗安置任务。县纪委第二纪工委、县监察局、县人武部、县民政局、县安置办、县人力资源和社会保障局等成员单位及7个用人单位的相关领导和10名转业士官、退役士兵参加选岗安置会。2013年冬至2014年春，全县共接收退役士兵、转业士官96人，其中退役士兵89人、转业士官7人。经审核，符合安排工作的12人，经过“双考”10人进入拟定的10个岗位。

【江川县55名大学贫困新生获福彩资助】 8月22日，江川县举行“福彩助学　爱心圆梦”公益活动资助贫困大学生发放仪式。县人大常委会副主任刘跃宁，副县长、县公安局局长牛旺林，县政协副主席李绍华，县纪委第二纪工委书记付兴瑞，县政府办副主任周留明，县民政局局长李佳强，县教育局党委副书记、纪委书记李文平，江川一中校长靳江，江川二中校长金星等领导以及市民政局《关于开展“福彩助学　爱心圆梦”公益活动的通知》要求，决定对江川县2014年考取大学但无力支付学费的特困家庭大学生进行适当资助。江川县受资助的困难学生55名，资助标准每人3000元，共计资助资金16.5万元。

【殡仪馆建设项目启动地勘工作】

8月22日上午，江川县经营性公墓暨殡仪馆建设项目机械进场开始平整场地启动地勘工作。江川县殡仪馆建设项目由县民政部门向省、市民政部门申报项目，于2013年得以批准建设，项目选址定于大街街道朱家庄社区大石崖片区。拟建占地面积50亩的江川县殡仪馆项目和经营性公墓一期工程建设，经营性公墓项目初步规划总投资为4.5亿元，其中：殡仪馆建设3500万元；一期项目建设1.8亿元，墓地面积93亩，墓穴13700个，泊车位576个和服务区其他公用辅助工程。

【江川县召开乱埋乱葬专项整治推进工作会】 8月29日，江川县在影剧院召开乱埋乱葬专项整治工作会议，全县实职副科以上人员、各乡镇、街道办负责人、部分社区、村民小组负责人参加会议。会议要求，全县各级各部门要切实增强使命感、责任感和紧迫感，紧扣目标任务，采取有力措施，全力打好清理乱埋乱葬攻坚战。自全市强力推进殡葬改革工作以来，江川县殡葬改革工作稳步推进。目前，农村公益性公墓4个已建成，6个已进入扫尾阶段；殡仪馆项目建设正在开展场地平整工作；完成对“三沿五区”坟墓和空坟的调查摸底统计，为清理乱埋乱葬工作打下坚实基础。县委副书记、县长钱兴要求9月30日前，必须完成城镇及“两湖”近面山和水库、河流、湖泊等水源保护区、文物保护区、风景名胜区以及高速公路、省道、县道两旁的空坟平毁和已葬坟墓的清理整治。2015年3月1日前，确保完成其余区域内的空坟平毁。要进一步加快工作进度，确保殡仪馆项目在9月10日开工建设，经营性公墓项目在10月15日前正式启动建设，殡仪馆主体工程在2014年12月30日前全面完工。钱兴强调，要加强领导，强化责任，确保乱埋乱葬清理整治工作取得实效。各乡镇（街道）、各有关部门要联系实际，突出重点，加强殡葬政策法规和社会主义精神文明新风尚的宣传教育，营造良好的舆论氛围。各乡镇（街道）和各村（社区）要建立乱埋乱葬专项整治工作领导机构，层层落实目标责任制，建立信息工作网络，确保工作扎实推进。全县各级各部门、全体党员和领导干部要始终保持共产党员的先进性，带头移风易俗，带头执行清理工作。县委书记马文龙等出席会议，县委副书记、统战部部长石伟主持会议。会上，副县长、公安局局长牛旺林代表

县政府与各乡镇（街道）签定乱埋乱葬专项整治工作目标责任书。

【县政协组织开展农村养老调研工作】　9月11日，由县政协组织，政协副主席李绍华、政协科教文卫委员会主任杨明顺带领的农村养老问题调研组到江川县中心敬老院、渔村居家养老服务中心、龙街敬老院、翠峰敬老院、江城敬老院走访调研。县民政局局长李佳强、老龄委副主任杨霜梅参加调研。调研组实地查看敬老院生活环境、饮食起居和相关政策的落实情况，与敬老院老人交谈，听取各敬老院院长汇报。针对调研中发现的问题，调研组提出五个方面的建议：一是加大政府的扶持力度，要对老龄事业在资金、机构、政策等方面给予大力支持；二是探索适合江川县的养老服务模式，进一步健全以居家为基础、社区为依托、机构为支撑的农村基本养老体系；三是培养好队伍，加大与高等学校、高等职业学校等培训机构在专业设置、服务技术和理论研发方面的沟通与对接，培养专业技术人才，在社区和家政机构开展技能培训，逐步建立完整的养老服务队伍体系；四是整合好资源，整合政策、资金、行业和平台资源，形成网络状的养老服务结构；五是加强宣传，营造良好的社会氛围，要加强对老年人“尊老、敬老、爱老、助老”的道德宣传和教育，进一步健全家庭养老道德体系建设。

【江川县召开公益性公墓选址现场办公会】　2014年9月11日，县政府召开农村公益性公墓选址现场办公会，副县长、县公安局局长牛旺林主持会议。参会人员现场察看大街街道公墓拟选地、雄关乡公墓拟选地、路居镇公墓拟选地、江城镇公墓拟选地、安化乡公墓拟选地、前卫镇公墓拟选地、九溪镇公墓拟选地。实地察看后，表示公益性公墓拟选地可行，国土资源局表示拟选地不是基本农田，可以使用；林业局表示部分地是林地，但是办理林地使用手续后可以动工；水利局做水保方案，环保局做环评登记表。

【江川县发生“9·10”洪涝灾害】　2014年9月10日下午15：30~18：00时，江川县辖区内的雄关乡、大街街道发生大风冰雹及暴雨天气，特别是大街街道大营社区居委会摆寨居民小组、伏家营社区伏家营小组，朱家庄社区、雄关乡窑房村委会发生冰雹、洪涝灾害，导致部分民房进水，村庄道路被淹，农作物受灾，未造成人员伤亡。灾情发生后，县民政局组成工作组第一时间到达受灾地点及时开展救灾工作，在受灾村组干部的引领下在摆寨村全村范围内进行拉网式排查，做到村不漏户，户不漏人，重点排查因房屋进水导致住户存在安全隐患的人员，及时进行疏散。对全村的受灾情况进行调查统计（包括受灾人口、受灾面积、房屋损坏、倒塌情况、需紧急转移安置人口、需临时救助人口等灾情指标）。组织转移急需安置人员，安抚受灾群众情绪，向临时安置的受灾群众发放被褥、衣物、大米等生活用品。据统计，此次灾害过程造成受灾人口5200余人，紧急转移安置19人，集中安置11人，农作物受灾面积224公顷，房屋倒塌6间。

【劳模带头拆除“活人墓”】　9月4日，江川县全国劳动模范徐保祥响应县委、县政府殡葬改革管理工作号召，主动拆除于2006年自建的“活人墓”。劳模徐保祥在年初通过电视、广播等媒体知晓全县正在开展整治乱埋乱葬，清理活人墓地侵占耕地、林地等工作后，发扬劳模精神，主动带头拆除自己的“活人墓”，以实际行动倡导文明节俭、生态环保、移风易俗的殡葬新风尚。

【饶南湖到江川调研殡葬改革工作】　9月20日，以市委副书记、市长饶南湖为组长，市委副书记夏立洪、副市长解仕清为副组长，市委、市政府、市民政局相关领导组成的调研组一行到江川对殡葬改革工作进行调研。县委副书记、县长钱兴陪同调研。饶南湖一行深入江川福德陵园项目施工现场，对火化区划定进行了解，对殡仪馆建设情况进行实地查看，并听取相关负责人情况介绍。在详细了解全县殡葬改革工作进展情况后，饶南湖要求，江川各级各相关部门要高度重视、统一思想，坚定信心，克服畏难情绪，严格按照市委、市政府的要求，快速推进殡葬改革工作。要突出重点，强势推进，按照时间节点，抓好火化区划定、殡仪馆建设、公益性公墓建设等工作。要加强宣传，注重实效，在全县大力开展形式多样的殡葬改革宣传教育活动，使殡葬改革政策和法规家喻户晓，深入人心，营造浓厚的殡葬改革氛围。要加强引导，勇于作为，严格落实责任，确保与全市同步推进殡葬改革工作。随后，饶南湖一行来到江川烈士陵园附近对江川县乱埋乱葬清理整治情况进行现场调研。见到主动清除自己活人墓的徐宝祥老人后，饶南湖感谢他用实际行动支持江川殡葬改革工作。饶南湖强调，做好殡葬改革工作离不开群众的理解与支持，江川县要加强宣传，正确引导，号召更多群众向徐宝祥老人学习，主动清理活人墓，革除乱埋乱葬陋习，大力推行与现代文明相协调的殡葬习俗和文化形式，不断增强人民群众参与殡葬改革的自觉性，倡导殡葬新观念、新风尚，营造良好的社会氛围，确保顺利、按时完成殡葬改革工作任务。

【江川县开展烈士纪念活动】 江川县共有206位江川籍、外籍优秀儿女被授予烈士称号。其中，新民主主义革命时期烈士1名、抗日战争时期烈士1名、解放战争时期烈士5名、清匪反霸时期烈士150名、抗美援朝战争时期烈士34名、援老抗美作战烈士2名、中越边境自卫还击作战烈士2名、“老山、者阴山”对越防御作战烈士3名、社会主义建设时期烈士8名。9月30日是首个烈士纪念日，为缅怀烈士的丰功伟绩，弘扬爱国主义、革命英雄主义精神，烈士纪念日期间江川县开展烈士纪念活动。举行烈士公祭活动，9月30日在烈士陵园举行烈士公祭活动，缅怀革命先烈。向烈士墓敬献鲜花，组织引导机关团体、企事业单位干部职工、中小学生、部队官兵和社会各界群众向烈士墓敬献鲜花。关怀慰问烈士遗属，9月28～30日，县委、县政府组织走访慰问烈士遗属16人，每人慰问现金300元及价值100元的慰问品，共发放慰问金和慰问品6400元。开展网上纪念烈士活动，倡导社会各界群众特别是青少年学生通过国家公祭网、中华英烈网、青少年爱国主义网等专题网站缅怀烈士，学习烈士英雄事迹，继承烈士遗志。

【江川县荣获全市老龄工作先进表彰】 9月29日，市政府召开敬老先进村（社区）、十大孝星、老年温馨家庭、老有所为先进典型表彰会。江川县路居镇上坝村委会、前卫镇渔村村委会、雄关乡上营村委会荣获“敬老先进村”称号；大街街道河咀社区、安化乡安化社区获“敬老先进社区”称号；前卫镇小街村委会上高桥村何建春获“十大孝星”称号；路居镇下坝社区西海边村杨丕国家庭获“老年温馨家庭”称号；路居镇上坝村委会杨昆华获“老有所为先进典型”称号。

【市县领导看望慰问百岁老人和高龄困难老人】 9月23日，市委副书记夏立洪、市人大常委会副主任吴建森、市政协副主席马良昌在县委书记马文龙，县委副书记、县长钱兴，县委常委、县委办公室主任邓春元陪同下，看望慰问百岁老人、高龄困难老人，为他们送去党和政府的关怀和节日祝福。夏立洪一行首先到大街街道朱家庄社区大龙潭村百岁老人廖彩云的家里，仔细询问老人的身体状况，把慰问金及慰问品送到老人手里，并叮嘱老人的儿子及孙子好好照顾老人，让老人百岁后的生活更幸福、更安康。夏立洪一行还看望慰问大龙潭村84岁的高龄困难老人李牙美、周官村委会小营村百岁老人张建信和高龄困难老人杨绍禄和邓云弟，为他们送上慰问金及慰问品。

【重阳节慰问】 9月25日，县委、县政府领导看望慰问江川县百岁老人和孤寡、五保老人。县人大副主任刘跃宁一行看望慰问路居镇石岩哨村委会杨来贞、螺蛳铺村委会大营北头村周郭氏、上坝村委会赵严氏、下坝社区西海边村王秀英4位百岁老人和路居敬老院的孤寡老人和五保老人。县委副书记、统战部部长石伟一行看望慰问大街街道朱家庄社区李吉焕、聚龙小区宁永权、三街社区第九居民小组陈所平，江城镇江城社区北门街陈映兰、三百亩村委会风吹口村袁翠英5位百岁老人和县中心敬老院的孤寡老人。

【开展敬老月宣传咨询义诊活动】 2014年10月是全国第五个“敬老月”，10月15日，县老龄委联合县人社局、县司法局、县卫生局、县妇联、县民政局等5个成员单位开展第五个“敬老月”宣传咨询义诊活动。“敬老月”宣传活动围绕“传承中华美德　弘扬敬老文化”主题展开。宣传活动设在县城明珠路，活动现场设置“老年维权咨询”“老年义诊”“老年优待咨询”“养老保险咨询”“平安家庭咨询”等咨询台，县老龄委、县人社局等单位工作人员对群众提出的涉老政策、老年优待等咨询进行现场答疑。现场同时以宣讲、发放宣传

材料的形式向群众进行《中华人民共和国老年人权益保障法》、养老保险缴纳等涉老知识宣传。县司法局出动宣传车在城区和乡镇对《中华人民共和国老年人权益保障法》、养老保险的缴纳政策等进行循环播放。活动现场，县老龄委工作人员接受老年人和其他群众的咨询300余人（次），详细讲解老年人相关权益、涉老政策、法律援助等方面的知识。发放《老年人权益保障法》300余份、老年人心理及饮食健康宣传单200余份；县人社局发放养老保险、劳动合同法、就业创业服务等宣传单1800余份；县司法局工作人员对前来维权咨询的老人讲解法律诉求途径，接受现场法律咨询30余人次；县民政局发放江川县殡葬改革宣传单1500余份，并对过往群众宣传自2015年3月1日起全县实行遗体火化；县妇联发放“平安家庭”创建宣传单300余份；县卫生局免费为100余名老人进行义诊。

【江川县敬老院开展消防安全大检查】 10月20～21日，县消防大队联合县民政局对全县乡镇敬老院消防安全工作进行大检查，深入9所农村敬老院，重点检查各敬老院防火和院民人身安全方面存在的隐患。检查组听取敬老院情况汇报，并对老人宿舍、食堂、卫生室等处一一查看。检查组对各敬老院在安全生产方面所做的工作表示认可，整体情况较好。在检查中，雄关敬老院因灭火器压力不足、路居敬老院因应急照明灯和疏散指示标志未保持完好有效、中心敬老院因控制室无人值班和设备未正常运行被责令限期整改，检查组并就如何做好下一步消防安全工作提出整改建议：在思想上要高度重视消防安全工作，树立群众利益无小事的思想，增强消防安全防范责任感，做到警钟长鸣。要加强安全意识，不断提高对用电、防火、卫生消毒等安全工作重要性、紧迫性的认识，坚决消除麻痹思想，克服侥幸心理，切实做好敬老院的消防安全工作。要进一步完善安全工作制度和安全措施，加强管理，敬老院内保证24小时有人值班，发现情况及时上报，确保五保老人的安全。要定期对敬老院的消防安全隐患进行大排查，将安全隐患解决在萌芽状态，确保院民人身安全，使院民能颐养天年。

【九九消防平安行动】 10月13日下午，县消防大队联合县民政局于中心敬老院举行“九九消防平安行动”启动仪式。县老龄委副主任杨霜梅、县公安消防大队大队长李沪生出席并进行讲话。仪式上，李沪生指出：“九九消防平安行动”是关爱老年人的行动，开展“九九消防平安行动”的目的是要在全县掀起一股普及消防知识、关爱老年群体消防安全的热潮，提高广大人民的消防安全意识。通过活动的影响力，广泛动员全社会力量参与消防工作，改善社会消防环境，推动社会福利机构和相关群众参与火灾隐患整治工作，最大限度地减少火灾危害，维护江川县火灾形势的平稳。县民政局、消防大队为中心敬老院颁发“九九消防志愿者服务站”站牌，为志愿者老人们授绶带。活动过程中，由消防大队官兵为敬老院老人讲解消防器材及消防安全知识。

（张兴红）

政务服务

【机构设置】 江川县政务服务管理局下设两个中心：江川县人民政府政务服务中心和江川县公共资源交易中心，其中：江川县公共资源交易中心，2014年7月3日经县编委会议研究，将江川县建设工程交易中心1名事业编制转到江川县公共资源交易中心，江川县公共资源交易中心7人（编制7人）。管理局现有管理人员7人（编制7名），领导3人，干部4名。

【概　述】 2014年，政务服务管理局以推进并联审批为核心，落实“两集中，两到位”，推进江川县行政审批制度工作；以电子政务大厅建设为途径，推行政务公开，提高办事效率和服务水平；加强政府采购组织实施及监督管理；以加强效能监察为抓手，有效监察政务服务的实施情况，打造良好政务环境。进驻政务服务中心的部门共20个，进驻事项共236项。坚持一个窗口对外，实行一条龙服务，在一定程度上规范办事程序，减少审批环节，优化审批流程，缩短审批时间，群众对机关行政效率的满意度提高。全年，共办理事项148784件，其中行政许可事项6835件，非行政许可事项29558件，便民服务事项112391件；办结率100%。

【窗口审批服务事项】 1. 县公安局户籍窗口办件91832件。其中：办理迁出、迁入8001件；办理落户、销户1125件；办理户口册1958件；办理项目变更75432件；办理第二代身份证5316件。

2. 县计生局窗口办件907件。其中：办理《生育证》814件；办理《独生子女父母光荣证》85件；办理流动人口婚育证明8件。

3. 县交警大队窗口办件88391件。其中：办理注册登记4216辆；办理检验车辆23165辆；办理车辆转籍过户、变更607辆；办理补（换）行驶证415本；办理汽车（摩托车）驾驶员审验5115人；汽车驾驶员转籍、变更2918件；办理正式驾驶证核发4015件；办理补（换）驾驶证8154本；办理制证、驾驶证和行车证16823本；办理新世纪汽车、摩托车报名5112人；办理驾驶员体检4925人；办理保险业务4012件；办理地税业务8914件。

4. 县民政局窗口办件3070件。其中：办理结婚登记1145件；办理离婚登记309件；办理补领结婚证541件；办理补领离婚证4件；办理结（离）婚档案查阅63件；办理无婚姻记录证明1008件。

5. 县工商局窗口办件4702件。其中：办理各类企业、个体工商户名称预核1458件；办理个体工商户设立、变更、注销登记1726件；办理各类企业设立、变更、注销、登记704件；出具是否有营业执照证明814件。

6. 县文化局窗口办件146件；其中：换证47件；办理代码证年检91件；办证8件。

7. 县质监局窗口办件547件。其中：申请办理代码证298件；变更业务245件；办理废置4件。

【政务管理】 贯彻执行“四项制度”，加强行政效能监察工作。在落实“首问责任制”上，政务服务中心以咨询服务台设立“首问责任岗”外，所有大厅里的工作人员都是首问责任制的责任人，无条件地履行首问责任，确保让前来办事询问的群众满意。执行“一次性告知制”“首问事项登记制”“去向留言制”等，保证“首问责任制”落到实处。在执行“限时办结制”上，各个行政审批岗位都按照新编制的行政审批流程确定的标准时限办事。能当场办结的，确定为即办件，必须当场办结；不能当场办结的事项，明确各环节的办理时限，限时办结。在执行“问责追究制”上，发挥电子监察系统的作用和加强日常巡查，实时问责、网上自动问责，杜绝超时件，违法、违规等办件行为的发生。

【并联审批工作】 按照《云南省人民政府办公厅关于投资项目实行集中审批的通知》文件及省市政府会议精神，县政府多次召开专题会议，督促推进投资项目集中审批工作。制定下发《江川县人民政府办公室关于投资项目实行集中审批的通知》，成立由县委常委、常务副县长石伟任组长，分管副县长杨军苹任副组长，县政府办、监察局、政务服务管理局、发改局、工信局、国土局等部门主要领导为成员，发改局局长任办公室主任的投资项目局长审批工作领导小组，明确投资项目局长审批工作由县发改局牵头，相关部门协办，发改局窗口负责统一接件、审件和分件，各进驻部门窗口根据审批权限配合发改局窗口开展投资项目集中审批工作。县政务服务管理局对进驻部门工作窗口提供工作平台和服务。县监察局对进驻部门窗口工作实行监督检查。林业、气象、水利、环保、工信、国土、发改、交通、住建、防震减灾、安监、抚管、人防等14个部门共65项投资项目审批服务事项已进驻政务服务管理局服务大厅，截至2014年底共办理审批事项17件。

【网上政务服务平台建设】 根据《玉溪市网上政务服务平台建设工作方案》《江川县网上政务服务平台建设工作方案》文件精神，围绕省行政审批网上服务大厅、市网上政务服务平台（以下简称网上大厅）和中国·玉溪网的建设，利用现代信息和技术手段，创新政府行政管理方式，推行各级各类行政审批和管理服务事项向网上大厅集中，实现行政审批和管理服务事项网上咨询、申报、预审、办理、查询、反馈和监督管理，构建横向到部门，纵向连市、县的网上政务服务平台。最终实现省、市、县和部门、办事群众之间的互联互通，转变政府职能，提高办事效率、办事透明度和公共服务水平，建设清廉、高效、务实的服务型政府。截至2014年5月30日，江川县网上政务服务大厅行政审批及管理服务事项目录公示二批，共计378项。各行政审批部门于2014年11月20日前进行江川县网上政务服务大厅行政审批演练。

【公共资源交易中心运行管理】

县政府制定并下发《江川县公

共资源交易中心实施方案》，明确县公共资源交易中心职责，集中交易事项的种类和交易规则、规程制定等。2014年，江川县公共资源交易中心累计进场项目112个，交易项目108个，交易总额7.05亿元，节约资金2273.68万元，溢出资金16.7万元。公共资源交易中心的建设规范公共资源交易市场秩序，从源头上预防腐败为进一步营造务实高效廉洁的政务环境，建立健全“行为规范、运转协调、廉洁高效”的政府投资建设项目中介服务体系，明确中介服务机构服务政府投资项目的事项、服务标准、费用收取和服务时限，规范执业行为、加强行业自律、落实行业监管，优化市场环境，合理控制投资成本，促进全县经济社会发展，县政府办制定并下发《江川县规范政府投资建设项目中介服务机构管理工作方案》。江川县政务服务管理局按文件要求牵头制定《江川县政府投资建设项目中介服务机构建库工作实施方案》。

【政务服务网络体系建设】 政务服务向基层延伸，按照便民利民原则，依法加大行政审批、公共服务及其他事项等权限的下放力度，进一步拓展乡镇（街道）便民服务中心、村组（社区）便民服务站服务领域，形成功能完善、运转高效、公开透明的省、市（州）、县（市）、乡四级联动的政务服务平台。为加强基层便民服务中心建设管理，全县4镇、2乡、1街道已全部设置为民服务中心，72个村（社区）已建成72个为民服务站。乡镇（街道）已全部设置公共资源交易中心，与乡镇（街道）招标办实行合署办公，承担乡镇（街道）的公共资源交易任务。

【电子监察】 电子监察系统运行正常，发挥效能监察作用，促进政务服务工作开展。电子监察的监察情况，通过电子监察的使用及日常对各窗口办件情况的掌握，监督各窗口部门业务办理情况达到群众基本满意。视频监控，加强窗口人员的管理。抓好窗口业务办理，通过视频监控系统对窗口工作人员落实《服务承诺制》《一次性告知制》《首问责任制》《挂牌上岗制》《责任追究制》等规章制度工作情况进行监督，发现苗头及时批评教育，杜绝“门难进、脸难看、话难听、事难办”的现象，提高政务服务质量、水平和效率，促进政务服务的规范管理。

【江川县网上大厅建设行政审批服务事项梳理审查及入库工作】 2014年9月24日，江川县召开网上大厅建设行政审批服务事项梳理审查及入库工作会。县政府督查室、县监察局、县编办，县政务管理局，及涉及行政审批和管理服务事项36家单位共计90人参加会议。共计梳理36家单位行政审批服务事项333件（乡镇除外），审核333件，入库333件，其中，三级深度事项128件，比例达38.4%。

【行政审批网上大厅应用系统操作培训和演练工作】 11月19日，江川县开展行政审批网上大厅应用系统操作培训和演练工作，参加演练的部门主要是涉及行政审批服务事项的36家单位58人。按照市、县政府相关要求和标准，江川县完成网上服务大厅行政审批事项的系统录入、用户权限和办理程序设置工作，做好上线和试运行相关工作，市政务局专业技术员唐梓睿介绍应用系统操作程序，讲解网上办事四个主要流程：信息发布流程、公众投拆流程、一般事项流程和投资项目审批流程等。会后，各部门进行综合演练。

（侯彦昆）

人口和计划生育

【概　述】 2014年，江川县人口和计划生育工作以人口计生网格化管理为切入点，全面夯实基层计生工作，启动新一轮流动人口基本公共服务均等化工作，在全县计生系统深入开展党的群众路线教育实践活动，巩固和提升计生成果和服务水平。2014年全县总人口277683人，出生人口2912人，死亡1709人，出生率10.51‰，人口自然增长率4.34‰，政策内生育2621人，符合政策生育率90.01%。现有已婚育龄妇女53378人，期末采取各种避孕节育措施45093人，其中采取节扎与放环措施44260人，综合节育率84.48%，优选节育率82.92%，应落实长效避孕措施2350人，其中八个月内及时采取长效避孕措施1851人，避免已婚育龄妇女意外怀孕率78.77%。

【基层工作】 稳定机构队伍，落实基层人员报酬待遇。村（居）委会宣传员报酬由上年每月450元的标准提高到550元，调动基层计生干部的工作积极性，同时对不适应工作的人员进行调整。推广大街街道月例会村（居）委会轮换召开机制，加强管理人员和专业技术人员培训，切实提高做好人口计生服务的能力。

【惠民政策】 兑现奖励扶助政策，深化利益导向机制，让计生家庭优先享有改革发展的成果。全年审批一次性奖励金34人；独生子女升学一次性奖励金141人，应享受奖励扶助金746人；应享受特别扶助金47人；失独家庭1户；升学加分132人；资格认定准确率100%。

【诚信计生】 文明执法，制止和纠正在计划生育工作中损害群众利益的行为。应对生育政策的调整，抓好再生育审批，提高办事效率。开展违法生育和“两非”专项整治行动，出生人口男女性别比106。抓好社会抚养费征收工作，维护计划生育国策的严肃性。全年共立案清查处理计划生育案件251件，其中征收社会抚费案件55件，行政处罚196件，立案率100%，应征收社会抚养费和罚没款683.79万元，已收缴240.09万，申请法院强制执行6件，案件评查合格率99%。12月中旬与法院开展联合执法行动，对江城、前卫、大街、路居进行计划生育专项联合执法行动，对有履行能力而不履行的被执行人采取强制拘留措施，共征收社会抚养费35万余元，定期征收20余万元，强制依法行政拘留1人，打击违法生育行为，提高社会抚养费案件的执行率。

【流动人口管理】 围绕全市新一轮流动人口基本公共服务均等化“四强化六均等”工作任务，加强动态监测基础平台建设，把流动人口全员信息纳入全省人口网格化管理，为计生工作及流动人口重大问题研究提供基础数据。探索流动人口区域协作模式，健全“一盘棋”机制，认真落实流动人口“十项真情服务”，设立免费发放药具点87个，出具外出流动人口婚育证明157份，为流动人口查环查孕747人次，实现流动人口与当地城乡居民同等享受计划生育公共服务目标。全年PADIS子系统应反馈信息185条，已反馈180条，反馈核实率97.3%，省级全员系统县、乡两级应用率均100%。

【免费孕前优生健康检查】 2014年市下达江川县目标任务1563对，检查率100%，评估为高风险人数为86例（男24例、女62例），已告知并咨询指导。免费发放叶酸2553人份，完成目标任务110.04%。全年应四查育龄妇女6294人，已四查5906人，占服务对象93.84%；应二查3838人，已二查3291人，占服务对象94.55%。

【计划生育药具管理】 进一步规范“云南计划生育药具管理—江川县服务之窗”品牌形象店。2014年度增设避孕药具免费发放点3个，其中增设免费发放机1台。2014年按需求计划共发放安全套78000只，纳米银50瓶，短效避孕药350板，外用药膜（栓）600余盒。形成流动人口与辖区人群药具免费发放一体化，免费避孕药具服务全覆盖。配合县防艾办做好推广防艾工作，与宾馆酒店签订协议书162家，签订率100%，免费发放安全套301300只，摆放率100%，发放宣传资料9000余份。

【宣传教育】 制定实施江川县人口和计划生育新闻发言人制度，以“单独二孩”生育政策调整完善为契机，发挥宣传教育先行先导作用，通过江川新闻网、门户网站、宣传手册等宣传渠道，宣传坚持计划生育基本国策不动摇，为全面推进人口计生工作改革提供思想保证、舆论支持和良好的社会环境。4月16日，组织乡镇计生办全体工作人员、县计生局全局干部参与“单独二孩”生育政策培训会，办理“单独二孩”生育证7本。推进以“和美家庭”创建活动为依托的婚育新风进万家活动，建成率达50%，共发放宣传资料15000份。拍摄“最美计生人”早街社区宣传员王宁媛先进事迹宣传片。

【计生协会建设】 开展协会活动，发挥协会帮扶带动作用。发挥协会自身优势，抓好计划生育“少生快富”帮扶项目，拓展协会服务领域，不断增强协会凝聚力，在雄关乡投入帮扶资金10万元。开展计生特困家庭帮扶活动，共帮扶30户，资金6000元。做好计划生育家庭意外伤害保险，全年共收取保费84万元。组织申报计划生育村民自治示范村，大街街道下营社区、前卫镇杨家咀村委会为国家级，江城大地村委会、九溪镇六十亩村委会为省级。争取省计生协会“青春健康—预防青少年性病艾滋病宣传教育”项目，选取江城镇中学为项目基地，开展宣传教育活动。

（刘雪莲）

残疾人工作

【慰问残疾人】 2014年，县委、县政府心系残疾人，继续加大对残疾人的慰问力度。春节慰问。为确保贫困残疾人基本生活，让全县特困残疾人家庭过上一个欢乐、祥和的春节，按照县委、县政府的统一安排和部署，县残联在春节来临之际，分组分批开展走访慰问特困残疾人家庭活动，此次活动共慰问660户20万元。助残日慰问。在第二十四个“全国助残日”期间，继续开展残疾人慰问活动，全县共走访慰问贫困残疾人240户4.2万元。

【助残日活动】 2014年5月18日是第二十四个法定“全国助残日”，江川县残联整合社会资源，动员和协调社会力量帮残助残。全县7个乡镇共动员组织450余名青年志愿者成立“助耕帮扶队”，帮助残疾人贫困户130余户，挖田、挖地300余亩，栽烟、栽秧250余亩。在大春栽插期间，对缺肥少粮的贫困残疾户120余户实行临时救济，送肥送粮，合计40000余元。全县360余名干部开展结对帮残活动，结对帮扶360余户残疾户。

【残疾人危房改造】 2014年县乡残联干部走村入户，摸底拍照，调查核实，完成本部门30户残疾人危房改造工作，共投入资金15万元。

【无障碍设施改造】 2014年县残联通过摸底筛查，调查核实，共对7户残疾人家庭进行无障碍设施改造，共投入资金4.2万元。

【社会保障】 2014年，县残联与民政等部门协调，把1000余户2300余名特贫困残疾人纳入低保。继续加强残疾人参加新型农村合作医疗保险工作。2014年县残联筹资金51.3万元，继续为全县5703名持证残疾人交纳新农合。发放机动车辆燃油补贴。2014年，江川各级残联按照残疾人机动车辆燃油补贴条件和规定程序，落实、审核补贴对象，对全县186名符合条件的残疾人发放机动轮椅车燃油补贴每人260元，共计48360元。

【残保金征收】 为确保残疾人就业保障金应收尽收，按政策落实到位，2014年，县残联、县地税局、县财政局相互支持配合，对447个行政事业单位、企业征收残疾人就业保障金，征收金额1484600元。县残联对全县所有残疾人用工单位情况进行检查，对残疾人待遇落实不到位的单位提出整改建议，对残疾人用工达到1.5%的41个单位给予免收残保金40.1万元。

【助学兴教】 2014年，县残联开展助学兴教活动。在“国际儿童节”之际，县委常委、组织部部长林清带领妇联、教育局、共青团等部门协助残联开展助学兴教活动：出资7200元对玉溪市特校24名江川籍残疾学生进行慰问；对前卫柏池古小学、江城翠峰中心小学开展“六一”儿童节慰问活动，为18名品学兼优的贫困残疾学生送去5400元的节日慰问金，为2所学校的全体学生送去价值10000余元的书包、篮球、羽毛球、乒乓球、跳绳等节日慰问礼品。县残联筹措资金8.8万元，资助35名考取大中专院校的贫困残疾学生和贫困残疾人家庭子女步入校园，圆他们的大学梦。对全县0至15岁未入学的残疾儿童进行摸底调查，共查出63名未入学残疾儿童，并联合玉溪市特殊教育学校筛选出12名学生进行送教上门，送教上门2次，发放课本36册、发放学生生活补助15000元、到学生家里走访上课3名。争取国家彩票公益金助学，共计2.9万。与县教育局联合摸底调查，筛选出6名家庭比较困难的残疾学生进行补助，每人补助1500元。筛选出2013年度考取的在校残疾大学生3名，每人补助2000元。在校家庭比较困难的残疾家庭子女学生14名，每人1000元。

【残疾人培训】 2014年，县残联举办残疾人计算机基础知识培训，32名残疾人参加此次培训，为期7天；举办全县残疾人工作者业务培训，县、乡镇（街道）残疾人工作者35人参加培训；县残联选送5名盲人参加市残联组织的保健按摩初、中级培训；农村实用技术培训方面，全县采取自办、搭载等方式举办8期农村种植养殖培训班，320人参加培训。

【就业援助月专项活动】 2014年1～2月，县残联开展残疾人就业服务系列活动，登记认定失业残疾人10人，走访慰问失业残疾人20户36人，实名纳入2014年培训计划20人，帮助残疾人享受专项扶持政策20人，帮助6人实现就业。

【残疾人就业和职业培训状况实名制录入】 2014年，县残联全面推进残疾人就业和职业培训状况实名制统计管理工作。城镇180人任务，江川县完成185人，完成102.78%；农村3307人任务，江川县完成3308人，完成100.03%，合计完成率100.32%。

【残疾人就业扶持】 2014年，江川县残联筹资5万元资金，重点帮扶22户商业经营、种养殖等行业的残疾人。争取县政府支持，对县城辖区在从事手工缝补、理发、打印复印等行业的7名残疾人进行扶持，返补20%的招租资金，共计返还资金1.3万元。

【职业技能竞赛】 2014年，江川县残联筛选7名优秀残疾人选手参加市残联第四届残疾人技能竞赛6个项目的比赛，获海报设计一等、三等奖，男服制作三等奖。

【就业服务机构规范化建设】 2014年，江川县残联圆满完成残疾人就业服务机构规范化建设工作。省市考评组一致认为，江川残疾人就业工作多年来成绩突出，亮点鲜明，机构规范化建设标准高，为残疾人服务质量好，就业服务机构服务功能基本完善、服务内容进一步拓展、服务措施更加健全、队伍建设得到强化、服务水平大幅提高。

【助行工程】 2014年，江川县残联筹措资金10万元，购买245辆轮椅，无偿配备给245名重瘫贫困患者，为他们出行提供方便。购买助行器62张6324元、拐杖202支3676元。

【医疗救助和“阳光家园”康复工程】 2014年，江川县35名精神残疾人在市精神病院进行托养，35名在江川县精神病工疗站托养，97名精神、智力和重度残疾人实现居家托养。110名精神残疾人享受免费服药康复治疗。完成市政府下达的为120名重性精神疾病提供康复医疗救助任务的230%。

【CBR项目训练工程】 2014年，江川县残联在做好7名盲人训练的同时，确定2名聋儿作为2014年的康复训练对象，并进行训练及指导，增强部分残疾人的生活自理能力，让他们能更好地融入社会生活。

【三助残工程】 2014年，江川县残联开展残疾人复聪行动，为10名听力残疾人免费配备适配助听器。为40名低视力残疾人配戴助视器。为10名肢体残疾人安装假肢。完成市政府下达的为48名残疾人免费实施助视、助听、助行项目任务的125%。

【光明工程】 县残联集中一个月时间，联合县医院组成工作队深入全县每一个村委会、社区，上门服务筛查登记白内障患者326人，边筛查边实施手术，实施手术308例，308名患者重见光明，手术成功率100%，完成市政府下达任务数270人的114%。

【打造优质服务平台】 2014年，县残联围绕高效服务残疾人，建设更好的服务平台，为残疾人提供优质服务，加强残疾人服务中心，继续完善无障碍服务窗口建设。在中心设立“党员先锋岗”和“党员示范岗”，实行党员服务承诺制，增强支部党员的服务意识和责任意识。中心设立三大服务窗口：办证及康复服务窗口、就业服务窗口、信访维权服务窗口；二个功能室：综合接待室、用品用具展示室。全年共接待残疾人及亲属来信来访600余人次，90%以上的来信来访在初信初访后得到解决；为残疾人提供辅助用品用具300余件；办理残疾人证402本。

（邓江玲）

人 物

编辑 徐凡清

江川县2014年获市以上表彰的先进集体

受表彰单位	授予称号	授予单位	授予时间
县委统战部	全省统战信息工作县级直报点先进单位	省委统战部	2014.1
云南江磷集团股份有限公司工会	全国“模范职工之家”	中华全国总工会	2014.1
县公安局刑事科学技术室	全国一级刑事科学技术室	中华人民共和国公安部	2014.2
县交通运输局	先进集体	省公路局	2014.2
江川县	玉溪市双拥模范县	市委、市政府、玉溪市军分区	2014.2
县总工会	2009—2013年度经审先进集体	省总工会、市总工会	2014.2
县水产技术推广站	全国水产技术推广示范站	全国水产技术推广总站	2014.3
县经济作物工作站	2013年度蔬菜生产信息监测考核优秀工作单位	农业部种植业管理司	2014.4
县文旅广体局	2010—2013年度云南省群众体育先进单位	省体育局	2014.8
县交通运输局	先进单位	省公路局	2014.9
云南江磷集团股份有限公司工会	“云南省职工医疗互助活动十周年”先进集体	省总工会	2014.9
江川县	云南省双拥模范县	省委、省政府、云南省军区	2014.10
县人武部	拥政爱民先进单位	市政府、玉溪市军分区	2014.10
县大街社区	全国和谐社区建设示范单位	国家民政部	2014.10
江城镇人民政府	2014年度档案工作规范化管理示范单位	省档案局	2014.11
县国税局	云南省党政机关社会团体档案工作规范化管理示范单位	省档案局	2014.11
云南江磷集团股份有限公司“江磷”创新工作室	云南省职工创新工作室	省总工会、省职工技术协会	2014.11
县纪委监察局	2014年度查办案件工作二等奖	省纪委	2014.12

续 表

受表彰单位	授予称号	授予单位	授予时间
江川县城	云南省卫生县城	省爱卫会	2014.12
县供电有限公司	“支部创先123”特色党支部	云南电网有限责任公司	2014.12
县防震减灾局	2014年度全省地震前兆观测质量评比优秀奖	省地震局	2014.12

江川县2014年获市以上表彰的先进个人

姓　名	所在单位	授予称号	授予单位	授予时间
张四春	县水产技术推广站	2011—2013年度全国农牧渔业丰收奖二等奖	农业部	2013.12
刑定芬	县国税局	2013年度巾帼建功标兵	省税务局、省妇联	2014.1
张　楠	县国税局	云南省国税系统第八批精神文明建设先进工作者	省国税局	2014.2
白建峰	前卫镇武装部	优秀学员	省政府、省军区	2014.4
毕洪生	大街街道总工会	云南省和谐家庭	省总工会	2014.4
潘绍明	县国税局	2013年度“营改增”“个人突出贡献奖”	省国税局	2014.5
李晟鹏	县国税局	2013年度“营改增”“先进个人“	省国税局	2014.5
汤秀琼	县机关幼儿园	“玉溪市优秀文学艺术奖”文学类二等奖	市委、市政府	2014.6
陈九憨	县文化馆	“玉溪市优秀文学艺术奖”书法类二等奖	市委、市政府	2014.6
李正德	县第一中学	“玉溪市优秀文学艺术奖”书法类二等奖	市委、市政府	2014.6
杨汉强	大街镇伏家营中学	“玉溪市优秀文学艺术奖”影视（剧）片类二等奖	市委、市政府	2014.6
杨兰秀	县诗词楹联协会	“玉溪市优秀文学艺术奖”书法类三等奖	市委、市政府	2014.6
赵天平	县文化馆	“玉溪市优秀文学艺术奖”戏剧类三等奖	市委、市政府	2014.6
付云秀	县检察院	全国青少年普法工作先进个人	全国关工委、司法部	2014.8
施　睿	县交通运输局	优秀个人	省公路局	2014.9
邓金华	县种子管理站	2004—2014年云南省职工医疗互助活动先进个人	省总工会	2014.9
杨旭升	县总工会	2004—2014年云南省职工医疗互助活动先进个人	省总工会	2014.9
杨留仙	县发展和改革局	2014年云南省收费统计工作先进个人	省物价局	2014.10
王　强	县人武部	践行强军目标先进典型	省军区	2014.12
胡禄金	县交通运输局	优秀个人	省交通运输厅	2014.12

（金江雪）

江川县2014年取得副高级以上专业任职资格人员名录

序号	工作单位	姓名	性别	民族	出生年月	文化程度	取得资格名称	取得资格时间
1	江川县中医医院	杨家贵	男	汉族	1966.7	本科	主任医师	2014.10
2	江川县中医医院	黄　东	男	汉族	1973.12	本科	副主任医师	2014.10
3	江川县江城镇中心卫生院	毕映红	男	汉族	1967.11	本科	副主任医师	2014.9
4	中国共产党江川县委员会党校	冯孝忠	男	汉族	1966.12	本科	高级讲师	2014.12
5	江川县地方公路管理段	郑　婕	女	汉族	1971.7	本科	高级工程师	2014.9
6	江川县地方公路管理段	施　睿	男	彝族	1976.1.8	本科	高级工程师	2014.9
7	江川县营林站	史四代	男	汉族	1965.12	大专	高级工程师	2014.8
8	江川县农技站	张竹林	女	汉族	1968.8	本科	高级农艺师	2014.9
9	江川县农技站	张本金	男	汉族	1968.11	大专	高级农艺师	2014.9
10	江川县植保站	普留寿	男	汉族	1955.8	中专	高级农艺师	2014.9
11	江川县植保站	李　彦	女	汉族	1967.12	本科	高级农艺师	2014.9
12	江川县种子站	杨逢贵	男	汉族	1956.1	中专	高级农艺师	2014.9
13	江川县种子站	周开兴	男	汉族	1966.6	本科	高级农艺师	2014.9
14	江川县土肥站	郭有福	男	汉族	1966.1	大专	高级农艺师	2014.9
15	江川县农机站	史应仙	女	汉族	1974.2	本科	高级工程师	2014.9
16	动物疫控中心	刘保有	男	汉族	1968.1	本科	高级兽医师	2014.10
17	动物卫生监督所	郭春生	男	汉族	1966.2	大专	高级畜牧师	2014.10
18	畜禽改良站	蒋　睿	男	汉族	1967.7	本科	高级畜牧师	2014.10
19	江川县地方统计调查队	宋成英	女	汉族	1975.1	本科	高级统计师	2014.11
20	江川县九溪镇农业综合服务中心	张二明	男	汉族	1965.8	本科	高级农艺师	2014.9
21	江川县九溪镇农业综合服务中心	屠　云	男	汉族	1965.8	大专	高级兽医师	2014.10
22	江川县路居镇农业综合服务中心	杨怀芳	女	白族	1970.12	本科	高级农艺师	2014.9
23	江川县路居镇农业综合服务中心	杨美萍	女	汉族	1972.6	本科	高级工程师	2014.8
24	江川县路居镇人民政府农村经济管理服务中心	宋云湘	女	汉族	1975.1	本科	高级经济师	2014.8
25	江川县前卫镇农业综合服务中心	蒋会德	男	汉族	1956.5	中专	高级兽医师	2014.10
	江川县文化馆	杨惠芬	女	汉族	1964.2	大专	副研究馆员	2014.12
	江川县文化馆	陈九憨	男	汉族	1965.5	大专	副研究馆员	2014.12
26	江川县第一中学	李国平	男	汉族	1972.3	本科	高级教师	2014.11

续 表

序号	工作单位	姓 名	性别	民族	出生年月	文化程度	取得资格名称	取得资格时间
27	江川县第一中学	李 桃	女	汉族	1976.3	本科	高级教师	2014.11
28	江川县第一中学	秦莲娣	女	汉族	1973.7	本科	高级教师	2014.11
29	江川县第一中学	尹利民	男	汉族	1972.7	本科	高级教师	2014.11
30	江川县第一中学	张志凯	男	汉族	1965.10	本科	高级教师	2014.11
31	江川县第二中学	邓德贵	男	汉族	1973.11	本科	高级教师	2014.11
32	江川县第二中学	华云贵	男	汉族	1968.7	本科	高级教师	2014.11
33	江川县第二中学	李惠玲	女	汉族	1968.4	本科	高级教师	2014.11
34	江川县第二中学	廖会芹	女	汉族	1975.9	本科	高级教师	2014.11
35	江川县第二中学	王 莉	女	汉族	1968.1	本科	高级教师	2014.11
36	江川县第二中学	王纯青	女	汉族	1973.8	本科	高级教师	2014.11
37	江川县教育科学研究所	黄华祥	男	汉族	1958.7	大专	高级教师	2014.11
38	江川县幼儿园	邓琼芬	女	汉族	1968.6	大专	高级教师	2014.11
39	江川县江城镇翠峰中学	李路乔	男	汉族	1973.11	本科	高级教师	2014.11
40	江川县江城镇翠峰中学	秦路凤	女	汉族	1970.1	本科	高级教师	2014.11
41	江川县江城镇翠峰中学	徐继宁	男	汉族	1966.4	本科	高级教师	2014.11
42	江川县江城镇江城中学	李彦辉	男	汉族	1971.1	本科	高级教师	2014.11
43	江川县江城镇江城中学	业树文	男	汉族	1965.7	本科	高级教师	2014.11
44	江川县江城镇龙街中学	王彦江	男	汉族	1978.7	本科	高级教师	2014.11
45	江川县前卫镇前卫中学	刘晓蛟	男	汉族	1971.10	本科	高级教师	2014.11
46	江川县前卫镇前卫中学	张 倩	女	汉族	1972.12	本科	高级教师	2014.11
47	江川县前卫镇后卫中学	顾江丽	女	汉族	1970.7	本科	高级教师	2014.11
48	江川县前卫镇后卫中学	陶克华	男	汉族	1974.8	本科	高级教师	2014.11
49	江川县前卫镇后卫中学	王金玲	女	汉族	1971.9	本科	高级教师	2014.11
50	江川县大街街道大庄中学	张艳芬	女	汉族	1969.1	本科	高级教师	2014.11
51	江川县大街街道大街中学	黄洁斌	男	汉族	1963.11	大专	高级教师	2014.11
52	江川县大街街道大街中学	李康宏	男	汉族	1970.12	本科	高级教师	2014.11
53	江川县大街街道大街中学	李彦龙	男	汉族	1970.10	本科	高级教师	2014.11
54	江川县大街街道大街中学	梁桂凤	女	汉族	1968.10	本科	高级教师	2014.11
55	江川县大街街道大街中学	陆保增	男	汉族	1968.8	本科	高级教师	2014.11
56	江川县大街街道大街中学	陆绍华	男	汉族	1962.12	大专	高级教师	2014.11
57	江川县大街街道大街中学	王 斌	男	汉族	1969.12	本科	高级教师	2014.11
58	江川县大街街道大街中学	王 伟	男	汉族	1961.12	本科	高级教师	2014.11
59	江川县大街街道大街中学	杨成星	男	汉族	1964.2	本科	高级教师	2014.11

续 表

序号	工作单位	姓 名	性别	民族	出生年月	文化程度	取得资格名称	取得资格时间
60	江川县大街街道大街中学	杨 春	女	汉族	1960.8	本科	高级教师	2014.11
61	江川县大街街道大街中学	杨忠明	男	汉族	1970.12	本科	高级教师	2014.11
62	江川县大街街道伏家营中学	周 利	女	汉族	1969.3	本科	高级教师	2014.11
63	江川县路居镇路居中学	杨立学	男	汉族	1956.8	大专	高级教师	2014.11
64	江川县九溪镇九溪中学	李朝刚	男	汉族	1976.10	本科	高级教师	2014.11
65	江川县九溪镇九溪中学	李少京	男	汉族	1972.8	本科	高级教师	2014.11
66	江川县大街街道大庄中心小学	杨兴贵	男	汉族	1963.1	本科	高级教师	2014.11
67	江川县大街街道伏家营中心小学	胡 莹	女	汉族	1973.3	本科	高级教师	2014.11
68	江川县江城镇翠峰中心小学	郭家庚	男	汉族	1964.5	大专	高级教师	2014.11
69	江川县江城镇翠峰中心小学	张焕华	女	汉族	1966.11	大专	高级教师	2014.11
70	江川县江城镇中心小学	梁琼双	女	汉族	1967.8	本科	高级教师	2014.11
71	江川县江城镇龙街中心小学	郭正芬	女	汉族	1973.8	本科	高级教师	2014.11
72	江川县江城镇龙街中心小学	张荣生	男	汉族	1961.6	大专	高级教师	2014.11
73	江川县江城镇龙街中心小学	赵惠芬	女	彝族	1965.12	大专	高级教师	2014.11
74	江川县前卫镇前卫中心小学	李竹会	女	汉族	1963.8	大专	高级教师	2014.11
75	江川县前卫镇前卫中心小学	张发双	男	汉族	1969.9	本科	高级教师	2014.11
76	江川县前卫镇后卫中心小学	李荷仙	女	汉族	1961.2	大专	高级教师	2014.11
77	江川县安化彝族乡中心小学	陈凤宝	男	汉族	1970.11	大专	高级教师	2014.11
78	江川县安化彝族乡中心小学	普耀敏	男	彝族	1962.2	本科	高级教师	2014.11
79	江川县大街街道大庄中心小学	汪东仙	女	汉族	1969.12	大专	高级教师	2014.11
80	江川县大街街道大庄中心小学	杨树聪	男	汉族	1967.12	大专	高级教师	2014.11
81	江川县大街街道大街小学	业兴瑜	男	汉族	1966.5	大专	高级教师	2014.11
82	江川县大街街道大街小学	张志宏	男	汉族	1971.2	大专	高级教师	2014.11
83	江川县大街街道伏家营中心小学	廖树能	男	汉族	1957.7	大专	高级教师	2014.11
84	江川县大街街道伏家营中心小学	杨云凤	女	汉族	1962.1	大专	高级教师	2014.11
85	江川县雄关乡中心小学	白明彦	男	汉族	1974.10	大专	高级教师	2014.11
86	江川县雄关乡中心小学	赵跃华	男	汉族	1971.3	大专	高级教师	2014.11
87	江川县路居镇中心小学	罗再年	女	汉族	1974.1	本科	高级教师	2014.11
88	江川县路居镇中心小学	张建富	男	汉族	1960.11	大专	高级教师	2014.11
89	江川县九溪镇中心小学	王粉仙	女	汉族	1963.7	大专	高级教师	2014.11
90	江川县九溪镇中心小学	郑春芬	女	汉族	1969.2	大专	高级教师	2014.11
91	江川县供排水有限公司	石 震	男	汉族	1969.12	本科	高级工程师	2014.10

（县人社局供稿）

统计资料

编辑　徐凡清

2014年江川县土地、森林、气候主要指标

主要指标	单位	2013年	2014年	增减	
				数量	%
一、土地					
土地面积	平方千米	850	850	—	—
二、森林					
森林覆盖率	%	40.66	40.66		—
三、气候					
全年平均气温	摄氏度	17	17.3	0.3	1.76
全年日照时数	小时	2269.6	2392.9	123.3	5.43
全年降雨量	毫米	761	811	50	6.57

2014年江川县卫生事业主要指标

	单位	2013年	2014年	增减	
				数量	%
县、乡（镇）医院机构	个	12	12	–	–
诊治疗人数	人次	724464	762170	37706	5.2
健康检查人数	人次	58061	36560	–21501	–37
住入院人数	人次	23479	24860	1381	5.9
出院人数	人次	23190	25036	1846	8
治愈好转人数	人次	–	–		
治愈率	%	–	–		
好转率	%	–	–		
死亡率	%	–	0.12		
住院危重病人抢救成功率	%	–	–		
农村卫生情况					
医疗机构数	个	75	73	–2.0	–2.7
其中：西医为主	个	62	66	4.0	6.5
中西医结合	个	13	7	–	–
乡村医生和卫生人员	人	264	255	–9.0	–3.4
其中：中专以上学历	人	216	206	–10	–4.6
在职培训合格	人	247	242	–5	–2
诊疗人次数	人	596710	558070	–38640	–6.5
孕产妇检查人次数	人次	16788	17340	552	3.3
儿童疫苗接种人次数	人次	103360	107855	4495	4.3
全年业务总收入	万元	1436.9	1870.1	433.2	30.1
传染病病发率	1/10万	106.2	145.1		–
农村卫生厕所普及率	%	35.35	35.45	0.1	–
卫生防疫人员数	人	36	34		
5岁以下儿童死亡率	%	0.71	0.34	–0.37	–
婴儿死亡率	%	0.57	0.41	–0.16	–
产妇住院分娩比例	%	100	100	0.44	–

2014年江川县社会消费品零售总额

主要指标	单位	2013年	2014年	增减	
				数量	%
社会消费品零售总额	万元	152131.8	171452.5	19320.7	12.7
一、按销售单位所在地分					
1. 城镇	万元	84274.1	91131.5	6857.4	8.1
2. 乡村	万元	67857.7	80321	12463.3	18.4
二、按行业分组					
1. 批发业	万元	9471.8	10611.9	1140.1	12.0
限额以上	万元		3.5	3.5	
限额以下	万元	9471.8	10608.4	1136.6	12.0
2. 零售业	万元	105045	118609.2	13564.2	12.9
限额以上	万元	5124.6	5899	774.4	15.1
限额以下	万元	99920.4	112710.2	12789.8	12.8
3. 住宿业	万元	9509	8913.1	-595.9	-6.3
限额以上	万元	4051.5	3237.3	-814.2	-20.1
限额以下	万元	5457.5	5675.8	218.3	4.0
4. 餐饮业	万元	28106	33318.3	5212.3	18.5
限额以上	万元	1804.1	2941.6	1137.5	63.1
限额以下	万元	26301.9	30376.7	4074.8	15.5
三、按经济成份分	万元				
1. 公有经济	万元	31493.9	41544.4	10050.5	31.9
2. 非公有经济	万元	120637.9	129908.1	9270.2	7.7

2014年江川县城居民家庭调查基本情况

指　标	计量单位	2013年	2014年	增减	
				数量	%
一、调查户数	户	80	80	-	-
二、家庭居住人口	人	261	263	2	0.8
三、现住房总建筑面积	平方米	45.5	44.0	-1.5	-3.4
四、全年人均可支配收入	元	23782.6	26193.6	2411.0	10.1
五、消费支出	元	13965.7	16447.7	2482.0	17.8
（一）食品烟酒	元	3803.8	4113.0	309.2	8.1
（二）衣着	元	1186.5	1299.1	112.6	9.5
（三）居住	元	3177.3	3394.0	216.7	6.8
（四）生活用品及服务	元	929.6	1275.1	345.5	37.2
（五）交通通信	元	1500.4	2670.4	1170.1	78.0
（六）教育文化娱乐	元	1610.1	2409.3	799.2	49.6
（七）医疗保健	元	1252.0	978.4	-273.6	-21.9
（八）其他用品和服务	元	506.0	308.3	-197.7	-39.1

2014年江川县农民家庭生产调查基本情况

指　标	计量单位	2013年	2014年	增减	
				数量	%
一、调查户数	户	70	70		
二、期末拥有房屋面积	平方米	49.3	52.9	3.6	7.3
三、人均农业固定资产原价	元/人	3818.3	4298.9	480.6	12.6
四、人均可支配收入	元/人	8180.3	9274.1	1093.8	13.4
（一）工资性收入	元/人	1845.8	2119.7	273.9	14.8
（二）家庭经营净收入	元/人	5935.8	6733.6	797.8	13.4
（三）财产净收入	元/人	117.2	124.0	6.8	5.8
（四）转移净收入	元/人	281.5	296.8	15.3	5.4
五、全年人均总支出	元/人	12619.7	14034.0	1414.3	11.2
（一）消费支出	元/人	7162.1	7969.2	807.1	11.3
（二）生产经营费用支出	元/人	2742.1	2185.0	-557.1	-20.3
（三）财产性支出	元/人	22.0	28.6	6.6	30.0
（四）转移性支出	元/人	252.4	203.3	-49.1	-19.5

2014年江川县邮电通信主要指标

指　标	计量单位	2013年	2014年	增减	
				数量	%
邮政业务总量	万元	585.69	637.24	51.55	8.8
函件合计	件	76852	81323	4471	5.8
包件合计	件	6996	17230	10234	146.3
报刊期发数	万份	0.996	1.03	0.034	3.4
报纸累计份数	万份	143.4	148.42	5.02	3.5
其中：订阅报纸累计数	万份	143.4	148.42	5.02	3.5
杂志累计份数	万份	7.52	6.64	–0.88	–11.7
其中：订阅杂志累计份数	万份	7.52	6.64	–0.88	–11.7
邮路总长度	千米	47	47	–	
农村投递线路总长度（单程）	千米	631	631	–	
电信业务总量	万元	2567	2856	289	11.3
联通业务总量	万元	1607	1286	–321	–20
移动业务总量	万元	18222	18066	–156	–0.9
电话用户总数	部	229325	221102	–8223	–3.6
电话普及率	部/百人	80.9	77.7	–3.2	–4

2014年江川县经济技术协作主要指标

指　标	计量	2013年	2014年	增减	
				数量	%
一、实施国内项目数	个	68	99	31	45.59
其中：市外	个	27	43	16	59.26
省外	个	41	56	15	36.59
二、新签订项目数	个	53	68	15	28.30
三、实际利用县外国内资金	万元	425748	565505	139757	32.83
其中：实际利用市外国内资金	万元	425748	564955	139207	32.70
实际利用省外国内资金	万元	349558	380415	30857	8.83
四、实施国外项目数	个	2	1	–1	–50.00
五、实际利用国外资金	万美元	365	309	–56	–15.34

2014年江川县各乡镇（街道）主要指标人均比较

项目		全县	大街	江城	前卫	九溪	路居	安化	雄关
耕地面积（平方米）	按总人口	308.17	157.29	344.21	301.94	386.38	381.15	653.65	518.51
	按农业人口	398.98	251.82	447.01	355.40	426.46	425.24	906.47	571.44
粮食（千克）	按总人口	152.48	89.90	214.02	139.48	145.23	90.27	527.84	129.80
	按农业人口	197.41	143.92	277.93	164.18	160.30	100.72	731.99	143.05
人均生产烤烟（千克）		44.84	16.74	26.21	42.28	43.69	58.21	209.71	206.76
人均生产油料（千克）		26.58	18.40	22.73	21.95	41.93	5.76	129.87	60.94
人均生产猪肉（千克）		85.29	87.79	100.14	86.85	76.43	46.33	63.87	106.79
农民人均纯收入（元）			9693	9826	9731	9395	9038	7920	9103

2014年江川县普通中学基本情况（一）

	学校数（所）	班数（个）			在校学生数（人）			招生数（人）		
		合计	高中	初中	合计	高中	初中	合计	高中	初中
合计	17	335	80	255	18093	5406	12687	5704	1642	4062
大街街道	8	133	50	83	7434	3511	3923	2216	990	1226
江城镇	4	90	30	60	4982	1895	3087	1659	652	1007
前卫镇	2	52		52	2722		2722	839		839
九溪镇	1	22		22	1144		1144	395		395
路居镇	1	26		26	1270		1270	416		416
安化乡										
雄关乡	1	12		12	541		541	179		179

2014年江川县普通中学基本情况（二）

	毕业班学生数（人）			毕业生数（人）			专任教师	学校占地面积		计算机（台）
	合计	高中	初中	合计	高中	初中		高中	初中	
合计	6241	1944	4297	5779	1529	4250	1144	232699	237118	1699
大街街道	2706	1280	1426	2456	1058	1398	478	175943	85919	856
江城镇	1671	664	1007	1555	471	1084	308	56756	46189	396
前卫镇	956		956	906		906	171		51724	241
九溪镇	320		320	372		372	70		14173	71
路居镇	396		396	322		322	76		28343	104
安化乡	0			0						
雄关乡	192		192	168		168	41		10770	31

2014年江川县普通中学基本情况（三）

	校舍建筑面积		教学及辅助房面积		校舍危房面积		图书藏量（册）		
	高中	初中	高中	初中	高中	初中	合计	图书（册）	电子图书（册）
合计	68072	131033	24374	52078	27383	84716	356810	356810	
大街街道	47312	46077	18137	21358	13623	38105	169251	169251	
江城镇	20760	31795	6237	11531	13760	15977	85245	85245	
前卫镇		26946		9869		7649	46883	46883	
九溪镇		12040		3403		12040	13516	13516	
路居镇		12243		4931		9713	26915	26915	
安化乡									
雄关乡		1932		986		1232	15000	15000	

2014年江川县小学基本情况（一）

	学校数（所）	专任教师（人）	班数（个）	招生数（人）	在校学生（人）	毕业生数（人）	毕业班学生数（人）
合计	54	1065	548	2517	18408	4112	3861
大街街道	7	288	145	841	5905	1267	1194
江城镇	16	272	134	596	4248	1016	945
前卫镇	10	179	91	409	3039	693	612
九溪镇	7	115	66	228	1858	398	390
路居镇	8	108	59	237	1804	424	419
安化乡	3	45	24	81	641	128	102
雄关乡	3	58	29	125	913	186	199

2014年江川县小学基本情况（二）

	计算机（台）	图书藏量（册）	学校占地面积（平方米）	校舍建筑面积（平方米）	教学及辅助房面积（平方米）	校舍危房面积（平方米）
合计	866	277381	303253	129851	70545	89060
大街街道	284	68993	41173	16520	11515	10359
江城镇	189	72035	86800	45541	23255	32222
前卫镇	119	55366	51277	20344	12131	13322
九溪镇	78	28480	41254	14789	8126	13346
路居镇	92	25087	37158	15266	8289	12129
安化乡	59	12795	32638	9355	3676	4389
雄关乡	45	14625	12953	8036	3553	3293

2014年江川县主要指标完成情况（一）

	单位	2013年	2014年	增减	
				数量	%
一、人口					
1、年末户籍总人口	人	276718	277683	965	0.3
年平均人口	人	276239	277201	962	0.3
出生人口	人	2640	2896	256	9.7
出生率	‰	9.56	10.45	0.89	9.3
死亡人口	人	1771	2102	331	18.7
死亡率	‰	6.41	7.58	1.17	18.3
自然增加人数	人	958	794	–164	–17.1
自然增长率	‰	3.15	2.86	–0.29	–9.2
总人口中：农业人口	人	218316	214479	–3837	–1.8
非农业人口	人	58402	63204	4802	8.2
少数民族人口	人	19273	19789	516	2.7
2、年末常住总人口	万人	28.40	28.53	0.13	0.5
年平均人口	万人	28.35	28.47	0.12	0.4
镇区人口	万人	10.6	10.9	0.3	2.8
城镇化率	%	37.2	38.2	1	2.7
二、综合					
1、地方生产总值（现价）	万元	555290	612796	57506	10.4
第一产业	万元	139226	148788	9562	6.9
第二产业	万元	176122	199008	22886	13.0
其中：工业	万元	125447	144786	19339	15.4
（1）规模以上	万元	112485	108713	–3772	–3.4
第三产业	万元	239942	265000	25058	10.4
2、地方生产总值（可比价）	万元	526038	577694	51656	9.8

2014年江川县主要指标完成情况（二）

	单位	2013年	2014年	增减	
				数量	%
第一产业	万元	132329	139607	7278	5.5
第二产业	万元	174755	200511	25756	14.7
其中：工业	万元	128173	151260	23087	18.0
（1）规模以上	万元	108355	133818	25463	23.5
第三产业	万元	218819	237576	18757	8.6
3、按常住人口计算人均GDP	元	19587	21555	1968	11.8
4、第一产业经济结构比重	%	25.1	24.3	-0.8	-
第二产业经济结构比重	%	31.7	32.5	0.8	-
第三产业经济结构比重	%	43.2	43.2	0	-
5、现价工业农业总产值	万元	819972	887167	67195	8.2
工业总产值	万元	590199	645452	55253	9.4
农业总产值	万元	228351	241715	13364	5.9
其中：农业	万元	135809	137159	1350	1.0
林业	万元	3360	4098	738	22.0
牧业	万元	76370	84617	8247	10.8
渔业	万元	7189	9444	2255	31.4
农林牧渔业服务业	万元	5623	6397	774	13.8
三、500万以上固定资产投资完成额	万元	285103	306429	21326	7.5
四、年末常用耕地面积	亩	128563	128296	-267	-0.21
全年粮食产量	万千克	4159	4234	75	1.8
大春粮食产量	万千克	3223	3344	120.93	3.8
小春粮食产量	万千克	936	890	-45.93	-4.9
烤烟产量	万千克	1444	1245	-199	-13.8
油料产量	万千克	745.46	738.11	-7.35	-1.0
水果产量	万千克	365	385	20	5.5

2014年江川县主要指标完成情况（三）

	单位	2013年	2014年	增减	
				数量	%
水产品产量	吨	3998	4106	108	2.7
全年肥猪出栏数	头	286785	287009	224	0.1
年末生猪存栏数	头	259765	257947	–1818	–0.7
其中：能繁殖母猪	头	46418	43057	–3361	–7.2
生产经营仔猪	头	1062677	987733	–74944	–7.1
五、社会消费品零售总额	万元	152132	171453	19321	12.7
六、零售物价总指数	%	101.7	101.2	以上年为100%	
居民消费价格总指数	%	102.4	102.1	以上年为100%	
农业生产资料价格总指数	%	103.3	102.1	以上年为100%	
七、城镇居民人均可支配收入	元	23783	26194	2411	10.1
八、农村居民人均可支配收入	元	8180	9274	1094	13.4
九、在岗职工人数	人	15351	15002	–349	–2.3
其中：事业单位	人	4125	4280	155	3.8
机关单位	人	1592	1597	5	0.3
在岗职工人均工资	元	35528	42195	6667	18.8
其中：事业单位	元/人	47615	54658	7043	14.8
机关单位	元/人	50389	55185	4796	9.5
十、财政总收入	万元	76975	86066	9091	11.8
其中：地方财政收入	万元	50925	59631	8706	17.1
地方财政支出	万元	145873	165469	19596	13.4
十一、金融机构贷款余额	万元	513765	614964	101199	19.7
金融机构存款余额	万元	848176	949105	100929	11.9
城镇居民储蓄存款余额	万元	535968	603869	67901	12.7
人均储蓄存款	元	19494	21288	1794	9.2

附　　录

中共江川县委印发《县委关于开展党的群众路线教育实践活动的实施方案》的通　知

江发〔2014〕1号

各乡镇党委，大街街道党工委，县委和县级国家机关各部委办局、各人民团体和企事业单位党组织：

经县委研究同意，现将《县委关于开展党的群众路线教育实践活动的实施方案》印发给你们，请认真组织实施。

中共江川县委

2014年2月12日

县委关于开展党的群众路线教育实践活动的实施方案

根据中央、省委和市委对第二批党的群众路线教育实践活动的部署和要求，结合我县实际，制定全县党的群众路线教育实践活动方案。

一、深化思想认识

全心全意为人民服务是党的根本宗旨，群众路线是党的生命线和根本工作路线。在全党开展以为民务实清廉为主要内容的党的群众路线教育实践活动，是党的十八大作出的一项重大部署，是解决群众反映强烈的突出问题的基本要求。作为第二批参加教育实践活动单位，参与的单位和人员范围广、领域宽、数量大，与群众的联系更加直接和紧密，面临的实际情况比较复杂，涉及的矛盾和问题比较具体，广大群众对改进作风、帮助解决实际困难的期盼高，任务更加艰巨。在全县深入开展教育实践活动，是深入贯彻落实党的十八大、十八届三中全会、习近平总书记系列重要讲话和省委九届七次全会、市委四届四次全会及

县委十二届四次全会精神的迫切需要，是提升干部素质、改进干部作风的重大举措，是服务人民群众、夯实党的执政根基的重要途径，更是保持我县经济社会发展良好态势、推动跨越赶超的现实需要。各级各部门要以开展教育实践活动为契机，科学判断江川发展形势，进一步解决全县党员干部在“四风”方面存在的突出问题，始终保持党同人民群众的血肉联系，凝聚全县人民力量和智慧，抢改革之机、激后发之势、创跨越之举，统筹推进全县经济、政治、文化、社会、生态文明建设和党的建设，全力推动江川驶入加快发展的快车道，奋力建设富裕和谐美丽新江川。

二、参加范围对象

我县教育实践活动从2014年1月开始，大体安排8个月时间，9月基本结束。参加范围是：县级机关及其直属单位和企事业单位，乡镇、街道和村、社区，非公有制经济组织、社会组织和其他基层组织。

坚持以县级领导机关、领导班子和领导干部为重点，突出抓好直接联系服务群众的执法监管部门和窗口单位、服务行业的教育实践活动，注重抓好乡镇（街道）和村（社区）等与群众联系密切的基层组织的教育实践活动，切实加强广大党员、干部马克思主义群众观点和党的群众路线教育。

三、把握总体要求

全县党的群众路线教育实践活动，要以党的十八大、十八届三中全会和习近平总书记系列重要讲话精神为指导，按照《中共云南省委办公厅关于开展全省第二批党的群众路线教育实践活动的实施意见》（云办发〔2014〕4号）、《中共玉溪市委印发〈市委关于开展党的群众路线教育实践活动的实施方案〉的通知》（玉发〔2014〕4号）文件确定的指导思想、目标要求和方法步骤，坚持“照镜子、正衣冠、洗洗澡、治治病”的总要求，紧紧围绕保持党的先进性和纯洁性，以为民务实清廉为主题，落实中央八项规定、《党政机关厉行节约反对浪费条例》和省委、市委、县委实施办法等相关精神，突出作风建设，贯彻整风精神，坚决反对形式主义、官僚主义、享乐主义和奢靡之风，大兴调查研究、求真务实、勤俭节约、艰苦奋斗之风，补精神之“钙”、除“四风”之害、祛行为之垢、立为民之制，着力解决人民群众反映强烈的突出问题，切实提高做好新形势下群众工作的能力，使党员、干部思想认识进一步提高、作风进一步转变，党群干群关系进一步密切，为民务实清廉形象进一步树立，基层基础进一步夯实，为建设富裕和谐美丽新江川提供坚强保证。

要充分借鉴运用第一批教育实践活动成果和经验，主题不变、镜头不换，发扬认真精神，坚持正面教育为主，坚持开展批评与自我批评，坚持讲求实效，更加注重领导带头、层层示范，更加注重聚焦“四风”、解决问题，更加注重敞开大门、群众参与，更加注重分类指导、有序推进，更加注重上下协力、衔接带动，更加注重严格要求、真督实导，确保教育实践活动不虚、不空、不偏、不走过场。

四、明确重点任务

全县党的群众路线教育实践活动主要任务是抓住反对“四风”这个重点不放，集中解决县级领导机关、领导班子和领导干部“四风”方面存在的突出问题，对作风之弊、行为之垢来一次大排查、大检修、大扫除。同时，回应群众关切，维护群众利益，注重解决实际问题，解决群众身边的不正之风，把改进作风的成效真正落实到基层，真正让群众受益。

（一）着力解决“四风”方面存在的突出问题

县级领导班子和领导干部重点解决思想不解放，因循守旧、封闭保守、知难而退，办法主意少，攻坚克难的能力不足，搞“形象工程”、“政绩工程”，换一任领导、变一套思路，有令不行、有禁不止，“上有政策、下有对策”等问题。县直属单位重点解决缺乏机遇意识、服务意识、责任意识，缺乏敢于担当的勇气和务实精神，庸懒散拖、工作漂浮、推诿扯皮、办事效率低，工作不落实、服务不主动，“中梗阻”等问题。执法监管部门和窗口单位、服务行业重点解决门难进、脸难看、事难办，不作为、乱作为，滥用职权、“吃拿卡要”、执法不公等问题。乡镇、街道领导班子和领导干部重点解决不关心群众冷暖，责任心不强，落实惠民政策缩水走样，在任不在岗，工作瞻前顾后，方法简单粗暴，弄虚作假等问题。村、社区等基层组织主要解决庸、懒、散、软，服务群众意识和能力不强，落实不力、执行不到位，办事不公等问题。各级机关及其直属单位和基层组织都要注重解决组织涣散、纪律松弛的问题。

（二）着力解决关系群众切身利益的问题

坚持把“争先进位、跨越发展”与保障和改善民生有机结合起来，做到以人为本、民生优先，多谋民生之利、多解民生之忧，本着尽力而为、量力而行的原则，切实落实各项民生政策，解决群众在教育、就业、社会保障、医疗、住房等方面的基本需求问题；解决生态环境、食品药品安全、安全生产、社会治安、执法司法、征地拆迁等方面损害群众利益的问题；解决困难群众的生产生活问题；解决与民争利的问题。创新社会管理方式，深入推进平安江川建设。畅通群众诉求表达渠道，加强与群众真诚沟通，做好矛盾纠纷排查化解工作，让群众办事更加便利、得到更多实惠，增强安全感、提高满意度，切身感受到社会公平正义。

（三）着力解决联系服务群众“最后一公里”问题

开展“美丽江川服务先锋”行动，创建基层服务型党组织，不断扩大党的组织覆盖和工作覆盖，加强以基层党组织书记为核心的党务工作者队伍建设，重视发挥好常务书记、大学生村官、新农村建设指导员三支队伍的作用。创新服务载体，开展主题服务月活动，推进红色信贷、红色股份工作，组织带领广大党员、干部为群众提供更多更好服务。以“党支部示范建设工程”为着力点，充分发挥村组活动场所的功能作用，使其成为基层党组织服务群众的主阵地。加强和改进乡镇、街道和村、社区便民服务工作，规范县、镇、村、组四级为民服务站点建设，在社区推行网格化管理、组团式服务，开展在职党员到社区报到服务群众活动。开展四级党建联席会议制度，构建县乡村组四级联系服务体系。以“党员先锋活力工程”为着力点，全面推行党员积分制管理，促进党员发挥作用。广泛开展党员示范岗、无职党员设岗定责、党员户挂牌、承诺践诺、驻村联户、结对帮扶、志愿服务等活动。继续深化“四群”教育干部直接联系群众工作，坚持“三深入、四联户”和民情责任区、民情恳谈会等做法，推进机关、事业单位与城乡基层党组织优势互补、资源共享，支持城乡联合创建基层服务型党组织。健全服务保障体系，建立稳定的基层组织运转和基本公共服务经费保障制度，推动人、财、物向基层倾斜，充分调动服务群众的积极性，保证群众话有地方说、事有地方办，困难有人帮、问题有人管。

五、掌握方法步骤

要坚持问题导向，坚持教育实践并重，坚持边学边查边改，把学习教育贯穿始终，把领导带头贯穿始终，把整风精神贯穿始终，把整改落实贯穿始终，把制度建设贯穿始终，使教育实践活动各个环节工作有效衔接、相互贯通。采取统一部署、梯次展开、压茬进行的办法，县级领导机关、领导班子和领导干部先行一步，乡镇（街道）和村（社区）及其他基层组织依次推进。坚持时间服从质量，各乡镇（街道）、各单位可结合实际，统筹协调、灵活安排时间进度。

（一）学习教育、听取意见

1. 动员全体党员干部参与。各级党组织要组织召开动员部署会，进行广泛深入的思想发动，向广大党员干部讲清开展党的群众路线教育实践活动的重要性和必要性、中央和省市县委的部署要求、本单位的实施方案、对党员和党组织的具体要求，使每个党员干部充分认识开展这项活动的重大意义，增强参加教育实践活动的自觉性和积极性，保证所属党员干部全员参与。

2. 结合实际抓学习教育。采取多种形式，组织党员干部认真学习中央、省委规定的《党的群众路线教育实践活动学习文件选编》、《论群众路线重要论述摘编》、《厉行节约反对浪费重要论述摘编》3本书等学习内容，特别是学习党的光辉历史和优良传统，开展理想信念、党性党风党纪和道德品行教育，开展马克思主义群众观点和党的群众路线专题学习讨论。要以先进模范为师，以群众为师，以身边的同事为师，虚心请教，取长补短。要拓宽学习教育渠道，创新学习教育方法，充分运用省市县党建网、报刊、简报等形式开展学习。使党的群众路线在全体党员干部中深深扎根，使践行党的根本宗旨成为党员干部的普遍自觉。县级机关及其直属单位和企事业单位，乡镇（街道）要组织集中学习、专题讨论，集中学习讨论时间不少于3天。其他基层党组织要运用灵活多样、务实管用的方式，抓好基层党员的学习教育工作。

3. 认真组织开展专题研讨。以杨善洲、高德荣、陶应全等先进典型为生动教材，学习推广省内孟连经验、插甸经验和绥江经验，积极总结、提炼、推广江川本地先进典型，同时以典型案例、重大事件、信访积案为反面材料，用身边的事教育身边的人。认真组织开展“坚持群众路线、维护群众利益、提高群众工作水平”专题研讨，教育引导党员干部以先进为榜样，照镜子、找差距、明方向。

4. 直接到群众中去听取意见。坚持开门搞活动，让群众全过程参与、评价和监督。要把“面对面”与“背靠背”结合起来，把“个别听”与“集体谈”结合起来，把“走进群众听”与“组织群众评”结合起来，采取随机调研、个别走访、进村入企入户、民情恳谈、召开座谈会、设立意见箱、网络调查等方式，广泛深入听取群众意见。特别要听取工作对象和服务对象的意见，重视来信来访等送上门的意见，注意用好纪检、组织、审计、信访等渠道反映的有关情况，统筹做好征求意见工作，防止相互征求意见“公文旅行”、“函来信往”，防止“一窝蜂”下基层、重复征求意见。

5. 坚持边学边查边改。对征求到的意见建议进行认真梳理，围绕群众反映强烈的突出问题，从一开始就改起来，从具体事抓起、从身边事做起、从群众最不满意的事改起。立说立行、立行立改，边动员边整改，边学习边整改，边查摆问题边整改，有一件改一件，改一件成一件，让群众看到变化，见到成效。

（二）查摆问题、开展批评

1. 找准找实突出问题。在学习教育、听取意见的基础上，坚持为民务实清廉要求，学习和对照党章，对照廉政准则，对照改进作风要求，对照群众期盼，对照先进典型，采取群众提、自己找、上级点、互相帮、集体议等方式，查找“四风”问题具体表现，注重从关系群众切身利益的问题中查找“四风”问题。各乡镇（街道）和各单位要对照《党政机关厉行节约反对浪费条例》以及省、市、县有关规定进行检查，乡镇（街道）、村（社区）还要对照《农村基层干部廉洁履行职责若干规定（试行）》进行检查。

2. 扎实开展谈心交心活动。专题民主生活会召开前，党委（党组）主要负责同志与班子成员、督导组与班子成员、班子成员之间、班子成员与分管部门负责人之间都要逐一进行谈心交心。谈心交心要敞开心扉，坦诚相见，沟通思想，交流意见，取得共识，增进团结，做到真谈、实谈、谈出效果。

3. 认真撰写对照检查材料。县级机关及其直属单位和企事业单位领导班子、班子成员，乡镇（街道）领导班子、班子成员要撰写对照检查材料。对照检查材料要逐项列出“四风”问题的具体表现、典型事例，不能以工作问题代替作风问题，不能以班子问题代替个人问题，不能以笼统问题代替具体问题，对“三公”经费支出、职务消费、人情消费、公务用车、办公用房和住房、家属子女从业等情况要作出说明；对照理论理想、党章党纪、民心民声、先辈先进“四面镜子”，从理想信念、宗旨意识、党性修养、政治纪律等方面剖析根源，明确整改方向和措施。主要负责同志要主持起草领导班子对照检查材料，并在一定范围内征求意见。班子成员要自己动手撰写个人对照检查材料。上级党组织、党委（党组）负责同志要严格审核把关。村（社区）等其他基层党组织要认真对照检查并撰写检查材料。

4. 开好专题民主生活会和组织生活会。县级机关及其直属单位和企事业单位领导班子，乡镇（街道）领导班子要召开专题民主生活会。会上，要开门见山、直奔主题，开展积极健康的的思想斗争，既要进行深刻的自我批评，又要进行诚恳的相互批评。既要敢于揭短亮丑、动真碰硬，又要实事求是、出以公心，不评功摆好，不发泄私愤，不闹无原则纠纷，真正红红脸、出出汗，使心灵受触动、思想受教育，达到“团结—批评—团结”的目的。会后，要在一定范围通报民主生活会情况。其他基层党组织要开好组织生活会，开展民主评议党员工作，针对存在问题提出改进措施和办法；村（社区）党组织要进行对照检查。上级机关党员领导干部要参加下级单位领导班子的专题民主生活会，党员领导干部要以普通党员身份参加所在党支部的组织生活会，发挥表率作用。

（三）整改落实、建章立制

1. 认真制定整改方案。县级机关及其直属单位和企事业单位领导班子，乡镇（街道）领导班子要认真制定整改方案和措施，明确任务书、时间表和责任人。领导班子成员要制定个人整改措施。村（社区）和非公有制经济组织、社会组织及其他基层组织要列出问题清单，明确整改措施。实行开门整改，向群众作出整改承诺，及时公布整改情况，请群众评价和监督。

2. 上下联动抓整改。把基层单位整改的问题与需要上级帮助解决的问题衔接起来，以上带下、以下促上，坚持“准、狠、韧”，发扬钉钉子精神，动真碰硬、攻坚克难，持续用劲、步步为营，确保整改成效让群众看得见、感受得到、大多数人满意。

3. 狠抓专项整治不放松。不折不扣地落实中央、省委、市委和县委确定的专项整治任务，对文山会海、检查评比泛滥，行政审批改革不到位，门难进、脸难看、事难办，违反财经纪律，公款送礼、公款吃喝、奢侈浪费，超标配备公车、多占办公用房、新建滥建楼堂馆所，党政机关、事业单位人员超编和超职数配备，“三公”经费开支过大，侵害群众利益行为等问题，下猛药、出重拳，一项一项整治。同时，各乡镇（街道）、各部门要结合履行职能职责和作风建设实际，确定专项整治重点，尤其要把整治侵害群众利益行为作为重中之重，不达目的不罢休。

4．把正风肃纪一抓到底。坚持严的标准、严的措施、严的纪律，坚决查处发生在群众身边的不正之风和腐败问题，坚决整治特权病、冷漠病、懒散病、享乐病、挥霍病。一是对有问题不整改、大问题小整改的，要严肃批评教育，必要时采取组织措施和纪律措施。二是对边整改边再犯，特别是顶风违纪的，一定要做到“零容忍”，及时查处并通报。三是要加强领导班子建设，严格教育管理干部，对软、懒、散的领导班子进行整顿。四是对存在一般性作风问题的干部，立足于教育提高，促其改进。五是对群众意见大、不认真查摆问题、没有明显改进的干部，要进行组织调整。六是对在活动中发现的重大违纪违法问题，要及时移交纪检监察机关或有关方面严肃查处。七是加强基层党组织建设和党员教育管理，对软弱涣散的基层党组织进行集中整顿。八是对长期不起作用甚至起负面作用的党员进行严肃教育，对不合格的要严肃党纪，给予组织处理，发挥警示作用。

5．健全落实制度规定。按照于法周延、于事简便的原则，围绕解决“四风”方面突出问题，建立健全贴近实际、便于操作，行得通、指导力强、能长期管用的制度规定，推动改进作风常态化长效化，用制度固化作风建设成果。注意上下配套、相互衔接，把第一批活动出台的制度承接好、贯彻好，防止照抄照搬、防止重复建设。强化制度执行，提高党员、干部依法按制度办事意识，加强对执行制度情况的督促检查，坚决纠正有令不行、有禁不止、无视制度的问题。

六、加强组织领导

全县党的群众路线教育实践活动在县委领导下开展。县委班子成员及人大、政府、政协班子中的党员领导干部各联系1个县直部门、1个乡镇（街道）、1个村（社区）和1个企业；其他县级党员领导干部各联系1个县直部门、1个村（社区）和1个企业；乡镇（街道）领导班子成员中的党员干部、县直相关党（工）委领导班子成员也要建立联系点，加强具体指导，示范带动和推进教育实践活动深入开展。

（一）落实领导责任

县委对全县教育实践活动负总责，加强研究谋划和系统设计，加强领导和指导推动。各乡镇（街道）、县属各部门党组织承担直接责任，在抓好本级领导班子教育实践活动的同时，负责抓好所辖党组织的教育实践活动。乡镇（街道）党（工）委主要抓好班子自身的教育实践活动，负责组织村、社区等基层党组织和党员的教育实践活动。县直党（工）委主要抓好班子自身的教育实践活动，负责组织所辖基层党组织和党员的教育实践活动。基层党组织要积极发挥作用，认真搞好本单位的教育实践活动。各级党委（党组）主要负责同志要承担起第一责任人的责任，把教育实践活动紧紧抓在手上，一级抓一级、一级带一级，精心组织、狠抓落实，带头参加活动，发挥示范带动作用，确保教育实践活动善始善终、善做善成。特别要重视制定好活动方案，对需要着重解决的问题，做到心中有数；对可能发生的情况和问题，进行分析预判，提出有效的预防措施和解决对策。要用好的作风组织开展教育实践活动，防止文山会海，力戒形式主义，确保活动“不虚”、“不空”、“不偏”，确保教育实践活动沿着正确轨道健康深入推进。对在教育实践活动中走过场的，要追究一把手的责任。

（二）注重分类实施

坚持从实际出发，针对不同领域、不同部门、不同层次的情况，分类制定实施方案，明确具体任务和推进措施，丰富活动载体，确保规定动作做到位，自选动作有特色。县级机关、领导班子和领导干部要紧紧扭住解决“四风”问题不走神、不散光，在找准和解决突出问题上下功夫、见实效。县属各单位要突出服务群众这个着力点，在增强服务群众意识、提高服务群众能力上下功夫，运用驻村联户、结对帮扶等有效载体，把联系服务群众工作做扎实，在直接联系服务群众中受教育、转作风。非公有制经济组织和社会组织党组织要注重采取小型、业余、分散的方式开展活动。流动党员参加教育实践活动以流入地党组织为主、流出地党组织为辅。可采取送学上门等方式，组织离退休党员及年老体弱党员参加学习教育。

（三）加强督促检查

党的群众路线教育实践活动领导小组派出督导组，全程督导所负责部门单位的教育实践活动，进行巡回指导，加强督促检查工作，实行分级负责督导。省委向市派出督导组，并督导到县区、乡镇（街道）；市委向我县派出督导组，并督导到乡镇（街道）；县委组建10个督导组对全县各乡镇（街道）和县属各单位进行督导，并督导到村（社区）；各乡镇（街道）督导组的选派，由党（工）委确定。督导组要认真审阅督导单位活动实施方案、对照检查材料、整改方案等，全程参与专题民主生活会并进行点评，督促抓好每个环节各项工作落实。要发扬“认真”精神，坚持从严、从实督导，沉下去面对面开展工作，及时发现和解决问题，有效传导压力。要督促开展“回头看”，坚持标准、确保质量，防止降格以求。

（四）抓好宣传引导

充分运用传统媒体和新兴媒体，宣传中央指示精神，宣传省委、市委、县委部署要求，宣传活动进展和成效。总结推广好经验好做法，广泛宣传先进典型，及时曝光反面典型。强化舆论引导，通过以案说法、事件评述等方式，发挥监督警示作用，促进教育实践活动深入开展。把握好舆论引导的时机、力度和效果，更好发挥评论、言论的引导作用，积极营造良好的舆论氛围。结合群众路线教育宣传活动，在江川电视台、江川网开办专栏，总结一批转变作风、善做群众工作的典型和案例集中宣传报道。

（五）坚持统筹兼顾

把开展全县教育实践活动与巩固扩大第一批教育实践活动成果结合起来，做到无缝对接、互相促进。把开展教育实践活动与贯彻落实党的十八届三中全会和省委九届七次全会、市委四届四次全会、县委十二届四次全会精神紧密结合起来，与推动江川科学发展新跨越、保障和改善民生紧密结合起来，把活动成果转化为科学发展成果，把关乎群众切身利益的事情办实办好，使教育实践活动和中心工作两手抓、两不误、两促进。

中共江川县委　江川县人民政府
关于2014年继续实行重点工作重大项目
推进责任制的通知

江发〔2014〕13号

各乡镇党委、政府，大街街道党工委、办事处，县委和县级国家机关各部、委、办、局，各人民团体和企事业单位，中央、省、市驻江单位：

为全面落实江川县领导干部挂钩联系乡镇（街道）工作责任制，加快推进全县各项重大项目建设和重点工作开展，推动江川经济社会科学发展和谐发展跨越发展，建设富裕和谐美丽新江川，县委、县政府决定2014年继续实行重点工作重大项目推进责任制，现将成立和调整相关重点工作重大项目协调指挥机构通知如下：

一、重点工作重大项目指挥部（领导小组）指挥长（组长）、副指挥长（副组长）

（一）县政府副县长王波负责的重点工作重大项目

1．森林江川建设工作

组　长：王　波　县政府副县长

副组长：刘跃宁　县人大常委会副主任

李　菊　县林业局局长

领导小组下设办公室在县林业局，由李菊同志兼任办公室主任，负责处理日常事务，成员从相关单位和部门抽调。

2．农业面源污染治理工作

组　长：王　波　县政府副县长

副组长：杨吉英　县政协副主席

杨　杰　县农业局局长

靳永春　大街街道党工委书记

李忠海　江城镇党委书记

刘绍宏　前卫镇党委书记

普学化　路居镇党委书记

蒋　文　九溪镇党委书记

李德坤　雄关乡党委书记

赵　琦　安化乡党委书记

领导小组下设办公室在县农业局，由杨杰同志兼任办公室主任，张江明任办公室副主任，负责处理日常事务，工作人员从相关单位和部门抽调。

3．玉溪市东片区暨三湖生态保护水资源配置应急工程江川段项目

指 挥 长：王　波　县政府副县长

副指挥长：刘跃宁　县人大常委会副主任

杨　涛　县水利局局长

指挥部下设办公室在县水利局，由杨涛同志兼任办公室主任，负责处理日常事务，成员从相关单位和部门抽调。

4．西南航空护林总站江川直升机场建设项目

指 挥 长：王　波　县政府副县长

副指挥长：李　菊　县林业局局长

顾绍勇　县国土资源局局长

李忠海　江城镇党委书记

指挥部下设办公室在县林业局，由李菊同志兼任办公室主任，负责处理日常工作。

（二）县委副书记、统战部部长石伟负责的重点工作重大项目

5．美丽家园建设工作

组　长：石　伟　县委副书记、统战部部长

副组长：孔　江　县委副书记、县新农村建设工作队总队长
王　波　县政府副县长
普朝鹏　县政府副县长

领导小组下设办公室在县新农办，由张润斌同志任办公室主任，负责处理日常事务。

6. 抚仙湖天湖湾一期项目

指 挥 长：石　伟　县委副书记、统战部部长
副指挥长：普朝鹏　县政府副县长
杨剑伟　县政府党组成员、重点项目督导组组长
郭　峰　江城镇党委副书记、镇长

指挥部下设办公室在江城镇，由郭峰同志兼任办公室主任，负责处理日常事务。

7. 抚仙湖旅游开发项目（远洋国际会议中心、金色抚仙湖九龙国际会议中心、奥宸·抚仙湖国际文化旅游小镇、抚仙湖药王谷国际养生度假村项目）

指 挥 长：石　伟　县委副书记、统战部部长
副指挥长：李志刚　县委常委、县政府副县长
普朝鹏　县政府副县长

指挥部下设办公室在江城镇，由郭峰同志任办公室主任，负责处理日常事务。

（三）县人大常委会主任李东林负责的重点工作重大项目

8. 仙湖锦绣项目

指 挥 长：李东林　县人大常委会主任
副指挥长：陈琎寿　县委常委、政法委书记
龚桂存　县委常委、宣传部部长
张文彬　县委常委、县政府常务副县长
史云德　县人大常委会副主任
普学化　路居镇党委书记
李忠海　江城镇党委书记

指挥部下设办公室在县人大，由史云德同志兼任办公室主任，负责处理日常事务。

（四）县政协主席罗跃岗负责的重点工作重大项目

9. 小马沟—冯家湾片区退房还湖旧村改造项目

指 挥 长：罗跃岗　县政协主席
副指挥长：牛旺林　县政府副县长、县公安局局长
普朝鹏　县政府副县长
杨生明　县政协副主席

指挥部下设办公室在江城镇，由郭峰同志兼任办公室主任，负责处理日常事务。

（五）县委常委、宣传部部长龚桂存负责的重点工作重大项目

10. 青铜文化产业项目

指 挥 长：龚桂存　县委常委、宣传部部长
副指挥长：李启红　县政府副县长

指挥部下设办公室在县文产办，由杨春文同志任办公室主任，负责处理日常事务。

（六）县委常委、县政府常务副县长张文彬负责的重点工作重大项目

11. 龙泉山生态工业园区（含小白坡产业片区）建设项目

指 挥 长：张文彬　县委常委、县政府常务副县长
副指挥长：邓春元　县委常委、县委办主任
李保平　县工信局局长
李天贵　江川工业园区管委会主任
王　秀　县工商联主席

指挥部下设办公室在工业园区管委会，由李天贵同志兼任办公室主任，负责处理日常事务。

12. 城镇上山项目

指 挥 长：张文彬　县委常委、县政府常务副县长
副指挥长：邓春元　县委常委、县委办主任
陆富仙　县人大常委会副主任、县总工会主席
李启红　县政府副县长
靳永春　大街街道党工委书记

指挥部下设办公室在大街街道，由靳永春同志兼任办公室主任，负责处理日常事务。

13. 产业整合项目（烟花爆竹产业整合项目、红砖企业整合项目）

指 挥 长：张文彬　县委常委、县政府常务副县长
副指挥长：邓春元　县委常委、县委办主任
普朝鹏　县政府副县长
杨生明　县政协副主席
杨剑伟　县政府党组成员、重点项目督导组组长

指挥部下设办公室在县工信局，由李保平同志任办公室主任，负责处理日常事务。

（七）县委常委、副县长李志刚负责的重点工作重大项目

14. 玉溪市抚仙湖流域水污染综合防治“十二五”规划江川县两年行动计划（内含12个子项目）

指挥长：李志刚　县委常委、县政府副县长

指挥部下设办公室在县抚管局，由杨岗同志任办公室主任，负责处理日常事务。

（八）县人大常委会副主任杨本忠负责的重点工作重大项目

15．星云湖一级保护区退田还湖及生态建设工程

指 挥 长：杨本忠　县人大常委会副主任

副指挥长：李志刚　县委常委、县政府副县长

王　波　县政府副县长

普朝鹏　县政府副县长

李绍华　县政协副主席

指挥部下设办公室在县环保局，由李华同同志任办公室主任，杨花润同志任办公室副主任，负责处理日常事务。

16．江川县旅游小镇暨星云湖4A级风景区建设

指 挥 长：杨本忠　县人大常委会副主任

副指挥长：龚桂存　县委常委、县委宣传部部长

李志刚　县委常委、县政府副县长

指挥部下设办公室在县人大办公室，由杨花润同志任办公室主任，负责处理日常事务。

（九）县政府副县长普朝鹏负责的重点工作重大项目

17．城市建设管理工作

组　长：普朝鹏　县政府副县长

副组长：史云德　县人大常委会副主任

郭开明　县政协副主席

靳永春　大街街道党工委书记

领导小组下设办公室在县住建局，由周亚烜同志任办公室主任，周丽娟、李汝林同志任办公室副主任，负责处理日常事务。

18．道路交通建设工作（晋江高速公路、红江通高速公路、环城路）

组　长：普朝鹏　县政府副县长

副组长：史云德　县人大常委会副主任

郭开明　县政协副主席

张文红　县公安局政委

胡禄金　县交通运输局局长

领导小组下设办公室在县交通运输局，由胡禄金同志兼任办公室主任，负责处理日常事务。

19．2014年保障性住房建设项目

指 挥 长：普朝鹏　县政府副县长

副指挥长：杨军苹　县政府副县长

指挥部下设办公室在县住建局，由周丽娟任办公室主任，负责处理日常事务。

20．“美丽校园”及校安工程建设项目

指 挥 长：普朝鹏　县政府副县长

副指挥长：刘跃宁　县人大常委会副主任

李绍华　县政协副主席

指挥部下设办公室在县教育局，由郭自壮同志任办公室主任，钱鸿润同志任办公室副主任，负责处理日常事务。

21．东风水库径流区综合治理项目

指 挥 长：普朝鹏　县政府副县长

副指挥长：孔　江　县委副书记、县新农村建设工作队总队长

林　清　县委常委、组织部部长

史云德　县人大常委会副主任

张卫东　县政府副调研员

李华同　县环保局局长

指挥部下设办公室在县政府办，由龚钲同志任办公室主任，负责处理日常事务。

（十）县政府副县长、县公安局局长牛旺林负责的重点工作重大项目

22．江川县公益性公墓、殡仪馆建设项目

指 挥 长：牛旺林　县政府副县长、县公安局局长

副指挥长：刘跃宁　县人大常委会副主任

李绍华　县政协副主席

指挥部下设办公室在县民政局，由李佳强同志任办公室主任、杨兴景同志任办公室副主任，负责处理日常事务。

二、相关要求

（一）各重点工作重大项目的工作目标及进度时间节点安排待完善后下发。各指挥部和领导小组的成员由各指挥长、组长根据工作需要确定。

（二）推进工作中协调相关事宜由县委办、县政府办和县委督查领导小组具体负责。

（三）实行重大事项报告制度。对重点工作、重大项目中涉及项目洽谈、签约、招拍挂等重要事项要召开指挥部（领导小组）会议研究，形成统一意见后及时向书记、县长汇报。由书记、县长决定是否召开常委会、常务会进行研究决定。

中共江川县委

江川县人民政府

2014年4月24日

中共江川县委 江川县人民政府关于加快民营经济发展的实施意见

江发〔2014〕24号

（2014年9月28日）

为进一步加快民营经济发展步伐，增强我县综合经济实力和核心竞争力，促进全县经济社会全面、协调、可持续发展，根据国家、省大力发展民营经济有关方针政策和《中共玉溪市委玉溪市人民政府关于加快民营经济发展的实施意见》（玉发〔2014〕18号）精神，结合我县实际，特制定如下实施意见。

一、指导思想和发展目标

（一）指导思想。以邓小平理论、“三个代表”重要思想和科学发展观为指导，深入贯彻党的十八大和十八届三中全会精神，按照“政治平等、政策公平、法律保障、放手发展”的方针，进一步解放思想，加强领导，强化服务，优化环境，消除一切妨碍民营经济发展的思想观念、体制弊端、政策规定和不适宜的做法，营造“政治上有荣誉、社会上有地位、经济上有实惠、政策上有激励、发展上有保障”的良好氛围，促进民营经济全面发展，为实现建成小康社会目标做出积极贡献。

（二）发展目标。到2017年，民营经济力争实现增加值60亿元，年均增长20%以上，占全县GDP的比重达65%以上；民间投资占全社会固定资产投资比重达70%以上，年均增长25%以上；新增就业1万人，年均增长8%以上；全县规模以上民营工业企业达到45户以上，年销售收入过亿元的达到15户以上，过5亿元的达到5户以上，过10亿元的达到2户以上，培育一批机制灵活、经营规范、技术先进、效益良好的骨干民营企业。

二、营造公平竞争环境

（三）放宽民营资本的投资经营领域。除国家法律法规明确禁入或限制，或不符合国家和我县产业政策的行业、领域外，都允许民营资本进入；凡是对外商开放的投资领域，鼓励民营资本加快进入，并放宽股权比例限制等方面的条件要求。在投资核准、融资服务、财税政策、土地使用、对外贸易和经济技术合作等方面，民营企业与其他所有制企业享受同等待遇。鼓励民营资本积极参与城镇供水、供气、公共交通、污水垃圾处理等市政公用事业和基础设施投资、建设和运营；鼓励民营资本投资教育、科研、医疗、文化、体育、社会服务等社会事业；在严格监管、有效防范金融风险的前提下，鼓励民营资本参股、控股和创办区域性股份制银行和合作性金融机构，符合条件的民营企业可以发起设立金融中介服务机构；支持符合条件的民营企业参与银行、证券、保险等金融机构的改制改组。对符合国家和我县产业政策的民营投资项目，除《核准目录》外，一律实行备案制。将重点民营投资项目纳入全县重点建设项目规划。在放开市场准入的同时，加强政府和社会监管，维护公众利益。（责任单位：县政务服务管理局、政府法制办、发改局、工信局、交通局、水利局、工商局、住建局、国土局、农业局、人行及县属各相关部门）

（四）放宽工商登记条件。放宽民营企业注册登记名称字号、行业及经营特点用语、出资限制和经营场所登记条件。允许同一申请人申请多个不同名称的个体工商登记。新办的小型微型企业，除国家明确限制的特殊行业和需要前置审批的经营范围外，经辖区工商机关备案后允许试营业1年，试营业期内可不办理工商注册登记。免收企业注册登记费。（责任单位：县工商局）

三、提高用地保障水平

（五）统筹安排民营企业用地指标。县政府在制订和实施土地利用总体规划和年度土地利用计划时，统筹安排民营企业投资项目用地。从2014年起，在龙泉山工业园区规划建设不少于200亩的中小企业创业基地（创业园），引导孵化中小企业全面发展；实行一园多片区，在有条件的乡镇设立龙泉山工业园区产业片区，解决本土民营企业用地难问题；工业产业园区为民营企业发展预留用地，重点民营企业项目由县政府预留用地计划指标予以保障，对符合上报审批条件民营企业用地，相关部门必须在当年组件上报审批。（责任单位：县国土局、工信局、工业园区管委会、江城镇人民政府）

（六）降低民营企业用地成本。对我县鼓励发展的工业项目和重点项目，符合节约集约用地条件的，对使用国有未利用地的工业项目，土地出让金可区别情况按《全国工业用地出让最低价标准》的10%—50%执行。对民营资本参与非盈利公益事业和基础设施建设等依法取得的划拨土地，在不改变原批准用途的前提下，可办理协议出让手续。对符合规划、不改变土地用途、利用企业自有存量土地进行建设、提高土地利用率和增加容积率的项目用地，不再征收土地价款。工业园区标准厂房建设免收市政配套费。（责任单位：县国土局、住建局、工业园区管委会）

（七）给予民营企业土地使用平等待遇。民营企业申请使用国有土地，与国有、集体和外商投资企业同等待遇，建设用地纳入土地利用年度计划管理。民营企业以出让方式取得的土地使用权和合法的地上建筑物，在出让合同规定的土地使用期内，可依法转让、入股、出租和作信贷抵押；其生产经营场地在土地有偿使用期内，任何单位不得随意收回、拆除或侵占；政府确需收回土地和拆迁房屋的，依法给予补偿。（责任单位：县国土局、工业园区管委会）

四、着力解决融资难题

（八）加大信贷支持力度。鼓励金融机构进一步创新信贷品种和抵（质）押方式，简化贷款审批手续，合理确定贷款期限和利率，为小型微型企业提供差异化金融服务，确保对小型微型企业贷款的增速高于全部贷款平均增速，增量高于上年水平，力争每年新增贷款的50%以上用于支持中小微企业发展。完善中小企业网上融资平台，实施小型微型企业融资便利化行动。建立银政企合作长效机制，财政性存款向完成中小企业贷款指标的金融机构倾斜。县财政出资与金融部门合作，为民营企业融资提供增信支持，降低企业融资成本，解决企业由于抵押不足导致融资困难或贷款到期暂垫资置换等问题。（责任单位：县财政局、人行、各商业银行）

（九）改善金融服务。积极引进县外金融机构、基金公司、创投公司、信托投资公司、资产管理公司等金融服务企业到江川开设分支机构，开展相关业务。支持农村信用社完善为产业服务的网点布局。支持地方金融机构增资扩股壮大资本实力，鼓励民间资本设立小额贷款公司，支持有条件的小额贷款公司转制为村镇银行。（责任单位：县财政局、人行、各商业银行）

（十）拓宽融资渠道。支持中小企业通过集合票据、集合债券、短期融资券等渠道融资，对成功发行所产生的评级、审计、担保和法律咨询等中介服务费用，县级财政给予适当补助。支持小型微型企业采取知识产权质押、商标质押、仓单质押、商铺经营权质押、商业信用保险保单质押、商业保理、典当等多种方式融资。鼓励为小微企业提供设备融资租赁服务。积极发展中小企业贷款保证保险和信用保险。推动发展私募股权投资和创业投资等融资工具。吸引省内外资本参与江川股权市场发展，积极推进矿业权、林权、特许经营权、社会公共资源开发权等各类产权进入市场交易。积极支持符合条件的企业在境内外上市融资。（责任单位：县财政局、工信局、人行、各商业银行）

五、改善发展环境，提高服务效率

（十一）推行“四无”服务。推行无障碍准入、无刁难审批、无歧视办事、无拖延办结，促进民间资本投资便利化。各有关部门要按要求定期清理、废止不必要的行政许可和审批事项。建立重大项目审批“统一受理制、项目代办制、快速转办制、并联审批制、办结告知制”5项制度。（责任单位：县发改局、工信局、县属各相关部门）

（十二）简化投资项目审批程序。对鼓励和允许发展的项目，实行备案登记制；对确需转报上一级核准、审批的项目，县发改局、工信局等投资管理部门要指导民营企业做好项目前期工作。对符合条件的备案项目，在3个工作日内办结；对民营企业投资5000万元以上急需上报核准审批的生产性项目，由县发改局、工信局或工业园区管委会负责代办项目核准、审批手续。（责任单位：县政务服务管理局、发改局、工信局、工业园区管委会）

（十三）改进用地和环评审批服务。国土资源部门对符合条件的单独选址用地项目，实行土地征转供一并办理。在土地利用总体规划确定的城镇建设用地规模范围和工业园区范围内，民营企业用地按照批次用地方式报批，再按具体项目办理供地手续。民营企业建设项目用地审查、审批、登记、发证等，要件和手续齐备的，在10个工作日内完成。环境保护部门要采取提前介入、跟踪督办等措施，压缩审批时限，将项目环境影响报告书、报告表和登记表的审批时限分别压缩为30个、15个、10个工作日。（责任单位：县国土局、环保局）

（十四）维护民营企业合法权益。对民营企业在发展过程中出现的问题，坚持以教育为主，尽量用经济、行政手段和调解的方式解决。政法部门要严厉打击扰乱民营企业生产经营秩序、侵犯民营企业家合法财产和人身安全的违法犯罪行为。公安机关要加强对民营企业生产经营场所的社会治安管理。政法机关在办理刑事案件中，对涉及民营企业的案件，要慎用强制措施，对涉及在当地有影响的民营企业的案件，政法部门要加大协调指导力度。政法部门要加强执法队伍建设，积极受理涉及民营企业的案件，公正廉洁执法，维护司法公正。行政执法部门对民营企业的经营权及财产进行扣押、查封，若涉及省、市、县确定的重点民营企业，必须同时报本级监察机关同意后执行。（责任单位：县委政法委、县政府法制办、公安局、监察局）

（十五）切实减轻民营企业负担。政府职能部门不得在法律法规、国务院和省、市政府规定外，另行要求企业办理各种证照。按法律法规必须收取的行政事业性收费，一律按收费标准的下限收取。严肃查处“四乱”（乱收费、乱摊派、乱罚款、乱检查）、吃拿卡要等损害企业经营环境的行为，对违反规定的，追究有关单位领导的责任。各级行政执法部门一律不得下达定额罚款指标。清理、规范和简化涉企年检。规范中介机构的服务，打破中介服务垄断，各有关部门要督促中介机构合理收费，引导和鼓励企业自主择优选择中介机构。任何单位和个人不得强制指定中介服务机构。（责任单位：县政府法制办、监察局、质监局、工信局、县属各相关部门）

（十六）构建公共服务体系。依托政务服务中心等资源，建立覆盖县、乡镇（街道）和工业园区的公共服务平台，明确各层级中小企业服务中心职能职责。推动各级中小企业服务中心通过互联互通、信息共享、资源统筹、功能互补、服务协同，增强服务功能。采取政府购买服务或服务补助、税费减免、专项奖励等方式，推动在工业园区、民营企业聚集区建立一批专业服务机构。建立健全服务规范、服务评价和考核激励机制，培育服务品牌。充分发挥行业协会（商会）的桥梁纽带作用，提高行业自律和组织水平。（责任单位：县政务服务管理局、工商联、工信局、工业园区管委会、各乡镇（街道））

六、鼓励争创名牌，加强技术改造和技术创新

（十七）对获得中国名牌、中华老字号、驰名商标和省级名牌、省级老字号、著名商标以及市级名牌、知名商标的分别给予一次性奖励。民营企业产品当年获得中国名牌、中华老字号、驰名商标和省级名牌、省级老字号、著名商标以及市级名牌、知名商标的，除省、市政府奖励外，县政府再分别一次性奖励企业10万元、5万元和1万元。同时企业可分别从成本中列支10万元、5万元和1万元用于奖励创品牌有功人员。（责任单位：县财政局、工信局、工商局）

（十八）对已获得国家、省、市名牌产品称号或驰名、著名商标的民营企业，优先列入技术改造、技术创新和新产品开发计划。民营企业开发的新产品，被列入国家、省、市重点新产品发展计划，并经玉溪市及以上科技部门组织的专家鉴定会鉴定，达到国际领先、先进水平或国内领先水平的，在科技立项申报扶持上给予优先安排，支持民营科技企业发展。（责任单位：县工信局、监察局）

（十九）对建立国家级、省级和市级技术中心的给予奖励。从2014年起，民营企业建立技术中心，通过国家级、省级和市级认定的，参照企业投入资金规模给予一次性奖励，奖金最高分别不超过10万元、5万元和3万元。（责任单位：县财政局、工信局、监察局）

七、加大对民营经济发展的支持力度

（二十）设立民营经济发展专项资金。2014年至

2017年，县财政每年设立民营经济发展专项资金，主要用于本实施意见涉及对民营企业的扶持和奖励。县财政局和工信局对专项资金的使用要做到公开、公正，要全程接受社会监督。（责任单位：县财政局、工信局、审计局、监察局）

（二十一）落实税收优惠政策。国家和省出台的涉及民营经济、中小微企业的税收优惠政策严格按政策办理。凡规定先征后退的税收，一律按时足额退还给企业。对经国家和省有关部门认定的小微企业创业基地内符合小微企业标准的企业，从注册登记之日起，5年内免征房产税和城镇土地使用税。对符合条件的企业和个体工商户，实行营业税差额征税办法。对年实缴税金形成地方财政收入在200万元以上（含200万元）的生产性民营企业，按形成地方财政收入增量的2%给予奖励。（责任单位：县国税局、地税局、财政局）

（二十二）加大政府采购支持。采购人和采购代理机构要认真落实国家关于政府采购促进中小企业发展有关规定，凡是本县中小企业能够提供的服务，原则上向中小企业购买，确保各级政府采购中小企业的货物、工程和服务比例达到年度政府采购项目预算总额的30%以上，其中，预留给小型微型企业的比例不低于预算总额的18%。在政府采购评审中，对小型微型企业产品可视不同行业情况给予6%—10%的价格扣除。鼓励大中型企业与小型微型企业组成联合体共同参加政府采购，小型微型企业占联合体份额达到30%以上的，可以给予联合体2%—3%的价格扣除。（责任单位：县公共资源交易中心）

八、推动民营经济转型发展

（二十三）支持民营企业做大做强。促进优势资源向优势企业集中，煤、电、油、运、水等生产要素对优势企业实行优先保障，银行信贷、财政扶持资金重点向优势企业倾斜，支持高成长性民营企业做大做强。推动优势民营企业通过收购、联合、参股等多种形式开展并购重组，促进规模化、集约化经营，提高产业集中度和企业竞争力。加快推进我县微型企业创业培育工程，从2014年起，每年培育初创型微型企业100户以上。从2014年起，对销售收入首次超过5亿元和10亿元的民营企业，县政府分别给予一次性10万元和20万元的奖励。对新成功纳规、纳限的，县政府给予一次性5万元的奖励。对符合培育条件的初创型微型企业，县政府给予一次性6000元的补助。（责任单位：县工信局、发改局、人社局、统计局、财政局、工商联、监察局）

（二十四）引导民营企业集群发展。以工业园区标准化厂房为载体，引导民营企业入园发展。开展创新型产业集群试点建设工作，推动具有上下游企业分工协作的民营企业形成专业化产业集群。推动县属国有企业与民营企业开展产品、服务、技术和劳务合作，引导中小微企业围绕大企业和重点项目，以“专精特新”为方向，发展配套产业，延长产业链和产品链，建立稳定的产、供、销和技术开发等协作关系。引导小型微型企业采取抱团方式共同开拓市场，培育商贸企业集聚区，发展专业市场和特色商业圈。（责任单位：县工信局、工业园区管委会）

（二十五）对较大民营投资项目实行奖励。对民营投资工业项目5000万元（含5000万元）至1亿元和1亿元（含1亿元）以上，且在两年内建成投产的，县政府分别给予一次性10万元和20万元的奖励。（责任单位：县财政局、发改局、工信局、工业园区管委会、审计局）

（二十六）鼓励民营企业自营出口。积极引导民营企业通过参加重要展会，商务考察、项目合作、文化交流等活动，宣传我县优势产业和特色产品，广泛寻求国际合作，最大限度扩大产品出口。从2014年起，年进出口额达1000万美元至3000万美元、3000万美元至5000万美元、5000万美元至1亿美元、1亿美元以上（额度等级均含下限）的，县政府分别给予3万元、5万元、10万元、20万元人民币的奖励。（责任单位：县工信局）

（二十七）鼓励发展现代服务业。发挥民营经济在促进消费、惠及民生、提升服务质量方面的重要作用。鼓励和支持民营企业加快发展面向生产的仓储物流、服务外包、信息服务、金融服务、商贸流通、科技服务、包装装潢、工业设计、会展经济、电子商务、专业市场、咨询策划等生产性服务业；支持民营企业大力发展旅游度假、文化传媒、康体娱乐、餐饮住宿、地产置业、连锁经营等消费型服务业和教育卫生、市政公用、社区服务、社会养老等社会事业。（责任单位：县工信局、工商局、工业园区管委会）

（二十八）推动民营企业技术进步。大力支持民营高科技企业加快发展，鼓励中小企业建立研发机构，与科研院所、大专院校合作，共享租用科研院所、大专院校实验室、专业化设备等形式推动提高技

术开发能力，加快新产品开发。积极引进科技型企业及产品研发中心、重点实验室等创新载体。对民营企业引进国际先进、填补省内空白的首台（套）重大技术装备，根据省、市相关规定得到补助的，县政府给予10万元—20万元的奖励。实施中小企业信息化推进工程，加强质量标准工作，提高产品竞争力。从2014年起，经认定为“数字企业”的，县政府给予一次性2万元补助资金。（责任单位：县财政局、工信局、工业园区管委会）

（二十九）鼓励民营企业招商引资。鼓励县内民营企业以商招商，通过项目合作、资本合作、技术合作、品牌合作、技术改造等途径拓展发展空间，县内民营企业招商引资的合作项目、新的建设项目（含技改项目）同等享受外来企业投资优惠政策。引进项目投资到位的民营企业，按照《江川县招商引资管理办法》政策给予一次性奖励。（责任单位：县招商局）

（三十）加大民营企业人才支持。为立志创业创新者拓展空间，鼓励有项目、有专利、有技术和管理专长且符合提前退休条件的公职人员离岗创业。鼓励国有企业的科技人员留职创业，创业所得归个人所有；鼓励公务员辞职创业，对辞职创业者根据创业项目给予扶持；加大人才引进和培养力度，鼓励民营企业从海内外引进创业创新人才；进一步健全和完善民营企业专业技术人才职称评定服务工作体系，积极为民营企业专业技术人才提供人才评价服务。（责任单位：县人社局、工信局）

（三十一）促进民营企业管理创新。引导民营企业按照现代企业制度要求，建立规范的个人独资企业、合伙制企业和公司制企业，完善法人治理结构，改进家族式管理。实施民营企业管理提升计划，重点帮助和引导民营企业加强财务、安全、节能、环保、用工等管理，加强质量诚信体系建设。引导民营企业结合发展需要，采用信息化管理手段，探索新的管理方法，优化人才、技术、资金、产销、信息等资源配置效率，全面提高管理水平。加强民营企业党群组织建设，努力实现党组织在民营中小企业全覆盖，保证党的路线方针政策落实到民营企业。增强民营企业家社会责任意识，强化对职工合法权益的保护，构建和谐劳资关系，增强企业凝聚力和职工归属感。（责任单位：县人社局、工信局、工商联、县属各相关部门）

（三十二）鼓励民营企业开展节能降耗工作。对民营企业新建或技改节能项目，年节能量在500吨标准煤以上的项目，根据节能量大小，县政府给予5万元—20万元的奖励。对开展能源审计经市级评审通过验收合格的，县政府给予1万元补助资金；对开展能源管理体系建设评审通过的，县政府给予3万元补助资金。（责任单位：县工信局、财政局、统计局、监察局）

九、强化组织领导落实目标责任

（三十三）加强组织领导，建立工作机制。成立由县委、县政府领导担任组长、副组长，相关职能部门负责人为成员的江川县加快民营经济发展工作领导小组，领导小组办公室设在县工信局。建立联席会议制度，定期或不定期召开联席会议，协调解决民营经济发展过程中出现的问题。各乡镇（街道）成立相应的领导协调机构。建立领导联系重点民营企业制度，县级领导每人挂钩1—2户重点民营企业，定期到企业调研，协调解决项目审批、用地、融资以及煤电油运等要素保障问题。结合党的群众路线教育实践活动，开展“进园入企”活动，加强和密切党委、政府与民营企业的联系。（责任单位：县委督查室、县政府督查室、县工信局、统计局及县属各相关部门）

（三十四）强化政策落实。各级各部门要多渠道强化政策宣传，提高民营企业家对政策的知晓率。建立民营经济统计和指标评价体系，加强对小型微型企业的调查统计工作。从2014年起，县委、县政府每2年召开1次表彰大会，对优强民营企业、优秀民营企业家、优秀微小企业、优秀中小企业服务机构、促进民营经济发展先进单位和先进工作者等给予表彰奖励。（责任单位：县委督查室、县政府督查室、县工信局、统计局及县属各相关部门）

（三十五）加大发展民营经济的宣传力度，营造尊重、支持民营经济发展的良好社会氛围和舆论氛围。新闻宣传部门要及时宣传推广发展民营经济的好典型、好经验，主动帮助重点骨干民营企业做好企业形象宣传，并在广告费、宣传费等方面给予优惠。（责任单位：县委宣传部、县工信局、文旅广体局）

（三十六）县委、县政府之前制定的有关规定与本意见不一致的，以本意见为准。

（三十七）本意见实施过程中遇到的具体问题由县民营办负责解释。

（三十八）本意见自下发之日起施行。

中共江川县委　江川县人民政府
关于印发江川县供销合作社综合改革试点
工作方案的通知

江发〔2014〕29号

各乡、镇党委和人民政府，大街街道党工委和办事处，县委和县级国家机关各部、委、办、局，各人民团体：

《江川县供销合作社综合改革试点工作方案》已经县委、县政府研究同意，现印发给你们，请认真遵照执行。

中共江川县委

江川县人民政府

2014年9月17日

江川县供销合作社综合改革试点工作方案

为认真贯彻落实党的十八届三中、四中全会和中央关于深化供销合作社改革的精神，按照省委、省政府和省、市供销社关于开展供销合作社综合改革试点工作的安排部署，结合江川实际，制定本方案。

一、总体要求

按照“改造自我，服务农民”的总要求，以密切与农民利益联系为核心，大力推进组织创新、服务创新、经营创新，完善体制机制、健全基层组织、激发内在活力，以现代流通网络建设为重点，以激活机制、盘活资产、搞活经营为举措，拓展服务领域，提升服务质量，努力把供销社打造成为农民生产生活服务的生力军和综合平台。

二、目标任务

培育　发展和壮大社有企业，不断完善经营服务机制，成为为农服务的市场主体；创新发展农民合作社等农村合作经济组织，打造成为政府主导的为农村合作经济服务的主要载体；建设上下贯通、开放包容、运行高效的供销合作社组织管理服务体系，建立权责对等、相互连接的新机制；建设团结创新、担当干事的领导班子和干部职工队伍。通过综合改革，逐步建立起县、乡（镇）、村三级服务网络，搭建起一系列社会化公共服务平台，真正把供销社办成农民的合作经济组织，成为帮助农业发展、农村致富、农民增收的骨干力量，成为连接城乡经济、促进党和政府同农民密切联系的桥梁和纽带。

三、改革内容

综合改革试点坚持以保障生产生活资料供给和产品质量安全的基本定位，通过采取盘活资产、搞活经营、转活机制等措施，努力建设一批为农服务的好企业，一批带动能力强的好合作社，一套推动供销社发展的好机制，一支勇于担当、乐于奉献的好队伍。

（一）加强社有资产管理，管好、盘活社有企业，建设一批好企业

1．创新发展社有企业。按照“改造自我、服务农民”的要求，以“新网工程”、“乡村流通工作”建设和各级财政支持为契机，培育发展一批为农服务的社有控股、持股企业。

2．提升做好社有企业。通过增产扩股、项目扶持、拓展业务、创新经营方式等，增加社有股份比例，支持社有企业建立完善城乡流通经营服务网络，成为农村现代流通龙头组织。加强县社企业的经营管理，提升社有企业实力。

3．创办共同持股的社有企业。由上级社有独资或控股企业牵头，通过项目投资、市场并购、业务拓展、网络延伸、资产整合、资本聚合等方式，联合各级各类社有企业共同组建相互持股的社有独资、控股企业，建立完善企业经营管理架构、运行管控体系、利益联结机制和收益分配制度。督促指导本级社有企业建立健全现代经营管理体制和科学分配激励机制。

4．本着公开公正、规范有序、保值增值、资产租赁收益与资产权属一致的原则，监督、管理好供销社改革改制后的剩余资产。

5．对社有资产进行全面调查清理。本着“尊重历史，注重现实”的原则，按照相关法律法规政策的要求，结合实际，研究确权、处置方案，做好社有资产未确权资产的确权登记和处置工作。

6．对低效闲置资产，采取拓展业务盘活、引进能人经营管理、争取项目盘活、引进社会资金联合开发等办法，把存量优势变为增量优势，提高资产运营效益。一是继续抓好小花园供销社门市项目建设。力争日用品批发中心2015年6月底前投入使用。二是加快湖滨路门市的改造。三是加强调研，制定切合实际的开发方案，把原生资公司和老县社办公楼片区列为开发行列。通过两年时间，实现县供销合作社年平均社有资产收益达到100万元以上。

7．搭建农资连锁配送服务平台，组建农资、种子、农副产品等县社控股企业。建立“公司+连锁店+村级站”的三级服务网络。打牢农资经营和服务网络，在原有118个连锁网点的基础上，2015年内再建设2处配送中心。把农资经营门店办成开放式超市，形成以化肥、农药、种子经营为一体的服务中心。加大农技知识推广力度，积极与种植大户建立商品和技术套餐服务方式，坚持商品销售与信息服务一体化，通过培训技术员，为农民开展测土配方施肥、农机具修理等活动，将服务送进千家万户。

（二）加强农民专业合作社的发展和管理，培育一批好合作社

1．大力发展农民专业合作社，提高农民组织化程度，带动高原特色产业发展，助农增收。针对当前农民合作社服务内容单一，规模小，实力弱，贷款融资难、优惠政策少，人才匮乏、管理经验欠缺等问题，加强分类指导，对有一定基础和实力的合作社，要积极给予扶持，同时争取申报省级、国家级示范社；对有一定潜力和产业发展有影响力的合作社，要创造条件使其发展壮大；对不规范、无生命力的合作社实行淘汰。

2．创新服务，提高专业合作社发展的综合管理能力和经营水平。加强对理事长、财务人员和管理人员的培训；创办集公益性与经营性相结合的综合服务组织，为农民合作社（联合社、联合会）、家庭农场、专业大户和农业企业等新型农业经营主体，提供财务会计、产品营销、融资担保、培训咨询、项目申报等服务。

3．做好综合服务社的管理工作。认真落实《关于进一步加强综合服务社管理的通知》（玉供发〔2014〕16号）要求，签订相关协议，实行服务承诺，明确职责与责任，对其经营商品进行定期检查，督促建立购销台账，确保经营商品来源渠道正规，质量安全可靠，维护好供销社的声誉和形象。

4．完善供销合作社组织体制。健全县乡（镇）供销合作社的社员（代表）大会、理事会、监事会“三会一体”的组织管理服务体系，逐步规范县、乡（镇）和农民合作社三级科学治理结构，完善上级社对下级社的评价考核奖励机制，逐步建立健全供销合作社层级分工的负面清单制度。

严格执行标准，认真谋划，力争两年内新发展农民专业合作社8个、创办农民专业合作社示范社4个，新发展农民专业合作社联合社3个，改造提升公共管理型合作社2个。创办县城日用消费品超市2个，创办乡镇日用消费品超市3个。创办日用消费品配送中心1个。

（三）加强系统内的管理、监督、创新，探索一套好机制

1．进一步理顺社企关系，对社属企业实行统一经营、分类核算、参营参股、超奖欠罚的工作激励机

制。对社属企业实行社有资产所有权和经营权分离，由“管企业”向主要“管资产”转变。

2．加快经营机制的转换，增强企业发展活力。以“用工机制、分配机制、激励机制和管理机制”为重点，做到人能进能出，分配有高有低，激励有奖有惩，管理合理科学。

3．加强基层社的恢复重建和改造提升。认真贯彻落实《中华全国供销合作总社关于进一步加强基层工作的指导意见》，树立抓基层供销社建设就是打造乡村流通网络枢纽和为农服务综合平台的思想。在基层供销社重组中，利用现有的基层网点，坚持实际、实用、实效原则，实行开放办社、引才办社、联合发展，增强服务功能，使之真正成为自主经营的实体、为农服务的载体和合作经济的联合体。基层供销社的改造要把“增强服务功能、拓展服务领域、改善服务环境、完善服务设施、吸引和方便群众”作为重点，积极拓展业务，改变经营单一、自我发展能力弱的现状，整合现有资源，努力提升基层供销社形象和经营效益。力争用两年左右时间，巩固提升基层社3个，尽力恢复乡镇基层供销社，做到全覆盖。

（四）加强组织建设，培育一个好班子和人才队伍

着力建设团结创新、担当干事的领导班子和干部职工队伍，建立完善供销合作社组织保障、人才兴社和人才强企新机制。

1．着力营造班子建设和队伍成长的好环境。建立健全供销合作社领导班子和队伍建设的新机制。加强班子建设，提高科学、民主决策水平，成为团结带领干部职工推进改革发展的坚强核心。加强队伍建设，探索建设懂经营、会管理、能拼搏、肯干事的干部职工队伍的有效方法。

2．培育社有企业经营管理队伍。在发展社有企业的同时，力争用3—5年时间，发展壮大社有企业经营管理人才队伍，建立完善利益分配激励机制。采取培训与引进相结合等多种形式培养企业亟需人才，为人才强企提供保障。

3．培育合作社专家人才队伍。通过大力发展农民合作社、农村公共管理合作社和城镇消费合作社等，用3—5年时间，打造一支发展各类合作社的专家人才队伍，成为联系城乡、服务农民的重要力量。

四、时间步骤

供销社综合改革试点工作时间预计2年。2014年9月底前完成综合改革试点方案的起草、审批工作，10月初正式启动综合改革试点工作，力争2016年9月底前完成改革试点工作，分四个阶段进行：

（一）启动实施阶段（2014年8月1日—2014年12月30日）

主要任务：起草实施方案、成立领导小组、出台实施方案，研究具体实施意见，制定农民专业合作社发展工作意见，恢复重组基层社工作意见，人才队伍建设工作意见，资产确权及处置意见，并形成相应工作小组，开展工作。

（二）全面展开阶段（2015年1月1日至2015年8月30日）

按照第一阶段研究的工作意见，在全县范围内展开综合改革试点工作，找准突破口，全面推进综合改革工作。

（三）深入推进阶段（2015年9月1日至2016年5月30日）

重点解决在改革过程中出现的难点问题，根据实际情况研究解决办法，确保改革顺利推进。

（四）总结验收阶段（2016年6月1日至2016年7月30日）

全面总结整个改革过程中的各项工作，认真归纳改革经验，提炼改革试点工作成效。搞好各类文书归档建档工作。

五、保障措施

（一）加强组织领导。成立由县政府分管副县长为组长，县政府办联系副主任和县供销社主任为副组长，县发改局、财政局、农业局、林业局、工商局等部门分管领导为成员的供销社综合改革工作领导小组，及时听取和研究综合试点改革工作中存在的困难和问题并及时化解。

（二）形成工作合力。各乡镇（街道）和各有关部门要重视、关心、支持供销社综合改革试点工作，确保试点工作有序推进；认真全面落实好已经出台的支持供销合作社改革发展的各项政策，对供销合作社历史遗留问题，按照“一企一策、分类指导、先易后难、分步实施”的原则，统筹研究解决；在建设用地、工商登记、资金安排、建设立项等方面支持供销社发展；加大改革的舆论氛围，建立鼓励改革创新的容错机制，对依法依规政策未能实现预期目标的应予充分理解和包容；继续对“新网工程”建设给予资金扶持；安排综合改革启动经费，解决供销事业发展所需资金。

关于印发《中共江川县委关于认真落实各级党委（党组）作为中央和省、市委重大决策部署贯彻主体的规定》的通　知

江发〔2014〕30号

各乡镇党委、大街街道党工委，县委和县级国家机关各部委办局、各人民团体和企事业单位党组织：

《中共江川县委关于认真落实各级党委（党组）作为中央和省、市委重大决策部署贯彻主体的规定》已经县委研究同意，现印发给你们，请认真贯彻执行。

中央和省、市委作出的各项重大决策部署，各级党委（党组）作为贯彻主体，必须切实履行好贯彻落实这一重要责任，这不仅是维护中央和省、市委权威，确保政令畅通的需要，也是严肃组织纪律、严格组织程序、扎实推进工作的需要。各党（工）委、党组要把贯彻落实中央和省、市委重大决策部署作为一项基本的政治任务，以抓铁有痕、踏石留印的劲头，锲而不舍、驰而不息的精神，稳步推进各项决策部署的贯彻落实。

中共江川县委

2014年12月23日

中共江川县委关于认真落实各级党委（党组）作为中央和省、市委重大决策部署贯彻主体的规定

根据中央和省、市委有关文件要求，为贯彻落实习近平总书记及有关中央和省、市委领导同志批示精神，进一步明确各级党委（党组）作为中央和省、市委重大决策部署的贯彻主体，结合我县实际，作出如下规定。

一、明确贯彻主体

1．中央和省、市委作出的决策部署，各级党组织都要坚决贯彻落实，各级党委（党组）是中央和省、市委重大决策部署的贯彻主体，必须增强政治意识、大局意识和责任意识，切实担负起这一重要责任，把贯彻中央和省、市委重大决策部署作为一项基本的政治任务抓紧抓好。

2．进一步加强党对各领域的统一领导，各级党委（党组）必须按照总揽全局、协调各方的原则，充分发挥党在同级各种组织中的领导核心作用。

二、抓好贯彻落实

3．中央作出的重大决策部署，习近平总书记出席并讲话的党的代表大会、中央全会、中纪委全会及中

央召开的其他重要会议精神，省委主要领导出席并讲话的省党代会、省委全会、省纪委全会以及省委召开的重要会议精神，市委主要领导出席并讲话的市党代会、市委全会、市纪委全会以及市委召开的重要会议精神，县委要及时召开会议专门进行传达学习讨论，研究制定贯彻落实意见，并及时将学习贯彻情况上报市委。

4．中央作出的重大决策部署，习近平总书记出席并讲话的党的代表大会、中央全会、中纪委全会及中央召开的其他重要会议精神，省委主要领导出席并讲话的省党代会、省委全会、省纪委全会以及省委召开的重要会议精神，市委主要领导出席并讲话的市党代会、市委全会、市纪委全会以及市委召开的重要会议精神，各党（工）委、党组要第一时间召开会议传达学习，认真贯彻落实。

5．县委贯彻落实中央和省、市委精神的重大决策部署和县党代会、县委全会、县纪委全会精神以及其他县委重大决策部署，各党（工）委、党组也要第一时间召开会议传达学习，研究制定贯彻落实意见，抓好贯彻落实。

三、严明党的纪律

6．严明党的政治纪律、组织纪律、财经纪律等各项纪律。把遵守党的政治纪律作为遵守党的全部纪律的重要基础，在思想上政治上行动上同中央和省、市委保持高度一致，坚决维护中央和省、市委权威，决不允许上有政策、下有对策，决不允许有令不行、有禁不止，决不允许在贯彻执行中央和省、市委决策部署上打折扣、做选择、搞变通，确保中央和省、市委政令畅通。严明党的组织纪律，增强组织纪律性，坚决克服组织观念薄弱、组织纪律涣散等现象。严明党的财经纪律，教育广大党员特别是党员领导干部自觉遵守党的各项财经工作纪律，严格约束与规范党的组织和党员个人的经济行为。

7．完善和落实请示报告制度。各党（工）委、党组要在中央和省、市、县委的统一领导下履行好自身职责，贯彻落实中央和省、市委重大决策部署情况，以及按规定需要请示报告的本地区本部门的重大问题、重要事项，要及时报县委。

四、做好舆论引导和宣传报道

8．加强舆论引导。宣传部门要统筹报纸、电视、电台、网络等媒体，坚持正面宣传为主，对各项重大决策部署作出准确阐释、深入解读，把好舆论导向。各党（工）委、党组“一把手”面对大是大非问题，要敢抓敢管、敢于亮剑，旗帜鲜明地开展舆论斗争。

9．及时宣传报道各党（工）委、党组学习贯彻落实工作情况，及时总结好做法，推广好经验，树立好典型，营造全县上下齐心协力抓学习贯彻落实的良好氛围。

五、强化督促检查和责任追究

10．各党（工）委、党组要建立健全对重大决策部署贯彻落实情况督促检查的长效机制，把贯彻重大决策部署情况作为日常督查的重要内容，督查结果在一定范围内及时通报。

11．县纪委及各派出纪工委要切实履行监督主体责任，加强对各党（工）委、党组贯彻落实重大决策部署情况的监督检查，对不履职或者不正确履职的，及时进行批评教育，必要时严格追究相关领导责任，情节严重的，给予组织处理或者纪律处分。

江川县人民政府关于印发江川县创建国家级生态县工作实施方案的通知（节选）

江政发〔2014〕53号

各乡、镇人民政府，大街街道办事处，县属各有关单位：

《江川县创建国家级生态县工作实施方案》已经县人民政府同意，现印发给你们，请按要求抓好各项目标任务的落实。

江川县人民政府

2014年5月15日

江川县创建国家级生态县工作实施方案

为进一步加强我县生态建设与环境保护工作，唱响生态品牌，改善环境质量，促进我县经济社会又好又快发展，推进国家级生态县创建工作。按照我县“生态立县、农业稳县、工业强县、旅游活县、文化兴县”发展战略和《江川生态县建设规划（2011—2020）》要求，为早日实现天蓝、地绿、水净、气爽，人与自然和谐，生态文明美丽江川的建设目标，制定本实施方案。

一、指导思想

以邓小平理论、“三个代表”重要思想和科学发展观为指导，深入贯彻落实党的十八大和十八届三中全会精神，按照省委、省政府关于加强生态文明建设的战略部署，运用生态学原理、系统工程方法和循环经济理论，以经济建设为核心，以人与自然和谐发展为主线，以提高人民群众生活质量为根本出发点，紧紧围绕重点生态环境问题，统一规划、分类指导、分步实施，有组织、有计划、有步骤地开展生态经济建设、人居环境建设、生态环境保护建设、生态文化建设，加快实施可持续发展战略，促进经济增长方式的根本转变和生态环境质量的改善，以实现生态环境资源的永续利用与县域经济、社会、人口、资源和环境的协调发展。

二、总体目标

通过扎实有效的生态县建设，使全县经济增长方式得到根本性转变，经济结构更合理，形成以循环经济为特色的生态经济体系；城乡人居环境得到根本改善，营造人与自然和谐相处的城乡人居环境；环境污染得到根本控制，各类自然和人工生态系统保持良性循环，物质和资源得到高效持续利用；传统文化得到继承和发展，现代生态文化得以弘扬，建成特色鲜明的生态文化体系；城乡统筹发展，社会事业有显著发展，人民生活水平显著提高。力争到2018年，把江川建设成为“经济发展、结构优化、特色鲜明、环境优美、社会和谐”的国家级生态县。

（一）近期目标（2011年—2015年）

全面启动生态县创建工作，组建强有力的领导协调机构；经济结构得到一定的调整优化，经济竞争力和持续发展能力有所提高，与发达城镇的差距逐步缩小，农民人均纯收入超过6500元。

完善生态安全格局，城市化进程和城市环境基础设施建设进度加快，污染物排放量控制在国家标准范围内，城镇环境质量有所改善，人均公共绿地面积达到10.8平方米，城镇生活污水集中处理率达到90%，城镇垃圾无害化处理率达到85%；普及和大力宣传生态文明建设观念与意识，社会初步形成良好的生态意识氛围；启动4个国家级生态乡镇的建设，并取得进展。

生态环境建设力度加大，农村面源污染得到初步控制，防灾减灾能力增强。到2015年，森林覆盖率达到45%以上，“两湖”的治理和保护取得更大成效，抚仙湖总体水质保持Ⅰ类，星云湖水质有所好转。空气质量达到功能区划二级标准。单位GDP能耗和单位工业增加值新鲜水耗明显降低，农村生活用能中清洁能源所占比例和农村卫生厕所普及率提高到40%和72%。COD排放强度降到0.88千克/万元GDP，农业灌溉水有效利用系数提高到0.5。

（二）中期目标（2016年—2020年）

生态县建设工作进一步推进，全县经济、社会、生态环境等各项指标接近生态县建设要求。

继续优化经济发展方式，经济实力明显增强，绿色产业得到壮大，生态经济体系基本形成，单位GDP能耗、单位工业增加值新鲜水耗、农业灌溉水有效利用系数、化学需氧量（COD）排放强度、农村生活用能中清洁能源所占比例、农村卫生厕所普及率等难度较大的考核指标显著改善，城乡居民生活水平明显提高，农民人均纯收入超过8500元。

城市化水平和城市化质量进一步提高，城市基础设施日趋完善，人居环境进一步改善，社会福利和公益设施基本完善。城镇人均公共绿地面积达到12平方米，城镇生活垃圾无害化处理率达到90%；区域生态功能得到有效提升，生物多样性保护取得明显进展，生态文化建设逐步推进，生态意识深入人心，绿色创建活动广泛开展，建成国家级生态乡镇5个。

生态环境建设能力和水平进一步提高。抚仙湖水质稳定保持Ⅰ类，星云湖水质达到Ⅳ类；森林生态功能更加突出；自然保护区、森林公园建设的质量有显著提高；各项资源得到有效开发和合理利用，生态环境得到更好的保护和改善。

不断完善和深化生态县建设的成果，人与自然和谐、城乡统筹等发展格局基本形成，可持续发展能力持续增强，基本实现从“高消耗、高污染、低效益”向“低消耗、低污染、高效益”的转变，全县80%以上的乡镇建成国家级生态乡镇，整个社会走上生产发展、社会富裕、生态良好的文明发展道路，基本达到国家生态县建设指标。

三、工作重点

（一）加大水源涵养区建设

水源涵养区主要生态功能是保护森林、涵养水源。江川县的水源涵养区分布于各流域生态区的分水岭地带，海拔1800—2200米之间，包括：东风水库水源涵养区、星云湖面山水源涵养及生态农业区和抚仙湖东岸水源涵养区3个生态功能区，江川县的主要中小型水库，如大龙潭水库、石河水库和红谷田水库都分布在这一区域内。水源涵养区由于地处东风水库、星云湖和抚仙湖的面山地带，其生态状况直接关系到江川县的水源保护效益。

在水源涵养区内，可进行林产品生产和生态林业建设，不可大面积的开垦农田和发展有污染物排放的企业，要加强对水源涵养生态功能区的保护与管理，严格保护具有重要水源涵养功能的自然植被，限制或禁止各种不利于保护生态系统水源涵养功能的经济社会活动和生产方式。加强生态恢复与生态建设，治理土壤侵蚀，提高生态系统的水源涵养功能。严格控制载畜量，开展生态产业示范，培育替代产业，减轻区内居民生产对水源和生态系统的压力。

（二）加大生态保护的关键地区建设

生态保护的关键地区是江川县在生态环境保护中需要重点保护的区域。根据保护对象、保护目标不同，江川县生态保护的关键地区分为两类：

1．湖泊保护区

湖泊保护区主要生态功能是保护湖泊水体。江川县的湖泊保护区，主要包括星云湖水体、抚仙湖水体以及以星云湖和抚仙湖一级保护区。

湖泊保护区的水体部分是江川县生态保护的核心部分，外延50米的区域是为保护湖泊水体需要进行湿地恢复的地区，其主要生态功能是滤农田径流的农药和化肥等污染物。再外延100米是湖滨生态防护。湖滨生态防护带是湖滨湿地恢复带与湖周农地或山地的过渡地带。其主要生态功能是缓冲各种人为活动对湿地恢复带的影响和冲击，保证湖滨湿地恢复带生态功能的正常发挥。

湖泊保护区保护除对水体进行严格保护外，在划定的湖滨带内禁止发展养殖业，不允许进行农业耕作。要严格退田还湖，大力发展湖滨自然湿地建设，调整产业结构，发展循环经济，推行清洁生产，治理星云湖的水体污染和入湖河口的污染，改善星云湖水质，保护生态环境。

2. 自然保护区

江川县的自然保护区特指本次规划新增加的东风水库自然保护区。东风水库自然保护区是江川县的地带性植被-半湿润常绿阔叶林保护最好及分布最为集中的区域。该保护区的主要生态功能是保护江川县的重要森林生态系统和涵养东风水库的水源。在该生态功能区内，禁止开发建设企业和开垦农田，禁止对野生动植物进行滥捕、乱采、乱猎，可发展以保护为主的生态旅游。

（三）加大生态修复区建设

江川县的生态修复区主要包括：抚仙湖东岸石灰山生态修复区和星云湖西岸防护林带建设区。生态修复区有两种主要的生态服务功能；位于湖边坡地的星云湖西岸主要是建设防护林带以防止坡地上的水土流失进入星云湖水体；抚仙湖东岸石灰山生态修复区主要是修复退化的生态环境，治理水土流失，保护湖泊水体的生态安全。生态修复区生态建设的主要方向是调整土地利用方式，严格退耕还林，建造防护林带，恢复和重建退化植被，控制水土流失。在生态修复区内，可结合退耕还林和植被重建，发展经济林木，但不能开垦和种植农作物。

（四）加大资源开发区建设

资源开发区指在矿产资源勘察中，鼓励对矿产资源进行勘探或开采，而在区域生态环境的分析中，其生态环境的条件可进行勘探和开采的区域。

江川县的资源开发区主要是星云湖流域北部的清水沟磷资源开发区，其主要生态服务功能是在磷矿资源的开采。该区域开发历史较为悠久，生态破坏程度较大，特别是水土流失在局部地区较为严重。

在资源开发区内，严禁无序开采矿产资源，对磷矿开采造成的生态破坏严重地带进行生物治理和工程治理，可结合矿山开垦后的恢复和建设，发展和种植经济林木。

（五）加大农业及小城镇建设区建设

江川县的农业及小城镇建设区是江川县土地利用规划中基本农田区和农村集镇集中分布的区域。包括江城农业及小城镇建设区和大街、前卫农业及小城镇建设区。这些区域坡度在8度以下，村镇集中分布，是江川县的经济发达地区，其主要生态服务功能是保护基本农田，建设农村小城镇，实施生态农业建设，保证玉溪市和江川县的基本粮食和农副产品的生产需要。

农业及小城镇建设区的主要生态问题是土地利用过度造成的土壤退化以及城郊农业和城镇建设带来的农田污染和城镇环境污染。其生态建设的主要任务是调整产业结构，防止城郊结合部的面源污染和工业生产带来的环境影响，推行清洁生产，发展循环经济。

在该区域内，城镇发展要加强规划，严禁无序开发，大力发展小城镇绿地系统。对城郊农田要调整耕作方式，控制化肥农药的施用，改善农田生态环境。严禁发展和建设污染环境的企业。

（六）加大生态旅游区建设

生态旅游区指抚仙湖西岸的明星、孤山、隔河以及东岸路居田园风光等旅游景点。该区目前存在的主要环境问题是过度旅游带来的生态环境破坏和对抚仙湖水体的污染。

生态建设的主要方向是：禁止发展一切对水体有污染的企业，严格退田还湖、还湿地。在搞好生态环境保护的前提下，有计划地发展生态旅游。

（七）加大生态农业建设区建设

农业经济是江川县主要支柱，江川县的生态农业建设除了农业和小城镇区外，南部的新麦地河流域生态农业区是重要的生态农业建设区，该区是江川县旱粮和经济林木的主产区。主要生态功能是因地制宜利用土地资源，发展农业和林业生产。

在该区域内，要保护基本农田，培养土壤肥力；加强基本农田建设，增强抗自然灾害的能力；发展无公害农产品、绿色食品和有机食品；调整农业产业和农村经济结构，合理组织农业生产和农村经济活动，严禁无序开垦，建设生态农业示范区。

（八）加大生态工业发展区建设

江川县地处高原湖泊的核心地带，生态工业发展区主要指地形条件较好，但不属于一级基本农田保护区，距湖滨距离较远，有条件发展工业和高新技术产业的地区。

江川生态工业发展区，主要是位于县城西北边的龙泉山生态工业园区，该区地势平坦，交通便捷，距湖泊和水库水体相对较远，其主要生态功能是发展地方工业及高新技术产业。

生态工业区内，可结合江川县的工业发展规划，统筹规划、合理布局产业结构，控制污染源，发展循环经济，推行清洁生产。

四、实施步骤

国家级生态县创建工作分三个阶段完成（2011年—2020年）

第一阶段：动员准备阶段（2013年3月—4月）

1．动员发动。召开国家级生态县创建工作动员大会，对创建工作进行全面安排部署，动员全县上下迅速行动起来，进一步统一思想，明确任务，坚定信心，形成合力，确保圆满完成国家级生态县创建各项工作目标。

2．制定实施方案。制定下发《江川县国家级生态县创建工作实施方案》，确定创建工作指导思想、目标、工作重点、实施步骤及保障措施，分解创建任务、指标，落实责任单位。各乡镇（街道）、各有关部门根据该实施方案制定工作计划。

第二阶段：全面创建阶段（2013年5月—2017年3月）

1．落实创建任务。各乡镇人民政府、大街街道办事处和各有关部门要认真对照各自的创建任务和目标要求，进一步明确工作职责，周密部署，认真组织开展创建工作，确保到2017年底,全县80%以上乡镇（街道）达到国家级生态乡镇（街道）考核标准并获命名，国家级生态县建设各项指标全面达标。

2．加强督促检查。县国家级生态县创建工作领导小组办公室要切实加强对创建工作的指导和协调，县政府督查室要定期或不定期组织人员对创建工作进行督查，督促各乡镇（街道）、各有关部门及时解决创建过程中存在的各类问题，按期完成各项工作任务。

3．资料收集汇编。县国家级生态县创建工作领导小组办公室要按照国家级生态县建设指标要求，制作资料收集清单，组织召开资料收集整理专题会议，明确工作时限，组织各乡镇（街道）、各有关部门扎实做好基本指标和各项考核指标所需的材料收集及汇编工作。

第三阶段：考核验收阶段（2017年4月—2017年12月）

1．进行自查自纠。各乡镇（街道）、各有关部门按照各自职责分工，对照国家级生态县建设指标具体要求，做好迎检前的各项自查工作，对自查存在的问题，扎实进行整改，确保各项指标达到考核标准。

2．申请考核验收。县国家级生态县创建工作领导小组办公室根据国家环保部考核验收条件和考核指标要求，在做好申报材料汇总、编印、包装工作的基础上，申请省环保厅对我县创建国家级生态县进行预验收，并根据预验收意见进一步整改、完善、提高。在省环保厅预验收合格后，提请国家环保部对我县创建工作进行现场检查、验收，力争2019年底通过省环保厅和国家环保部的现场检查验收，并获得国家级生态县命名。

五、保障措施

（一）加强组织领导。成立江川县国家级生态县创建工作领导小组，全面负责创建工作的组织领导、协调、考核。江川国家级生态县建设领导小组组成人员名单如下：

组　长：钱　兴　县委副书记、县人民政府县长

副组长：史云德　县人大常委会副主任

普朝鹏　县人民政府副县长

杨生明　县政协副主席

领导小组下设办公室在县环保局，由李华同同志兼任办公室主任，负责生态县建设规划、技术指导和各类生态工程项目建设的监督实施，负责制定生态县建设实施计划、年度工作任务分解和考核。各乡镇（街道）要成立相应的工作机构，主要领导亲自抓，分管环保和创建工作领导具体抓，并明确一名工作人员负责创建具体工作，形成县、乡镇（街道）分级管理，部门相互配合，上下联动的创建工作机制。

（二）狠抓措施落实。各乡镇（街道）和创建任务承担单位要根据本地、本单位的创建指标要求，结合各自实际研究制定具体的工作方案和时间表，明确工作措施，细化工作任务，责任到人，有计划、分步骤地扎实推进。要按月、按季度对所承担的创建指标和创建工作任务完成情况进行自查，不断查找差距，完善措施，强力推进。各乡镇（街道）要加快生态乡镇、生态村的创建步伐，要将国家级生态县创建工作与新农村建设、扶贫开发、土地整理、农村清洁工程等结合起来，确保创建工作取得实效。

（三）严格目标考核。将环境保护及生态创建工作纳入乡镇（街道）领导班子实绩考核内容。各乡镇（街道）、各有关部门要建立工作例会及定期报告制度，定期汇报创建工作进展情况，梳理分析创建工作难点问题，交流创建工作成功经验，研究部署下一步创建工作。对工作不力，不能按期完成创建指标和工作任务的乡镇（街道）和相关责任单位要进行通报批评，对影响创建工作大局的，取消年终评先评优资

格，并根据责任大小启动问责。

（四）强化资金保障。加大环境保护财政资金投入力度，提高环境保护投资比重，确保达到GDP的3.5%。县财政每年要在预算中安排专项资金，作为生态县和生态乡镇（街道）创建工作经费，各部门要积极争取国家政策性扶持和财政补贴资金，确保各项工程项目扎实推进，各项资金要集中使用，提高资金的利用率。

（五）营造舆论氛围。创建国家级生态县是一件功在当代、利在千秋的大事，需要全社会的关心和支持，要充分利用广播电视、网站、报刊杂志、宣传册等多种形式，全方位、多层次开展国家级生态县创建的宣传活动，引导鼓励全社会力量参与生态环境保护和建设，在全县掀起国家级生态县创建热潮。形成“举全县之力，集全民之智”共创国家级生态县的良好氛围。

六、具体要求

（一）各乡镇（街道）和各责任单位要严格按照《江川生态县建设规划（2011—2020）》工作任务分解方案积极开展工作，按照“生态县”建设的基本条件和指标、重点任务、项目要求，制定年度工作计划和实施方案，切实加强领导和管理，主要领导亲自抓，把“生态县”建设工作纳入各级党委政府重要议事日程，对创建工作要有研究、有布署、有落实、有专人负责，做到认识到位、工作到位、经费到位，按时按质按量完成任务，对不能按时完成任务的单位实行通报和问责。

（二）请各责任单位根据《江川生态县建设规划（2011—2020）》要求，结合各乡镇（街道）、各单位的实际，进行认真分析研究，确保生态县创建工作不走过场，力争在2019年达到各项指标并获得命名。

（三）各乡镇（街道）和各责任单位要相互协调、相互配和、相互支持，建立联动机制。为切实做好“生态县”建设，实行联络员制，各单位要确定一名工作责任心强、文字功底较好的人员负责本单位日常事务工作，并将联络员报县生态县创建办公室。

（四）加强信息工作。各单位要及时报送信息，每个季度不得少于一条，对不报、少报的单位将给予通报批评。

县生态创建办地址：县环保局生态法规股（机关办公室四）

县生态创建办电话：6246503

县生态创建办联系人：王正荣13987740539

张　琪13887723702

邮　箱：hbj_zq@163.com

江川县人民政府
关于实行最严格水资源管理制度的意见

江政发〔2014〕83号

各乡、镇人民政府，大街街道办事处，县属各有关单位：

为认真贯彻落实《中共中央　国务院关于加强水利改革发展的决定》（中发〔2011〕3号）、《中共云南省委　云南省人民政府关于加强实施“兴水强滇”战略的决定》（云发〔2011〕7号）、《云南省人民政府关于实行最严格水资源管理制度的意见》（云政发〔2012〕126号）、《中共玉溪市委　玉溪市人民政府关于加快水利改革发展的决定》（玉发〔2011〕35号）、《玉溪市人民政府关于实行最严格水资源管理制度的意见》（玉政发〔2014〕60号）精神，全面实行最严格水资源管理制度，以水资源可持续利用保障我县经济社会科学发展、和谐发展、跨越发展，现就实行最严格水资源管理制度提出以下意见，请认真贯彻执行。

一、指导思想

以科学发展观为指导，以水资源配置、节约和保护为重点，强化用水需求和用水过程管理，健全制度、落实责任、提高能力、强化监管，严格控制用水总量，全面提高用水效率，严格控制入河湖排污总量，逐步健全符合我县实际的水资源合理配置和高效利用体系。

二、基本原则

坚持以人为本，优先保障城乡居民饮水安全；坚持科学发展，走量水而行、以供定需、因水制宜的道路；坚持统筹兼顾，协调好生活、生产和生态用水；坚持人水和谐，尊重自然规律和经济社会发展规律，合理开发、优化配置、有效保护水资源；坚持节水优先，强化节约用水，提高水资源的利用效率和效益；坚持改革创新，完善水资源管理体制机制，改进管理方式方法，强化水资源统一管理。

三、主要目标

建立用水总量控制、用水效率控制、水功能区限制纳污“三条红线”和控制指标、实时监控、考核评估“三个体系”，形成最严格水资源管理制度体系。到2015年，全县年用水总量控制在8100万立方米以内；万元工业增加值用水量比2010年下降34%；农田灌溉水有效利用系数达到0.52以上；重要水功能区达标率达到71%以上；重要水源地达标率达到90%。到2020年，全县用水总量力争控制在8700万立方米以内；万元工业增加值用水量降低到55立方米以下；农田灌溉用水有效利用系数提高到0.55以上；重要河湖水功能区水质达标率提高75%以上；城镇供水水源地水质全面达标。2030年全县用水总量控制在9200万立方米以内。

四、主要任务

抓好取水、供水、节水和排水行为的约束管理，提高水资源和水环境的承载能力。

（一）强化规划管理和水资源论证

编制经济社会发展规划，城市总体规划、工业园区和重大建设项目布局，凡涉及在河、湖泊、地下水及城镇公共供水管网取水的，要以流域、区域用水总量控制红线为依据，严格实行规划和建设项目水资源论证制度，未经建设项目水资源论证审查，审批机关不予批准，建设单位不得擅自开工建设和投产使用，对违反规定的，一律责令停止。

（二）强化取水许可和监督管理

按照国务院取水许可和水资源费征收管理办法及

云南省政府153号令，严格取水许可分级负责制，推行规范化管理。对区域或流域取用水总量已达到总量控制红线的，暂停审批建设项目新增取水；接近控制红线的，限制审批新增取水。强化取水许可审批验收，实行取水计量、退水处理、中水回用、退水口设置、水资源保护等设施和计划用水的现场校验制度。健全取水许可监督管理制度，加强计划管理，未经取水许可单位批准，取水户不得改变取水水量、方式和退水水量、水质、方式。取水户要安装、维护取水、退水计量和生态流量监控设施。严格执行各类应急取水及时报县级以上水行政主管部门备案规定，严格执行农业抗旱和维护生态环境必须临时应急取水报县级以上水行政主管部门同意的规定。县水行政主管部门应加强各类重大取水项目施工建设期取水许可管理和监督工作。

（三）严格地下水管理和保护

加强地表水、地下水统一管理，建立健全地下水监测体系，加强动态监测，实行地下水取用总量和水位双控制度。在地下水超采区域和重要泉眼补水区域，除应急用水外，不得审批新增取水许可，并逐步消减超采量，实现地下水采补平衡。深层承压地下水原则上只能作为应急和战略储备水源。依法规范地下水取水审批管理，限期关闭城镇公共供水管网覆盖范围内的自备水井。

（四）加强水资源统一调度

县水利局要依法制定和完善水资源调度方案、应急调度预案和调度计划，对水资源实行统一调度。

五、实行用水效率控制红线管理，全面推进节水型社会建设

（一）强化用水定额管理

建立用水效率指标体系，用水效率管理实行用水效率控制指标与区域年度用水计划管理相结合的制度。县级相关部门要严格落实省政府发布的行业用水定额标准。水资源论证、取水许可审批要密切与用水定额相结合，从严控制用水效率指标。对纳入取水许可管理的单位和其他用水户实行计划用水管理，对用水户实行超定额、超计划用水加价收费。加强水资源监控体系和信息化建设，建立用水单位监控名录，强化用水监控管理。

（二）扎实开展节水型社会建设，加强节水监督管理，大力推进节水技术改造

各乡镇（街道）、各部门要切实履行推进节水型社会建设的责任，把节约用水贯穿于经济社会发展和群众生产生活全过程，建立健全有利于节约用水的体制机制。强化取用水户的用水总量控制和定额管理，抓好非农业取用水户的取用水在线监管，推进我县取水计量管理和计划用水管理，逐步将公共供水用户纳入计划用水管理。积极开展节水型社会试点工作，建设一批节水型示范机关、企业、社区和学校。通过财政直接补贴、贷款贴息等方式支持节水技术改造和示范工程，大力推行节水灌溉、节水工艺、节水设备和器具、节水养殖等先进技术。新建、扩建和改建项目应制订节水方案，开展节水评估，配套建设节水设施，保证节水设施与主体工程同时设计、同时施工和同时投入运行使用（即“三同时”制度）。对违反“三同时”制度的取用水户，一律责令停止取用水并限期整改。

（三）积极鼓励利用非常规水源

开展雨水蓄积利用示范工作。推行园林绿化、洗车、道路喷洒用水优先利用再生水。鼓励工业企业大力推广中水回用。

六、实行水功能区限制纳污红线管理，强化水资源保护

（一）严格水功能区监督管理

把水功能区限制排污总量作为水污染防治和河湖污染减排工作的重要依据。县水利局要会同相关部门，根据水资源状况、产业结构布局和经济社会发展需要，定期修订我县水功能区划，从严核定水域纳污容量，提出水功能区分阶段限制排污总量意见。县环保局要依据限制排污总量意见，制定限制入河排污总量年度目标任务，明确年度入河排污控制指标，确保水功能区水质达标率。县工信局要依据万元工业增加值控制指标，制定万元工业增加用水量下降年度目标任务。

（二）加强饮用水水源保护

对全县集中供水人口2000人以上供水水源地要依法划定饮用水水源保护区，农村集中供水水源地要加大保护力度，县城重要水源地开展饮用水源地安全保障达标建设。禁止在饮用水源保护区内设置排污口，对已设置的，由县级人民政府组织相关职能部门依法责令限期拆除。加强饮用水水源地水土流失治理，防治面源污染，禁止破坏水源涵养林。强化饮用水源应急管理，完善突发事件应急预案，构建应急监测体系，建立备用水源。

（三）加强水生态保护与修复

以饮用水水源地的恢复与改善为重点，加大投入，全面开展以饮用水水源地为重点的水资源涵养保护与水生态修复工程建设，提高水质达标率，确保饮用水水源安全和水生态健康。逐步开展河、湖（库）健康评估，维持河流合理流量以及水库、地下水的合理水位，定期发布重要河、湖（库）生态健康状况报告，建立健全水生态补偿机制。

七、保障措施

（一）加强组织协调

为落实最严格水资源管理制度，各乡镇（街道）要成立领导小组，加强组织协调和督导。县发改局、财政局、国土局、环保局、住建局、水利局等部门要按照职责分工，各司其职、密切配合，合力治水。

（二）强化监督管理

积极完善公众参与机制，通过听证、公开征求意见等多种形式，建立公众参与的管理和监督制度，提高水资源管理和决策的透明度。对落实最严格水资源管理制度不力的单位，由县监察局视情况启动问责程序进行问责。

（三）加强宣传引导

通过多种方式向全社会广泛宣传实行最严格水资源管理制度的意义和内涵，普及日常生产生活中的节水知识，提高广大市民的水安全、水忧患和水资源节约保护意识。强化实行最严格水资源管理制度信息公开工作，对浪费水、污染水的不良行为公开曝光，接受社会和群众的监督。

江川县人民政府

2014年7月22日

江川县人民政府关于印发江川县城乡居民基本养老保险实施方案的通知

江政发〔2014〕98号

各乡、镇人民政府，大街街道办事处，县属各局、办，各企事业单位：

《江川县城乡居民基本养老保险实施方案》经县人民政府同意，现印发你们，请认真贯彻执行。

江川县人民政府

2014年9月3日

江川县城乡居民基本养老保险实施方案

为建立公平、统一、规范的城乡居民基本养老保险制度，根据《云南省城乡居民基本养老保险实施办法》（云政发〔2014〕20号）和《玉溪市人民政府公告》（第37号）精神，结合我县实际，制定本实施方案。

一、基本原则

（一）城乡居民基本养老保险的基本原则是“保基本、广覆盖、有弹性、可持续”，坚持政府主导与居民参加相结合、权利与义务相对应、保障水平与我县经济社会发展水平相适应。

（二）城乡居民基本养老保险实行社会统筹与个人账户相结合的制度模式，个人缴费、集体补助、政府补贴相结合的筹资方式，基础养老金与个人账户养老金相结合的待遇形式。

二、参保范围

凡具有本县户籍，年满16周岁（不含在校学生）、非国家机关和事业单位工作人员及不属于职工基本养老保险制度覆盖范围的城乡居民，可以在其户籍地参加城乡居民基本养老保险。

三、保险费筹集

（一）缴费标准。2011年7月1日未满60周岁的参保人，应按规定缴纳养老保险费。个人缴费标准设每年100元、200元、300元、400元、500元、600元、700元、800元、900元、1000元、1500元、2000元12个档次，由参保人自主选择档次缴纳，按年缴费，多缴多得。

（二）缴费方式。我县城乡居民养老保险缴费全部由金融部门进行代扣代缴，参保人在每年5月1日前按选择的缴纳档次将保险费存入个人养老保险专用存折（或社会保障卡）即可。

（三）从2011年7月1日算起，距领取年龄超过15年的参保人，应按年缴费，累计缴费年限不少于15年。鼓励其在累计缴费年限满15年后继续按年缴纳养老保险费，长缴多得。参保人在缴费期间未实现连续缴费的，可从中断缴费的次年继续缴费，其中断前后的缴费年限累计计算。

（四）从2011年7月1日算起，距领取年龄不足15年的参保人，应按年缴费，对其在年满45周岁到新农保制度实施时之间的未缴费年限，可在其年满59周岁当年一次性补缴未缴年限的养老保险费，并同时享受政府的缴费补贴，但累计缴费年限不超过15年。

（五）集体补助。有条件的村集体经济组织应当对参保人缴费给予补助，补助标准由村民委员会召开村民代表大会民主确定。鼓励有条件的的社区将集体补助纳入社区公益事业资金筹集范围。鼓励其他社会经济组织、公益慈善组织、个人等为参保人缴费提供资助。每年记入个人账户的补助、资助金额之和不超过本实施方案设定的最高缴费档次。

四、政府补贴

中央、省、市、县人民政府对参保人给予补贴。

（一）基础养老金

基础养老金目前标准为每人每月60元，其中，中央财政55元，省财政5元。

1．2011年7月1日前年满60周岁的参保人，不用缴费，每人每月发放基础养老金60元。符合上述条件，但因各种原因到2014年7月30日都没有领取基础养老金的人员，从本实施方案实施之月起，按月领取基础养老金。

2．年满60周岁、累计缴费满15年且未领取国家基本养老保障待遇的参保人，从年满60周岁的下月起，开始领取基础养老金和个人账户养老金。

（二）加发基础养老金

1．对符合城乡居民养老保险待遇领取条件的参保人，累计缴费年限超过15年的，缴费年限每增加1年，每月加发2元的基础养老金。所需资金市、县财政各承担50%。

2．新老农保制度衔接时，老农保按规定折算的缴费年限和新农保、城居保的补缴年限计入城乡居民养老保险缴费年限。

（三）对重度残疾人和五保户的加发养老金和养老金补助

1．对符合城乡居民养老保险待遇领取条件的重度残疾人（一级、二级残疾人）和五保供养人员，每人每月加发50元基础养老金。所需资金市、县财政各承担50%。

2．已参加城乡居民基本养老保险（含新农保和城居保）的重度残疾人，在其55—59岁期间，每人每月发放养老金补助60元，由省财政全额支付。但在年满60周前应按年缴费，年满60周岁后享受基础养老金和加发养老金，不再享受养老金补助。

3．新增重度残疾人和五保供养人员享受上述待遇的时间，从持有效证件到经办机构办理的次月起执行。

（四）缴费补贴

参保人按规定缴费后，省财政给予每人每年30元的缴费补贴。在此基础上，对选择100元以上档次缴费的参保人员，缴费每增加100元，给予10元的缴费补贴，但最高补贴标准每人每年不超过100元。所需资金省财政承担50%，市、县各承担25%。

（五）对重度残疾人和五保供养人员的代缴和缴费补助

1．对重度残疾人，从本实施方案实施之年起，由省财政按照200元的缴费档次逐年全额代缴城乡居民基本养老保险养老保险费。

2．对五保供养人员，从本实施方案实施之年起，由县财政按照100元的的缴费档次逐年给予全额代缴。

3．对三级、四级残疾人，由县财政逐年分别给予50元、30元的缴费补助。

新增残疾人和五保供养人员享受上述待遇的时间，从持有效证件到经办机构办理的次月起执行。

（六）丧葬补助金

参保人在领取待遇期间死亡，每人给予一次性丧葬补助金600元，其中：市财政承担400元，县财政承担200元。

五、个人账户管理

（一）县城乡居民社会养老保险局为缴费参保人建立养老保险个人账户，个人缴费、各级政府对参保人的缴费补贴、集体补助及其他社会组织、公益慈善组织、个人等对参保人的缴费资助，全部记入个人账户。个人账户储存额按照国家规定计息。

（二）参保人在缴费期间户籍迁移、需要跨地区转移城乡居民养老保险关系的，可在迁入地申请转移养老保险关系，一次性转移个人账户全部储存额，并按照迁入地规定继续参保缴费，缴费年限累计计算；已按规定领取城乡居民养老保险待遇的，无论户籍是否迁移，其养老保险关系不转移，仍在原参保地领取待遇。

（三）原参加新农保和城居保人员统一并入城乡居民养老保险，其新农保和城居保个人账户资金并入城乡居民养老保险个人账户，新农保和城居保的缴费年限累计计算为城乡居民养老保险缴费年限。尚未达到领取养老金条件的人员应继续缴费。已领取待遇人员按照本实施方案继续领取养老金。

六、养老金待遇

（一）参保人领取的养老金由个人账户养老金和

基础养老金两部分组成，支付终身。

月养老金标准＝个人账户养老金月领标准＋基础养老金。

（二）个人账户养老金月领标准为个人账户全部储存额（个人缴费+各级政府补助+利息）除以139。

（三）参保人在领取待遇期间死亡，其个人账户资金余额，一次性支付给其法定继承人或指定受益人。领取待遇的参保人自死亡次月起停止发放养老金，因未及时办理养老金停发手续而多领取的养老金应予退回。

（四）城乡居民基本养老保险制度与职工基本养老保险、农村计划生育家庭奖励扶助政策、农村五保供养、社会优抚、城乡最低生活保障制度等政策的配套衔接办法，按照国家有关规定执行。

七、基金管理

（一）新农保基金和城居保基金合并为城乡居民养老保险基金，纳入社会保障基金财政专户，实行收支两条线管理，按照基金会计核算办法和基金财务管理办法，单独记账、独立核算、实账运行，并按照国家有关规定运营，实现保值增值，任何部门、单位和个人均不得挤占、挪用、虚报、冒领。

（二）县财政要确保政府配套资金及时到位。对城乡居民养老保险应配套资金没有足额到位的，每年12月31日从财政决算中直接扣缴补足到位。

八、组织领导

（一）将城乡居民养老保险工作列入当地经济社会发展规划和年度目标管理考核体系，加强组织领导，加大财政投入，为城乡居民养老保险制度提供必要的财政保障；加强经办机构管理服务能力建设，科学整合现有公共服务资源和社会保障经办管理资源，充实加强基层经办力量，为经办机构提供必要的工作场地、设施设备、缴费保障，实现精确管理、便捷服务；注重运用现代管理方式和政府购买服务方式，降低行政成本，提高工作效率。

（二）县财政按参保1人每年1元的经费对县城乡居民社会养老保险局给予经费保障，纳入县财政预算，不得从城乡居民养老保险基金中开支。

（三）县人力资源和社会保障局是城乡居民养老保险工作的主管部门，负责会同有关部门做好统筹规划、政策制定、统一管理、综合协调等工作，按照规定公开信息，做到公开透明，接受社会监督。县财政局负责研究落实财政补贴政策，将县级政府补贴、补助资金纳入同级财政预算；履行基金监管职责，对基金的筹集、上解、划拨、发放、存储、管理和投资运营情况实施监督。公安、民政、国土资源、农业、计生、监察、残联等部门各司其职，通力合作，共同做好有关工作。

（四）县城乡居民社会养老保险局是城乡居民养老保险经办机构，应建立健全内控制度和基金稽核监督制度，做好城乡居民养老保险登记、个人权益记录、待遇支付、基金预决算草案编制等工作，提供政策和业务办理咨询、个人信息查询、核对参保缴费和待遇领取记录等服务，建立参保人员档案并长期妥善保存。

（五）县城乡居民社会养老保险局和村（居）民委员会每半年应对城乡居民养老保险待遇领取人进行核对，在行政村（社区）范围内对参保人的缴费情况和待遇领取资格进行公示，接受群众监督。

（六）各级各有关部门应坚持不懈抓好政策宣传工作，全面准确宣传解读政策，准确把握舆论导向，深入基层开展宣传活动，引导符合条件的城乡居民踊跃参保、持续缴费、增加积累，不断提升城乡居民的参保意识，确保参保人的合法权益。

九、本实施方案自2014年8月1日施行，已有规定和本方案不一致的，按照本实施方案执行。

江川县人民政府关于印发江川县加强道路交通安全工作实施方案的通知

江政发〔2014〕106号

各乡、镇人民政府，大街街道办事处，各有关单位：

《江川县加强道路交通安全工作实施方案》已经县人民政府同意，现印发给你们，请认真贯彻落实。

江川县人民政府

2014年9月28日

江川县加强道路交通安全工作实施方案

为认真贯彻落实《国务院关于加强道路交通安全工作的意见》（国发〔2012〕30号）、《云南省人民政府贯彻落实国务院关于加强道路交通安全工作文件的实施意见》（云政发〔2013〕3号）、《玉溪市人民政府关于贯彻落实国务院云南省政府加强道路交通安全工作的实施方案》（玉政发〔2013〕72号）精神，切实加强我县道路交通安全管理工作，现结合我县实际，制定本实施方案。

一、工作目标

坚持"安全第一，协调发展；预防为主，综合治理；落实责任，强化考核；科技支撑，法治保障"基本原则，以防事故、保安全、保畅通为核心，进一步健全工作机制、严格落实责任、强化源头监管、突出防控重点、提高管理水平、加大经费保障、明确考核追责，全面加强人、车、路、环境的安全管理和监督执法，努力推进交通安全社会管理创新，形成政府统一领导、各部门协调联动、全社会共同参与的交通安全管理工作格局，使全县交通安全形势持续保持平稳态势，重特大道路交通事故万车死亡率逐年下降，生产经营性道路交通事故得到有效遏制，力争不发生1次死亡3人以上道路交通事故，坚决杜绝发生一次死亡5人以上的重特大道路交通事故，为推动全县经济社会科学发展、和谐发展、跨越发展创造良好的道路交通环境。

二、工作措施

（一）加强道路交通安全组织领导

县人民政府成立事故预防领导小组，将道路交通安全工作纳入全县经济社会发展规划，与经济建设和社会发展同部署、同落实、同考核，将道路交通安全工作纳入综合目标、综治维稳等考核内容。实行道路交通安全地方行政首长负责制，将道路交通安全工作纳入政府工作重要议事日程，由事故预防领导小组牵头每季度定期组织召开1次专题会议，分析研判安全形势，研究部署当前和今后重点工作。

（二）加强道路交通基础设施建设

1．严格道路安全评价及验收。县发改局、交通运输局、住建局等有关部门在规划三级以上公路及城市道路新建及改扩建施工方案以及通车验收前，应征求县级以上公安机关交通管理部门意见，并将公安机关交通管理部门纳入三级以上公路及城市道路规划、建设、管理工作的全过程。在新建、改建、扩建道路时，县发改局、交通运输局、住建局应当负责投资建设交通信号灯、交通标志、交通标线、防撞护栏等交通安全设施，电力、电信部门负责同步建设各类道路交通控制系统配套基础电力、电信设施，并应在建设前征求公安机关交通管理部门意见，严格按照国家标准，做到交通安全设施与道路建设主体工程同时设计、同时施工、同时投入生产和使用。对交通安全设施达不到有关标准的，一律不得进行交工验收和通车运行。

2. 完善道路交通安全设施。在县人民政府统一领导下，县住建局、财政局、交通运输局、公安局等有关部门加大资金投入，加大公路养护管理，逐年增加和完善道路交通安全设施。要按照《道路交通标志标线》国家标准和《行人过街信号控制设置规范》等行业标准，统一规范设置道路隔离设施、交通标志标线及信号灯。对已建成的一级及其他双向四车道以上的公路事故易发路段、双向六车道以上城市道路，至2016年年底前全面设置中央物理隔离设施；新建、改建四车道以上公路，中央隔离设施要同步建设。县交通运输局、公安局、安监局要建立健全施工道路交通安全监督运行机制，统一施工路段封闭、断交标准，严格作业期间安全条件和防范措施，强化实施方案监督和审查。县交通运输局作为农村公路规划、建设、养护和管理的责任主体，负责农村公路安全设施建设，提高农村公路安全畅通能力。

3. 加强隐患路段综合治理。每年年初由县公安交警大队牵头，组织开展一次道路安全隐患全面排查治理工作；对排查出的隐患路段，由县交通运输局按照“谁主管、谁负责”的原则，落实治理措施、治理期限、治理资金、责任部门，组织实施危险路段整治，涉及城市道路危险路段的由住建局负责组织实施整治；县安监局负责对公路危险路段整治工作进行监督，并根据隐患严重程度，提请同级或者上级人民政府对重大道路交通隐患实施挂牌督办。对发生一次死亡3人以上道路交通事故的路段，由县公安交警大队、交通运输局立即对该路段启动隐患排查整治工作，及时建立完善交通安全设施，并将安全设施排查整治情况列入事故责任倒查内容。对隐患整改不落实，致使发生重特大道路交通事故的，要依法追究有关责任人的责任。

4. 加大道路交通科技投入。加强公安交通指挥系统建设，提高道路交通管理科学化、信息化水平。2015年年底前，县城建成区实现建成集接警、指挥、通信、勤务管理、路面监控、交通违法自动记录、信息查询为一体的智能交通指挥系统，提高交通管理的信息化、科技化水平。

（三）完善道路交通安全管理体系

1. 完善安监制度体系。县交通运输局、安监局、交警大队、文旅广体局、教育局、工商局等有关部门切实落实监管责任，完善对企业及其营运车辆和驾驶人的准入、考核、处罚、清退等管理系统和工作标准。县交通运输局严格客运线路的检查和审批，对道路条件不适宜开通客运线路的，坚决不予批准；对已开通但存在安全隐患的，应及时对隐患进行整改，必要时对客运班线进行调整，确保客运安全。县交通运输局应督促客（货）运输企业落实安全生产主体责任，研究制定客（货）运输管理办法。县交通运输局、交警大队、文旅广体局、工商局等有关部门应强化重特大道路交通事故责任追究，对发生重大及以上交通事故或者6个月内发生2起较大及以上责任事故的运输企业，依法责令停业整顿；停业整顿后符合安全生产条件的，准予恢复运营，但客运企业3年内不得新增客运班线，旅游企业3年内不得新增旅游车辆；停业整顿后仍不具备安全生产条件的，取消相应许可或者吊销其道路运输经营许可证，并责令其办理变更、注销登记直至依法吊销营业执照；对道路交通事故发生负有责任的企业及其负责人，依法予以处罚，构成犯罪的，依法追究刑事责任。运输企业及其法人代表要对落实安全生产主体责任全面负责，认真落实内部管理制度和安全责任制，配备专职安全员，完善奖惩机制，加强对车辆和驾驶人的管理。客运企业、客运站要严格落实“三不进站、五不出站”规定，严格执行双班驾驶人、夜间禁行、强制休息等制度，积极开展安全标准化建设。

2. 加强重点车辆及驾驶人源头管理。县交警大队、交通运输局、农业局应严格按照“谁主管、谁负责，谁审批、谁负责”原则，严格驾驶人培训机构和教练员、考试员等级、资格管理，建立健全培训、考试质量排名通报及培训能力核定等制度，每半年向社会公开驾驶人培训机构的培训质量、考试合格率。县交通运输局要严把客（货）运驾驶人从业资格准入关，加强从业条件审核与培训，严格客运班线审批和监管，合理确定营运路线、车型和时段，严格落实长途客运车辆凌晨2：00至5：00停运或者实行接驳运输制度。县文旅广体局应加强旅游包车安全管理，积极研究推行包车业务网上申请和办理制度，严禁发放空白旅游包车牌证。县交通运输局、交警大队、安监局应深入开展运输企业驾驶人整治工作，特别要对长途客车、旅游客车、危险品运输车、校车等重点车辆驾驶人进行严格审查，坚决督促有关单位清退发生重特大道路交通责任事故或者存在严重交通违法行为驾驶人；建立营运车辆及其从业人员交通违法和事故信息定期通报制度，加快研究建立客（货）运驾驶人从业信息、交通违法信息、交通事故信息共享机制，设立驾驶人“黑名单”信息库，按照各自职权分别进行处理。县教育局、交警大队、交通运输局等有关部门要严格依照法律、行政法规和国务院《校车安全管理条例》规定，加强校车安全管理工作。县教育局应指导、监督学校建立健全校车管理制度，落实校车安全管理责任。县交警大队应严格专用校车注册登记，严格校车驾驶资格管理，严格校车标牌核发，并加强校车交通安全管理工作。配备校车的学校和校车服务提供者应建立健全校车安全管理制度，配备安全管理人员，保障学生乘坐校车安全。由校车服务者提供校车服务的，学校与校车提供者签订校车安全管理责任书，并报教育局备案。县交警大队、交通运输局、教育局、文旅广体局等有关部门应切实加强对旅游客车、危险品运输车、校车等重点车辆标识、标牌的监督管理，加大对危险物品运输车、校车外观标识、标牌的检查力度。

3．加强车辆技术性能监管。县交通运输局、交警大队、安监局、质监局、工信局、工商局、农业局等有关部门相互协调配合，严格营运企业和客（货）运输车辆市场准入，严禁超载车辆和不符合国家安全技术标准车辆、非法拼（改）装车上路行驶。在车辆进入运输市场前以及对营运车辆进行定期检验时，严格车辆综合性能检测，强化车辆定期维护制度，确定技术等级，核定经营范围，对达不到相应技术等级车辆，一律不得进入运输市场。结合节能减排，进一步加大淘汰老旧汽车力度，对技术性能不符合的营运车辆，依法退出市场，吊销有关证件；对达到报废标准的，坚决予以报废，避免因车辆机械故障造成事故。

4．加强运输车辆动态监管。严格落实交通部、公安部、安监总局、工业信息化部《关于加强道路运输车辆动态监管工作的通知》（交运发〔2011〕80号）要求，按时限完成旅游包车、三类以上班线客车和运输危险化学品、烟花爆竹、民用爆炸物品专用车辆、校车安装使用具有行驶记录功能卫星定位装置，重型载货汽车和半挂牵引车应在出厂前安装卫星定位装置，卧铺客车应同时安装车载视频装置。运输企业应制定和完善卫星定位装置安装使用规定，建立动态监控工作台账，配备专职人员负责监控车辆行驶动态，分析处理动态信息。对不按照规定使用、故意损坏卫星定位装置的单位和个人，以及不严格监控车辆行驶动态的值守人员，依照有关规定给予处理，造成严重后果的，依法追究企业负责人和有关责任人的法律责任。

5．建立健全公共应急服务体系。县政府办牵头，县交警大队、卫生局、安监局、交通运输局、气象局等有关职能部门参与，建立完善预警应急机制，建设区域公路网交通安全应急指挥联动平台，进一步完善信息报告制度。建立道路交通安全管理信息共享机制，做好自然灾害、极端天气预警、预报和信息共享，并按照各自职责实施部门联动。县交警大队、交通运输局、卫生局等有关部门和高速公路经营管理单位要密切配合，进一步完善道路交通应急救援联动机制，开辟并不断畅通道路交通应急救援“绿色通道”，发展汽车救助服务业，为实施救援提供便利，最大限度地减少人员伤亡，减少因事故和车辆故障引发的长时间交通堵塞。

6．建立健全事故互助及赔付机制。县交警大队、农业局应依法对机动车参加机动车交通事故责任强制保险情况实施监督检查，增强抵御风险能力。县财政局、交警大队、农业局、民政局等有关部门应加快道路交通事故社会救助基金有关配套制度和协调配合机制的建立完善，积极履行对道路交通事故受伤害者的救助职能，加强工作程序衔接配合，对道路交通事故受伤害人依法进行了救助。

（四）强化交通安监

1．强化路面管控。县交警大队、交通运输局、农业局按照属地管理原则，结合本县实际，严格依法管理。县交警大队应以高速公路及主要干道为重点，落实勤务，切实加大对各类严重交通违法行为的查纠力度，组织开展整治整顿，保持严管态势，建立长效机制。

2．深化农村地区道路交通安全管理。进一步加大推广丘北经验工作力度，深入开展“平安畅通县市”、“平安农机”和“县乡平安出行”创建活动，落实农村道路交通安全包保责任制，健全完善农村道路联勤联动、联合执法协作机制，构建农村道路交通安全防控网络。进一步统筹城乡公交发展，积极扶持发展农村公交，加快城市公交体制改革和城乡公交一体化步伐，并将客运线路向村庄延伸，有效解决农村地区群众安全出行问题。县人民政府研究制定农村道路交通协管员招录办法，县公安局进一步强化派出所参与道路交通安全管理工作，农业局积极组织开展“平安农机”创建活动，建立健全公安机关和农业（农机）部门合作机制，定期开展专项治理。

3. 深化城市道路交通管理畅通工程。成立城市道路交通综合协调机构，建立健全并严格落实“规、建、管一体化”、“交通影响评价”等工作机制，协调城市规划与交通发展，统筹研究解决城市交通发展中的突出问题。县交警大队、交通运输局、住建局应进一步优化城市路网结构，加强停车系统建设，落实公共交通优先战略，加大城市道路交通管理科技信息化应用，优化城市道路交通组织，加强城市道路通行整治。

（五）强化宣传教育

认真贯彻落实《云南省人民政府办公厅关于印发云南省道路交通安全宣传教育工作实施办法的通知》（云政办发〔2007〕128号），履行道路交通安全宣传责任和义务，建立健全交通安全宣传长效机制，全面实施文明交通素质教育工程，加强道路交通安全文化建设，建立安全警示教育基地或中心，组织开展“12.2全国交通安全日”、“5月全省交通安全宣传月”活动，构建交通安全宣传社会化、制度化格局。宣传部门应当建立报纸、广播、电视、互联网等新闻媒体交通安全公益宣传制度，开展交通安全法制宣传。县交通运输局、交警大队、安监局、教育局、文旅广体局等有关部门应积极拓展手机短信平台和官方微博等交通安全宣传渠道，创新宣传教育方式，以学校、驾驶培训机构、运输企业为重点为，广泛宣传道路交通安全法律法规和安全知识。县教育局应鼓励学校结合实际开发有关交通安全教育课程，在中、小学生课程中增加道路交通安全方面内容，组织开展适合学生特点的宣传教育活动。县交警大队、交通运输局要积极建立道路交通安全宣传网站、电视频道和覆盖全市高速公路主干网的专用广播频道，及时向社会发布宣传、警示、提示和服务信息。县交警大队要积极建设交通安全宣传教育基地，在2015年年底前，以客（货）运驾驶人、驾驶学员和中、小学生为重点，组织开展情景教育、体验教育和事故案例警示教育。

（六）强化责任落实

1. 严格实行目标考核。坚持属地管理和“谁主管、谁负责、谁审批、谁负责”原则，严格落实道路交通安监责任，严格实行目标考核，逐级落实部门、乡镇（街道）、村（社区）三级责任制度，每年签订交通安全责任书，年终进行严格考评奖惩，实现一级抓一级、层层抓落实。

2. 严格执行责任追究。对生产经营性道路交通事故、跨区域较大道路交通事故、较大以上道路交通事故，应分别明确相应的事故调查、联合督办和责任追究形式。凡发生道路交通事故造成重大人员伤亡的，按照国务院指导性意见、云南省人民政府实施意见的相关规定和《云南省道路交通事故联合约谈制度（试行）》要求，组织成立事故责任调查组，按照“事故原因未查清不放过、事故责任人未受到处理不放过、事故责任人和周围群众没有受到教育不放过、事故制定切实可行的整改措施没有落实不放过”的“四不放过”原则和“追责、约谈、书面检查”三级惩戒制度，进行事故责任调查处理。对履行监管职责不到位、失职渎职、弄虚作假、玩忽职守、对事故发生负有责任的政府机关国家工作人员，由有关部门给予处分，构成犯罪的依法追究责任。对当年内发生1次死亡3人以上道路交通事故的乡镇（街道），除进行约谈外，该辖区分管领导必需向县人民政府作出深刻书面检查。

三、工作要求

（一）进一步深入学习贯彻国务院、省政府、市政府的相关文件精神和工作要求。国务院、省、市政府的实施意见、工作方案，明确了道路交通安全工作的指导思想、基本原则、主要任务，提出了许多新举措，对于推进道路交通安全工作科学发展具有特别重要的意义，是指导当前和今后一个时期道路交通安全工作的纲领、规范性文件。各乡镇（街道）、各有关单位要将学习贯彻落实意见和实施意见作为加强道路交通安全工作的首要任务，结合本区域实际，制定具体实施方案，进一步明确和细化工作任务措施，做到统筹安排、突出重点、标本兼治、整体推进。

（二）全面落实安全责任制。按照“预防为主，安全第一”的方针，切实履行道路交通安全工作职责，统一组织实施好本地、本部门的道路交通安全工作。各乡镇（街道）、各有关单位主要领导要认真落实“一岗双责”，对道路交通安全工作亲自抓、负总责，主动研究和解决涉及本部门、本系统的重点、难点和突出问题，推动道路交通安全各项工作有序、有效开展。同时，各有关单位要牢固树立“一盘棋”思想和全局观念，既要各司其职、各负其责，又要加强协调、密切配合，及时沟通有关信息，齐心协力做好工作，坚决杜绝推诿扯皮现象，确保各项工作措施落实到位。

（三）强化监督狠抓落实。各乡镇（街道）、各有关单位要加大日常督促检查和考核力度，充分听取社会各界的意见和建议，及时发现和解决问题，总结工作经验，推动各项工作部署落实到位，确保顺利实现目标任务。

附件：江川县加强道路交通安全工作分工方案

附件

江川县加强道路交通安全工作分工方案

为认真贯彻落实国务院、省政府、市政府加强道路交通安全工作的意见和实施意见、实施方案，确保各项工作措施落实到位、责任到人、职责明确，如期实现既定工作目标和任务，根据县政府加强道路交通安全工作实施方案，特制定本分工方案：

一、加强道路交通安全组织领导

（一）将道路交通安全工作纳入政府工作重要议事日程，由事故预防领导小组牵头每季度定期组织召开1次专题会议，分析研判安全形势，研究部署当前和今后重点工作。

责任人：赵　琦

责任单位：县预防道路交通事故领导小组办公室（县公安局交警大队）、县预防道路交通事故领导小组成员单位

（二）将道路交通安全工作纳入全县经济和社会发展规划，与经济建设和社会发展同部署、同落实、同考核，将道路交通安全工作纳入行政效能、综治维稳等业务考核。

责任人：赵　琦

责任单位：县政府办公室、县综治维稳办公室

二、加强道路交通基础设施建设

（一）严格道路安全评价及验收

1．规划三级以上公路建设及新建、改建、扩建道路。

责任人：胡禄金

责任单位：县交通局、发改局

2．城市道路规划、建设及新建、改建、扩建道路。

责任人：杨杰

责任单位：县住建局、发改局

3．建设各类道路交通控制系统配套基础电力、电信设施。

责任人：代建明、杨辉、朱江、罗永生

责任单位：电力公司、电信公司、移动公司、联通公司

（二）完善道路交通安全设施

1．按照《道路交通标志标线》国家标准统一规范设置道路隔离设施、交通标志标线。已建成的一级及其他双向四车道以上的公路事故易发路段至2016年年底前全面设置中央物理隔离设施；新建、改建四车道以上公路，中央隔离设施要同步建设。

责任人：胡禄金

责任单位：县交通局

2．按照《道路交通标志标线》国家标准和《行人过街信号控制设置规范》等行业标准，统一规范设置道路隔离设施、交通标志标线及信号灯。对已建成双向六车道以上城市道路，至2016年年底前全面设置中央物理隔离设施。

责任人：杨杰

责任单位：县住建局

3．加强农村公路规划、建设、养护和管理，提高农村公路安全畅通能力。

责任人：胡禄金

责任单位：县交通局

（三）加强隐患路段综合治理

1．每年年初组织开展一次道路安全隐患全面排查

工作。

责任人：胡尚辰

责任单位：县公安局交警大队

2. 按照“谁主管、谁负责”的原则，落实治理措施、治理期限、治理资金、责任部门，组织实施危险路段整治。

责任人：胡禄金、杨　杰

责任单位：县交通局，住建局

3. 对公路危险路段整治工作进行监督，并根据隐患严重程度，提请同级或者上级人民政府对重大道路交通隐患实施挂牌督办。

责任人：马常有

责任单位：县安监局

（四）加大道路交通科技投入

2015年年底前，县城建成区实现建成集接警、指挥、通信、勤务管理、路面监控、交通违法自动记录、信息查询为一体的智能交通指挥系统。

责任人：胡尚辰

责任单位：县公安局交警大队、财政局

三、完善道路交通安全管理体系

（一）完善安全监管制度体系

1. 落实监管责任，完善对企业及其营运车辆和驾驶人的准入、考核、处罚、清退等管理系统和工作标准。

责任人：胡禄金

责任单位：县交通局、安监局、公安局交警大队、文旅广体局（旅游）、教育局、工商局

2. 严格客运线路的检查和审批；对已开通但仍存在安全隐患的，应及时对隐患进行整改，必要时对客运班线进行调整，确保客运安全。

责任人：杨　骏

责任单位：县交通运政管理所

3. 落实“三不进站、五不出站”规定，严格执行双班驾驶人、夜间禁行、强制休息等制度，积极开展安全标准化建设。

责任人：普凤华（客运站）、张砚（客运企业）、邢常保（客运企业）

责任单位：县客运站、星安公交服务公司、玉溪华泰江川分公司

（二）加强重点车辆及驾驶人源头管理

1. 按照“谁主管、谁负责，谁审批、谁负责”原则，严格驾驶人培训机构和教练员、考试员等级、资格管理，建立健全培训、考试质量排名通报及培训能力核定等制度，每半年向社会公开驾驶人培训机构的培训质量、考试合格率。

责任人：胡尚辰、胡禄金、杨志伟

责任单位：县公安局交警大队、交通局、农业局

2. 严把客（货）运驾驶人从业资格准入关，加强从业条件审核与培训，严格客运班线审批和监管，合理确定营运路线、车型和时段，严格落实长途客运车辆凌晨2：00至5：00停运或者实行接驳运输制度。

责任人：胡禄金、杨骏

责任单位：县交通运政管理所

3. 积极研究推行包车业务网上申请和办理制度，严禁发放空白旅游包车牌证。

责任人：周瑜

责任单位：县文旅广体局（旅游）

4. 建立营运车辆及其从业人员交通违法和事故信息定期通报制度，加快研究建立客（货）运驾驶人从业信息、交通违法信息、交通事故信息共享机制，设立驾驶人“黑名单”信息库，按照各自职权分别进行处理。

责任人：胡尚辰

责任单位：县公安局交警大队、交通运政管理所

5. 指导、监督学校建立健全校车管理制度，落实校车安全管理责任。学校与校车提供者签订校车安全管理责任书，并报教育部门备案。

责任人：郭自壮

责任单位：县教育局

（三）加强车辆技术性能监管

严格营运企业和客（货）运输车辆市场准入，严禁超载车辆和不符合国家安全技术标准车辆、非法拼（改）装车上路行驶。

责任人：胡禄金

责任单位：县交通局、公安局交警大队、安监局、质监局、工信局、工商局、农业局

（四）加强运输车辆动态监管

按时限完成旅游包车、三类以上班线客车和运输危险化学品、烟花爆竹、民用爆炸物品专用车辆、校车安装使用具有行驶记录功能卫星定位装置，重型载货汽车和半挂牵引车应在出厂前安装卫星定位装置，卧铺客车应同时安装车载视频装置。

责任人：胡禄金

责任单位：县交通局

（五）建立健全公共应急服务体系

1．建立完善预警应急机制，建设区域公路网交通安全应急指挥联动平台，进一步完善信息报告制度。建立道路交通安全管理信息共享机制，做好自然灾害、极端天气预警、预报和信息共享，并按照各自职责实施部门联动。

责任人：胡尚辰

责任单位：县政府办、公安局交警大队、计生局、安监局、交通局、气象局

2．完善道路交通应急救援联动机制，开辟并不断畅通道路交通应急救援“绿色通道”，发展汽车救助服务业，为实施救援提供便利，最大限度地减少人员伤亡，减少因事故和车辆故障引发的长时间交通堵塞。

责任人：胡尚辰

责任单位：县公安局交警大队、交通局、县人民医院

（六）建立健全事故互助及赔付机制

1．依法对机动车参加机动车交通事故责任强制保险情况实施监督检查。

责任人：胡尚辰

责任单位：县公安局交警大队、农机监理所

2．积极履行国家对道路交通事故受伤害者实施救助职能，加强工作程序衔接配合，对道路交通事故受伤害人依法进行救助。

责任人：胡尚辰

责任单位：县公安局交警大队

四、强化交通安全监管

（一）强化路面管控

以高速公路及主要干道为重点，落实勤务，切实加大对各类严重交通违法行为的查纠力度，组织开展整治整顿，保持严管态势，建立长效机制。

责任人：胡尚辰

责任单位：县公安局交警大队、交通运政管理所、农机监理所

（二）强化高速公路交通安全管理

工作任务：加快推进高速公路超速抓拍、卡口拦截等系统建设，逐步建立现代化高速公路管理模式。

责任人：胡尚辰

责任单位：县公安局交警大队、财政局

（三）深化农村地区道路交通安全管理

1．加大推广丘北经验工作力度，深入开展“平安畅通县市”、“平安农机”和“县乡平安出行”创建活动，落实农村道路交通安全包保责任制，健全完善农村道路联勤联动、联合执法协作机制，构建农村道路交通安全防控网络。

责任人：胡尚辰

责任单位：县推广丘北经验工作领导小组成员单位

2．统筹城乡公交发展，积极扶持发展农村公交，加快城市公交体制改革和城乡公交一体化步伐，并将客运线路向村庄延伸，有效解决农村地区群众安全出行问题。

责任人：胡禄金

责任单位：县交通局、国土局、财政局、国税局、地税局

3．强化派出所参与道路交通安全管理工作。

责任人：胡尚辰

责任单位：县公安局

（四）深化城市道路交通管理畅通工程

1．优化城市路网结构，加强停车系统建设。

责任人：杨　杰

责任单位：县住建局

2．落实公共交通优先战略

责任人：胡尚辰

责任单位：县公安局交警大队、交通局、住建局

3．加大城市道路交通管理科技信息化应用，优化城市道路交通组织，加强城市道路通行整治。

责任人：胡尚辰

责任单位：县公安局交警大队、城市管理综合行政执法局、交通局

五、强化宣传教育

（一）加强道路交通安全文化建设，建立安全警示教育基地或中心，组织开展“12.2全国交通安全日”、“5月全省交通安全宣传月”活动。力争2015年年底前，以客（货）运驾驶人、驾驶学员和中、小学生为重点，组织开展情景教育、体验教育和事故案例警示教育。

责任人：胡尚辰

责任单位：县公安局交警大队

（二）以学校、驾驶培训机构、运输企业为重点为，广泛宣传道路交通安全法律法规和安全知识。

责任人：胡尚辰

责任单位：县公安局交警大队、交通局、安监局

（三）在中、小学生课程中增加道路交通安全方面内容，组织开展适合学生特点的宣传教育活动。

责任人：郭自壮

责任单位：县教育局

（四）建立广播、电视、互联网等新闻媒体交通安全公益宣传制度，开展交通安全法制宣传。

责任人：周瑜

责任单位：县文旅广体局、文明办。

六、强化责任落实

（一）严格实行目标考核。严格落实道路交通安全监管责任，严格实行目标考核，逐级落实县、乡镇（街道）、村委会三级责任制度，每年签订交通安全责任书，年终进行严格考评奖惩。

责任人：胡尚辰

责任单位：县预防事故领导小组成员单位

（二）严格执行责任追究。凡发生道路交通事故造成重大人员伤亡的，按照国务院指导性意见、云南省人民政府实施意见的相关规定和《云南省道路交通事故联合约谈制度（试行）》要求，组织成立事故责任调查组，按照“事故原因未查清不放过、事故责任人未受到处理不放过、事故责任人和周围群众没有受到教育不放过、事故制定切实可行的整改措施没有落实不放过”的“四不放过”原则和“追责、约谈、书面检查”三级惩戒制度，进行事故责任调查处理。

责任人：马常有

责任单位：县安监局

江川县人民政府关于印发江川县2014年美丽乡镇规划建设项目实施方案的通知（节选）

江政发〔2014〕135号

各乡、镇人民政府，大街街道办事处，县属各有关单位：

《江川县2014年美丽乡镇规划建设项目实施方案》经县人民政府同意，现印发给你们，请认真遵照执行。

江川县人民政府

2014年12月26日

江川县2014年美丽乡镇规划建设项目实施方案

为推进我县城乡经济发展，改善城乡人居环境，加快集镇、农村一体化建设，提升生态文明水平，根据《玉溪市人民政府关于印发玉溪市美丽乡镇规划建设三年行动方案的通知》（玉政发〔2014〕110号）精神，制定本实施方案。

一、总体目标

以“三个代表”重要思想和科学发展观为指导，认真贯彻落实党的十八届三中、四中全会和中央城镇化工作会议精神，坚持量力而行、分期实施的原则，开展城镇环境集中整治，加快完善配套设施，塑造城镇特色，不断改善人居环境质量。

二、基本原则

（一）坚持科学规划。充分考虑经济社会发展、城乡空间优化、生态环境保护、文化特色彰显等方面要求，因地制宜，统筹规划，科学制定实施方案。

（二）坚持以人为本。始终把群众利益放在首位，集中力量解决群众期盼、社会关注的突出问题，切实体现民意、服务民生。广泛发动群众参与，积极支持配合项目建设，自觉保护生态环境、加快建设生态家园、发展生态经济。

（三）坚持突出特色。充分利用自然山水资源禀赋，注重挖掘地方人文资源、民族文化等元素，发挥区位优势，在统一标准的基础上充分体现个性魅力，彰显独特的文化风格和民族特色。

（四）坚持整合力量。与城乡人居环境提升、美丽家园行动、美丽乡村建设、“一水两污”建设、农村危房改造等有机结合，加强城乡设施设备资源共享，合理配置人力、财力和物力，综合采取整治、改造、完善、提升、规范等措施，整合资金，精心组织、有序实施。鼓励社会资本积极参与基础设施建设管理。

三、建设内容

围绕布局优化、路面硬化、街道绿化、路灯亮化、环境净化目标，以项目为抓手，着力实施镇容镇貌整治提升、集中供水设施建设、生活污水处理设施建设、生活垃圾处理设施建设、农贸集贸市场改造提升和群众文体活动广场建设六项工程。

（一）实施镇容镇貌整治提升工程。加强街区道路整治，修复街区破损路面，完善排水设施，整治乱搭建和乱堆占。美化临街墙面，突出民族文化展示，

改善视觉效果。坚决拆除临违建筑，规范广告牌匾、店铺招牌和交通、旅游标识等设置，集中整治各种线路乱拉乱接问题。实施绿化、亮化工程，以乡镇主要出入口、主要街道为重点，突出本地风貌和地域特色，实施绿化和建筑景观改造。完善乡镇主街道和公共场所路灯安装使用。增加环卫设施，加大保洁力度，改善环境卫生状况，建立环境卫生清扫保洁长效机制。在江城、九溪、安化每个乡镇各打造一条美观靓丽、彰显特色的示范街道。

（二）实施集中供水设施建设工程。抓好水源地保护治理，实施供水及配套管网建设改造，确保饮用水符合卫生标准，提高供水保障能力和覆盖范围，实现建制镇镇区集中供水普及率达到95%以上。确保江城、九溪、安化每个乡镇有一套以上稳定运行、满足需求的集中供水设施。

（三）实施生活污水处理设施建设工程。实施污水处理设施及配套管网建设改造，建设小型污水处理厂（站）、氧化塘、净化池、人工湿地等分散处理装置。整治露天粪坑、简易茅厕，全面推行无害化卫生厕所，规范生活污水收集处理排放，确保排水畅通，无堵塞、无漫流、无渗漏。力争生活污水收集处理率达到80%以上，确保江城、九溪、安化每个乡镇有一套以上稳定运行的生活污水处理设施。

（四）实施生活垃圾处理设施建设工程。合理设置垃圾收集中转点和分类垃圾箱，完善专门的环卫机构和村组保洁员，建立垃圾收集处理长效机制，确保乡镇生活垃圾得到有效收集处理。距离周边垃圾处理场所大于20千米的乡镇，应结合闲置箐沟整治利用，合理建设垃圾处置设施，提高生活垃圾减量化、资源化、无害化处理水平，力争生活垃圾收集处理率达到80%以上。确保江城、九溪、安化每个乡镇有一套以上稳定运行的生活垃圾处理设施。

（五）实施乡镇农贸集贸市场改造提升工程。取缔“以街为市、以路为市”，合理规划建设农贸市场；整治农贸市场周边环境，取缔市场周边占道经营、倚门设摊等行为；整治市场脏乱差，改善农贸市场内部环境，加强日常保洁和管理，清除垃圾乱堆、污水漫溢现象，配套完善公厕、垃圾收运等设施，实现集贸市场有专用场地、有专人管理，无垃圾积存、无污水溢流、无占道经营现象，规范交易环境，方便居民生产生活需要。确保江城、九溪、安化每个乡镇有一个以上规范的农贸集贸市场或专业市场。

（六）实施群众文体活动广场建设工程。注重挖掘提炼民族文化元素，重视历史文脉传承弘扬，重点开展绿化美化亮化，以展示地域特色和民俗文化为核心理念，在江城、九溪、安化每个乡镇各规划建设一个集休闲娱乐、康体健身、文化展示、科普教育、防灾避险等综合功能为一体的群众文体广场。

四、实施步骤

（一）健全组织。成立江川县美丽乡镇工作领导小组，领导小组组成人员名单如下：

组　长：普朝鹏　县人民政府副县长

副组长：龚　钲　县政府办副主任

杨　杰　县住建局局长

领导小组下设办公室在县住建局，由宁伟兼任办公室主任，负责处理日常工作，相关工作人员由成员单位抽调。

（二）准备阶段（2014年9月—10月）。江城、九溪、安化3个被纳入2014年玉溪市美丽乡镇规划建设三年行动市级项目的乡镇成立美丽乡镇建设工作领导小组，制定美丽乡镇实施方案。

（三）方案审定阶段（2014年11月）。县住建局组织对具体项目进行审核、确定实施计划方案。

（四）建设实施阶段（2014年12月—2015年5月）。涉及乡镇按照批准的实施计划方案，组织项目建设。

（五）考核验收阶段（2015年6月）。县住建局、各乡镇共同组织相关人员对美丽乡镇规划建设项目进行初步验收，迎接市级部门总体验收。

五、工作要求

（一）加强资金管理使用。严格管理使用美丽乡镇建设资金，上级补助资金做到专项管理、专账核算、专款专用。监察、审计部门要加强资金使用的监督管理，杜绝截留、挤占和挪用。

（二）强化督查考核。建立美丽乡镇建设评价体系和奖惩激励机制，将美丽乡镇建设工作列入年度考核内容。对工作推进不力的部门进行通报批评，确保各项工作有序推进。

（三）努力营造良好工作氛围。利用电视、广播、网络等媒体，开展宣传教育活动，大力宣传美丽乡镇建设的意义、目标、成效，发挥乡镇的主动性、积极性，广泛发动群众积极参与、支持项目建设，形成乡镇人民政府牵头、部门配合、群众支持的良好氛围。

中共江川县委办公室　江川县人民政府办公室关于领导干部带头在公共场所禁烟有关事项的通　知

江办发〔2014〕6号

各乡镇党委、政府，大街街道党工委、办事处，县委和县级国家机关各部、委、办、局，各人民团体和企事业单位，中央、省、市驻江单位：

为认真贯彻落实中央《关于领导干部带头在公共场所禁烟有关事项的通知》要求以及省、市相关文件精神，切实做好公共场所禁烟控烟工作，进一步树立全县党政机关和领导干部形象，经县委、县政府研究，现就我县领导干部带头在公共场所禁烟有关事项通知如下：

一、统一思想，提高认识

领导干部在公共场所禁烟是维护和树立党政机关和干部良好形象的要求。近年来，通过各方共同努力，公共场所禁烟工作取得积极进展，但也要看到，在公共场所吸烟的现象仍较普遍，控烟效果不明显，特别是少数领导干部在公共场所吸烟，不仅危害公共环境和公众健康，而且损害了党政机关和领导干部形象，造成不良影响；领导干部在公共场所禁烟是法律法规的要求。2011年5月1日起实施的《公共场所卫生管理条例实施细则》对公共场所禁止吸烟作出了明确规定，遵守公共场所禁烟规定是每一个公民应尽的法定义务，各级领导干部必须带头严格遵守实施细则的各项禁烟规定；领导干部在公共场所禁烟是反对“四风”的要求。一年多来，中央连续下发禁令狠刹奢靡之风，表明了中央厉行节约、反对浪费，将更多财力用在发展和改善民生上的鲜明态度和毫不动摇的决心。全县各级领导干部一定要深刻认识带头在公共场所禁烟的重要意义，切实将思想和行动统一到中央的决策部署和要求上来，以身作则，模范遵守公共场所禁烟规定，以实际行动做出表率。

二、严格要求，狠抓落实

各级领导干部不得在学校、医院、体育场馆、公共文化场馆、公共交通工具等禁止吸烟的公共场所吸烟；在其他有禁止吸烟标识的公共场所要带头不吸烟。

（一）严格管理，切实做到在各类公务活动中全面禁烟。各单位内部禁止提供烟草制品，严禁使用或变相使用公款支付烟草消费开支；要动员好本单位职工控烟，鼓励吸烟职工戒烟；各种会议、调研、接待等公务活动中要自觉遵守相关要求，不得吸烟、敬烟、劝烟，切实做到在各类公务活动中全面禁烟。

（二）加快推进无烟机关建设。各部门要进一步建立健全制度，制定相应实施细则，指定专人负责禁烟工作，明确奖惩办法，力争尽早建成无烟机关。公共办公场所禁止吸烟。传达室、会议室、楼道、食堂、洗手间等场所要张贴醒目的禁烟标识，不得摆放烟缸烟具。县委办、县人大办、县政府办、县政协办要带头严格执行中央关于公共场所禁烟相关规定，推动“无烟机关”创建活动深入开展。

（三）加大禁烟宣传力度。卫生、宣传、教育、环保等相关部门以及工、青、妇等群团组织要积极做好禁烟控烟宣传教育和引导工作，广泛开展以禁烟健康知识为主要内容的禁烟宣传活动，提高群众对烟草危害的认知率，增强广大群众和各级领导干部控制吸烟的自觉性，鼓励创建各种无烟场所。

（四）加强禁烟督查力度。各单位、各级领导干部要主动接受群众监督、舆论监督和相关部门的工作监督。财政、审计等部门要加强财务管理和监督检查，确保不发生使用或变相使用公款支付烟草消费开支的行为。

三、强化督查，确保实效

由县委督查室牵头，县纪检监察部门、县政府督查室协同配合对全县各单位贯彻落实国务院《关于领导干部带头在公共场所禁烟有关事项的通知》精神以及本通知工作要求情况进行跟踪督查，定期对全县公共场所禁烟工作进行检查，形成全社会齐抓共管的工作局面。对工作执行落实不力的相关单位责任领导进行谈话教育；对违反规定在公共场所吸烟的领导干部，给予批评教育，造成恶劣影响的，依纪依法严肃处理，确保禁烟工作取得实效。

中共江川县委办公室
江川县人民政府办公室
2014年1月29日

中共江川县委办公室　江川县人民政府办公室关于继续实施县级领导挂钩联系乡镇（街道）和部门挂钩联系村（社区）工作的通　知

江办发〔2014〕7号

各乡镇党委、政府，大街街道党工委、办事处，县委和县级国家机关各部、委、办、局，各人民团体和企事业单位：

2013年，县委、县政府制定下发了《关于印发〈领导干部挂钩联系乡镇（街道）工作实施办法（试行）〉的通知》（江办发〔2013〕31号）和《关于部门挂钩联系村（社区）工作的通知》（江办发〔2013〕40号）。两项制度实施以来，挂钩联系乡镇（街道）的县级领导以及联系村（社区）的各部门以高度的责任感和使命感，认真负责，深入基层，出谋划策，为挂钩乡镇（街道）、村（社区）的经济、政治、文化、社会、生态文明及党的建设等方面做出了卓有成效的努力，在经济社会发展、重点工作重大项目推进、生态建设和环境保护、烤烟生产、社管综治等工作及完成县委、县政府交办的阶段性、专项性工作方面取得了较大的成绩。

2014年是江川深化改革的起步之年，是加快转型跨越的关键之年，是实施“十二五”规划的攻坚之年，县委、县政府决定继续实施县级领导干部挂钩联系乡镇（街道）和部门挂钩联系村（社区）工作制度，挂钩联系乡镇（街道）的县级领导以及联系村（社区）的部门要继续按照江办发〔2013〕31号和江办发〔2013〕40号的文件要求，以开展党的群众路线教育实践活动为契机，进一步改进作风，沉下身子，深入基层，践行一线工作法，尤其是针对每年的护林防火、防汛抗旱、春耕备耕和烤烟生产等重点工作，要切实加强对口联系乡镇（街道）、村（社区）的联系指导工作，确保全面完成经济社会发展的各项目标任务，在全面深化改革中加快推进富裕和谐美丽新江川建设。

县委、县政府将把挂钩联系工作情况作为全年考核重要内容来抓，把挂钩联系工作作为相关县级领导年终述职述廉报告和考核奖励的一项重要内容，作为挂钩联系责任单位、部门年度考评的一项重要内容，作为挂钩联系责任人年度评先评优的重要依据。对工作不力、联系指导不到位的单位和个人将严格追究责任。

中共江川县委办公室

江川县人民政府办公室

2014年2月11日

中共江川县委办公室
关于对县委十二届四次全会主要精神
进行立项督查的通知

江办发〔2014〕10号

各乡镇党委、政府，大街街道党工委、办事处，县委和县级国家机关各部、委、办、局，各人民团体和企事业单位，中央、省、市驻江单位：

为及时掌握中共江川县委十二届四次全会主要精神的贯彻落实情况，经县委研究，决定对此项工作进行立项督查，现将有关事项通知如下：

一、督查时间：适时督查。

二、督查内容：中共江川县委十二届四次全会主要精神任务分解落实情况。

三、督查对象：各责任单位、参与单位。

四、督查方式：实地调研、书面督查。

五、督查要求：

1. 各责任单位要认真学习、准确把握、全面领会县委十二届四次全会精神。责任单位主要领导要亲自抓、亲自统筹，集中力量、集中时间，认真研究落实措施和方案，精心组织工作落实，协调解决工作难题，确保责任目标克期完成。参与单位要服从工作大局，主动衔接，全力配合，抓好落实。县级分管联系领导要及时了解工作进展情况，帮助研究解决工作推进中的重大难题。

2. 各责任单位要高度重视、精心组织，责任单位和参与单位的主要领导为第一责任人。要严格对照《中共江川县委十二届四次全会主要精神立项督查分解任务目录》，采取有力措施抓好各项分解工作任务。请各责任单位于2014年6月10日、12月10日将工作完成情况书面报县委督查室，并提交电子文档。上报材料要及时、精简、实事求是。

3. 县委督查室为立项工作的督查实施单位，要采取明查、暗访、随机调研等灵活有效的方法对立项工作进行不间断跟进督查，将存在的问题和取得的成绩、经验，及时向县委报告；对工作落实不力、工作效率低下、失职渎职、后果严重、影响恶劣的，提出问责处理意见，纳入监察和问责范围，交纪检、组织等部门按相关规定处理。

附件：中共江川县委十二届四次全会主要精神立项督查分解任务目录

中共江川县委办公室

2014年2月25日

附件：

中共江川县委十二届四次全会主要精神
立项督查分解任务目录

一、深入贯彻落实党的十八届三中全会精神，奋力建设富裕和谐美丽新江川

1. 全面贯彻落实党的十八大、十八届三中全会和省委九届七次全会精神，深入学习贯彻习近平总书记

系列重要讲话精神。

责任单位：县委宣传部

参与单位：各乡镇（街道），县直各部门，中央、省、市驻江单位

2. 以改革促调整转型、促生态建设、促民生改善、促跨越赶超，加力提速全面建成小康社会步伐。

责任单位：县发改局

参与单位：各乡镇（街道）、县财政局、县环保局、县民政局、县人社局、县教育局

3. 龙泉山、棋盘山、东山“三大核心区”产业项目的推进。

责任单位：县发改局

参与单位：大街街道、江城镇、前卫镇、路居镇、工业园区管委会、县工信局、县招商合作局、县国土资源局、县住建局、县环保局、县文旅广体局、县农业局、县林业局、县水利局

4. 晋江、红江通高速公路等影响江川长远发展的重大基础建设项目的实施情况。

责任单位：县交通运输局

参与单位：大街街道、江城镇、路居镇、九溪镇、雄关乡、县发改局、县招商合作局、县住建局、县国土资源局、县环保局、县农业局、县林业局、县水利局

二、更大力度深化改革创新，全力增强跨越发展新活力

1. 抓住央企、民企、外企、科技入滇机遇，加大产业、园区、资源招商和以商招商力度，力争招商引资52亿元以上。

责任单位：县招商合作局

参与单位：各乡镇（街道）、县直各单位

2. 深化行政审批制度改革，推进事业单位分类改革。

责任单位：相关行政审批单位、县委编办

参与单位：各乡镇（街道）、县人社局、县政府法制办

3. 创新投融资体制机制，搭建好各类融资平台，加大向上争取力度，破解建设资金瓶颈。

责任单位：县财政局

参与单位：各乡镇（街道）、人行江川支行、县投融资公司

三、更大力度加强生态文明建设，提高江川的美丽指数

1. 全力推进“四退三还”措施的落实，加快抚仙湖一级保护区至环湖公路外侧50米范围内的村庄和人口搬迁、小马沟—冯家湾片区退房还湖旧村改造、星云湖一级保护区退田还湖、东风水库径流区综合治理等工程建设，继续抓好拆临拆违、小流域水环境综合治理等工作，确保抚仙湖继续保持Ⅰ类水质、星云湖水质持续好转。

责任单位：县抚管局、县星云湖管理局、县环保局、县住建局、县水利局

参与单位：各乡镇（街道）、县国土资源局

2. 全力推进“森林江川”建设，大力实施生态公益林、天然林保护和石漠化治理等生态工程，加快县城面山、重要交通沿线、村庄周边、荒山荒坡和“两湖”周边、入湖河道绿化造林步伐，构建绿色生态屏障。

责任单位：县林业局

参与单位：各乡镇（街道）、县交通运输局、县住建局、县环保局、县抚管局、县星云湖管理局

3. 全力推进生态文明体制机制建设，加快实施主体功能区战略，稳步构建生态保护、经济发展和民生改善的协调联动机制，生态补偿的长效机制和多元投入的投融资机制，切实用制度保护生态环境。

责任单位：县政府办、县环保局

参与单位：各乡镇（街道）、县投融资公司、县林业局、县住建局

4. 全力推进生态建设产业化、产业发展生态化，加快淘汰落后产能，大力发展生态环保产业，更加自觉做到在保护生态的前提下发展经济。

责任单位：县工信局

参与单位：各乡镇（街道）、县环保局、县林业局、县住建局

四、大力推进产业建设年活动，推动产业转型升级

1. 围绕“三大核心区”产业建设，启动实施产业建设年行动计划，确保产业转型跨越取得突破。

责任单位：县发改局

参与单位：各乡镇（街道）、县工信局、县招商合作局、工业园区管委会

2. 围绕发展现代农业园区、庄园经济，加快推进云南农业科技园等农业庄园建设，打造一批生态优质农产品品牌，推动烤烟、蔬菜、畜牧、林产、渔业等传统优势产业向园区化、庄园化、生态化、品牌化、

产业化转变，实现高原特色农业提质增效。科学发展农产品生产基地和农业龙头企业，加快发展农民专业合作社、家庭农场、专业大户等新型经营主体，鼓励和引导工商资本投资现代农业园区、农业庄园和农业产业化经营，努力构建新型农业经营体系。

责任单位：县农业局

参与单位：各乡镇（街道）、县水利局、县林业局、县烟办、县抚管局、县星云湖管理局、县国土资源局、县招商合作局、县工信局、县供销社

3. 继续强化园区基础设施建设，力保腾达机械入园项目建成投产，力促红塔集团复烤厂等意向性项目入园发展，力争引进培育一批装备制造业、生物制药、新能源新材料、现代服务业等重点产业和龙头企业，逐步实现工业集聚、集群、集约发展。鼓励引导磷化工、纸制品、农产品加工等传统产业加快技改扩建和提档升级。全面促进烟花爆竹、红砖企业实现集团化发展，构建传统产业与新兴产业互动发展的工业体系，努力实现工业经济跨越发展。

责任单位：县工信局、工业园区管委会

参与单位：项目涉及的乡镇（街道）、县发改局、县招商合作局、县交通运输局、县国土资源局、县环保局、县住建局、县安监局、县工商联

4. 确保仙湖锦绣、天湖湾、奥宸、药王谷、远洋国际等一批获准项目开工，确保九龙晟景项目2014年上半年投入使用。

责任单位：县发改局

参与单位：江城镇、路居镇、县环保局、县抚管局、县国土资源局、县林业局、县招商合作局、县工信局、县文旅广体局

5. 力促以湿地公园为重点的星云湖4A级旅游风景区建设取得突破，以庄园经济为引领的乡村旅游业积极发展，全面促进文化旅游产业转型升级。

责任单位：县环保局

参与单位：项目涉及的乡镇（街道）、县委宣传部、县发改局、县招商合作局、县农业局、县住建局、县星云湖管理局、县文旅广体局

6. 扶持青铜文化产业聚集发展。

责任单位：县委宣传部

参与单位：前卫镇、县文体广旅局、县发改局、县招商合作局、县国土资源局、县工信局、县环保局、县林业局、县星云湖管理局、县工商联、县住建局

7. 积极发展金融保险、房地产、餐饮、信息、中介等生产生活性服务业，大力培育现代物流产业。

责任单位：县财政局、县住建局、县工信局

参与单位：各乡镇（街道）、县招商合作局、人行江川支行、县工商局、县国土资源局、县交通运输局

五、更大力度统筹城乡发展，建设现代生态宜居城市

1. 科学定位江川的城市发展，进一步完善城市总体规划、控制性详细规划、城镇体系规划和村庄规划，融江川历史文化于现代城市建设中，着力打造“山水相映、城湖交融”的现代生态宜居城市。强势推进以山水新城项目为引领的县城新区建设，统筹推进以龙泉山生态工业园区为支撑的城市新片区建设，继续改造老城区，加快推进江中路片区和龙旺湖城城市综合体等一批城市建设项目，逐步实现城市与园区的对接融合，加速实现与玉溪中心城区的同城发展。

责任单位：县住建局、县城投公司

参与单位：项目涉及的乡镇（街道）、县发改局、县环保局、县交通运输局、县文旅广体局、县招商合作局、县工信局、工业园区管委会、县国土资源局

2. 抓好环城北路、环城东路、西绕城快速通道和红江通、晋江公路等城市交通基础设施项目建设。

责任单位：县交通运输局

参与单位：项目涉及的乡镇（街道）、县发改局、县住建局、县招商合作局、县工信局、县林业局、县国土资源局、县财政局

3. 着力统筹城乡发展，促进江城、九溪省级特色小镇建设取得实效。加大街区整治、绿化亮化工作力度，加强城市管理与服务。引导和鼓励农业人口向城镇有序转移，不断提高城镇化水平。

责任单位：县住建局、江城镇、九溪镇

参与单位：各乡镇（街道）、县农业局、县农转办、县城市管理综合行政执法局、县人社局、县公安局、县民政局

4. 持续抓好美丽家园行动、农村环境卫生和路域环境综合整治等工作，努力实现城镇化与新农村建设良性互动、互促并进。

责任单位：县新农办、县交通运输局

参与单位：各乡镇（街道）、县环保局、县住建局、县财政局、县文旅广体局

六、更大力度促进社会建设，提升人民群众的幸福感

1．推进美丽100校园行动计划、学生营养改善计划，逐步健全困难学生资助体系，增加优质学前教育资源，均衡办好教育事业。

责任单位：县教育局

参与单位：各乡镇（街道）、县财政局、县食药监局

2．深化医药卫生体制改革，巩固提升新农合保障水平，稳步健全全民医保体系，促进基本公共卫生服务均等化。

责任单位：县卫生局、县人社局

参与单位：各乡镇（街道）、县人口和计生局、县食药监局

3．推进文化惠民工程，有效整合基层宣传文化、党员教育、科学普及、体育健身等设施，试点建设综合性文化服务中心。

责任单位：县委组织部、县委宣传部、县文旅广体局、县科协

参与单位：各乡镇（街道）、县发改局、县住建局、县国土资源局

4．抓好保障性住房建设，努力解决好城乡居民住房问题。

责任单位：县住建局

参与单位：各乡镇（街道）、县城投公司、县财政局

5．扩大社会保障覆盖面，稳妥推进城乡保障一体化，建立更加公平可持续的社会保障制度。

责任单位：县人社局

参与单位：各乡镇（街道）、县财政局

6．扎实推进农村饮水安全、“爱心水窖”、中低产田地改造、病险水库除险加固等农业农村基础设施建设。

责任单位：县水利局、县农业局、县烟办

参与单位：各乡镇（街道）

7．深化殡葬改革。

责任单位：县民政局

参与单位：各乡镇（街道）、县殡葬改革领导小组成员单位

8．完善扶持创业的优惠政策，实施城乡居民收入倍增计划，促进群众收入普遍较快增长。

责任单位：县人社局

参与单位：各乡镇（街道）、县总工会、县妇联、团县委、县工商联

9．推进平安江川、法治江川建设，健全社会治安综合治理体系，持久打好禁毒防艾战争。

责任单位：县委政法委

参与单位：各乡镇（街道）、县法院、县检察院、县公安局、县司法局等县综治成员单位

10．加强安全生产监管，创建“省级药品安全县”和“省食品安全县”。

责任单位：县安监局、县食药监局

参与单位：各乡镇（街道）、县质监局、县工商局

11．继续加强民主法制建设，创新党委执政、人大督政、政府行政、政协参政、群众评政方式，做好双拥、统战、民族、宗教等工作，发挥好工青妇等群团组织作用，形成群策群力干事业、同心同德促发展的强大合力。

责任单位：县委办、县人大办、县政府办、县政协办

参与单位：各乡镇（街道）、县委政法委、县人武部、县民政局、县委统战部、县民宗局、县总工会、团县委、县妇联、县关工委

七、突出作风抓党建，为建设富裕和谐美丽新江川提供坚强保证

1．认真学习习近平总书记系列重要讲话精神，补好“精神钙”；引导全县广大党员干部强化党性修养，坚定理想信念，始终保持党员干部队伍的蓬勃生机。

责任单位：县委组织部

参与单位：各乡镇（街道），县委和县级国家机关各部、委、办、局，各人民团体和企事业单位党组织

2．打造执行力强、创新力强、感召力强、凝聚力强的领导班子；继续深化干部人事制度改革，健全从严管理干部队伍制度体系和干部考核评价体系；继续开办好领导干部学习讲坛，适时组织干部到发达地区学习培训，继续选派年轻干部到乡镇（街道）挂职锻炼，继续推动干部交流和岗位轮换工作。

责任单位：县委组织部

参与单位：各党（工）委

3．推动基层党建制度建设，试点推进乡镇党代会年会制和党代表任期制；加大非公经济组织、社会

组织党建工作力度，确保党的组织和党的工作全覆盖；强化基层党组织带头人队伍建设；继续提高村组干部待遇；加强党员队伍建设，大力推进党员积分制管理。

责任单位：县委组织部

参与单位：各党（工）委、县委统战部、县财政局

4．牢牢把握“照镜子、正衣冠、洗洗澡、治治病”的总要求，扎实开展好以“为民、务实、清廉”为主要内容的党的群众路线教育实践活动；深入实施“三深入”、“四联户”直接联系群众制度，落实好领导干部挂钩联系乡镇（街道）、部门挂钩联系村（社区）制度。

责任单位：县委组织部

参与单位：各乡镇（街道）、县直各部门

5．严格落实《廉政准则》、中央八项规定等各项制度，健全拒腐防变教育长效机制、反腐倡廉制度体系、权力运行监控机制和对重点领域、重点对象、重点环节的监督机制，严格执行党风廉政建设责任制，加大惩治和预防腐败及督查问责力度，做到有案必查、有错必纠、有腐必惩，确保干部清正、政府清廉、政治清明。

责任单位：县纪委

参与单位：各乡镇（街道），县直各部门，中央、省、市驻江单位

中共江川县委办公室

2014年2月25日

中共江川县委办公室　江川县人民政府办公室关于印发《江川县2014年乡镇（街道）目标任务综合考评办法》和《江川县2014年县属单位目标任务综合考评办法》的通知（节选）

江办发〔2014〕22号

各乡镇党委、政府，大街街道党工委、办事处，县委和县级国家机关各部、委、办、局，各人民团体和企事业单位：

《江川县2014年乡镇（街道）目标任务综合考评办法》和《江川县2014年县属单位目标任务综合考评办法》已经县委、县政府研究同意，现印发你们，请认真执行。

请各考评责任单位认真研究制定有关考核实施细则，并认真按时组织考核。各乡镇（街道）在制定所属事业单位、村（社区）考核办法时，考核指标制定要实用具体。

中共江川县委办公室
江川县人民政府办公室
2014年3月28日

江川县2014年乡镇（街道）目标任务综合考评办法

为深入贯彻落实科学发展观，进一步整合考核资源，减轻乡镇（街道）负担，转变干部作风，推进江川科学发展和谐发展跨越发展，确保全面完成2014年县委、县政府各项目标任务，根据2014年县委、县政府对各乡镇（街道）的工作要求，制定本办法。

一、综合考评对象

大街街道、江城镇、前卫镇、路居镇、九溪镇、雄关乡、安化乡。

二、综合考评原则

1．坚持公平、公正、公开。

2．坚持重实绩、看成效、凭公认。

3．坚持集中统一考评、集中统一奖惩。

三、考评办法

采取平时考核与年度考评相结合的考评办法计分，综合考评基础分为100分，其中：年度工作目标考评占64分、平时考核占30分、领导评价占6分，测算公式为：乡镇（街道）2014年度综合考评得分=平时考核得分+年度工作目标考评得分×64%+领导评价得分。

（一）平时考核

由县督查工作领导小组采取随机督查、专项督查、跟踪检查等方式对各乡镇（街道）经济发展、生态建设、构建和谐社会、县级重点工作和重大项目以及县委、县政府安排的其它工作落实情况进行跟踪督查考核，并作为平时考核扣分依据，具体考评细则由县督查工作领导小组负责制定下发。

（二）年度工作目标考评

各乡镇（街道）年度工作目标考评基础分值为100分。分为6个方面，其中：经济发展40分、生态建设10分、构建和谐社会10分、县级重点工作和重大项目5分、单项工作目标5分、党的建设和人大等工作30分，具体考评指标、分值权重、计分标准见《江川县2014年乡镇（街道）综合考评量化打分表》。党的建设、政府建设、人大、政协及其他工作等具体指标的考评实施细则由对应的考评责任单位负责制定下发。

（三）领导评价

由县委、县人大常委会、县政府、县政协领导班子成员对各乡镇（街道）贯彻落实县委、县政府的决策部署，完成年度经济社会发展任务以及生态建设、构建和谐社会、党的建设、党风廉政建设等方面情况进行总体评价。县委常委评价占2分，县政府领导评价占2分，县人大常委会、县政协领导评价占2分。在2014年底或2015年初，分别由县委常委，县政府副县长，县人大常委会主任、副主任和县政协主席、副主席通过无记名方式进行量化打分。

四、考评程序

各乡镇（街道）综合考评工作，在县委、县政府领导下，安排在2015年 1 月进行，由县目标任务综合考评协调领导小组办公室（以下简称县综合考评办）负责组织实施。

（一）考评准备

各乡镇（街道）于2014年12月25日前对照各项目标进行自检自查，按照评分标准对考评项目逐项评分，撰写目标完成情况的年度自查报告，报县综合考评办和涉及考评责任单位。

（二）组织考评

2015年 1 月底前，由县综合考评办及各考评责任单位组成考评组，通过走访座谈、查阅资料、实地察看等形式，对各乡镇（街道）目标任务完成情况进行调查核实。

（三）综合打分

县综合考评办根据各部门提供的数据、资料以及各考评组提供的考评情况和各单项考核结果，对照《江川县2014年乡镇（街道）综合考评量化打分表》内容进行打分，得出各乡镇（街道）综合考评得分。

（四）县委、县政府审定考评结果

县综合考评办将初步考评结果提交县综合考评领导小组进行审核后，依次报县政府常务会和县委常委会审定。

五、考评结果运用

（一）把综合考评结果作为干部培养、政绩评价、选拔任用的重要依据。综合考评全县前三名的乡镇（街道），对党政主要领导通报表彰，并作为优先提拔使用或者向上级推荐优先提拔使用的条件；对综合考评得分列全县末位的乡镇（街道），由县委、县政府主要领导约谈乡镇（街道）党政主要领导；对考评得分60分以下的乡镇（街道）党政主要领导，进行严肃问责；对连续两年得分60分以下，且排名末位的乡镇（街道）党政主要领导，调整工作岗位或免职。

（二）从2014年开始，县委、县政府对各乡镇（街道）的各项单项考核奖励全部并入综合考评，进行集中奖励，原则上不再单独审批奖励。受国家和省级、市级奖励的，县级财政不再单独匹配奖励资金。

（三）2014年度乡镇（街道）综合考评奖金标准为满分人均3000元，依据各乡镇（街道）得分以及在职在编人数（细化到月）核发，考评奖金测算公式为：考评奖金=3000元（满分、每人每年）/12个月×2014年度在职在编职工个月数总和×（综合考评得分/100分）。考评奖金由各乡镇（街道）按本乡镇（街道）领导干部职工的贡献大小自行分配，差额奖励，兑现到个人，但分配原则上要克服平均主义。奖励经费由县财政列支。

（四）公开综合考评结果。由县级媒体向社会公开综合考评结果，接受社会监督。坚持实事求是，确保综合考评客观公正。凡发现弄虚作假的，予以通报批评，情节严重的取消奖励资格，并严肃追究相关责任人的责任。

附件：江川县2014年乡镇（街道）综合考评量化打分表（略）

江川县2014年县属单位目标任务综合考评办法（节选）

为深入贯彻落实科学发展观，进一步整合考核资源，减轻基层负担，转变干部作风，推进江川科学发展和谐发展跨越发展，确保全面完成2014年县委、县政府各项目标任务，根据2014年县委、县政府对县属单位的工作要求，制定本办法。

一、综合考评对象

59个县属单位（见附件1）。

二、综合考评原则

（一）坚持公平、公正、公开；

（二）坚持重实绩、看成效、凭公认；

（三）坚持集中统一考评、集中统一奖惩。

三、考评办法

采取平时考核与年度考评相结合的考评办法计分，综合考评基础分为100分，其中：年度工作目标考评占60分、平时考核占30分、领导评价占10分，测算公式为：部门2014年度综合考评得分=平时考核得分+年度工作目标考评得分×60%+领导评价得分。

（一）平时考核

由县督查工作领导小组采取随机督查、专项督查、跟踪检查等方式对各单位共同目标、职能目标、重点工作、专项工作以及县委县政府安排的其它工作落实情况进行跟踪督查考核，并作为平时考核扣分依据，具体考评细则由县督查工作领导小组负责制定下发。

（二）年度工作目标考评

县属各单位年度工作目标考评基础分值为100分，分2个方面，主要包括共同目标60分、职能目标40分。

1．共同目标（60分）

（1）全面完成县委、县政府安排的招商引资、争取上级资金等各项目标任务；

（2）办理人大代表建议、政协委员提案；

（3）机关党建及班子建设、党的群众路线教育实践活动；

（4）党风廉政建设；

（5）宣传思想工作及精神文明建设；

（6）依法行政和依法办事；

（7）社管综治维稳目标、信访工作。

上述（1）、（2）项考评细则由县目标任务综合考评协调领导小组办公室（以下简称县综合考评办）负责制定下发执行；（3）—（7）项考评细则分别由县委组织部、县纪委、县委宣传部、县政府法制办和县委政法委负责制定下发执行。

2．职能目标（40分）

依据部门职能，由被考评单位根据市县下达的2014年各项目标任务，经单位领导班子集体研究，确定本单位具体职能目标。

（三）领导评价（10分）

由县委、县人大常委会、县政府、县政协领导班子成员对县属单位贯彻落实县委、县政府的决策部署、完成年度工作任务、服务经济社会发展、服务基层和群众、提高行业管理水平、工作作风及党风廉政建设等方面情况进行总体评价。县委常委评价占4分，县政府领导评价占3分，县人大常委会、县政协领导评价占3分。在2014年底或2015年初，分别由县委常委，县政府副县长，县人大常委会主任、副主任和县政协主席、副主席通过无记名方式进行量化打分。

四、考评程序

县属单位综合考评工作，在县委、县政府领导下，安排在2015年1月进行，由县综合考评办负责组织实施。

（一）考评准备

各单位于2014年12月25日前对照共同目标、职能目标进行自检自查，按照评分标准对考评项目逐项评分，撰写目标完成情况的年度自查报告，报县综合考评办和涉及考评责任单位。

（二）组织考评

2015年1月底前，由县综合考评办及各考评责任单位组成考评组，通过走访座谈、查阅资料、实地察看等形式，对各单位目标任务完成情况进行调查核实。其中：平时考核以县督查工作领导小组考评意见为准；共同目标以相应考评责任单位的考评意见为准；职能目标以相应市级部门或县级主管部门考评意见为准，考核得分由县综合考评办根据上级主管部门考核得分进行折算，未被上级主管部门纳入考核单位由县委、县政府组织进行考核。

（三）综合打分

由县综合考评办对平时考核得分、年度工作目标考评得分（共同目标、职能目标）、领导评价得分以及综合加分、扣分进行汇总，分别得出党群部门得分排名和政府部门得分排名。

（四）县委、县政府审定考评结果

县综合考评办将初步考评结果提交县综合考评领导小组进行审核后，依次报县政府常务会和县委常委会审定。

五、考评结果运用

（一）把综合考评结果作为干部培养、政绩评价、选拔任用的重要依据。县属党群部门综合考评前8名和县政府部门综合考评前10名的单位，由县委、县政府进行通报表彰，作为单位党政主要领导优先提拔使用或者向上级推荐优先提拔使用的重要条件；对综合考评分别列党群和政府部门末位的单位通报批评，由县委、县政府主要领导约谈单位党政主要领导，一年内不得提拔使用；对考评得分60分以下的单位党政主要领导，进行严肃问责；对连续两年得分60分以下，且排名末位的单位党政主要领导，调整工作岗位或免职。

（二）从2014年开始，县委、县政府对县属部门的各项单项考核奖励全部并入综合考评，进行集中奖励，不再单独审批奖励。受国家和省级奖励，县级财政不再单独匹配奖励资金。

（三）2014年度县属各部门综合考评奖金标准为满分人均2000元，依据各部门得分以及在职在编人数（细化到月）核发，考评奖金测算公式为：考评奖金=2000元（满分、每人每年）/12个月×2014年度在职在编职工个月数总和×（综合考评得分/100分）。考评奖金由各单位按本单位领导干部职工的贡献大小自行分配，差额奖励，兑现到个人，但分配原则上要克服平均主义。奖励经费由县财政列支。

（四）公开综合考评结果。由县级媒体向社会公开综合考评结果，接受社会监督，确保综合考评客观公正。凡发现弄虚作假的，予以通报批评，情节严重的取消奖励资格，并严肃追究相关责任人的责任。

附件：

1．江川县县属单位2014年目标任务综合考评单位名单

2．江川县县属单位2014年综合考评量化打分表（略）

附件1

江川县县属单位2014年目标任务综合考评单位名单

县委办（县委督查室、县委政研室、县委机要局、县保密局、县史志办、县档案局）、县人大办、县政府办（县政府法制办、县政府督查室、县政府烟办、县信访局）、县政协办、县纪委（县监察局）、县委组织部、县委宣传部（县文明办、县外宣办、县文产办）、县委统战部（县民宗局）、县直机关工委、县委编办、县委政法委（县综治办、县维稳办、县610办）、县委老干局、县委党校、县总工会、团县委、县妇联、县科协、县关工委办公室、县文联、县工商联、县残联、县人民法院、县人民检察院、县发改局、县人防办、县工信局、县财政局、县教育局、县公安局、县民政局、县司法局、县人社局、县国土资源局、县环保局、县住建局、县城管局、县交通运输局、县农业局（县畜牧兽医局）、县林业局（森林公安局）、县水利局、县招商合作局、县文旅广体局、县卫生局、县红十字会、县食品药品监管局、县人口计生局、县审计局、县安监局、县统计局、工业园区管委会、县粮食局、县政府扶贫办、县抚仙湖管理局、县星云湖管理局、县防震减灾局、县供销社、县政务服务管理局、城投公司、人武部。

中共江川县委办公室印发《关于开展“美丽江川服务先锋”行动创建基层服务型党组织的意见》的通知

江办发〔2014〕36号

各乡镇党委，大街街道党工委，县委和县级国家机关各部委办局、各人民团体和企事业单位党组织：

为加强基层服务型党组织建设，促进基层党组织的工作重心向服务转移，工作方式向服务转型，经县委领导同意，现将《关于开展“美丽江川服务先锋”行动创建基层服务型党组织的意见》印发给你们，请认真贯彻执行。

中共江川县委办公室

2014年4月23日

关于开展“美丽江川服务先锋”行动创建基层服务型党组织的意见

根据省委组织部《印发〈关于推进边疆党建创建基层服务型党组织的意见〉的通知》（云组发〔2013〕10号）、《中共玉溪市委办公室关于印发〈关于开展“美丽玉溪服务先锋”行动创建基层服务型党组织的意见〉的通知》（玉办发〔2014〕5号），结合江川实际，现就开展“美丽江川服务先锋”行动、创建基层服务型党组织提出如下意见：

一、总体思路和目标任务

认真总结江川近年来党建工作的主要做法和经验，学习推广“孟连经验”，坚持服务改革、服务发展、服务民生、服务群众、服务党员，坚持以问题为导向、以创新促突破、以落实抓推进，坚持重视基层、关心基层、支持基层、夯实基层，按照“8433”的工作思路，锁定有坚强有力的服务核心、有本领过硬的服务队伍、有持续稳定的服务保障、有功能实用的服务阵地、有高效快捷的服务体系、有形式多样的服务载体、有健全完善的服务机制、有群众满意的服务业绩“八有”服务目标，构建县、乡、村、组“四级”服务体系，健全“组织联建、服务联办、制度联创”的“三联”服务机制，落实项目化、集成化、网络化的“三化”服务要求，力争一年突破布局、两年全面铺开、三年见到实效，为实现江川科学发展、和谐发展、跨越发展，建设富裕和谐美丽新江川提供坚强有力的组织保证。

各级党组织要紧紧围绕建设“富裕和谐美丽新江川”主题，深刻把握服务型党组织的内在要求，以服务群众、做群众工作为主要任务和根本价值取向，结合实际找准开展“美丽江川服务先锋”行动、创建基层服务型党组织的切入点和着力点，促进基层党组织的工作重心向服务转移，工作方式向服务转型，使服务成为基层组织建设的鲜明主题，成为广大党员干部的自觉行动，努力实现服务意识明显增强、服务能力明显提高、服务效能明显提升的目标，解决好联系服务群众“最后一公里”的问题。

二、主要措施

（一）优化组织设置。根据服务对象、服务内容、服务方式的变化和需求，把为民服务的触角延伸到社会的每个角落。在农村，以行政村、村民小组为主设置党组织，加大对农民专业合作社、专业协会、产业链建立党组织的力度。在街道社区，积极探索推进网格化管理，逐步建立街道、社区党组织与辖区内单位党组织共同组成的大工委、大党委，推行在片区、楼栋和流动党员集中点建立党组织；探索在志向相投、兴趣相近、活动相似的社区居民群体中建立党组织；探索完善区域化党建模式，依托居民区、商务区、开发区等组建区域性党组织。在机关事业单位等领域，科学分析机关、事业单位基层党组织情况，结合实际调整设置党支部，促进作用发挥。在“两类”组织，采取单独组建、区域联建、行业统建、项目促建、挂靠组建、党群共建等方式，加大党组织设置力度，特别要结合工业园区发展，及时在入驻企业中建立党组织。

（二）加强队伍建设。加强基层党组织书记为核心的党务工作者队伍建设，把服务意识强、服务能力强，有热情、有本领、有威信的党员选到党组织书记岗位上来，及时调整不胜任的基层党组织书记。做好从优秀村级党组织书记中考录公务员、选任乡镇（街道）领导干部工作。加强基层党务工作者队伍建设，乡镇（街道）党（工）委组织委员由副科级领导干部担任，充实机关事业单位专职党务工作者，选派党员干部到非公有制经济组织担任党建指导员或常务书记。选派机关优秀干部到村（社区）担任常务书记、新农村建设指导员，选聘优秀大学毕业生到村（社区）任职，并加强管理和使用，建立以当地干部为主体，以常务书记为重点的外来干部为补充的基层服务队伍。按照分级负责、分类培训的原则，实施以服务为主要内容的基层党组织书记培训工作，用三年时间，将各领域基层党组织书记轮训一遍。做好党员发展工作，坚持“三个培养”，把服务骨干培养成党员、把党员培养成服务骨干、把党员中的服务骨干培养成基层干部，建设一支高素质的服务骨干队伍。

（三）规范阵地建设。坚持建管用一体化、硬件软件一起抓，加强活动场所规范化管理和使用，整合办公场所、服务场所和活动场所，形成合理功能布局，防止出现活动场所行政化倾向。继续开展村（居）民小组党员活动室延伸建设，整合“美丽乡村”建设、扶贫开发、“一事一议”财政奖补、村容村貌整治等资源，在有公房、有党支部的村（居）民小组全部建立规范化的党员活动室，力争用三年时间，使有条件的村民小组有300平方米以上的活动场地，其中党员10人以上的村（居）民小组党支部有1间70平方米以上的活动室。各乡镇（街道）党（工）委要编制村（居）民小组活动场所建设规划，落实好基层党组织活动场所和服务设施投入政策。在机关企事业单位和有条件的“两类”组织，要建立职工服务中心，完善服务设施，增强服务功能。逐步解决部分社区活动阵地不达标、租用办公场所的现状。坚持“统一管理、综合利用”的原则，推行活动场所星级达标管理等措施办法，通过整合政策资源、整合社会资源、整合服务资源，逐步完善村级阵地配套设施，发挥活动场所功能作用，将活动场所打造成议事决策、政策教育、科技培训、文化活动、民事调解等“五大中心”，成为基层党组织开展服务的主阵地。

（四）搭建服务平台。依托县政务服务中心建立为民服务中心，乡镇（街道）规范为民服务中心建设，村组建立为民服务站、点实行村干部轮流值班制度和村组干部民事代办制度。运用网络信息技术，建设乡、村、组综合服务平台，与县政务平台实现对接。构建党建责任体系，县、乡、村、组领导干部建立党建责任区，依托责任区，各级党组织负责人牵头自下而上定期召开党建联席会议，村（居）民小组党支部每月召开1次，村（社区）党总支（支部）每两月召开1次，乡镇（街道）党（工）委每季度召开1次，县委每半年召开1次，研究解决党建工作和基层党组织上报的民情事项，形成民情事项收集、梳理、解决和反馈的闭合回路，确保群众意愿准确掌握、群众诉求快速回应、群众困难及时解决。加强城乡统筹，大力推广“插甸经验”，深化“四群”教育干部直接联系群众工作，推进机关事业单位与城乡基层党组织优势互补、资源共享，支持城乡联合创建基层服务型党组织。继续开展城市与乡村党员干部结对帮扶农村党员、先富党员结对帮扶困难党员、党员结对帮扶群众的“三结对”活动。探索资源向民族地区、贫困边远地区基层党组织倾斜政策。

（五）丰富活动载体。实施党支部“示范建设”工程，继续推进“环湖党建”，实施“一村一策”党建特色工程。以县级党建示范点为引领，积极整合各方资源，着力培育一批上水平、树得起、叫得响、推得开、富有感召力和生命力的基层党建工作先进典型。在示范点创建过程中既要结合实际，抓住亮点特色，也要融入孟连经验，以示范带动全县党建工作上水平、上台阶；实施党员“先锋活力”工程，扎实开展党员亮身份、党员公开承诺、无职党员设岗定责、民主评议党员、不合格党员处置等工作。党员亮身份，要将佩戴党徽、重温《党章》和入党誓词结合起来，进行一次党的宗旨、权利、义务教育，进一步规范党员行为，督促广大党员时时刻刻以党员标准严格要求自己，时时处处发挥表率带头作用，着力树立党员良好形象。无职党员设岗定责要与农村农业科技、护林防火、防汛、计划生育、社会治安、生态环境等工作紧密结合起来，做到因需设岗、应岗选人，统筹兼顾、重点突出。承诺践诺要把“基层需要和群众需求”作为承诺重点，构建以长远承诺为基础、年度承诺为主体、即时承诺为补充的“三位一体”承诺新模式，并对承诺建档立卡，实行台账动态管理，力促按时兑现。民主评议党员要与推进服务型党组织建设相结合，与开展群众路线教育实践活动相结合，把党员服务发展、联系和服务群众工作情况作为民主评议党员的重要内容，同时把评议结果作为表彰先进、处置不合格党员的依据；实施党员积分制管理，要与党员作用发挥结合起来，将“党员先锋活力工程”等活动载体融入积分制管理中，形成以积分制管理为总抓手，各类载体为平台，自觉服务群众为基础的党员管理新格局，促进党员队伍服务水平的提升，激发各级党员的干事热情。

（六）落实经费保障。加强对每年每个县直部门党（工）委3万元、乡镇（街道）党（工）委平均10万元、村（社区）党总支2万元、村（居）民小组党支部2—3千元党建工作经费和每名农村党员100元教育培训经费的管理使用和监督，真正发挥经费最大效益，优化党建工作环境。把机关、事业单位党组织工作经费列入本单位年度经费预算。把国有企业党组织工作经费纳入企业预算。通过税前列支、财政支持、党费拨返、党员自愿捐助等途径，多渠道解决“两类”组织党建工作经费问题。实行“岗位补贴+考核奖励+村（社区）集体经济创收奖励”的村组干部结构岗位补贴制度，健全完善村组干部考核奖励办法，将县财政承担不少于三分之一的基础岗位补贴和全额绩效补贴纳入年度考核，激发村组干部干事创业热情。推动“两类”组织建立党组织书记薪酬待遇保障制度，有条件的地方上级党组织要给予适当工作津贴。探索壮大村级集体经济财政补贴和信贷扶持政策，积极稳妥开展“红色股份”试点工作，完善集体经济创收奖励及分红制度，从根本上解决村级组织服务经费不足的问题。

三、组织实施

（一）明确领导责任。全县各级党组织要加强对开展“美丽江川服务先锋”行动、创建基层服务型党组织的总体规划、资源统筹、宏观指导和督促检查，健全工作网络，形成相互配合、各负其责、齐抓共管，一级抓一级，一级带一级，层层抓落实的工作格局。各党（工）委年初要制定工作计划，细化分解任务，破解工作难题。乡、村、组党组织书记是具体责任人，要认真抓好创建基层服务型党组织各项工作的落实。各行业系统党组织要帮助基层解决实际困难，推动基层服务型党组织创建工作。

（二）加强检查指导。全县各级党组织要采取随机调研、专项检查、立项督查等方式，强化跟踪问效，督促工作落实。对创建工作重视不够、推进不力、效果不好的要及时通报批评、限期整改。各行业系统党组织对本行业、本系统创建情况进行定期抽查评估。县委组织部要探索建立工作研判制度，根据工作进展情况，定期分析研究，牵头召开协调推进、现场调度会，研究解决苗头性、倾向性问题，统筹推进基层服务型党组织创建工作。

（三）规范考核评价。各级党组织要将创建基层服务型党组织作为分类定级、晋位升级工作的主要内容，分类建立各行业、各领域基层服务型党组织的量化标准，每年按照基层自评、群众测评、组织考评的步骤进行考核，加大群众对基层党组织和党员干部服务评价权重。垂直管理部门对基层单位考核评价，要坚持条块结合，既听取系统内意见，又听取所在地党组织和服务对象意见。要把服务型党组织建设纳入基层党建考核体系，建立健全绩效评估和奖惩机制。

（四）营造良好氛围。要加大宣传力度，广泛宣传开展“美丽江川服务先锋”行动、创建基层服务型党组织工作的目的和意义，积极培育先进典型，认真总结经验，广泛运用报刊、电视、互联网等媒体加强宣传报道，营造良好舆论氛围。

中共江川县委办公室
关于印发《江川县领导干部任前廉政教育制度》的通知

江办发〔2014〕45号

各乡镇党委、政府，大街街道党工委、办事处，县委和县级国家机关各部、委、办、局，各人民团体和企事业单位，中央、省、市驻江单位：

《江川县领导干部任前廉政教育制度》已经县委领导同意，现印发你们，请认真遵照执行。

中共江川县委办公室

2014年6月16日

江川县领导干部任前廉政教育制度

一、为构筑新任领导干部拒腐防变的思想道德、党纪国法防线，打牢为民、务实、清廉的思想根基、执政根基，严格领导干部准入渠道，纯洁领导干部队伍，根据上级纪委相关规定和有关党内法规，制定本制度。

二、新任领导干部在正式任用前，必须接受廉政教育。

三、廉政教育采取廉政知识测试、观看廉政教育片、廉政谈话、廉政承诺、廉政宣誓五个步骤依次进行。

（一）参加廉政知识测试。廉政知识测试在公示期间由县纪委会同县委组织部组织。测试时间由县纪委在测试前三天书面通知测试对象。测试内容包括廉政准则、领导干部选拔任用条例等党纪法规及各级党委政府有关党风廉政建设、干部廉洁自律相关规定等。测试采取闭卷方式进行，试题一般为标准化答题。试卷满分为100分，测试得分于公示期满前通知本人。测试结果低于60分者，可申请补考一次，如补考仍不及格，则建议县委对该干部暂缓提拔任用。

（二）观看廉政教育片。内容包括正面范例、反面典型、法规解读等。

（三）开展廉政谈话。谈话由县纪委书记或受县委书记委托的县委副书记组织进行，具体工作由县纪委党风室承办，县纪委办公室、干部室协办。谈话内容包括领导班子作风建设要求、领导干部廉洁从政纪律等。

（四）进行廉政承诺。廉政承诺由拟提拔干部以填写廉政承诺表的方式书面作出，七日内交县纪委党风室备案。

（五）组织廉政宣誓。根据情况临时指定一名拟提拔干部领誓，誓词内容为“我庄严宣誓：认真学习党的基本理论，忠诚实践“三个代表”，牢固树立科学发展观，严格执行党的章程，自觉遵守《廉政准则》，时刻牢记党的宗旨，绝不以权谋私，绝不贪污受贿，绝不奢侈浪费，绝不腐化堕落，做到解放思想，实事求是，执政为民，扎实工作，廉洁自律，艰苦奋斗，与时俱进，开拓创新，为江川经济又好又快发展努力奉献。”

四、本制度由县纪委负责解释。

五、本制度自下发之日起施行。

中共江川县委办公室
关于印发《江川县村民监督委员会管理考核办法》的通知

江办发〔2014〕46号

各乡镇党委、政府，大街街道党工委、办事处，县委和县级国家机关各部、委、办、局，各人民团体和企事业单位，中央、省、市驻江单位：

《江川县村民监督委员会管理考核办法》已经县委领导同意，现印发你们，请认真遵照执行。

中共江川县委办公室

2014年6月16日

江川县村民监督委员会管理考核办法

为保证村（居）民监督委员会（下称“村监会”）各项工作正常开展，进一步调动村监会人员的工作积极性、主动性和创造性，充分发挥村监会在农村民主政治建设、党风廉政建设中的监督职能作用，根据《中华人民共和国村民委员会组织法》有关规定及省、市、县委关于建立村（居）民监督委员会意见要求，制定本办法。

一、工作考核

（一）村监会工作考核由县纪委监察局委托乡镇（街道）纪委（纪工委）于每年11月25日前采取听取汇报、实地查看、民主测评、走访座谈等方式组织进行。

（二）考核内容及评分标准

1．履行职责情况（40分）

（1）对村（社区）党组织、村（居）委会及其成员和村（居）民小组组成人员贯彻执行党的路线、方针、政策的情况，履职情况、遵纪守法情况、廉洁自律情况实施监督。(总分5分。年内因工作不力出现“三委”班子成员被问责的，问责一人扣3分；发生违法违纪案件的，发生一起扣5分）

（2）对村（社区）党组织建设情况、党务工作情况、干部队伍建设、管理情况和党风廉政建设情况实施监督。（总分3分。监督不力的扣2分）

（3）对村（社区）“两委”班子贯彻执行《农村基层干部廉洁履行职责若干规定（试行）》、《村集体经济组织财务管理暂行办法》、《招标管理办法》、《四议两公开制度》、《一事一议筹资酬劳规定》、《三重一大报告制度》等制度执行情况实施监督。（总分10分。监督不力的扣5分）

（4）对村（社区）集体资金、资产、资源管理情况实施监督。（总分10分。监督不力的扣5分）

（5）对村（社区）内事关群众切身利益的公共事务、工程建设等情况实施监督。（总分2分。监督不力的扣2分）

（6）对各相关部门聘请从事其他村务管理人员的履职情况实施监督。（总分2分。监督不力的扣2分）

（7）对民生资金管理使用情况实施监督。（总分3分。监督不力的扣2分）

（8）对党务、村务、财物公开制度执行情况实施监督。（总分5分。监督不力的扣2分）

2. 行使权利情况（20分）

（1）村（居）民监督委员会主任列席村（居）民委员会会议和村（居）民代表会议等，参加村级相关重大决策等活动；其他委员视工作情况列席村（社区）“两委”会议、村（居）民代表会议或参加村级相关重大决策等活动。（总分3分。不参加一次会议或活动扣1分）

（2）行使对村（社区）党务、事务及事关群众利益事项的知情权、参与权、质询权。（总分3分。不行使的扣1分）

（3）行使对村（社区）财务和资金、资产、资源管理、使用、变更情况的审查权。（总分5分。不行使的扣1分）

（4）行使对村（社区）重大事项决策的建议权。（总分3分。不行使的扣1分）

（5）行使对村（社区）事务活动中的违规违纪、违法事项或不合理、违背半数以上村（居）民意愿的事项的否决建议权。（总分3分。不行使的扣1分）

（6）行使对违规、违纪、违法犯罪或不称职的村组干部，向村（社区）党组织、本村（居）民会议或村（居）民代表会议、上级党组织反映并提出调整和罢免的提议权。（总分3分。不行使的扣1分）

3. 履行义务情况（20分）

（1）宣传党的路线方针政策、国家法律法规、党纪政纪相关规定。（总分2分。宣传不力的扣1分）

（2）协助村（社区）“两委”自觉贯彻执行党的路线方针政策、自觉遵守国家的法律法规，宣传村（社区）“两委”的正确决定和工作布置，支持其正常工作。（总分2分。不协助支持的扣2分）

（3）健全村（居）民监督委员会工作制度，定期召开会议研究监督工作，及时纠正损害群众利益的突出问题；每年定期向村党组织、村（居）民代表会议、乡镇（街道）纪委（纪工委）汇报工作，并接受村（居）民代表评议。（总分2分。工作制度不健全、不汇报、不接受评议的，缺一项扣1分）

（4）开展调查研究，主动听取群众意见，做好群众工作，并积极向村（社区）“两委”和上级组织反映社情民意。（总分2分。工作不力的扣2分）

（5）遵纪守法，严格自律，自觉与违法犯罪行为和各种消极腐败行为作斗争。（总分2分。自律意识差，群众意见大的扣2分）

（6）积极做好畅通群众诉求五级联动、三资管理、民生资金监管平台作用的宣传工作。重点做好畅通群众诉求五级联动平台信息的采集、录入工作。（总分5分。工作开展不好的扣5分）

（7）认真完成乡镇（街道）纪委（纪工委）安排的工作。（总分5分。工作任务完成不好的扣5分）

4. 其他（20分）

（1）自身学习、工作运转、工作报告、内部奖惩、履职保障、会议记录等制度、台账资料健全。（总分10分。不健全的扣3分）

（2）乡镇（街道）纪委（纪工委）日常考核（10分）

5. 所扣分值从小项分值内分别扣减。如该小项分值不够扣减时，则从分项分值直至总分值中扣除。

二、结果运用

（1）考核结束后，评定出优秀（90分以上）、合格（80分—89分）、基本合格（60分—79分）、不合格（60分以下）四个等次。其中，优秀、合格者，给予经费奖励；基本合格者，补助一定工作经费，并由乡镇（街道）纪委（纪工委）责令整改；不合格者，不予补助经费，由乡镇（街道）纪委（纪工委）责令认真整改。

（2）连续两年工作考核不合格的村监会，由乡镇（街道）纪委（纪工委）建议乡镇（街道）党委对主任依法进行调整处理。

三、本办法由县纪委监察局负责解释。

四、本办法自下发之日起施行。

关于印发《江川县县级机关“五办”主任联席会议制度》的通知

江办发〔2014〕60号

县人大办、政府办、政协办、纪委办及各有关部门：

《江川县县级机关“五办”主任联席会议制度》已经县委同意，现印发给你们，请认真遵照执行。

中共江川县委办公室

2014年9月1日

江川县县级机关“五办”主任联席会议制度

第一条 为进一步健全民主集中制，促使县委、县人大、县政府、县政协、县纪委五套班子办公室工作更加规范化、制度化和科学化，进一步提高工作效率和服务水平，确保县委、县政府决策部署得到及时的传达贯彻和落实，特制定本制度。

第二条 县委办、县人大办、县政府办、县政协办、县纪委办（以下简称“五办”）主任联席会议成员为“五办”主任、副主任以及县委常委所在部门办公室主任，并根据需要通知其他相关人员列席会议。

第三条 “五办”主任联席会议原则上每月召开一次，如需通报重大情况或协商重要事项，可随时召开会议。“五办”主任联席会议由县委办公室主任主持或委托县委办公室副主任、其他办公室主任主持召开。

第四条 “五办”主任联席会议主要内容：

（一）传达学习中央、省、市、县委重要会议、文件精神以及县委主要领导的有关指示，并研究贯彻落实的具体措施；

（二）通报各套班子和县委常委所在部门每月工作部署和安排情况；

（三）根据县委的工作部署及主要领导的指示精神，研究确定各套班子办公室一个时期的工作重点；

（四）沟通各套班子办公室工作情况，交流工作经验，协调相关事宜；

（五）共商县委有关会议、文件、决策的督查落实；

（六）协调全县性重要文件的起草工作和重要会议、重要活动的会务安排；

（七）县委布置的其他工作和事宜。

第五条 “五办”主任联席会议成员因故不能参加会议时，应事先向县委办公室主任请假并获批准。

第六条 “五办”主任联席会议的具体会务工作，由县委办秘书股负责。主要包括：收集议题，报县委办公室主任审定；制发会议通知及会议议题；做好会议记录，以备查考。

第七条 “五办”主任联席会议成员应将会议议决事项及时向各套班子主要领导汇报，以便各套班子根据县委的工作部署安排工作。按照联席会议协调的意见和议定的事项，“五办”及相关单位应积极配合，通力协作，确保工作落到实处。

第八条 县委督查室负责对会议议决事项的贯彻落实情况进行督查，并将督查情况及时报告县委办公室主任、重要工作报告县委主要领导或县委分管领导，同时在下一次联席会议上进行通报。

江川县人民政府办公室关于印发江川县网上政务服务平台建设工作方案的通知（节选）

江政办发〔2014〕21号

各乡、镇人民政府，大街街道办事处，各有关单位：

《江川县网上政务服务平台建设工作方案》经县人民政府研究同意，现印发你们，请认真组织实施。

江川县人民政府办公室

2014年1月10日

江川县网上政务服务平台建设工作方案

按照《玉溪市人民政府办公室关于印发玉溪市网上政务服务平台建设工作方案的通知》（玉政办发〔2014〕4号）要求和中国·玉溪网的建设要求，结合我县实际，特制定本工作方案。

一、工作目标

围绕省行政审批网上服务大厅、市网上政务服务平台（以下简称网上大厅）和中国·玉溪网的建设，充分利用现代信息和技术手段，创新政府行政管理方式，推行各级各类行政审批和管理服务事项向网上大厅集中，实现行政审批和管理服务事项网上咨询、申报、预审、办理、查询、反馈和监督管理，构建横向到部门，纵向连市、县的网上政务服务平台。最终实现省、市、县和部门、办事群众之间的互联互通，转变政府职能，提高办事效率、办事透明度和公共服务水平，建设清廉、高效、务实的服务型政府。

二、工作原则

（一）先易后难，分步实施。我县各级各部门网上大厅建设是在省、市、县政府的统一部署下，按照省、市级部门和试点的目标进度同步完成建设任务。网上办理事项在实现与省、市级网上大厅风格统一、互联互通的基础上，按照先易后难的原则，逐步增加各级、各部门网上大厅的办理事项，完善办理程序，提高工作效率，最终实现部门办理事项的全程网上办理和协同服务。

（二）统筹协调，资源共享。梳理、整合各级各部门现有服务资源和信息资源，改造、升级现有信息平台和业务系统，推进信息平台共享和部门业务协同，节约资金投入，避免重复建设。

（三）需求主导，突出重点。围绕企业和公众的办事需求，以服务对象为中心，以办理事项为主线，以向企业和公众提供方便、快捷、高效、规范的“一站式”网上办事服务为重点，切实做到便民、利民、惠民。

（四）责任明晰，分级管理。按省、市级依托电子政务外网和互联网，实行统一规划、统一标准规范、统一开发部署、统一界面风格、统一进入方式的要求，县政府建设和管理网上大厅。网上办理事项经统一审核公布后，由各级各部门按照职能职责负责管理。

三、工作任务

（一）梳理网上大厅行政审批和服务管理事项。分级统一编制网上审批服务和服务管理事项业务手册、办事指南、事项编码等标准规范。梳理确定各级、各部门可在网上大厅办理的行政审批和服务管理事项（涉密事项除外），逐步细化服务指南和办理深度，并按照规范格式完成数据初始化，逐步实现服务指南统一查询，业务表格统一下载，办理事项统一申办、受理和回执，进度统一查询，结果统一反馈。

（二）统一使用网上大厅应用平台。统一使用全省网上大厅应用平台和标准版软件系统，并按照规范要求建设各级网上大厅和部门窗口，实现行政审批和服务管理事项及时受理、审批、办理和结果反馈。

（三）实现系统对接和数据交换。编制共享交换信息数据标准及应用交换管理标准，建设行政审批云平台，整合各类信息资源和服务资源，实现各级各部门审批系统与行政审批网上大厅、电子监察系统的数据交换和信息共享，做到双向链接畅通。

（四）建设网上大厅核心栏目。围绕功能设计要求，各级各部门网上大厅要建设政务公开、行政审批、投资服务、监督投诉等核心栏目。其中，政务公开栏目，主要依托全省政府信息公开系统，进一步完善政务公开信息内容；行政审批栏目，主要依托现有行政审批系统和各级各部门网上业务审批系统，提供除投资项目审批之外的审批服务事项网上办理服务；投资服务栏目，主要依托投资项目审批系统，提供投资项目审批事项网上办理服务；监督投诉栏目，依托各级政务（投资项目审批）服务中心，强化对审批服务工作的效能监察，受理公众的建议和投诉。进一步完善栏目建设和服务内容，逐步为公众提供个人网页服务。

四、实施步骤

根据省、市行政审批网上服务大厅建设的目标定位、要求和安排，结合县人民政府的工作部署，原则上与省市同步建成网上大厅。

（一）宣传动员阶段（2014年1月7日—13日）

2014年1月10日前，完成网上大厅建设的宣传动员工作。制定印发《江川县网上政务服务平台建设工作方案》。

（二）网上大厅办理事项梳理阶段（2014年1月13日—20日）

2014年1月13日前，完成县各部门网上大厅办理事项的梳理和填报工作。1月20日前，完成县各部门网上大厅办理事项的报审和县网上大厅办理事项的梳理填报和备案工作。同步开展网上大厅应用平台和开展行政审批事项管理系统培训工作。

（三）网上大厅办理事项信息录入阶段（2014年1月20日—31日）

完成网上大厅办理事项的审核、备案和对外发布工作。使用云南省行政审批事项管理系统完成各单位、各部门网上大厅办理事项的信息录入工作。同步开展行政审批和管理服务事项的流程再造。

（四）网上大厅功能完善阶段（2014年2月1日—28日）

结合中国·玉溪网的建设，对网上大厅功能和栏目建设进行科学设计。完成网上大厅应用平台搭建和与中国·玉溪网的链接工作。

（五）网上大厅试运行阶段（2014年3月31日前）

使用全省统一的网上大厅标准版软件系统与省市同步建成网上大厅并上线试运行。网上大厅能够提供服务指南、表格下载和受理服务。

（六）网上大厅提升阶段（2015年12月31日前）

2014年12月31日前，正式形成横向到部门、纵向连接省、市、县三级互联互通的网上审批服务平台。2015年12月31日前，各级政府部门办理事项可在网上大厅全部实现统一受理并反馈办理结果；全县60%以上的审批服务事项，可实现全流程网上办理和跟踪、查询办理进度以及全过程监督。

五、组织领导

为确保网上政务服务平台建设工作顺利推进，县政府决定成立网上政务服务领导小组，领导小组组成人员名单如下：

组　长：李启红　县人民政府副县长

副组长：杨志伟　县人民政府办公室副主任、督查室主任

杨兴景　县政府法制办主任

领导小组下设办公室在县政务服务管理局，负责推进日常工作。办公室主任由县政务服务管理局局长张存美兼任，副主任由县委编办副主任张荣华、县信息中心主任张江明兼任。

县编办牵头负责梳理网上大厅办理事项和编制规范事项内容，联络员：赵东华（8019165）；县工信局牵头负责网上大厅信息化平台建设和维护管理，联络员：张亚明（8015544）；县政务服务管理局牵头负责网上大厅核心栏目建设和日常管理，联络员：李华艳（8016519）；县属各部门负责本部门网上办理事项的

管理服务，并严格按照工作任务分解和完成时限要求开展工作。各乡镇（街道），各机关部门要成立相应的组织领导机构，切实推进工作落实。

六、工作要求

网上政务服务建设涉及部门多、任务重、时间紧，各级各部门要高度重视，统一思想、加强领导、增强协调、狠抓落实，确保各项工作按期、高效、优质完成。

（一）明确时限。要结合我县实际，研究制定本县网上大厅建设实施方案，明确目标任务，原则上与省级同步于2014年6月30日前建成本级政府网上大厅投入运行。

（二）经费保障。在充分整合各级各部门现有电子政务资源的基础上，县财政主要负责县级网上大厅、运行环境、信息化平台建设的运维管理等经费，将网上大厅建设和运维管理经费纳入本级财政预算，安排专项资金给予支持保障。

（三）强化监督检查。县监察局、县政府督查室要加大对网上大厅建设适时跟踪问效力度，并将工作任务完成情况纳入年度综合目标考核。

（四）加强培训和宣传力度。要加强网上大厅建设和行政审批信息平台运行维护等有关业务知识培训，不断提高网上服务业务水平。加大宣传工作力度，提高企业和公众对网上大厅及办理事项的认知度，引导企业和个人了解网上办事流程，提高网上办事工作效率和服务水平。

附件：江川县网上服务大厅建设任务分解表（略）

江川县人民政府办公室关于认真做好行政调解工作的通知（节选）

江政办发〔2014〕67号

各乡、镇人民政府，大街街道办事处，县属各有关单位：

为进一步规范行政调解行为，有效化解社会矛盾，根据《云南省行政调解规定（试行）》（云政办发〔2013〕137号，以下简称《规定》）、《玉溪市行政调解工作规则（试行）》（玉政办发〔2012〕178号，以下简称《规则》）和《玉溪市人民政府办公室关于认真贯彻落实云南省行政调解规定（试行）做好行政调解工作的通知》（玉政办发〔2014〕118号）精神，现就做好我县行政调解工作有关事项通知如下：

一、充分认识行政调解工作的重要性

党的十八届三中全会提出，要创新有效预防和化解社会矛盾体制，完善人民调解、行政调解、司法调解联动工作体系，建立调处化解矛盾纠纷的综合解决机制。行政机关作为行政调解工作的责任主体，开展行政调解是关注民生、体察民情、化解民怨，妥善协调处理各方面利益关系，深入贯彻落实党的群众路线教育实践活动的具体体现。要充分运用行政法律手段及时化解当事人之间矛盾和纠纷，把矛盾化解在基层，解决在萌芽状态。

二、明确行政调解职责

（一）政府法制部门主要职责

1．协调、指导和监督本行政区域内的行政调解工作；

2．制定完善行政调解配套制度；

3．负责行政调解宣传培训、情况汇总、建立台账、监督检查及考核等工作；

4．协调处理行政调解与司法调解、人民调解、仲裁调解的衔接关系；

5．对法律关系复杂、重大疑难的纠纷及带有普遍性的问题，会同有关部门进行研究，提出具体解决方案和建议；

6．加强行政调解人员的培训；

7．总结、交流、推广和宣传行政调解工作先进经验，培育行政调解工作先进典型。

（二）相关部门、法律法规授权组织和乡（镇）人民政府（街道办事处）的主要职责

1．统一领导本辖区、本部门的行政调解工作；制定完善本辖区、本部门的行政调解配套制度；

2．负责行政调解的宣传培训、梳理依据、情况汇总、建立台账、监督检查及考核等工作；

3．确定具体承办行政调解工作机构，具体承办行政调解工作，将行政调解工作落实到岗到人，包括行政调解的受理、调处、回访、登记、汇总、建立台账、立卷归档等工作；

4．对法律关系复杂、重大疑难的纠纷及带有普遍性的问题进行分析研究，指导本地区、本系统行政调解工作。

三、认真梳理行政调解依据并向社会公开

行政调解依据包括两种情形，一是行政机关应当主动调解的情形；二是行政机关依当事人申请调解的情形。各部门（含法律法规授权组织）要主动与市级相关部门对接，对两种情形所依据的法律、法规、规章和规范性文件进行梳理，通过梳理列明本部门行政调解的事项清单（详见附件3）。各乡镇（街道）、各相关部门行政调解事项清单于7月21日前上报至县法制办公室审查和备案，并于7月31日前通过政府信息公开网、报纸、宣传栏等形式向社会公开。

四、认真抓好学习培训工作

各乡镇（街道）、各相关部门要把学习贯彻省市行政调解工作的相关规定纳入本级政府、本部门培训学习计划和干部法制教育培训内容，认真组织学习，全面掌握行政调解工作的规定、程序和要求。

（一）培训目标。乡镇（街道）和部门分管领导及全体调解人员普遍熟悉掌握《规定》、《规则》，在行政调解工作中自觉贯彻执行《规定》、《规则》，规范行政调解行为，提高行政调解工作质量。

（二）培训内容。《规定》、《规则》及相关配套文件。

（三）培训主体。各乡镇（街道）、各部门负责对本辖区、本部门行政调解人员的培训。

各乡镇（街道）、各相关部门要制定宣传方案，充分发挥各种宣传舆论工具作用，采取设置宣传栏、张贴宣传画、发放宣传材料、知识竞赛等形式，广泛宣传，让社会公众了解《规定》、《规则》，提高行政调解的社会认知度，引导人民群众利用行政调解方式解决与行政管理职能相关的矛盾纠纷。

五、认真做好汇总报告工作

（一）报送每月行政调解工作情况

1．各乡镇（街道）、各相关部门负责统计本辖区、本部门行政调解工作情况，于每月28日前将本月行政调解工作情况汇总后填写《玉溪市行政调解工作情况统计表》（详见附件1）通过电子政务公文交换系统报送县政府法制办公室。

2．各乡镇（街道）、各相关部门要于每季度完结次月5日前将上季度行政调解工作情况报县政府法制办公室。

（二）报送每年行政调解工作情况

行政调解案件形成的材料应当建立台账，按年度归档。各级各部门按照要求填写报送《行政调解情况汇总表》（详情见附件2）。

各乡镇（街道）、各相关部门负责将本年度行政调解情况汇总后于次年1月10日前报县政府及县政府法制办公室。

六、相关要求

（一）加强领导，保障有力。各乡镇（街道）、各相关部门要统一思想，提高认识，高度重视行政调解工作，进一步健全和调整完善“一把手”负总责、分管领导具体抓、法制机构牵头、相关业务科室为主要调解力量的工作机制。要设置开展行政调解工作的必要场所，配备必要设备等，为行政调解工作的顺利开展创造必要条件，保障行政调解工作正常开展。

（二）完善机制，加强衔接。各乡镇（街道）、各相关部门要认真落实《云南省高级人民法院云南省人民政府法制办公室关于对行政调解协议进行司法确认的通知》（云高法〔2014〕11号）要求，积极配合做好人民法院委托调解或者需要行政、司法机关共同调解的有关工作。

（三）落实责任，强化监督。各乡镇（街道）、各相关部门要严格按照梳理列明的行政调解事项清单，落实调解责任单位及其人员，及时妥善调处纠纷。行政调解工作将纳入县委、县政府综合目标考评的范围，对未按规定调解矛盾纠纷，影响社会稳定的，将在年度综合目标考评中予以扣分；对不履行调解职责，化解社会矛盾纠纷不及时，造成严重后果的，要予以问责。

（四）贯彻落实情况的报送。各乡镇（街道）、各相关部门要将贯彻落实及工作开展情况（包括组织开展工作情况、学习培训情况、梳理和公开行政调解依据情况等）于今年7月25日前报县政府法制办公室。

附件：1. 玉溪市行政调解工作情况统计表（略）
2. 行政调解情况汇总表（略）
3. 行政调解事项清单（略）
4. 云南省人民政府办公厅关于印发云南省行政调解规定（试行）的通知（略）
5. 云南省高级人民法院云南省人民政府法制办公室关于对行政调解协议进行司法确认的通知（略）

江川县人民政府办公室

2014年7月11日

对符合条件的安置住房，国土资源部门和住建部门应及时办结土地登记和房屋登记手续。

（八）明确责任分工。县住建局负责牵头制定棚户区项目改造规划、加强棚户区改造工作的指导协调，及时下达棚户区改造年度计划，同时做好房屋产权登记服务工作；大街街道办事处、前卫镇人民政府负责组织实施棚户区改造具体工作；发改局负责会同有关部门编报申请上级补助资金的建设投资计划，及时下达棚户区改造计划；财政局负责会同有关部门认真落实棚户区改造的税收支持政策，筹措落实并及时下达棚户区改造补助资金；国土资源局负责棚户区改造工程建设用地保障工作，及时办理土地报批和土地使用登记权手续；县政府督查室要加大督查督办力度，推动各项工作落到实处；各级各部门要提高办事效率，确保棚户区改造工作有序推进。

（九）加强舆论宣传引导。坚持正确的舆论导向，始终把棚户区居民的利益放在首位，采取形式多样的宣传方式，大力宣传棚户区改造的意义、优惠政策和实施办法，使棚户区改造工作家喻户晓，取得广大群众的理解和支持，切实维护社会稳定，为棚户区改造工作创造良好的工作氛围和舆论氛围。

附件：江川县城市棚户区改造规划任务及年度计划表

江川县人民政府办公室

2014年8月15日

附件

江川县城市棚户区改造规划任务及年度计划表

单位	社区、村（居）委会	需改造规划总户数	2014年实施计划	2015年实施计划	2016年实施计划	2017年实施计划
前卫镇人民政府	赵官村委会	90		30	30	30
	小街村委会	95		34	26	35
	小计	185		64	56	65
大街街道办事处	上营社区	170	170	0	0	0
	下营社区	187		187	0	0
	三街居社区	348		116	116	116
	早街社区	359		122	124	113
	河咀社区	263		79	83	101
	朱家庄社区	126		47	19	60
	伏家营社区	159		37	33	89
	大营社区	326		85	109	132
	小计	1938	170	673	484	611
合　计		2123	170	737	540	676

江川县人民政府办公室
关于印发江川县地震应急预案的通知

江政办发〔2014〕90号

各乡、镇人民政府，大街街道办事处，县属各局、办，各事业单位：

《江川县地震应急预案》经县人民政府同意，现印发给你们，请认真遵照执行。

江川县人民政府办公室

2014年9月25日

江川县地震应急预案

一、总则

1.1 编制目的

依法科学统一、有力有序有效地实施地震应急，最大程度减少人员伤亡和经济损失，维护社会正常秩序。

1.2 编制依据

《中华人民共和国突发事件应对法》、《中华人民共和国防震减灾法》、《云南省防震减灾条例》等法律法规和《云南省地震应急预案》、《玉溪市地震应急预案》、《江川县政府突发公共事件应急预案》。

1.3 适用范围

本预案适用于我县行政区域内发生地震灾害及周边地区对我县产生影响的地震灾害的应对处置工作。

1.4 工作原则

抗震救灾工作坚持“统一领导、军地联动、预防优先、分级负责、属地为主，资源共享、快速反应”的工作原则。

二、组织体系

2.1 江川县抗震救灾指挥部

县人民政府设立县抗震救灾指挥部，负责统一领导、指挥和协调全县地震应急处置工作。

2.2 县抗震救灾指挥部组成

指挥长：县人民政府县长

常务副指挥长：县人民政府常务副县长

副指挥长：县人民政府各副县长、县人武部部长。

成员：县政府办、县委宣传部、县政府外事侨务办、发改局、监察局、工信局、公安局、防震减灾局、财政局、审计局、统计局、住建局、民政局、教育局、国土局、环保局、交通局、农业局、水利局、卫生局、文旅广体局、食药监局、司法局、民宗局、粮食局、供销社、气象局、团县委、红十字会、武警中队、公安消防大队、江川供电有限公司、电信江川分公司、移动江川分公司、联通江川分公司、人保财险江川分公司、人寿保险江川支公司等单位主要负责人。

县抗震救灾指挥部下设防震应急办公室（防震减灾工作联席会议办公室）、抗震救灾办公室和抗震防震（恢复重建）办公室，分设在县防震减灾局、县民政局、县住建局。

根据应急工作需要，可增加有关部门负责同志参加，并对组织机构和职能职责进行调整。

三、响应机制

3.1 地震灾害事件分类

地震灾害分为特别重大、重大、较大、一般4个等级。

（1）特别重大地震灾害。指造成辖区内300人以上死亡（含失踪），或者直接经济损失占云南省上年国内生产总值1%以上的地震灾害。

初判指标：发生7.0级以上地震，或者人口稠密地区、特殊地区发生6.0级以上地震，初判为特别重大地震灾害事件。

（2）重大地震灾害。指造成辖区内50人以上300人以下死亡（含失踪），或者造成严重经济损失的地震灾害。

初判指标：发生6.0级以上7.0级以下地震，或者人口稠密地区、特殊地区发生5.0级以上6.0级以下地震，初判为重大地震灾害事件。

（3）较大地震灾害。指造成辖区内10人以上50人以下死亡（含失踪），或者造成较重经济损失的地震灾害。

初判指标：发生5.0级以上6.0级以下地震，或者人口稠密地区、特殊地区发生4.0级以上5.0级以下地震，初判为较大地震灾害事件。

（4）一般地震灾害。指造成辖区内10人以下死亡（含失踪），或者造成一定经济损失的地震灾害。

初判指标：发生4.0级以上5.0级以下地震，初判为一般地震灾害事件。

表1　地震灾害事件分级标准和初判指标一览表

地震灾害等级	分级标准		初判指标	
	人员死亡	经济损失占年生产总值比例	震级	人口稠密地区特殊地区
特别重大地震	300人以上	1%以上	7.0级以上	6.0级以上
重大地震	50—299人	—	6.0—6.9级	5.0—5.9级
较大地震	10—49人	—	5.0—5.9级	4.0—4.9级
一般地震	10人以下	—	4.0—4.9级	—

3.2 应急响应与分级管理

县内发生特别重大、重大地震灾害事件时，分别启动地震应急Ⅰ级、Ⅱ级响应，在国务院、省、市抗震救灾指挥部统一领导、部署和协调下，县抗震救灾指挥部积极组织实施抗震应急救灾工作；发生较大地震灾害事件时，启动地震应急Ⅲ级响应，在市抗震救灾指挥部的统一领导、指挥和协调下,县抗震救灾指挥部负责组织实施应急处置工作；发生一般地震灾害事件时，启动地震应急Ⅳ级响应，由县抗震救灾指挥部负责统一领导、指挥和实施应急处置工作。

表2　应急响应与分级管理一览表

地震灾害事件	响应级别	应急处置机构
特别重大地震灾害	Ⅰ级	国务院、省、市、县抗震救灾指挥部
重大地震灾害	Ⅱ级	
较大地震灾害	Ⅲ级	市、县抗震救灾指挥部
一般地震灾害	Ⅳ级	县、乡镇（街道）抗震救灾指挥部

地震应急响应启动后，县抗震救灾指挥部可视灾情及其发展情况对响应级别进行相应调整，避免响应不足或响应过度。

3.3 应急指挥场地设置

启动Ⅰ级、Ⅱ级响应时，县抗震救灾指挥部应在县城怡心园广场设置临时应急指挥中心。启动Ⅲ级、

Ⅳ级响应时，县抗震救灾指挥部应急指挥中心设置在县政府。Ⅲ级响应情况下，地震事件震中位于大街街道办事处辖区内时，抗震救灾指挥部临时应急指挥中心应调整设置于县城怡心园广场。县属各相关部门应采取措施，保障应急指挥中心的正常运转。

四、监测报告

4.1 地震监测预报

县防震减灾局负责收集和管理全县各类地震观测数据；负责根据中国地震局和云南省划定的地震重点监视防御区，组织实施全县年度地震监测预报、震情跟踪和群测群防工作；负责及时对地震预测意见和可能与地震有关的异常现象进行综合分析研判并向县政府报告。

4.2 震情速报

县内发生3.0级以上或周边县（区）发生4.0级以上地震后，县防震减灾局应迅速向县人民政府报告地震发生的时间、地点、震级、震源深度等参数，同时通报县抗震救灾指挥部成员单位，并及时向社会公布。

五、应急响应

5.1 特别重大、重大地震灾害应急处置

在国务院、省、市抗震救灾指挥部的统一领导、指挥和协调下，县抗震救灾指挥部积极组织实施应急处置工作，最大限度救援生命。

5.1.1应急启动

（1）地震发生后，县防震减灾局立即向县人民政府和市防震减灾局报告震情，并按照本预案有关规定提出启动应急响应级别的建议，同时，将震情信息通报县抗震救灾指挥部成员单位和有关部门。

（2）县人民政府根据县防震减灾局提出的应急响应建议，决定启动相应的应急响应，并立即向市政府报告震情信息、应急响应和灾情初步情况。

（3）按照市抗震救灾指挥部的决策部署，县人民政府立即召开抗震救灾指挥部紧急会议，快速安排部署抗震救灾工作。

（4）县人民政府领导率抗震救灾指挥部有关成员单位立即赶赴灾区，迅速组织开展抗震救灾工作。指挥部各工作组、成员单位按照职责分工，立即启动部门预案，开展应急救援工作。并根据县抗震救灾指挥部的应急要求，适时调整工作部署。全县各乡镇（街道）应立即启动《预案》，在县抗震救灾指挥部的统筹指挥下，积极组织开展应急救援行动。

5.1.2主要任务

按照《云南省地震应急预案》和《玉溪市地震应急预案》关于特别重大、重大地震灾害应急处置的规定，县抗震救灾指挥部各成员单位和工作组认真执行省、市抗震救灾指挥部的决策部署，按照各自职责，积极协助配合省、市工作组开展应急处置工作。

（1）县政府办、民政局、防震减灾局要迅速了解灾情，立即收集汇总震情、灾情，并及时更新报送省、市抗震救灾指挥部。

（2）县人武部负责与驻江部队、消防大队、武警中队、预备役部队和前来我县灾区进行支援的军事力量之间的救援协调工作。

（3）调派县应急救援大队、省应急救援大队六分队二中队和各类专业抢险救援队伍赶赴灾区开展人员搜救，及时抢救被埋压幸存者和被困群众。紧急组织发动灾区干部群众迅速开展自救互救。

（4）县卫生局、工信局、食药监局等组织协调医疗卫生队伍开展伤病员医疗救治、卫生防疫、饮食卫生安全以及药品器械保障等工作。

（5）县国土局负责协调安排较为平整的土地建设临时地震应急避难场所，待灾区恢复重建后及时恢复土地原貌。

（6）县民政局组织制定、实施受灾群众的安置与救助方案。开放应急避难场所，及时转移和安置受灾群众，紧急调运救灾帐篷、生活必需品等救灾物资和装备，保障受灾群众的基本生活需要。县教育局、住建局、卫生局、工信局、粮食局、供销社、红十字会等部门按照各自职责做好救灾物资接收管理、人员安置、物资供应和建筑物评估、鉴定等工作。

（7）县工信局组织协调电信、移动、联通等通信运营企业积极抢修受损通信设施、设备，尽快恢复与做好应急通信保障工作；县文旅广体局负责抢修广播电视等基础设施。

（8）县公安局、交通局等部门做好道路抢通、保通和交通、车辆管制等工作，保障灾区交通畅通。需对通往灾区的道路进行交通管制的，应立即报市直有关部门协调实施。

（9）县发改局、江川供电有限公司积极组织力量做好受损电力设施抢修和供电保障工作。启用应急供电，优先保障县、乡镇（街道）抗震救灾指挥部和灾民集中安置点的应急用电需求。

（10）县住建局组织力量做好灾区城镇供排水、

燃气等重要基础设施的抢险抢修工作。

（11）县防震减灾局、国土局、环保局、安监局、公安消防大队、水利局、气象局等部门负责做好火灾、水灾、泥石流、危化品泄漏等地震次生（衍生）灾害的监测、预警、防范和排危除险工作。

（12）县公安局、司法局、武警中队等部门负责灾区社会治安管理和安全保卫工作。加强重要目标警戒，做好涉灾矛盾纠纷调处化解和法律服务工作，预防和打击各种违法犯罪，维护社会稳定。

（13）团县委、县民政局、红十字会加强志愿服务管理，做好社会动员工作。

（14）涉外事务，县委宣传部、县政府外事侨务办、公安局、文旅广体局等部门做好国（境）外人员的妥善安置和有关协调工作。

（15）县委宣传部、县政府办、公安局、防震减灾局、民政局等部门做好抗震救灾新闻宣传工作，严格审核地震信息发布，正确引导社会舆论，加强科学避震、自救互救和地震科普宣传。

（16）县防震减灾局、民政局、国土局、住建局等部门协助配合省地震灾害损失评估工作组开展灾害损失评估。

（17）县监察局、民政局、财政局、审计局等部门负责对救灾物资、资金使用情况的督查监察。

（18）县政府办、财政局等部门负责做好后勤保障工作。

（19）应急结束。当生命搜救工作已经完成、抢险救灾工作基本结束、紧急转移和安置工作基本完成、地震次生灾害的后果基本消除，以及交通、电力、通信和供水等基本抢修抢通、灾区社会秩序基本恢复后，按照省、市抗震救灾指挥部统一部署和要求，应急响应终止。

（20）县发改局、财政局、住建局、工信局、农业局、国土局、人保财险公司、人寿保险公司等部门按照职责分工帮助灾区恢复生产。

5.1.3乡镇（街道）人民政府（办事处）应急处置：

（1）启动地震应急预案，立即组织恢复基层党组织，紧急部署应急救援和抗震救灾各项工作，迅速全面调查受灾情况，采用各种方式以滚动形式及时上报，情况紧急时可越级上报。

（2）组织发动人民群众积极开展自救互救，迅速救助受伤、受困人员；组织伤员救治转移；加强食品药品等生活必需品的统一管理。

（3）做好遇难人员的善后工作，积极开展卫生防疫。

（4）设置临时应急避难场所，启用储备物资，组织发放好救灾物资，及时转移和安置受灾群众；妥善安排受灾群众基本生活，确保饮水安全。

（5）安排专人做好进驻辖区紧急救援力量的协调保障服务工作。

（6）安排向导协助应急救援队伍对受灾的边远山区和孤岛区开展救援。

（7）依法维护社会治安，开展对重要目标的警戒保护。

（8）加强震后应急和抗震救灾宣传，严防地震谣言发生，严厉打击震后破坏社会稳定的各种违法行为，维护社会稳定。

（9）其他重要事项。

5.2 较大地震灾害应急处置

在市抗震救灾指挥部统一领导、指挥和协调下，县抗震救灾指挥部积极认真做好全县地震应急处置工作。

5.2.1应急启动

（1）地震发生后，县政府立即向市政府报告震情信息和灾情初步情况，当市政府启动Ⅲ级响应后，县政府立即启动相应应急响应，并在市政府抗震救灾指挥部的指挥、部署和协调下开展各项应急工作。

（2）立即召开抗震救灾指挥部会议，按照市抗震救灾指挥部的部署和要求，安排全县抗震救灾工作，并安排县人民政府有关领导率领抗震救灾指挥部有关单位成员立即赶赴灾区协调配合指挥抗震救灾工作。

（3）县抗震救灾指挥部各成员单位和各工作组按照各自应急预案规定和职责分工，启动应急响应，严格按照市县抗震救灾指挥部的要求和部署，开展应急处置工作，并及时向市县抗震救灾指挥部报告应急处置情况。

5.2.2主要任务

（1）信息收集、汇总与报送。县政府办、民政局、防震减灾局迅速收集灾区受灾情况，报市抗震救灾指挥部，并提出对策建议。

县统计局迅速统计灾区人口、经济、交通等基础数据，其他各成员单位及时收集、汇总本行业灾情信息，查明救灾需求，并及时上报县委办、县政府办。

（2）救援协调。县人武部负责驻江部队和其他军

事力量的协调工作，并指挥民兵、预备役部队参加抗震救灾。县属有关部门和单位按照本预案规定的职责和分工，分别负责所承担地震应急处置任务的协调工作。

（3）紧急救援。在市抗震救灾指挥部的统一安排指挥下，县应急救援大队、省应急救援大队六分队二中队、县住建局、工信局、交通局、安监局等部门组织各类专业抢险救援队伍，严格按照市、县指挥部的命令，赶往重灾区开展人员搜救；指导和督促灾区政府发动基层干部群众开展自救互救；组织转移群众和物资运送工作，清理灾区现场，参加急难险重的抗震救灾工作；组织、协调、落实救援装备。

（4）医疗卫生。县卫生局迅速组织协调医疗卫生队伍，赴灾区开展伤病员和受灾群众的紧急医疗救治、卫生防疫、卫生监督、心理援助等工作；接待、协调县外医疗卫生救援队伍开展医疗卫生工作；协调组织实施跨地区转移救治伤员。工信局、食药监局、卫生局等部门要迅速筹集和运送灾区急需药品器械。

（5）人员安置。县民政局提出实施受灾群众的安置与救助方案，报市、县抗震救灾指挥部，并按市、县抗震救灾指挥部明确的救助方案要求具体组织实施。在市民政局的指导下，会同有关部门迅速调配发放帐篷、衣被、食品等救灾物资；做好灾区群众的转移和安置工作，妥善解决遇难人员善后事宜。呼吁社会团体、公众提供援助、接收和安排救灾捐赠资金和物资。

县国土局协调安排较为平整的土地建临时地震应急避难场所（灾区恢复重建后及时恢复土地原貌）。

县教育局立即组织转移和安置遭受破坏学校的学生，适时组织学校复课或设立临时教室，维持正常教学秩序。

县工信局、粮食局、供销社等部门紧急调配粮食、食品、饮用水、成品油等救灾物资，保障灾区群众生活必需品的供应。

县卫生局、食药监局等部门加大对水质监测和食品监测的力度，保障灾区饮食饮水安全。

县住建局、卫生局、教育局等部门在市级部门的指导下，迅速组织力量对灾区医院、学校等公共建筑和民用住房开展评估、鉴定，对建筑安全情况进行分类，并设置明显标识。

县红十字会按照有关程序申请上级红十字会组织的救灾援助。

（6）应急通信。县工信局组织协调电信、移动、联通等通信运营企业，迅速修复被毁损的通信设施，启用应急通信系统，架设临时专用线路，优先保障抗震救灾指挥通信畅通。

（7）交通运输。县公安局、交通局迅速查明交通中断情况，修复被毁损的公路、桥梁等设施，对前往或途经灾区的车辆实施管制措施，保证救灾车辆通行。协调组织应急救援运力、大型设备，确保应急救援的运输和道路保通需求。

（8）电力保障。县发改局、江川供电有限公司迅速组织调集抢修队伍，修复被毁损的电力设施和调度系统，优先抢修恢复县城和各乡镇（街道）所在地供电；启用应急发电设备，确保应急救援用电需求。

（9）基础设施。县住建局组织力量对灾区城镇供排水、燃气等重要基础设施进行抢险抢修，对水质浑浊的灾区，尽快安装净水系统，尽快恢复“生命线”设施和基础设施功能。

（10）灾害监测。县防震减灾局在省、市防震减灾局的指导下，布设流动监测台网，加强震情监视，及时通报余震信息；加密震情会商，及时提供震情趋势判定意见和强余震防范建议。

县国土局组织加强对地质灾害的排查、监测和预警工作，对险情采取紧急处置措施。

县环保局负责对灾区空气、水质、土壤等污染状况进行监测，协助灾区政府采取污染防控措施。

县公安局、环保局、住建局、安监局、公安消防大队等部门加强对可能造成次生灾害的危险化学品设施、放射性物质、油气管线、易燃易爆和有毒有害物质的检查、监测，防控和处置可能引发的爆炸、有毒有害和放射性物质泄漏事件，及时扑灭火灾。

县水利局、工信局、安监局等部门严密监视和预防水库垮坝、矿山塌陷等地震次生灾害的发生，发现被毁损的水利堤坝和工矿设施，立即采取抢修排险紧急处置措施。

县气象局强化气象实时监测，为地震现场应急处置工作提供气象服务。

（11）治安维护。县公安局、武警中队负责灾区社会治安管理和安全保卫工作，加强对党政机关等要害部门和金融单位、受灾群众安置点、储备仓库、救灾物资集散点、看守所等重点目标的警戒和暴力恐怖事件的防范工作。预防和打击各种违法犯罪活动，维护社会稳定。

（12）社会动员。团县委、红十字会加强志愿服务管理；及时开通志愿服务联系电话，统一接收志愿者组织报名，做好志愿者派遣和有关服务工作；根据灾区需求、交通运输等情况，向社会公布志愿服务需求指南，引导志愿者安全有序参与。

县民政局、红十字会视情况开展为灾区捐款捐物活动，加强救灾捐赠的组织发动和款物接收、统计、分配、使用、公示反馈等工作。

（13）涉外事务。县政府外事侨务办、县外宣办、公安局、文旅广体局、工信局等部门在上级部门的支持指导下，做好江川境内国外、境外人员的救护、安置、善后和有关协调工作。

（14）新闻宣传。县委宣传部、县政府办、防震减灾局、民政局、公安局等部门适时召开新闻发布会，向社会公布震情、灾情以及地震应急救援的动态信息，及时掌握社会舆情，平息地震谣传、误传事件。

（15）损失评估。县防震减灾局、民政局、国土局、住建局等部门及灾区各级政府积极协助配合省地震灾害损失评估工作组，深入调查灾区范围、受灾人口、成灾人口、人员伤亡数量、建构筑物和基础设施破坏程度、环境影响程度等，开展灾害损失评估工作。

（16）督查监察。县监察局、民政局、财政局、审计局和县委督查室、县政府督查室适时组织开展对救灾物资、资金使用情况的检查，督促检查灾区政府、各行政机关、成员单位及其工作人员执行国家政策、法律法规及县人民政府部署的工作目标任务的落实情况。

（17）应急结束。当生命搜救、抢险救灾、转移安置工作基本完成，地震次生灾害后果基本消除，以及交通、电力、通信和供水等基本抢修抢通，灾区社会秩序基本恢复后，按市抗震救灾指挥部的统一部署，应急响应终止。应急工作结束后，县抗震救灾指挥部各成员单位和工作组对应急处置工作进行评估，查找不足、总结经验、完善预案。

（18）恢复生产。县发改局、财政局、住建局、工信局、农业局、国土局、水利局、人保财险江川公司、人寿保险江川公司等部门按照职责分工组织对灾区工矿、商贸、农业、水利等工程建筑损毁情况进行调查、核实，落实扶持资金和物资，发放财产保险理赔资金，帮助灾区恢复生产。

5.2.3乡镇（街道）人民政府（办事处）应急处置

（1）核实地震基本情况，及时准确统计灾情信息，将信息迅速上报县抗震救灾指挥部。

（2）协助组织开展好灾区伤病员的转移、救助和安置工作。

（3）做好救灾物资的管理和发放工作，保障受灾群众的基本生活需要。

（4）协助做好地震灾害损失评估工作。

（5）做好涉灾矛盾纠纷化解和法律服务工作，维护社会稳定。

（6）在县抗震救灾指挥部的领导下统一组织开展本辖区各项地震应急救援工作。

5.3一般地震灾害应急处置

县抗震救灾指挥部统一领导、指挥和协调地震应急处置工作。

5.3.1应急启动

（1）地震发生后，县防震减灾局依据震情、灾情，向县人民政府建议启动地震应急Ⅳ级响应。

（2）县人民政府决定启动Ⅳ级响应后，立即向市政府报告震情信息、启动应急响应和灾情初步情况。

（3）县人民政府立即召开抗震救灾指挥部紧急会议，安排部署地震应急处置工作。

（4）县人民政府领导率抗震救灾指挥部有关成员单位立即赶赴灾区指挥抗震救灾工作。根据地震应急实际需要，在重灾区设立抗震救灾前方指挥部，统一领导重灾区现场地震应急救援工作。

（5）县抗震救灾指挥部成员单位和各工作组按照各自应急预案规定和职责分工，启动应急响应，开展应急处置工作。根据救灾需要，适时调整工作部署。并及时向县抗震救灾指挥部报告应急处置情况。

（6）乡镇（街道）抗震救灾指挥部按照县抗震救灾指挥部的决策部署，组织实施地震应急处置工作。

5.3.2主要处置措施

（1）信息收集、汇总与报送。县政府办、民政局、防震减灾局迅速收集汇总震情、灾情，并提出应急处置对策建议。

县统计局迅速统计灾区人口、经济、交通等基础数据；县属有关部门及时收集、汇总本行业灾情信息，查明救灾需求，并及时上报县委办、县政府办，县政府及时向市政府汇报具体情况。

（2）紧急救援。县应急救援大队、省应急救援大队六分队二中队、预备役部队、县民政局、住建局、

工信局、交通局、安监局、卫生局、防震减灾局等部门组织各类抢险救援队，按照抗震救灾指挥部的命令，抢救被压埋人员，搜救被困群众和受伤人员；指导和督促灾区政府发动基层干部群众开展自救互救；组织转移群众和物资运送工作；清理灾区现场；组织调用救援装备，开展排危除险工作。县政府视灾情紧急请求市政府支援灾区抗震救灾工作。

（3）医疗卫生。县卫生局迅速组织协调医疗卫生队伍，赴灾区开展伤病员和受灾群众医疗救治、卫生防疫、卫生监督以及心理援助等工作；协调县外医疗卫生救援队伍开展医疗卫生工作。县工信局、食药监局等有关部门保障灾区急需药品器械的供应。

（4）人员安置。县民政局组织制定、实施受灾群众的安置与救助方案，会同有关部门迅速调配帐篷、衣被、食品等救灾物品，转移和安置受灾群众，妥善解决遇难人员善后事宜。接收和安排救灾捐赠资金和物资。

县教育局立即组织转移和安置遭受破坏学校的学生，适时组织学校复课或设立临时教室，维持正常教学秩序。

县工信局、粮食局、供销社等部门紧急调配粮食、食品、饮用水、成品油等救灾物资，保障灾区群众生活必需品的供应。

县住建局、教育局、卫生局等部门迅速组织力量对灾区学校、医院等公共建筑和民用住房开展评估、鉴定，对建筑安全情况进行分类，并设置明显标识。

县红十字会按照有关程序申请上级红十字会组织的救灾援助。

（5）应急通信、交通、电力保障。县工信局组织协调电信、移动、联通等通信运营企业，迅速修复被损毁的通信设施，架设临时专用线路，保障抗震救灾指挥通信畅通。

县公安局、交通局等部门迅速查明交通中断情况，修复被损毁的道路、公路等设施，必要时，对交通进行管制，保证救灾车辆通行。

县交通局协调组织大型设备和救援运力，确保应急救援的需求。

江川供电有限公司迅速组织调集抢修队伍，修复被损毁的电力设施，优先抢修恢复城镇供电，启用应急发电设备，保障应急救援用电需求。

（6）基础设施。县住建局组织力量对灾区城镇供排水、燃气等重要基础设施进行抢险抢修，尽快恢复基础设施功能，必要时，尽快安装净水系统。

（7）灾害监测。县防震减灾局加强震情监测，及时通报余震信息；加密震情会商，及时提供震情趋势判定意见和余震防范建议。

县国土局组织加强对地质灾害的排查监测和预警工作，对险情采取紧急处置措施。县环保局负责对灾区空气、水质、土壤等污染状况进行监测，协助灾区政府采取污染防控措施。

县环保局、住建局、安监局、公安消防大队等部门加强对可能造成次生灾害的危险化学品设施、放射性物质、油气管道、易燃易爆和有毒有害物质的检查、监测、防控和处置，可能引发的爆炸、有毒有害和放射性物质泄漏事件，及时扑灭火灾。

县水利局、安监局等部门严密监视和预防水库垮坝，矿山塌陷等地震次生灾害的发生。发现被损毁的水利堤坝和工矿设施，立即采取抢修排险紧急处置措施。

县气象局强化气象实时监测，为地震现场应急处置工作提供气象服务。

（8）治安维护。县公安局、司法局等部门负责灾区社会治安管理和安全保卫工作，加强对受灾群众安置点、救灾物资集散点的警戒，预防和打击各种违法犯罪活动，做好涉灾矛盾纠纷调处化解和法律服务工作，维护社会稳定。

（9）社会动员。团县委、红十字会加强志愿服务管理，及时开通志愿服务联系电话，统一接收志愿者组织报名，做好志愿者派遣和有关服务工作。县民政局、红十字会视情况开展为灾区捐款捐物活动，并做好接收、统计、分配、使用、公示反馈等工作。

（10）涉外事务。县委宣传部、县政府外事侨务办、公安局、文旅广体局、工信局等部门会同灾区政府，按照职责分工，联络和妥善安置灾区的国（境）外人员。

（11）新闻宣传。县委宣传部、县政府办、民政局、防震减灾局、公安局等部门适时召开新闻发布会，向社会公布震情、灾情以及地震应急救援的动态信息，及时掌握社会舆情，平息地震谣传、误传事件。

（12）损失评估。县防震减灾局、民政局、国土局、住建局等部门及灾区人民政府深入调查灾区范围、受灾人口、成灾人口、人员伤亡数量、建构筑物和基础设施破坏程度、环境影响程度等，开展灾害损失评估。

（13）督查监察。县监察局、民政局、财政局、审计局和县委督查室、县政府督查室适时组织开展对救灾物资、资金使用情况的检查，督促检查灾区政府、各相关部门及其工作人员执行国家政策、法律法规及县人民政府发布决策命令的情况。

（14）应急结束。当生命搜救、抢险救灾、转移安置工作基本完成，地震次生灾害后果基本消除，以及交通、电力、通信和供水等基本抢修抢通，灾区社会秩序基本恢复后，经县委、县政府批准，终止应急响应，并报告市政府。

应急工作结束后，县抗震救灾指挥部各成员单位和工作组对应急处置工作进行评估，查找不足、总结经验、完善预案。

（15）恢复生产。县发改局、财政局、住建局、工信局、农业局、国土局、人保财险和人寿保险公司等部门按照职责分工组织对灾区工矿、商贸、农业等工程建筑损毁情况进行调查、核实，落实扶持资金和物资，发放财产保险理赔资金，帮助灾区恢复生产。

5.3.3乡镇（街道）人民政府（办事处）应急处置

（1）调查核实地震基本情况，迅速了解灾情并及时上报。

（2）组织紧急救援队在县指挥部统一指挥和协调下赶赴灾区开展紧急救援工作。

（3）组织转移和安置受灾群众，协助组织灾区伤病员的转移救治工作。

（4）管理好救灾物资，组织救灾物资的有序发放，保障灾区群众的基本生活需要。

（5）协助做好地震灾害损失评估工作。

（6）做好涉灾矛盾纠纷化解和法律服务工作，维护社会稳定。

（7）按照县抗震救灾指挥部的决策部署，组织实施地震应急处置各项工作。

六、恢复重建

6.1 恢复重建规划

特别重大地震灾害发生后，按照国务院决策部署，省人民政府组织有关部门编制灾后恢复重建规划；重大地震灾害发生后，省人民政府组织有关部门编制灾后恢复重建规划；较大地震灾害发生后，市人民政府组织编制灾后恢复重建规划；一般地震灾害发生后，由县人民政府组织编制灾后恢复重建规划。

6.2 恢复重建实施

根据灾后恢复重建规划和当地经济社会发展水平，由灾区乡镇（街道）有计划、分步骤地组织实施本行政区域灾后恢复重建。县政府有关部门对灾区恢复重建规划的实施给予指导和监督。

七、保障措施

7.1 队伍保障

按照县政府的统一部署，县级有关部门加强地震灾害紧急救援、公安消防、矿山和危险化学品救护、医疗卫生救援、交通抢险、通信抢险等专业抢险救灾队伍建设，配备必要的物资装备，经常性开展协同演练，提高共同应对地震灾害的处置能力。

城市供水、供电、供气等生命线工程设施产权单位、管理或者生产经营单位加强抢险抢修队伍建设。

团县委、县红十字会等群团组织要充分发挥组织优势，动员社会各方面力量，组建地震应急救援志愿者队伍，形成广泛参与地震应急救援的社会动员机制。

各乡镇（街道）人民政府（办事处）要组织动员社会各方面力量，建立基层地震抢险救灾队伍，加强管理和培训。

7.2 应急指挥平台保障

县防震减灾局要综合利用相关技术，建立健全地震应急指挥技术系统，形成与省、市、县三级上下贯通、反应灵敏、功能完善、统一高效的地震监测和应急指挥平台，实现震情灾情快速响应、应急指挥决策、灾害损失快速评估与动态跟踪、地震趋势判断的快速反馈，保障抗震救灾工作的合理调度、科学决策和准确指挥。

7.3 应急物资与资金保障

县发改局、民政局、交通局、住建局、卫生局、工信局、食药监局等有关部门按照县人民政府有关规定储备抗震救灾物资，建立健全应急物资储备网络和生产、调拨及紧急配送体系，保障地震灾害应急工作所需生活救助物资、地震救援和工程抢险装备、医疗器械和药品等的生产、供应。各乡镇（街道）、县抗震救灾指挥部各成员单位根据有关法律法规，做好应急物资储备工作，并通过与有关生产经营企业签订协议等方式，保障应急物资、生活必需品和应急处置装备的生产、供给。

各级人民政府要保障抗震救灾工作所需经费。县级财政根据地震灾害情况，及时下拨救灾补助资金，对受灾乡镇（街道）给予适当支持。县民政局、财政局、发改局等部门应当根据地震灾害损失情况，积极向国家和省对口部门申请相关经费给予灾区支持。

7.4 应急避难场所保障

县人民政府、各乡镇（街道）人民政府（办事处）及其有关部门应利用广场、绿地、公园、学校、体育场馆等公共设施，因地制宜设立应急避难场所，统筹安排所必需的交通、通信、供水、供电、排污、环保、物资储备等设备设施。

学校、医院、影剧院、商场、酒店、体育场馆等人员密集场所设置地震应急疏散通道，配备必要的救生避险设施，保证通道、出口的畅通。有关单位定期检测、维护报警装置和应急救援设施，使其处于良好状态，确保正常使用。

7.5 基础设施保障

县工信局、电信、移动、联通公司应建立健全应急通信工作体系，建立有线和无线相结合、基础电信网络与机动通信系统相配套的应急通信保障系统，确保地震应急救援工作的通信畅通。在极端情况下，立即启动应急通信系统，确保至少有一种以上临时通信手段有效畅通。

县住建局、防震减灾局等部门要加强对重大建设工程、生命线工程和可能发生严重次生灾害建设工程的抗震设防管理。

县文旅广体局应完善广播电视传输覆盖网，建立完善县级应急广播体系，确保群众能及时准确地获取政府发布的权威信息。

江川供电有限公司应加强电力基础设施、电力调度系统建设，保障地震现场应急装备的临时供电需求和灾区电力供应。

县公安局、交通局等部门应建立健全公路紧急运输保障体系，加强统一指挥调度，采取必要的交通管制措施，建立应急救援“绿色通道”机制。

7.6 宣传、培训与演练

宣传、教育、文旅广体、防震减灾等部门要密切配合，开展防震减灾科学、法律知识普及和宣传教育，动员社会公众积极参与防震减灾活动，提高全社会防震避险和自救互救能力。学校要把防震减灾知识教育纳入教学内容，教育、防震减灾等部门应加强指导和监督。

县、乡镇人民政府（街道办事处）及有关部门应建立健全地震应急管理培训制度，结合本地区实际，组织应急管理人员、救援人员、志愿者等进行地震应急知识和技能培训。

县、乡镇人民政府（街道办事处）及其有关部门要制定演练计划并定期组织开展地震应急演练。机关、学校、医院、企事业单位和村（社区）居委会、基层组织等要结合实际开展地震应急演练。

7.7 应急检查

县、乡镇人民政府（街道办事处）应当定期组织有关部门对地震应急救援体系、预案和工作机制、指挥技术系统、救援队伍、物资储备、经费、科普宣传，志愿者队伍建设、地震监测预报、应急避难场所建设，以及农村民居地震安全工程、中小学校舍安全工程建设等工作开展情况进行检查。

应急准备工作检查应按照有关规定，采取自查与抽查相结合的方式进行。县防震减灾局要会同有关部门组成联合检查组，定期开展检查。

八、其他地震事件应急

8.1 相邻县区地震事件

在江川县周边县区发生地震，并对我县造成较大影响和灾害的，县抗震救灾指挥部各有关部门，参照地震灾害应急响应相应级别实施应急。

县民政局、防震减灾局等有关部门及时将了解到的周边县区和我县有关乡镇（街道）受灾情况报县人民政府，并视灾情开展援助行动。

8.2 强有感地震事件

县内或周边县区发生强有感地震事件并可能产生较大社会影响时，县防震减灾局要立即收集震情，提出震情趋势判断，迅速报告县委、县政府，县政府及时报告市政府，县委宣传部、县政府办、民政局要做好新闻宣传及信息发布工作，保持社会稳定。

8.3 地震传言事件

县内出现地震传言，并对社会正常生产生活秩序造成较严重影响时，县政府应及时将地震谣传、误传事件报告市政府。县委宣传部、县政府办、公安局、防震减灾局应根据情况组织专家分析传言起因，做好新闻宣传及信息发布工作，正确引导社会舆论，采取有效措施做好辟谣工作，维护社会稳定。

8.4 应急戒备事件

应急戒备是指当省人民政府发布短临地震预报（指未来3个月内可能发生5.0级以上破坏性地震）后，以及在县内开展重大政治、社会活动期间，需要实施地震应急戒备工作的事件。短临地震预报意见发布后，县抗震救灾指挥部有关成员单位要按照指挥部统一部署，立即开展以下工作：

（1）县防震减灾局负责加强震情监视，落实地震异常，及时报告震情趋势判断意见。

（2）县民政局、住建局、交通局、水利局、公安局、防震减灾局等部门开展地震事件风险评估，制定相应对策。

（3）县住建局、交通局、水利局等部门以及可能产生次生灾害的危化品、油气等企业，对生命线工程和次生灾害源采取紧急加固或防护措施。

（4）县工信局负责组织制定应急通信保障方案，做好应急通信保障准备，组织做好通信设施设备的安全防护。

（5）县人武部、武警中队、公安局、公安消防大队、防震减灾局、卫生局、安监局、交通局等部门组织各类专业救援队伍、医疗救护队伍、工程抢险队伍或有关技术人员做好应急准备。

（6）县民政局、工信局、财政局、交通局、水利局等部门做好抗震救灾物资、资金等保障工作。

（7）县委宣传部、县政府办、防震减灾局、公安局、文旅广体局等部门加强新闻宣传和舆情分析，维护社会稳定。

（8）县级有关部门指导和督促涉及的乡镇人民政府（街道办事处）做好防震抗震、应急疏散、抢险救援准备。

九、附则

9.1 预案管理与更新

县防震减灾局会同有关部门制定本预案，报县政府批准后实施，县抗震救灾指挥部组织对预案进行宣传、培训和演练，并根据实际情况，适时修订完善本预案。

县、乡镇人民政府（街道办事处）要制定完善本行政区域地震应急预案；县抗震救灾指挥部成员单位要结合本部门职能制定完善地震应急预案，报县防震减灾局备案。

交通、水利、电力、通信、广播电视等基础设施和学校、医院、星级以上宾馆酒店等人员密集场所的经营管理单位，以及可能发生次生灾害的风电、矿山、危险物品等生产经营单位要制定应急专项预案，报县防震减灾局备案。

9.2 奖励与责任

对在抗震救灾工作中作出突出贡献的先进集体和个人，按照相关规定给予表彰和奖励；对在抗震救灾工作中玩忽职守造成损失的，严重虚报、瞒报灾情的，依据国家有关法律法规追究当事人的责任，构成犯罪的，依法追究其刑事责任。

9.3 以上、以下的含义

本预案所称“以上”包括本数，“以下”不包括本数。

9.3 预案解释

本预案由县人民政府办公室负责解释。

9.4 预案实施时间

本预案自印发之日起实施，原《江川县地震应急预案》（江政办发〔2013〕159号）同时废止。

附件1

县抗震救灾指挥部工作组组成及主要职责

为保障我县抗震救灾工作高效、有序顺利开展，县抗震救灾指挥部成立十三个工作组。启动《江川县地震应急预案》后，各工作组要按照职责立即开展工作，并负责做好与省、市抗震救灾指挥部相应工作组的应急处置协调工作。

一、综合协调组

牵头部门：县政府办

参加部门：县发改局、民政局、防震减灾局、财政局、工信局、国土局、住建局、交通局、水利局、教育局、卫生局、统计局

主要职责：1.协调组织全县抗震救灾物资、装备、人员，根据救灾需求，开展紧急救援、救灾物资、装备、人员的保障支援。2.做好信息收集、汇总和报告工作，组织专家做好分析研究，提出工作对策建议。3.起草指挥部各类文件、简报，对各类文书资料进行整理归档，及时传达省、市、县有关文件和会议精神，落实县抗震救灾指挥部的决策部署。4.做好应急响应期间的值班安排，落实各行政机关的值班情况。5.完成指挥部交办的其他工作。

二、抢险救援组

牵头部门：县人武部

参加部门：县公安局、交通局、安监局、防震减

灾局、住建局、民政局、公安消防大队、武警中队、预备役部队

主要职责：1.负责抢险救灾力量资源配置，统筹安排资源，调配救援队伍和装备，搜救被困群众和受伤人员。2.实施限制前往或途经灾区的特别管制措施。3.组织运输抗震救灾物资，协助有关部门开展物资投送和发放工作。4.协助开展受灾群众转移安置。5.协助开展排危除险工作。6.完成指挥部交办的其他工作。

三、群众生活保障组

牵头部门：县民政局

参加部门：县人武部、发改局、工信局、教育局、公安局、财政局、住建局、交通局、卫生局、粮食局、农业局、水利局、气象局、供销社、团县委、红十字会、保险公司。

主要职责：1.制定灾区受灾群众救助工作方案和相应的资金物资保障措施。2.组织调集、转运灾区生活必需品等抗震救灾物资。3.做好受灾群众的紧急转移和安置工作。4.设立志愿者队伍服务站，做好志愿者招募管理、工作派遣和后勤管理工作，协调、组织、安排抵达灾区的志愿者等社会力量开展志愿服务。5.调控灾区群众基本生活保障和市场供应。6.做好遇难者善后和遗体处置工作。7.做好灾区应急供水水源保障工作。8.完成指挥部交办的其他工作。

四、医疗救治防疫组

牵头部门：县卫生局

参加部门：县人武部、工信局、食药监局、红十字会、团县委、公安消防大队、武警中队

主要职责：1.组织、协调县内外医疗救护防疫队伍进入灾区，组建震区临时医院或医疗所，抢救、转运和医治伤病员。2.及时检测、监测灾区饮用水、食品、药品安全等。3.开展灾后卫生防疫工作。4.组织开展灾后心理援助工作。5.完成指挥部交办的其他工作。

五、基础设施保障和生产恢复组

牵头部门：县发改局、住建局

参加部门：县人武部、工信局、民政局、财政局、国土局、交通局、农业局、水利局、防震减灾局、文旅广体局、电信公司、移动公司、联通公司、江川供电有限公司

主要职责：1.组织指导抢修维护公路、桥梁、隧道等交通设施和供电、供水、供气、防洪、通信、广播电视等设施。2.组织生产、调运抢险救援产品，调运生产物资和装备，保障灾区抢险应急物资供应。3.协调运力优先保证应急抢险人员和救灾物资的运输需要。4.开展灾区房屋、建构筑物的安全鉴定，调运应急板房等物资和装备，搭建临时板房。5.对受灾的基础设施、工矿商贸和农业损毁情况进行核实，指导制定科学恢复生产方案，编制恢复重建规划，安排落实有关扶持资金和物资。6.完成指挥部交办的其他工作。

六、次生灾害处置防范组

牵头部门：县国土局

参加部门：县人武部、环保局、安监局、工信局、防震减灾局、住建局、水利局、公安消防大队、卫生局、气象局

主要职责：1.做好余震防范，及时组织扑火灭火，处置危化品泄漏事故。2.做好灾区防火以及安全生产隐患和环境风险排查、防范工作。3.对重大地质灾害隐患进行监测预警，发生险情，及时组织疏散。4.加强河湖水质监测和危险化学品等污染物防控，保障灾区水库安全和饮用水源安全。5.对易于发生次生灾害的重大危险源、重要目标物、重大关键基础设施，采取紧急处置措施并加强监控。6.加强灾区环境监测，减轻或消除环境污染危害。7.完成指挥部交办的其他工作。

七、治安维护组

牵头部门：县公安局

参加部门：县教育局、民宗局、司法局、交通局、人武部、武警中队、公安消防大队

主要职责：1.组织维护灾区治安管理和安全保卫工作，严密防范、严厉打击趁机进行盗窃、抢劫、哄抢救灾物资等行为。2.维护道路交通秩序，及时进行交通管制，优先保障专业应急救援队伍通行。3.防控以宗教或赈灾募捐名义诈骗敛取不义之财、借机传播各种谣言制造社会恐慌等违法犯罪活动。4.加强对党政机关、要害部门、金融单位、储备仓库、看守所等重要场所的警戒和暴力恐怖事件的防范工作。5.做好涉灾矛盾纠纷化解和法律服务工作。6.完成指挥部交办的其他工作。

八、监测和损失评估组

牵头部门：县防震减灾局、民政局

参加部门：县发改局、教育局、财政局、国土局、住建局、交通局、水利局、卫生局、电信公司、

移动公司、联通公司、江川供电公司

主要职责：1.进行地震灾情速报和快速评估，提出应对和处置地震灾害的辅助决策意见。2.协助组建流动监测台网，判定地震类型，密切监视震情发展。3.协助配合云南省有关工作组开展对地震烈度、发震构造、灾区范围、建构筑物和基础设施破坏程度、工程结构震害特征、人员伤亡数量、地震宏观异常现象、地震社会影响和各种次生灾害调查。4.协助配合省有关工作组对地震灾害损失进行评估，开展地震灾害科学考察。5.完成指挥部交办的其他工作。

九、新闻宣传组

牵头部门：县委宣传部

参加部门：县政府办、公安局、民政局、文旅广体局、交通局、防震减灾局、卫生局、教育局、民宗局

主要职责：1.组织灾情和抗震救灾信息发布，及时准确发布灾情，正确引导舆论。2.组织管理媒体，做好抗震救灾工作新闻报道。3.做好舆情监控及研判，采取适当形式积极稳妥应对。4.开展地震应急宣传，维护社会秩序稳定。5.完成指挥部交办的其他工作。

十、涉外事务组

牵头部门：县委宣传部、县政府外事侨务办

参加部门：县工信局、文旅广体局、公安局、卫生局、民政局、防震减灾局、红十字会

主要职责：1.协调国外救援队伍行动事宜。2.组织处理涉外事务。3.完成指挥部交办的其他工作。

十一、救灾捐赠和资金筹措组

牵头部门：县财政局、民政局、发改局

参加部门：县工信局、县政府外事侨务办、红十字会

主要职责：1.向国家申请救灾资金、物资和政策支持。2.接收和安排国内外捐赠，组织处理有关事务。3.完成指挥部交办的其他工作。

十二、督查监察组

牵头部门：县监察局

参加部门：县委督查室、县政府督查室、民政局、住建局、审计局

主要职责：1.组织开展对国家、省、市、县人民政府投入抗震救灾资金物资，以及接受捐赠的民间组织和社会团体的抗震救灾资金物资管理使用情况进行检查。2.督促检查灾区政府、各行政机关及其工作人员在抗震救灾工作中执行法律法规、国家政策及县人民政府发布的决定和命令的情况。3.防止公务人员侵害灾区群众的切身利益。4.受理灾区群众的投诉、举报。5.完成指挥部交办的其他工作。

十三、后勤保障组

牵头部门：县政府办

参加部门：县财政局

主要职责：1.负责制定后勤保障工作方案。2.做好国家、省、市工作组的接待和有关保障工作。

附件2

县抗震救灾指挥部成员单位主要职责

县抗震救灾指挥部各成员单位和有关部门在《江川县地震应急预案》启动后，立即按照职责开展工作，并负责做好与上级抗震救灾指挥部相应成员单位之间的应急处置协调工作。

县政府办：在县抗震救灾指挥部统一领导下，负责信息汇总和有关文件的起草及相关文件的上传下达工作。发挥综合协调、运转枢纽作用，做好应急值班等工作安排。

县委宣传部：负责震情、灾情和抗震救灾信息的发布；组织新闻发布会的召开；正确把握抗震救灾宣传导向，协调、指导新闻媒体做好抗震救灾新闻宣传报道工作；协调国内外新闻媒体采访报道的组织管理工作。

县人武部：制定实施救援抢险力量配置方案；统一调配灾区救援装备；组织预备役部队和民兵、协调驻军及前来救灾的部队搜救被困群众和受伤人员。

县公安局：负责调动公安系统救援力量参加救灾；负责对灾区重要目标的警戒，负责灾区的社会治安和安全保卫工作；做好交通疏导、管制工作，维护道路交通秩序，保障救灾物资运输畅通；协助组织灾区群众的转移安置。

县发改局：负责组织有关部门开展灾后恢复重建工作；积极争取国家、省、市对我县灾区重大基础设施灾后恢复重建项目的支持，编制灾区恢复重建规划

并协调有关方面实施；确保救灾重点部门、救灾车辆的柴油、汽油供应；加强价格监督管理，保持市场稳定。

县监察局：负责监察相关部门及人员抗震救灾履职情况；监督救灾物资、资金使用；调查、核实和处理救灾违纪违规行为。

县工信局：负责组织协调信息化、无线电应急处置；组织协调通讯运营企业，快速建立应急通信网络，保障应急指挥通信畅通；协调筹集抗震救灾生活必需品等物资，确保抗震救灾重要商品的市场供应；组织协调非灾区商贸企业支持抗震救灾工作，参与协调交通综合运输；收集工业企业、商贸企业和第三产业受灾情况，指导、扶持受灾企业尽快恢复生产。

县住建局：负责组织专家对所有受灾建筑物受损情况进行安全鉴定；指导灾后恢复重建工作；参与应急抢险救灾，抢修受损的市政基础设施；组织指导灾后过渡性安置；协同参与灾情核查及评估；指导避灾安置场所建设，做好供排水、环境卫生维护等工作；收集市政公共设施受损情况。

县财政局：负责筹集、安排抗震救灾资金；积极争取中央、省、市补助经费，及时下拨救灾资金；监督资金的使用管理。

县统计局：负责收集、汇总、统计灾区人口、经济、交通等基础数据；完成指挥部交办的其他工作。

县审计局：负责审计、监督救灾物资、资金的使用情况；做好抗震救灾指挥部交办的其他工作。

县国土局：负责对泥石流、滑坡、崩塌等重大地质灾害隐患进行监测，及时通报和处理险情；收集地质灾害（滑坡、崩塌、泥石流等）造成的损失情况；做好滑坡、泥石流、崩塌等次生灾害的宣传和防范工作。

县交通局：负责抢修被毁公路、桥梁、隧道等交通基础设施；负责救灾物资的紧急运输；做好抗震救灾人员、物资的公路运输和组织提供转移灾民所需的交通工具；组织调用大型救援抢险设备；收集道路、桥梁等交通基础设施受损情况，完成指挥部交办的其他工作。

县农业局：负责指导灾区农业救灾和恢复生产；控制灾区动物疫情；组织供应灾后恢复农业生产所需物资；收集种植业、养殖业等农口系统的受灾情况。

县水利局：负责对病险水库、堰塞湖进行监测，及时通报和处理险情；做好水利设施的抢险排危；收集水库、灌溉沟渠、河堤、湖堤等水利基础设施受灾情况；负责灾后损毁水利设施的修复。

县教育局：做好学生的疏散、紧急救援和心理抚慰工作；合理调配应急教育资源，制定学生停课、复课计划；做好校舍恢复重建工作；收集教育系统人员伤亡和受灾情况。

县民政局：负责收集、核查、报送灾情信息；制定和实施受灾群众救助工作方案；做好受灾群众转移、安置和救济；组织救灾物资调运、发放和管理，组织指导灾区开展生活自救；组织救灾捐赠；做好因灾遇难人员家属抚慰金发放工作。

县卫生局：负责设立救护场所，组织协调县内外医疗救护队伍对伤员进行救治；协调伤员转移救治；组织开展灾区防病消毒，预防控制传染病暴发流行；向受灾群众提供心理卫生咨询和帮助；收集受伤人数、疫情和卫生系统受灾情况。

县文旅广体局：做好抗震救灾信息的播报工作；配合有关部门进行防震减灾科普知识宣传，完善广播电视传输覆盖网，抢修广电网络基础设施；负责外来游客的救援、疏散、安置工作；及时开放体育场馆应急避难；统计重点文物保护单位、遗址遗迹受灾情况；做好抗震救灾指挥部交办的其他工作。

县环保局：负责对灾区空气、水质、土壤等的污染监测、预警和防控；组织开展灾区资源环境承载力评价；统筹协调和监督管理灾区的重大环境问题。

县安监局：组织非煤矿山应急救援队参与搜救被压埋群众；组织和指导非煤矿山、危险化学品、烟花爆竹等工矿商贸企业做好因地震引发或可能引发的安全生产事故的应急处置工作；监督检查工矿商贸企业安全生产重大危险源监控和重大事故隐患排查治理工作。

县防震减灾局：负责震情速报和震情信息的审定；密切监视震情发展，及时通报余震信息，全力做好余震防范；协助上级民政和地震部门做好灾害损失评估工作；组织开展地震科普知识宣传；协助召开新闻发布会。

县食药监局：负责监督管理药品、医疗器械质量安全和餐饮服务食品安全；组织协调药品经营企业保障灾区药品、医疗器械的供给，做好抗震救灾指挥部交办的其他工作。

县司法局：做好涉灾矛盾纠纷化解和法律服务工作，配合有关部门做好社会维稳工作。

县民宗局：做好灾区涉及少数民族的矛盾化解工作；防控以宗教名义诈骗敛取不义之财和借机传播各种谣言制造社会恐慌等违法犯罪活动。

县气象局：负责天气监测预报，震后重大气象灾害预警防范，及时通报天气实况和重大天气变化，为抗震救灾提供气象服务。

县粮食局：负责解决和调运灾区所需的救灾粮油；收集粮油企业受灾情况；做好抗震救灾指挥部交办的其他工作。

县供销社：负责组织筹集抗震救灾生活必需品等物资，确保灾区商品的市场供应；做好灾区农业恢复生产所需化肥、农药等农用物资的供应。

县政府外事侨务办：负责协助市外事侨务办做好境外救援队的联络安置、引导和协调工作；协调有关部门做好在江川工作和生活的外国及港澳台人员的安全善后工作；协助接收、统计外来救灾物资和赈灾资金。

团县委：协调、组织、安排抵达灾区的志愿者等社会力量对灾区进行紧急救援；组织志愿者做好灾民安置和心理抚慰工作；安排志愿者队伍接收、转运救灾物资。

县红十字会：负责组织红十字会员和志愿者参加伤员救治；申请上级红十字会组织的救灾援助，接受境外红十字会和国际社会提供的紧急救助；组织志愿者做好灾民安置和心理抚慰工作。

县公安消防大队：负责指挥江川县应急救援大队和调动乡镇（街道）应急救援分队参加以抢救人员生命为主的应急救援工作；承担因地震引发的火灾、危化品泄漏等次生灾害事故的应急救援任务。

县武警中队：负责做好抗震救灾、紧急转移安置受灾群众和抢救财产等工作；组织开展对危险建筑物排危除险；协助公安机关维护抢险救灾秩序和灾区的社会治安。

江川供电有限公司：负责组织所辖电网的抢险排危，保障县抗震救灾指挥部、医院等重要部门和应急避难场所、灾民临时安置点的应急供电；收集本系统受灾情况。

县移动公司、联通公司、电信公司：负责建立应急通信网络，保障应急指挥通信畅通；抢修通信设施，保障灾区通信需要；收集各自公司受灾情况。

人保财险江川分公司、人寿保险江川支公司：积极做好保险理赔工作。

江川县人民政府办公室关于切实做好江川县中小微企业助保金助保贷业务的通知

江政办发〔2014〕93号

各有关单位：

为解决中小微企业贷款抵押物不足、担保难、融资难问题，帮助企业拓宽融资渠道、降低融资成本，促进小微企业健康快速发展，根据《国务院办公厅关于金融支持中小微企业发展的实施意见》（国办发〔2013〕87号）及《中共玉溪市委、玉溪市人民政府关于加快民营经济发展的实施意见》（玉发〔2014〕18号）、《中国建设银行中小企业助保金贷款业务管理办法》、《中国建设银行小微企业“助保贷”业务管理办法（试行）》及建行有关贷款业务操作规程，按照县委常委会和县政府常务会关于与建设银行开展助保贷业务合作的有关决定，现将做好我县中小微企业助保金助保贷业务有关工作通知如下：

一、组织领导及工作职责

（一）江川县人民政府成立江川县助保贷管理领导小组，领导小组组长由分管金融的副县长担任，成员由县政府办、监察局、财政局、审计局、工信局、工商联、人行江川支行、建行江川支行组成。领导小组下设助保贷管理办公室在县财政局，办公室成员由各成员单位抽调专人组成。同时，指定江川县国有资产经营有限责任公司作为助保金、助保贷业务的管理机构，全权代表江川县财政局履行开展助保金、助保贷业务的权力、职责和义务。

（二）“助保贷”管理领导小组的主要职责

1. 负责“助保贷”工作的组织实施，做好政府相关部门之间的协调工作；

2. 负责“企业助保金”、“政府风险补偿金”的使用与管理；

3. 协调合作银行为符合条件的企业办理“助保贷”业务；

4. 负责确定“助保贷”企业风险补偿相关事宜。

（三）“助保贷”管理办公室的主要职责

1. 负责“助保贷”业务的具体实施和日常管理；

2. 负责做好有“助保贷”业务需求中小微企业的推荐和准入；

3. 负责助保金池资金管理。

二、有关要求

（一）由县财政局按照有关资金管理要求，与人行江川支行、建行江川支行共同研究制定江川县中小微企业助保金、助保贷业务管理办法及相关操作程序；

（二）县监察局、审计局、财政局、公安局、国有资产经营有限责任公司要切实履行职能，加强资金监管，确保财政资金安全；

（三）县工信局、工商局、工商联、国税局、地税局等部门，要积极配合开展中小微企业助保金、助保贷业务，认真审核推荐符合条件的中小微企业，扶持我县具备条件的中小微企业做大做强，确保财政资金高效利用。

江川县人民政府办公室

2014年9月28日

江川县人民政府办公室关于印发江川县县级公立医院综合改革实施方案的通知

江政办发〔2014〕98号

各乡、镇人民政府，大街街道办事处，县属各局、办，各事业单位：

《江川县县级公立医院综合改革实施方案》经县人民政府同意，现印发给你们，请认真遵照执行。

江川县人民政府办公室

2014年10月11日

江川县县级公立医院综合改革实施方案

为贯彻落实国家卫生计生委、财政部、中央编办、发展改革委和人力资源社会保障部《关于推进县级公立医院综合改革的意见》（国卫体改发〔2014〕12号）、省卫生计生委、省财政厅、省委编办、省发展改革委和人力资源社会保障厅《云南省推进县级公立医院综合改革实施方案》（云卫医管发〔2014〕22号）、《玉溪市人民政府关于推进县级公立医院综合改革工作的指导意见》（玉政发〔2013〕190号）等文件要求，积极稳妥推进我县县级公立医院综合改革试点工作，结合我县实际，制定本实施方案。

一、指导思想

全面贯彻落实党的十八大、十八届三中全会精神，落实国家和省《关于推进县级公立医院综合改革的意见》，按照“保基本、强基层、建机制”的总体要求，坚持政府主导、统筹兼顾、突出重点、边试边推，创新体制机制，完善政策措施，切实维护县级公立医院公益性质，构建目标明确、布局合理、规模适当、结构优化、层次分明、功能完善、富有效率的公立医院服务体系，为群众提供安全、有效、方便、价廉的医疗卫生服务，努力解决群众看病就医难、贵的问题。

二、改革目标

按照“坚持公益性、调动积极性、保障可持续性”的原则，围绕政事分开、管办分开、医药分开、营利性和非营利性分开的改革要求，以破除“以药补医”机制为关键环节，以改革补偿机制和落实医院自主经营管理权为切入点，统筹推进管理体制、补偿机制、价格机制、医保支付制度、采购机制、监管机制、人事分配等综合改革，建立起维护公益性、调动积极性、保障可持续的县级医院运行机制。坚持以改革促发展，加强以人才、技术、重点专科为核心的能力建设，统筹县域医疗卫生体系发展，改进医疗服务，控制医药费用，提升群众满意度，实现“小病不出村，常见病不出乡镇，大病基本不出县，预防在基层”，90%左右的患者在县域内就诊的改革目标。

三、试点范围

县人民医院和县中医医院。2014年在县人民医院推进公立医院综合改革，2015年按照省市要求推进县中医医院实施公立医院综合改革。

四、主要任务

（一）统筹规划县域医疗卫生资源

按照“盘活存量、控制增量、优化结构、动态管

理”的原则，总结卫生事业“十二五”发展规划执行情况，以现有医疗资源为基础，结合我县经济社会发展现状，合理制定区域卫生发展规划、医疗机构设置规划，统筹规划全县卫生资源。重点办好县人民医院、县中医医院两所县级医院，推进县级公立医院建设，明确其相应的规模、编制、职责、任务和补偿机制。（责任部门：卫生局，配合部门：发改局、财政局）

（二）明确县级公立医院的功能定位

县级公立医院是公益二类事业单位，是县域内的医疗卫生服务中心、农村三级医疗卫生服务网络的龙头，主要为县域辖区内的群众提供基本医疗卫生服务，包括运用适宜医疗技术和药物，开展常见病、多发病诊疗，危急重症病人救治，重大疑难病接治转诊；为基层医疗卫生机构人员提供培训和技术指导；承担部分公共卫生服务，以及自然灾害和突发公共卫生事件应急处置等工作。（责任部门：卫生局）

（三）进一步提升县级公立医院服务能力

1．加快县级医院标准化建设步伐。在县人民医院达到二级甲等标准的基础上，争取创建省级临床重点专科，重点完善重症医学科、血液透析科、传染病科、儿科、中医科等重点专科建设。鼓励县中医医院达到二级乙等的基础上争创二级甲等中医医院。（责任部门：卫生局）

2．加强县级公立医院信息化建设。按照统一标准，充分利用现有资源，整合已有信息平台，建设以电子病历为核心的县级医院管理和服务信息系统，并与医保经办机构、基层医疗卫生机构信息系统衔接，逐步实现互联互通，强化信息系统运行安全，保护群众隐私。完善远程医疗网络平台，推进远程医疗服务运用。探索建立以居民健康档案为基础的县域医疗卫生服务信息网络，逐步实现县域居民健康档案信息资料的有效利用。（责任部门：卫生局，配合部门：工信局、人社局）

3．提高县级中医服务能力。充分发挥中医简便价廉的特点和优势，提高辨证施治水平；加强县中医院和县人民医院中医科基本条件与能力建设，加强县中医医院综合服务能力建设和中医药服务能力建设。加强对基层医疗卫生机构的支持和指导，促进中医药进基层、进农村、进社区，为群众防病治病；扩大和提高中医诊疗的医保支付范围，鼓励医院和患者使用中医药服务；落实对县中医医院的投入倾斜政策。（责任部门：卫生局，配合部门：发改局、财政局、人社局）

4．推行惠民便民措施。县级公立医院要优化医疗流程，建立以病人为中心的服务模式，开设晚间门诊和假日门诊，健全预约和双向转诊制度；全面开展临床路径管理、优质护理服务、“先治疗、后结算”等改革，改善服务态度和质量，推广应用适宜技术，实行同级医疗机构检查结果互认；完善患者投诉处理机制，加强医患沟通；加大多发病、传染病、慢性病防治和控烟、公共卫生、健康教育等宣传力度，引导群众养成健康的生活习惯，减少疾病发生。将县级公立医院开展便民惠民措施和群众对医院的满意度测评，纳入医院年度责任目标，进行不定期抽查考评，将便民惠民措施作为公立医院运行的基本要求以及树立良好社会现象的重要方式，抓好落实，形成长效机制。（责任部门：卫生局）

5．完善县域急救服务体系建设。加强急救中心建设，建立反应快速、处置科学的医疗院前急救、公共卫生应急绿色通道，提高现场救治和抢救处置效率，提高救治成功率，为群众生命健康提供医疗应急安全保障。

（四）建立科学补偿机制

1．破除以药补医，完善补偿机制。县级公立医院改革以破除“以药补医”机制为关键环节，全面取消药品加成，实施药品零差率销售。实行医药分开，本着“患者总体负担不增加、医疗合理收入不减少、政府和医保可承受”的原则，统筹推进医院补偿机制等综合改革，县级公立医院补偿由服务收费、药品加成收入和政府补助三个渠道改为服务收费和政府补助两个渠道。医院由此减少的合理收入，通过调整医疗技术服务价格和增加政府投入，以及医院加强核算、节约运行成本等多方共担，具体补偿办法由县财政局商有关部门制定，增加的政府投入纳入财政预算。取消药品加成，调整医疗服务价格与医保支付政策相互衔接，保障县级公立医院健康运行。（责任部门：财政局，配合部门：发改局、卫生局）

2．合理调整医疗服务价格。按照“总量控制、结构调整、有升有降、逐步到位”的原则，根据《省物价局、省卫生厅、省人力资源和社会保障厅关于推进县级公立医院医药价格改革试点的指导意见》（云价收费〔2012〕129号），参考2011–2013年三年平均药品差价以及药品实际招标价格下降幅度，进一步规范和调整医疗服务价格，重点提高住院诊查、手术、护理、床位和中医服务等项目价格，降低药品、大型医用设备检查和治疗价格，价格调整政策要与医保支付政策相衔接。在去年省级公立医院试点改革的基础上，县发改局会同卫生、人社局结合实际制定县级公立医院改革试点医院的医疗服务价格调整方案。（责任部门：发改局，配合部门：卫生局、人社局）

3．职工医保、居民医保和新农合报销比例调整与取消药品加成同步联动，调整后的医疗服务收费价格按医改政策规定及时纳入报销，并随着筹资标准的提高合理确定报销比例，不增加群众就医自费负担，不影响医院运行，不影响医保基金安全。（责任部门：卫生局、人社局）

（五）改革医保支付制度，控制医疗费用不合理增长

开展医保支付制度改革，推行总额预付、按病种、按人头、按服务单元等付费方式，学习禄丰县按疾病诊断支付方式经验，加强总额控制。科学合理测算和确定付费标准，建立完善医保经办机构和医疗机构的谈判协商机制与风险分担机制，逐步由医保经办机构与公立医院通过谈判方式确定服务范围、支付方式、支付标准和服务质量要求。医保支付政策进一步向基层倾斜，拉开不同等级定点医疗机构间的报销比例差别。制定完善《江川县新型农村合作医疗转诊转院管理暂行规定》，规范县外转诊和备案管理，引导群众合理就医，促进分级诊疗制度形成，力争2015年底实现县域内就诊率达到90%左右的目标。

2014年，根据“以收定支、量入为出、收支平衡、略有结余”的原则，实行“总量控制、定额结算、每月预付、年终清算、违规扣减”为主的复合式结算方式，将市级及其以下定点医疗机构纳入新农合基金总额控制管理，建立“超支分担、年终考核”的约束机制，促进定点医疗机构内部运行体制改革，建立医疗费用自我约束机制和风险分担机制，规范医疗机构服务行为，切实降低群众医药费用负担，确保新农合基金安全、平稳运行。（责任部门：卫生局、人社局）

（六）规范药品采购供应和药品使用

坚持质量优先、价格合理的原则，在省级集中采购的基础上，积极探索能够有效保障药品及耗材供应及时、质量可靠、价格合理的采购供应办法。坚决治理药品及耗材方面的商业贿赂。完善鼓励使用基本药物的政策措施，县人民医院于2014年全部推行基本药物制度，基本药物配备比例不低于50%，并逐年提高基本药物使用比例。采取有力措施，降低抗生素在医疗过程中的使用比例，禁止滥用抗生素，县级公立医院使用抗生素控制在35个品种以内，住院患者使用率不超过60%，门诊患者处方比例不超过20%，急诊患者处方比例不超过40%。（责任部门：卫生局，配合部门：发改局）

（七）改革人事分配制度，建立竞争激励机制

1．建立和完善现代医院管理制度。加快推进政府职能转变，推进管办分开，逐步建立和完善法人治理结构，健全医院内部决策执行机制，落实公立医院法人主体地位，完善公立医院院长选拔任用制度，强化院长任期目标管理，建立问责机制。加强医院成本核算控制，严格执行医院财务会计制度和内部控制制度，探索实行总会计制度。（责任部门：卫生局，配合部门：人社局、财政局）

2．落实医院用人自主权。新进人员坚持公开、公平、公正招聘，结合医院人员需求，设定人员招聘条件和招聘办法，对紧缺专业和高层次人才，可在符合有关规定前提下，简化招聘程序，加快人才引进。（责任部门：人社局，配合部门：卫生局）

3．在县级公立医院专业技术人员技术职务评聘比例、条件等方面给予政策优惠，增加县级公立医院中高级职称名额，保证县级医院人才需求；放宽县级公立医院专业技术人员技术职务评聘中的资格要求，突出临床工作业绩。（责任部门：人社局，配合部门：卫生局）

4．建立适应医疗行业特点的薪酬制度，调动医务人员积极性。县级医院工资总额结合医院业务量（门诊人次、出院人数、手术台次）增长和国家工资政策动态调整，合理核定。提高县级公立医院奖励性绩效工资比例，鼓励探索对院长和学科带头人实行年薪制等薪酬制度。把医务人员提供服务的数量、质量、技术难度和患者满意度等作为考评指标，建立以社会效益、工作效率为核心的人员绩效考核制度。根据绩效考核结果，做到多劳多得、优绩优酬、同工同酬，体现医务人员技术服务价值。收入分配向临床一线、关键岗位、业务骨干、作出突出贡献等人员倾斜，适当拉开差距。严禁给医务人员设定创收指标，严禁将医务人员收入与医院的药品、高值医用耗材、检查、治疗等收入挂钩。允许公立医院医生在完成核定工作

量的前提下，通过多点执业获取合规报酬。（责任部门：人社局，配合部门：卫生局）

（八）积极推进县乡村医疗服务一体化

通过县乡村一体化管理，优化配置卫生资源，建立城乡医疗人才、技术、资源双向流动和患者双向转诊的制度，探索建立责权统一、功能完备、管理规范、运转高效、均衡发展的县乡村医疗服务一体化管理模式，引导一般诊疗下沉基层，使基层群众最大限度地享受到城市优质卫生资源，逐步实现“小病不出村，常见病不出乡镇，大病基本不出县城，预防在基层”的目标。对实施县乡村医疗服务一体化管理的县级公立医院应确保不低于20%的医护技管人员在乡镇卫生院轮转工作。

2014年实现托管大街卫生院及所属村卫生室和雄关卫生院及所属村卫生室。2015年实现托管安化卫生院及所属村卫生室和路居卫生院及所属村卫生室。（责任部门：卫生局，配合部门：财政局、人社局）

（九）完善县级公立医院服务监管机制

1．加强行业监管。严格按照相关法律、法规和规范性文件，加强医疗机构、技术、人员、设备的准入和退出管理。通过医院等级评审、专项检查、设立总会计师、推进医院信息公开等工作，对县级公立医院医疗质量安全、费用控制、财务运行等进行监管，严格控制医药费用不合理过快增长。开展对县级医院医药费用增长情况的监测与控制，及时查出为追求经济利益的不合理用药、用材和检查检验等行为。发挥医疗行业协会（学会）在县级公立医院自律管理中的作用。探索建立第三方考核评价机制，全面客观地评价医疗质量、服务态度、行风建设等，考核结果向社会通报，并与财政补助、医保支付、院长收入、奖惩、任免等挂钩。（责任部门：卫生局，配合部门：财政局、人社局）

2．营造和谐医患关系。建设平安医院，加强医德医风建设，改善医务人员工作环境和生活条件，调动医务人员积极性。加大正能量宣传，宣传医务人员救治患者的先进典型、向广大群众普及医学知识，使广大群众理解医疗风险和医学的局限性，引导就医群众对医疗服务的合理预期，形成医患互信和谐，全社会尊医重卫的良好社会氛围。加强医院安全防范体系建设，建立健全医患纠纷第三方调解机制，坚决打击涉医违法犯罪，维护正常医疗秩序。继续开展好医疗责任保险和医疗意外保险工作，建立健全医疗风险共担机制。（责任部门：卫生局，配合部门：公安局、司法局、综治办）

3．充分发挥医保机构的监督制约作用。采用基本医保药品目录备药率、使用率及自费药品控制率、药占比、次均费用、住院率、平均住院日等指标考核，加强实时监控，结果与基金支付等挂钩。（责任部门：卫生局、人社局）

4．加强价格监督检查。县发展改革、审计、财政等相关部门要加强协作联动，加大对医院违法违规行为的查处力度。建立诚信制度和医务人员考核档案。实施公正、透明的群众满意度评价办法，加强社会监督。（责任部门：发改局，配合部门：财政局、审计局）

（十）探索实施医师多点执业

认真贯彻执行《云南省医疗机构管理条例》，探索实施医师多点执业，鼓励高水平执业医师向县内医院合理流动。遵循纵向流动与横向流动相结合的原则，鼓励二级医院执业医师到卫生院（社区卫生服务站）开展执业活动，促进高水平执业医师在县内医疗机构合理流动。（责任部门：卫生局）

五、加强组织领导

（一）成立由县政府分管领导任组长，相关职能部门组成的江川县公立医院改革领导小组，落实工作人员，健全工作机制，加强对县级公立医院综合改革的领导。县卫生局和县发改局要共同牵头负责做好公立医院改革试点的组织协调工作；县编制部门要根据县级医院功能、工作量和现有编制使用情况等因素，规范内部机制，合理确定编制数量和编制结构，满足医疗卫生工作需要；县财政局要及时调整支出结构，搞好资金保障和监督管理，确保资金安全高效使用；人力资源和社会保障部门及新农合管理部门要通过完善和创新支付制度、付费方式和结算办法，保障公立医院得到合理的医疗服务补偿，推进县级公立医院人事和收入分配制度改革；物价部门要督导医院按时执行新调整后医疗服务价格和取消药品加成政策，扎实推进医疗服务定价方式改革。

（二）推进县级公立医院综合改革是深化医改的一项重大任务，各级各有关部门要采取多种形式，广泛开展县级公立医院综合改革政策宣传培训，不断提高各级干部综合改革理论水平，提高推进改革的领导力和执行力。县卫生局要深入细致地做好对医务人员的宣传动员，使广大医务人员成为改革主力军。新闻单位要创新工作方法，把握舆论导向，大力宣传公立医院改革的政策措施和目标、进展情况、取得的成效和先进典型，争取社会理解、配合和支持，营造良好的社会环境和舆论氛围。

（三）各有关部门要加强对改革进展情况和效果的监测、评估，及时研究解决改革中遇到的问题和困难，完善政策措施，推动改革深入开展。要不断总结试点工作，提炼具有普遍指导意义的经验、做法，及时加以推广。

江川县人民政府办公室关于印发江川县城乡居民最低生活保障审核审批办法（试行）的通知

江政办发〔2014〕103号

各乡、镇人民政府，大街街道办事处，县属各局、办，各企事业单位：

《江川县城乡居民最低生活保障审核审批办法（试行）》已经县人民政府同意，现印发给你们，请认真贯彻执行。

江川县人民政府办公室

2014年10月23日

江川县城乡居民最低生活保障审核审批办法（试行）

第一章　总　则

第一条　为规范最低生活保障（以下简称低保）审核审批工作，提高社会救助管理水平，根据《社会救助暂行办法》（国务院令第649号）、《国务院关于进一步加强和改进最低生活保障工作的意见》（国发〔2012〕45号）、《民政部关于印发〈最低生活保障审核审批办法（试行）〉的通知》（民发〔2012〕220号）、《云南省人民政府关于进一步加强和改进最低生活保障工作的实施意见》（云政发〔2013〕42号）和《玉溪市人民政府办公室关于印发〈玉溪市城乡居民最低生活保障审核审批办法（试行）〉的通知》（玉政办发〔2013〕267号）及相关规定，制定本办法。

第二条　本办法适用于本县城乡居民申请城乡低保时，城乡低保家庭的调查、核实和审批工作。

第三条　县民政局以及各乡镇人民政府（大街街道办事处），依据本办法开展城乡低保审核审批工作，村（居）民委员会协助做好相关工作。

第四条　县民政局加强全县城乡低保审核审批工作的规范管理和相关服务，确保低保工作公开、公平、公正。

第五条　城乡居民低保家庭的审核审批工作应当遵循下列原则：

（一）公开、公平、公正；

（二）属地管理、动态管理；

（三）与专项社会救助制度相衔接。

第二章　资格条件及保障标准

第六条　持有我县常住户口的城乡居民，凡共同生活的家庭成员人均收入低于本县城乡低保标准，且家庭财产状况符合本县规定条件的，可以申请低保。

第七条　共同生活的家庭成员包括：

（一）配偶；

（二）父母和未成年子女；

（三）已成年但不能独立生活的子女，包括在校接受本科及其以下学历教育的成年子女；

（四）其他具有法定赡养、扶养、抚养义务关系并长期共同居住的人员。

下列人员不计入共同生活的家庭成员：

（一）连续三年以上（含三年）脱离家庭独立生活的宗教教职人员；

（二）在监狱服刑的人员；

（三）县民政部门根据本条原则和有关程序认定的其他人员。

第八条 家庭收入是指共同生活的家庭成员在规定期限内的全部可支配收入。主要包括：

（一）工资性收入。指因任职或者受雇而取得的工资、薪金、奖金、劳动分红、津贴、补贴以及与任职或者受雇有关的其他所得等；

（二）家庭经营净（纯）收入。指从事生产、经营及有偿服务活动所得。包括从事种植、养殖、采集及加工等农林牧渔业的生产收入，从事工业、建筑业、手工业、交通运输业、批发和零售贸易业、餐饮业、文教卫生业和社会服务业等经营及有偿服务活动的收入等；

（三）财产性收入。包括动产收入和不动产收入。动产收入是指出让无形资产、特许权等收入，储蓄存款利息、有价证券红利、储蓄性保险投资以及其他股息和红利等收入，集体财产收入分红和其他动产收入等。不动产收入是指转租承包土地经营权、出租或者出让房产以及其他不动产收入等；

（四）转移性收入。指国家、单位、社会团体对居民家庭的各种转移支付和居民家庭间的收入转移。包括赡养费、扶养费、抚养费，离退休金、失业保险金，社会救济金、遗属补助金、赔偿收入，接受遗产收入、接受捐赠（赠送）收入等；

（五）其他应当计入家庭收入的项目。

下列收入不计入家庭收入：

（一）政府给予的奖金和特殊津贴，省级以上劳动模范退休后享受的荣誉津贴，建国前入党未享受离退休待遇的老党员生活补贴；

（二）优抚对象享受的抚恤金、补助费、护理费、保健金和义务兵家属优待金，退役士兵安置补偿费；

（三）政府、社会和学校给予贫困在校生的助学金、奖学金和生活补贴；

（四）政府、社会组织和个人给予的临时性生活救助金；

（五）因工（公）负伤人员的工伤医疗费、护理费、一次性伤残补助金、残疾人辅助器具费，因工（公）死亡人员的丧葬补助费、一次性抚恤金、人身伤害赔偿金；

（六）从业人员按规定由所在单位代扣代缴的社会保险费；

（七）土地、房屋征收补偿费中用于购买（或重建）住房、缴纳基本社会保险费的部分；

（八）计划生育奖励扶助金；

（九）政府发放的保健补助金及长寿补助金；

（十）六十年代精简退职生活补贴；

（十一）“十二五”期间新型农村社会养老保险制度的基础养老金暂不计入家庭收入；

（十二）依法不应计入的其他收入。

第九条 家庭财产是指家庭成员拥有的全部动产和不动产。家庭财产主要包括：

（一）银行存款和有价证券；

（二）机动车辆（残疾人功能性补偿代步机动车辆除外）、船舶；

（三）房屋；

（四）债权；

（五）其他财产。

第十条 家庭收入计算办法：

（一）“三无人员”（无劳动能力、无生活来源、无法定赡养、抚养或扶养人），其收入计零；

（二）在职人员的工资、奖金、津贴、补贴等收入按所在就业单位劳资部门提供的收入证明据实计算；不能提供证明的，按当地最低工资标准计算；

（三）离退休人员、失业人员的收入，按原单位或社会保险经办机构支付的实际数额计算，职工遗属收入，按县政府规定的当年遗属生活困难补助标准计算；

（四）从事相对固定职业的，按实际收入计算（其中无法提供收入证明的，应比照当地的最低工资标准计算）；

（五）外出务工人员的收入，按用工单位出具的证明计算，无法证明的，按务工所在地最低工资标准计算；

（六）加工收入，能够出示有效经营性收入证明的，按所证明的收入计算；无收入证明的，按照合同规定或固定价格计算，也可以按照税务部门依法确定的数额计算；

（七）从事个体生产经营的收入，办理营业执照的，按国税、地税部门核定的纳税营业额的20%计算，残疾人和超过就业年龄人员可按上述标准分别下调30%、20%；

（八）农业、林业、牧业、养殖业、渔业等收入可以参考当地统计部门测算的经营净（纯）收入数核定家庭收入；高于测算数额的，据实计算；

（九）赡养费、抚养费和扶养费按照有关协议、裁决或判决的数额计算。没有协议、裁决或判决的，赡养费按照被赡养人子女家庭人均收入减去低保标准后的50%，再除以被赡养人数计算。抚（扶）养费按照给付方收入的25%计算，有多个被抚（扶）养人的，最高不超过给付方收入的50%；

法定赡养、抚（扶）养义务人家庭人均收入低于低保标准的，不计算其应付赡养、抚（扶）养费；

未经法律程序解除双方关系的家庭成员，其相互之间的赡养和抚（扶）养关系、应尽义务等，按有关法律、法规的规定执行。原系本地户口、现在外地就读的大中专学生视为家庭抚养人口，其认定需现就读学校提供在校生证明；

（十）因房屋、土地征收领取的补偿费，扣除经查实用于购买（或重建）住房和缴纳社会保险费的部分后（以缴纳票据为准），结余部分按城乡低保标准和家庭人口计算可分摊的月数，计入家庭收入；在可分摊的月数内，该户不享受城乡居民最低生活保障待遇；

（十一）因突发意外事件获得的所有补偿费，除医疗费、护理费、交通费、住宿费、住院伙食补助费、残疾辅助用具费等各类费用外，剩余部分按城乡低保标准和家庭人口计算可分摊的月数，计入家庭收入；在可分摊的月数内，该户不享受城乡居民最低生活保障待遇；

（十二）财产租赁、转让所得，按照租赁、转让协议（合同）计算。个人不能提供租赁、转让协议（合同）的或者租赁、转让协议（合同）价格明显偏低的，按照当地同类、同期市场租赁、转让价格计算。

第十一条　城乡居民家庭及成员有下列情形之一，不能享受城乡低保待遇：

（一）家庭拥有机动车辆（残疾人专用车、摩托车除外）、工程机械、用于经营活动的大型农机具的；

（二）提出申请前三年内非土地房屋征收原因购买商品房，其房屋面积超过县人民政府规定的住房困难保障标准，且无突发困难的，或对住房进行高档装修不满三年的；

（三）不如实申报家庭成员收入，或拒绝配合管理审批机关和村（居）民委员会，对其收入和生活情况进行调查、核实的，或不按规定提出续领申请的；

（四）有赡养、扶养、抚养能力而不履行赡养、扶养、抚养义务的；

（五）家庭成员中有达到法定劳动年龄，又具有劳动能力，且能自食其力者，经就业服务机构三次介绍就业而拒绝就业的；

（六）家庭成员自费择校、出国留学、旅游，家庭生活消费支出明显高于低收入家庭标准的；

（七）拥有两套及两套以上房产的；

（八）共同生活的家庭成员领取退休金的，或在机关事业单位、经济效益较好的企业工作，并且人均收入高于最低保障标准，或财产状况不符合本县规定条件的；

（九）家庭成员在工商、税务机关进行企业法人、个体登记的，雇佣他人从事各种经营性活动或有规模养殖业、种植业的家庭；

（十）家庭日常生活消费水平明显高于当地城乡低保标准的；或经常出入餐饮、娱乐场所消费的，因赌博、吸毒等不良行为造成家庭生活困难且尚未改正的；或购置和配戴贵重饰品、使用空调、穿戴品牌服饰，以及饲养名贵宠物的；

（十一）无特殊情况，连续3个月家庭水、电、气、通讯费合计月均支出超过本地城市低保标准50%的；

（十二）户籍在本县，实际在外地居住1年以上的（在校接受本科及其以下学历教育的在校生除外）；

（十三）有私房出租，有较大固定经商摊位或其他经营性收入，并高于最低保障标准，或财产状况不符合本县规定条件的；

（十四）经过民主评议和公示，群众有异议或反映强烈，经查证不符合低保条件的；

（十五）其他不符合享受低保待遇的情况。

第十二条 城乡低保家庭的收入和财产标准如下：

（一）城市低保家庭的收入和财产标准为城市居民家庭成员月人均收入在当年城镇低保月保障标准线以下，且其家庭成员人均银行存款、有价证券等金融资产为本县上年度城镇居民人均可支配收入的30%以下；

（二）农村低保家庭的收入和财产标准为农村居民家庭成员年人均收入在当年农村低保年保障标准线以下，且其家庭成员人均银行存款、有价证券等金融资产为本县上年度农民人均可支配收入的30%以下。

第三章　保障金的计算

第十三条 保障金按照被保障家庭月人均可支配收入（城市）和年人均可支配收入（农村）低于本县低保标准之间的差额确定。

第十四条 城市低保根据低保对象家庭收入和财产状况等情况，实行差额补助。

第十五条 农村低保实行分类施保、差额补助。根据低保对象家庭收入、财产状况、实际支出、劳动能力和困难程度等分为三类：

一类：低保对象为年人均可支配收入在农村居民最低生活保障标准50%以下的家庭。原则上把未纳入农村五保供养的“三无”人员（无劳动能力、无生活来源、无法定赡养抚养或扶养义务人）、重度残疾人（丧失劳动能力的一、二级重度残疾人）、重度精神病患者（有市级以上精神病专科诊断书）、多残户（家庭成员中多人残疾且基本丧失劳动能力的农村困难家庭）、艾滋病感染者及病人、麻风病人纳入此类进行保障。

二类：低保对象为年人均可支配收入在农村居民最低生活保障标准50%—75%之间的家庭。原则上把重特大疾病户（家庭成员因患重大疾病住院治疗、医疗费用支出较大影响基本生活，或家庭主要成员、主要劳动力患重大疾病丧失劳动能力的特困家庭）；长年疾病户（家庭主要成员、主要劳动力长年患病且子女未成年的特困家庭）纳入此类进行保障。

三类：低保对象为年人均可支配收入在农村居民最低生活保障标准75%以上，且低于农村最低生活保障标准的家庭。原则上把变故户（因突发天灾人祸造成主要劳动力残废影响基本生活的特困家庭），单亲户（即父母离异，孩子只随一方生活且基本生活出现困难的特困家庭），上学户（即子女就读大学家庭教育支出增加、影响基本生活的困难家庭），其它困难户（因各种原因导致家庭贫困、群众公认常年生活贫困的特殊困难家庭）纳入此类进行保障。

第十六条 农村低保按类别确定补助标准。一类对象低保金按全省农村低保对象人均补助标准上浮10%—20%；二类对象按全省农村低保对象人均补助标准；三类对象低保金按全省农村低保对象人均补助标准下浮10%—20%。

第四章　申请及受理

第十七条 申请低保应当以家庭为单位，由户主或者其代理人以户主的名义向户籍所在地乡镇人民政府（街道办事处）提出书面申请。受申请人委托，村（居）民委员会可以代其向户籍所在地乡镇人民政府（街道办事处）提交低保书面申请及其相关材料。

申请低保，根据不同情况需要提交的书面申请、相关证件（原件及复印件）和证明材料：

（一）低保申请书及申请人近期免冠相片、家庭户主居民身份证、家庭成员户口簿；

（二）居民家庭经济状况申报表；

（三）居民家庭经济状况核对诚信承诺及授权声明书；

（四）房屋产权证或房屋租赁协议，机动车辆、银行存款和有价证券情况证明；

（五）下岗、失业人员应提供人社部门出具的下岗、失业证明和基本生活费或失业保险金的享受标准和享受期限证明；

（六）在法定就业年龄内丧失或部分丧失劳动能力的，应提供市劳动能力鉴定委员会出具的劳动能力状况证明；

（七）离异的，应提供离婚证或离婚判决（调解）书、裁定书；

（八）法定赡养（抚养、扶养）人家庭成员的收入证明、有关供养费的协议或相关法律文书；

（九）在校大中专学生的学籍证明；

（十）有劳动能力家庭成员收入证明；

（十一）残疾证、医院诊断证明或病历；

（十二）县民政局认为必需的具有法律效力的其他证明。

第十八条 申请人或者其家庭成员的户籍有下列情况之一的，可以按以下方式办理：

（一）在本县辖区内，申请人经常居住地与户籍所在地不在同一个乡镇（街道）的，应将户口迁移到居住地再提出申请，特殊情况下，申请人凭县民政局或者户籍所在地乡镇人民政府（街道办事处）出具的未享受最低生活保障的证明，可以向经常居住地乡镇人民政府（街道办事处）提出申请；

（二）户籍类别相同但家庭成员户口不在一起的家庭，应将户口迁移到一起后再提出申请。因特殊原因无法将户口迁移到一起的，可选择在户主或者其主要家庭成员的户籍所在地提出申请，户籍不在申请地的其他家庭成员分别提供各自户籍所在地县级人民政府民政部门出具的未享受低保的证明；

（三）共同生活的家庭成员分别持有非农业户口和农业户口的，一般按户籍类别分别申请城市低保和农村低保。

第十九条 乡镇人民政府（街道办事处）应当对申请人或者其代理人提交的材料进行审查，材料齐备的，予以受理；材料不齐备的，应当一次性告知申请人或者其代理人补齐所有规定材料。

第二十条 申请低保时，申请人与低保经办人员和村（居）民委员会成员有近亲属关系的，应当如实申明并按规定备案。

对已受理的低保经办人员和村（居）民委员会成员近亲属的低保申请，乡镇人民政府（街道办事处）应当进行单独登记。

“低保经办人员”是指涉及具体办理和分管低保受理、审核（包括家庭经济状况调查）、审批等事项的县民政局及乡镇人民政府（街道办事处）工作人员。

“近亲属”包括配偶、父母、子女、兄弟姐妹、祖父母、外祖父母、孙子女、外孙子女。

第五章　办理程序

第二十一条 乡镇人民政府（街道办事处）应当自受理低保申请之日起15个工作日内，在村（居）民委员会协助下，组织驻村（社区）干部、村（社区）民政信息员等工作人员对申请人家庭经济状况和实际生活情况逐一进行调查核实。每组调查人员不得少于2人。对符合条件的低保申请，乡镇人民政府（街道办事处）应当依程序开展入户调查。不符合条件的，乡镇人民政府（街道办事处）应当书面通知申请人并说明理由。

申请人对家庭经济状况信息核对结果有异议的，应当提供相关证明材料；乡镇人民政府（街道办事处）应当对申请人提供的家庭经济状况证明材料进行审核，并组织开展复查。

第二十二条 调查申请人家庭经济状况和实际生活情况，可以采取以下方式：

（一）入户调查。调查人员到申请人家中了解其家庭收入、财产情况和吃、穿、住、用等实际生活状况；根据申请人声明的家庭收入和财产状况，了解其真实性和完整性。入户调查结束后，调查人员应当填写家庭经济状况核查表，并由调查人员和申请人（被调查人）分别签字；

（二）邻里访问。调查人员到申请人所在村（居）民小组，走访了解其家庭收入、财产和实际生活状况；

（三）信函索证。调查人员以信函方式向相关单位和部门索取有关证明材料。

（四）其他调查方式。

第二十三条 家庭经济状况调查结束后，乡镇人民政府（街道办事处）在村（居）民委员会的协助下，以村（社区）为单位对申请人声明的家庭收入、财产状况以及入户调查结果的客观性、真实性进行民主评议。对评议争议较大的低保申请，乡镇人民政府（街道办事处）应重新组织家庭经济状况调查核实。

第二十四条 民主评议由乡镇人民政府（街道办事处）工作人员、村（社区）党组织和村（居）民委会成员、熟悉村（居）民情况的党员代表、村（居）民代表等参加。村（居）民代表人数不得少于参加评议总人数的三分之二。

第二十五条 民主评议应当遵循以下程序：

（一）宣讲政策。乡镇人民政府（街道办事处）工作人员宣讲低保资格条件、补差发放、动态管理等政策规定，宣布评议规则和会议纪律；

（二）介绍情况。申请人或者代理人陈述家庭基本情况，入户调查人员介绍申请家庭经济状况调查情况；

（三）现场评议。民主评议人员对申请人家庭经济状况调查情况进行评议，对调查结果的真实性和完整性进行评价；

（四）形成结论。乡镇人民政府（街道办事处）工作人员根据现场评议情况，对申请人家庭经济状况调查结果的真实有效性作出结论；

（五）签字确认。民主评议应当有详细的评议记录，所有参加评议人员应当签字确认评议结果。

第二十六条 民主评议后，乡镇人民政府（街道办事处）提出审核意见，并在3个工作日内在申请人所在村（社区）公示入户调查、民主评议和审核结果，公示期不少于7天。公示期满后，乡镇人民政府（街道办事处）应将审核意见连同申请材料、家庭经济状况调查、民主评议、公示情况等有关材料报县民政局审批。

第二十七条 县民政局按照《江川县城乡居民家庭经济状况核对办法（试行）》对申请人家庭的经济状况进行核对，并对其家庭经济状况声明的真实性和完整性提出意见。

第二十八条 县民政局自收到乡镇人民政府（街道办事处）审核意见和相关材料5个工作日内提出审批意见。拟批准给予低保的，应当同时确定拟保障金额。不符合条件、不予批准的，应当在作出审批决定3个工作日内，通过乡镇人民政府（街道办事处）书面告知申请人或者其代理人并说明理由。

县民政局在提出审批意见前，全面审查乡镇人民政府（街道办事处）上报的申请材料、调查材料和审核意见，并按照不低于30%的比例入户抽查。对单独登记的低保经办人员和村（居）民委员会成员近亲属的低保申请，以及有疑问、有举报或者其他需要重点调查的低保申请，县民政局应当全部入户调查。不得将不经过调查核实的任何群体或者个人直接审批为低保对象。

县民政局可以邀请申请人户籍所在地乡镇人民政府（街道办事处）、村（居）民委员会派人参与低保审批，对申请家庭是否符合低保条件提出审批意见。

第二十九条 县民政局对拟批准的最低生活保障家庭进行公示。公示内容包括申请人姓名、家庭成员、收入情况、拟保障金额等，公示期不少于7天。公示期满无异议的，批准给予最低生活保障待遇，发放最低生活保障证，并从批准下月起发放最低生活保障金。对公示有异议的，县民政局应当重新组织调查核实，在20日内作出审批决定，并对拟批准的申请家庭重新公示。

第三十条 乡镇人民政府（街道办事处）应当对最低生活保障对象的家庭成员、收入情况、保障金额等在其居住地长期公示；县民政局应当在县政府网站长期公示，逐步完善面向公众的最低生活保障对象信息查询机制。公示中应注意保护最低生活保障对象的个人隐私，严禁公开与享受最低生活保障待遇无关的信息。

对符合条件的低保申请，乡镇人民政府（街道办事处）应当在依程序开展入户调查的同时根据申请家庭的授权进行家庭经济状况信息核对。不符合条件的，乡镇人民政府（街道办事处）应当书面通知申请人并说明理由。

申请人对家庭经济状况信息核对结果有异议的，应当提供相关证明材料；乡镇人民政府（街道办事处）应当对申请人提供的家庭经济状况证明材料进行审核，并组织开展复查。

第三十一条 对低保家庭中的下列人员，可以采取多种措施提高救助水平。

（一）老年人；

（二）未成年人；

（三）重度残疾人；

（四）重病患者；

（五）县人民政府确定的其他生活困难人员。

第六章 资金发放

第三十二条 低保金原则上实行社会化发放，通过银行、信用社等代理金融机构，直接支付到低保家庭的账户。

第三十三条 城市低保金实行按月发放，每月10日前发放到户；农村低保金实行按季发放，每季度初10日前发放到户。具备条件时农村低保金应改为按月发放。

第七章 动态管理

第三十四条 县民政局应当根据低保对象的年龄、健康状况、劳动能力以及家庭收入来源等情况对低保家庭实行分类管理。乡镇人民政府（街道办事处）应当根据低保家庭成员和其家庭经济状况的变化情况进行分类复核，并根据复核情况及时报请县民政局办理低保金停发、减发或者增发手续。

低保对象家庭成员、收入和财产状况等情况发生

变化的，户主应在1个月内主动告知乡镇人民政府（街道办事处）。

第三十五条　对城市“三无”人员和家庭成员中有重病、重残人员且收入基本无变化的低保家庭，可每年复核一次。对短期内家庭经济状况和家庭成员基本情况相对稳定的低保家庭，可每半年复核一次。对收入来源不固定、有劳动能力和劳动条件的低保家庭，原则上城镇按月、农村按季复核。

第三十六条　建立健全低保档案管理制度。城乡低保档案管理实行分级负责，低保对象全部建档，日常管理随时归档。

第三十七条　县民政局和乡镇人民政府（街道办事处）应当公开低保监督咨询电话，主动接受社会和群众对低保审核审批工作的监督、投诉和举报。

第三十八条　县民政局和乡镇人民政府（街道办事处）应当健全完善举报核查制度，对接到的实名举报，应当逐一核查，并及时向举报人反馈核查处理结果。

第八章　法律责任

第三十九条　采取虚报、隐瞒家庭收入、伪造证明材料，冒名顶替等不正当手段骗取城乡低保待遇的，由县民政局决定停止享受低保待遇，责令退回非法获取的保障金，并按照国务院《社会救助暂行办法》的规定承担相应法律责任。

第四十条　对不按规定出具收入、财产状况等相关证明或者在出具证明时弄虚作假的单位及当事人，由有关部门依照法律法规和有关规定处理。

第四十一条　从事城乡低保的工作人员应依法办事，接受社会监督。有下列行为之一的，视情节给予批评教育或行政处分；构成犯罪的，依法追究刑事责任：

（一）无故对符合条件的申请人拒不审批或拖延签署初审、审核、审批意见的；

（二）违反规定为不符合条件的申请人办理享受城乡低保待遇手续的；

（三）贪污、挪用、扣押、拖欠低保金的；

（四）其他玩忽职守、徇私舞弊、滥用职权行为的。

第九章　附　则

第四十二条　本办法由县民政局负责解释。

第四十三条　本办法自公布之日起施行。原县人民政府办公室印发的《江川县农村居民最低生活保障规范管理工作实施方案（试行）》（江政办发〔2013〕76号）同时废止。

附件：1. 江川县城乡居民家庭经济状况核对诚信承诺及授权声明书
2. 江川县城乡居民家庭经济状况核对办法（试行）
3. 江川县城乡居民家庭经济状况申报表（略）
4. 江川县城乡居民低保申请家庭财产情况表（略）
5. 江川县城乡居民家庭经济状况核查表（略）
6. 江川县城市居民最低生活保障审批表（略）
7. 江川县农村居民最低生活保障审批表（略）

附件1

江川县城乡居民家庭经济状况核对诚信承诺及授权声明书

江川县民政局：

为申请________居民最低生活保障，现就有关事项作出如下声明、承诺：

一、本人及家庭成员已了解并愿意遵守江川县社会救助政策和《江川县城乡居民家庭经济状况核对办法》，所提供的相关材料全部真实有效，所申报的家庭收入和财产全面真实，如有虚报或隐瞒，我愿意接受相关部门按照有关规定给予的处理。

二、本人及全家授权并自愿接受和配合村（社区）、乡镇（街道）、县民政局、县家庭经济状况核对机构对本人及家庭全体成员的收入和财产等经济状况信息进行核查，包括入户调查，到公安、人力资源社会保障、住建、交通、工商、税务、金融、证券等部门进行核查和信息比对。

三、我们全家共同委托户主________为家庭经济状况核对具体申报经办人，其申报行为代表全家意愿。

四、本人承诺授权书一式三份，一份由本人或家庭保管，一份放入申报资料中，一份作为各级核对机构进行经济状况核对查询的依据。

申报家庭户主签名（按手印）：

年　　月　　日

附件2

江川县城乡居民家庭经济状况核对办法（试行）

第一章　总　则

第一条　为公平、公正、有效实施城乡居民最低生活保障（以下简称低保）等制度，为社会救助制度的实施提供真实可靠的事实依据，切实提高政府救助的准确性和公信力，根据《社会救助暂行办法》（国务院令第649号）、《城市居民最低生活保障条例》（国务院令第271号）、《国务院关于进一步加强和改进最低生活保障工作的意见》（国发〔2012〕45号）、《云南省人民政府关于进一步加强和改进最低生活保障工作的实施意见》（云政发〔2013〕42号）和《玉溪市居民家庭经济状况核对办法（试行）》精神、结合我县实际，制定本办法。

第二条　本办法适用于民政部门在实施低保等救助制度时，对提出申请的城乡居民个人或者家庭（以下简称“核对对象”），委托居民家庭经济状况核对机构对其家庭经济状况开展调查、核实以及出具书面报告的活动。

第三条　核对工作应坚持以下原则：

（一）依委托核对的原则；

（二）依法、科学、客观、公正的原则；

（三）保密原则。

第二章　组织领导

第四条　居民家庭经济状况核对工作在县政府的统一领导下进行。县政府成立城乡居民家庭经济状况核对工作领导小组，县政府分管领导任组长，民政部门主要负责人任副组长，发展改革、公安、民政、财政、人力资源和社会保障、住建、统计、国税、地税、工商、金融等部门（单位）分管负责人为成员，具体负责城乡居民家庭经济状况核对工作的指导和协调，加强各部门之间居民家庭经济状况信息的有效衔接。

第五条　县民政局是全县居民家庭经济状况核对工作的主管部门，负责我县居民家庭经济状况核对的具体工作，以下简称核对机构。主要负责全县有关部门和各乡镇（街道）报送的核对对象的家庭经济状况核对，出具有关核对报告并及时反馈给申请核对单位；负责县级核对信息系统的管理运行；办理上级民政部门交办的有关核对工作等。

各乡镇人民政府（街道办事处）负责审核、受理核对对象的材料，并入户调查、邻里访问以及信函索证，按时将授权声明报送核对机构，根据核对机构出具的核对报告情况及时告知申请人。

村（居）民委员会根据乡镇人民政府（街道办事处）的委托，承担居民家庭经济状况核对的日常服务工作。

第六条　县发展改革、公安、民政、财政、人力资源和社会保障、住建、统计、卫生、国税、地税、工商、金融等部门（单位），在各自职责范围内做好居民家庭经济状况核对的有关工作。

第七条　各级政府应将核对工作经费纳入财政预算，配备必要的核对工作人员，落实相关工作经费，保障核对工作的顺利进行。

第三章　核对标准

第八条　核对对象申请低保等社会救助，按照规定需要以其经济状况作为参考的，核对机构根据核对对象授权声明对其家庭经济状况进行核对，并出具核对报告。

第九条　家庭经济状况核对的内容包括核对对象的家庭收入和家庭财产。

（一）家庭收入是指家庭成员在规定期限内拥有的全部可支配收入，包括扣除缴纳的个人所得税及个人缴纳的社会保障支出后的工资性收入、家庭经营净（纯）收入、财产性收入和转移性收入等。

1．工资性收入。指因任职或者受雇而取得的工资、薪金、奖金、劳动分红、津贴、补贴以及与任职或者受雇有关的其他所得等；

2．家庭经营净（纯）收入。指从事生产、经营及有偿服务活动所得。包括从事种植、养殖、采集及加工等农林牧渔业的生产收入，从事工业、建筑业、手工业、交通运输业、批发和零售贸易业、餐饮业、文教卫生业和社会服务业等经营及有偿服务活动的收入等；

3．财产性收入。包括动产收入和不动产收入。动产收入是指出让无形资产、特许权等收入，储蓄存款利息、有价证券红利、储蓄性保险投资以及其他股息和红利等收入，集体财产收入分红和其他动产收入等。不动产收入是指转租承包土地经营权、出租或者出让房产以及其他不动产收入等；

4．转移性收入。指国家、单位、社会团体对居民家庭的各种转移支付和居民家庭间的收入转移。包括赡养费、扶养费、抚养费，离退休金、失业保险金，社会救济金、遗属补助金、赔偿收入，接受遗产收入、接受捐赠（赠送）收入等；

5．其他应当计入家庭收入的项目。

下列收入不计入家庭收入：

1．政府给予的奖金和特殊津贴，省级以上劳动模范退休后享受的荣誉津贴，建国前入党未享受离退休待遇的老党员生活补贴；

2．优抚对象享受的抚恤金、补助费、护理费、保健金和义务兵家属优待金，退役士兵安置补偿费；

3．政府、社会和学校给予贫困在校生的助学金、奖学金和生活补贴；

4．政府、社会组织和个人给予的临时性生活救助金；

5．因工（公）负伤人员的工伤医疗费、护理费、一次性伤残补助金、残疾人辅助器具费，因工（公）死亡人员的丧葬补助费、一次性抚恤金、人身伤害赔偿金；

6．从业人员按规定由所在单位代扣代缴的社会保险费；

7．土地、房屋征收补偿费中用于购买（或重建）住房、缴纳基本社会保险费的部分；

8．计划生育奖励扶助金；

9．政府发放的保健补助金及长寿补助金；

10．六十年代精简退职生活补贴；

11．“十二五”期间新型农村社会养老保险制度的基础养老金暂不计入家庭收入；

12．依法不应计入的其他收入。

（二）家庭财产是指家庭成员拥有的全部动产和不动产。主要包括：

1．银行存款和有价证券；

2．机动车辆（残疾人功能性补偿代步机动车辆除外）、船舶；

3．房屋；

4．债权；

5．其他财产。

第十条 银行存款和有价证券的价值，按照受理申请之日上一个月末的价值认定：

（一）银行存款按照账户余额认定；

（二）股票类资产按照股票市值和资金账户余额的总和认定；

（三）基金按照净值认定。

第四章 核对程序和办法

第十一条 对核对对象提出的申请，乡镇人民政府、街道办事处按规定及时进行审核，经审核公示无异议，报送县核对机构对核对对象的家庭经济状况进行核对，县民政局按照核对结果决定是否予以审批。不符合规定要求的，由县民政局委托乡镇（街道）或者村（居）民委员会通知申请人，并说明理由。

第十二条 政府相关部门和单位应向核对机构提供核对对象的相关信息：

（一）公安部门提供车辆拥有情况，户籍人口登记、注销等基本信息；

（二）民政部门提供享受社会救助、优待抚恤、家庭成员婚姻登记状况、个人社会团体登记、民办非企业单位登记、基金会登记情况等信息；

（三）财政部门提供居民家庭成员财政供养情况信息；

（四）人力资源和社会保障部门提供就业、缴纳社会保险费和领取社会养老金、失业登记等信息；

（五）住房和城乡建设部门提供购买房改房、享受住房保障、房地产登记、房产交易和房屋出租等信息；

（六）住房公积金管理部门提供住房公积金缴存、提取、使用等信息；

图书在版编目（CIP）数据

江川年鉴・2015 / 江川县史志办公室编．—芒市：德宏民族出版社，2015.10
ISBN 978-7-5558-0341-6

Ⅰ．①江… Ⅱ．①江… Ⅲ．①江川县— 2015 —年鉴　Ⅳ．① Z527.44

中国版本图书馆 CIP 数据核字（2015）第 243457 号

书　　名　江川年鉴・2015
作　　者　江川县史志办公室

出版・发行	德宏民族出版社	责任编辑	思铭章
社　　址	云南省德宏州芒市勇罕街1号	责任校对	毕　兰
邮　　编	678400	装帧设计	余立言　徐凡清
总编室电话	0692-2124877	排　　版	李维冉　朱晓虹
汉文编室	0692-2111881	封面供稿	县委宣传部
电子邮件	dmpress@163.com	发行部电话	0692-2112886
印 刷 厂	昆明鹰达印刷有限公司	民文编室	0692-2113131
		网　　址	www.dmpress.cn
开　　本	889×1194mm　大16开	版　　次	2015年10月第1版
印　　张	31.75	印　　次	2015年10月第1次
字　　数	840千字	印　　数	1-1000册
书　　号	ISBN 978-7-5558-0341-6/Z・366	定　　价	150.00元

如出现印刷、装订错误，请与承印厂联系调换事宜。印刷厂联系电话：0871-63646096